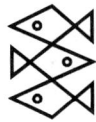 

Über dieses Buch: Lange Zeit erregte das Meer in den Menschen nur Gefühle der Angst und der Abscheu. Es galt als Überbleibsel der Sintflut und als Ort des Chaos. Doch bereits zu Beginn des 17. Jahrhunderts kam es zu einer allmählichen Umdeutung, die letztlich in das Gegenteil der ursprünglichen Abwehr mündete: die Sehnsucht nach dem Ort, an dem die drei Elemente Erde, Wasser und Luft zusammentreffen.

In der Tradition der besten historischen Erzählkunst bietet Corbin dem Leser ein aufregendes Panorama des Lebens an der Küste im 18. und 19. Jahrhundert: der Literatur, der Malerei, der Psychologie, des ästhetischen Empfindens, der Wissenschaft, der Reisen, der sozialen Klassen, der Hygiene und des täglichen Lebens.

»Ein Buch, das spannend ist auf jeder Seite, weil es die Gegenwart und ihre besondere Seinsweise auf eindrucksvolle Weise erfahrbar macht, voller Sensibilität für die Nuancen, die dafür sorgen werden, daß wir nicht noch einmal so gedankenlos ans Meer fahren werden wie jeden Sommer.« *die tageszeitung*

Der Autor: Alain Corbin, geboren 1936 in Gourtomer (Département l'Orne), lehrt Geschichte des 19. Jahrhunderts an der Universität Paris I.
Veröffentlichungen u. a.: »Pesthauch und Blütenduft« (1982, Fischer Tb. 4402), »Die sexuelle Gewalt in der Geschichte« (1989, als Herausgeber).

Claude Gellée, gen. Le Lorrain
Einschiffung im Hafen von Ostia, 17. Jh.
Madrid, Prado

ALAIN CORBIN

MEERESLUST

*DAS ABENDLAND
UND DIE ENTDECKUNG
DER KÜSTE*

Aus dem Französischen von
Grete Osterwald

Fischer Taschenbuch Verlag

Veröffentlicht im Fischer Taschenbuch Verlag GmbH,
Frankfurt am Main, Oktober 1994

Lizenzausgabe mit freundlicher Genehmigung
des Verlages Klaus Wagenbach, Berlin
Die französische Originalausgabe erschien
unter dem Titel ›Le territoire du vide. L'Occident
et le plaisir du rivage 1750–1840‹ bei Aubier, Paris
© 1988 Aubier, Paris
Für die deutsche Ausgabe:
© 1990 Verlag Klaus Wagenbach, Berlin
Gesamtherstellung: Clausen & Bosse, Leck
Printed in Germany
ISBN 3-596-10989-2

Gedruckt auf chlor- und säurefreiem Papier

Inhalt

Vorwort
9

ERSTER TEIL

*DIE UNWISSENHEIT UND
DAS STOTTERNDE VERLANGEN* 11

Die Wurzeln der Angst und des Abscheus 13
Ein abgrundtiefes Sammelbecken sintflutlicher Reste 13
Die antike Kodifizierung des Meereszorns 24

Die anfänglichen Formen der Bewunderung 37
*Der Zauber des Wasserspiegels oder
die Stätte der großen Gewißheiten* 37
Ein Sammelbecken göttlicher Wunder 41
Der wunderbare Weg von Scheveningen 52
*Die Lust der Interpretation:
Eine Pilgerfahrt an die Küsten Kampaniens* 63

ZWEITER TEIL

*DIE ANKÜNDIGUNG
EINER NEUEN LUST* 81

Die neue Harmonie von Körper und Meer 83
Die Ablösung der Ängste und der Wünsche 83
*Das Bad, der Strand und die Praktiken
der Selbstfindung oder
die zwiespältige Lust am Ersticken* 102
*Selbstfindung und Meeresfrische oder
die Lebenskunst der heimlichen Freuden* 120

Die Rätsel der Welt:
Einblicke und Lesarten   133
Die Archive der Welt   134
Die Austrocknung der Meere   146
Die Heldentaten der Gelehrten   148

Die Frische der Verwunderung   161
*Die erhabenen Felsen
im gotischen Schwarz des Meeres*   161
*Das späte Bewußtsein
vom Pittoresken des Meeres*   181
*Die Abneigung gegen den heißen Sand
und das neue Gefühl für Transparenz*   195

Streifzüge   213
Der neue Reichtum der Gefühle   215
Sinnliche Erfahrungen am Strand   223
Intime Küstenparadiese   231

DRITTER TEIL

VERWICKLUNGEN DES SOZIALEN SCHAUSPIELS 237

Der Hafenbesuch 239
Die Vielfalt der Blicke 239
Die Wege des Ergötzens 248

Die Enzyklopädie der Gestade 253
Die Zusammensetzung des Schaubilds 254
Die Erweiterung des anthropologischen Vorhabens 263

Die Transparenz der Küstenmenschen 273
Modalitäten der Suche nach Sinn 273
Die Wandlungen des Unmenschen 284
Das Goldene Zeitalter der Gestade 291

Die Küstenpathetik und ihre Metamorphosen 297
Die Dramaturgie der Gefühle 297
Das Blut des Meeres 306
Der Untergang im Sand 309

Die Erfindung des Strandes 319
Die Genealogie der Praktiken 319
Der neue Einklang zwischen Raum und Lust 337
Das ursprüngliche Primat der Aristokratie 344

Schluß 359
Bemerkungen zur Methode 360
Danksagung 361
Anmerkungen 362
Literaturverzeichnis 403

Simon de Vlieger
Strandansicht, 1. Hälfte 17. Jh.
Den Haag, Mauritshuis

Willem van de Velde d. J.
Stille See, 1653
Kassel, Staatliche Kunstsammlungen

Vorwort

Die Spezialisten der Kulturgeschichte haben sich mit der Untersuchung von Institutionen, Gegenständen und Erfahrungen vertraut gemacht, wagen es aber kaum, sich mit den affektiven Strukturen zu befassen, deren Kenntnis allein ihren geduldigen und fruchtbaren Forschungen einen Sinn verliehe. Die Frage nach dem Stellenwert der Quellen und nach ihrer Beweiskraft wirft in diesem Bereich besondere Probleme auf. Fallstudien bringen die Gefahr mangelnder Repräsentativität und voreiliger Schlußfolgerungen mit sich. Sie geraten leicht zu nichtssagenden Blumenlesen. Im Kreis einer kleinen Elite nach neuen Wegen zu suchen, bedeutet für den Historiker eine starke Einengung des Territoriums, auf dem er sich bewegt, wie sehr er auch bemüht sein mag, Entlehnungen zurückzuverfolgen und dem sozialen Kreislauf der Gefühle nachzugehen. Wer sich beim Studium der Quellen einer unbefangenen Lektüre hingibt und den Sinn auch der kürzesten Texte einfach an die Oberfläche kommen läßt, wer sich von dem *a priori* freimacht und nicht willens ist, die Position des Demiurgen einzunehmen, kommt weit ab von den großen Darstellungen der Geschichte, weit ab auch von der Hermeneutik, die, gewöhnlich überschätzt, um so gebieterischer dasteht.

Das größte Übel aber ist in meinen Augen immer noch der psychologische Anachronismus, die seelenruhige, falsche und blinde Gewißheit, die Vergangenheit zu verstehen. Wir müssen die Grenzen des Denkbaren abstecken, die Mechanismen neuer Gefühlswelten erkunden und die Entstehung der Wünsche verfolgen; wir müssen herausfinden, wie Freude und Leid in einer bestimmten Zeit empfunden werden, wir müssen den Habitus beschreiben und – auch dies ist unerläßlich – die Kohärenz der Vorstellungs- und Bewertungssysteme wiederherstellen. Das ein-

Vorwort

Land- und Meeresungeheuer
Holzschnitt von H.R. Manuel gen. Deutsch
aus: Sebastian Münster, *Cosmographia Universalis*, 1550

zige Mittel, die Menschen der Vergangenheit kennenzulernen, besteht in dem Versuch, ihren Blick zu übernehmen, ihre Gefühle nachzuerleben. Nur eine solche Unterordnung macht es möglich, das zwischen 1750 und 1840 aufkommende und rasch um sich greifende Verlangen nach der Meeresküste neu entstehen zu lassen.

ERSTER TEIL
DIE UNWISSENHEIT
UND DAS
STOTTERNDE VERLANGEN

Johann Heinrich Schönfeld
Die Sintflut, um 1640 (Ausschnitt)
Kassel, Staatliche Kunstsammlungen

Die Wurzeln der Angst
und des Abscheus

Das klassische Zeitalter kennt – bis auf wenige Ausnahmen[1] – weder den Zauber der Sandstrände noch die Erregung des Badenden, der mit den Wellen kämpft, noch die Freuden der Sommerfrische am Meer. Eine ganze Schicht abstoßender Bilder verhindert das Aufkommen eines lustvollen Verlangens nach der Küste. Sowohl der Abscheu als auch die Blindheit entspringen einem globalen Bewertungssystem der Naturlandschaften, der meteorologischen Phänomene und der kinästhetischen Empfindungen, dessen Zusammenhänge seit der Renaissance immer deutlicher hervortreten.[2] Um die Entstehung der neuen Betrachtungsweisen und der neuen Erfahrungen, die sich dem Menschen ab 1750 an der Meeresküste erschließen, richtig zu verstehen, muß man zuvor das Bündel jener Vorstellungen, auf denen der Abscheu beruht, in seiner Komplexitität begreifen.

Ein abgrundtiefes Sammelbecken
sintflutlicher Reste

Die Interpretation der Bibel, vor allem die der *Genesis*, der *Psalmen* und des *Buches Hiob*, hat die Vorstellungen vom Meer nachhaltig geprägt.[3] Die Schöpfungsgeschichte und der Bericht über die Sintflut färben das kollektive Imaginäre mit ihren jeweils spezifischen Zügen. Die *Genesis* vermittelt die Vision von der »großen Tiefe«, einem Ort unergründlicher Geheimnisse[4], einer Wassermasse ohne Orientierungspunkt; sie zeigt ein Bild des Unendlichen, des Unfaßlichen, über dem in den Anfängen der Schöpfung der Geist Gottes schwebte.[5] Diese wogende Weite, die das Unbegreifliche symbolisiert oder vielmehr darstellt, ist an sich schon furchterregend. Es gibt kein Meer im Garten Eden. Die grenzenlose Wasserfläche, an deren Horizont der Blick sich verliert, paßt nicht in die geschlossene Paradieslandschaft. Die Geheimnisse des Ozeans durchdringen zu wollen ist ebenso frevelhaft wie der Versuch, die unergründliche göttliche Natur zu begreifen. Der heilige Augustinus, der heilige Ambrosius und der heilige Basilius haben immer wieder darauf hingewiesen.[6]

Das unbezähmbare Element zeigt die Unvollendetheit der Schöpfung. Das Meer ist ein Überbleibsel jenes undifferenzierten Urstoffes, dem, um erschaffene Natur zu werden, eine Form gegeben werden mußte. Die Herrschaft des Unvollendeten, eine flimmernde und ungewisse Fortsetzung des Chaos, symbolisiert die Unordnung im Vorstadium der Zivilisation. Manche vermuten, daß der tosende Ozean schon in der vorsintflutlichen Zeit kaum in seinen Schranken zu halten war.[7] Gleichzeitig flößt er tiefen Abscheu ein, denn das klassische Zeitalter scheint die Versuchung einer Rückkehr in den Schoß der Schöpfung ebensowenig zu kennen wie den Wunsch des Versinkens, der die Romantiker nicht losläßt.

Da der Mensch von Anfang an Ziel und Mittelpunkt der Schöpfung war[8], bleibt dieser formlose Überrest, der keine Gestalt erhielt, ihm fremd. Eine nach Gottes Ebenbild erschaffene Kreatur kann ihren Lebensraum nicht außerhalb der Stadt oder des Gartens finden.[9] Bei Moses werden übrigens nur die Geschöpfe der Lüfte und der Felder aufgezählt; die Lebewesen des Meeres, die im geheimnisvollen Dunkel der Tiefe verschwinden, können vom Menschen nicht benannt werden und entziehen sich folglich seiner Herrschaft.

Noch aufschlußreicher ist der Bericht über die Sintflut. Die Verfasser stellen das Weltmeer als ein Instrument der Strafe dar und in seiner heutigen Gestalt als einen Überrest der Katastrophe. Der mosaischen Kosmologie zufolge gibt es in der Tat zwei große Wassermassen, eine, die das Meeresbecken füllt, und eine im Himmelsgewölbe. Als der Schöpfer sie schied, schuf er eine doppelte Trennungslinie: Das Ufer, das den Bereich des Meeres von dem der Erde abgrenzt, und die Wolkenlinie als beweglichen *limes* zwischen dem Wasser des Himmels und der Atemluft. In der Frage, welche der beiden »großen Tiefen« die vorsintflutliche Erde überschwemmt hat, gehen die Meinungen auseinander.[10]

Wie dem auch sei, das Meer spricht zu den frommen Seelen. Sein Brausen, sein Brüllen, die tosenden Ausbrüche seines Zorns können immer aufs neue als Erinnerung an die Sündhaftigkeit der ersten Menschen verstanden werden, die in den Fluten untergehen mußten, und sein Rauschen als eine ewige Einladung zur Reue, eine ununterbrochene Aufforderung, dem rechten Weg zu folgen.

Die Sintflut stellt einen vorübergehenden Rückfall ins Chaos dar, eine Wiederkehr uferloser Fluten, die den gebildeten Menschen der Renaissance schwer zu schaffen macht. In ihrer Malerei ist das Vordringen des Wassers eines der wichtigsten Themen, dessen Entwicklung sich von der Gestaltung der Decke der Sixtinischen Kapelle bis zur Darstellung des winterlichen Meeres von Nicolas Poussin verfolgen läßt.[11] Die französischen Dichter vom Ende des 16. Jahrhunderts, namentlich Du Bartas in seiner *Schöpfungswoche*, widmen sich mit Vorliebe dem Bericht über die Katastrophe.[12] Hundert Jahre später steht sie im Zentrum der Auseinandersetzung um die großen Theorien von der Erde, denn ohne die Sintflut wären die Geschichte und die Gestaltung der Welt absolut unverständlich gewesen.

Verweilen wir ein wenig bei diesen Kosmogonien[13], die in den meisten Fällen streng unter dem Aspekt der Wissenschaftsgeschichte analysiert werden. Sie zeigen beispielhaft, wie die Verbindung zwischen den gelehrten Vorstellungen von der großen Katastrophe der Vergangenheit und den Beurteilungen der Landschaft zustande kommt. Die *Theory of the Earth* von Thomas Burnet gewinnt hier besondere Bedeutung. Dieses Buch, auf das während des ganzen 18. Jahrhunderts regelmäßig zurückgegriffen wird, erweist sich als rückständig und weitsichtig zugleich. Es erschien in dem Augenblick, in dem die natürliche Theologie, unter deren Einfluß die Bilder vom Meer und von seinen Küsten sich bald verändern sollten, ihren Aufschwung erlebte. Im übrigen kündigte es im Bereich der Ästhetik eine Wandlung an, die dazu führen sollte, daß man an den schrecklichen Schönheiten Gefallen fand.

Dem britischen Theoretiker zufolge gab es im Paradies und auch in der vorsintflutlichen Zeit nach dem Sündenfall auf der von Adam und allen seinen Nachkommen bewohnten Erde kein Meer. Die Menschen lebten auf ein und demselben Kontinent. Die Oberfläche dieser ursprünglichen Welt erinnert an die Gleichmäßigkeit eines Strandes.»Vor der Sintflut war das Gesicht der Erde sanft, regelmäßig und gleichförmig, ohne Berge und ohne Meer... Es hatte die Schönheit der Jugend und der blühenden Natur, frisch und fruchtbar, und am ganzen Körper hatte es keine Falte, keine Narbe, keinen Riß; weder Felsen noch Berge, weder Höhlen noch klaffende Schluchten... Die Luft war ruhig und heiter.«[14] Die vorsintflutliche Erde kannte keinen Wirbelsturm. Es herrschte ewiger Frühling, genau wie im Goldenen Zeitalter, von dem bei Vergil die Rede ist.

Als die Sintflut kam, öffnete Gott die große Tiefe der Wasser, und ein zweites universelles Chaos brach über die Finsternis und den Nebel der Erde herein. Selbst ein sturmbewegtes Meer könnte keinen Anblick bieten, der mit diesem kosmischen Tumult vergleichbar wäre, und der von Gott befohlene Rückzug der Fluten dauerte sehr lange; lange sickerten die Wasser in unterirdische Höhlen ein. Das nachsintflutliche Meer ist nichts anderes als die ursprüngliche, von Gott wieder gebändigte Tiefe; sein Becken, seine Küsten und die Berge, die es begrenzen, sind eine Folge der Katastrophe. Sie stellen »das schreckliche Schauspiel der Natur«[15] dar.

So bietet der Meeresgrund denn aller Wahrscheinlichkeit nach einen chaotischen Anblick, wie es übrigens auch die anarchische Verteilung der Inseln vermuten läßt. Sollte dieser furchtbare und monströse Boden sich eines Tages entblößen, täte sich vor den Augen der Menschen eine beispiellos mißgestaltete Senke auf. »So tief, hohl und riesig, so rissig und chaotisch, so mißgestaltet und in jeder Hinsicht monströs, daß unsere Einbildungskraft ungeahnte Anregungen fände und wir uns erstaunt fragen müßten, wie ein solches Phänomen bloß in die Natur kommen konnte...«[16]

Die Küstenlinie ist in Wahrheit eine Trümmerlandschaft. Nur so erklärt sich ihre Unregelmäßigkeit und die unbegreifliche Anordnung der vorgelagerten Klippen. In diesem Wirrwarr ist es sinnlos, nach einer Ordnung zu suchen. Radikal unästhetisch, können das Meer und seine Küsten nach guter theologischer Denkungsart nicht von der Schöpfung stammen. Ausgeschlossen, daß sie ein Ergebnis der ursprünglichen Naturentfaltung sind. Das Weltmeer ist nichts anderes als ein abgrundtiefes Sammelbecken zertrümmerter Überreste. Es läßt sich allenfalls als die am wenigsten häßliche Landschaft bezeichnen, die durch die vorübergehende Rückkehr des Chaos hervorgebracht werden konnte.[17]

Die ebenfalls vielbeachtete *New Theory of the Earth* von William Whiston zeigt ein Bewertungssystem, das dem von Burnet recht nahekommt, obwohl die Interpretation des Ablaufs der Weltgeschichte in beiden Büchern sehr unterschiedlich erscheint. Whiston zufolge hatte die ursprüngliche Erde große Ähnlichkeit mit der heutigen. Sie enthielt einen Ozean, dessen Wasser ebenfalls salzig war und der schwache Gezeiten erkennen ließ. Aber dieser Ozean trennte die Menschen, die damals alle auf einem einzigen Kontinent lebten, nicht. Seine Gestalt war anders, und seine Ausmaße waren geringer als die der heutigen Meere. Auch kannte er keinen Sturm.

Im 16. oder 17. Jahrhundert der Schöpfung öffneten sich die Schleusen des Himmels, und eine weltweite Sintflut zerstörte die Struktur der Erde. Dennoch zeichnet Whiston ein milderes Bild von der Katastrophe als Burnet. In den vierzig Tagen blieben die alles überschwemmenden Fluten relativ ruhig, da die Arche nicht kentern sollte. Als die Wasser der Sintflut sich verliefen, traten die Küsten der nunmehr voneinander abgelösten Kontinente in ihrer komplexen Gestalt hervor. Die Meere, im Zentrum tiefer als zuvor, blieben unruhig, von furchtbaren Stürmen heimgesucht. Für Whiston wie für Burnet sind die Ozeane also ein Relikt der Sintflut. Aber nach Whistons Ansicht haben sich durch die Katastrophe nur die geographische Lage, die Physiognomie und die Küstengestalt des ursprünglichen Weltmeers geändert.[18]

Bis etwa 1840 standen die Meereskatastrophen im Zentrum der Naturgeschichte der Erde und dann der Geologie. Wir werden an anderer Stelle darauf zurückkommen. Manche Gelehrten verteidigen den Bericht der *Genesis* bis in eine späte Zeit hinein. Noch 1768 kommentiert Alexander Cattcott[19] in seinem *Traktat über die Sintflut* Schritt für Schritt die mosaische Version, die er für vollauf befriedigend hält. Wie die meisten im 18. Jahrhundert schreibenden Verteidiger des Bibeltextes stützt er seine Argumentation auf die neueren Berichte von der Sintflut, die er bei den Völkern der Antike, den Assyrern, den Persern, den Babyloniern, den Ägyptern, den Griechen und den Latinern fand. Er beruft sich sogar auf die Traditionen Indiens und Chinas. Seiner Meinung nach wären Sandstrände, Findlinge und natürliche Strudel ohne die Sintflut nicht erklärbar.

Nach der Französischen Revolution, als die Theorien von Burnet, Woodward und Whiston für veraltet erklärt und aufgegeben worden sind, findet sich eine neue Generation von ›Katastrophengelehrten‹, die sich in einem anderen wissenschaftlichen Kontext und mit anderen Argumenten für die Richtigkeit des heiligen Textes einsetzt.[20] So behauptet etwa Richard Kirwan[21], die schroffe Küstengestalt Irlands, Schottlands und der umliegenden Inseln rühre vom Einbruch des großen südlichen Weltmeeres her, der die Katastrophe verursacht habe. Diesem Autor nach ist auch die Luft, die das Erdreich verseucht, eine Folge der Sintflut, ein übelriechender Rückstand jener Luftverpestung, die während des Abzugs der Fluten herrschte, solange das tote und verwesende Fleisch der ertrunkenen Tiere die Erdoberfläche bedeckte. Um den unheilvollen Dünsten zu entfliehen, schreibt Kirwan, lebten die Menschen noch lange in den Bergen. Diese interessante Überzeugung, hervorgerufen durch die in der neohippokratischen Tradition verwurzelte Furcht vor dem Prozeß der Fäulnis, bestärkt das abstoßende Bild von den Küstengegenden.[22]

Für unseren Zusammenhang ist es daher wichtig zu begreifen, welche Bedeutung der Sintflut am Ende des 17. und am Anfang des 18. Jahrhunderts von den Gelehrten zugesprochen wird. Alle stellen die Katastrophe in den Mittelpunkt ihrer Kosmogonie, alle argumentieren im Rahmen einer begrenzten Zeitlichkeit und vermischen in simultanen Episoden die Geschichte des Menschen mit der der Erde. Man begreift, daß der Ozean als bedrohliches Relikt der Sintflut Angst und Schrecken einflößen kann – genau wie das Gebirge[23], jener andere chaotische Überrest der Katastrophe, jene »Schande der Natur«[24], die wie eine häßliche wuchernde Warze aus der Oberfläche der neuen Kontinente herausgewachsen ist. Diese ekelerregende Vorstellung paßt zu der Gewißheit einer dem Niedergang geweihten Welt. Wie eifrig die Menschen auch arbeiten mögen, sie werden nie imstande sein, die vorsintflutliche Erde, deren Oberfläche die sichtbaren Spuren des irdischen Paradieses trug, wiederherzustellen.

Die ständige Unruhe der Meere legt die Möglichkeit einer neuen Sintflut nahe[25]; sie hat Teil an der ungewissen Bedrohung, die auf den auserwählten Stätten des Glücks lastet. Hier sollten wir allerdings vorsichtig sein. Die Lektüre der *Apokalypse* vermittelt die Gewißheit, daß die »letzte Verheerung« nicht vom Wasser als einem Überrest der chaotisch-sintflutlichen Vergangenheit herkommen wird, sondern vom göttlichen Feuer. Der große Weltbrand wird den Sieg des reinigenden Elements herbeiführen.[26] Bei der Wiederkunft Christi wird das Meer bereits verschwunden sein.

Doch der Meereszorn kann seinen Platz durchaus am Anfang der Katastrophenserie finden. Unter den fünfzehn Vorzeichen der

»Wiederkunft Unseres Herrn« weisen die seit dem 15. Jahrhundert weit verbreiteten *artes moriendi* dem Wasser eine verheerende Rolle zu.[27] Die Flut wird die Berge überschwemmen, ehe sie sich in den Abgründen der Erde verläuft; die Fische und die Meeresungeheuer werden unter viel Geschrei an die Oberfläche kommen, und die Wasser werden zum Feuer brüllen, das vom Himmel fällt.

Diese heilige Kosmologie, hier nur in ihren gröbsten Zügen dargestellt, vermittelt eine bestimmte Auffassung vom Meer und den darin lebenden Geschöpfen und verleiht ihnen einen einprägsamen symbolischen Wert. Durch die Figur des Leviathan, des »Drachen im Meer«[28], weiht die Bibel den mißgestalteten Charakter des Fisches, wie er sich bereits aus der Logik der Schöpfungsgeschichte ergibt. Aus dem Meer kommt auch der Drache, den der Erzengel Michael bekämpft.[29] Die mittelalterlichen Schiffsreisen der irischen Mönche, insbesondere die des heiligen Brendan[30], haben diese Interpretation bestätigt. Nach dem Bericht von Benedeit bedurfte es der ganzen Heiligkeit des Helden, um die Scheusale, die aus den Tiefen des Meeres kamen, zu beruhigen. Beowulf mußte in das finstere Loch hinab, um das unbenannte Muttertier, aus dessen Schoß das Ungeheuer Grendel kroch, zu töten: auch dies eine Legende, die davon zeugt, welchen Schrecken die an den Küsten des Nordmeeres gesichteten Lebewesen hervorriefen. Im 16. Jahrhundert spricht der schwedische Bischof Olaus Magnus den Seeungeheuern einen großen Einfluß zu. Und 1751 widmet Erich Pontoppidan[31] der Seeschlange, von den Fischern ›Kraken‹ genannt, nach gründlicher Befragung der Seeleute ein langes Kapitel seiner *Naturgeschichte Norwegens*.

Der Abscheu vor der Berührung dieser glitschigen Scheusale, geboren aus dem schwarzen Wasser[32] und emporgestiegen aus der chaotischen Welt der finstersten Abgründe, reizt die Dichter des 17. Jahrhunderts. Der in Irland lebende Spenser beschreibt, wie der heilige Pilger, der Sir Guyon zur Insel des Glücks begleitet, die Fluten mit seinem Stock berührt, um die bedrohlichen Tiere zu besänftigen und sie zur Rückkehr an den Meeresgrund zu zwingen.[33] Milton zeichnet ein ergreifendes Bild der sich paarenden Seeungeheuer, die in untergegangenen, von den Wassern der Sintflut überschwemmten Palästen hausen.[34]

Das Meer, das große Wasser, das den Ungeheuern Zuflucht bietet, ist ein verfluchtes Reich der Finsternis, in dem die verdammten Kreaturen sich untereinander verschlingen. Gaston Bachelard und Gilbert Durand betonen die Faszination des Kindes, das zum ersten Mal sieht, wie ein großer Fisch den kleineren verschluckt.[35] Diese grausame Welt des Fressens und Gefressenwerdens, in der einer den anderen verschlingt, stellt das Reich des Satans und der Höllenmächte dar. So kann denn ein Sturm kein Zufall sein. Der Seefahrer schreibt ihn der Hand des Teufels zu, es sei denn, er hält das aufgewühlte Meer für ein Werk der verdammten Seelen, die zwischen Himmel und Erde ihr Unwesen treiben.[36] Das gleiche Bild findet sich bei den Gelehrten wieder: Die Beschreibung im ersten Höllenkreis der *Göttlichen Komödie* verbindet das antike Schema des Abscheus vor den schwarzen Strömen der Unterwelt mit der Entfesselung eines rasenden Sturms. In Frankreich, schreibt Françoise Joukovsky[37], tritt das Bild vom teuflischen Meer gegen Ende des 16. und Anfang des 17. Jahrhunderts deutlicher hervor. Danach verschwindet es, ehe es zum bloßen Mittel wird, um die abgenutzten Stereotypen des vergilschen Sturmes zu erneuern.[38]

Der dämonische Charakter des wütenden Meeres rechtfertigt den Exorzismus.[39] Im 16. Jahrhundert werfen portugiesische und spanische Seeleute manchmal sogar Reliquien in die Flut, weil sie überzeugt sind, daß der Sturm sich nicht von selbst beruhigt, daß es dafür der Vermittlung der heiligen Jungfrau oder des heiligen Nikolaus bedarf. Sehr prägnant ist in diesem Zusammenhang die Gestalt Christi, der die Wellen des Sees Genezareth besänftigt und seinen erschreckten Jüngern einen schwachen Glauben vorwirft.[40]

Das chaotische Meer, die zügellose Kehrseite der Welt, der von teuflischen Mächten aufgewühlte Zufluchtsort der Ungeheuer, wird zu einer der eindrucksvollsten Figuren der Unvernunft. Die unberechenbare Gewalt, die das Meer unter dem Einfluß der Winterstürme entfaltet, bezeugt seine Raserei. Jean Delumeau[41] hebt die Häufigkeit einer assoziativen Verbindung zwischen dem Meer und dem Wahnsinn hervor; dabei verweist er auf die Figur des Tristan, der von den Seeleuten an die Küsten Cornwalls zurückgestoßen wird, und auf das Narrenschiff, das schwimmende Instrument zum Ausschluß der Irren, die jenem Element überantwortet werden, das ebenso unberechenbar ist wie sie selbst.

Die wogende Weite des Meeres birgt das Unglück in sich. In den Stücken des jungen und des reifen Shakespeare entspinnt sich aus Stürmen, wilden Tieren, Kometen, Krankheiten und Lastern ein ganzes Netz von Assoziationen, das eine konflikthafte, von Unordnung beherrschte Welt heraufbeschwört. Das graue Wintermeer,

Ein abgrundtiefes Sammelbecken sintflutlicher Reste

oben: *Wal überfällt ein bewaffnetes Kriegsschiff*
unten: *Meer-Teufel*
Anonyme Holzschnitte
aus: *Gessners Fischbuch*, 1598

schaurig und kalt, umfaßt alle Formen der Angst. Es unterhält die bange Furcht, plötzlich vom unvorhersehbaren Tod überrascht zu werden und ohne die letzten Sakramente, weit entfernt vom vertrauten Kreis der Freunde zu sterben; die Furcht, den grenzenlosen, ruhelosen Fluten ohne Sarg mit Leib und Seele ausgeliefert zu sein.[42] Mancherorts werden aus dem Wunsch heraus, ein solch brutales Auftreten des Todes zu beschwören, rituelle Sühneopfer vollbracht.

Die geistliche Literatur räumte der Symbolik des Meeres und der Küsten schon seit langem einen bedeutenden Platz ein. Eine Predigt des Pseudo-Ambrosius, erst recht aber eine lange Passage aus dem *De Beata vita* des heiligen Augustinus können hier als grundlegende Texte angesehen werden. In den Augen der Kirchenväter stellt die unermeßliche Weite des Meeres sowohl den Keim des Lebens als auch den Spiegel des Todes dar.[43] Das Mittelmeer, theologisch wie auch geographisch himmlisch und höllisch zugleich, hat trotz seiner heftigen Stürme die Missionsreisen des Paulus ermöglicht, die Verbreitung des göttlichen Worts gefördert und die Errichtung der christlichen Diaspora erleichtert. Das Leben, verstanden als eine Überfahrt, ein Weg voller Klippen, entfaltet sich in einer Welt, die ebenso unbeständig ist wie das Meer, ungreifbar und trügerisch, wo die geliebten Wesen und Dinge in einem bewegten Raum ohne »feste Hülle«[44] hin und her geworfen werden. *La mer très amère*[45], das sehr bittere Meer, zieht in den letzten dreißig Jahren des 16. Jahrhunderts als Stereotyp in die französische Dichtung ein. Über diesen Umweg entdecken die Poeten – oftmals Hugenotten, die Übertreibung und starke Bilder lieben – den Ozean, fast gänzlich der heiteren Landschaften der Renaissance entblößt. Der Sieur de Valagre begreift die Welt als ein »auf den Meeresfluten« errichtetes Gebäude, das in ihnen untergeht, als einen »Ozean der Lüste, der Begierden, der Eifersucht, der Pläne und der Absichten«. Siméon de la Roque sieht sie als ein »schäumendes und tiefes Meer, das kein Ufer kennt und keine Rast«. Ein anderes Sinnbild für die Welt ist der Mahlstrom, jener Meeresstrudel, der Leonardo da Vinci[46] faszinierte und in dessen Tiefe die Seele zu entschwinden droht.

Die flämische und dann niederländische Marinemalerei geht von dieser Symbolik aus.[47] Die Wellen stellen die Unsicherheit des Lebens und die Zerbrechlichkeit der menschlichen Institutionen dar, sie bezeugen die Notwendigkeit des Glaubens an Gott. Auch die römische Malerei des 17. Jahrhunderts, namentlich die von Claude

Lorrain, räumt der religiösen Symbolik des Meeres einen bedeutenden Platz ein.[48]

Die Kirche ist das Schiff, der Heilige Geist das Steuer, das zum ewigen Hafen führt, dem Ziel der christlichen Hoffnung, während die Sünde weit vom Weg des Heils ablenkt.[49]

Manchmal wird das Meer auch als Symbol des Fegefeuers[50] interpretiert, ähnlich wie die Überfahrt, die dem mit schwerem Sturm gestraften Sünder Gelegenheit zur Reue und zur Rückkehr auf den rechten Weg geben kann. Ansatzweise zeigt sich hier das Bild des erlösenden Meeres, das dem Seemann Gottesfurcht einflößt. Für den alternden Shakespeare, den Autor von *Perikles, Ein Wintermärchen* und *Der Sturm,* machen die in Leidenschaft entflammten Liebenden, zunächst der Unordnung der Welt ausgeliefert, durch Seefahrt und Schiffbruch eine regelrechte moralische Krise durch. Katastrophen, augenscheinliche Verluste und Trennungen bringen die Helden zur Vernunft und ermöglichen die Wiederherstellung einer von Musik und Harmonie erfüllten Welt.[51] Aber das entfernt uns zu weit von den negativen Bildern, um die es hier geht; wir werden später darauf zurückkommen.

Die Küsten und ihre Bewohner sind in den abstoßenden Vorstellungen vom Meer mit inbegriffen. Die Linie, an der die konstitutiven Elemente der Welt miteinander in Berührung kommen, ist auch die Linie ihrer Spannungen und ihrer Wahnausbrüche. Hier droht das unsichere Gleichgewicht zu zerbrechen. Und eben an diesem *limes* beginnt die große Überschwemmung, die Serie der Katastrophen. Besser als an jedem anderen Ort kann der Christ an diesem Ufer die Spuren der Sintflut betrachten, hier kann er über die antike Strafe nachdenken und die Zeichen des göttlichen Zorns auf sich wirken lassen. Nur der Hafen, die Bühne des allgemeinen Wunsches, der großen Sehnsucht und der kollektiven Freude fällt aus dem abstoßenden Schema heraus.

Der heiße Sand der Wüsten und der Strände gehört neben den Sümpfen und den schroffen Bergen zu den möglichen Gesichtern der Gehenna: Er bedeckt den Boden in Dantes drittem Höllenkreis. Wir sollten einmal darüber nachdenken, welche Gefühle das Schauspiel des Wattenmeers, der »entsetzlichen« Trostlosigkeit des von der Ebbe bloßgelegten Meeresgrunds bei den Menschen der damaligen Zeit ausgelöst haben mag.

Die antike Kodifizierung des Meereszorns

Bei der Lektüre der alten, von den Humanisten neu interpretierten Texte wie auch bei der Erforschung und Betrachtung der antiken Kunst drängen sich andere Bilder vom Meer und von seinen Küsten auf, Bilder, die sich mit denen der jüdisch-christlichen Tradition verbinden.[52]

Die Autoren des 16. und 17. Jahrhunderts, deren Werke uns als Quellen dienen, übernehmen höchst selten etwas von den alten Beschreibungen des Schauspiels der Wogen und der Strände.[53] Offenbar sind sie für das Gefühl, das aus den Meerlandschaften der *Georgica* spricht, ebenso unempfänglich wie für die Feinheiten der alexandrinischen Schule. So ist die ruhige See den französischen Dichtern der Renaissance auch kaum eine Randbemerkung wert, und die wenigen Schilderungen des Meeres, die bei ihnen zu lesen sind, geben mythologischen Gottheiten das Geleit, meist inspiriert von Szenen, die Venus oder Neptun im Fünften Gesang der *Aeneis* feiern. Um so heftiger reagieren diese Dichter, deren lebhafte Gefühlsaufwallungen von Lucien Febvre und Robert Mandrou hervorgehoben werden, auf alles, was in den Texten der Alten Furcht und Schrecken heraufbeschwört.

Im 16. Jahrhundert entwickelt sich der Meereszorn der *Aeneis* bereits zu einer Schablone, die das von der Angst vor dem Abgrund und der mutmaßlichen Nähe des Ungeheuers geprägte Bild der großen Stürme in den mittelalterlichen Berichten über die Schiffsreisen zum Heiligen Land ablöst.[54] Die vergilschen Stereotypen, teilweise aus Homers Werken übernommen und von anderen vielgelesenen Autoren wie Ennius, Pacuvius, Ovid, Seneca und schließlich Lukan[55] bearbeitet oder angereichert, regen die Dichtung dieser Zeit an, den Roman ebenso wie das Epos, die Lyrik oder den Reisebericht. Diesem Modell folgt die Beschreibung des Sturms sowohl in Rabelais' Viertem Buch über die Abenteuer des Pantagruel als auch in Camoes' *Lusiaden*, und es drängt sich den Tragikern noch während des gesamten 18. Jahrhunderts auf[56]; es prägt den Sturm bei Thomson[57], und Monique Brosse[58] weist nach, wie schwer es auf der gesamten Meeresliteratur des romantischen Abendlandes lastet.

Der antike Sturm, kodifiziert und gelehrt von den Rhetoren des zweiten Jahrhunderts, die sich von den Berichten der *Aeneis* und den fünf Beschreibungen Ovids anregen ließen, besteht aus einer Serie

Die antike Kodifizierung des Meereszorns

Paolo Ucello
Sintflut, 1446 (Fresko)
Florenz, Santa Maria Novella

Schiffbruch der Flotte des Aeneas
Ital. Buchmalerei der Renaissance

festgelegter Stereotypen, die ihm – unzutreffend – das Aussehen eines Zyklons verleihen. Zuerst eilen die Winde von den vier Enden der Welt herbei und liefern sich eine tosende Schlacht; das Geschrei der Matrosen, ächzende Taue, brechende Wellen und rollende Donner bilden die Geräuschkulisse. Die Wasser, beladen mit Meersand, Schlick und Schaum, erheben sich wie Berge und entblößen den Grund in unterster Tiefe. Die krachende Brandung lockert die Planken, und mitten in der von Blitzen durchzuckten Finsternis zeugt der prasselnde Regen vom Einsturz des Himmels. Bei der zehnten Welle, der längsten von allen, ist der Tod unausweichlich, es sei denn, ein göttlicher Eingriff rettet den betenden Seemann.

Die Wiederholung dieses allen bekannten Modells vertieft das Bild eines furchtbaren abgründigen Meeres, auf dem der Mensch zwischen den Händen der Götter treibt, ständig bedroht vom gewaltigen Zorn des feindlichen Wassers, einem Symbol des Hasses, das jede Liebesglut und jedes Feuer auslöscht.

Horaz wie auch Tibull, Properz, Ovid und später Seneca[59] verabscheut den *oceanus dissociabilis,* der die Menschen trennt. Er verurteilt die Schiffahrt als Herausforderung der göttlichen Natur. Die Adria erfüllt ihn mit Schrecken. In dem von ihm beschriebenen stürmischen Meer, das die Schiffe gierig verschlingt und eine Bühne blutiger Kämpfe ist, wimmelt es von Bestien und Fallen. Horaz ist in diesem Punkt zwar nicht repräsentativ für die Gesamtheit seiner Zeitgenossen, aber darauf kommt es hier nicht an. Wichtig ist nur, daß er viel gelesen wurde, solange die klassische Kultur maßgeblichen Einfluß besaß.[60]

Die antike Literatur präsentiert das Meer – und später den Atlantischen Ozean – als einen rätselhaften Ort *par excellence.* Sie macht es zur bevorzugten Bühne für den Schmerz des Gelehrten. Im 17. Jahrhundert wird – wenn auch niemand so recht daran glaubt – immer wieder behauptet, Aristoteles habe Selbstmord begangen, weil es ihm nicht gelungen sei, die komplexen Strömungen des Euripus zu erklären.[61] Die Meereskunde hat seit der Antike zwar tiefgreifende Veränderungen erfahren, doch drei schon von den Griechen aufgeworfene Hauptprobleme beschäftigen die Gelehrten immer noch. Das erste betrifft die Aufteilung und Gestaltung des Festlands und der Meere: Sie erscheinen anarchisch und stehen nach der Physik des Aristoteles im Gegensatz zur natürlichen Anordnung der Elemente.[62] Das Wasser müßte in der Tat den ganzen Boden bedecken.[63]

Auch die Zirkulation des Wassers bleibt ein halbwegs ungelöstes Rätsel. Gewiß, noch ehe Halley den entscheidenden Beweis erbringt, ist die vermutlich auf Aristoteles zurückgehende Theorie vom Kreislauf der Verdunstung und der Niederschläge allgemein bekannt.[64] Aber dieser Wasseraustausch zwischen dem Weltmeer, der Atmosphäre und der Erde wird weiterhin für unzureichend gehalten. Das platonische Modell, das eine Wasserbewegung im Inneren der Erde unterstellt, findet immer noch breiten Zuspruch. Dieser Glaube an eine unterirdische Verbindung zwischen Festland und Meer macht die Existenz der schrecklichen Höhlen am Meeresgrund[65] um so wahrscheinlicher. Das in der Tiefe fließende Wasser läßt dem Imaginären keine Ruhe. Es inspiriert den *Mundus subterraneus* von Pater Kircher, es erklärt die Anziehungskraft der *Unterseereise*[66], es bestärkt die von Burnet und Woodward entworfenen Theorien von der Erde. Die Gewißheit, daß es unter der Erdoberfläche ein riesiges Reservoir gibt, das die Flut durch ein komplexes Netz von Kanälen speist und für die Verteilung des Wassers in Flüssen und Meeren sorgt, macht die Küstenlinien weniger bedeutungsvoll und regt die Suche nach einer anderen Reise an, diesmal in die Tiefe.

Die faszinierenden unterirdischen Verbindungen werden oft zur Erklärung der Meeresströmungen oder der Gezeiten herangezogen. Was die letzteren betrifft, so stehen sich vielfältige Theorien gegenüber. Gewiß, seit Pytheas ist man der Rolle des Mondes auf die Spur gekommen, und 1687 leistet Newton einen entscheidenden Beitrag zur Aufklärung des Phänomens. Schon vor ihm hatten Galilei und Descartes beeindruckende Erklärungen vorgeschlagen – der erste, indem er den Bewegungen der Erdrotation eine wesentliche Bedeutung zusprach, der zweite, indem er den Druck des Mondes auf die Atmosphäre betonte. Dennoch werden weiterhin andere Thesen vertreten, die auf der Astrologie oder auf der Vorstellung eines von animalischen Lebensgeistern beseelten Meeres beruhen. Auch sie müssen unbedingt berücksichtigt werden, wenn man das geistige Universum der Zeitgenossen Descartes in seiner ganzen Komplexität begreifen will.

Die antike Kultur, aufmerksam gegenüber allen Grenzfiguren[67], interessiert sich systematischer für die Einschätzung der Küsten als für die des Meeres. Das wird niemanden verwundern. Paul Pedech zeigt unter anderem, wie der Küstenverlauf durch die Erfahrungen der Seefahrt bei den Griechen in den Vordergrund des geographischen Bewußtseins rückt.»In erster Linie ist es das Meer«, schreibt Strabon,»das der Erde ihre Umrisse und ihre Formen gibt, indem es die Buchten, die offene See, die Meerengen und desgleichen Landengen, Halbinseln und Kaps gestaltet.«[68] Die griechischen Reisenden berichten über Rund- oder Küstenfahrten.[69] Das Hauptziel, das Avienus mit seiner poetischen Geographie der *Ora maritima* verfolgt, besteht in einer lückenlosen Beschreibung der Küste, in einer Darstellung der Abfolge von unfruchtbaren Sandstränden, Seen, Nehrungen und felsigen Landvorsprüngen.[70] An keiner Stelle sagt Homer, daß Odysseus das Meer wirklich liebt; was ihn aufs Schiff treibt, ist die symbolisch gemeinte Sehnsucht nach den Gestaden Ithakas. Das gleiche Gefühl veranlaßt den Helden in Fénelons *Telemach*, den Felsen hinaufzusteigen, um das Schauspiel des Meeres zu betrachten.[71] Im antiken Epos nährt das Ufer den Traum der von den Göttern befohlenen Niederlassung, oder es steht für die Hoffnung der Rückkehr.

Dennoch fehlt es in der Mythologie und in der klassischen Literatur nicht an Episoden, die das negative Küstenbild bestärken. Der Ort der Hoffnung und des Erfolgs kann sich leicht in ein kaltes Exil, eine Stätte des Unglücks verwandeln. Auf der Suche nach Theseus geht Ariadne am Strand von Naxos ins Meer, ihre Tränen mit den brausenden Wellen zu vereinen, und Racines Phädra, die von Dionysos nichts weiß, fragt:»An welcher Liebeswunde gingst einsam am Gestad', Verlaßne du, zugrunde?«[72] Den Tod im Herzen läuft der einsame Ovid an der düsteren Küste von Tomis auf und ab. Im *Telemach*, der aus lauter am Meeresufer spielenden Szenen besteht, ist der Strand nicht nur ein Ort der Flucht, der Schiffbrüche, der wehmütigen Tränen, sondern auch die bevorzugte Bühne der Abschiede und der herzzerreißenden Klagen.[73]

Am Gestade lauern die Ungeheuer, Skylla mit ihren bellenden Hunden und die heimtückische Charybdis, die ihre Opfer verschlingt und wieder ausspeit. Poseidon, der Grieche, oder Neptun, der Etrusker, ursprünglich Götter der Unterwelt, die Gewalt über Erdbeben und Sturmfluten besaßen, treten als Gottheiten des Meeres das Erbe jener Seeungeheuer an, mit denen die ägäische Welt das Wasser bevölkert hatte. Poseidons Söhne sind zumeist bösartige Riesen, etwa Polyphem, der Zyklop, oder auch der Räuber Sciron.[74] Am Ende des 18. Jahrhunderts gibt es keinen Reisenden, der nicht davon träumt, die mit homerischen Scheusalen bevölkerten Meerengen Siziliens zu besuchen. Für den klassizistischen Reisenden wird eine Annäherung an die tückischen Strudel bald zum unerläßlichen Bestandteil der als Initiation erlebten Rundfahrt. Während er sich an Ort und Stelle über die nicht ernstzunehmende Gefahr belustigt, erinnert er sich gern an das Grauen der Schüler von einst.

Das antike Ufer ist auch ein Sammelbecken der Meeresexkremente. Das Wasser reinigt sich an den Stränden, dort speit es seine Ungeheuer aus. »Es liegt in der Natur des Meeres«, schreibt Seneca, »daß es jede Absonderung und jede Unreinheit an seine Küsten spült, ... und diese Läuterung findet nicht nur statt, wenn der Sturm die Flut aufwühlt, sondern auch, wenn tiefste Ruhe herrscht.«[75] Strabon spricht ebenfalls von der »ausstoßenden« oder »abführenden« Bewegung des Meeres.[76] Plinius der Ältere behauptet, die vor Afrika liegenden *Fortunatae insulae* seien verseucht von der Fäulnis tierischer Rückstände, die das Meer laufend an die Ufer schwemmt.[77] Im 17. Jahrhundert gilt Ambra immer noch als das kostbarste und spektakulärste Produkt dieser Meeresexkretion. Nach den Darstellungen von Pater Fournier und Pater Bouhours sind die Küstenbevölkerungen immer noch überzeugt, daß es sich bei den übelriechenden Stoffen an den Gestaden Venedigs und Messinas um Ausscheidungen des Meeres handelt.[78] Sie halten den salzigen Schaum für Meeresschweiß. Die Venezianer nennen den Moment des höchsten Wasserstandes *il viva dell'aqua*. So gesehen kann jede Flut als ein Fieberanfall des Meeres wahrgenommen werden. Mit entsprechenden Begriffen beschreibt der englische Dichter Diaper 1712 die Verschmutzung der stinkenden Küsten, an denen die Delphine sich zum Sterben niederlegen, um die Reinheit der Luft und die Klarheit des Wassers auf offener See nicht zu beeinträchtigen.[79]

In der griechischen Literatur beschwört jeder Grenzbereich die Gefahr einer Überlagerung des Göttlichen, des Menschlichen und des Tierischen herauf, die sich, oft unscharf voneinander getrennt, bedrohlich nahe sind.[80] So, wie man sich die Küste der Antike vorstellt, bleibt sie von der Furcht vor dem möglichen Auftauchen des Ungeheuers, dem brutalen Eindringen des Fremdlings beherrscht. Als natürliche Stätte der unverhofften Gewalt ist sie eine privilegierte Bühne der Entführungen. Es wäre zu viel, hier alle einschlägigen Episoden zu nennen, die in der Malerei und in der Literatur so oft aufgegriffen worden sind und die von den Schriftstellern der Antike hergestellte Verbindung zwischen der landschaftlichen Umgebung und den Kriegsverläufen illustrieren.[81] Der Raub der

Europa, das Lager der Danaer an den Ufern des Tiber und die Art, wie sie mit den Waffen in der Hand an Land gehen, sind wohl die klarsten Beispiele. Auch das Seeungeheuer, das sich in Corneilles *Andromeda* anschickt, seine Beute zu verschlingen[82], und Theramenes Bericht über das unglückselige Schicksal des Hippolytos vervollständigen die lange Reihe der Klischees.

Die Vorstellung, die das moderne Zeitalter sich von der antiken Küste macht, läuft nicht selten auf das Bild eines ungewissen *limes* hinaus, der zu durchlässig ist, um auf Erden den harmonischen Frieden eines arbeitsamen und fruchtbaren Lebens zu schützen. Verstärkt wird dieses Bild durch die Erinnerung an die zahlreichen Plagen, die seit dem frühen Mittelalter über das Meer gekommen sind.[83] Die Spuren von den Einfällen der Normannen und der Sarazenen, der Seeweg der schwarzen Pest, die Schandtaten der Piraten und natürlich auch die der Schiffsplünderer, der Schmuggler und der Strandräuber verleihen dem Küstenbild ein unheilvolles Gepräge. Die großen Seekriege des ausgehenden 17. und des 18. Jahrhunderts führen schließlich dazu, daß die Gestade des Ärmelkanals mit einem doppelten Steinwall bewehrt werden. Der Reisende des 18. Jahrhunderts beurteilt ein Ufer, einen Ankerplatz oder einen Hafen immer nach der jeweiligen Befestigungsanlage.

In den Augen des Fremden ist die Küste auch der Ort, an dem er bangen Herzens die überraschende Wirklichkeit der dort lebenden Geschöpfe entdeckt; sie ist die gefährliche Bühne, auf der die Entscheidung zwischen den Freuden der Gastlichkeit und der Bestialität der Ungeheuer fallen wird, die Entscheidung zwischen Nausikaa und Polyphem.

Zu Beginn des 18. Jahrhunderts verbindet Daniel Defoe diese unheilvollen Küstenbilder zu einer neuen Gestalt. Die Robinsoninsel trägt alle Züge des Gartens Eden nach dem Sündenfall: Ein wolkenloses Glück winkt unter der Bedingung, daß der Mensch keine Mühe scheut, daß er die Zeit organisiert, daß er sich die Arbeit sorgfältig einteilt. In seinem Verlauf stellt der bekanntlich in einer prometheischen Perspektive geschriebene Roman symbolisch die verschiedenen Stufen der Zivilisation dar: Das Sammeln und das Fischen, die Landwirtschaft, die Viehzucht. Doch der Garten Eden befindet sich im Inneren der Insel, mitten zwischen Wiesen und Wäldern. Das einsame Individuum verfügt über ein ganzes System höhlenartiger Verstecke, die unter die Erde führen, wo die bedrohte Intimität ihre letzte Zuflucht findet.

Der Strand ist nur eine Bühne der Katastrophen, deren Spuren er bewahrt: Das Schiff ist an den Klippen vor der Küste zerschellt, und das Meer hat die – nützlichen – Wrackteile ans Ufer gespült. Vor allem aber liefert der Sand Hinweise auf die bedrohlichen wilden Kräfte, die Symbole des Begehrens. Hier veranstalten die Menschenfresser ihre Orgien, während Robinson, der durch die Wildheit der kollektiven Freude bedrohte Augenzeuge, sie fasziniert beobachtet. Von seiten des Ufers erhebt sich die Gefahr gegen die mit liebevoller Hand erbaute Stammbehausung, und vom Meer her kommen auch die meuternden Banditen. An dem von feindlichen Spuren gezeichneten Strand, an dem Robinson die Wilden in ihrer Nacktheit beobachtet hat, mag der Held nicht verweilen. Er spielt nicht, und er badet nicht; er wagt nur einen einzigen tollkühnen Vorstoß, um seinen künftigen Gefährten Freitag von der Gruppe der Wilden zu trennen, ihm auf diese Weise eine Identität zu verleihen und eine homosexuell anmutende Beziehung zu ihm aufzunehmen.[84]

Aus diesem Roman – der Grundlage aller Robinsonaden, auf denen die negative Beurteilung der Küsten noch lange lasten wird – spricht das Echo der Seefahrerberichte, die seit Ende des 15. Jahrhunderts das Wissen über den Planeten erweitern. Das Bild des Wilden vervollständigt den antiken Katalog jener Bedrohungen, die dem Meer und seinen Küsten innewohnen.

Die Erfahrungen der modernen Schiffahrt schlagen sich selbstverständlich auch auf die herrschenden Vorstellungen vom Meer und von seinen Küsten nieder, ohne daß dieser Einfluß jedoch überschätzt werden darf. Mindestens bis 1770 haben die aus antiken literarischen Quellen und aus der Bibellektüre geschöpften Erinnerungen eine stärkere Wirkung auf das Imaginäre als alle exotischen Reiseberichte. Könnte man die Stunden zählen, die ein kultivierter Mensch der damaligen Zeit in die Lektüre der griechischen und vor allem der lateinischen Werke investiert, wären es weit mehr, als er mit Reisebüchern überhaupt verbringen kann, ganz abgesehen davon, daß deren Inhalt stets in ältere, tief verwurzelte Schemata eingebettet ist. Paradoxerweise bietet die Geschichte der Seeleute und der Seefahrt, so eindrucksvoll sie auch sein mag, nicht den besten Zugang zum Verständnis und zur Analyse der Meeres- oder Küstenbilder. Trotzdem ist sie unerläßlich.

Das furchtbare Schicksal, das die moderne Zeit den Seefahrern beschert, bringt eine umfangreiche wissenschaftliche, vor allem medizinisch orientierte Literatur hervor, die das negative Bild vom Meer bestärkt. Ich habe an anderer Stelle[85] ausführlich beschrieben, wie sich das Schiff in der Wahrnehmung der damaligen Zeit zu einem schädlichen Ort *par excellence* entwickelt. Zwischen den feuchten Holzplanken finden sich alle Ursachen der Gärung und der Fäulnis, und die Krankheitskeime sammeln sich am stinkenden schwarzen Grund des Schiffbauches. Die Schiffe, so glaubt man, sind Ursache vieler Seuchen und Epidemien. Das Schiff im Hafen bedroht die Gesundheit der Stadt, und auf offener See sind die Matrosen seiner Fäulnis ausgesetzt. Die Überfahrt bringt den Skorbut, eine Krankheit von symbolischer Bedeutung, die bei lebendigem Leibe zur Zersetzung des Fleisches führt. Verdorbene Nahrungsmittelvorräte und die Entdeckung exotischer Krankheiten machen die Vorstellung vom Schiff als einem Ort der Verwesung komplett.

Das Meer selbst ist fäulniserregend. Daß seine Ausdünstungen ungesunde Folgen haben, gehört zu den am tiefsten verwurzelten Überzeugungen der neohippokratischen Medizin des 17. und 18. Jahrhunderts. Das Salz, in großen Mengen ein Mittel gegen den Zerfall, wirkt in kleinen Mengen genau umgekehrt. Die fauligen Dünste, die vom Meer aufsteigen, verbreiten an den Küsten einen üblen Gestank. Dieser typische Strandgeruch, bestehend aus Emanationen, um deren Analyse die Chemie des 18. Jahrhunderts sich bemühen wird, gilt aber auch als Folge verwesender Meeresablagerungen. Tang, Exkremente und organische Überreste, die allenthalben angespült werden, tragen – so glaubt man – zur Erzeugung der schlechten Luft bei, die oft an den Meeresufern herrscht. Wie wir sehen werden, wächst dieser Ekel vor dem ungesunden überhitzten Strand paradoxerweise noch zu einer Zeit, in der die ersten Lobeshymnen auf die Heilsamkeit der offenen, vom Nordwind durchlüfteten Gestade ertönen.

Es sei hinzugefügt, daß der schon bei Pytheas erwähnte Alptraum von einem modernden, zähflüssigen, wenn nicht gar verwesenden Meer voller häßlicher, aus Fäulnis geborener Kreaturen, dessen Schlick die Fahrt der Schiffe hemmt, lange vor der berühmten Ballade des englischen Dichters Coleridge[86] Nahrung in den Beschreibungen der Sargassosee fand.

Wer wundert sich da noch über die Grauen der Seekrankheit? Diese Geißel trifft mit Ausnahme des Kapitäns und der Matrosen offenbar jeden, der eine Überfahrt wagt. Wir können die damals herrschenden Vorstellungen vom Meer und von seinen Küsten unmöglich analysieren, ohne das Entsetzen, das die Menschen angesichts dieses Übels ergreift, zu berücksichtigen. Wenn der Schiffsreisende sich von der physischen Umgebung und dem nahen Zusammensein mit der Mannschaft ohnehin schon angeekelt fühlt, machen Schwindelanfälle und der Geruch von Erbrochenem das Maß endgültig voll. Das Bewertungssystem ergibt sich nicht nur aus dem Augenschein und dem mitgebrachten kulturellen Gepäck, sondern auch aus kinästhetischen Empfindungen, vor allem dann, wenn sie so unabweislich sind wie die durch Schlingern und Stampfen hervorgerufene Übelkeit.

Zu diesem Thema sei abschließend noch gesagt, daß die Seekrankheit, die von den Pilgern des Heiligen Landes seit dem Mittelalter immer wieder als furchtbares Übel hervorgehoben wird[87], im 18. Jahrhundert offenbar noch schlimmere Gefühle auslöst, insbesondere bei den Frauen. Damit stellt sich das Problem der Historizität sinnlicher Erfahrungen. Die ›Touristen‹[88], die ihre Reiseerinnerungen zum besten geben, haben zweifellos nicht mehr die Widerstandskraft, mit der die unermüdlichen Seefahrer der Vergangenheit ausgestattet waren. Die neue Mode der empfindsamen Seele, der gelehrte Diskurs über die Rolle des Zwerchfells, die um sich greifenden, von den Ärzten so gern beschriebenen Vapeurs und typisch weiblichen Verwirrungen, die Betonung der Furcht vor verderblichen Ausdünstungen, das geschärfte, die Geruchswahrnehmung belebende Bewußtsein für die gesundheitlichen Risiken einer mit Fäulnis belasteten Umgebung und sicherlich auch die nicht sehr sinnvollen Schutzvorkehrungen, die den Betroffenen anempfohlen werden, erklären die wachsende Angst vor Schiffsreisen aller Art und den zunehmenden Ekel beim bloßen Gedanken an das laufende Erbrechen.

Montesquieu klagt über die »grauenhafte Seekrankheit«, die ihn 1726 zwischen Genua und Portovenere befiel.[89] 1739 schifft der Präsident de Brosses in Antibes auf eine Feluke nach Genua ein. »Meiner Ansicht nach ist das Erbrechen immer noch das geringste Übel bei der Seekrankheit«, schreibt er; »viel schwerer zu ertragen sind die geistige Mattigkeit, dergestalt, daß man nicht einmal mehr den Kopf wenden würde, um sein Leben zu retten, und der gräßliche Geruch, den das Meer einem in die Nase treibt.«[90] Nach seiner Landung in Speretti, einem winzigen Nest in Italien, flieht er den Strand: »Ich hatte einen solchen Widerwillen gegen das Meer, daß ich selbst den Anblick nicht länger ertrug.« Das allerdings hindert ihn nicht, es einige Tage später bei ruhigem Wetter wieder mit Vergnügen zu betrachten, ehe er es erneut als »impertinent« und als »bösartige Bestie«[91] beschimpft.

Auch am Anfang des 19. Jahrhunderts berichten die Reisenden gern von jener Qual, die zugleich Initiationswert hat. Adolphe Blanqui äußert sein Erstaunen darüber, daß die Seekrankheit von den Alten nicht in den Katalog der menschlichen Leiden aufgenommen wurde, was ihm zufolge einen Wandel der Sensibilität anzeigt: »Für uns, die wir nicht so einfach sind wie unsere Väter, ist diese Krankheit ein ernsthaftes Übel, das in der Geschichte der Widrigkeiten, mit denen der Reisende zu kämpfen hat, durchaus für wichtig erachtet werden muß. Denn wahrlich, kaum entzieht das Land sich den Blicken, gibt es auf dem Passagierschiff keine Freude und keine Bewegung mehr. Alle Gespräche werden unvermittelt abgebrochen, die frischesten Gesichter werden plötzlich blaß und nehmen eine fahle grünliche Farbe an. Oft sieht man Frauen im Zustand absoluter Mattigkeit auf der Brücke liegen, gefühllos gegenüber allem, was um sie her geschieht... Jeder scheint sich in sich selbst zurückzuziehen.«[92] Man muß wohl hinzufügen, daß der Rauch, der bei der Verbrennung von Kohle entsteht, eine zusätzliche Unannehmlichkeit in dieser Zeit der frühen Dampfschiffahrt (1824) darstellt.

Für den empfindsamen Romantiker kann die Erfahrung einer Seefahrt zum Drama werden. Von den stürmischen Wellen, die gegen Schottlands Küsten branden, hin und her geworfen, glaubt der Marquis de Custine seine letzte Stunde gekommen; trotz seines dringenden Wunsches, die Hebriden zu besuchen, muß er den Plan aufgeben und über einen Landweg nach Hause zurückkehren.[93]

Lassen wir es bei dieser kurzen Aufzählung der abstoßenden Bilder vom Meer und von seinen Küsten bewenden. Sie alle entspringen einem Vorstellungssystem, das älter als der Wunsch nach Meeresküsten ist. Doch schon im 17. Jahrhundert beginnt der Umbruch, der eine neue Sicht ermöglichen wird. Angesichts der Fortschritte, die England zwischen 1660 und 1675 im Bereich der Meereskunde erzielt[94], treten die Geheimnisse des Meeres in den Hintergrund. Gleichzeitig zieht der Satan sich von der Bühne der mentalen Geschichte des Abendlandes zurück.[95] Abgesehen von der vorübergehenden Aufmerksamkeit, die eine Gruppe barocker Dichter dem Meereszauber entgegenbringt, sind es vor allem drei Phä-

John ›Warwick‹ Smith
Die Insel Capri
aus: Saint-Non, *Voyage pittoresque en Italie*, Paris 1785

nomene, die den Wandel des Bewertungssystems vorbereiten: Die idyllischen Gesänge der Propheten der natürlichen Theologie, die schwärmerische Begeisterung für die fruchtbaren Küsten der gottgesegneten Niederlande und die in Mode kommenden klassischen Reisen an die lichten Ufer der Bucht von Neapel.

Claude Gellée, gen. Le Lorrain
oben: *Küstenlandschaft mit Acis und Galathea*, 1657
Dresden, Gemäldegalerie
unten: *Raub der Europa*, 1655
Moskau, Puschkin-Museum

Die anfänglichen Formen der Bewunderung

*Der Zauber des Wasserspiegels oder
die Stätte der großen Gewißheiten*

Es wäre falsch zu glauben, daß vor der Entstehung des komplexen Bewertungssystems, welches sich im Zeitalter der Aufklärung herausbildet, eine absolute Blindheit, eine allgemeine Gefühllosigkeit gegenüber der Natur bestanden hätte. Aber die unterschiedlichen Arten der Landschaftsbetrachtung und die durch sie hervorgerufenen Formen der Lust und des Begehrens beugen sich bis 1720 einer Rhetorik, einem Zusammenspiel der Gefühle, das mit der klassischen Lehre übereinstimmt.

Zu Beginn des 17. Jahrhunderts spricht eine Gruppe französischer Poeten, oft barocke Dichter genannt, von der Freude, die man am Meeresufer erleben kann. Théophile, Tristan und vor allem Saint-Amant[1], seit ihrer Kindheit an die Küstenwege des Pays de Caux gewöhnt, beschreiben in ihren Werken, wie schön es ist, auf einem Felsen zu sitzen, über den Strand zu laufen und die Variationen des Meeres zu betrachten. Das Meer gibt diesen Dichtern nicht nur Gelegenheit, metaphorisch an das Schicksal des von dunklen Mächten herausgeforderten Menschen[2] oder an die Prüfungen der Jungverliebten[3] zu erinnern. Im Netz der antiken Schablonen, die den Rahmen für die Erwähnung des vergilschen Sturms, des Gefolges der Gottheiten oder des ausgelassenen Spiels der Tritonen bieten, zeichnen sich auch spezifische Modalitäten eines lustvollen Erlebens der Meereslandschaft ab.

> *Nul plaisir ne me peut toucher*
> *Fors celuy de m'aller coucher*
> *Sur le gazon d'une falaise,*
> *Où mon deuil se laissant charmer*
> *Me laisse rêver à mon aise*
> *Sur la majesté de la mer.*[4]
>
> Nichts freut mich so inniglich
> wie wenn ich draußen
> auf dem weichen Grund der Felsen liege,
> wo meine Trauer sich betören läßt,
> so daß ich von der Herrlichkeit des Meeres
> nach Belieben träumen kann.

Diese Worte schreibt Tristan l'Hermite, der sich mit den nahen Stränden von La Rochelle vertraut und verbunden fühlt.

Die Freude der barocken Dichter an der Küstenlandschaft paßt zu ihrer Lust an der Bewegung, zu ihrem Wunsch nach Überraschungen. Die dauernde Bewegtheit des Wassers und die Spiegelung des Sonnenlichts bilden in ihren Augen eine Zauberwelt, einen »dauernden Brennpunkt imaginärer Schöpfungen«.[5] Die ununterbrochene Metamorphose, die Magie der Reflexe und der Spiegelung des Himmels im Wasser, durch die eine Umkehrbarkeit des Universums[6] vorgetäuscht wird, erfüllen die Erwartung einzelner Individuen, die im Schauspiel der Natur das zu entdecken vermögen, was die Welt zu einem Spiel von Illusionen macht.

1628 lernt Saint-Amant die reizvollen Seiten des Rückzugs in die Einsamkeit schätzen. Er läßt die heiteren Gefilde des flachen Landes und die Tiefe der Wälder hinter sich und erwählt die wilden Küste von Belle-Île zu seiner »Einöde«. Die Gepflogenheiten, die er in *Le Contemplateur* beschreibt, haben viel mit dem Ritual der Meditation gemein; seine Gefühle orientieren sich an der Kenntnis der Heiligen Schrift. Saint-Amant geht an den Strand, um die erstaunlichen Grenzen, in denen Gott die Tiefe eingeschlossen hat, zu betrachten. Hier denkt er über die »traurigen Folgen der Sintflut« nach, und hier stellt er sich mit Schrecken das »wie Branntwein brennende«[7] Meer der Apokalypse vor. Die große Szene des Sonnenaufgangs, den er frühmorgens beobachtet, erinnert an die Auferstehung, sie kündigt das Jüngste Gericht und die Himmelfahrt Christi an.

Mit den biblischen Bildern verbinden sich Nachklänge der Antike. Auch Saint-Amant hat die vergilsche Vision von der »flüssigen Ebene« vor Augen, und die Tritonen tummeln sich auf Thetis'

Brust. Der Wechsel von Ebbe und Flut symbolisiert das Unbegreifliche, das Aristoteles in den Selbstmord trieb und den Kirchenvätern erlaubte, das Geheimnis der Schöpfung zu illustrieren. Der Sturm, den der Dichter vom Ufer aus beobachtet, hat Lukrez viel zu verdanken. Wie die englischen Anhänger der *rural sports* nennt Saint-Amant sich einen Liebhaber der Bootsfischerei und der Kaninchenjagd an der Küste. Er gesteht, daß er gern stundenlang auf einem Felsen sitzt und den Meereshorizont betrachtet oder den Möwen lauscht, die mit ihren seltsamen Schreien den leeren Raum verhöhnen. Dann steigt er hinunter und macht einen langen Strandspaziergang, der ihm Anstöße zum Nachdenken gibt und ihm die Möglichkeit verschafft, Muscheln zu sammeln. Die Unbeständigkeit des Meeres fasziniert ihn ebenso wie der bei ruhiger See glatte Wasserspiegel, der voller Illusionen steckt.

Das Schauspiel der Unendlichkeit löst keine Spur des Schreckens bei ihm aus. Offenbar erträgt er die Betrachtung dieser unbegrenzten Weite, die seine Zeitgenossen fast immer als Herausforderung empfinden. Auf ihn üben die feudalen Ruinen, die den Küstenstrich säumen, schon jetzt einen besonderen Reiz aus. Seine Melancholie verbindet sich mit dem Spuk der Gerippe in den unterirdischen Höhlen. So wird denn auch leichter verständlich, daß sein Werk, 1716 ins Englische übersetzt, jenseits des Ärmelkanals zur Ästhetik des Erhabenen beitragen konnte.

Dennoch handelt es sich hier um Emotionen, die nur selten ausgesprochen werden. Wie jede im 17. Jahrhundert erwähnte Landschaft, schreibt Jacques Thuillier[8], zeigt sich auch das von der Küste aus betrachtete Meer »in der Literatur nur in kurzen Abschnitten; um die betreffenden Stellen zitieren zu können, muß man stükkeln und zergliedern, und man kommt zwangsläufig immer auf dieselben Autoren, auf dieselben Verse zurück«.

Im zweiten Drittel des Jahrhunderts tauchen vereinzelte Zeugnisse auf, die ein etwas anderes Bewertungssystem erkennen lassen. Der Küstenspaziergang gehört zu den Naturerfahrungen, die dem Lebensplan einer nach Erquickung strebenden Elite entsprechen. Für ein Individuum mit hohen moralischen Ansprüchen ist der Rückzug keine Abdankung, sondern ganz im Gegenteil eine »wehmütige und klare Entscheidung des Herzens, keine Ordnung mehr durchsetzen zu wollen, es sei denn für sich selbst, abseits einer Welt, in der es aus Erfahrung weiß, daß das Böse unüberwindlich ist«.[9] Er ist das Bindeglied zwischen einer stoischen Konzeption des moralischen Lebens und dem christlichen Bestreben, die einsame Meditation zum irdischen Vorläufer der himmlischen Glückseligkeit zu machen.

Der Rückzug auf die Insel Jersey, zu dem sich der von Mazarins Schergen verfolgte Normanne Henri de Campion 1644 durchringt, entspricht diesem Modell. 1654 schreibt Campion in seinen *Memoiren* über die großen Gewißheiten, die er damals an den Ufern des Meeres gewann. Von dem Gouverneur Carteret und dessen Frau äußerst zuvorkommend behandelt, widmete er ein Drittel seiner Zeit der Lektüre, ein Drittel dem gesellschaftlichen Leben und das letzte Drittel, so berichtet er, »den Spaziergängen über den Strand oder über die einsamen Felsen in der Umgebung meines Hauses, das mir, dem Meere zugewandt, einen freien Blick auf dieses weite und wechselhafte Element erlaubte. Ruhend sah ich dem Sturm und der Windstille zu. An diesem Ort fand ich schönste Gelegenheit, über die Unbeständigkeit der menschlichen Dinge nachzudenken, zumal ich immer Neues darüber erfuhr...« Das Gefühl der Verantwortlichkeit für das eigene Glück »verlieh mir so viel Kraft, daß ich sieben Monate an diesem wilden Ort verweilte, ohne Unruhe zu empfinden und ohne daß es mich drängte, ihn wieder zu verlassen«.[10]

Hier geht es nicht um eine Meditation in vollkommener Abgeschiedenheit. Der Strand lädt auch dazu ein, sich schöner Gespräche zu erfreuen. Er bietet ein subtiles Gleichgewicht zwischen dem einsamen Rückzug und der lärmenden Menge, da er die Auswahl »einiger besonderer Personen« nahelegt, »denen man sich mitteilt, um der langweiligen Einsamkeit ebenso zu entrinnen wie der Belästigung durch die lärmende Menge«.[11] Moisant de Brieux erzielt die gleiche Mischung aus Meditation und erlesener Freundschaft. Der Literat aus Caen, der sonst in den feinsten Salons verkehrt, lebt gern an seinem zweiten Wohnsitz in Bernières.[12] Der freie Blick aufs Meer, den man dort genießt, verwundert seine Freunde, die für offene Fenster zu einem schattigen Wäldchen hin mehr Verständnis gehabt hätten. Brieux aber achtet darauf, daß kein Baum ihm die Sicht auf das Wasser nimmt. Wie Campion liebt er es, gedankenverloren »vor dem weiten und wechselhaften Element« zu sitzen und lange am Strand spazierenzugehen.

Auch diese Erfahrung zeigt, daß es vor dem großen Entzücken, mit dem die Anhänger der natürlichen Theologie gegen Ende des Jahrhunderts die Reichtümer des Meeres entdecken, ein anderes

Bewertungssystem gegeben hat, das sich seinerseits von einem
noch früheren, auf der Verbindung zwischen Meer und Traum beruhenden Modell unterscheidet. Die wohltuende Ruhe, die der Rückzug mit sich bringt, die Pflege des stillen Nachdenkens und des
Gesprächs, die durch die Umgebung begünstigte Träumerei[13] sowie
bestimmte Formen der körperlichen Betätigung und das faszinierende Flimmern des Wasserspiegels stellen eine ganze Reihe landschaftsbedingter Genüsse dar, ohne daß die darüber berichtenden
Autoren es darauf abgesehen hätten, das Schauspiel der Natur so
auszumalen wie die Verfasser ortsbeschreibender Gedichte am
Anfang des folgenden Jahrhunderts.

Ein Sammelbecken göttlicher Wunder

Hier ist eine kurze Abschweifung geboten. Zwischen 1690 und 1730
entfaltet sich im Abendland eine Strömung, die seit dem 17. Jahrhundert in Frankreich und in Deutschland als *théologie naturelle*
beziehungsweise natürliche Theologie und in England als Physikotheologie bezeichnet wird. Es kommt zu einem unvorhergesehenen
Bruch zwischen der herrschenden Naturauffassung und den Konzeptionen einiger frommer Gelehrter, die die Außenwelt aus einer
neuen Sicht betrachten.

Die natürliche Theologie[14] schafft tatsächlich einen Übergang.
Sie bezeugt das Erlöschen der alten Vorstellung von einer lebendigen und harmonischen Welt, die im *Timaios* entworfen, von Aristoteles und der alexandrinischen Schule systematisiert, am Ende des
15. Jahrhunderts von Raymond de Sebonde dargelegt und von den
Neuplatonikern der Renaissance verbreitet worden war. Dieses
System implizierte den Glauben an geheimnisvolle Übereinstimmungen zwischen der physischen und der geistigen Welt, zwischen
dem Menschlichen und dem Göttlichen, zwischen dem Menschen,
dem Mikrokosmos, und dem Universum, dem Makrokosmos. Die
aus einem Netz von Analogien gebildete Außenwelt erschien noch
nicht als ein Rätsel, das durch Beobachtung zu lösen wäre, und auch
nicht als ein durch wissenschaftliche Kenntnisse beherrschbares
Kräftefeld.

Einem neuen Ansatz folgend, läßt die natürliche Theologie
davon ab, den Menschen und das Universum unter dem Aspekt von

Analogien zu untersuchen. Sie erklärt die Außenwelt zu einem Schauspiel. Aber trotz aller Infragestellungen durch die Fortschritte der Astronomie, die Hypothese von der Vielheit der bewohnten Welten, die Erkenntnis des unendlich Kleinen und die Entdeckung riesiger Wüsten bleiben die Vertreter der natürlichen Theologie einer anthropozentrischen Weltanschauung treu. Diese frommen Gelehrten verleihen dem Schauspiel der Natur einen Sinn, der jede gleichgültige Haltung verbietet. Sie begreifen die Außenwelt als eine Vorstellung, die Gott seinem vollkommensten Geschöpf gegeben hat. So erklärt sich auch die Bedeutung, die dem Thema des verlorenen Paradieses beigemessen wird, dem faszinierenden ersten Akt, auf dessen Bühne die göttliche Vorsehung sich in ihrer ganzen Vollkommenheit entfalten konnte.

Die Schönheit der Natur bezeugt die Macht und die Güte des Schöpfers. Dieser ordnet das Schauspiel sowohl durch die Gesetze seiner grenzenlosen Weisheit, als auch durch unmittelbare Eingriffe seiner Vorsehung. Der *Dieu-horloger* von Descartes, der Schöpfer von Newtons passiver Natur greift dort, wo er es für wichtig hält, durch Wunder direkt in das Geschehen ein.[15]

Seit der Sintflut genießt die Erde große Stabilität.[16] Auf der ganzen Welt entspricht jedes Geschöpf dem Plan Gottes, und jedes Objekt hat seine Funktion. William Derham zufolge ist die heutige Erde jedenfalls die schönste, die angenehmste, die ersprießlichste, die man sich nur vorstellen kann.[17] Die Sintflut, die keineswegs, wie Burnet es annimmt, nur einen chaotischen Haufen Trümmer zurückgelassen hat, erscheint Woodward als eine für unser Glück notwendige Katastrophe. Nach der Auflösung der ursprünglichen Erde unter den Wassermassen der Sintflut hat Gott sie neu gestaltet und sie den neuen menschlichen Schwächen angepaßt.[18]

Die Physikotheologen verwerfen die Idee, daß die Welt im Niedergang begriffen und ihre fortschreitende Zerrüttung ein Ausdruck der Verderbnis durch den Sündenfall der ersten Menschen sei. »Die Erde, das Meer und die ganze Natur«, heißt es bei Woodward, »werden stets in ihrem jetzigen Zustand bleiben, ohne zu altern oder zu verfallen, ohne auf Abwege oder in Unordnung zu geraten, ohne daß der eine den anderen beeinträchtigt, ohne daß der Lauf und die Abfolge der Dinge umgedreht oder verändert werden.«[19] Erst die »letzte Verheerung«, mit der Whiston[20] sich ausführlich beschäftigt, wird die für Noah neu entworfene Welt verunstalten.

Die nachsintflutliche Erde ist also vergleichbar mit einem Buch, das der Schöpfer für den Menschen geschrieben hat. Es ist Gottes Plan, behauptet Derham, seine Werke »von vernünftigen Geschöpfen«[21] bewundern zu lassen. Und Abbé Pluche versichert: »Die Vorsehung hat die Luft unsichtbar gemacht, um uns die Betrachtung des Naturschauspiels zu ermöglichen.«[22]

Die natürliche Theologie setzt auf die Erbauung. Der Mensch soll ein frommer Leser des Buches Gottes sein. Der Schöpfer hat ihm fünf Sinne gegeben, damit er die göttliche Macht und Güte preist. Die Physikotheologen rühmen die empirische Beobachtung. Die Existenz Gottes selbst bürgt für die Verständlichkeit seiner Werke. Der Schöpfer schätzt es sehr, wenn der Gelehrte danach strebt, die religiöse Bedeutung der natürlichen Ordnung zu erkennen.

Aus dieser Weltvorstellung resultiert ein wissenschaftliches Vorgehen, dessen Zielsetzung eine Bestandsaufnahme der Schöpfung ist. Sie regt jenes Unternehmen der Klassifizierung an, das mit Linné seinen Höhepunkt erreichen wird. Es ist in der Tat die Systematik, die den Plan der Schöpfung enthüllt.[23] So entsteht eine enge Verbindung zwischen der Geduld des Sammlers, der Neugier des Gelehrten und der Frömmigkeit des Christen.

Dieser kurze Überblick erlaubt uns, einen der tieferen Beweggründe der ›touristischen‹ Reise zu erfassen: Die gesellschaftlichen Eliten suchen eine Gelegenheit, die neue Beziehung zur Natur selbst zu empfinden. Auf der Reise erleben sie das vormals unbekannte Vergnügen, eine zum Schauspiel gewordene Umgebung zu genießen. Die natürliche Theologie verlangt in der Tat eine Schulung des Auges.[24] Gleichzeitig erhebt sie den Anspruch, daß die Beobachtung der natürlichen Welt umgesetzt wird in ein Loblied auf die Größe und die Güte Gottes. Es gibt keine von ihm erschaffene Kreatur, die nicht auf ihre Weise seinen Ruhm kundtut. Der Mensch ist es sich schuldig, den bunten Strauß der Lobpreisungen zu sammeln und ihn dem Schöpfer zu Füßen zu legen.

Jenseits des Ärmelkanals verbindet sich die Physikotheologie mit dem Ritual der anglikanischen Kirche, die dadurch eine mächtige Stärkung erlebt.[25] Der Morgengottesdienst enthält regelmäßig einen Psalm und Loblieder zur Ehre Gottes. In den Heiligtümern erschallen das *Te Deum laudamus* und das *Benedicite omnia opera Domini*, das die Sonne und den Mond, die Berge und die Hügel, den Tau und den Rauhreif ebenso verklärt wie die Schönheit der Meere, der Flüsse und sogar der Seeungeheuer. Die religiöse Dichtung öffnet sich dem Thema der Schöpfung.[26] Die Begeisterung, mit der diese Texte die Wunderdinge der Natur besingen, überträgt sich auch auf die weltliche Dichtung. Während die Physikotheologie sich entfaltet, kommt es in der Tiefe zu einer Renaissance des Lobgesangs.

Dieses veränderte Naturgefühl macht sich im ganzen Abendland bemerkbar. In England stützt es sich auf die aristokratische Landflucht, einen kompensatorischen Mythos der Grundbesitzer, die sich, in ihrer Macht bedroht, zwischen 1640 und 1660 auf die Suche nach Bildern des Paradiesgartens aus der Zeit vor dem Sündenfall oder aus dem von Vergil beschriebenen Goldenen Zeitalter machen.[27]

In den Vereinigten Niederlanden ist die religiöse Empfindsamkeit gegenüber dem Schauspiel der Natur nicht geringer als in England. 1715 schreibt Nieuwentijdt eine beeindruckende Summe der natürlichen Theologie. Er versucht, Spinoza zu widerlegen und »die Göttlichkeit der Heiligen Schrift durch die Dinge der Natur zu beweisen«.[28]

Mit diesem Vorhaben stimmt auch die Sensibilität der lutheranischen Kirche Norddeutschlands überein. Zwischen 1715 und 1720 entwirft Brockes sein *Irdisches Vergnügen in Gott*. Diese Hymne an den Schöpfer, deren erster Band 1721 erscheint, umfaßt am Ende nicht weniger als hunderttausend Verse. Der Autor besingt die Pflanzen, die Vögel, den Himmel und die Gewässer in der Umgebung von Hamburg. Überall in der Natur sucht er Beweise für die Güte der göttlichen Vorsehung.[29] Das Buch hat unmittelbaren Erfolg, genau wie das hochgelehrte Werk *Hydrotheologie oder Versuch, durch aufmerksame Betrachtung der Eigenschaften, reichen Austheilung und Bewegung der Wasser die Menschen zur Liebe und Bewunderung ihres Schöpfers zu ermuntern*, das der Hamburger Professor Johann Albert Fabricius 1734 veröffentlicht.

In Frankreich wurzelt die neue Empfindsamkeit in den Gepflogenheiten des frommen Humanismus.[30] Die beschauliche Betrachtung ist eine Mode der fünfziger Jahre des 16. Jahrhunderts. Nach den Unruhen der Fronde wächst die Neigung zur Einsamkeit in der Natur und dem, was Henri Brémond als »Heiligung der Landschaft«[31] bezeichnet. Man erwartet, daß die Schönheit der Umgebung die Herzen rührt und sie zur Reue und zur Umkehr bewegt. Liest man die Schriften von Pater Bouhours oder auch die von Fénelon, so erkennt man dreißig Jahre später zahlreiche Hinweise auf diese religiöse Sensibilität, die ihren Höhepunkt in dem zwischen 1732 und 1750 veröffentlichten *Spectacle de la Nature* des guten Abbé Pluche findet. Dieses Werk – eines der meistgelesenen des 18. Jahrhunderts – ist genau wie das von Nieuwentijdt eine geschickte populäre Darstellung der jüngsten wissenschaftlichen Theorien im Rahmen der natürlichen Theologie. Dem Verfasser geht es nicht darum, die Existenz Gottes zu beweisen, da er dies für überflüssig hält; er will lediglich die Attribute rechtfertigen, die dem Schöpfer von der Theologie zugesprochen werden. Zahlreiche Veröffentlichungen knüpfen daran an. 1749 vollendet Paul-Alexandre Dulard sein Werk *La Grandeur de Dieu dans les merveilles de la Nature*. Und während Kardinal de Polignac mehr als dreißig Jahre lang über seinen *Anti-Lukrez* nachdenkt, schließen die Dichter sich in Frankreich wie in England den Theologen an.

Diese fromme Betrachtungsweise des Schauspiels der Natur und der harmonischen Gestalt der nachsintflutlichen Erde muß immer berücksichtigt werden, wenn man die Neubewertung des Meeres und der Küsten zu Beginn des 18. Jahrhunderts richtig begreifen will. Die natürliche Theologie drängt die abstoßenden Bilder, von denen anfangs die Rede war, in den Hintergrund.

»Der Herr ist wunderbar in seinen Werken«, verkündet die Heilige Schrift. Wenigstens in diesem Punkt tritt bei den Physikotheologen die Schönheit des Naturschauspiels hinter der Verehrung des allmächtigen Schöpfers zurück. Es kommt zu einer Verschiebung vom Bild des furchtbaren Gottes, der die Schleusen des Himmels öffnet und die Wassermassen herabstürzen läßt, zu dem des gütigen Herrschers, der das Weltmeer gebändigt und in seine Schranken gewiesen hat. Kein Autor versäumt die Gelegenheit, diese offenkundige Äußerung der göttlichen Macht durch eine Bibelstelle zu belegen. »Mit Fluten decktest Du das Erdreich wie mit einem Kleide, und die Wasser standen über den Bergen«, singt der Psalmist.[32] »Aber vor Deinem Schelten flohen sie... Du hast eine Grenze gesetzt, darüber kommen sie nicht und dürfen nicht wieder das Erdreich bedecken.« An anderer Stelle heißt es: »Er hält die Wasser des Meeres zusammen wie in einem Schlauch.« Der Prophet Jeremia[33] legt dem Schöpfer zum Ruhme seiner Macht die Worte in den Mund: »Der ich dem Meere den Sand zur Grenze setze, darin es allzeit bleiben muß, darüber es nicht gehen darf. Und wenn es auch aufwallt, so vermag es doch nichts.« Häufiger noch stößt man auf ein Zitat aus dem *Buch Hiob*[34], in dem Gott zum Meer spricht: »Bis hierher sollst du kommen und nicht weiter; hier sollen sich legen deine stolzen Wellen!«

Wie der heilige Gregor von Nyssa, der heilige Ambrosius von Mailand oder der heilige Augustinus beschreibt auch der heilige Basilius die Herrlichkeit des Meeres, das er am Strand von Ostia bestaunt. In seinem Kommentar fügt er ein frappierendes Bild hinzu: »Und mag das Meer noch so wüten, bricht es doch an einem Sandkorn«, das Gottes Gebot ihm kundtut, und »zieht sich ehrfurchtsvoll zurück, indem es *seine Wellen beugt*, wie zur Anbetung des Herrn, der ihm seine Grenzen gab.«[35]

Die französischen Dichter des 18. Jahrhunderts, etwa Louis Racine, Le Franc de Pompignan oder Kardinal de Bernis, behandeln das Thema mit Emphase.[36] Charakteristisch sind auch Dulards Verse über das stürmische Meer: Wird es das Ufer überschreiten?

> *Non, ne le craignons point. Un frein impérieux*
> *Enchaîne, ô fière mer, tes flots séditieux.*
> *Le doigt du Tout-Puissant a tracé sur le sable*
> *Un ordre redouté, barrière impénétrable.*
> *Ton onde audacieuse, à cet auguste aspect,*
> *Tombe, et pleine d'effroi, recule avec respect.*[37]
>
> Nein, wir haben es nicht zu fürchten. Von starker Hand,
> o stolzes Meer, sind die brausenden Fluten gebunden.
> Der Finger des Allmächtigen schrieb in den Sand
> ein hohes Gebot als unüberwindliche Schranke.
> So majestätisch, daß auch die kühnste Welle
> bei ihrem Anblick bricht und sich ehrfurchtsvoll schaudernd zurückzieht.

In England ist es Richard Blackmore, der in seinem Werk *Creation. A philosophical poem* ausführlich auf das gleiche Thema eingeht.[38]

Dieses versöhnliche Küstenbild, das die Menschen beruhigt und ihnen die Angst vor einer neuerlichen Überschwemmung nimmt, sollte sehr ernst genommen werden. Die Heilige Schrift verherrlicht die paradoxe Kraft des Sandes. Sie zieht die Aufmerksamkeit auf die Küstenlinie, der sie große Bedeutung verleiht. An keinem anderen Ort werden die Macht und die Güter des Schöpfers so sichtbar wie am Strand, der stets die Spuren trägt, die Gottes Finger hinterläßt. Fortwährend ereignet sich hier das erstaunlichste aller Wunder. Die bedrohliche Welle erinnert den Christen nur an den Sündenfall und an das Unglück; aber die Linie, an der sie sich bricht, ruft *Staunen* hervor, regt zur Bewunderung und zur Dankbarkeit an. Angesichts der göttlichen Allmacht flößt die Hochflut, die sich beruhigt und zurückströmt, dem Christen Ehrfurcht ein.

Gott in seiner unendlichen Güte hat das Weltmeer und die Küsten so angelegt, daß sie dem Wohl des Menschen dienen. Die Zusammensetzung des Meerwassers entspricht den Absichten des Schöpfers: Das Salz wirkt der Fäulnis entgegen und gewährleistet so, daß die Fische überleben und die Küsten gesund bleiben. Es ermöglicht die Frischhaltung der Speisen, und bei großer Kälte verhindert es die Bildung einer Eisdecke, die nicht nur den Fischfang, sondern auch das Gedeihen der Lebewesen im Meer bedrohen würde.[39] Besser noch: Indem Gott Salzwasser schuf, versichert Abbé Pluche[40], wollte er gewährleisten, daß das Meer diese für den Menschen so lebensnotwendige Substanz »rings um ihre Häuser« verteilt. Schließlich läßt das Salz die Wellen träger werden, es »mäßigt die Verdunstung« und reguliert die Zirkulation des Wassers in der Atmosphäre. Das Erdpech bildet eine klebrige Schicht, welche das Meer hindert, den Boden am Grunde seines Bettes aufzuwühlen.[41] Dank dieser beiden Substanzen wird die Meeresküste bald als beispielhaft gesund erscheinen, sofern sie regelmäßigen Winden ausgesetzt und dadurch gegen die Stagnation geschützt ist.

Auch das Küstenrelief entspricht den Absichten des Schöpfers. Gott hat den Sand an die Ufer befohlen, damit er eine Schranke bildet.[42] Die Strände und die Dünen erscheinen nicht als Folgen der Erosion, sondern als Elemente eines nach der Sintflut errichteten Bauwerks. Die Gestalt der Golfe und der Buchten[43] dient den Plänen Gottes: Sie soll den Schiffen Zuflucht bieten und den Warentransport ins Landesinnere ermöglichen. Die Felsen und die Klippen, versichert Fabricius[44], sind zur besseren Verteidigung der Seestützpunkte da. Die Inseln, schreibt Pontoppidan[45], sorgen durch ihre vorgelagerte Position für die Sicherheit der norwegischen Küste. Pater Bouhours[46] behauptet, die Vorsehung habe die Inseln zur »Bequemlichkeit des Reisenden« erschaffen, und Thomson[47] preist das Meer als göttlichen Schutzwall, durch die Hand des Schöpfers angelegt, um die Gefahr der Invasion von Großbritannien abzuwenden. Nieuwentijdt ist überzeugt, daß Golfe und Buchten die Flüsse aufnehmen, Überschwemmungen verhindern und die Mischung von Süß- und Salzwasser erleichtern sollen. Gott hat die Küsten niedrig gehalten, damit die Flüsse, denen Nieuwentijdt[48] die Funktion von Abwässern zuweist, sich ungehemmt ins Meer ergießen können. Die neohippokratischen Phantasmen der Ausschlämmung bestimmen die Vorstellung von der Morphologie der Gestade.

In der gleichen Perspektive sollen die Gezeiten für eine Reinigung der Strände sorgen und durch ständige Bewegung ein Stagnieren des Wassers auch in den tiefsten Tiefen verhindern. Überdies drängt die Flut das Wasser der Flüsse zurück und bringt die Schiffe sicher in den Hafen. Kurz, die Gezeiten erleichtern die Seefahrt.[49]

Gott hat die Winde des Meeres erschaffen, damit das Wasser gesäubert, die Schiffe angetrieben und die von der Sonne überhitzten Böden erfrischt werden. Auch Stürme haben ihre Nützlichkeit, genau wie Vulkane und Erdbeben.[50] Die Unruhe, die sie mit sich bringen und die man leicht für sinnlos halten könnte, soll die Luft verbessern oder sie durch Erneuerung reinigen.

Dieser unerschöpfliche Diskurs mündet in ein Loblied auf die Schiffahrt, die den Menschen Gelegenheit gibt, einander näherzukommen, die dem Seemann erlaubt, die ganze Erde kennenzulernen und zu bewundern, die dem Handel Auftrieb gibt und die vor allem eine Erweiterung der Missionstätigkeit fördert.[51] Nach dem Ratschluß Gottes, schreibt Fénelon, soll die unfaßliche Weite des Weltmeers den Schiffen eine leichtere und schnellere Fahrt ermöglichen.[52] Wie Johannes Chrysostomos verkündet auch Pater Fournier, daß die Seefahrt Gott zum Ruhm gereicht. Und Abbé Pluche übt scharfe Kritik am Begriff des *oceanus dissociabilis* bei Horaz.[53]

Die Fruchtbarkeit des Meeres ist so unendlich wie die Macht des Schöpfers.

> *Immense comme lui, toujours pleine et féconde*
> *Elle donne toujours sans jamais s'épuiser;*
> *Et sans jamais se diviser*
> *Elle répand partout les trésors de son onde.*[54]
>
> Ebenso unermeßlich, stets fruchtbar und reich,
> spendet es ewig und erschöpft sich doch nie;
> und ohne sich je zu teilen,
> verbreitet es überall die Schätze seiner Flut.

Am sechsten Tag der Schöpfung befahl Gott den Menschen, sich die Fische des Meeres untertan zu machen, damit sie den armen Küstenvölkern als Nahrung dienten.[55] Die Macht Gottes, hebt Nieuwentijdt hervor, zeigt sich in der Tiefe genau wie an der Oberfläche. Pluche und Dulard sehen die Bewegung der Gezeiten als Bestandteil des allumfassenden göttlichen Plans: Die Flut zieht sich gehorsam zurück und gibt den Menschen Gelegenheit, all die Geschöpfe, die sie am Ufer zurückläßt, aufzulesen und zu sammeln.

Trotz allem ruft das Schauspiel des Meeres in den von der natürlichen Theologie inspirierten Werken nicht die gleiche Begeisterung hervor wie das Schauspiel der reichen Ernten und der heiteren Täler. Der ländlich-paradiesische Bewertungskodex setzt weiterhin die entscheidenden Maßstäbe, und – ich wiederhole – den Menschen der damaligen Zeit fällt es sehr schwer, für die Unendlichkeit des Meeres Bewunderung zu empfinden oder auszudrücken. Doch wie gesagt dürfen wir daraus nicht auf eine absolute Blindheit schließen. Hin und wieder erheben sich Stimmen zu diesen Themen, die sich gegen Ende des Jahrhunderts mit der Ästhetik des Erhabenen entfalten werden. Unter dem Einfluß der natürlichen Theologie versucht die Literatur, die Sprache ihrer Meeresdarstellungen von den Nymphen, den Tritonen und den Gefolgen der Götter zu befreien. Sie verwendet biblische Bilder[56], die sich in der deskriptiven Dichtung des 18. Jahrhunderts mit den Stereotypen des vergilschen Sturms verbinden. Zurückhaltend, was die Schönheit des Schauspiels betrifft, verkündet sie vor allem das große *Entzükken* über die *Reichtümer des Meeres*. Das gewaltige Loblied, das diese Literatur anstimmt, gilt mehr dem Überfluß der in der Tiefe erahnten Schätze als dem Schillern der Wasseroberfläche.

Die Vielfalt der Meeresgeschöpfe ist unendlich, erklärt John Ray.[57] Hier geht es nicht um Ungeheuer, sondern um jene Lebewesen, die Gott am fünften Tag der *Genesis* erschaffen hat. Der Glanz der Muscheln, die farbliche Pracht der Korallen und mehr noch die Reinheit der Perlen symbolisieren die Herrlichkeit der Schöpfung. Mit diesen Schätzen hat Gott die Küsten geschmückt; in ihnen »erheitert und tummelt« sich die Natur.

Die ausgewählten Kostbarkeiten, die das Meer an seinen Stränden preisgibt, lassen darauf schließen, welcher Überfluß in der Tiefe herrscht. Dort, schreibt Fabricius[58], gibt es Berge und Täler, offene Landschaften und Ebenen, genau wie auf der Erde. Dort leben allerhand Tiere, Nachbildungen derer, mit denen Gott das Festland bevölkert hat, sowie zahlreiche Arten, die man nur im Salzwasser findet. Aber all diese Lebewesen sind vollkommener als die Geschöpfe in unserer Umgebung.[59] »Die Tiere, die auf Erden häßlich und grausam wirken, sind im Meer schön und sanft«, lehrte schon der heilige Ambrosius.[60] Unter Wasser gibt es Blumen- und Obstgärten, Wälder und Wiesen. Die Autorität der Kirchenväter, auf deren Schriften man sich beruft, und die Berichte der Seefahrer bestärken den Glauben an eine vor Herrlichkeit erstrahlende unterseeische Natur, an einen ergreifenden Überrest des irdischen Paradieses. Der Meeresgrund erscheint keineswegs mehr als die dunkle und erbarmungslose Zuflucht schrecklicher Ungeheuer, sondern als ein unsichtbares Sammelbecken aller Vollkommenheiten der erschaffenen Welt, ein Aufbewahrungsort der Unschuld. Er ist die Kehrseite der aus den Wassern ragenden Erde, paradoxerweise aber lichtvoller und farbenprächtiger als diese. Hat Robert Boyle nicht gerade entdeckt, daß selbst die schlimmsten Stürme keine Störung des inneren Friedens der unterseeischen Welt bewirken?

Die frommen Gelehrten und die Dichter finden auch auf dieser Bühne eine Lösung für das Problem des Bösen. Gewiß, die Geschöpfe des Meeres verschlingen sich untereinander, aber sie tun es nur, um ein gottgewolltes biologisches Gleichgewicht zu erhalten, schreibt Dulard. »Die ewigen Kämpfe, die sie sich untereinander liefern, sind Teil der guten Natur, durch Gottes Weisheit geordnet.«[61] Der Engländer Woodward, der dem Wasser der großen Tiefe im Zentrum der Erde eine entscheidende Rolle zuerkennt, vertritt die von Burnet abweichende Theorie, daß die heutigen Meere und Ozeane in ihren Formen und in ihren Ausmaßen denen ähnlich sind, die es vor der Sintflut gab. Beeindruckt von der abwechslungsreichen Vielfalt des Schauspiels, das sich dem Auge an der Küste bietet, glaubt er an die Existenz der Paradiesmeere, ohne die es, wie er meint, auf der Welt »sehr wüst«[62] gewesen wäre.

Die Bewunderung für die Schönheit des Meeres kommt in dieser Literatur jedoch nur sporadisch zum Ausdruck. Den bedeutsamsten Text in diesem Zusammenhang verdanken wir Pater Bouhours. Seine Hauptpersonen Ariste und Eugène sind für alles empfänglich: Für das vielfältige Schauspiel des Meeres, für die Schönheit eines Schiffes, das auf den Wellen treibt, und auch schon für die wunderbare Tiefe als einem faszinierenden Sinnbild der unergründlich rätselhaften Vorsehung. Etwa zur gleichen Zeit rühmt Pater Fournier die Farben des winterlichen Meeres. Etwas später, am Anfang des folgenden Jahrhunderts, spricht Brockes von den Schönheiten der Nordseeküste, die in seinem Werk jedoch nur ein Randthema sind. Die Bewunderung schließlich, die Abbé Pluche dem Meer entgegenbringt, bedient sich der Malerei als Mittlerin. Auf diesen Punkt werden wir noch zurückkommen.

Pater Bouhours, der 1671 schreibt, weiß genau, daß man an Flanderns Stränden spazierengeht, um sich erbaulicher Gespräche zu erfreuen, daß man dort aber auch auf unliebsame Schwätzer treffen kann. Seine Hauptpersonen gehen an der Küste entlang, wo sie besinnliche Stunden verbringen; auf einem Felsen versinken sie in Träumerei: »Eugène und Ariste hatten sich in die Nähe der Dünen gesetzt. Sie betrachteten das Meer, das sich langsam zurückzog und auf dem Sand die Spuren und Formen seiner Wellen hinterließ, außerdem Schaum, Kiesel und Muscheln. So verweilten sie und träumten beide vor sich hin, fast ohne eine Wort zu wechseln.«[63]

Um die Mitte des 18. Jahrhunderts tritt das von der Theologie hergeleitete Vorstellungssystem in den Hintergrund. Nach und nach wendet die gelehrte Welt sich anderen Naturauffassungen zu und entfernt sich weit von dem Glauben an die göttliche Vorsehung. Aber die süße Vision einer durch Gottes Hand bis in alle Einzelheiten geordneten Welt ist von den Predigern und den Verfassern erbaulicher Werke so oft wiederholt worden, daß sie tief ins Bewußtsein der Menschen eingedrungen ist. Sie kommt dem spontanen Finalismus der einfältigen Gemüter weiterhin entgegen und bestimmt auch in Zukunft den Blick, mit dem sie ihre Umgebung wahrnehmen.[64]

Die auf den Schöpfer konzentrierte Konzeption, die dem Allmächtigen die gesamte Inszenierung des Naturschauspiels zuspricht, arbeitet untergründig immer weiter und taucht periodisch wieder an der Oberfläche auf, den jeweils neuen Zeiten angepaßt. Lange noch prägt sie die Andachtsbücher und die religiöse Dichtung. Lange noch lastet sie auf dem poetischen Weltbild. Das deutlichste Beispiel für ihr Wiederaufleben findet sich am Anfang des 19. Jahrhunderts in den *Études de la Nature* und den *Harmonies de la Nature* von Bernardin de Saint-Pierre. Natürlich erkennt man in diesen späten Werken des Verfassers von *Paul und Virginie* etwas ganz anderes als einen naiven, von der natürlichen Theologie überkommenen Glauben an die göttliche Vorsehung: Indem der Autor die Harmonie zwischen Mensch und Natur erhöht, vollzieht er eine Rückkehr zu den antiken Vorstellungen der Pythagoreer und der Neuplatoniker. Der Mensch soll die Übereinstimmungen nutzen und wiederherstellen, er soll die Dinge wieder an ihrem ursprünglichen Platz ansiedeln, und er soll vor allem die moralischen Harmonien, die im Buch der Natur geschrieben stehen, respektieren. So entwirft Bernardin de Saint-Pierre eine klassizistische Ethik, die den Physikotheologen am Ende des 17. Jahrhunderts nicht bekannt war. Aber die theologische Weltauffassung, auf der das ganze Werk beruht, kommt den Vorstellungen eines Abbé Pluche und dessen als einfältig bezeichneten Finalismus doch sehr nahe.[65]

»Als die Natur den Meeren zusätzliche Becken geben wollte, hat sie deren Ufer weder abgerundet noch begradigt, sondern tiefe, von den allgemeinen Meeresströmungen unberührte Buchten angelegt, auf daß die Flüsse sich auch bei schwerem Sturm sicher darein ergießen könnten; auf daß die Fischschwärme jederzeit in ihnen Zuflucht fänden und Nahrung in den Anschwemmungen, die das Süßwasser mitführt, und sie daselbst, meist sogar oberhalb der Mündungen, einen Laichplatz hätten, der ihnen Schutz böte und ruhiges Gewässer für ihre Jungen. Zur Verteidigung dieser harmonischen Anordnungen hat die Natur alle Küsten mit langen Sandbänken, mit Riffen, mit gewaltigen Felsen und mit Inseln versehen, stets in angemessener Entfernung, um das tosende Meer aufzuhalten.«[66]

Das Gefälle der Meeresbecken, die das göttliche Ufer säumen, folgt den Vorschriften unendlich weiser Gebote. Die Felsen des Gestades sind solide Schutzwälle, und die Riffe sind keine Ruinen, sondern Befestigungsanlagen. Die Vulkane dienen den Matrosen als Leuchtfeuer. Nach Ansicht dieses Autors sorgt die Natur für den Fortbestand der Inseln, denen sie von Anbeginn der Welt einen festen Platz zuwies. Die Inseln sind also kein Ergebnis der sintflutlichen Erdzerstörung; vielmehr hat jede von ihnen »eine eigene Befestigung, stets proportional zu der Gefahr, die ihr von seiten des Meeres droht«[67].

Es wäre unangebracht, hier so lange bei Bernardin de Saint-Pierre zu verweilen, wäre er nicht der Schriftsteller, der sich fraglos am ausführlichsten mit der ästhetischen und moralischen Wertung der Küsten beschäftigt hat. Er liefert eine theoretische Begründung für die Überlegenheit des Strandes gegenüber den Bergen, und er ist der erste französische Autor, der die »unaussprechlichen Harmonien, mit denen die Natur die Meeresküsten segnet«[68], systematisch rühmt.

Der wunderbare Weg von Scheveningen

Die Reise nach Holland sorgt im Abendland für eine zunehmende Bereitschaft, das Schauspiel des Meeres mit Bewunderung zu betrachten und Küstenspaziergänge zu unternehmen. Der ›Tourist‹ des klassischen Zeitalters identifiziert die Niederlande mit dem Meer.[69] Zwei Schlüsselbilder bestimmen diese nationale Identität: Die Holländer haben den wütenden Ozean bezwungen; sie haben es verstanden, ihren kaufmännischen Plänen, symbolisiert durch die bauchigen Handelsschiffe, die Gewalt des Meeres zu unterwerfen. Amsterdam, aber auch Rotterdam und die anderen großen Häfen stellen sich wie lauter Mikrokosmen dar, die sämtliche Produkte der Welt anziehen. Und Gott hat sowohl die Beherrschung der Fluten als auch den Zustrom der Reichtümer für gut befunden. Der wunderbare Überfluß an den holländischen Küsten verstärkt das Bild eines vom Schöpfer gesegneten Landes. Der Herr belohnt die Mühsal der armen Bevölkerung durch die Fruchtbarkeit der Heringe, wie er den Wagemut der reichen Reeder durch eine blühende Flotte belohnt. Diese doppelte Deutung der wirtschaftlichen Aktivität verleiht der Verbundenheit des Holländers mit der Weite des Meeres[70] einen religiösen Wert.

Beide Bilder werden im politischen Interesse einer Oligarchie, die sich von der burgundischen Kunst zu emanzipieren sucht, um eine nationale Kultur zu entwickeln, systematisch verherrlicht. Die »niederländische Marinemalerei« als Genre der bildenden Kunst resultiert aus dem Bemühen, die vorbildliche Tatkraft einer bestimmten Gesellschaftsschicht zur Schau zu stellen. Mit Hilfe der Auftragsarbeiten wollen die Generalstaaten oder die Handelsgesellschaften ihre Flotten rühmen, genau wie die Gemeindevertreter den Wohlstand ihrer Städte, die vom Meer aus den Eindruck erwekken, als stünden sie im Wasser.

Seit Mitte des 17. Jahrhunderts machen viele Engländer, die sich auf *Grand Tour* begeben, und zahlreiche Franzosen, die den Norden besuchen, in den Niederlanden Station. Der Verlauf, die Etappen und die gebotene Ästhetik dieses Abschnittes der klassischen Reise stehen seit dem 17. Jahrhundert fest. »Holland ist ein Wunderwerk«, schreibt der Herzog von Rohan über die Reise, die er 1600 unternahm, »ein herrliches Land, schon wegen seiner Topographie«. Tatsächlich hat der Holländer es gewagt, dem Meer Grenzen zu setzen. Dabei hat er das Werk des Schöpfers nicht beeinträchtigt, sondern es mit Gottes Segen vollendet.[71] Um die Bewunderung, die der Reisende angesichts dieses künstlichen Ufers und der auf so erstaunliche Weise abgefangenen Wassermassen empfindet, in ihrem vollen Ausmaß zu begreifen, muß man bedenken, welche Ehrfurcht die unermeßliche Gewalt der Fluten den Zeitgenossen einflößt.

Die Verwegenheit des Menschen, der es sich anmaßt, den von göttlicher Hand gezeichneten Küstenstrich zu vervollkommnen, beunruhigt den Besucher. Das Gefühl der hier entstandenen Übereinstimmung zwischen Gott und dem Menschen genügt nicht, um den Gedanken an eine dauernde Bedrohung durch das Wasser aus dem Bewußtsein zu vertreiben. Insbesondere die Franzosen, die wenig Verständnis für die technischen Fertigkeiten der Holländer und die in Kauf genommenen Risiken zeigen, fürchten sich oft schon bei der bloßen Vorstellung, auf diesem »Überschwemmungsboden« zu verweilen. »Und doch schläft man in diesem Land«, wundert sich noch Diderot. Der Anblick des Meeres zu ebener Erde »läßt einen träumen und erschauern«[72], schreibt er 1773 unter dem Einfluß der Ästhetik des Erhabenen.

Der Fremde, der nach Holland kommt, den Kopf voller kriegerischer Episoden und Bilder der Marinemalerei, will auch das Schauspiel eines Volks erleben, das sich mit dem Meer im Widerstreit befindet.[73] Er sieht die Landschaft selbst als das Ergebnis einer Schlacht.[74] Die Sensibilität für den kämpferischen Aspekt des Schauspiels erweist sich hier als wesentlich, ganz anders als in Venedig, der italienischen Rivalin Amsterdams. Die Stadt des heiligen Markus zeigt ein ruhigeres Gesicht. Von Natur aus durch einen Küstenstreifen und eine Lagune vor dem geschützt, was Misson als das »wahre und alte Meer«[75] bezeichnet, ist Venedigs Verhältnis zum Wasser weniger konfliktbeladen, wie es auch symbolisch in der prunkvollen Vermählung des Dogen mit der Adria zum Ausdruck kommt. Der Venezianer hat die Gestalt der von Gott erschaffenen Küste nicht wirklich verändert; er hat allenfalls vage zur Entstehung eines trügerischen Meeres beigetragen.

Die niederländische Marinemalerei hat die dramatische Beziehung zwischen Mensch und Meer in ihrer ersten Phase vom Ende des 16. Jahrhunderts bis etwa 1635 und dann wieder ab 1665 systematisch in Szene gesetzt. Diese Kunst ist das Werk begabter Techniker, denen die Grausamkeiten des Meeres ein vertrautes Schauspiel sind. Die Marinemaler begleiten die Kriegsflotten bei allen möglichen Expeditionen, sie malen lebende Bilder, sie kennen sich mit Winden und mit Schiffen aus. Als Erfinder der Pathetik des Meeres feiern sie die dargestellten Schlachten und berichten von Ereignissen, die dem Krieger mehr Platz einräumen als dem flüssigen Element. Ihre Gemälde verherrlichen die Gefahr. Ob es um den Sturm oder um die Seeschlacht geht, sie konfrontieren den Betrachter unentwegt mit der Alternative zwischen Überleben und Vernichtung.[76] Diese Malerei, die aus der Macht der Vereinigten Niederlande hervorgegangen und an einen historischen Auftrag gebunden ist, soll die Bedrohungen, die auf der jungen Republik lasten, symbolisieren. Die sinnbildliche Bedeutung der flandrischen Meerlandschaften der Renaissance, die an die Unbeständigkeit der Welt erinnerten, weicht der symbolischen Darstellung all der dauernden und schrecklichen Gefahren, denen diese gottgesegnete Nation zu trotzen hat.

Hier gibt es natürlich kein Seestück ohne ein sorgfältig gezeichnetes Schiff und ohne daß der Mensch unmittelbar in das Schauspiel einbezogen wäre. Was immer er tut, ob er das Schiff durch den Sturm lenkt oder es in den Hafen manövriert, ob er es wieder flott macht oder eine zeremonielle Handlung vollbringt, er steht – oft implizit – im Mittelpunkt des Bildes.[77] Und nie gibt er freiwillig auf. Diese Marinemalerei, die auf die Gewalt der Gefühle setzt, macht das unermeßlich weite Meer zu ihrer Bühne. Abgesehen von einem Intervall zwischen 1635 und 1665, einem kurzen Goldenen Zeitalter, auf das wir noch zu sprechen kommen werden, schließen die Maler dieses Genres jeden Anblick der Küstenlinie und erst recht jede Darstellung des Festlandes aus. Sie spitzen den dramatischen Wert des Kampfes zwischen dem Menschen und den Elementen der Natur durch die offenkundige Unbeständigkeit des Schauplatzes zu. Paradoxerweise hat die niederländische Malerei den Blick für die Meeresküsten dennoch geschult und verändert.[78] Das gleiche gilt für die Reise nach Holland: Dort angekommen, entdeckt der Reisende eine heitere Landschaft, die den Maßstäben der klassischen Ästhetik entspricht. Schon 1636 vergleicht Ogier die Niederlande mit den Elysischen Gefilden. 1722 fühlt Voltaire sich durch das Schauspiel, das er zwischen Den Haag und Amsterdam erlebt, an das irdische Paradies erinnert.[79] Vergessen wir nicht: Ehe die niederländischen Landschaftsmaler sich dem Meeresufer zuwandten, haben sie die Schönheit der ländlichen Gegenden, der Wälder, der Flüsse und der Grachten gepriesen.

Über einen komplizierten Umweg indes hat die Reise nach Holland den Weg für die kollektive Bewunderung des Meeresschauspiels geebnet.

Alle Reisenden betonen, wie unendlich flach die holländischen Landschaften ihnen erscheinen; manche klagen auch über die Monotonie.[80] 1688 sagt Misson, seine Augen seien müde vom Anblick dieser endlosen Wiese.[81] Auch Pilati ist der Eintönigkeit überdrüssig.[82] Der Eindruck, daß es dem Land an Abwechslung fehlt, verstärkt sich bei der gleichmäßigen Kahnfahrt, die den Blick langsam dahingleiten läßt. Madame du Bocage findet diese Art der Fortbewegung viel zu langweilig.[83] Die Naturbeherrschung, die dem Holländer gelungen ist, hat in der Tat zur Folge, daß dem Reisenden ein weitaus bequemeres Beförderungsnetz zur Verfügung steht als in jedem anderen Land. Die Kähne, die mit regelmäßiger Geschwindigkeit auf Flüssen und Grachten verkehren, können aber auch als angenehme Beobachtungsstandpunkte gewertet werden. Der Reisende, in seiner Betrachtung nicht durch allerlei Hindernisse und Unwegsamkeiten gestört, wie es bei Überlandfahrten der Fall ist, kann sich Zeit lassen und seinen Blick geruhsam auf das vorbeiziehende Schauspiel richten.

Ein wenig aufgelockert wird die flache Landschaft durch die netzartig angelegten Grachten und die Linie der Deiche, die eine Art Raster in die weite Oberfläche bringen. Die senkrechten Kirchtürme, die in den frühen Landschaftsdarstellungen die gleiche Rolle spielen wie später die Schiffsmasten in den Küstenszenen, die ebenen Städte am Horizont und die Vielzahl der Boote, die das Bild beleben[84], helfen die Monotonie des Reliefs zu ertragen. Holland, von den Deichen aus ein Wiesenmeer oder ein Eisspiegel[85], lehrt das Schauspiel des Himmels; und sobald man den Kopf wendet, bereitet es auf die Bewunderung der endlosen Wasserfläche vor. Durch die erstaunliche Gleichzeitigkeit des Heiteren und des Unendlichen ermöglichen die Niederlande einen Übergang zwischen dem klassischen Modell der Landschaftsbewertung und dem Sinn für die grenzenlose Weite.

Das Schauspiel der ländlichen Natur und die darauf beruhende Landschaftsmalerei[86] führen unmerklich zur Bewunderung des Meeres. Auch in den heiteren Bildern, die der klassische Reisende seit jeher schätzt, kommt das Meer häufig vor, so allgegenwärtig ist die Verquickung der Elemente. Dies dürfte wohl der erstaunlichste Eindruck sein, den der Fremde in Holland gewinnt. Der niederländische Mikrokosmos führt dem Betrachter ständig die konstitutiven Elemente der Welt vor Augen. Jean-Nicolas de Parival glaubt Häuser und Kirchtürme aus dem Meer ragen zu sehen.[87] »Schon im Hafen«, schreibt Misson über Rotterdam, »verwundert die seltene Mischung aus Dachgiebeln, Baumwipfeln und fähnchengeschmückten Masten. Man weiß nicht, ob man eine Flotte, eine Stadt oder einen Wald sieht; oder man sieht vielmehr, was unglaublich schien, nämlich alle drei Dinge auf einmal: Das Meer, die Stadt und das Land.«[88]

Den gleichen Eindruck hinterläßt der Besuch dieses Hafens 1748 bei David Hume: »Die Mischung aus Häusern, Bäumen und Schiffen hat eine wunderbare Wirkung; sie vereinigt die Stadt, das Land und das Meer zu einem einzigen Bild.«[89]

Manche Standorte, mittlerweile zu Pflichtstationen der Reise nach Holland geworden, sind besonders günstig für diese ergreifende Rekonstitution der Welt im Kleinen: Etwa die Neue Brücke von Amsterdam oder die Maasmündung in Rotterdam. Ohne den Wunsch, einmal dort zu verweilen, wo die Elemente einander berühren, wären die Küstenbesuche, die gegen Ende des 18. Jahrhunderts in Mode kommen, kaum zu verstehen. Das Ineinandergreifen von Wasser, Himmel und Erde verstärkt das berauschende Gefühl, das der Anblick der in die Ferne entrückten Grenzen verschafft.

Eine der Stationen, die von den Verfassern der Reiseberichte derart dringlich empfohlen werden, daß kein Besucher sie auslassen mag, ist Den Haag, »das schönste Dorf Europas«, wie Abbé Coyer[90] es nennt. Hier angekommen, macht der Fremde sich auf, »das Meer zu sehen«, vor allem wenn er ein Franzose ist, der, wenig an das Schauspiel der offenen See gewöhnt, an diesem Ort oder in Dieppe unbedingt vollziehen will, was in seiner Heimat neuerdings als Initiationsritus der feinen Leute gilt. In Den Haag gehört es übrigens zur guten Sitte, daß man seinen Gast nach Scheveningen führt[91] – diesmal nicht, um ihm Gelegenheit zu geben, das durch Menschenhand bezwungene Element, die Einheit von Wasser, Wiesen und Häusern zu bestaunen, sondern damit er das Schauspiel der Wellen genießt, die sich am Horizont der Nordsee verlieren.

Dieser Ausflug ist für die Fremden um so reizvoller, als sie das Landesinnere besonders im Herbst wegen der von den stinkenden Grachten herwehenden Dünste und Krankheitskeime fürchten: Auch dies ist ein – ausnahmsweise negatives – Stereotyp der Berichte über Reisen nach Holland.[92] Umgekehrt schätzen fast alle Besucher die gesunde Luft der Nordseeküste.[93]

Der Weg von Den Haag nach Scheveningen ist so schön wie kein anderer. Etwa eine halbe Meile lang verläuft er »quer durch die Dünen«[94]. Neben der Allee für die Kutschen gibt es zwei Promenaden, gesäumt von »unvergleichlich dichten und wunderbar gepflegten Bäumen«[95]. Am Rand stehen in regelmäßigen Abständen Bänke bereit. Nach dem späten Zeugnis von Samuel Ireland aus dem Jahr

1789 ist »der Reiterweg hinreißend« und die Fußgängerpromenade schattig und breit. Vor allem aber stellt »das Meer, das den Blick am äußersten Ende dieses flachen Spazierweges überrascht, ein edles und anmutiges Ziel dar«[96]; denn, so schreibt L'Honoré 1779, »nichts ist so gefällig wie ein schöner Weg, der am Meer endet«[97]. Diderot gesteht, daß er den Spaziergang nach Scheveningen mehrmals gemacht hat, und 1794 äußert auch Ann Radcliffe[98] ihre Bewunderung.

Nach der wunderbaren Promenade fällt es dem Besucher nicht mehr schwer, die Schönheit der Küste zu genießen. Der Weg nach Scheveningen führt bis in das Fischerdorf oberhalb des Strandes. An dieser Stelle hat der Betrachter wieder sämtliche Elemente vor Augen. Im Norden sieht er Wälder, im Süden weitläufige Wiesen, im Osten Felder und im Westen das Meer, schreibt Misson schon 1688 voller Entzücken.[99]

Die Einwohner von Den Haag kommen meist mit der ganzen Familie oder mit Freunden zum Fischessen nach Scheveningen.[100] Während der schönen Jahreszeit machen die Frauen und Mädchen aus dem Volk sich scharenweise auf den Weg, um in einer der zahlreichen Fischerschenken, deren Geruch den Fremden den unerträglich ist, schlechten Tee zu trinken. »Wenn sie dann in die Stadt zurückkehren, singen sie in einem fort und necken die Passanten.«[101] Joseph Marshall schreibt schon 1768, daß hier im Meer gebadet wird.[102]

Der Reisende des 18. Jahrhunderts hingegen kommt vorwiegend mit dem Ziel, sich in eine jener »Strandszenen« zu vertiefen, die sich ihm beim Besuch der Museen oder beim Anschauen der Stiche eingeprägt haben.[103] Die flandrischen und später dann die niederländischen Maler und Graveure schlagen ein neues Modell für die Bewertung der Dünen, des Sandes, des Strandes und der Küstenansichten vor. An dieser Stelle ist eine kurze Abschweifung notwendig. Zwischen 1602 und – wie Wolfgang Stechow meint – dem Ende der zwanziger Jahre des 17. Jahrhunderts dient zumeist ein außerordentliches Ereignis, etwa die Einschiffung eines Fürsten, die Rückkehr einer Gesandtschaft oder die Entdeckung eines gestrandeten Wals, als Vorwand für die bildliche Darstellung der Dünenlandschaften und Sandstrände. Dieser ungewöhnliche Anlaß rechtfertigt das bunte Durcheinander, die Vermischung aller Gesellschaftsschichten in der Menge der Schaulustigen. Ein Stich von Goltzius, der den Strand von Scheveningen zeigt, liefert ein

Der wunderbare Weg von Scheveningen

Hendrik Golzius
Gestrandeter Wal, 16. Jh.
Stich

Jan van Goyen
Das Haarlemer Meer, 1656
Frankfurt, Städelsches Kunstinstitut

frühes Beispiel dieser kommemorativen Kunst[104]: Man sieht, wie ein toter Wal zerlegt und ausgenommen wird; zwischen verstreuten Zelten, Wagen und zweirädrigen Karren galoppieren Reiter über den Strand.

Durch das Werk Jan van Goyens verwandeln sich die Küstendarstellungen ab 1623 in Genreszenen, deren stereotype Merkmale bald definiert sind. Diese Malerei, die den Sandstrand und das Wattenmeer bevorzugt, will die Mühsal der Küstenarbeiter in realistischer Weise ehren. Am Ufer wimmelt es von Fischern, Händlern und Frachtschiffern. Die religiöse Tragweite dieser Kunst ist nicht zu übersehen: In den Gemälden, die den Strand von Scheveningen oder Egmond aan Zee zeigen, erkennt man schemenhaft den See Genezareth mit seinen Ufern. Der Künstler malt ein Loblied auf die Fruchtbarkeit des Meeres und das tägliche Wunder der Heringsschwärme.

Diese Maler interessieren sich weder für mythologische Themen noch für die Erotik des Badens. Sie stehen auf vertrautem Fuße mit den Meeresarbeitern, deren Sprache und Gestik sie sehr gut kennen und deren Nähe sie schätzen. Jan van Goyen geht oft mit ihnen auf Küstenfahrt. Er hat eigens zu diesem Zweck ein Boot gemietet und fertigt im Laufe der langwierigen Unternehmungen zahlreiche Skizzen an. Die Fischer haben hier nicht nur die Funktion, das Bild zu beleben. Diese Genreszenen machen den Strand und das Wattenmeer zu ihrer Bühne, was für die Künstler bedeutet, daß sie die von Pieter Breughel geliebte Vogelperspektive aufgeben und den Betrachter einladen, sich mit ihnen auf den sandigen Grund zu begeben, auf die Ebene der emsigen Geschäftigkeit. Sehr vielsagend ist in diesem Zusammenhang van Goyens *Strand bei Scheveningen* aus dem Jahr 1632. Zwei Jahre später malt der Künstler sich selbst im Sande sitzend, um auf diese Weise den malerischen Wert des Strandes hervorzuheben. Van Goyen und Salomon van Ruysdael, der sich ähnlichen Genrebildern widmet, regen zahlreiche Nachahmer an, die den Strand von Scheveningen immer wieder zu ihrem Thema machen.[105]

Um die Mitte des 17. Jahrhunderts verändern sich Sinn und Bedeutung der Strandszenen. Simon de Vlieger, Jacob van Ruysdael und einige Jahre später auch Adriaen van de Velde[106] nehmen einen anderen Standpunkt ein und schwingen sich in größere Höhen auf, während sie gleichzeitig versuchen, die leichte Brise und die lichtdurchlässige Feuchtigkeit der Meeresküsten mit feineren Mitteln

Der wunderbare Weg von Scheveningen

Adriaen van de Velde
Der Strand von Scheveningen, 1658
Kassel, Staatliche Kunstsammlungen

Jacob van Ruysdael
Ein Strand, um 1650
Den Haag, Mauritshuis

auszudrücken. Das Genrebild verwandelt sich in eine Küstenlandschaft, die den ganzen Bogen des Gestades zeigt, die Strandpromenade in ihrer vollen Länge. Entsprechend ändert sich die gesellschaftliche Bedeutung, die dem Bild innewohnt. Der Strand bleibt zwar der Arbeitsbereich der Fischer, ein öffentlicher Ort, an dem das Dorfleben sich fortsetzt, aber er ist auch Ziel des Rituals der städtischen Promenade. Elegante bürgerliche Spaziergänger im galanten Gespräch oder kecke Reiter tauchen überall an der Küste auf; manche betrachten das offene Meer.[107]

Zwischen 1635 und 1665 erlebt die holländische Marinemalerei ihr Goldenes Zeitalter. Einige Jahre lang weicht der Wunsch, den Kampf zwischen dem Menschen und den Elementen der Natur dramatisch zu gestalten, dem Thema der an den Küsten herrschenden Ruhe. Auch Cuyp und Jan van de Cappelle rühmen in ihren heiteren und lichtdurchfluteten Darstellungen der Meeresufer die mühsame Arbeit des Seemanns; sie tragen zur Verklärung der Schönheit dieser Küsten bei, deren geschäftige Belebtheit andere Maler[108] wiederzugeben versuchen.

Am Ende des 17. und im Lauf des 18. Jahrhunderts – während die Reisenden nach Scheveningen strömen – kehren die Küstenmaler zum Anekdotischen zurück und stellen erneut die bunte Menge dar. Familienszenen verbinden sich mit den Aktivitäten der Kaufleute.[109] Beeinflußt von den seit 1670 in England lebenden van de Veldes wenden die dortigen Künstler unterdessen die Stereotypen der niederländischen Marinemalerei auf die britischen Gestade an.[110]

Vor diesem Hintergrund ist leichter zu verstehen, daß die Reisenden nach Scheveningen drängen, um die Küstenszene zu betrachten und sich unter die Fischer zu mischen. Haben sie den Strand – wie Samuel Ireland – erst einmal erreicht, spazieren sie einher, als wären sie einem Gemälde von Simon de Vlieger entsprungen, zeichnen gegebenenfalls selbst[111] und bitten die Seeleute, sie zum Fischfang mitzunehmen.[112] Diderot bewundert in einem Atemzug die schöne Küste von Scheveningen und das einfache Leben der Fischer.[113] Gegen Ende des 18. Jahrhunderts hat das Dorf sich darauf eingestellt, größeren Nutzen aus dem wohltuenden Zustrom zu schlagen: Vier oder fünf Händler, schreibt André Thouin 1795, »stellen vor ihren Läden Muscheln, ausgestopfte Fische, Meerespflanzen, künstliche Blumen und vor allem kleine Modellschiffe aus, Schaluppen und anderes, das mit der Seefahrt zu tun hat«[114].

Diese kurze Übersicht kann den Reichtum der Reise nach Holland bei weitem nicht erschöpfen. Vergessen wir nicht, daß die Republik der Vereinigten Niederlande auch ein politisches Wunder darstellt. Dieses tolerante und freiheitliche Land gilt im Zeitalter der Aufklärung als Vorbild, ein Beispiel der Guten Regierung. Diderot hält es für die Hochburg der »philosophischen Reise«, was aber nicht unser Thema ist. Durch die Besuche in Holland hat sich ein klassisches Bewertungssystem herausgebildet, das den Strand und das Wattenmeer als ungewisse, flüchtige und lichtvolle Grenze erscheinen läßt. Der Mensch und seine Tätigkeit stehen weiterhin im Mittelpunkt der Aufmerksamkeit. Doch indem der holländische Küstenmaler den Betrachter auf die Ebene des Wasserspiegels stellt, an den Rand der auslaufenden Wellen, lädt er zum visuellen Erfassen des endlosen horizontalen Raumes ein.

Die Strandszenen haben ein soziales Modell der Küstenbenutzung in Umlauf gebracht; sie haben zur Verbreitung eines Rituals beigetragen, auf das wir im Zusammenhang mit der Sommerfrische am Meer noch zu sprechen kommen werden. Am Strand von Scheveningen, dem Endpunkt der herrlichen Promenade, sind genau wie an der neapolitanischen *Marina* neue Gebräuche entstanden, die unterschwellig das Aufkommen eines kollektiven Wunsches ankündigen.

Die Lust der Interpretation:
Eine Pilgerfahrt an die Küsten Kampaniens

> *Caesar ging über denselben Sand.*
> L. P. BÉRENGER

Für die Römer sind die Küsten Kampaniens ein Sinnbild der Schönheit.[115] Am Fuße des Vesuv bildet die hügelige Ebene mit ihrem vulkanischen Verwitterungsboden eine sich nach Osten hin erstreckende geschlossene Landschaft, die das Auge erfreut. Das milde Klima steht in harmonischem Einklang mit der Pracht der erntereifen Felder und dem Zauber der Weinberge. Die Römer lassen ihren Blick gern über die Küstenlandschaft schweifen, die der Region ihren Namen gab. Tiberius, der auf Capri seinen Lieblingssitz errichtete, »betrachtete den schwungvollen Küstenstrich«[116]. Im Herzen der formschönen Bucht vergessen sogar die Wellen ihren Zorn[117]; sanft plätschern sie dahin. Dieses friedfertige Meer ist wie ein Echo der von Menschenhand gezähmten und beherrschten kampanischen Natur. Die Uferanlagen und die dort erbauten Villen bestätigen die Unterwerfung der Fluten. Die Küstengestalt und das ganze Meeresschauspiel passen wunderbar in das Bild des Goldenen Zeitalters, das die überreichen Ernten und die wohlgenährten Herden vermitteln. Hier soll Vergil, beeindruckt von der Anmut des Tyrrhenischen Meeres, die Seebeschreibungen der *Georgica* als Gegenstücke zu den ländlichen Szenen verfaßt haben.[118]

Trotz der zerfallenen Bauwerke und trotz aller Erschütterungen, die Neapel heimgesucht haben, sind die Reisenden, die zwischen 1690 und 1760 in der Stadt verweilen, von den Werken der lateinischen Schriftsteller erfüllt. Der Besuch Kampaniens – eine Etappe, die kein Engländer auf der *Grand Tour* und kein Festlandseuropäer auf seiner Italienreise ausläßt – ist eine der seltenen Gelegenheiten, die Ufer des Tyrrhenischen Meeres von ihrer angenehmen Seite zu erleben. Im allgemeinen wirken die italienischen Küsten abstoßend[119], und der Weg, den die Reisenden gewöhnlich einschlagen, veranlaßt sie höchstens zu einem Aufenthalt in Genua, dessen Lage sie bewundern, und zu einer kurzen Fahrt durch Livorno.[120] Unter den wenigen Küstenstationen ist die Bucht von Neapel jedenfalls die schönste. Außerdem stellt sie den Endpunkt der Reise dar. Vor dem letzten Jahrzehnt des 18. Jahrhunderts war es nicht üblich, weiter zu fahren als bis Kampanien, wo Europa zu enden schien. Apulien, Kalabrien und Sizilien galten noch als heiße Gebiete mit afrikanischem Klima.[121]

So liegt das südlichste Ziel der Reise nach Italien denn mitten in der schönsten Landschaft der Welt. »Die unterschiedlichen Ansichten, die man aus dieser Höhe entdeckt, halten die Bewunderung in Atem«, begeistert sich Misson 1688 beim Besuch des Kartäuserklosters San Martino. Dem Auge bietet sich eine Synthese aller Arten von Schönheit dar. »Man kann die Größe und die Anlage von Neapel mit seinen Schlössern, seinem Hafen, seiner Mole und seinem Fanal in aller Deutlichkeit erkennen. Die umliegenden Gärten sind lieblich anzuschauen... Wendet man den Blick zur anderen Seite, immer der Küstenlinie folgend, so bietet der Wechsel zwischen den kleinen Buchten und den von friedlichen Wellen umspülten Caps in Verbindung mit den hübschen Dörfern, die über die ganze Küste

Eine Pilgerfahrt an die Küsten Kampaniens

Die Brüder Rouargue
oben: *Livorno*

unten: *Genua*
aus: De Musset, *Voyage pittoresque en Italie*, Anfang 19.Jh.

verstreut sind, ein überaus reizvolles Bild. Etwas weiter entfernt wird die Luft dichter, erfüllt von den schrecklichen Rauchwolken des Vesuv, und man sieht den häßlichen Berg in seiner ganzen Größe.«[122] 1670 urteilt Richard Lassel, daß es sich bei diesem *Prospekt* »neben dem von Greenwich um den schönsten in Europa«[123] handelt. Und 1739 ist Präsident de Brosses[124] »hingerissen vor Erstaunen« über den »wunderbaren Ausblick«, der sich ihm auf dem Gipfel des Vesuv eröffnet: mit Sicherheit das schönste Schauspiel, das man in Europa finden kann. Besonders schätzt er die Landhäuser, die das Ufer säumen. An einer anderen Stelle schreibt er, die Bucht von Neapel sei so herrlich geschlossen, daß man ihren Bogen mit einem Blick erfassen könne. Wenn es gelingt, das Meer in einem Bild einzufangen und es dadurch seiner monotonen Weite zu berauben, darf man ihm eine gewisse Schönheit zugestehen. Auf der Hochterrasse über dem Kasino eines Freundes sitzend, gesteht Abbé Barthélemy 1755, daß er »ein schöneres Schauspiel nie gesehen«[125] hat. Zwanzig Jahre später äußert Abbé Coyer sein Entzücken über die Ausblicke, die er auf Capri entdeckt, und über »die *geschlossene Rundung* der Bucht von Neapel«[126].

Dank der noch wenig entwickelten Seefahrtstechniken haben die Schiffsreisenden Zeit genug, die Bucht in aller Ruhe zu betrachten. Diejenigen, die von Rom kommen, passieren Gaeta und Cumae, um alsdann im Herzen des Panoramas zu landen. Aber für diese Besucher hat die Küste von Neapel ganz andere Reize als die der Vogelperspektive, die Pieter Breughel schon 1556 rühmte.

In England gilt die Lektüre der antiken Schriftsteller als Grundlage des Bildungssystems. Das Lehrprogramm orientiert sich am Vorbild der Griechen und vor allem an dem der Lateiner.[127] Für die Entwicklung des Schönheitssinns erscheint Kenntnis der alten Sprachen unerläßlich: Nur sie berechtigt zur Einmischung in die Ästhetik-Debatte der damaligen Zeit, die maßgeblichen Einfluß auf die Literaturkritik nimmt. Horaz oder Vergil zu lesen ist ein Vergnügen, das kein Erwachsener sich entgehen lassen sollte. Die alten Dichter spielen eine wesentliche Rolle im Leben der herrschenden Klassen. Sie bieten Verhaltensmodelle und verhelfen notfalls sogar zu einem schönen Tod.[128]

Noch unvergleichlich größer ist der Einfluß der Antike auf die französische Kultur. Nach Daniel Mornet haben sich mehrere bedeutende Historiker[129] mit der Zeit befaßt, in der die antiken Schriftsteller einsam an der Spitze der europäischen Schulen standen. Sie haben nicht nur die *ratio studiorum* der Jesuitenkollegien untersucht, sondern auch das langsame Vordringen der französischen Sprache, die zwischen 1720 und 1770 auf Kosten der lateinischen in den Unterricht einzog, die intensiven Auseinandersetzungen des 18. Jahrhunderts um die Frage der Pädagogik, die den »Bildungsplan« zur literarischen Gattung erhob, sowie das Aufkommen und die späte Realisierung des Gedankens einer nationalen Erziehung. Erst in jüngster Zeit unternahm Daniel Milo eine rigorose Forschungsarbeit über die Zusammensetzung des »klassischen Kanons«, dem bestimmte Autoren, literarische Vorbilder und Modelle der Redekunst zugerechnet werden, deren Einfluß weit über den schulischen Bereich hinausgeht.

Alle Fachleute, namentlich Jean de Viguerie, der sich mit der Analyse des humanistischen Unterrichts beschäftigt hat, weisen darauf hin, daß die Mitglieder der gebildeten Elite immer nur gebannt auf die letzten Jahre der Republik und auf das Augusteische Zeitalter starren. Von dem Reichtum, den die antike Zivilisation im Laufe ihrer Entwicklung hervorgebracht hat, wollen die Klassiker nichts wissen. Diese Einseitigkeit, diese Vereinfachung bestimmt das Spektrum der Entlehnungen. So setzen die Menschen der damaligen Zeit gewissermaßen eine Haltung fort, die schon in der späteren, dem kulturellen Universum Vergils und Ciceros unterworfenen Antike fest verwurzelt war.[130]

Eine leidenschaftliche Begeisterung für die Kunstwerke des Altertums kommt logischerweise noch hinzu, und zwar lange vor den großen Ausgrabungen, die sich ab 1737 um die Freilegung des Herkulaneums bemühen. Wie – was Frankreich betrifft – die Werke von Montfaucon und Caylus bezeugen, besteht das Vorhaben derer, die man als Altertumsforscher bezeichnet, zu diesem Zeitpunkt hauptsächlich in Beschreibungen und Aufzählungen.[131] Dem entspricht eine Italienreise, deren Ziel eine Anhäufung visueller Erinnerungen, eine Sammlung monumentaler Bilder ist. 1699 findet Addison die Liste der Altertümer, die jeder Reisende gesehen haben sollte, bereits derart abgedroschen, daß er sie nicht noch einmal präsentieren will.[132] In der zweiten Hälfte des 18. Jahrhunderts weist die Verbreitung der unter dem Einfluß von Winckelmann entstandenen klassizistischen Ästhetik dem Gefühlsleben neue Wege. Die Begeisterung der Amateure stützt sich hinfort auf ein neues Verständnis der antiken Kunst.[133] Durch den Besuch des Herkulaneum, später dann auch durch die Besichtigung Pompejis und des Museums von Portici, gewinnt die Reise nach Neapel eine andere Bedeutung. Das Entzücken, mit dem Abbé Barthélemy 1755 die neuen Entdeckungen beschreibt, offenbart die ganze Tragweite der Wende.

Diese intellektuelle Strömung, die einen Aspekt der Aufklärung darstellt, erfaßt eine europäische Elite, als deren Kern die reisenden *Gentlemen* sich seit 1733 in der Gesellschaft der *Dilettanti* zusammengeschlossen haben.[134] Unterstützt vom Mäzenatentum einiger Gesandter, die sowohl das Auffinden als auch die Plünderung der antiken Schätze organisieren, erweitern die klassizistischen Liebhaber des Altertums das geographische Feld und den erkenntnistheoretischen Horizont der Forschung.

Parallel dazu entwickelt sich seit dem Ende des 17. Jahrhunderts innerhalb des englischen Hochadels und der englischen *gentry*, etwas später dann auch in den französischen Akademikerkreisen[135], ein Publikum aus Kennern der Landschaftsmalerei. Es entsteht ein neues Einverständnis zwischen diesen aufgeklärten Lesern und den Verfassern von Reiseberichten und Reiseführern, die dem Schauspiel der Natur immer mehr Platz einräumen.[136] Die Beschäftigung mit den Malern italienischer Landschaften des 17. Jahrhunderts, insbesondere mit Salvator Rosa, Lorrain und Poussin, prägt den Geschmack dieses ständig wachsenden Publikums. Die gehobene literarische Bildung erlaubt den Kennern, über das Verhältnis zwischen den Künsten zu debattieren und sich in die Auseinandersetzung über den Kommentar des *Ut pictura poesis* von Horaz einzumischen. Um 1740 erwartet man von jedem Engländer, der auf der Höhe seiner Zeit sein will, daß er sich mit der Malerei auskennt. Die Lust an der Interpretation der Werke offenbart den Schönheitssinn einer Person. Der Wunsch, eigene Sammlungen anzulegen, die Verbreitung von Kopien und die Verallgemeinerung der Maltechniken schaffen eine breite Basis für die neue Mode, die das Erlebnis der *Grand Tour* zum unerläßlichen Bestandteil der Erziehung des jungen Gentleman macht.[137]

Für diesen wird es nach Abschluß der *Ryswijker Klausel* immer mehr zur Gewohnheit, daß er – oft in Begleitung eines Erziehers – die Länder des Kontinents und vor allem die Schätze der Halbinsel besucht. Zwischen 1698 und 1740 steigt die Zahl der britischen Touristen sprunghaft an, während die Italienreise auch in Frankreich wachsenden Zuspruch findet.[138] Der Besuch der Halbinsel gibt Gelegenheit, die literarischen Erinnerungen mit einer Betrachtung der Werke zu verbinden und das Auge an diese Landschaften, von denen die antiken Schriftsteller und die Künstler des 17. Jahrhunderts sich inspirieren ließen, zu gewöhnen.[139]

So erneuert sich ein erstes Mal die schon sehr alte Mode der Reise nach Italien, deren Reize im Laufe der Zeit immer vielschichtiger werden. Der Zauber des römischen Bäderwesens, die religiöse Pilgerfahrt zu den Ursprüngen der Christenheit, der Aufenthalt an den Universitäten, der Besuch der großen Museen und das Bedürfnis der Engländer nach Erholung werden nach und nach um ein neues Element ergänzt oder auch von diesem abgelöst: Dem noch unbestimmten Wunsch, das Schauspiel der Natur zu genießen – einem Wunsch, der seine erbauliche Kraft erst im Zeitalter der klassizistischen Ästhetik und der pittoresken Reise vollauf entfalten wird.

Die Italienreise, das höchste Gut der damaligen Kultur, muß natürlich vorbereitet werden. Ehe Addison das Schiff besteigt, nimmt er sich die guten alten Autoren noch einmal gründlich vor. »Ich habe Schriften zusammengestellt, von denen ich glaubte, daß ich sie brauchen würde«[140], sagt er selbst. 1763, ein halbes Jahrhundert später, entscheidet Gibbon sich für die beiden Bände der *Italia Antiqua* von Cluvier und für Nardinis *Traktat über das alte Rom.* »Ein Literat«, schreibt er, »möchte diese namhaften Gegenden, in denen das kleinste Dorf durch die Geschichte oder durch die Poesie berühmt geworden ist, bis in die hintersten Winkel kennen. Ich habe mir diese Lektüre vorgenommen, um mich einerseits auf meine Italienreise und andererseits auf meine künftigen Studien vorzubereiten.«[141] Das Sammeln von Gemälden oder Stichen und allerhand Gespräche mit Akademikern oder Liebhabern helfen dem Reisekandidaten, die Objekte, die er in Augenschein nehmen und betrachten will, zu definieren und sich eine Übersicht über die bevorstehenden Freuden zu verschaffen.

Die Italienreise folgt ihrer eigenen Strategie, Punkt für Punkt durch die reichlich vorhandene normative Literatur festgelegt.[142] Dabei spielt die gesellschaftliche Begegnung eine wesentliche Rolle. Bei jedem Aufenthalt in einer Stadt ist der Reisende es sich schuldig, an »Versammlungen« oder »Gesprächen« teilzunehmen, zu denen der Fremde glücklicherweise freien Zugang hat.[143] Wenn möglich läßt er sich am Fürstenhof vorstellen. Auf jeden Fall aber sucht er die einheimischen Berühmtheiten auf, was voraussetzt, daß er sich mit Empfehlungsbriefen versorgt. Um die Spuren der Vergangenheit richtig genießen zu können, muß er sich ferner, vor allem beim Rombesuch, der Dienste eines guten Altertumsforschers vergewissern. Außerdem muß er ausgerüstet sein: Ab Ende des 17. Jahrhunderts gehören Uhr, Kompaß, Astrolabium und insbesondere ein Fernrohr zur Grundausstattung des gewissenhaften Reisenden. Im Idealfall läßt er sich von einem guten Zeichner begleiten[144], auch dann, wenn er selbst Künstler ist. Zumindest aber empfiehlt es sich, eine Sammlung von Stichen anzulegen, um die Erinnerung lebendig zu halten.

Auch die Reiseroute ist streng kodifiziert. Da alle den gleichen Weg zurücklegen, können sie sich nach der Rückkehr besser verständigen und die persönlichen Eindrücke vergleichen. Die Städte mit ihren Ausblicken, ihren Institutionen und ihren Bauwerken stehen im Mittelpunkt der Aufmerksamkeit. Dieses Primat wird besonders deutlich, wenn es um Rom geht, dessen »semantischen Absolutismus«[145] Michel Butor zu Recht hervorgehoben hat. Die unüberschaubare Flut der *Vedute*[146] verstärkt diesen Schwerpunkt noch. Während der Fahrt von einer Stadt zur anderen läßt die Spannung nach, und meistens nimmt der Tourist nichts von der Landschaft wahr. Solange er in seinem Wagen sitzt, liest er in den Werken der alten Dichter, um sich an den Reichtümern der folgenden Etappe besser erfreuen zu können, oder er gibt sich einer Unterhaltung hin.

Diese Blindheit gegenüber der Landschaft muß kein Dauerzustand sein. Aber wenn der Reisende die Natur gelegentlich beobachtet, tut er es stets nach einem vorgefertigten Muster, aus dem vornehmlich die klassische Einschätzung der Meeresküsten spricht. Der Blick steht im Dienst der antiken Texte, die sich tief in das Gedächtnis eingeprägt haben und an denen der Reisende sich seit seiner Jugend ergötzt. Diese Mittlerschaft bildet die Grundlage für den Zusammenschluß der *Dilettanti*. Sie kommt dem Wunsch nach sozialem Wiedererkennen ebenso entgegen wie der damit verbundenen Distanzierungsabsicht.

Als David Hume 1748 die Ebene der Lombardei erreicht, denkt er bewegt an Vergil, der vor langer Zeit denselben Boden betrat. In Mantua küßt er die Erde, die den Poeten trug.[147] Addison macht auf der Hinfahrt nach Kampanien Horaz zu seinem Weggefährten. »Das größte Vergnügen, das mir auf der Fahrt von Rom nach Neapel zuteil wurde«, schreibt er, »bestand darin, so viele Felder, Städte und Flüsse zu sehen, die von klassischen Autoren beschrieben worden sind und Schauplätze vieler großer Taten waren, denn ansonsten ist der ganze Weg, was seine Sehenswürdigkeiten anbelangt, recht eintönig. Es lohnt sich, das Auge auf Horaz' Reise nach Brindisi zu richten, wenn man diese Strecke fährt.«[148] Auf dem Rückweg beschließt er, den Spuren des Aeneas zu folgen, da er Vergils Beschreibung für sehr genau hält. Auch Präsident de Brosses bereist Kampanien »anhand des Sechsten Gesangs der *Aeneis*«[149], eines Textes, der so bekannt ist, daß er ihn nicht zu zitieren wagt. »Ich hatte meinen Vergil in der Hand«[150], bekennt Abbé Coyer, »und ich folgte Aeneas bei seiner Landung in Italien.« Gegen Ende des Jahrhunderts, als die klassizistische Empfindsamkeit schon triumphiert, bleibt Präsident Dupaty dieser Art des Reisens immer noch treu. An Vergils Grab, schreibt er, »rezitierte ich die Ekloge des Gallus, ich las den Beginn des Vierten Gesangs der *Aeneis*, ich sprach die Namen Dido und Lycoris aus, dann schnitt ich einen Lorbeerzweig...«[151] Er erinnert sich weiter an die treulose Cynthia, über die Properz Tränen vergoß, und an Senecas Zorn über die Ausschweifungen von Bajae. Swinburne, der etwa zur gleichen Zeit eine Reise durch das Königreich Beider Sizilien unternimmt, beobachtet die Sitten der süditalienischen Küstenbevölkerung ebenfalls im Licht der antiken Schriftsteller.[152]

Die klassische Ästhetik bestimmt sowohl die Routen als auch den Katalog der zu bewundernden Objekte.[153] Dem Reisenden wird alles in Erinnerung bleiben, was die Menschen betrifft. In der Landschaft richtet sein Blick sich auf die heiteren, fruchtbaren Gärten, auf die Hügel, die Orangenhaine und die malerisch angelegten Weinfelder: Aus ihnen spricht die Harmonie, die den klassischen Begriff von der Schönheit der Natur definiert, und vor allem geben sie Gelegenheit, Zitate an den Mann zu bringen. Die Lobpreisungen der Reiseberichte konzentrieren sich auf die reichen Ebenen Norditaliens, die Ufer des Clituno und das antike Kampanien. Addison besingt das liebliche Capri, während die Felsen von Sorrent ihn beunruhigen. Es ist noch nicht Sitte, dort hinzufahren, schreibt Abbé Richard 1766. Der Tourist richtet seinen Blick auch auf die Schauplätze historischer Ereignisse: Die Furt des Rubikon, die Ufer des Trasimenischen Sees ziehen das Auge an. Ganz allgemein schließt die Bewunderung der Landschaft ein Zurückdenken an die Geschichte der Menschen ein.[154]

Noch größere Faszination üben die Aufenthaltsorte der lateinischen Dichter aus, vor allem wenn es sich um Vergil, Horaz, Cicero,

Seneca oder Plinius handelt, jene Autoren, die in der Reiseliteratur am häufigsten zitiert werden. Als Roland de la Platière die Küsten von Syrakus besucht, will er in die Fußstapfen Ciceros treten; gleichzeitig macht er es sich zur Pflicht, der topographischen Beschreibung und den Bauwerken unbedingten Vorrang zu geben.[155]

Ein gewöhnlicher Ort, so unscheinbar er sein mag, zieht die Aufmerksamkeit an, wenn er nur durch den Blick eines Alten geehrt worden ist. Daher die starke semantische Besetzung der kampanischen Küste. Addison hält bei einer Grotte der Insel Capri vor drei spitzen Felsen inne, weil er glaubt, es handele sich um die von Vergil erwähnten *Sirenum Scopuli*.[156]

Vollständige Blindheit herrscht indes gegenüber jenen Plätzen, von denen die berühmten Texte keine Notiz nehmen. Vor 1750 ist das Auge der Touristen noch ungeübt in der eigenständigen Analyse der Farben und der übrigen Merkmale eines Betrachtungsgegenstands.

In Neapel drängt sich dem Reisenden die Erinnerung an Vergil als dem Verfasser der *Aeneis* auf. Der Erste und der Sechste Gesang dieses Werkes bestimmen den Verlauf des Weges und die Wahrnehmung der Landschaft. Das Bild des angeblich vom Pozzuoli inspirierten tyrischen Hafens, die Höhle der Sibylle und die Elysischen Gefilde, die der Trojer einst besuchte, das durch den Tod des Steuermanns Palinurus veredelte Cap Miseno und Aeneas' Küstenfahrt in Richtung Latium – all diese Eindrücke verfolgen den Reisenden, der es sich im übrigen nicht nehmen lassen wird, eine Pilgerfahrt zu des Dichters Grab am Fuß des Posilipo zu unternehmen.[157] Die antike Pracht Bajaes, von Misson der »herrlichste Ort der Welt«[158] genannt, fasziniert ebenfalls, obwohl die treibenden Kräfte dieser Begeisterung kaum zu verstehen sind. Was die Sommerfrische am Meer betrifft, so gibt es vier Bilder, an denen der Blick sich orientiert: Die belebte Küste von Pozzuoli und ihre derzeitige Verkommenheit, die skandalösen, erotische Phantasien freisetzenden Lustbarkeiten des Tiberius auf Capri[159], die Luxusvilla des Statius-Freundes Pollius Felix und den von Domitian erbauten und von Seneca angeprangerten Tunnel. Gelegentlich erinnert man sich auch, daß Sanazzaro im 16. Jahrhundert am Hang des Posilipo residierte.[160] Die angenehme Promenade über die *Chiaia* und später die durch Hamilton in Mode gekommene Vulkankunde tragen ebenfalls dazu bei, das Interesse an dem Naturschauspiel Kampaniens zu definieren.

Das Fehlen eines eigenständigen deskriptiven Stils[161] erklärt sich weitgehend aus der Tatsache, daß der Blick den lateinischen Texten untergeordnet wird. Warum sollte man sich bemühen, ein so perfektes Bild neu auszumalen? Diese Frage stellt Addison, der es den Alten – Horaz, Vergil, Statius und Lukan – überläßt, die Landschaften zu schildern. Schreiben bedeutet für ihn, eine Ordnung in die Sammlung der Entlehnungen zu bringen und die beim Lesen der alten Texte wachgerufenen Erinnerungen oder Emotionen auszudrücken. Die Filterung des weiten Spektrums der Zitate und die Art der selektiven Wiederaneignung definieren die spezifische Empfindsamkeit des Autors. Die Übernahme deskriptiver Elemente unterliegt in der Tat einem eigenen Auswahlverfahren, das sich sowohl auf die Texte als auch auf die bewunderten Objekte und die Triebkräfte der Bewunderung bezieht. Bleiben wir bei dem Beispiel Kampaniens. Von Vergil halten die Reiseberichte vor allem die großen Stürme fest, die Zwischenfälle während der Küstenfahrt und die Stationen des beeindruckenden Weges, der für den Helden der *Aeneis* in der Höhle der Sibylle beginnt. Gegenüber den Meeresschilderungen der *Georgica* indes erweisen dieselben Autoren sich als blind[162], obwohl das Thema der gefährdeten Harmonie nach 1750 bekanntlich schwer auf der europäischen Literatur lastet, namentlich in England, wo Thomson als Leitfigur dient.[163]

Auch bei Cicero vernachlässigen die Verfasser der Reiseliteratur den Aspekt der Landschaftsbetrachtung und der trostspendenden Natur, die den von der Politik ermüdeten Bürger labt. Vor allem aber ist Lukrez in ihren Schriften fast gar nicht vertreten. Kurz, das Gestade ist hier kein Lieblingsort des Rätselhaften, und der Strand erscheint nicht als bevorzugte Stätte des philosophischen Rückzugs. Vor 1750 findet man wenig Verständnis für die antiken Freuden der Sommerfrische[164], die, wie es aus den Texten von Properz und Seneca hervorgeht, öfter mißbilligt als gerühmt werden. Es spricht für sich, wenn Addison zugibt, daß er den jahreszeitlichen Rhythmus des antiken *otium* nicht begreift.[165]

Alles in allem ist das enge Netz der Literaturverweise ebenso erstaunlich wie das bescheidene Spektrum der Entlehnungen. Aus einer kleinen, angesichts des Reichtums der antiken Schriften äußerst reduzierten Zahl von Stereotypen entspinnt sich ein monotoner Diskurs als Grundlage einer entsprechend undifferenzierten Gefühlsstrategie.[166] Diese Sparsamkeit hat ihre Funktion. Im Augenblick erleichtert sie das soziale Einvernehmen und das Wiedererkennen einer Elite, und sie verringert die Gefahr von Mißverständnissen. Die Bezugnahme auf einen allen bekannten Text, die das Aufkommen eines deskriptiven Stils blockiert, kürzt das Schreibverfahren ab.

In der Folgezeit wird der Prozeß der sozialen Auszeichnung, die sich aus der klassischen Reise ergibt, immer komplizierter. Die philologischen Kenntnisse, die gegen Ende des Jahrhunderts von dem Amateur erwartet werden, die ästhetische Sensibilität, die er an den Tag legen muß, um durch eine feinere Wahrnehmung des Auges mit den neuen Maßstäben der Landschaftsanalyse Schritt zu halten, setzen einen ganz anderen kulturellen Horizont voraus. Gleichzeitig verändert sich das von der Reiseliteratur hervorgebrachte Publikum.

Erstaunlich ist auch die Tatsache, daß an der Sichtweise der Alten keinerlei Kritik geübt wird. Ein außergewöhnlicher Text von Moisant de Brieux aus dem Jahr 1668 ist daher für unseren Zusammenhang besonders interessant. An das Schauspiel des Ärmelkanals gewöhnt, hat dieser Einsiedler, der Bernières zu seinem Lieblingsort erwählt, das Mittelmeer nie gesehen und bekennt seine Verwirrung über einen Vers im Fünften Buch der *Aeneis*, wo es heißt: »Die wilden Fluten hatten sich zur Ruhe gelegt.« Er wirft Vergil eine ungenaue Beobachtung vor, indem er schreibt: »Seine Schilderung der Nacht ist wunderschön, die ganze Natur scheint zu schlafen, ... nur in Hinsicht auf das Meer kann ich diese Ruhe nicht begreifen, da es bei Tag wie bei Nacht eine ewige Bühne der Unbeständigkeit und der Bewegung ist: Ebbe und Flut wechseln einander ab...«[167]

Die emotionalen Strategien und das Vergnügen, das aus dem klassischen Landschaftsverständnis gezogen wird, ergeben ein kohärentes, für uns schwer durchschaubares System. Das Vergnügen besteht zunächst in der Identifizierung der von den antiken Autoren beschriebenen Orte, und hier siedelt sich auch das freudige Gefühl der individuellen Entdeckung an. Man spielt mit höchst überraschenden Hypothesen, um sich den Genuß der Interpretation des Textes durch das Schauspiel der Natur zu verschaffen.[168]

In Ermangelung des Gefühls, das sich aus der eigenen Entdeckung einer unerwarteten Entsprechung ergeben könnte, bietet sich die Überprüfung einer nachgewiesenen Übereinstimmung als Befriedigung an. Das Vergnügen entspringt also schlicht und einfach dem Gleichklang der Gefühle, die der Reisende und der antike Schriftsteller angesichts einer seit vielen Jahrhunderten bekannten Landschaft empfinden. Ungeachtet dessen schleicht sich manchmal die Hoffnung ein, etwas anderes zu entdecken, was die Schönheit des so oft gerühmten Ortes noch erhöhen würde. Addison ergötzt sich an der zeitlosen Harmonie zwischen dem Reisenden und dem lange verstorbenen Genius: »Ich muß zugeben«, schreibt er, »daß es mir während meiner Reise ein wichtiger Gesprächsstoff und ein großes Vergnügen war, die verschiedenen Beschreibungen an den jeweiligen Schauplätzen zu examinieren und die Lage wie auch die Beschaffenheit der Landschaften mit den Beschreibungen der Dichter zu vergleichen.«[169]

Der Erwachsene freut sich, die Bilder, die er sich als Jugendlicher vorgestellt hat, nun in Wirklichkeit zu sehen. Die Reise nach Italien gibt ihm Gelegenheit, die Identität des eigenen Ich zu erfassen, und sie offenbart die große Harmonie, die durch alle Jahrhunderte hindurch unter den Betrachtern entsteht.

Die Reisenden wissen, daß die Landschaft, die sie in Kampanien vor Augen haben, nicht mehr dieselbe ist, die sich einst Vergil darbot. Das Erdbeben im Jahr 62 und der 79 folgende Ausbruch des Vesuv haben sie von Grund auf verändert. Die Reisenden wissen auch, daß seit dem Tod des Dichters Schwefelquellen aktiv geworden sind, daß sowohl Agrippa als auch Domitian durch ihre rege Bautätigkeit dem Profil und dem Verlauf der Küste ein neues Gesicht verliehen haben. Infolgedessen versuchen manche, sich das verschwundene Schauspiel vorzustellen.[170] Der Begriff des landschaftlichen Zerfalls spielt bei ihnen eine große Rolle, jedoch ohne die wehmütige Nostalgie, die den Reisenden der Romantik quälen wird. Ungetrübten Herzens träumt Präsident de Brosses 1739 von »den goldenen Gondeln«, von einem »rosenbedeckten Meer«, auf dem Barken »voller hübscher Frauen im galanten Negligé« vorüberziehen, und von den Wasserkonzerten vor der Küste des antiken Bajae. Mit diesem Bild nimmt er den Klassizismus in seiner reinsten Form vorweg. Ganz anders Swinburne, der am Ende des Jahrhunderts berichtet, der Kontrast zwischen dem trostlosen Anblick, den Tarent oder Sybaris derzeit böten, und dem verflossenen Charme der zauberhaften Aufenthalte, die Horaz daselbst genoß, sei ihm aufs Gemüt geschlagen.[171]

Unter dem Einfluß von Winckelmann besteht im letzten Drittel des Jahrhunderts das Ziel der Reise nicht mehr im bloßen Wachrufen der Erinnerung, in der Konfrontation und der Interpretation: Dank eines besseren Verständnisses der antiken Schriftsteller soll die Reise nun auch einer *Wiederbelebung* der alten Texte dienen.

Dieser Begriff ist uns vertraut, hat sich aber, wie mir scheint, recht spät durchgesetzt. Ausschlaggebend war offenbar die Tatsache, daß der neue Wunsch eine Verfeinerung des ästhetischen Seelenbündnisses mit den Künstlern der Antike verlangte. Am 17. Mai 1787 schreibt Goethe an Herder, erst nachdem er das Mittelmeer und seine Küsten kennengelernt habe, sei die *Odyssee* ihm »ein lebendiges Wort«[172] geworden. Subtiler erscheint Swinburnes Strategie: Als Ergebnis eines komplexen Wechselspiels erwartet er von seiner Reise, daß sie ihm den alten Text enthüllt, während dieser ihm Verständnis für das vor seinen Augen ablaufende Schauspiel vermitteln soll.

Die Reise nach Italien befriedigt den Geist. Sie regt eine Fülle ästhetisch begründeter Emotionen an, doch außer beim Thema der Galanterie ist vom Körper oder von kinästhetischen Empfindungen kaum die Rede. Zutage tritt lediglich das Vergnügen, ein denkwürdiges Ufer zu beschreiten oder die Hänge des Vesuv zu erklimmen, um einen Blick in den gräßlichen Krater zu werfen, der das Schicksal Plinius' des Älteren besiegelte. Zutage tritt das erhebende Gefühl, die wegen der Taten der Sibylle oder wegen der Ausschweifungen des Tiberius berühmten Grotten mit eigenen Augen anzuschauen. Die kampanische Küste am Eingang zur Hölle lädt wahrlich zu einer komplexen Reise ein, die durch den nahen Vulkan noch faszinierender erscheint. Doch die größte Befriedigung besteht hier immer noch darin, den Spuren des Aeneas zu folgen, sich den Gefahren und den Stürmen auszusetzen, denen er die Stirn bot. Bei Addison enthüllt der Abscheu vor der Küste zwischen Rom und dem Cap Miseno eine Neigung zum Schrecklich-Schönen. Für ihn ist der Weg des Aeneas mit starken Gefühlen besetzt. Freudig erregt hört – oder evoziert? – der Reisende die heulenden Wölfe, die brüllenden Löwen im nächtlichen Rauschen des gegen die Steilküste brandenden Meeres.[173]

Manchmal – aber das geht weniger aus den Reiseberichten selbst hervor als aus der Fülle der Literatur, die sich mit den umstrittenen Fragen der Ästhetik auseinandersetzt – gibt der Reisende sich sogar der Lust einer mehrfachen Interpretation hin. Er kommentiert die Landschaft nicht mehr ausschließlich im Licht des antiken Textes, sondern auch unter Bezugnahme auf neuere, von den alten inspirierte Werke. Bis zum Erscheinen der *Voyages du jeune Anacharsis* von Abbé Barthélemy ist es vornehmlich Fénelons *Telemach*, der die Franzosen anregt – wobei Vergils Gedicht natürlich

Eine Pilgerfahrt an die Küsten Kampaniens

Agostino Tassi
Meeresbucht bei Mondschein, Anfang 17. Jh.
Wien, Akademie

Jean-Honoré Fragonard
Capri (Zeichnung)
aus: Saint-Non, *Voyage pittoresque en Italie,* Paris 1785

weiterhin die am häufigsten benutzte Quelle bleibt. Die wirren Literaturhinweise erklären das Vorgehen eines Jean Houel, der, als er bei Malta in die Nähe der sogenannten Grotte der Kalypso kommt, nicht die Topographie Homers, sondern die des *Telemach*[174] wiederzuerkennen sucht. Daß man sich dieses irreführenden Mittlers bedient, liegt nicht zuletzt an dem leuchtenden Bild, das Fénelon von den antiken Meeren zeichnet. In der über dem Wasser liegenden Grotte der Kalypso verbindet sich die Harmonie einer arkadischen Landschaft mit dem Zauber eines antiken Seestücks. Die sich brechenden Wogen am Fuß des ägyptischen Turms, in dem Telemach gefangengehalten wurde[175], nehmen mehr von der späteren Lust an der erhabenen Gewalt des Meeres voraus als die stereotype Wiedergabe der vergilschen Stürme. Indem Fénelon die Alten neu interpretiert, verfaßt er schon 1699 die ersten Seestücke der französischen Literatur. Ein Beispiel ist der sinnliche Eindruck, der bei Telemachs Abfahrt von Alexandria durch die Beschreibung des sich entfernenden Schiffes hervorgerufen wird: »Die ägyptischen Ufer schienen hinter uns zu fliehen, und die Hügel und Berge senkten sich immer mehr und mehr. Fast sahen wir nichts weiter als Himmel und Wasser, indes die aufgehende Sonne feurig glänzend sich aus dem Wasser zu erheben schien; ihre Strahlen vergoldeten die Gipfel der Berge, die am fernen Horizont noch in undeutlichen Umrissen erkennbar waren.«[176]

Die Kenntnis der italienischen Kunst des 17. Jahrhunderts, insbesondere die Beschäftigung mit den Gemälden von Claude Lorrain, trägt dazu bei, den Blick des Reisenden zu strukturieren, wenn sein Auge sich den Meeresufern zuwendet.[177] Lorrain hat es verstanden, die klassische Tradition im Licht der christlichen Religion zu interpretieren. Von Vergil, ja mehr noch von Ovid, übernimmt er das Bild einer harmonischen Welt, deren Schönheit und Rätselhaftigkeit trotz ihres möglicherweise trügerischen Charakters auf den göttlichen Ursprung, auf die ordnende Hand des Universums verweisen. Seine Malerei integriert das Loblied der Kirchenväter in die Schönheit der Welt und setzt die Elemente des Naturschauspiels gleichzeitig in christliche Symbole um.

Die unter dem Einfluß von Paul Bril und Agostino Tassi entstandenen Küstenszenen haben viel zur Berühmtheit dieses Malers beigetragen. Ab Ende des 17. Jahrhunderts werden sie massenhaft nach England exportiert. Lorrain versteht sie als Pendants zu seinen Binnenlandschaften. Durch Zusammenfügung beider Elemente will er die Einheit des großen Schauspiels dieser Welt wiederherstellen. Er verbindet den Meereshorizont, dessen Licht und die auf den Wellen tanzenden Sonnenstrahlen mit dem Bild einer geordneten, harmonischen Erde. Aber die Küstenszenen führen dem Betrachter auch die Abfolge der christlichen Symbole vor Augen – die Einschiffung, die Gefahren der offenen See, die Einfahrt in den Hafen und alle anderen Episoden, die den Schicksalsweg des Menschen markieren. Der gebildete Reisende vom Anfang des 18. Jahrhunderts liebt diese Spiegel-Spiele der Hermeneutik. Vermittelt durch die Malerei von Claude Lorrain verdoppelt sich sein Vergnügen.

Diese facettenreiche Lesart gehört zu den komplexen Strategien, die den Reichtum der klassischen Landschaftsinterpretation trotz einer offensichtlichen Armut des deskriptiven Stils gewährleisten. Der Tourist, der am äußersten Punkt seiner Reise die schöne kampanische Küste betrachtet, befindet sich auf einer Pilgerfahrt und feiert zugleich einen Kult.[178] Er setzt auf die Freuden der Erinnerung und der Interpretation. Der Textgenuß steigert sich durch die reale Gegenüberstellung, und diese bewirkt eine Vertiefung der Kultur, die – ausgehend von der Gleichartigkeit der Reiseabsichten, der Reisewege und der an die einzelnen Stationen geknüpften Emotionen – ein soziales Einvernehmen ermöglicht. Wenn der Reisende bei der Betrachtung einer Bucht die Schönheit der antiken Meisterwerke und die Beständigkeit des Menschen feiert, feiert er implizit auch den soziokulturellen Zusammenschluß der Eliten, den die klassizistische Ästhetik ungeachtet ihres Gebrauchs durch die französischen Revolutionäre noch untermauern wird.

Vom Ende des 17. bis zur Mitte des 18. Jahrhunderts wird der Blick auf die Meeresküsten von einer klassischen Lehre geprägt, die trotz ihrer scheinbaren Ordnung auf einer oft wirren Vermengung der jüdisch-christlichen Tradition, der hellenistischen Philosophie und der lateinischen Literatur beruht. Im großen und ganzen dominieren zwei Haltungen: die Furcht vor dem Meer und der Abscheu vor dem Aufenthalt am Ufer. Das Bild des furchtbaren Meeres als einem chaotischen Überrest uralter Katastrophen und die unberechenbare Gewalt der bedrohlich sich bewegenden Wassermassen entsprechen den Gefahren und der Pestilenz des rätselhaften Strandes, jener ungewissen, ständig von Einfällen bedrohten Grenze, an der die große Tiefe ihre Exkremente ablädt.

Gewiß, manchmal gerät man ins Träumen, wenn man die sichtbaren Zeichen der Macht des Schöpfers oder der Schönheit seiner

Die anfänglichen Formen der Bewunderung

Werke in einem Sandkorn entdeckt. Man geht nach Scheveningen, um die mühsame, durch die wunderbare Fruchtbarkeit der Nordmeere reichlich belohnte Arbeit der Fischer zu bestaunen. Man fährt über die Grachten von Amsterdam, um die friedliche Verbindung der Elemente im Herzen dieses gottgesegneten Mikrokosmos zu genießen. Und man macht sich auf die Reise nach Neapel, um sich der schönsten klassischen Küste zu erfreuen, an deren Ufern die Harmonie der Welt und die Eintracht der Generationen in vollem Glanz erstrahlen. Aber der Mensch bleibt stets Mittelpunkt dieser aus Symbolen gebildeten Küstenszenen mit all ihren verworrenen Zeichen, die sich der Interpretation darbieten. Die Rekapitulation der konstitutiven Elemente des Universums und die Erinnerung an die Stationen des menschlichen Schicksals bestimmen die Vorstellungen, die sich mit dem Wasser und dem Sand verbinden. Nirgendwo – außer in den Texten einiger weniger Individuen, die ihrer Zeit empfindungsmäßig weit voraus sind – zeigt sich eine Bewunderung für den unendlich weiten Raum der Fluten, eine Genugtuung über die aus eigener Anschauung gewonnene Analyse eines Gegenstands. Nirgendwo äußert sich der Wunsch, den eigenen Körper der Gewalt der Wellen auszusetzen, die erregende Frische des Sandes zu spüren. Kinästhetische Empfindungen kommen weder als Erfahrung noch als Thema vor.

Erst die Zeit zwischen 1750 und 1840, auf der das Augenmerk dieses Buches liegt, erlebt das unwiderstehliche Erwachen eines kollektiven Verlangens nach der Küste. Die Meeresufer werden eine Zuflucht vor den Unbilden der Zivilisation, sie erscheinen als Orte, an denen man den neuen Zeitbegriff der Gelehrten am ehesten erkennen kann, an denen man das Auseinanderklaffen der Menschen- und der Erdgeschichte spürt. Hier entfalten sich die erhabenen Schönheiten des Nordmeeres und die Pathetik der sturmbewegten Fluten. Hier findet das Individuum hinfort die Möglichkeit, sich mit den Elementen auseinanderzusetzen, den Glanz oder die Transparenz des Wassers zu genießen.

ZWEITER TEIL
DIE ANKÜNDIGUNG EINER
NEUEN LUST

Joseph Vernet
Sonnenaufgang, 1746
Moskau, Puschkin-Museum

Jacob Philipp Hackert
oben: *Italienischer Hafen bei Mondschein*, 1773
Köln, Wallraf-Richartz-Museum

unten: *Küstenlandschaft*, 1765/68
Hamburg, Kunsthalle

Die neue Harmonie
von Körper und Meer

Die Ablösung der Ängste und der Wünsche

Der um 1750 beginnende Ansturm der Kurgäste auf die Meeresküsten wirkt einer alten Angst entgegen. Er gehört zur Strategie des Kampfes gegen die Melancholie und den *Spleen*, entspricht aber auch dem Wunsch nach einer Milderung neuer Befürchtungen, die während des ganzen 18. Jahrhunderts in den herrschenden Klassen anschwellen und einander ablösen. So erklärt sich der Reichtum der medizinischen Ausführungen, die den heilsamen Wirkungen des kalten Meerwassers und vor allem den Indikationen des Wellenbads und des Erholungsaufenthalts an der Küste gewidmet sind. Ärzte und Hygieniker verbinden die Beunruhigung und den Wunsch nach einer Zuflucht mit wissenschaftlichen Kenntnissen. Durch ihre Erörterungen produzieren, übernehmen oder kodifizieren sie Praktiken, die sich ihrem Einfluß später entziehen werden.

Die Entstehung der neuen Verhaltensweisen gebietet einen kurzen Rückblick auf die Gestalten der Melancholie, das wohl abgeschlossenste Kapitel unserer modernen Geschichte der Mentalitäten.[1] Die mittelalterliche *Acedia*, eine teuflische Trägheit und Versumpfung der Seele, die den Befallenen schier an seinem Heil verzweifeln ließ, war den kirchlichen Autoritäten lange ein Dorn im Auge, ehe die Ärzte sich der antiken Theorie von den Körpersäften erinnerten und die Theologen in ihren Ansichten bestärkten.[2] Das 16. und das anbrechende 17. Jahrhundert erheben die Melancholie zu einer Mode. Doch im Frankreich Ludwigs XIV. ist dieser morbide Genuß nicht mehr gefragt. Die Sanftmut der salesianischen Spiritualität, der heftige Kampf der Jesuiten gegen die *Acedia*, die Faszinationskraft der ciceronischen Lebenskunst und die am Hof sich entfaltende »heilsame Geselligkeit« bieten ein wirksames Gegenmodell zu der Disharmonie von Körper und Seele, auf der die schleichende Krankheit beruht. Der französische Klassizismus entwertet das melancholische Temperament, und Molières Zuschauer amüsieren sich über den Misanthropen.

Jenseits des Ärmelkanals hingegen bleiben die oberen Gesellschaftsschichten unter der Herrschaft dessen, was in ganz Europa bald als *Spleen* bezeichnet wird. 1621 veröffentlicht Robert Burton[3] seine *Anatomy of melancholy*, die sich stark auf das Verhalten der britischen Aristokraten auswirkt. Der Autor entwickelt eine umfassende und komplexe Strategie gegen die Krankheit, indem er die Sorge um die Beschaffenheit der Umgebung, die hygienischen Vorschriften und die Maßnahmen zur Körperpflege mit einer subtilen Behandlung der Seele oder vielmehr des Geistes verbindet. Zunächst fordert Burton den Melancholiker auf, seinen Aufenthaltsort besonnen auszuwählen. In diesem Zusammenhang stellt er mit Genugtuung fest, daß die Mitglieder der *gentry*, des niederen Adels, sehr besorgt sind um die Qualität des Lebensraums, für den sie sich entscheiden.[4] In Übereinstimmung mit der hippokratischen Tradition sollte der Melancholiker den Grundsatz kennen: »Wie die Luft ist, so sind die Bewohner.«[5] Er sollte einen trockenen Boden bevorzugen, eine »abwechslungsreiche hügelige Landschaft«[6], in der sich keine Quellen der Fäulnis befinden. Er sollte sich möglichst auf einer »Anhöhe mit Blick auf einen weiten Horizont«[7] niederlassen. Zur Bestätigung seiner Theorie führt Burton ein Beispiel an: Die hervorragende Gesundheit und die erstaunliche Langlebigkeit der Bewohner der Orkneyinseln »infolge der bewegten und reinigenden Luft, die vom Meer hinüberweht«[8]. Seinen Landsleuten aber empfiehlt er, selbst von melancholischem Temperament, deswegen noch lange nicht, ihre Häuser nach Art der Neapolitaner an den feuchten englischen Küsten zu erbauen. Es wäre daher übertrieben, Burton als den »Erfinder des Meeres« anzusehen.

Wie einst Celsus legt er großen Wert auf die wohltuende Vielfalt. Er empfiehlt Reisen, einen Wechsel zwischen Stadt und Land, ein Gleichgewicht zwischen körperlichen und geistigen Betätigungen. »Schon ein guter Aussichtspunkt wird die Melancholie mildern«[9], schreibt er. Der landschaftliche Abwechslungsreichtum gehört also mit zu seiner Therapie. Wie früher die Einwohner von Ägina oder Salamis haben die Menschen jetzt in Genua, Neapel oder Barcelona einen Prospekt vor Augen, der ihre Seelen erfreut. Das Mittelmeer verfügt in der Tat über eine vielfältige Landschaft. Neben den Amphitheatern über den Buchten erheben sich Häuser, die »einen schönen Blick aufs Meer« erlauben. Das Schauspiel der Inseln und der Schiffe erhöht hier den Genuß des Betrachters an den belebten Straßen oder am erholsamen Grün der Gärten.

Burton greift in seinem Buch, einem endlosen Katalog von Topoi, zahlreiche antike Behandlungsvorschriften auf. Wie alle Wesen des Universums braucht der Mensch Bewegung. Körperliche Ertüchtigung tut ihm wohl. Robert Burton macht sich zum Anwalt der *rural sports*. Er empfiehlt Reiten, Fischen, Schwimmen, »Football«, »Bowling« und eine Reihe anderer Belustigungen des gemeinen Volkes. Die Aneignung der volkstümlichen Kraft und Fröhlichkeit ist Bestandteil einer Therapie, die auf die soziale Zirkulation der Praktiken setzt. Was unser Thema betrifft, wäre zu sagen, daß das Baden im Meer oder in Flüssen, bislang eine unmoralische Zerstreuung des sittenlosen Volkes, zu Burtons Zeit gesellschaftsfähig wird. 1622 vertritt Henri Peacham sogar die Ansicht, ein echter Gentleman müsse schwimmen können. So hat Burtons Werk *The anatomy of melancholy* mit seinen zahllosen Verweisen auf das antike Bäderwesen die Mode der Heilbäder ebenso begünstigt wie das Aufblühen der *Spas*, der Badeorte, die im Inland überall aus dem Boden schießen.

Auch wenn der Jäger kein Stück Wild und der Angler keinen Fisch erbeutet, genießen beide doch wenigstens die gute Luft, den lieblichen Duft der Blumen und das Zwitschern der Vögel – lauter Heilmittel gegen die Melancholie. Burton knüpft in der Tat an die Methode des heiligen Bernhard an. Er rühmt wohltuende Ausflüge, Spaziergänge zwischen Wäldern und Flüssen in schönen Gegenden. Seine Aufzählung der *pleasant places* folgt dem klassischen Codex der Landschaftsbewertung, und bekanntlich wird der Englische Garten zu einem Mittel im Kampf gegen den *Spleen*. Burton bevorzugt den ländlichen Rahmen, über dem er die Küste ganz vergißt. Er erkennt zwar an, daß die Luft am Meeresufer wohltuende und ergötzliche Wirkungen hat, denkt aber noch nicht daran, es als bekömmlichen Ort für Spaziergänge oder erholsame Aufenthalte zu empfehlen.[10]

Kurz nach Erscheinen seines Buches regen neue Beunruhigungen den Wunsch nach einer Zuflucht an. Wie bereits erwähnt, tritt die englische Aristokratie, zutiefst in ihrer politischen und sozialen Macht bedroht, zwischen 1645 und 1660 eine regelrechte Landflucht an, um in der freien Natur die kompensatorischen Freuden des Rückzugs zu genießen. Die alten Schmähungen gegen die Stadt, die dem *Vollkommenen Angler* von Izaak Walton zum Erfolg verholfen haben, erhalten wieder Auftrieb.[11] Schon seit dem 13. Jahrhundert gibt es Klagen über die schlechte Luft in London. 1578 soll Königin Elisabeth die ungesunde Hauptstadt allein aus diesem Grund verlassen haben. Im 17. Jahrhundert mehren sich die kollektiven Beschwerden über den schwefelhaltigen Kohlenrauch in Sheffield und Newcastle wie auch an den Ufern der Themse. John Evelyn bringt die öffentliche Meinung gegen diesen Mißstand auf. Kurz, in England spielt das Thema der urbanen Pathologie viel früher eine Rolle als in Frankreich, wo es sich erst am Ende des Ancien Régime entfaltet.[12] Bezeichnend ist in diesem Zusammenhang das Werk von Tobias Smollett.[13] Während das Meerwasserbad in Mode kommt, faßt der Autor der *Abenteuer des Roderick Random* alle Elemente der Empörung zusammen. Entrüstet begehrt er gegen die Luftverschmutzung in der Hauptstadt und die Verseuchung der Themse durch Staub, Rauch und Unrat auf. Das Gedränge der stinkenden Masse in den Ballsälen oder den Badeeinrichtungen von Bath widert ihn an. Das in allgegenwärtige Thema der Exkremente macht die Kritik an den verdorbenen städtischen Neigungen noch beißender. Im Laufe der Argumentation kommt es zur klassischen Verschiebung von der Hygiene zur Moral. In der Stadt verkehren sich die Maßstäbe der Bewertung, es triumphiert die Perversion unreiner weicher Speisen, es entfalten sich ungehemmt übelste Gerüche, die mehr als nur geduldet werden. Die soziale Mobilität und der prahlerische Luxus sind weitere Zeichen des kollektiven Selbstmordes, der die Hauptstadt zugrunde richtet.

Doktor Smollett ist fasziniert von der Reinheit des Wassers. Er ist ein unermüdlicher Apostel der Hydrotherapie, der er schon 1742 sein erstes Werk gewidmet hat.[14] Als Anhänger des kalten Bades taucht er selbst im Meer unter und gönnt sich lange Aufenthalte an den französischen oder italienischen Küsten. Kurz, sein eigenes Verhalten bezeugt den Zusamenhang zwischen dem Abscheu vor dem klebrigen Schmutz der Stadt und dem Verlangen nach der Meeresküste.

Dennoch sind die Schmähungen gegen das städtische Milieu, die Neigungen zum Rückzug und die Wünsche nach Entspannung oder Erholung dem großen Ansturm auf Brighton zeitlich weit voraus. Es ist angebracht, nach den Gründen dieser Verschiebung zu fragen. Die Anziehungskraft der Natur bleibt offenbar lange ein rein literarisches Phänomen; die wahre Sehnsucht der Zeitgenossen gilt den ländlichen Gegenden, den Gärten, der »Synthese des Gezähmten und des Wilden«[15]. Das Meer indessen läßt sich nicht erniedrigen, es widersetzt sich jeder Beherrschung; in ihm kann der Mensch keine wirkliche Zuflucht finden, es kann ihm keine zweite Bleibe sein. Das flüssige Element, unwiderruflich wild, verkörpert den Urzustand der Welt. Selbst das Ufer ist vom Menschen kaum zu gestalten; es eignet sich schlecht für den künstlichen Anschein der Unordnung, der den Englischen Garten so überaus reizvoll macht. Vor allem aber bewahrt eine Stätte, die sich keine Gewalt antun läßt, auch keine Spur von der menschlichen Geschichte. Wie der Sand und das Wasser sich jedem planmäßigen Entwurf entziehen, löschen sie auch jedes Zeichen aus. Abgesehen von den oft gefährdeten Häfen oder Deichen und dem bewegten Schauspiel der Segel bietet das Meeresufer dem Blick nicht den geringsten Beweis einer beherrschten Natur. Bevor die Küste wirkliche Anziehungskraft gewinnt, muß der Wunsch nach dem erhabenen Schauspiel des weiten Meeres vorhanden sein, und vor allem muß das Gebot der therapeutischen Notwendigkeit erst eine allgemeine Anerkennung finden.

Genau wie in England zeichnen sich im 18. Jahrhundert auch in Frankreich neue Formen der Unruhe ab, hier im Zusammenhang mit einer wachsenden Empfindsamkeit der Seele. Ungeachtet der hippokratischen Tradition erklären die Ärzte das Zwerchfell zum Regulator der Sensibilität, dem »Zentrum der inneren Störungen«[16], das gemeinsam mit dem Gehirn eine unzuverlässige Doppelherrschaft ausübt. Als Sitz der Unruhe und Krampfauslöser zeigt dieses Organ jede »wesentliche Gefährdung des vitalen Gleichgewichtes«[17] an. So erklärt sich die Bedeutung, die dem Zwerchfell beigemessen wird. Unterdessen wächst auch die Aufmerksamkeit für das Nervensystem und für alle seelischen Unregelmäßigkeiten, die sich nach und nach zu einer Reihe beunruhigender Bilder verdichten. Die Wallungen, die Hysterie, die Nymphomanie und die Menstruationskrisen liefern Stoff für eine Fülle medizinischer Literatur, die nicht nur die Besonderheiten der weiblichen Natur, sondern auch die der sozialen Stellung der Frau hervorhebt.[18] Voller Genugtuung widmen die Ärzte sich den Gefahren der Pubertät, der Mutterschaft und der Menopause. Sie betonen die einschneidenden Folgen der wechselnden Lebensalter in allen sozialen Bereichen. Unterschwellig informiert diese reichhaltige Literatur über die seelischen Störungen des Mannes: Als faszinierter Beobachter der durch rätselhafte tellurische Kräfte hervorgerufenen nymphomanischen Anwandlungen[19] ist er selbst offenbar mehr und mehr von der Hypochondrie, der modernen Verlängerung der klassischen Melancholie, bedroht.

Der *Spleen* regt zum Reisen an. Er sorgt für jene Mobilität der Individuen, die im 18. Jahrhundert mit der zunehmenden Warenzirkulation einhergeht. Die innere Unruhe stimuliert Neugier und Abenteuerlust. Sie drängt die Reisenden bei ihrem Entschluß zur *Grand Tour*, etwa die erlebnishungrigen jungen Adligen aus Großbritannien, deren Reiselust Jean Meyer betont.[20] Übereinstimmend mit der Klimatheorie kommen die neuen Ängste vor allem im Norden zum Zuge, wo sich denn auch folgerichtig eine neue Zuflucht findet, wo die Versuchung einer Rückkehr zur wahren Natur deutlich wächst.

Übermäßige Zartheit und Blässe lösen in der Tat eine starke Beunruhigung aus. In ihrem Glauben, sie hätten keinen Anteil an der durch Arbeit erworbenen Kraft der unteren Bevölkerungsschichten, fühlen die herrschenden Klassen sich von innen ausgehöhlt. Die Elite der Gesellschaft fürchtet ihre eigenen artifiziellen Wünsche, ihre Lustlosigkeit, ihre Neurosen, ihre Fieber und Leidenschaften. Sie fühlt sich wegen mangelnder Anteilnahme am Rhythmus der Natur mit dem sozialen Tod bedroht.[21] Aus dieser Perspektive ist das seit der Mitte des 18. Jahrhunderts wachsende Verlangen nach den Meeresküsten zu begreifen. Mehr noch als das Land verkörpert der Ozean die unwiderlegbare Natur, die sich nicht schmücken läßt und keine Lüge duldet. So entsteht das Paradox, auf dem die Mode des Strandaufenthalts beruht. Das Meer wird eine Zuflucht, es gibt Hoffnung, weil es Angst einflößt. Es eben deshalb zu genießen, den Schrecken unter Abwendung jeder realen Gefahr zu empfinden, ist die neue Strategie des Kuraufenthalts an der Küste. Hinfort begegnet man dem Meer mit der Erwartung, daß es die Ängste der Elite beruhigt, die Harmonie zwischen Körper und Seele wiederherstellt und dem Verlust der *Lebensenergie* einer Gesellschaftsschicht, die sich besonders um ihre Kinder, ihre Töchter, ihre Frauen und

Die Ablösung der Ängste und der Wünsche

ihre Denker sorgt²², entgegenwirkt. Man erwartet, daß es die schädlichen Auswirkungen der urbanen Zivilisation und die ungesunden Folgen der Bequemlichkeit behebt, ohne die Gebote der *privacy* zu mißachten.

Von nun an verschreiben die Ärzte vornehmlich Stärkungsmittel. Sie wollen dem Organismus neue Energie zuführen, die erschlafften Fibern tonisieren. Mit großem Nachdruck übernehmen sie jene kraftvollen Behandlungsmethoden, die Sydenham am Ende des vorhergehenden Jahrhunderts angepriesen hatte. Das unzähmbare und vor allem im Norden unendlich fruchtbare Meer kann die Lebensenergie erhalten, wenn der Mensch nur mit dem Schrecken, den es einflößt, umzugehen weiß. An seinen Küsten wird er wieder Appetit bekommen, dort wird er wieder schlafen können, dort wird er alle Grübelei vergessen. Die Kälte, das Salz, der beim Sturzbad entstehende Druck auf das Zwerchfell, das Schauspiel eines gesunden, kräftigen, noch im hohen Alter fruchtbaren Volkes und die vielfältige Landschaft werden den chronisch Kranken wieder gesund machen. Im übrigen findet jeder, der sich einer Kur unterzieht, Zerstreuung in der glänzenden Gesellschaft, die bald in den Modebädern verkehrt. Doktor Buchan²³, der 1804 einen Erfahrungsbericht über seine siebzehnjährige Praxis schreibt, macht sich theoretische Gedanken über den Zusammenhang zwischen der Abwendung von der Stadt und den Freuden des erholsamen Aufenthalts am Meer. Die Isle of Thanet, deren Vorzüge er in höchsten Tönen lobt, heilt jene Lustlosigkeit, die von einer übermäßigen »ursprünglichen Empfindlichkeit der Stammfibern«²⁴ herrührt. Sie beschert dem jungen Mädchen eine unbeschwerte Pubertät, bremst die Leidenschaften des Geschlechts und verhindert die Verweichlichung der Männer, denen es an Virilität gebricht. Sie läßt den vom Denken überanstrengten Geist wieder gesund werden, und sie bietet Schutz vor den schädlichen Sonnenstrahlen, deren Wirkung in der Stadt »durch die Reflexion der Mauern und der heißen Straßenpflaster beträchtlich verstärkt«²⁵ wird. Der Strand härtet Individuen ab, die sich von der Bequemlichkeit so haben versklaven lassen, daß sie nur noch auf Teppichen laufen können. Buchan hat, wenn er die Vorzüge des Erholungsaufenthalts am Meer beschreibt, stets die Langlebigkeit des arbeitsamen Fischers, des fruchtbaren Matrosen und des Primitiven aus dem hohen Norden vor Augen.²⁶ Nur weil der Engländer noch einen kleinen Rest vom natürlichen Instinkt des Grönländers besitzt, liebt er das Bad in den schäumenden Wellen.

Jeder zeitgenössische Gelehrte, der in den hippokratischen Schriften gelesen hat und das Traktat *De liquidorum usu* kennt, muß das Bad für ein wirksames Mittel halten. Der Arzt verspricht sich – wie Maret es 1751 in der *Enzyklopädie* klar zum Ausdruck bringt – gute Erfolge von der Methode des Eintauchens in kaltes, kühles oder warmes Wasser. Die Flüssigkeit übt in der Tat eine mechanische Wirkung auf das Gewebe aus. Je nach Temperatur strafft oder entspannt sie die Muskelfasern, verändert die Konsistenz der Körpersäfte, den Rhythmus der Blutzirkulation, und sie beeinflußt die gesamte Nerventätigkeit.

Im 18. Jahrhundert bekommt dieses Element des therapeutischen Arsenals durch die zunehmende Beliebtheit kalter Bäder eine neue Orientierung. Das Wellenbad stellt hier eine Art Vollendung dar, während das Baden in angewärmtem Salzwasser bei Temperaturen von zwölf oder vierzehn Grad häufig als abgemilderte Form der Kaltwassermethode erscheint, die den Ängstlichen[27], den Kindern, den Frauen und den Greisen vorbehalten ist. Gewiß, die Wurzeln der neuen Mode gehen auf alte Überzeugungen zurück: »Das Vollbad in kaltem Wasser begünstigt ein langes Leben«[28], hatte Francis Bacon schon 1638 behauptet, und Hermond van der Heyden, der große Mediziner aus Gent, hatte ein angesehenes Werk über das Thema veröffentlicht. Dennoch bahnt erst Floyers *History of coldbathing*[29], geschrieben in den Jahren 1701 und 1702, der neuen Mode ihren Weg. Vor diesem Zeitpunkt waren die Engländer dem kalten Wasser in der Tat nicht sehr geneigt. Floyer, gewappnet mit einem beeindruckenden Spektrum antiker Beispiele, ruft in Erinnerung, daß schon dem Kaiser Augustus kalte Bäder verordnet worden sind und daß sowohl Plinius als auch Seneca die Verbreitung dieser unter anderen von Hippokrates, Celsus, Caelius Aurelianus und Galenos lebhaft empfohlenen Sitte bezeugt haben.

Die wohltuenden Wirkungen des wiedergefundenen Heilmittels ergeben sich aus dem Grundsatz der *contraria medicina*, daß Gegensätzliches mit Gegensätzlichem zu behandeln sei. »Von Natur aus folgt die Hitze auf die Kälte und die Kälte auf die Hitze«[30], schreibt Floyer. Kaltes Wasser schließt die Poren, es erfrischt, komprimiert und verdichtet die in den Körpersäften enthaltene Luft, so daß diese quantitativ zunimmt, während sie gleichzeitig an Elastizität gewinnt; dadurch entsteht ein Hitzegefühl, wenn nicht gar ein Brennen. Im übrigen gehört das Kaltwasserbad auch zu den Techniken der im Norden lebenden Völker, die sich so einer außerordentlichen Langlebigkeit vergewissern. »Den kalten Ländern ist eine kalte Lebensweise angemessen«[31], heißt es bei Floyer: Der Mensch muß seinen Körper so behandeln, daß er mit der Luft der Umgebung harmoniert. Die therapeutische Vorschrift läuft auf die Durchsetzung einer Moral hinaus: Das kalte Bad, versichert Floyer, korrigiert lasterhafte Lebensweisen, es mildert die Glut der Leidenschaften und muß folglich in der Erziehung junger Menschen eine Rolle spielen. Was die Heilung seelischer Störungen betrifft, so verspricht der britische Arzt sich besonders wirksame Effekte von dem Schrekken und dem Schock, die durch plötzliches Eintauchen in kaltes Wasser ausgelöst werden. Sein Loblied auf die Tugenden dieser Substanz mutet fast wie eine religiöse Hymne an.[32]

Einst hatte die Immersions-Taufe, bei der die Lebensgeister gereinigt und in ihren allzu unregelmäßigen Bewegungen komprimiert worden waren, die Seele des Menschen für Gott bereitgemacht. Floyer beklagt, daß die Kirchen diese wohltuende, von den nordischen Völkern, namentlich den Pikten, den Schotten und den Galliern, lange gepflegte Sitte aufgegeben haben. Sein Buch mündet in ein einziges Loblied auf die Energie und die gute Moral der Völker des Nordens. Nach Burton trägt auch Floyer dazu bei, den Mythos von der Langlebigkeit der Orkneybewohner zu festigen. Abgehärtet durch die Kälte und umgeben von einem unendlich fruchtbaren Meer, aus dem die wilden Männer, Geschöpfe der eisigen Flut, gelegentlich emporsteigen[33], ist der Primitive aus dem Norden besser gegen den Tod gefeit als der durch zuviel Komfort geschwächte Städter. Auch sollten die Engländer sich hüten vor dem Genuß von Tabak, Kaffee, Tee, Wein, Gewürzen und all den anderen südländischen Erfindungen, die ihre Anpassung an das Klima, in dem sie zu leben haben, nur bedrohen.

Floyer nennt eine ganze Serie von Vorsichtsmaßnahmen und Indikationen, die in groben Zügen schon 1702 die Ausrichtung des künftigen medizinischen Diskurses über das Baden im Meer erkennen lassen. Er empfiehlt beispielsweise, das Plongierbad bei Wassertemperaturen unter zehn Grad mit Leibesübungen in der kalten Luft zu verbinden. Auch Laufen und Reiten stehen bei ihm hoch im Kurs. Da er die Vorzüge jeder Art des Untertauchens in kaltem Wasser selbst ausprobieren will, versucht er auch das Meerbad, um es dann den Gelähmten zu empfehlen. In Anbetracht dieser Entwicklung erscheint es etwas übertrieben, wenn Michelet Richard Russell zum »Erfinder des Meeres«[34] erklärt. Das Wellenbad ergibt sich aus der logischen Folge der Praktiken. Die Mode des kalten Bades entfaltet sich nach 1732.[35] Auf dem Kontinent erklärt Maret zwanzig Jahre später, wie es kommt, daß die Körperwärme durch die Anwendung dieser Methode steigt. 1763 erwartet Doktor Pomme von kalten Bädern ein Abklingen der Wallungen und der nervösen Reizbarkeit, während sich in Frankreich die Sitte verbreitet, im kalten Flußwasser zu baden. Aber lassen wir alles beiseite, was unser Thema nicht unmittelbar berührt.

Der therapeutische Wert des Meerwassers ist zu diesem Zeitpunkt bereits entdeckt, und die Ärzte erinnern daran, daß schon Oreibasius es als Heilmittel gegen die Skrofeln empfahl. Ein Aphorismus von Doktor John Speed macht das Vorgehen der Praktiker klar: »Das Meerbad ist nicht nur ein kaltes Bad, sondern ein kaltes Heilbad.«[36] Auch die therapeutische Verwendung des Meeres hat ihre Vorgeschichte. Nach der Logik einer Medizin der Gegensätzlichkeiten war es üblich, die Opfer der Hydrophobie brutal in die Fluten zu werfen, und an den Küsten hörte man die Schreie der Rasenden, gestützt von den kräftigen Armen freiwilliger Schwimmer.[37] 1667 empfahl Doktor Robert Wittie den Gichtkranken Bäder in Scarborough.[38] Dieser Kurort ermöglichte den allmählichen Übergang von traditionellen Thermalbädern zur medizinischen Nutzung der Heilkräfte des Meeres. Auf einem Felsausläufer über dem Strand von Scarborough entspringt nämlich eine Mineralquelle, die mindestens seit 1627 Kurgäste anzieht. Da das Wasser dieser Quelle nicht ganz frei von Meerwasser ist, hat es einen salzigen Geschmack. Sein reinigender Wert wird bereits 1697 von Celia Fiennes hervorgehoben[39], und schon zu diesem Zeitpunkt verbinden die Kurgäste von Scarborough das regelmäßige Trinken des salzigen Wassers mit Spaziergängen über Strand und Wattenmeer. So nehmen sie eine der wichtigsten Gewohnheiten des künftigen Badeaufenthalts am Meer voraus.

1748, mehr als vierzig Jahre nach der einsamen Erfahrung Doktor Floyers, schickt der Arzt Richard Frewin einen seiner jungen Patienten zu einer Trink- und Badekur nach Southampton. Ab dem 17. November taucht der Kranke täglich in die Wellen ein. Nach dem vierten Tag bessert sich sein Zustand, und am 30. November kehrt der Appetit zurück. Am 12. Dezember hat der Patient seine Kraft und seine Lebenslust wiedergefunden, setzt die täglichen Bäder aber bis zum 11. Januar fort. Nunmehr ist seine Gesundheit vollständig wiederhergestellt. Er vergrößert die Abstände zwischen den Bädern

Die Ablösung der Ängste und der Wünsche

und fährt am 8. Februar nach Hause zurück. Dieser erste Bericht über eine Meereskur[40] trägt alle Merkmale einer Wundererzählung, wie es bei dieser Art von Literatur bald üblich wird. Die geschilderte Erfahrung beginnt im Spätherbst und reicht bis mitten in den Winter hinein. In ihrer Logik folgt sie also der Mode des kalten Bades. Was die Heilmethode betrifft, so verbindet sie das Meerwassertrinken mit dem Eintauchen des ganzen Körpers.

Frewin bestärkt Doktor Richard Russell in seinen Überzeugungen. Russell hat nämlich bemerkt, daß Meerwasser den an der Küste lebenden Fischern als gewohnheitsmäßiges Heilmittel dient und daß die Matrosen es benutzen, um sich kostenlos zu purgieren. Aber noch fehlt die theoretische Erklärung dieser wohltuenden Wirkungen. 1750 veröffentlicht Russell das Ergebnis seiner beinahe zwanzigjährigen Überlegungen und Erfahrungen in einem lateinisch geschriebenen Buch[41], das drei Jahre später in Oxford übersetzt wird. Der Autor ist ein Schüler des großen Boerhaave, und er hat viele seiner Einsichten in dessen Unterricht, ja mehr noch in den offenen Gesprächen mit dem Meister aus Leiden gewonnen. Russell, deutlich von der Physikotheologie beeinflußt, versteht sich als Vertreter der »natürlichen Medizin«, was einer kurzen Erläuterung bedarf. Zu einer Zeit, da die Forschung sich zunehmend mit der Bekämpfung der Krankheitskeime befaßt, glaubt dieser Zeitgenosse von Pringle, Lind und Mac Bride, daß der Schöpfer gegen jede Art von Verderbnis oder Fäulnis natürliche Mittel bereitgestellt hat. Besonders das Meer trägt seiner Ansicht nach auf vielfältige Weise zur Erfüllung dieses großen Plans der Vorsehung bei. In erster Linie enthält es Salz, das sein eigenes Wasser vor Fäulnis schützt[42] und ihm erlaubt, den Zerfall organischer Substanzen aufzuhalten. Des weiteren hat der Schöpfer dem Meerwasser die Fähigkeit gegeben, den menschlichen Körper von verdorbenen Drüsensäften zu reinigen. In diesem Zusammenhang stützt Russell sich auf die These vom »wechselseitigen Beistand« der Ausscheidungen: »Da der Schöpfer der menschlichen Natur vorausgesehen hat, daß gewisse Sekretionen durch allerhand mißliche Umstände verhindert oder den Gesetzen der Zirkulation weniger geneigt sein könnten, hat er sie dem Körper in einer Vielzahl beigegeben, damit sie sich wechselseitig Beistand leisten. Auf daß der Körper, so eine unter ihnen versagt, dank der anderen erleichtert werden möge. Tatsächlich heilt die Natur viele Krankheiten derart aus eigener Kraft, und so nennt man sie zu Recht eine *Heilerin aller Übel*.«[43]

Indem die Natur für spontane Regulierung sorgt, wird sie zum Therapeuten. Der Mediziner muß lediglich jene Mittel imitieren, deren Verwendung er bei ihr beobachtet, wenn sie auf ihre eigenen Kräfte angewiesen ist.[44] Russell, dessen Vorgehen mit dem Interesse zahlreicher Ärzte[45] des 18. Jahrhunderts an den Drüsensekretionen übereinstimmt, ist überzeugt, daß das Meerwasser ein rapides Fortschreiten der Zersetzung im Körper verhindern kann, daß es »verhärtete Geschwülste« auflöst und »das gesamte Drüsensystem vor unreinen Verschleimungen schützt oder es von solchen befreit«[46]. Kurz, es erlaubt dem Arzt, die Ausscheidungen zu regulieren. Im übrigen besitzt Meerwasser dieselben Tugenden wie kaltes Wasser. Es erhöht »die Spannkraft aller Gewebe und verleiht dem ganzen Körper Kraft und Stärke«[47].

Das therapeutische Vorgehen ist eine logische Folge dieser Überzeugungen. Der Patient muß einmal täglich baden, morgens eine halbe Pinte und unmittelbar nach dem Bad ein weiteres Glas Meerwasser trinken. Bei Bedarf soll er sich mit frisch geschnittenen Algen einreiben und mit heißem Meerwasser duschen lassen.

Die Serie der Indikationen leitet sich aus dem Katalog der Heileffekte ab. »Das reinigende Meer spült allen Schmutz der Menschheit ab«: Diese kurzen Worte aus Euripides' *Iphigeneia bei den Tauren* fassen Russells Gewißheiten zusammen. Sie stehen als Motto über seinem Buch; er läßt sie sich auf seinen Grabstein meißeln. Das gesunde Zahnfleisch der Fischer beweist die keimtötenden Wirkungen des Meerwassers, das somit die beste Zahnpflege ist. Es sollte bei allen mit den antiken »Faulfiebern« verwandten Leiden verordnet werden. Das gleiche gilt für sämtliche Erkrankungen des Drüsensystems. Als wohltuend erweist das Meerwasser sich auch bei Asthenikern, sofern diese einen ihrem Temperament angemessenen Strand auswählen und strenge Gesundheitsregeln befolgen.

Russells Botschaft entspricht einer kollektiven Nachfrage. In wenigen Jahren sammelt der Schüler Boerhaaves eine riesige Klientel. Brighton, wo er ein prunkvolles Haus bewohnt, entwickelt sich schnell zu einem Modebad. Fünfzig Jahre später halten manche Familien aus dem Hochadel sich immer noch getreu an die ursprünglichen Vorschriften des Meeresppropheten. Sein Buch ruft zwar eine heftige und schier unerschöpfliche Debatte ins Leben, aber es geht seinen Kritikern eher darum, zur Vorsicht zu ermahnen, die Vorschriften ihres Kollegen abzuwandeln oder gewisse Indikationen zu diskutieren, als ihm radikal zu widersprechen.

Seine Gegner versuchen, den normativen Diskurs auszufeilen, nicht aber die Heilkräfte des Meeres zu leugnen.[48]

Im Jahr 1766 schreibt die Akademie von Bordeaux das Thema zum Wettbewerb aus. Den ersten Preis erhält Doktor Maret[49] für sein Werk *Mémoire sur la manière d'agir des bains d'eau douce et d'eau de mer et sur leur usage*. Nach Ansicht des Verfassers besitzt das Meerbad alle Vorzüge des kalten Bades von 12 bis 14 Grad. Indem es die Masse der Körpersäfte verdünnt, steigert es die schon durch das Salz angeregten Sekretionen. So spricht Maret dem Meerwasser eine starke harntreibende Wirkung zu. Außerdem soll es Drüsen und Eingeweide von jeglicher Verstopfung befreien. Aber das Meer hat noch andere Qualitäten. Mehr noch als Russell hebt Maret die heilsamen Effekte der Erschütterung des Nervensystems beim Eintauchen ins Meer hervor. Dabei setzt er Akzente, die mit der aufkommenden Ästhetik des Erhabenen übereinstimmen. »In der geistigen Vorstellung verbindet sich die Tiefe des Meeres stets mit dem Grauen, der Furcht, verschlungen zu werden. Der tatsächliche Anblick des Meeres indes berührt die Menschen wenig, solange sie nicht befürchten müssen, hineingestoßen zu werden. *Wirft man sie aber plötzlich in die Flut,* ohne daß sie es hätten vorhersehen oder verhindern können, geht ein gewaltiger Aufruhr durch den ganzen Körper. Die *Seele, überrascht durch ein so unerwartetes Ereignis und erschreckt, weil ihr Entweichen unmittelbar bevorzustehen scheint,* läßt gewissermaßen die Zügel der Körperbeherrschung fahren. Es kommt zu unregelmäßigen Ausstrahlungen des Nervenfluidums, zu einer Erschütterung der Denkorgane und des ganzen Nervensystems. Die hervorgerufene Unordnung erscheint um so größer, die Erschütterung um so vielfältiger in ihren Möglichkeiten, als der Mensch, der auf diese Weise ins Meer geworfen worden ist, auf Lebenszeit nicht mehr furchtsam oder besessen sein wird.«[50]

So wird verständlich, warum Maret das Meerbad denen anempfiehlt, die an Phrenesie, Nymphomanie oder Hypochondrie leiden. Andererseits verfeinert er Russells Vorschriften und entwirft das Modell eines therapeutischen Meerbades, wie es bis mitten ins 19. Jahrhundert hinein praktiziert wird. Der Patient soll ruhen, bevor er sich den Wellen aussetzt. Er soll sein Bad kurz vor Sonnenuntergang nehmen[51], wenn möglich an einem schattigen Ort. Er soll nicht lange zögern, sondern sich lebhaft ins Meer stürzen. Nach dem zweiten Frösteln, das heißt spätestens nach einer halben Stunde, soll er aus dem Wasser gehen und schon vorher dafür sorgen, daß in diesem Moment »Helfer bereitstehen, die ihm die nötigen Dienste erweisen«[52]. Auch ein gutes Bett sollte vorbereitet sein, damit er sich von den Anstrengungen erholen kann. Getreu den alten Vorschriften von Hippokrates und Galenos verbietet Maret, im erhitzten Zustand oder mit vollem Magen zu baden. Den Frauen empfiehlt er, Meerbäder während der Menstruation zu meiden, und auch in Zeiten der Epidemie rät er vom Meerwasser ab. Für die Kranken sieht er gewöhnlich eine Serie von dreißig bis vierzig Bädern vor. Der Herbst scheint ihm die günstigste Jahreszeit für einen Küstenaufenthalt.

Ein Jahr nach dem Wettbewerb von Bordeaux ruft Doktor Awsiter[53] zur Vorsicht auf und hebt nachdrücklich die Gefahren des offenen Meeres hervor. In Konkurrenz zu Russell setzt der englische Arzt sich für die Einrichtung warmer Bäder in den am Meer gelegenen Kurorten ein. So könnten die Kranken sich das ganze Jahr über behandeln lassen. Im übrigen findet Awsiter, daß es äußerst schade wäre, auf alle Wohltaten des heißen Bades zu verzichten, da es die Poren öffnet und eine aktive Reinigung des Organismus erlaubt. Diese These kündigt den gegen Ende des 18. Jahrhunderts beginnenden Niedergang der Kaltwassermode an. Statt ihrer rühmt Awsiter wie vor ihm Montesquieu[54] die erstaunliche Befruchtungskraft des Meeres. Der antike Körper der Venus, geboren aus dem Samenschaum der Fluten, wird zum Sinnbild der künftigen Thalassotherapie. Die Indikation des Meerbades gilt nun auch für die Sterilität; bald empfehlen die Ärzte sogar den Impotenten, sich in die Wellen zu stürzen und regelmäßig jenen frischen Fisch zu essen, der die Matrosen »essentiell zeugungsfähig«[55] macht.

So leitet sich die Mode des Meerbades kurz nach Mitte des 18. Jahrhunderts von einem therapeutischen Vorhaben ab. Die Ärzte verschreiben regelrechte Kuren nach dem Modell der damals überaus beliebten Thermalbäder. Das Meerwasserbad stellt sich von Anfang an als eine streng kodifizierte Behandlungsmethode dar. In kürzester Zeit errichten die Gemeinden allenthalben Etablissements, die wechselnde Wassertemperaturen und alle zur Ausführung der ärztlichen Verordnungen notwendigen Dienste anbieten.[56]

Das Modell des Meerwasserheilbades wird durch die Medizin des frühen 19. Jahrhunderts nicht grundlegend verändert. Die Aufmerksamkeit, die den Krankheiten des lymphatischen Temperaments und den Störungen des vegetativen Nervensystems entgegengebracht wird, die Bedeutung der skrofulösen Diathese, einer von der Pathologie kaum noch zu bewältigenden Problematik, und die eher phantastische Angst vor Verstopfungen des Drüsensystems rechtfertigen die neue Medikation. Die Strände füllen sich mit Skrofelkranken.[57] Wo die vitalistische Strömung vorherrscht, wird die Nutzung des Meeres als stärkendes Element vorangetrieben, während der Glaube an seine pharmakodynamischen Kräfte zunimmt[58]. Gleichzeitig treten die Gefahren der Bleichsucht stärker in den Vordergrund. Die wachsende Urbanisierung und die große Bedeutung, die die herrschenden Klassen den genetischen Anlagen beimessen, verschärfen die alten Ängste. Das Meer wird zum Hoffnungsträger: Mehr denn je erwartet man, daß es den rachitischen Kindern ein gesundes Aussehen und neue Kraft verleiht, daß es den bleichsüchtigen Mädchen wieder Farbe und den sterilen Frauen eine neue Zukunft gibt. Das Wellenbad, das den »weißen Fluß« heilt, reguliert – so glaubt man – den gesamten Menstruationszyklus. Vor allem aber gilt es als eines der wenigen wirksamen Mittel gegen die Neurose.

Die Kenntnisse über die Mechanismen der Körperwärme nehmen zu. 1797 führt Doktor James Currie[59] erstaunlich präzise Experimente durch. Er läßt Männer und Frauen im Meer baden, mißt die jeweilige Reaktion und kommt zu dem Schluß, daß der Organismus sich nach einer gewissen Zeit der Temperaturminderung wieder erwärmt, ehe die Temperatur abermals sinkt. Die Ärzte hatten also völlig recht, die Badedauer zu begrenzen. Bald werden auch die pharmakologischen Qualitäten des Meerwassers bestätigt, insbesondere durch die Analysen von Doktor Balard, der Spuren von Jod und Brom in dieser Substanz findet.

Nach der Entdeckung der heilsamen Wirkungen des Meerwassers läßt die Erfindung des Strandes nicht auf sich warten. Die neohippokratische Klimakunde regt die Ärzte im gleichen Sinne an wie die antike Badetherapie. Das Bild des gesunden Strandes bietet Stoff für ein umfangreiches Kapitel der medizinischen Topographie, die sich im Abendland entwickelt. Russell selbst liefert die ersten Ansätze. In einem Brief[60] an seinen Freund Doktor Frewin entwirft er das Modell eines Seebades. In erster Linie wünscht er es »säuberlich und rein«. Auch soll keine Mündung in der Nähe sein, damit die freie Entfaltung der Wellen ebenso gewährleistet ist wie der Salzgehalt des Wassers. Des weiteren verlangt er einen guten Strand, »sandig und flach«, ohne Hindernisse für den Badewagen, gesäumt von Felsen oder Dünen, die Spaziergänge und Ausritte ermöglichen.

Russell verbindet die Meereskur eng mit der körperlichen Bewegung, deren Vorzüge bereits von Sydenham und einst von den Ärzten der Antike gepriesen worden sind; doch seltsamerweise vernachlässigt er das Schwimmen.

Seine Kollegen arbeiten den Entwurf des gesunden Strandes immer weiter aus. Besser als er selbst heben sie die notwendigen Qualitäten des Bodens und besonders der Luft hervor. Bezeichnend ist in diesem Zusammenhang ein Buch, in dem Doktor Anthony Relhan[61] sich schon 1761 mit den Vorzügen des Badeortes Brighthelmstone befaßt. Dank des kalkhaltigen Bodens und weil weder Sümpfe noch Wälder in der Nähe sind, bleiben die Ausdünstungen hier minimal. Hohe Felsen schützen das Bad vor Nordwinden und gewährleisten den ausschließlichen Einfluß wohltuender Meeresbrisen, die Dünste und Nebel vertreiben. Die Demographie bestätigt die Bekömmlichkeit dieser Umgebung. Nach Ansicht von Doktor Relhan, der sich persönlich mit den Geburts- und Sterberaten beschäftigt hat, bezeugt Brighthelmstone die außerordentliche Langlebigkeit jener Bevölkerungen, die unmittelbar am Meer leben oder ständig am Wasser zu tun haben. Allenthalben tauchen medizinische Topographien der Küstenregionen auf. Eine unerschöpfliche Literatur vergleicht die Vorteile jedes Strandabschnitts und bietet mikroklimatische Analysen, die Anspruch auf äußerste Genauigkeit erheben. An den britischen Küsten kann kein Seebad mehr ohne den Nachweis eines ihm gewidmeten Werkes bestehen oder eröffnet werden. Diese Haltung zieht am Anfang des 19. Jahrhunderts nicht nur den Spott von Jane Austen, sondern auch das Hohngelächter des Amerikaners Wilbur Fisk auf sich.[62]

Die äußerste Präzision des von den Ärzten benutzten Vokabulars wäre eine eigene Untersuchung wert: Sie bringt eine scharfe kinästhetische Wahrnehmung zum Ausdruck, die der zunehmenden Genauigkeit klinischer Reaktionsbeschreibungen entspricht. Im Laufe der Jahre kommt es zu anspruchsvollen Abgrenzungen. Die südlichen Küsten Englands, insbesondere die Strände von Sussex, setzen sich nach und nach als die besten durch: Vor Nordwinden geschützt und den frischen Meeresbrisen ausgesetzt, sind sie besonders lichtvoll und verhältnismäßig sonnig, was zu einer schnellen Auflösung der Morgennebel führt. Der Luftgütemesser liefert die entscheidenden Anhaltspunkte für eine systematische Klassifizierung.[63] Manche Bäder, etwa Brighton, Eastbourne, Newquay, Scarborough oder Yarmouth, sind dafür bekannt, daß sie über

Die Ablösung der Ängste und der Wünsche

eine besonders belebende Luft und über Witterungsverhältnisse verfügen, die körperliche Übungen begünstigen. Diese Strände genießen die Gunst der meisten Badegäste. Andernorts, etwa in Bournemouth, Falmouth oder Torquay, herrscht milde Luft, die zur Ruhe einlädt. Sie wird den Genesenden und den von allgemeiner Entkräftung gezeichneten Individuen empfohlen.

Die Gelehrten üben sich mit großem Genuß in der Kunst der Aufteilung und Klassifizierung, oft an ein und demselben Badeort. Eine ganze Sammlung köstlicher Schriften zerlegt Brighton in lauter kleine Abschnitte, deren jeweilige Vorzüge miteinander verglichen werden. Ähnliche Debatten kommen, vielleicht sogar noch lebhafter, nach 1793 in Deutschland auf, als es darum geht, die ersten Seebäder zu gründen, die Vorteile der Ostsee und der Nordsee, die Eignung von Doberan und Norderney gegeneinander abzuwägen.[64] Zwanzig Jahre später liefern sich die Ärzte im Frankreich der Restauration immer noch einen – wenn auch weniger erbitterten – Kampf, bei dem die Parteigänger von Dieppe gegen die von Boulogne antreten.[65]

Mit der Zeit rückt die Luftgüte immer mehr ins Zentrum der Aufmerksamkeit, während das Interesse an den Heilkräften des Wassers abnimmt. Nach 1783 führt der Triumph der von Lavoisier entwickelten Theorien zu einer besonderen Hochschätzung des Sauerstoffs. In der Bevölkerung wächst die Angst vor Lungentuberkulose. Der wesentliche Schutz gegen diese Krankheit besteht darin, gute Luft zu atmen. Das alles spricht für den Aufenthalt am Strand. Mit den wissenschaftlichen Meßgeräten von Ingenhousz kann – lange vor Dumas und Boussingault – nachgewiesen werden, daß die Luft am Meer tatsächlich reiner und sauerstoffhaltiger ist als irgendwo sonst. Von nun an setzen die Ärzte sich einmütig für Bootsfahrten und Inselaufenthalte ein. Ihr Loblied auf die therapeutischen Vorzüge des Inseldaseins entspricht einem der drängendsten Wünsche der romantischen Generation. Sehr deutlich wird dies in dem vielbeachteten Werk, das Doktor Buchan 1804 der Isle of Thanet widmet. Der Kurgast kommt vornehmlich in diese Gegend, um die Wohltaten einer gesunden Atmung zu genießen. Hier, wo die Elemente einander berühren, erwartet er sein Heil in erster Linie von der guten Luft und nur in zweiter Linie vom Meer. Was die Sonne betrifft, so beschränkt sich ihre Funktion auf die Reinigung der Atmosphäre, den Prozeß der Verdunstung. Nach zehn Uhr morgens flieht man ihre Strahlen, um einen Blutandrang zu vermeiden.

Schattenplätze[66] werden in den Katalog der Vorzüge eines Badeortes aufgenommen. Bleibt die Erde, die ausschließlich Gefahren birgt: Keine ihrer Ausdünstungen kann wohltuend sein, und wenn Kreide als das gesündeste Muttergestein gilt, so nur wegen ihrer geringen Emanationen.

Nach und nach entwickelt sich ein neues Bild des idealen Strandes. Die zunehmende Vorliebe für das Pittoreske treibt die Ärzte, die Tugenden der »wunderbaren Meerlandschaften« anzupreisen. Die Sensibilität für die Ästhetik des Meeres wächst. Bezeichnend dafür sind etwa die Pläne der Begründer des Seebades Bournemouth. Als James Atherton 18 Jahre später den Badeort New-Brighton lanciert, legt er großen Wert darauf, daß die neuen Häuser über »Meerblick« verfügen.[67]

Aber auch die moralisierende Absicht tritt jetzt deutlicher hervor. Der Kurgast, der fern von den Krankheitskeimen der Stadt eine denkbar reine Luft atmet, der täglich das Schauspiel der unendlichen Größe des Meeres genießt, der sich dem Schock des wiederholten Untertauchens aussetzt und seinen »Tonus« durch Leibesübungen erhöht, verzichtet gern auf unschickliche Vergnügungen und läßt sein unregelmäßiges Leben ohne Bedauern hinter sich. Der Strand, schreibt Doktor Le Cœur, ist ein Ort der »Rückkehr zu unschuldigen Neigungen«[68]. Feine Damen, ja selbst ehrwürdige Herren scheuen sich nicht, Kieselsteine, Strandkräuter und Seegras zu sammeln. Am Meeresufer erwacht das Gewissen, während der Skeptizismus zusammenbricht. Auf dem trockenen oder feuchten Sand verschmilzt das naive Entzücken der Theologen mit Ferenczis Regressionswunsch.

Als die Eisenbahn Anfang der 40er Jahre des 19. Jahrhunderts die europäischen Küsten zu erschließen beginnt und ein neues Gewinnstreben den Charakter der Badeorte vollständig verändert, hat Brighton sich bereits zum ersten *Sanatorium* der Welt entwickelt.[69] Zu diesem Zeitpunkt verwischt das Bild des Strandes, die Mythen überkreuzen und die Stereotypen häufen sich in wirrer Konkurrenz. Die jeweiligen Vorzüge der Elemente, die topographischen Merkmale, die gute Ausstattung der Kureinrichtungen, das weite Netz der Geselligkeit und der Reichtum des kulturellen Lebens führen zu einer unbeständigen Vielfalt der lobenswerten Eigenschaften, die den einzelnen Bädern zugesprochen werden. Als Orientierungshilfe für die Vorbereitung eines Aufenthalts am Meer veröffentlicht Doktor James Currie[70] 1829 einen Sammelband über

Die Ablösung der Ängste und der Wünsche

Der Strand von Brighton, 1805
zeitgenössischer Stich

Baden in Scarborough, 1813
zeitgenössischer Stich

sämtliche Küsten des Abendlandes und die verschiedenen tropischen Klimata, der dem Badegast als Führer dienen kann.

Für uns ist es schwierig, diese reichhaltige und verwirrende Literatur richtig zu verstehen, denn die Wertvorstellungen von Meer, Erde, Luft und Sonne haben sich ebenso verändert wie die Schwellen des Kälte- oder Hitzegefühls und das subjektive Wohlbefinden. Vor allem aber ist die Wahrnehmung kinästhetischer Empfindungen heute eine ganz andere als früher.

Das Bad, der Strand und
die Praktiken der Selbstfindung oder
die zwiespältige Lust am Ersticken

Im wesentlichen stellen Badegäste und Ärzte übereinstimmend drei Ansprüche an das Meer: Es soll kalt oder wenigstens kühl, salzig und wild sein. Nur das peitschende Wasser erzeugt Lust.[71] Der Badende kommt auf seine Kosten, wenn er die Wucht der gewaltigen Kräfte spürt, die dem Ozean innewohnen. Das Wellenbad ist Bestandteil der Ästhetik des Sublimen: Es impliziert, daß man sich dem stürmischen Wasser aussetzt, jedoch ohne ein reales Risiko; daß man so tut, als würde man verschlungen, um sich an der Täuschung zu ergötzen; daß man die Welle mit voller Wucht auf sich zukommen läßt, aber stets mit den Füßen auf dem Boden bleibt. Für den notwendigen Schutz wird Vorsorge getroffen. Die genaue medizinische Anleitung, die Dienste des »Bademeisters«, die Begleitung durch Vertrauenspersonen[72] und ein harter, zum Wasser hin leicht abfallender Sandboden, dessen Beschaffenheit sorgfältig untersucht worden ist, entschärfen die Gefahr, so daß nur die Gemütserregung übrigbleibt.

Umgekehrt ist der Badegast in seinen Freiheiten stark eingeschränkt: Der Arzt verordnet die Saison, die Tageszeit, die Dauer und den Ort der Übungen sowie die genaue Anzahl der Bäder.

In der Ausführung stehen sich zwei Modelle gegenüber, die einer Vertiefung der Kluft zwischen dem weiblichen und dem männlichen Geschlecht ganz im Sinne der damaligen Medizin Vorschub leisten. Für Frauen, junge Mädchen, Kinder, chronisch Kranke, Genesende und Furchtsame gilt die allgemeine Regel, daß die notwendigen Gefühlserschütterungen beim Meerbad durch gewaltsames, bis zum zweiten Frösteln fortgesetztes Eintauchen hervorgerufen werden. Der Badewärter »plongiert« die ihm anvertraute Patientin genau in dem Augenblick, in dem die Welle überschlägt; dabei drückt er ihr mit Vorbedacht den Kopf nach unten, um die Erstickungsangst zu mehren. Diese Methode, die den Zorn mancher Praktiker erregt[73], herrscht in Dieppe, in Doberan und an den englischen Stränden. Den Badewärtern liegt sie am Herzen, da sie die Nützlichkeit ihrer Funktion beweist. Sie sind in der Tat dazu da, ärztliche Verordnungen, die manchmal genau vorschreiben, wie oft die Patienten bei einer Badesequenz eingetaucht werden muß, auszuführen. Mit der Zeit werden die medizinischen Vorschriften immer detaillierter und die Aufgaben der Badewärter entsprechend komplizierter. In Boulogne gibt Doktor Bertrand genaue Anweisungen, wie die Welle auf dieses oder jenes Körperteil aufzuprallen hat. Der Leser des 870 Seiten umfassenden Handbuchs, das Doktor Le Cœur 1846 veröffentlicht, wird in alle Feinheiten der Meeresheilkunde eingeweiht. Zu diesem Zeitpunkt haben sich allerdings schon viele Kurgäste von der medizinischen Autorität emanzipiert. Die Praktiken haben sich verselbständigt, während die Badevorschriften immer präziser wurden.

Bei Wassertemperaturen von 12 oder 14 Grad löst das schockartige Eintauchen mit dem Kopf zuerst einen heftigen Schauder aus, der zu jenen Abhärtungstechniken zählt, denen Michel Foucault in einer seiner Untersuchungen nachgegangen ist. Der Vorgang erinnert an den der Stahlhärtung. Er wirkt sich unmittelbar auf das Zwerchfell aus, das Zentrum der Empfindsamkeit. Wenn der Atem stockt und die Patientin zu ersticken glaubt, versucht der Badewärter, ihr das Luftholen durch kräftige Friktionen zu erleichtern, bis der Körper reagiert und das Kältegefühl verschwindet. Dem gleichen Zweck dient das Übergießen des Kopfes mit kaltem Wasser, bevor die zu behandelnde Person im Meer badet.[74] Ihre Bediensteten schleppen für diese im Watt vorgenommene Prozedur ungefähr ein Dutzend Eimer Wasser herbei. Sobald der Badewärter merkt, daß die Patientin hinreichend abgehärtet ist, läßt er sie in den Fluten hüpfen, sich bewegen und sich reiben.

Eine solche Übung dauert gewöhnlich fünf bis fünfzehn Minuten, manchmal auch zwanzig, jedoch nie länger als eine halbe Stunde. Das Bad gibt Gelegenheit zu »vielfältigen Empfindungen«[75]. Die Beschreibung des Schauspiels, das die Frauen und erst recht die jungen Mädchen beim Baden liefern, verwandelt sich unter der

Hand in ein Gemälde wollüstiger Szenen. Der Anblick der Badenden, die umschlungen von starken Männerarmen ihr gewaltsames Eindringen in das flüssige Element erwarten, und die von spitzen Schreien begleiteten Erstickungsanfälle erinnern so sehr an den Koitus, daß Le Cœur sich um die Wohlanständigkeit des Wellenbades sorgt.[76] Doch immerhin ist dieses eine Möglichkeit, die von Bleichsucht bedrohten jungen Mädchen abzuhärten, sie an Temperaturschwankungen zu gewöhnen, sie auf die Erregungen und die Schmerzen der Pubertät und auf die Qualen der Mutterschaft vorzubereiten. In Dieppe haben einige Damen während des Kaiserreichs schon vor der Errichtung des städtischen Etablissements die Gewohnheit angenommen, »ihre Fräuleins zum Baden ans Meer zu führen«[77]. Manche Ärzte hoffen, daß die Regelmäßigkeit der Flut die des Menstruationsflusses wiederherstellen wird. So rechnet beispielsweise Doktor Viel lange vor Michelet mit einem heilsamen Effekt der periodischen Wiederkehr des Wassers.[78]

Bei Kindern wie bei jungen Frauen löst der Gedanke, gewaltsam »in die hohle Welle« getaucht zu werden, Angst, manchmal sogar Panik aus. Das erste Bad hat Initiationswert. Es kommt vor, daß der Arzt furchtsamen Kindern das Baden im Meer verbietet, weil sie Krämpfe bekommen könnten.[79] Eine andere Möglichkeit besteht darin, daß er sich eine List ausdenkt. Doktor Bertrand berichtet, daß er 1826 in Boulogne ein junges Mädchen behandeln sollte, das bei der bloßen Vorstellung der Wellen erschauderte. »Wir führten sie an den Fluß, wo der Hafen war«, schreibt er. »Wir gewöhnten sie unmerklich an den Anblick des Meeres.«[80] Die fiktive Literatur fügt den medizinischen Falldarstellungen weitere Beispiele hinzu: Eine der jungen Heldinnen in Jane Austens Roman *Sanditon* ist außer sich vor Verzweiflung, weil sie ein Wellenbad nehmen soll, und fleht ihre Umgebung laut schreiend an, ihr beizustehen.

Leopoldine Hugo erzählt in ihrer Korrespondenz ausführlich von dem heftigen Schauder, den ihre jüngere Schwester bei deren erstem Bad im September 1839 in Den Haag empfand: »Dédé war äußerst erregt, sie weinte, schrie, zitterte und wollte zurück, so daß man sie gleich wieder in die Kabine brachte, wo sie sich unverzüglich anzog.«[81] Aus einem Brief von Pierre Foucher erfahren wir, daß es der Kleinen 1843 endlich gelingt, ihre große Furchtsamkeit, wie der Onkel es nennt, zu überwinden.

Man muß sagen, daß die Roßkuren der jungen Mädchen durchaus erfolgreich sind. Frances Burney, genannt Fanny, taucht 1782 nicht nur in die glänzende Gesellschaft von Brighton ein, sie geht auch jeden Morgen in aller Frühe mit ihren Gastgebern ans Meer. So etwa am Mittwoch, dem 20. November: »Mrs. Thrale, ihre drei Töchter und ich standen alle schon um sechs Uhr auf und gingen im flimmernden Mondschein zum Strand, wo die bestellten Badewärterinnen sich bereithielten, uns zu empfangen. Dann tauchten wir im Ozean unter. Das Wasser war kalt, aber angenehm. Ich habe so oft gebadet, daß ich jede Furcht verloren habe und es mir jetzt nur Kraft und Schwung verleiht.«[82]

Dennoch sehen die Badepraktiken des abgehärteten Mannes anders aus. Wenn auch er die Dienste eines Bademeisters in Anspruch nimmt, so tut er es aus bloßer Vorsicht, um dem Snobismus[83] Genüge zu tun. Die Distanz zwischen den beiden bleibt jedenfalls gewahrt. Der badende Mann benimmt sich unabhängig. Der Wärter hat vor allem die Funktion, Ratschläge zu erteilen und für Sicherheit zu sorgen. Er kann allerdings auch, wenn die Situation es erfordert, mit voller Autorität durchgreifen. Um bei König Georg III. nicht in Ungnade zu fallen, packte der Badewärter des Prince of Wales den künftigen Regenten, dessen Schwimmübungen ihm zu verwegen schienen, bei den Ohren und holte ihn ans Ufer zurück.[84] Dem männlichen Badegast wird in der Tat die Freiheit gewährt, sich den Fluten auszusetzen, seine Kraft mit der des Ozeans zu messen. Durch die Lust am peitschenden Wellenschlag[85], an der angeblichen Vernichtung beim Eintauchen in die schäumende Flut verwandelt das Bad sich in ein scheinbares Ertrinken und einen Sieg über die Elemente. Manche jungen Romantiker entwickeln eine Vorliebe für solche Konfrontationen mit dem Meer in vollkommener Einsamkeit: Friedrich von Stolberg pflegt diesen Zweikampf, der den Badenden erschöpft am Ufer läßt, auf seiner dänischen Insel, während Byron sich an den Stränden von Aberdeen daran ergötzt.

Diese Art des Vergnügens paßt zur damaligen Schwimmkunst, deren Sinn für die zeitgenössischen Theoretiker nicht darin besteht, daß man sich dem Wasser entspannt anvertrauen, sich darin tummeln, durch die Wellentäler gleiten und sich in dynamischer Gemeinschaft mit dem flüssigen Element fühlen kann. Schwimmen ist im Gegenteil eine einzige Anstrengung, ein Kampf gegen das Verschlungenwerden, ganz auf Kraftentfaltung ausgerichtet. Die Überzeugung, man müsse vor allem obenauf schwimmen, rechtfertigt diese »heftige und aktive Praxis«[86], die Gaston Bachelard als kosmische Herausforderung des flüssigen Elements versteht. Sie entspricht dem von den Ärzten hochgeschätzten Zustand der allgemeinen körperlichen Bewegtheit. Die ständige Furcht vor dem Ertrinken, belebt durch die Überzeugung, daß der Mensch seiner Natur nach weder auf dem Wasser liegen noch im Wasser schwimmen kann, bestimmt die Kunst dieser sportlichen Betätigung. Die Theoretiker legen vor allem Wert darauf, daß die Atemwege immer frei von Wasser bleiben und daß die Lungentätigkeit ihren gewohnten Rhythmus bewahrt. Ihrer Ansicht nach kann der Schwimmer dem Gewicht seines Kopfes nur durch einstudierte heftige Bewegungen nach Art eines springenden Frosches widerstehen. Die von ihnen gepriesene Schwimmkunst verlangt eine angespannte Konzentration der gesamten Körperenergie. So ergibt sich das männliche Bild eines Wasserkoitus als Gegenpart zu den weiblichen Gemütserregungen beim gewaltsamen Eintauchen in die Fluten.

Dieses maskuline Modell des sogenannten »Schwimmbadens« im Meer entspricht den Anfängen der auf dynamische Bewegung ausgerichteten Gymnastik, die den Körper als ein einziges Kräftefeld begreift.[87] Es zeigt auch, wie sehr die pneumatische Chemie und die Atemphysiologie das Denken der Gelehrten beeinflussen. Es verschafft dem Schwimmer jene spezifische Wollust, die Bachelard als »kinästhetische Lust der Gewalt«[88] bezeichnet.

So werden in der Frühgeschichte des Meerbades an den Stränden zwei verschiedene Rollen gespielt, stets den beobachtenden Blicken durch das Fernrohr ausgesetzt. Die Frau, fröstelnd im seichten Wasser, jeden Moment zum Rückzug bereit, als fürchte sie die Aggression einer plötzlich hereinbrechenden Welle, der sie sich nur scheinbar aussetzen will, hält sich in Begleitung ihres Badewärters stets bei ihrem Wagen, manchmal unter dem sogenannten »Fallschirm« auf. Die Vorhänge, die gelegentlich benutzten Tragebetten, die Gefahr des ungewollten Einblicks und die Angst vor indiskreten Fernrohren tragen zur Dramatisierung des Spieles bei. Aus den strengen Regeln der Sittsamkeit, die damals zu herrschen beginnen[89], läßt sich die Intensität des peinlichen oder berauschenden Gefühls erschließen. Für eine Frau der Bourgeoisie hatte es etwas Ungeheuerliches, wenn sie den Ort der *privacy* – und sei er ein Badewagen – verließ und mit aufgelöstem Haar, nackten Füßen und kaum verhüllten Hüften, das heißt in jener Aufmachung, die der Intimität mit dem auserwählten Partner vorbehalten sein sollte, den öffentlichen Raum betrat. Um die Bedeutug dieses Schrittes richtig zu verstehen, muß man bedenken, wie stark die Fesseln und die

Haare der Frau damals erotisch besetzt waren. Schon die Berührung des Sandes mit dem nackten Fuß war ein sinnlicher Reiz, ein unbewußter Masturbationsersatz. Mehr noch als den an das mondäne Leben gewöhnten Adligen verschafft die ärztliche Verordnung den zur Häuslichkeit verdammten bürgerlichen Frauen eine unerwartete Freiheit, einen Zugang zu außergewöhnlichen Vergnügungen.

Der Mann dagegen spielt den Mutigen. Er will Heldenhaftigkeit beweisen, wenn er sich den wilden Wellenschlägen aussetzt, wenn er das Salzwasser gegen seine Glieder peitschen läßt und als Sieger aus den Angriffen hervorgeht. Die männliche Erregung, die er empfindet, ehe er sich ins Wasser stürzt, ähnelt einer Erektion, wobei die ungewöhnliche Nähe halbnackter Frauen, die den stürmischen Angriff beobachten könnten, ihre aufreizende Wirkung nicht verfehlt. Daß die Frauen an einem für sie reservierten Strandabschnitt, der wegen der Geschlechtertrennung wie ein Harem wirkt, unter sich bleiben, ändert daran nichts, ganz im Gegenteil: Ihre Anwesenheit wird durch die Vielzahl und durch das Zusammensein junger Frauen und gemütserregter junger Mädchen nur noch reizvoller. Grund genug also für das Spiel mit dem Fernrohr, das die Zeugen übereinstimmend als den beliebtesten Zeitvertreib der männlichen Badegäste schildern. 1796 berichtet ein Badewärter aus Brighton, die Frauen würden am Strand unentwegt von indiskreten Blicken verfolgt, »nicht nur, wenn sie aufgelöst aus dem Meer kommen, sondern auch, wenn sie wie lauter in Flanell gekleidete Najaden an den Ufern mit den Beinen strampeln, sich ungeniert im Sand wälzen oder durch den Schlamm waten«[90].

Die Tatsache, daß manche Männer sich mehr oder weniger von den therapeutischen Vorschriften emanzipieren, veranlaßt zu der Frage, ob es innerhalb der herrschenden Klassen nicht schon vor der medizinisch inspirierten Mode eine unabhängige Praxis des Wellenbads aus reiner Vergnügungslust gegeben hat. Ist der Historiker nicht ein Opfer seiner Quellen, wenn er sich Michelet anschließt und die »Geburt des Meeres« auf das Jahr 1750 datiert? Einige Zeugnisse geben Anlaß zu dieser Vermutung, zeigen aber auch die Grenzen der dem Heilbad vorausgehenden Verhaltensweisen auf.

In England zieht das Schwimmen im Fluß, das im 17. Jahrhundert zu den üblichen Sportarten der *gentry* gehört, bald ähnliche Praktiken an der Meeresküste nach sich. Am Strand von Scarborough tauchen schon 1735 Badewagen auf. Ein Jahr später berichtet der ehrwürdige William Clarke von seinen Sommerfreuden in Brighton: »Jetzt lassen wir uns am Strand von Brighthelmstone von der Sonne bescheinen«, schreibt er am 22. Juli an einen seiner Korrespondenten. »Meine morgendlichen Beschäftigungen bestehen darin, daß ich baden gehe und Fisch einkaufe. Abends reite ich aus, schaue mir die Überreste der alten sächsischen Anlagen an und zähle die Schiffe auf der Reede oder die mit Netzen ausfahrenden Fischerboote.«[91] Der Geistliche, ein einsamer Pionier, in dem man wohl einen Anhänger der Physikotheologie vermuten darf, führt die *rural sports* auf dem Sandstrand ein und erfindet so die Sommerfrische am Meer. Als Cambry 1795 von seiner Reise ins Finistère zurückkehrt, nimmt er mit seinen Gastgebern »köstliche Bäder« am goldenen Strand.[92] Doch offensichtlich werden diese ebenso spontanen wie sporadischen Verhaltensweisen bald vereinnahmt und gleichzeitig kodifiziert. Mit der Mode des Heilbades, die einer Vermischung der Geschlechter und der sozialen Stellungen entgegenwirkt, verschwindet die Anarchie der Verhaltensweisen. Die bisherigen Gebräuche werden, hinfort streng abgeschottet, dem gemeinen Volk überlassen.[93]

Aus dem Primat des Heilbades leiten sich die Strandsitten ab. Man kommt nicht hierher, um sich den Sonnenstrahlen auszusetzen, die nur Blutandrang verursachen, das Gewebe austrocknen, der Haut die sonnenverbrannte Bräune der arbeitenden Bevölkerung verleihen und in jeder Hinsicht mißvergnüglich stimmen. Man legt sich kaum je in den Sand, man läuft lieber, oder man ruht sitzend aus. Der Strand ist ein Ort, an dem man sich ergeht und besinnliche Gespräche führt. Er ist die Fortsetzung des Spaziergangs über Dünen oder Felsen. Auf dem Sand kann der ursprüngliche Kreis wieder geschlossen werden. Das Watt bietet eine glatte Oberfläche, die den Reitern erlaubt, ihren Pferden freie Zügel zu geben. Überall an den Modestränden galoppieren sie einher. Für viele ist der tägliche Ausritt die wichtigste Attraktion des Aufenthalts am Meer.[94]

So erklärt sich die große Aufmerksamkeit gegenüber der Qualität des Sandes, den der Kurgast, wenn er sich zum Bad begibt, unter den nackten Füßen spürt, sofern er sich nicht mit dem Wagen ans Wasser fahren läßt.[95] Die Beschreibung eines Strandes setzt stets Prüfung und Bewertung des Untergrunds voraus. Der Sand muß fest sein, ein gefahrloses Ausreiten erlauben und dem Badegast, der sich anschickt, in die Wellen zu springen, ein Gefühl der Sicherheit

Das Bad, der Strand und die Praktiken der Selbstfindung

Bademaschinen in Brighthelmstone, um 1790
zeitgenössischer Stich

Baden in Scarborough, 1813
zeigenössischer Stich

vermitteln. Das Ideal ist fraglos der »schöne harte Sand«, den Thomas Pennant im Zusammenhang mit Scarborough erwähnt.[96] Auch bequem muß der Boden sein, das heißt ohne jenen unangenehm »schlammigen Grund«, auf dem man ausrutscht und sich die Füße schmutzig macht.[97] Hier wird der Beschaffenheit des Wattenmeers und des möglichst leichten und gleichmäßigen Gefälles am Wasserrand mehr Bedeutung beigemessen als der Qualität des Strandes selbst.

Offenbar hat der Tourist für lockeren Sand nicht sehr viel übrig. Ireland verabscheut Scheveningen, weil der tiefe Sand den Spaziergänger ermüdet. Unter diesem Aspekt empfindet der Badende Kies nicht einmal als störend, ja manchmal scheint er die kleinen, mit Muscheln vermischten Steine, die ein sicheres Fortkommen gewährleisten, sogar zu schätzen. Ideal bleibt dennoch die rechte Konsistenz eines einheitlichen Strandes, in dessen fein gesiebtem Sand sich kein scharfer Stein verbirgt.

Ist der Badende weit entfernt von einem der abgegrenzten Strände, an denen die Gebräuche vorgeschrieben sind, sucht er sich den Platz, der seinem Temperament am ehesten entspricht. Tobias George Smollet, der sich 1763 um seiner Gesundheit willen an die Küste von Boulogne begibt, illustriert durch sein Verhalten sehr eindrucksvoll, welchen Wert die Briten auf die Wahl eines individuellen Ortes legen.[98] Die Ärzte, wie besessen vom Begriff der Idiosynkrasie, ermutigen zur Pflege dieser Seelenverwandtschaft. So rät beispielsweise Doktor Le Cœur, sich die Stelle, an der man im Augenblick der Hochflut baden will, bei Ebbe genau anzusehen.[99]

Wer zum Bad entschlossen ist, konzentriert sich in seinem Verhalten ganz auf die Begegnung mit den Wellen. Es gibt einen klaren Unterschied zwischen dem Spaziergänger und demjenigen, der baden geht. Wenn dieser sich zur angezeigten Stunde umgezogen hat, kennt er kein Zögern mehr. Er geht entschieden zum Meer. Er sammelt sich und ergreift Vorsichtsmaßnahmen. Er fürchtet die Kälte und die Sonnenstrahlen. Er will es bequem haben, wenn er aus dem Wasser kommt. Das Modell des Heilbades richtet sich an die Mitglieder der müßigen Oberschicht, die von den Hilfeleistungen einer Dienerschaft verwöhnt sind. Diese oft zart besaiteten Individuen kommen in die Natur, um sich zu stärken, aber ihr Verlangen nach dem Meer schließt den gewohnten Luxus immer mit ein. Bei der Entwicklung der für sie bestimmten Praktiken haben die Ärzte die Soziologie der Empfindsamkeiten nie aus den Augen verloren.

Die Gelehrten der damaligen Zeit sind überzeugt, daß der soziale Status für die Reaktion des ins Wasser getauchten Individuums ebenso entscheidend ist wie das Geschlecht, das Alter und das Temperament. Sie bemühen sich, ihre Verordnungen demgemäß zu modifizieren.[100] Sowohl die Strandkleidung als auch die Badewagen machen deutlich, daß die gesellschaftlichen Spielregeln – die Achtung der Privatsphäre und das Gebot der sozialen Distanz – am Meeresufer beibehalten werden. Der Badewagen taucht schon 1735 auf einem Stich des Strandes von Scarborough auf.[101] Danach triumphiert in England ein Modell, das der Quäker Benjamin Beale am Strand von Margate entworfen hat. Die *bathing machine* verbreitet sich schnell. 1768 wird sie in Lowestoft eingeführt. In Weymouth, Margate, Scarborough und später auch in Ostende sind die Wagen vollständig verhängt, so daß die Intimität der badenden Frauen gewahrt bleibt. Nicht so in Brighton, wo – wie oben erwähnt – viel mit dem Fernrohr gespielt wird.

An überlaufenen Stränden muß der Badegast in einer unbequemen Kabine auf seinen Wagen warten[102], was die Ängste derer schürt, die sich ohnehin fürchten, »ins Meer zu gehen«. Die Badewagen sind je nach Modell mehr oder weniger komfortabel ausgestattet. Alle verfügen über eine Sitzbank, die oft mit Samt bezogen ist. Innen findet der Benutzer, der über eine kleine, am hinteren Ende befestigte Leiter in das Gefährt einsteigen muß, mehrere Handtücher, trockene Badekleidung und manchmal einen Mantel oder einen Umhang zum Aufwärmen; ferner eine Bürste für die Friktionen, einen Stiefelknecht und einen Spiegel.[103] Der Wagen wird bis zu einer Tiefe von etwa zwanzig Zentimetern ins Wasser geschoben. Gelegentlich läßt der Badewärter einen zeltähnlichen »Fallschirm« aus grober Leinwand herunter, um die ihm anvertraute Patientin vor der heißen Sonne und vor indiskreten Blicken zu schützen.[104] Dann hilft er ihr über die wenigen Stufen der Leiter aus dem Wagen heraus, ehe er sich ihres Körpers mit festem Griff bemächtigt. Auf dem Rückweg geht es in dem rüttelnden Wagen geschäftig zu, man trocknet und bürstet sich und sorgt für eine flüchtige Toilette.

Der gute Anstand und die Angst, durch Blicke vergewaltigt zu werden, bestimmen die Beschaffenheit der Badekleidung.[105] Die ersten Frauen, die ein Meerbad wagten, trugen dicke, warmhaltende Wollkleider. Im Frankreich der Restauration pflegen die Damen noch in dieser Aufmachung zu baden. Anfang der zwanziger Jahre des 19. Jahrhunderts tragen in Royan Männer wie Frauen ein

Die neue Harmonie von Körper und Meer

braunes Wollhemd über einer weiten Hose.[106] Lange Zeit mehren sich die individuellen Ausstattungen, bis die Badekleidung sich in Funktion dreier Imperative normalisiert und uniformisiert: Sie soll den Ansprüchen der Moral, der Therapie und der Gymnastik genügen. Die Geschichte des Badeanzugs illustriert jene Verschärfung der Sittlichkeitsnormen, die Norbert Elias zufolge mit dem Prozeß der Zivilisation einhergeht.

Um 1840 wird es üblich, daß Frauen beim Baden eine lange Hose tragen. Da Kleider durch die Wellenbewegung leicht angehoben werden können, gelten sie inzwischen als unanständig. Das Badekostüm besteht nunmehr aus einem Hemd und einer Hose, die an demselben Gürtel befestigt sind, so daß sie eine geschlossene, vorn geknöpfte Einheit bilden. Die recht kurzen Ärmel reichen gewöhnlich bis zum Ellbogen. Zur Erleichterung der Schwimmbewegungen wird unter den Achseln manchmal eine Öffnung angebracht. Die jungen Mädchen ergänzen dieses Ensemble durch einen kurzen, dem Gürtel angepaßten Rock, der die Breite der Hüften verdeckt: Es empfiehlt sich, dieses verheißungsvolle Element der ästhetischen Aussteuer nicht übermäßig zu betonen. Die weibliche Körperform muß, ehe sie sich zeigen darf, durch die Reife der Mutterschaft ihre Unanständigkeit verloren haben. Ein anderes recht verbreitetes Badekostüm für das weibliche Geschlecht setzt sich aus zwei Teilen zusammen, einer langen Hose und – statt des Hemdes – einer über der Brust gerafften Bluse oder Tunika. Zu Beginn der vierziger Jahre des 19. Jahrhunderts kommen »Hosenanzüge« aus Wolltrikot auf, meist in Braun, da man Wert darauf legt, daß die weiße Haut nicht durchscheint. »Dabei«, schreibt Doktor Le Cœur 1846, »handelt es sich um wirkliche Badetrikots oder eng anliegende einteilige Anzüge. Sie sind sehr leicht, für die Schwimmer sehr bequem...« Nur leider betonen sie die Körperformen derart, daß der gute Doktor zweifelt, »ob sie für Frauen je als Badekleider in Betracht kommen«[107] werden.

Viele Engländerinnen baden ohne Kopfbedeckung. Sie flechten sich Zöpfe, wickeln sie um den Kopf und halten sie mit Kämmen, Nadeln und mit einem Tuch zusammen. Es kommt vor, daß eine Frau, wenn sie aus dem Wasser steigt, wie befreit ungeniert ihr Haar auflöst und die ganze Lockenpracht in der Sonne trocknen läßt. Andere, die sich zieren oder die schädlichen Strahlen fürchten, schützen den Kopf mit einer weißen Bademütze oder Badekappe aus wasserundurchlässigem Wachstuch. Diese Gewohnheit bürgert sich auf dem Kontinent recht schnell ein. Besonders sonnenempfindliche Frauen tragen grobe, breitkrempige Strohhüte nach dem Vorbild der *cottage hats* oder *cottage bonnets*, die in Frankreich während der Julimonarchie Mode sind. Le Cœur berichtet von einer Badenden, die er mit einem Seidenschleier vor dem Gesicht ins Wasser gehen sah.[108]

Die Vorsicht gebietet, daß man sich vor dem Bad etwas Watte in die Ohren stopft und für alle Fälle eine Pelzmantille bereitlegt, um sich vor der scharfen Luft oder der brennenden Sonne schützen zu können. Eventuell braucht der Badende auch Holzschuhe oder Halbstiefel, besonders wenn er einen schmalen Streifen Kies, Muscheln oder glitschigen Tang zu Fuß überwinden muß.

Viele Frauen aus dem Volk wissen mit den peinlich genauen Anstandsregeln nichts anzufangen, doch die gemeinen Verhaltensweisen, wenngleich tief verwurzelt, drohen durch die Schwemme der mit dem »Wellenbad« befaßten Literatur in Vergessenheit zu geraten. Dabei kann man überall an den Küsten der Ostsee, der Nordsee, des Ärmelkanals und des Atlantik Spuren eines volkstümlichen Bades entdecken, manchmal in unmittelbarer Nähe der rigorosen Heilbäder, denen das Augenmerk der herrschenden Klassen gilt. Auch bemerkt man schnell, daß zwischen beiden Systemen ein schleichender Austausch der Praktiken stattfindet. Dieses Modell des volkstümlichen Bades, das ich als nördlich bezeichnen möchte, entspricht ganz anderen Absichten als das streng kodifizierte »Wellenbad«. In ihm setzt sich die freie Ausgelassenheit der Kindheit und der Jugend fort. Manchmal ähnelt es jenen Übungen oder Kampfspielen, die den *rural sports* der englischen *gentry* Modell gestanden haben. Es entfaltet sich im Rahmen kollektiver Aktivitäten, die, ob festlich oder spielerisch, stets mit allerhand Lärm einhergehen und bei den Küstenvölkern äußerst beliebt sind.[109] Weniger geprägt von der Angst einer Vergewaltigung durch indiskrete Blicke, weniger durchdrungen vom Gefühl der *privacy*, läßt das volkstümliche Bad eine Vermischung der Geschlechter zu. Leider ist es schwierig, die Spuren einer solchen Praxis zu verfolgen, die, wenn nicht offiziell verboten, doch rasch von dem herrschenden Modell unterwandert wird. Die Behörden stehen allen Gebräuchen, die den Modeambitionen der müßigen Klassen im Weg sein könnten, feindselig gegenüber. Doch glücklicherweise kommt es vor, daß die Oberschicht selbst Interesse an kollektiven Gebräuchen zeigt, deren Kenntnis uns erlaubt, die volkstümliche Sensibilität besser zu verstehen.

Die englischen Küstenbewohner pflegen angeblich lange vor 1750 in Deal, Eastbourne, Portsmouth, Exmouth und Brighton zu baden.[110] Doktor Le François behauptet, in den Häfen des Ärmelkanals würden die Kinder der einheimischen Bevölkerung schon mit sechs oder sieben Jahren schwimmen lernen.[111] Die Basken aus den Bergen kommen jeden letzten Sonntag im September in ganzen Dorfgemeinschaften nach Biarritz, um sich dort im Meer zu tummeln.[112] Seit langem wird an dieser Küste viel gebadet. Anfang des 17. Jahrhunderts beschreibt Pierre de Lancre, Präsident des Parlaments von Bordeaux, die Überraschung der Reisenden, die hier zu Gesicht bekommen, wie »große Mädchen und junge Fischer sich in den Wellen mischen«, um sich alsdann »in der Liebeshöhle, die Venus am Ufer für sie hergerichtet hat, zu trocknen«[113]. Diese Strandsitten haben offenbar nichts mit dem britischen Modell gemein. Die Zeugen präsentieren das Bild eines weniger abgegrenzten lustvollen und spielerischen Bades. In der Anarchie der Geschlechtermischung läßt man sich gern von den Wellen hin und her werfen. Die Reisenden geben zu, daß ihr Ausflug einen erotischen Anstrich bekommt. Die »Sänften«, in denen die Badegäste aus Bayonne sich herbringen lassen, gestatten so manche Vertraulichkeit. Die tragische Geschichte von den Liebenden, die in der »Liebeshöhle« ertrunken sind, erhöht die erotische Spannung. Für die Bewohner der Stadt hingegen ist das gemeinschaftliche Bad nur der gelungene Abschluß einer Landpartie.

Manchmal überschneiden sich die unterschiedlichen Praktiken: Als die Küstenbewohner des Boulonnais an einem heißen Sommertag gegen Ende des 18. Jahrhunderts ins Meer sprangen, um sich zu erfrischen, gesellten sich einige an das Wellenbad gewöhnte Engländer hinzu. Doktor Bertrand, der diese Begebenheit erzählt[114], sieht die Verschiedenartigkeit der Verhaltensweisen genau. Das durch die Witterung veranlaßte, auf einer spontanen Lust beruhende Gelegenheitsbad trifft hier zufällig mit dem streng kodifizierten Heilbad des Kurgastes zusammen, der daran gewöhnt ist, bei jedem Wetter ins Meer zu gehen. In ähnlicher Weise stehen zu Beginn der Restauration die Badefreuden der nicht nach Geschlecht und Status getrennten Einwohner Den Haags[115] einer von Dieppe kommenden ritualisierten Praktik gegenüber. Die Bade- und Wundärzte aus dem Südwesten, die ihren Patienten sonst Thermalkuren in Barèges oder Cauterets empfahlen, beginnen sehr früh mit der Verordnung von Meerwasserbädern in Biarritz. Im August 1765

Das Bad, der Strand und die Praktiken der Selbstfindung

Louis Garneray
oben: *Dieppe, Der Strand für Männer*

unten: *Dieppe, Der Strand für Frauen*

aus: *Voyage pittoresque et maritime sur les côtes de la France*, Paris 1828

fordert der Subdelegierte die Stadtverwaltung auf, den Badeort für auswärtige Kurgäste leicher zugänglich zu machen.

Gelegentlich wirft das Aufeinandertreffen unterschiedlicher Sitten soziale Probleme auf, die eine Intervention der Behörden herausfordern. So etwa die Nacktheit badender Männer, die fast das ganze 18. Jahrhundert hindurch geduldet und erst nach und nach durch die Vorschriften des Heilbades verdrängt wird. In Scheveningen[116] baden die aus Den Haag kommenden Fremden noch 1778 nackt, während die einheimischen jungen Mädchen auf die abgelegten Kleider achten, die Männer abreiben, wenn sie aus dem Wasser kommen, und ihnen beim Anziehen helfen. Pilati zufolge macht der üble Geruch dieser Jugend die soziale Distanz so vernehmlich, daß kein Badegast auf den Gedanken käme, die Fischermädchen zu verführen. Entsprechende Praktiken rufen in Biarritz die Kritik der Besucher hervor und versetzen die moralisch besorgte Obrigkeit der Stadt in Unruhe.[117] In Frankreich wird das Problem am Ende der Julimonarchie durch eine strenge Aufteilung gelöst: An den von Kurgästen besuchten Stränden ist den Männern das Nacktbaden verboten, während es an anderen Stellen innerhalb festgelegter Grenzen[118] genehmigt ist. Die gleiche Regelung wird 1859 in Ostende[119] eingeführt.

Es kommt vor, daß Männer und Frauen sich innerhalb oder jenseits der offiziellen Badezone zwar nicht nackt, aber doch gemeinsam vergnügen dürfen. Paquet-Syphorien, wenig an derartige Freiheiten gewöhnt, stürzt sich 1811 in die Fluten, um schleunigst ein Gespräch mit den Fräuleins von Ostende anzuknüpfen.[120]

Auch an den oft abstoßenden Küsten des Mittelmeers pflegt das Volk zu baden. Doch hier handelt es sich um eine ganz andere Art körperlicher Übung, die unter den Mitgliedern der herrschenden Klassen im Augenblick noch wenig Anhänger findet. Die Badenden des Mittelmeers, oft gleichzeitig Taucher, sind nicht darauf aus, sich zu stärken. Sie wollen das Meer weder herausfordern noch bekämpfen. Sie tummeln sich einfach im klaren, erfrischenden Wasser. Diese Art des Meerbades, nur selten ein einsamer Genuß, hat immer etwas Spielerisches. Meist bilden sich kleine Gruppen, die lange im Meer verweilen und herumtollen wie junge Delphine. Joseph Hager beschreibt die schönen Sommerstunden, in denen die Palermitaner sich tausend Wasserspielen hingeben.[121] 1783 schildert Bérenger seinem Korrespondenten die jugendlichen Badeszenen am Strand von Marseille: »Scharen nackter Kinder tauchen im Meer, schwimmen auf dem Rücken oder lösen Muscheln von den Felsen ab. Die Gruppen werden immer zahlreicher, in den Grotten verbergen sich fröhliche Banden, die sich, halb im Wasser, allerlei übermütigen Spielen hingeben.«[122] Manchmal finden diese Vergnügungen im Rahmen volkstümlicher Feste statt. An Freudentagen, schreibt Abbé Coyer 1764, zerstreuen sich die Einwohner von Marseille. Die einen »suchen draußen auf dem offenen Meer eine reinere Luft und ausgelassenere Unterhaltung«[123], die anderen baden, während am Ufer gefeiert wird.

Im allgemeinen ist das Baden an der Mittelmeerküste ein exklusiv männliches Vergnügen. In Saint-Tropez sind es nur kleine Jungen, die sich im Meer tummeln.[124] Die Augenzeugen sprechen nirgendwo von jenen sinnlichen Gruppen nackt badender Frauen, die Vernet auf vielen erfolgreichen Bildern darstellt. Das Stereotyp des Malers scheint sich in diesem Fall nicht auf die Realität zu stützen. Die Sittsamkeit steht einer Entfaltung der antiken oder pittoresken Szenen im Wege. Bernardin de Saint-Pierre ist sich dessen wohl bewußt: Als Paul ein Loch gräbt, in dem die pubertierende Virginie ganz allein ins Wasser tauchen kann, tut er es, um die Nacktheit des jungen Mädchens hinfort vor seinem eigenen Blick zu schützen; so setzt er dem geschwisterlichen Gemeinschaftsbad, das die Freude ihrer unvergeßlichen Kindheit war, ein Ende und leitet, ohne sich dessen genau bewußt zu sein, die unvermeidliche Trennung ein.

Im letzten Drittel des 18. Jahrhunderts entdeckt der Reisende aus dem Norden dieses Modell des Meerbades, das sich so wunderbar in die klassizistische Ästhetik fügt, mit größtem Entzücken. Die Touristen unterwerfen das Verhalten der tauchenden Schwimmer ihren eigenen Spielregeln: Sie schwärmen von der Nacktheit der Jünglinge, die ihnen wie Ebenbilder der Tritonen oder der Delphine aus den antiken Meerbeschreibungen erscheinen. Die Erinnerung an Tiberius und die homosexuell gefärbte ästhetische Erhöhung regen manche sogar dazu an, die badenden Jünglinge als gefällige Lustknaben zu betrachten, deren ergötzlicher Anblick gut in die vergilsche Landschaft paßt. Im Juli 1787 verweilt Goethe am Posilipo im Landhaus des gelehrten Ritters Hamilton. »Nach Tische«, schreibt er, »schwammen ein Dutzend Jungen in dem Meere, das war schön anzusehen. Die vielen Gruppen und Stellungen, welche sie in ihren Spielen machten! Er (Hamilton) bezahlte sie dafür, damit er jeden Nachmittag diese Lust habe.«[125]

Manche Touristen, Anhänger des Wellenbads, kommen in Versuchung, es ihnen gleichzutun. Jean Houel ist so fasziniert von der durchsichtigen Klarheit des Tyrrhenischen Meeres, daß er gern an den Stränden Siziliens verweilt, um dort zu schlafen oder über die Algen und den hellen Sand zu laufen. Er durchsetzt seine Reise ins innerste Wesen des Mittelmeers mit einsamen Bädern. Andere springen auf offener See vom Schiff aus ins Wasser und tummeln sich dort mit den neuen Tritonen. Brydone schreibt im Mai 1770 bei seinem Aufenthalt in Neapel: »Wie wir täglich spüren, ist das Baden im Meer das beste Heilmittel gegen die Wirkungen des Schirokko, und wir genießen diesen Vorteil mit allen Annehmlichkeiten, die man sich nur wünschen kann. Lord Fortrose hat sich eigens zu diesem Zweck ein großes, sehr bequemes Schiff angeschafft. Wir treffen uns jeden Morgen um acht Uhr, und nachdem wir etwa eine halbe Meile aufs Meer hinausgefahren sind, entkleiden wir uns, um zu baden... Milord hat zehn Matrosen angeheuert, die regelrechte Amphibientiere sind, da sie die Hälfte des Sommers im Wasser leben.«[126] Sie wachen über die Badenden und tauchen vierzig bis fünfzig Fuß in die Tiefe, um Muscheln zu sammeln. »Damit wir uns daran gewöhnen, bei jeder Gelegenheit zu schwimmen, hat Milord einen Anzug gekauft, den wir reihum tragen«, fügt Brydone hinzu. »Wir haben auch gelernt, uns im Wasser auszuziehen«, was im Fall eines Schiffbruchs nützlich sein könnte. In der Gegend von Syrakus gesteht der Reisende: »Wir haben einen sehr angenehmen Ort zum Baden entdeckt; die Suche nach solchen Plätzen ist uns immer sehr wichtig, weil das Schwimmen zu den schönsten Vergnügungen unserer Expedition gehört.«[127] Aber auch das therapeutische Alibi fehlt nicht ganz, denn Brydone merkt an: »Ohne das Bad wären wir alle in ebenso schlechter Verfassung wie der französische Marquis.«

Die Verbreitung derartiger Praktiken, die von den Reisenden der Elite gepflegt werden und auf dem vielschichtigen Wunsch beruhen, in die durchsichtige Klarheit des Wassers einzutauchen, die antike Bühne wiederherzustellen und ein volkstümliches Verhalten nachzuahmen, ist schwer einzuschätzen. Man kann aber sagen, daß die allgegenwärtige Bedrohung durch Piraten oder Banditen, die für das Mittelmeer typische Mattigkeit und seine ungesunden Küsten eine Verallgemeinerung auf breiter Ebene ausschließen. Während die Strände des Nordens sich bereits mit energischen Badenden füllen, ist der massive Ansturm von Kurgästen den Mittelmeerküsten noch fremd. Für Frankreich spielt der Strand

Das Bad, der Strand und die Praktiken der Selbstfindung

Joseph Vernet
Die Badenden, Ausschnitt, 1772
Paris, Louvre

von Sète die Rolle eines Vorreiters. Die vitalistischen Ärzte aus Montpellier sind, wie wir schon sagten, neben denen aus Bayonne die ersten dieses Landes, die dem Meer Heilkräfte zuerkennen. Schon während des Kaiserreichs glaubt Professor Delpech[128] an deren Wirksamkeit gegen die Schwindsucht. Nicht ohne Enttäuschung über den geringen Erfolg schickt er seine Patienten ans Meer, damit sie in den Wellen baden. Obwohl der Strand nur notdürftig hergerichtet ist und lange Zeit in diesem Zustand bleibt, strömen die Skrofulösen in den folgenden Jahrzehnten massenhaft nach Sète, während Doktor Viel[129] ein Loblied auf die wohltuenden Sonnenstrahlen anstimmt, die den Organismus stärken und den gesamten Körper beleben. Die Entfaltung des ersten großen Badeorts am französischen Mittelmeer geht mit der neuen Mode warmer und heißer Bäder einher, die in der medizinischen Literatur immer mehr Platz einnehmen. Gleichzeitig beginnen die Theoretiker an den Küsten des Nordens, die Luftgüte höher zu bewerten als die Verdienste des kalten Wassers.

*Selbstfindung und Meeresfrische oder
die Lebenskunst der heimlichen Freuden*

An den Meeresküsten bildet sich eine Lebenskunst heraus, mit deren Auswirkungen auf die Geselligkeit wir uns später befassen werden. Die Kodifizierung kollektiver Gebräuche und die Entfaltung neuer, das soziale Schauspiel bestimmender Strategien der Distanzierung und der Auszeichnung gehen einher mit individuellen Selbstfindungspraktiken, die nicht nur andere Bewertungsschemata erkennen lassen, sondern auch neuartige Verhaltensmodelle erzeugen.

Die Persönlichkeit des »Invaliden«, der an einer chronischen Krankheit leidet oder sich von ihr befallen glaubt, rückt mit der zunehmenden Spezifizierung der Lebensalter seit Mitte des 18. Jahrhunderts immer weiter in den Vordergrund – ein Zeichen für den wachsenden Einfluß des Narzißmus, dessen unterschiedliche Äußerungen innerhalb der sozialen Körperschaft ich an anderer Stelle zu erfassen versucht habe.

Auslösendes Moment sind die hochgeschraubten medizinischen Ansprüche. Die Verfeinerung und Vertiefung der klinischen

Selbstfindung und Meeresfrische

Beobachtung, der Aufschwung der Gesundheitspflege und deren normative Ausrichtung tragen dazu bei, die Lebensweise des Invaliden genau wie die des Kindes, des jungen Mädchens oder der Frau zu gestalten. Ärzte, Dichter und Philosophen fordern einmütig zu einer neuen Wachsamkeit auf, zu einem schärferen In-Sich-Hinein-Horchen. Aus dieser Übereinstimmung hervorgegangen, enthüllt die Gestalt des Invaliden, wie sehr die Besorgnis um kinästhetische Empfindungen der müßigen Klasse des 19. Jahrhunderts zu schaffen macht. In der feuchten Wärme der Thermalbäder, vor allem aber in den Erholungsorten am Meer werden detaillierte Verhaltensvorschriften zur Förderung des Wohlbefindens erarbeitet. Der Invalide lernt, die angenehmen Gefühle auszukosten, die ihm durch ein gutes Funktionieren seines Körpers, durch einen ungehemmten Fluß der Körpersäfte, einen regelmäßigen Schlaf und einen gesunden Appetit zuteil werden. Das Horchen auf kinästhetische Empfindungen regt zu einer Art der Selbstbeschreibung an, die an die Stelle der Gewissenserforschung oder des geistlichen Tagebuchs tritt. Die Geschichte der Diarien bliebe unverständlich, würde man die zahllosen Aufzeichnungen über Heilkuren oder Reisen gegen den *Spleen* nicht berücksichtigen und die entsprechend weitschweifigen medizinischen Falldarstellungen außer acht lassen. Beide Serien verbinden sich sowohl mit der medizinischen Topographie, die damals paradoxerweise ihren Höhepunkt erreicht, als auch mit dem Erscheinen zahlreicher dicker, auf normative Festlegungen bedachter Hygienehandbücher. In diesem Zusammenhang stellt die proustsche Saga eine Art Vollendung dar.

Einige wenige Grundüberzeugungen bestimmen die neue – heilsame oder auch zerstörerische – Art der Selbstfindung. Übereinstimmend mit den Vorstellungen der Ideologen, namentlich mit den Theorien von Canabis[130], ist der chronisch kranke oder um eine chronische Krankheit besorgte Badegast bemüht, den »organischen Sympathien« gerecht zu werden. Er lauscht in sich hinein, um das geringste Zeichen seiner Eingeweide wahrzunehmen. Die große Bedeutung, die der Eigentümlichkeit und »Irritabilität«[131] des Individuums von den zeitgenössischen Ärzten zugesprochen wird, führt in den herrschenden Klassen zu einer deutlichen Überempfindlichkeit, geschürt – besonders bei den Frauen – durch allerhand Praktiker, die sich, oft an den Grenzen ihrer therapeutischen Fähigkeit, in einer geduldigen Seelenheilkunde üben. So erklärt sich denn auch die herausragende Beachtung der Persönlichkeit des jungen Mädchens, das als Archetyp des zarten und empfindsamen Individuums präsentiert wird.

Das In-Sich-Hinein-Horchen und die Ausarbeitung individueller, stets ein wenig neurotischer Rituale werden so auf den Rang medizinischer Verordnungen erhoben. Jeder Mensch, versichert Doktor Viel – und dies ist nur ein Beispiel unter vielen – hat seine Art, in der ihm eigentümlichen Weise auf die »Anstrengungen« des Meerwasserbades und den Genuß der maritimen Atemluft zu reagieren.[132] Jeder, sagt Doktor Le Cœur, muß seine eigene Art des Badens entdecken.[133] Jeder muß seinen Stil und seine Wege für die täglichen Spaziergänge finden.

Durch die unentwegte aufmerksame Selbstbeobachtung, die den scharfen Blick des Klinikers ergänzt, entsteht eine Zusammenarbeit zwischen dem Invaliden und dem Arzt. Die Befragung, mit der die Behandlung meist beginnt, ist der entscheidende Moment dieses unerläßlichen Bündnisses. Aus ihr ergeben sich die ersten Verordnungen, die ersten Ansätze des Wechselspiels zwischen Eingeständnissen, Berichten und fortschreitenden therapeutischen Verfeinerungen. Die Präzision, mit der Doktor Bertrand[134] Spaziergänge verordnet, und die Erfindung minutiös reglementierter »Unterbrechungsbäder« durch Doktor Le Cœur[135] sind deutliche Beispiele für die zunehmende Kompliziertheit der individuellen Praktiken.

Die Strategie läuft, ähnlich wie beim Erhorchen der Lustgefühle, auf eine zwanghafte Arithmetik hinaus. Während andere ihre Orgasmen zählen, zählt der Invalide seine Bäder oder gar die Häufigkeit des Untertauchens, peinlichst darauf bedacht, die ärztliche Verordnung genau zu befolgen. Rivalisierend vergleichen die Frauen ihre Bade-Punkte wie Flaubert[136] und seine Freunde ihre Leistungen im Bordell. Die Meereskur verwandelt sich in ein Turnier, einen Wettkampf, wie wir heute sagen würden.

Der Erholungsaufenthalt am Meer hat eine unerschöpfliche Menge medizinischer Fallbeschreibungen hervorgebracht. Die von Frewin und Russell begonnene Serie wird in Deutschland von dem unermüdlichen Samuel Gottlieb Vogel fortgesetzt. Im katholischen Frankreich dienen Wunderberichte als Muster für diese literarische Gattung. Die genaue Anzahl der Bäder ersetzt die numerische Präzision, mit der in den religiösen Schriften die Rosenkränze oder die Andachtsübungen der Novenen erfaßt wurden. Doktor Bertrand etwa schreibt im Juli 1826, bei einem an »chronischer Mesenteritis«

erkrankten dreizehnjährigen Kind sei nach dem 48. Wellenbad Besserung eingetreten, vollständige Heilung jedoch erst nach dem 108. Bad bei der Wiederholungskur im folgenden Jahr.[137] »Im allgemeinen«, schreibt Doktor Viel, »sind die Badegäste stolz und glücklich, wenn sie eine hohe Zahl erreichen und etwa sagen können: Ich hatte eine wunderbare Dreißig- oder Vierzig-Bäder-Saison ... Ungeachtet der Temperamente und der sanitären Bedingungen gibt es nur noch das Ziel, als erster eine bestimmte Anzahl Bäder zu erreichen.«[138] Dieses Verhalten kann gefährlich sein, insbesondere für junge Mädchen, die möglichst ohne Irritation »tonisiert« werden sollten.

Wir können hier bei weitem nicht all die vielen Invaliden, mit denen die Literatur uns bekannt macht, durch ihre Kur begleiten. Der in Margate arbeitende Doktor Buchan schreibt 17 Jahre lang Tagebuch über seine innersten Regungen, vermischt mit klinischen Beobachtungen an seinen Patienten. Ähnlich Tobias George Smollett[139], ebenfalls Arzt, der sich in täglichen Reiseaufzeichnungen dem wechselhaften Schicksal seines Organismus und den ausgeklügelten Strategien zur Stärkung seiner kranken Lungen widmet. In Boulogne, wo er schon 1763 jeden Tag im Meer gebadet hat, liefert er eine genaue Beschreibung der Stellen, die er für diesen Zweck bevorzugt. Bei seinem Aufenthalt in Nizza fertigt er eine meteorologische Tabelle an, um die mit den Wetterveränderungen einhergehenden Schwankungen seines Zustands analysieren zu können. Anschließend zieht er gewissenhaft Bilanz. Er versucht, seine gesundheitliche Besserung in der gleichen Weise zu messen wie früher der Verfasser eines geistlichen Tagebuchs die Fortschritte seiner Seele; der Bericht über die Gesundheitskur wiegt die Zeit, das Auf und Ab der Hoffnung. Er nimmt ein Vorgehen voraus, das sich im folgenden Jahrhundert entfaltet, namentlich mit Amiel und den großen Tagebuchschreibern, die ständig in sich hineinhorchen, um über ihren Verfall numerisch Buch zu führen. Diese Art Literatur scheint gierige Leser zu finden. So trägt Smollett viel dazu bei, daß der Aufenthalt in Nizza bei den Engländern in Mode kommt. Verwandt mit dem vom *Spleen* geplagten Reisenden, stellt der lungenkranke Smollett unermüdliche und etwas übertriebene Nachforschungen über die wunderwirkende Meeresfrische an diesem Orte an. Ehe er die Klimaeinflüsse selbst erprobt, holt er die spruchreifen Meinungen seiner Freunde ein; besorgt fragt er die Reisenden aus, käut die medizinischen Topographien wieder. Er weiß, daß er sich ununterbrochen selbst analysieren muß, wenn er seine Heilung vorantreiben will.

Die behutsame Lebensart des anfälligen Invaliden steht in krassem Gegensatz zu den ausschweifenden Gewohnheiten des jagdbegeisterten Gentleman, des leidenschaftlichen Reiters und passionierten Anhängers der *rural sports*, dessen größtes Vergnügen es ist, sich hemmungslos in die männliche, bewußt derbe und trinkfreudige Geselligkeit der englischen Aristokratie dieser Zeit zu stürzen. Manchmal entsteht eine Spannung zwischen den beiden Modellen. Ein bezeichnendes Beispiel ist etwa das Unbehagen des John Byng, Viscount Torrington, der im August 1782 mit seiner Familie an dem königlichen Badeort Weymouth weilt. Der brillante Torrington versucht durchaus, sich den Lebensrhythmus eines Kurgastes anzueignen. Ein paar Tage lang gelingt ihm eine feste Zeiteinteilung, die er in knappen Sätzen schildert: »Ich beginne ein regelmäßiges Leben zu führen: Ich stehe um sechs Uhr auf, kaufe Fisch, lese die Zeitungen, spaziere über den Strand und mache meinem Pferd einen kurzen Besuch. Um neun Uhr bin ich wieder da, um mein Frühstück einzunehmen. Um zehn reite ich aus, um vier esse ich zu Mittag. Dann gehe ich wieder am Strand entlang, bis die Gesellschaftssäle öffnen, und spiele bis zehn Uhr Karten. Spärliches Abendessen, Bett.«[140] Das Wesentliche aber bleibt für ihn die volle körperliche Verausgabung. Was er liebt – und das sagt er auch –, ist nicht die Sonne auf dem Sand, sondern die hungrig machende Meeresluft, das Gefühl der salzigen Brise auf der Haut, die Müdigkeit im Morgengrauen, der wilde Ritt über das Wattenmeer, der frische Fisch, den er am Strand bei den Fischern kauft, nachdem er das feste Fleisch eigenhändig befühlt hat. Torrington, der das gesellschaftliche Leben des Badeorts verabscheut, nimmt all diese Empfindungen begierig in sich auf. Durch eine komplexe Gefühlsstrategie versucht er, dem Strand die Lebensfreude des Landadeligen, die Genugtuung des Altertumskenners und den Genuß des Ästheten abzugewinnen. Er schätzt einsame Unternehmungen, Ausritte zu den Ruinen alter Monumente, beschauliche Betrachtungen der Meerlandschaft. Er probiert die Wasser der Thermalquellen und vergleicht ihren Geschmack. Abgestoßen von dem wenig männlichen Snobismus des Kurortes, setzt er sich nach einigen Tagen von der Familie ab, um seine Ausritte aufs Land auszudehnen. Das Verhaltensmuster, das er im Jahr 1782 verkörpert, unterscheidet sich ebenso von dem der klassischen wie von dem der philosophischen Reise. Es verbreitet sich erst, als der Krieg mit Frankreich die *Grand Tour* erneut unmöglich macht und die Reisekandidaten zwingt, die wilden Schönheiten ihrer eigenen Insel gründlich kennenzulernen.

Der faszinierendste Text, den ich bei meinen Forschungsarbeiten in die Hand bekommen habe, ist jedoch ein Bericht von Richard Townley Esq.[141] über dessen Aufenthalt auf der Isle of Man im Anfangsjahr der Französischen Revolution, erschienen unter dem Titel *A journal kept in the Isle of Man, giving an account of the wind, weather and daily occurences for upwards of eleven months*. Der Autor, ein »Invalide« der müßigen Klasse, leidet an einer Lungenkrankheit. Ein krampfartiger Husten verdirbt ihm das Leben. Zum Glück hat eine lange Kur in Boulogne geholfen. Seine Gesundheit ist fast wiederhergestellt, als er am 9. Mai 1789 in Douglas auf der Isle of Man eintrifft. Wie besessen von dem Wunsch, seinen Zustand zu verbessern, hat er sich in den Vorjahren Erholungsaufenthalte in den Niederlanden, im französischen Flandern und der Picardie gegönnt. In Boulogne hat er Aufzeichnungen gemacht, die er nun mit dem in Douglas begonnenen Tagebuch vergleichen kann. Seine »liebe Gemahlin« ist mit ihm gereist, doch die strenge Zeiteinteilung, der er sich unterwirft, veranlaßt ihn, sich wie ein Alleinstehender zu benehmen. Townley ist ein religiöser Mensch. Er geht regelmäßig in die anglikanische Kirche, deren Annehmlichkeiten er ebenso schätzt wie die Schar der Gläubigen, die er dort jede Woche trifft, »sehr wohlanständige Leute, elegant und gut gekleidet«[142]. Das einzige, was er bedauert, ist der Frischluftmangel während der Gottesdienste.

Im Geist der Physikotheologie beruft sich Richard Townley auf den Psalmisten und begleitet das Naturschauspiel mit Lobgesängen auf den Schöpfer. Er kennt die englischen Dichter vom Anfang des Jahrhunderts, vor allem Pope, Gray und Thomson. Das Werk des von ihm überaus verehrten Vergil ist ihm stets gegenwärtig. Diese Autoren, aber natürlich auch Shakespeare und Milton, liefern ihm den Bezugsrahmen. Sie bestimmen seinen Blick auf die Natur der Isle of Man, deren erhabene Schönheiten und heiterer Charme ihn abwechselnd berühren. Seine Lebensart ist die eines Mannes, der sich selbst als »Liebhaber der Leibesübungen und der *rural sports*« bezeichnet. Im Tagebuch vermerkt er die Schwankungen der Witterung, die er in direkte Beziehung zu den Veränderungen seines gesundheitlichen Zustands setzt. Minutiös stellt er dar, welche körperlichen Übungen er aus der doppelten Serie seiner Beobachtungen ableitet.

Das Wetter ist die Hauptperson des Buches: Es entscheidet sämtliche Ereignisse. Townley richtet seine Aufmerksamkeit vor allem auf die Luftbeschaffenheit und auf die Winde. Täglich bemüht er sich, sie in Funktion seiner sinnlichen und seelischen Empfindungen mit größtmöglicher Genauigkeit zu definieren. Für ihn kann der Wind »angenehm«, »sanft«, »duftend«, aber auch »herb« und »unerfreulich« sein, doch was er persönlich sucht, ist die erfrischende Brise. Den leichten Seewind bei steigender Flut liebt er über alles. Unter dem gleichen psychologischen Aspekt beschäftigt er sich mit den nebligen Dünsten in der Luft. Über die Niederschläge dagegen läßt er sich nicht weiter aus. Er schreibt lediglich, ob es regnet oder nicht. Der »schaurige« Sturm, den er unter Thomsons Einfluß verklärt, entreißt ihm immerhin ein paar Zeilen. Townley verabscheut die Hitze. Er fürchtet die grelle Sonne, die im Sommer unbarmherzig auf den Sand scheint, hat aber während seines elfmonatigen Aufenthalts nur wenig unter ihr zu leiden. Etwas ganz anderes ist für ihn die Wintersonne, deren »belebende und stärkende Wärme« er preist, oder die Frühlingssonne, die er einen »Brunnen der Schönheit« nennt. Auch der Zustand des Meeres wird täglich notiert. Townley mag die ruhige See. Die »mit sanftem Gemurmel« steigende Flut, oft begleitet von einer frischen Brise, ist für ihn der schönste Moment des Tages. Auch liebt er es, wenn das Meer sich mit Schiffen bedeckt, wie etwa bei der Rückkehr der Fischer vom Heringsfang. Was die Stürme betrifft, so reizt ihn vor allem die Pathetik, die Vorstellung drohender Schiffbrüche, die dann seine Nächte verdüstert.

Die einzelnen Abschnitte des Tages spielen in seinem Bericht keine gleichwertige Rolle. Abgesehen von einer einzigen Hymne auf die Heiterkeit des Abends ist fast aussschließlich vom Morgen die Rede, denn dann macht Townley seine meteorologischen Beobachtungen, aus denen er die Wetterlage ableitet. Manchmal beginnt der Tag mit Notizen über die Geräusche, die seine schlaflosen Nächte, in denen er besonders sensibel auf das ferne Rauschen des Meeres und das Trommeln des Regens reagiert, bevölkern.

Townley hat sich eine streng kodifizierte Lebenskunst angeeignet. Er selbst geht nie ins Wasser, schätzt sich aber glücklich, die neueste Bademode der Isle of Man beschreiben zu dürfen. Seine persönliche Neigung gilt den Promenaden, deren Variationen er liebevoll mit den feinsten Nuancierungen präsentiert. Seine Fußwanderungen dauern ungefähr zwei Stunden. Oft eröffnet er den Tagesbericht mit Worten wie: »Ich habe eine Prise Morgenluft geschöpft« oder: »Ich habe einen Morgenspaziergang gemacht«. Meist treibt ihn das Verlangen nach der »frischen morgendlichen Brise, die bei steigender Flut über den Strand weht«[143], hinaus. Ein gelungener Spaziergang ist für ihn ein Sinnenschmaus. So schreibt er etwa am Morgen des 4. August 1789, nachdem er einen Hügel erklommen hat: »Ich habe die frische Morgenbrise und den Anblick der glänzenden Oberfläche eines friedlichen Meeres sehr genossen. Danach Kulissenwechsel durch einen zwei oder drei Meilen weiten Spaziergang ins Landesinnere.« Dies ist der Prototyp seiner »morgendlichen Übung«.[144]

Manchmal begnügt er sich mit einer kurzen Promenade[145], die ihn über den Kieselstrand – selten auch durch die Straßen von Douglas – zum Hafendamm führt, an dessen äußerstem Punkt er das Meer in Ruhe betrachten kann. Wenn er gut auf den Beinen ist, kommt es vor, daß er mitten in den Felsen eine Klettertour unternimmt. Schönes Wetter nutzt er gewöhnlich zu einem jener langen Märsche, die ihn vollauf befriedigen. Dreimal im Jahr organisiert er mit Freunden eine *Party*, was ihn jedoch weniger zu begeistern scheint.

Bei Townley definiert sich die Persönlichkeit des Invaliden durch das Netz der Lieblingspromenaden, die er bei jeder Gelegenheit mit ein paar Worten kennzeichnet, und deren Ziele so unterschiedlich sind, wie die krönende Vielfalt es verlangt. Meistens geht er irgendwo ans Meer, nicht ohne die jeweilige Stelle genau zu beschreiben. Er präzisiert, ob es sich um einen Sand- oder einen Kiesstrand handelt, um ein felsiges Ufer oder eine Steilküste. Er spielt mit alternierenden Landschaftstypen, scheint die Promenade »über den Sand« oder »die reizvollen Spaziergänge über den Strand« aber besonders zu mögen. Ein einziges Mal merkt er an, daß es an der Küste Höhlen gibt, die den Liebespaaren der Insel eine bequeme Zuflucht bieten. Sonst wird ein Hauch Erotik nur durch die Gestalten von Dido und Aeneas vermittelt. Die vergilsche Grotte erscheint in seinem Text als Archetyp der *privacy* und des Rückzugs.[146]

Auch Gänge durch den Hafen und über den Fischmarkt gehören zu Townleys Vorlieben. Mit Vergnügen betrachtet er das *mail boat*, das *packet boat* aus Liverpool, die Kohlenschiffe und die selteneren *sloops* der wohlhabenden Gentlemen. In der Heringszeit schaut er sich voller Entzücken die Rückkehr der Fangflotten an, obwohl er das Trocknen der Netze als üble Geruchsbelästigung empfindet. Auf den Hügeln, die er besteigt, läßt er seinen Blick bewundernd über die Meerlandschaft und das weitläufige Panorama der Bucht von Douglas schweifen. Die grenzenlose Weite der Fluten stößt ihn offenbar noch ab, doch er genießt die Betrachtung der »schaurigen« oder »romantischen« Felsen. Insofern spiegelt er die zeitgenössische Neigung zum Pittoresken wider. Für den Rückweg allerdings wählt er möglichst einen Weg durch die arkadische Landschaft eines heiteren Tals im Hinterland. Die »druidischen« und dänischen Ruinen ziehen ihn ebenso an wie jeden anderen Altertumsliebhaber des Jahres 1789. Am 11. Juni umkreist er, teils zu Fuß und teils per Schiff, ein kleines Eiland vor der Küste der Isle of Man. Im übrigen weigert er sich, die große Insel zu verlassen, solange er nicht alle ihre Ufer kennt. Kurz, in seinem Verhalten findet man das klassische Schema der Robinsonade wieder, den Wunsch, ein Territorium durch die peinlich genaue Erfassung seiner Umrisse zu beherrschen.

Bleibt die Analyse der Art und Weise, wie er seine Spaziergänge durch die Natur bewertet. Übereinstimmend mit der sensualistischen Philosophie erklärt Townley, daß er vornehmlich sucht, was seinen »Sinnen besonders angenehm« ist und seinen Appetit anregen kann. In dieser Perspektive konzentriert er sich auf »den Eindruck, den die Atmosphäre vermittelt«, und auf die Frage, welche Winde seiner Atmung zuträglich sind.

Frühmorgens öffnet er gewöhnlich seine Fenster. Er riecht den Duft der Blumen, die seiner Ansicht nach die Luftgüte bezeugen. Wie wir sehen, genießt er in seiner ganzen Umgebung vor allem die Frische oder solche Empfindungen, die Frische suggerieren. Gern lauscht er dem Murmeln der steigenden Flut. Im Winter hört er von seinem Bett aus, »wie die abnehmende Flut sich von dem groben Kies, der das Ufer hinten am Hafendamm bedeckt, zurückzieht«[147], und er denkt an die verflossenen Monate zurück, an das »sanfte Gemurmel, das langsam erstarb, bis der Wellenschlag so schwach und flau war, daß man sein Geräusch kaum von der Stille unterscheiden konnte«. In diesen Momenten überkommt ihn eine wehmütige Sehnsucht nach den lustvollen Gefühlen, die in der Sommerzeit das sanfte Gemurmel begleiteten.

Wie die meisten kultivierten Reisenden[148] zeigt Townley großes Interesse an der Pflanzen- und Vogelwelt des Meeres. Als der Winter zu Ende geht, steht er schon im Morgengrauen auf, um hinten am Hafendamm seinem Lieblingsvogel zu lauschen, dessen Zwitschern er erkennt. Es kommt sogar vor, daß er Insekten oder Kriechtiere beobachtet. Nur den Kormoran, den Milton in der Hölle fliegen läßt, findet er ein wenig abstoßend.

Nachdem der Zyklus der Jahreszeiten abgeschlossen ist, endet das Buch mit einer globalen Beurteilung der Insel unter dem Aspekt ihrer gesundheitlichen Zuträglichkeit. Eine demographische Untersuchung, bei derartigen Werken unvermeidlich, untermauert das Kapitel. Wie schon in Boulogne legt Townley auch diesmal Wert darauf, in den Archiven zu recherchieren und auf den kleinen romantischen Friedhöfen, wo er Epitaphe entziffert, Material zu sammeln. Er schließt in der üblichen Weise:»Nirgendwo bietet die Natur bessere Bedingungen für Meerwasserbäder als auf dieser Insel. Es gibt viele zauberhafte Buchten, in denen das Wasser überaus rein, klar und frei von jedem Schmutz ist, viele sichere und ungestörte Küsten ohne jedes Hindernis. Auch findet man zahlreiche geschützte Ecken und Winkel, wo man jederzeit baden kann, weil das Wasser immer ruhig bleibt, selbst wenn vom Meer her eine recht starke Brise weht.«[149]

Die Behauptung, in den achtziger Jahren des 18. Jahrhunderts habe man im Abendland nur die Berge geschätzt und nichts für das Meer übrig gehabt, erschiene absurd, wäre sie nicht noch kürzlich von Fachleuten aufgestellt worden, die sich offenbar durch bestimmte Texte und ein Primat des Gesichtssinnes haben blenden lassen. In Wirklichkeit zeugen zahllose medizinische Falldarstellungen, Reise- oder Kurberichte und eine reiche Korrespondenz von einem starken Verlangen nach der Meeresküste. Die schriftlichen Zeugnisse lassen die Herausbildung einer emotionalen Strategie erkennen, die Verbreitung einer bislang unbekannten Art und Weise, das Meer und seine Strände zu genießen – ein neues Interesse, das durch die Seebäder in Boulogne, Ostende, Scheveningen und Doberan langsam auf den Kontinent übergreift.

Diese veränderte Einstellung zu den Meeresküsten, die Thomson gewiß ebenso viel zu verdanken hat wie der durch seine Werke ausgelösten Wiederentdeckung Vergils oder dem schottischen Dichter James Macpherson, setzt eine den ganzen Menschen erfassende Empfindungsbereitschaft voraus, eine Aufmerksamkeit für die geringsten Ausdünstungen, das leiseste Gemurmel, den kleinsten Windhauch. Es ist keineswegs der bloße Wunsch, »das Meer zu sehen«, der die französische Aristokratie reizt und sie zum Dauerpublikum der Marineausstellungen macht.

Siebzig Jahre vor Michelets Aufenthalt in Saint-Georges-de-Didonne zieht Townley sich ans Meer zurück und lauscht dem nächtlichen Murmeln der Flut oder dem tosenden Wellenschlag. Bei zahllosen Spaziergängen über den Sand beobachtet er die Farbe der Algen, das Vogelgezwitscher, die Fische. Wie später Michelet leidet er beim Gedanken an die Gefahren des Meeres und beklagt die Schiffbrüche voller Mitgefühl. Dennoch bewertet er den Strand nicht wie ein Romantiker. Er glaubt an die Vorsehung Gottes und singt Loblieder auf den Schöpfer. Er sieht die Natur mit den Augen eines klassischen Dichters. Sein Bericht ist fast vollständig frei von all den wissenschaftlichen Betrachtungen, mit denen Michelet oder Hugo ihre Werke über das Meer durchsetzen. Vor allem aber ordnet Townley seinen ganzen Text der neohippokratischen Verbindung zwischen den meteorologischen Einflüssen und der Gesundheit unter. So gesehen besteht sein eigentlicher Erfolg darin, daß er die medizinische Verordnung in eine Lebenskunst verwandelt, die ihm zahlreiche heimliche Freuden verschafft.

An der Meeresküste entwickelt sich ein Modell der Selbstfindung, das die Gebräuche des ländlichen Rückzugs ablöst oder ihnen gegenübersteht. Der Invalide, den man mit dem deutschen Wandervogel oder dem vom *Spleen* umgetriebenen Reisenden vergleichen könnte, genießt die neue Lebenskunst. Der von William Cowper[150] gepriesene Ansturm auf die Küsten erklärt sich nicht nur aus dem faszinierenden Glanz der Vergnügungen, die ein Badeort wie Brighton zu bieten hat. Am Meeresufer, angesichts der Leere des Ozeans und der Verfügbarkeit des Strandes, kann das moderne Subjekt sich selbst entdecken, seine eigenen Grenzen erfahren. Hier, in dieser erhabenen Umgebung, erzittert das Ich, den Wellen und dem salzigen Meerwind ausgesetzt, bei der Betrachtung des ungeselligen Schauspiels eines entfesselten Sturms. Hier kann der Erwachsene, der gern durch das Wattenmeer reitet, auch die Regression genießen. Er überrascht sich selbst bei ungewohnten Tätigkeiten, wenn er im Sand nach Muscheln sucht, sich in Höhlen verkriecht oder die Umrisse seines Inselterritoriums erkundet.

Unter dem Eindruck der gemischten Gefühle der Lust und des schmerzlichen Erstickens beim Eintauchen in die Flut entsteht am Meeresufer, gedeckt durch das therapeutische Alibi, eine neue Ökonomie der Empfindungen. Den müßigen Klassen vorbehalten, ent-

Selbstfindung und Meeresfrische

Karrenbäder zu Cuxhaven
Kupferstich, 1818

wickelt sich hier eine neue Art des Körpergefühls unter Ausschaltung aller störenden Regungen. In den Bädern am Rande des Ozeans versucht man, die Ängste, die das städtische Leben durch den Kräfteschwund, die Bleichsucht, die Luftverderbnis und die Sittenlosigkeit hervorbringt, zu beruhigen. Doch paradoxerweise schließt diese tastende Suche nach einer Harmonie von Körper und Natur den Hedonismus aus. Das Meer hilft, den Verzicht auf Wollust leichter zu ertragen. Auch die an den Küsten entstehende Lebenskunst gehört zu den Anstrengungen einer schärferen Selbstbeobachtung.

Philipp Hackert
Die Neptunsgrotte unterhalb von Tivoli, etwa 1785
Hamburger Kunsthalle

Die Rätsel der Welt: Einblicke und Lesarten

Um die Mitte des 18. Jahrhunderts erscheint die Küste nicht nur als Zuflucht, als Heilmittel, das Ängste beruhigen soll. An eine antike Funktion anknüpfend, wird sie wieder zum auserwählten Ort der Rätsel dieser Welt. Man befragt sie nach der Vergangenheit der Erde und nach den Ursprüngen des Lebens. Nirgendwo kann man die Vielfalt der zeitlichen Rhythmen so gut wahrnehmen, die Länge der geologischen Dauer so gut empfinden, die Unbestimmtheit der biologischen Grenzen und der natürlichen Lebensbereiche mit ihren erstaunlichen Übergängen so gut beobachten wie hier. Die Nähe der viele tausend Jahre alten Fossilien und der Zoophyten zeigt an, was dieser lange sich selbst überlassene Ort alles mitzuteilen hat.

Die *libido sciendi* löst eine forschende Suche aus, die auf ihre Weise Aufschluß über das wachsende Verlangen nach der Meeresküste gibt. Sie ruft Praktiken hervor, die im allgemeinen mehreren Absichten gleichzeitig dienen, die den ästhetischen Genuß mit der Lust der wissenschaftlichen Beobachtung und dem befriedigenden Gefühl einer körperlichen Anstrengung verbinden. An den Stränden Westeuropas entwickeln sich neue Bewertungsmuster, neue Betrachtungsweisen, neue Gebräuche zu einem geschlossenen System. Die Küste stellt sich als Laboratorium eines Bündels von Übungen und Erfahrungen dar, dessen Kohärenz seither in Vergessenheit geraten ist.

Die Archive der Erde

Von den Küsten – mehr noch als von Berggipfeln oder Abhängen – erwartet man sich Einblick in die Archive der Welt. Mehrere Faktoren machen die Linie, an der die Elemente einander berühren, zur Achse der forschenden Suche. Entscheidend aber ist die wesentliche Rolle, die das Meer bei der Gestaltung der Erde gespielt haben soll. Die meisten Menschen der damaligen Zeit sind überzeugt, daß die mosaische Sintflut für die Formen des Reliefs verantwortlich ist. Wie wir gesehen haben, hat das Bild der gottgewollten Katastrophe die Küstenvorstellung des klassischen Zeitalters bestimmt, und auch im 18. Jahrhundert begnügen sich noch viele Gelehrte mit der einfachen Erklärung, die der Schöpfungsbericht für die Morphologie anbietet.[1]

Doch im Lauf des Jahrhunderts wird diese Art, die Küstenlandschaft zu betrachten, seltener. Nach und nach vertieft sich – hier wie in so manchen anderen Bereichen – die Kluft zwischen Wissenschaft und Religion. Zahlreiche Gelehrte der Aufklärung wenden sich gegen Kosmologien, die auf einer dem Menschen unbegreiflichen Intervention Gottes beruhen. Überzeugt von einer verständlichen Ordnung der Welt, sagen sie sich vom Bericht der *Genesis*[2] los. Manche untersuchen die Landschaft auf Merkmale und Äußerungen einer Natur mit unerhörten schöpferischen Fähigkeiten, die rastlos für Erneuerung sorgen.

Dennoch ist in Hinblick auf die Sintflut Vorsicht geboten. Gewiß, es gibt zahllose Kritiken an der wörtlichen Auslegung des Bibeltextes. Zu viele Unwahrscheinlichkeiten disqualifizieren den Schöpfungsbericht in den Augen derer, die nach einer wissenschaftlichen Erklärung verlangen. Man fragt sich, ob in wenigen Tagen eine ausreichende Menge Wasser zusammenkommen konnte, um die bewohnte Erde zu überfluten, und erst recht, ob es möglich ist, daß die Wassermassen sich so schnell wieder verliefen. Man diskutiert über die Universalität der Katastrophe und weiß nicht, ob man glauben soll, daß auch die Amerikaner betroffen gewesen wären. Hat die Sintflut sich vielleicht auf die von Menschen bewohnten Gegenden beschränkt? Und wie soll man sich dann die Morphologie des restlichen Planeten erklären? Man fragt nach der Intensität der durch die Sintflut ausgelösten geologischen Prozesse, ob man ihnen oder aber den chemischen Einwirkungen des Wassers die Risse in der Erdkruste zuschreiben soll? Hat die Welt eine lange vorsintflutliche Geschichte? Konnten die Fische die Katastrophe überleben oder mußten sie in die Arche aufgenommen werden? War das Schiff groß genug, um alle potentiellen Flüchtlinge zu bergen? Und woher kam das Ölblatt, das die Taube am vierzigsten Tage im Schnabel hielt?[3] Lauter Fragen, die Gegenstand endloser Debatten sind, besonders in der ersten Hälfte des Jahrhunderts.

Doch obwohl die Meinungen in all diesen Punkten auseinandergehen, wird die *Historizität der Sintflut*[4] nicht nur von denen anerkannt, die sich getreu an den Bericht der *Genesis* halten, sondern auch von den meisten aufgeklärten Zeitgenossen, die durchaus bestreiten, daß die Ereignisse sich im einzelnen so zugetragen haben, wie Moses sie darstellt, oder die das Ausmaß der Katastrophe mitsamt ihren geologischen Folgen für unerheblich halten. Tatsächlich ist die Sintflut den mündlichen Überlieferungen aller antiken Völker gemeinsam, ja sie ist sogar das herausragendste Beispiel ihrer Überschneidungen. Nicolas Boulanger[5], der den großen »Unglücken der Erde« nachgeht, setzt sich 1766 unter diesem Aspekt mit den verschiedenen Kulturen auseinander und stellt die »Denkmäler« der Katastrophe in einem langen Katalog zusammen. Die Gelehrten dieses Jahrhunderts vergleichen die antiken Texte gern mit archäologischen Überresten; auf dieses Verfahren greifen sie naturgemäß zurück, wenn es darum geht, die Heilige Schrift wörtlich mit den Spuren zu verbinden, die sich dem Gedächtnis des Bodens eingeprägt haben.[6]

Nur für eine kleine Minderheit unter den Gelehrten ist die Sintflut ein Märchen. Benoît de Maillet versucht in seinem *Telliamed*, ihre Unwahrscheinlichkeit nachzuweisen.[7] Gemessen an der Wassermenge, derer es bedürfte, um die Berge zu überschwemmen, wäre ein vierzigtägiger Regen bedeutungslos. Außerdem hätten die Muschelschalen bei einer zeitlich derart begrenzten Katastrophe nie in tiefere Bodenschichten eindringen können. Gerechtfertigt erscheint dem Autor allenfalls die Annahme einer überschaubaren örtlichen Überschwemmung. Auch Voltaire[8] läßt im *Dictionnaire philosophique* zweimal seine Skepsis durchblicken, indem er sich ironisch über das größte aller Wunder äußert. Und von Holbach hebt nachdrücklich hervor, daß die Oberflächengestalt der Erde sich nicht durch die in der *Genesis* beschriebene Katastrophe erklären läßt.

Andere, die sich einerseits der Problematik des mosaischen Textes als auch andererseits der Gefahren einer offenen Kritik bewußt sind, entscheiden sich für stummen Respekt. »Die Wunder gebieten ergriffenes Schweigen«, schreibt Buffon 1749 in seiner *Histoire et théorie de la terre*.[9]

Diejenigen Gelehrten, die überzeugt sind, daß die Entwicklung der Erde seit jeher durch eine ununterbrochene Kette aktueller Ursachen vorangetrieben wird, halten die Katastrophe für überflüssig. Der Text der *Genesis* wird von ihnen vollständig verworfen. Gegen Ende des Jahrhunderts, bevor die Französische Revolution ihren Höhepunkt erreicht, findet diese von James Hutton klar dargelegte und von G. H. Toulmin[10] noch radikaler formulierte Theorie zahlreiche Anhänger. Hutton knüpft insoweit an die Physikotheologie an, als er die Meinung vertritt, Gott habe ein System erschaffen, das sich selbst genügt und durch das Spiel der Naturgesetze zum geregelten Funktionieren angehalten wird. Er stellt die Erde als eine Bühne kontinuierlich wirkender Prozesse[11] dar und ersetzt das Bild des Trümmerhaufens durch das einer aktiven Erde, die imstande ist, immer neue Formen hervorzubringen und ihre eigenen Verluste laufend auszugleichen. In dieser dynamischen Perspektive erscheint die Sintflut unmöglich, es sei denn, man geht von einem Fehler in der gottgewollten Ordnung aus.

Die wachsende Kritik und die zunehmende Schwierigkeit, beobachtete Phänomene in Einklang mit dem mosaischen Text zu bringen, regen andere Erklärungen, neue Theorien von der Erde an. Diese entfernen sich zwar weit von den traditionellen Vorstellungen der Sintflut, messen dem Meer, seinen Strömungen, seinen Gezeiten und seinen Niveauschwankungen aber gleichwohl eine wichtige Rolle zu. Das biblische Imaginäre lebt im Bild des »Urmeeres«[12] fort, das die entstehende Geologie beschäftigt. Wie Benoît de Maillet sind die Anhänger des Neptunismus überzeugt, daß das Meer »für alle physiographischen, lithologischen und strukturellen Merkmale der Erdrinde allein verantwortlich«[13] ist. Auch Buffon stützt sich in seiner *Histoire et théorie de la terre* weitgehend auf Benoît de Maillet; er stellt den Aktualismus gemeinverständlich dar und rühmt die Wirkungen der Meeresströme.[14] Der Ozean erklärt und repräsentiert seiner Ansicht nach die Vergangenheit der Erde. In diesem Punkt greift Buffon der wissenschaftlichen Beobachtung vor[15]. Er hält die Berge für ein Resultat jener Prozesse, die sich am Meeresgrund ereignet haben.

Nach 1770 stellen die »Neptunianer« die Untersuchung der Fossilien und dann die der aufeinanderfolgenden Gesteinsschichten in den Vordergrund.[16] Die Aufmerksamkeit, mit der viele Gelehrte sich dem Problem der Sedimentation zuwenden, zeugt von dem Wunsch, die Ordnung der Natur zeitlich zu erfassen. In dieser Absicht entwickeln sie die Hypothese, daß die Erde sehr lange von Wassermassen bedeckt gewesen sei. Die Popularität des deutschen Geologen Abraham Gottlob Werner und der Erfolg seines gigantischen, mit höchst wirksamen chemischen Eigenschaften ausgestatten Urmeeres tragen dazu bei, den Neptunismus fest in der Lehrmeinung zu verankern. Der Ozean repräsentiert hinfort die ursprüngliche Kraft, verantwortlich für die Formen eines Reliefs, das nicht mehr als Ergebnis der brutalen Zerstörung angesehen wird, sondern als Produkt eines langwierigen Gestaltungsprozesses unter Wasser.

Werners Erfolg erklärt die Widerstandskraft der dem »Aktualismus« entgegengesetzten »Katastrophentheorie«. Doch verglichen mit dem anfänglichen Diluvialismus geht diese Theorie von ganz neuen Voraussetzungen aus, namentlich von der Unterscheidung zwischen geologischer und mosaischer Überschwemmung.[17] Die Beobachtung läßt in der Tat auf eine Vielzahl von Kataklysmen schließen. Unter diesem Aspekt glaubt man, die Wissenschaft mit der Heiligen Schrift aussöhnen zu können. Um dem Diluvium einen wissenschaftlichen Charakter zu verleihen, muß man nur unterstellen, daß es zwischen der Schöpfung und der Sintflut eine lange Periode der Sedimentation am Meeresgrund gegeben hat, oder besser noch, daß der Mensch erst nach der letzten großen Umwälzung erschaffen wurde.

Für diese Hypothesen setzen sich so manche Gelehrte des anbrechenden 19. Jahrhunderts ein. Aktualisten und Katastrophentheoretiker liefern sich zu diesem Zeitpunkt eine regelrechte Schlacht.[18] Eine Reihe von Faktoren begünstigt die Katastrophentheorie. In England wird die Feindseligkeit gegenüber dem Rationalismus der Aufklärung durch die französische Bedrohung neu belebt.[19] Angesehene Gelehrte, etwa Richard Kirwan oder J. A. Deluc, bemühen sich, den Vorsehungsglauben der *Genesis* wissenschaftlich einzukleiden. Eine Gruppe klerikaler Geologen versucht, das geschwächte Vertrauen in das Bündnis zwischen Gott und der Geologie wieder zu stärken[20]. Der Geistliche William Buckland empfiehlt eine sorgfältige Unterscheidung zwischen dem »Diluvium« als Ergebnis der mosaischen Katastrophe und dem »Aluvium« als Resultat jüngerer geologischer Prozesse.[21] Auch die etwas spätere These von der Gestaltung durch Glazialerosion kommt der

Katastrophentheorie entgegen. Wie hätte man sich in Unkenntnis der Arbeiten von Louis Agassiz die Existenz der Findlinge, das offensichtliche Mißverhältnis zwischen den tiefen Gletschertälern und den hindurchfließenden Wasserläufen oder die Terrassenbildung an den Flußufern denn auch erklären sollen, wenn nicht durch irgendeine Katastrophe? Eben diesen unvermeidlichen Zusammenhang will Buckland mit Hilfe seiner Beobachtungen an den Küsten von Devon und Dorset beweisen.

In Frankreich stellt sich der herrschende Revolutionsbegriff, die Überzeugung, daß auch die Erde schreckliche Umwälzungen erlebt hat, dem Aktualismus entgegen. Während der Restauration liefern die Erfolge der Paläontologie, besonders die Entdeckungen Cuviers, der Katastrophentheorie eine weitere entscheidende Stütze. Der erbrachte Nachweis ausgestorbener Arten wird als Zeichen für die Unhaltbarkeit des Aktualismus gedeutet. Cuvier[22] steht in der Tradition derer, die dem Ozean eine wichtige Rolle zusprechen. Er entwickelt seine eigene Katastrophentheorie, so angelegt, daß sie sich mit dem Text der *Genesis* zu vertragen scheint.[23]

Dieser flüchtige Rückblick auf die Wechselfälle des wissenschaftlichen Denkens vor dem durch Lyell herbeigeführten Sieg des Aktualismus und dem Aufkommen der Eiszeittheorie wird uns erlauben, den Blick der Zeitgenossen auf das Naturschauspiel der Meeresküsten besser zu verstehen. Während »der Glaube an die Nützlichkeit des Versuchs, die Natur der Dinge oder Phänomene durch ihre Geschichte zu erklären«[24], immer stärker wird, reift ein neuer Zeitbegriff heran. Nach und nach entfernt man sich zwangsläufig von der Chronologie der kurzen Zeitabschnitte, die Gültigkeit besaß, solange man die Geschichte der Erde für identisch mit der des Menschen hielt. Bossuets Berechnung von sechstausend Jahren, die seit der Schöpfung vergangen wären, oder auch die 1650 verkündete Behauptung des englischen Erzbischofs Usher, die Welt sei am 23. Oktober des Jahres 4004 vor Christi Geburt um neun Uhr morgens erschaffen worden, verlieren in den Augen der Philosophen jede Glaubwürdigkeit. Der kurzen Zeit, bestimmt vom Wechsel der Tages- und der Jahreszeiten, der historischen Zeit der aufeinanderfolgenden Jahrhunderte gesellt sich die unfaßliche geologische Zeit hinzu, ein spätes Korrelat der Anerkennung des unendlichen Raums durch die Gelehrten des 17. Jahrhunderts.

Es werden tastende Einteilungen in Epochen, Perioden oder Phasen vorgenommen, und all diese Versuche lassen den Wunsch erkennen, die Tiefe der Zeit zu erfassen. 1779 gibt Buffon das Alter der Erde nicht mehr mit sechstausend, sondern mit fünfundsiebzigtausend Jahren an.[25] Am Ende des Jahrhunderts legt Giraud-Soulavie die Zeiteinheit der Geologie auf eine Million Jahre fest.[26] Der britische Geologe Hutton vertritt ein zyklisches Konzept, das eine unendliche Vergangenheit der Erde suggeriert: Es wäre vergeblich, den Anfang einer Serie geologischer Zyklen zu suchen, die in ihrer Abfolge alle Spuren des schöpferischen Akts vernichtet haben.

Die Geschichte des Menschen löst sich zunehmend von der des Planeten. Die Wissenschaft siedelt eine ganze Reihe von Bildern der Kontinente und des Ozeans in einer Zeit an, in der das Menschengeschlecht noch nicht existierte. Die uralte Erde, gleichgültig gegenüber ihren Bewohnern, erhebt sich zu einer neuen erhabenen Größe. Das eintönige, ununterbrochene Rauschen der immer wiederkehrenden Wellen bezeugt hinfort die Ewigkeit der Welt.

In den Augen der gelehrten Vertreter des Aktualismus ist das Ziel der Erdrevolution nicht mehr die Gegenwart, die – ähnlich wie die am Ufer sich brechende Welle – nur noch einen Moment in der kontinuierlichen Serie der Veränderungen darstellt. Unsere Welt kommt aus den Trümmern einer anderen, vor ihr dagewesenen Welt, und auf ihren Ruinen wird abermals eine neue Welt entstehen. Genau wie die soeben von Lavoisier begründete Chemie öffnet die Geologie der Imagination den Weg zu einer unendlichen Erneuerung ihrer Kombinationsmöglichkeiten.

Selbstverständlich konnte eine derart tiefgreifende Umwälzung des Vorstellungssystems nicht linear vonstatten gehen, und es wird niemanden verwundern, daß manche frommen Gelehrten sich ab 1790 für die Wiederherstellung einer weniger schwindelerregenden Chronologie einsetzen.[27]

Im Rahmen dieser Revolution des Begriffs der zeitlichen Dauer und angesichts der entscheidenden Rolle, die dem Wasser des Ozeans in der Geschichte der Erde zuerkannt wird, bietet das Ufer sich als Ort und Gegenstand aufmerksamer Untersuchungen an.[28] Die Entdeckung, daß die Küstenlinie ständigen Veränderungen unterworfen ist, und die bald darauf vorgenommenen Messungen verwandeln den einst unbeweglichen Strand in einen ungewissen, residualen Raum, einen Ort, an dem die Elemente ihren Kampf austragen. Hier und über diesen Umweg erlangt der Begriff der lebendigen Tektonik seine volle Bedeutung.

Den Schriftstellern der Antike war die Beweglichkeit der Küstenlinie wohlbekannt. Die Gelehrten des 18. Jahrhunderts warten in diesem Zusammenhang gern mit Zitaten von Aristoteles oder Ovid auf. Doch die zeitgenössische Beobachtung geht weiter: Sie führt bald zur Gewißheit einer *fortschreitenden Austrocknung*. So präzisiert sich eines der Phantasmen, die das Imaginäre des Meeres bestimmen. Der Rückzug des Wassers bestärkt den Glauben an jenes unheilvolle Nachlassen der Meeresfruchtbarkeit, das die Fischer des Abendlands beklagen.

Beobachtungen im Norden wie im Süden verleihen dieser Überzeugung eine handfeste Grundlage. Die erste wissenschaftliche Untersuchung wird an den Ufern der Ostsee vorgenommen. 1694 betont der Schwede Urban Hiärne, daß der Rückzug des Meeres den skandinavischen Fischern seit langem bekannt ist, und daß schon das Recht der Wikinger diesem Tatbestand Rechnung getragen habe. Um das Phänomen genauer zu erfassen, entwirft er einen langen Fragebogen und sammelt die Antworten, die er dann zwischen 1702 und 1706 veröffentlicht. 1724 beginnt Celsius[29], der den Gedanken der Sintflut vollständig verwirft, eine systematische Untersuchung. Zwölf Jahre lang beobachtet er die Küsten der Ostsee. Er befragt die alten Fischer, analysiert die Ortsnamen. Er zieht Erkundigungen über das Auftauchen bestimmter Riffe und über die Vergangenheit nicht mehr schiffbarer Fahrrinnen ein. Er hält fest, auf welchen Felsen die Seehunde sich zu welcher Zeit niedergelassen haben. Ab 1731 markiert er sogar Felsen auf der Höhe des derzeitigen Wasserstandes, um später das Maß der Austrocknung feststellen zu können. 1743 schreitet er zur ersten wissenschaftlichen Messung des Phänomens, ehe er in Zusammenarbeit mit Linné ein Werk veröffentlicht, in dem er die Hypothese einer Schrumpfung der Meere vertritt.

Aus der Küstenbeobachtung gewinnt Celsius sowohl den Eindruck einer kontinuierlichen Erdveränderung als auch die Überzeugung ihrer Meßbarkeit. Die von ihm hergestellte Relation zwischen der Dauer und dem Umfang der Meeresbewegungen führt zu einer neuartigen Berechnung der Etappen, in denen die Geschichte der Erde vorangeschritten ist. Diese Methode hat der Heiligen Schrift nichts zu verdanken. Sie steht abseits der ebenso brillanten wie hypothetischen Kosmologien, die um die Jahrhundertwende in Mode sind. Die Arbeiten des skandinavischen Gelehrten bestärken auch die Idee, daß die nordischen Völker junge Völker sind. Seine

Messungen führen in der Tat zu der Annahme, daß Schweden erst spät[30] aus dem Wasser aufgetaucht sei, was die Empörung der schwedischen Nationalisten und heftige Polemiken auslöst.

Kurz darauf[31] arbeitet auch E. O. Runeberg[32] an umwälzenden Perspektiven. Ihm zufolge ist nicht das flüssige Element, wenngleich dem Anschein nach das beweglichste, für die Veränderungen der Küstenlinie verantwortlich, sondern eine unterirdische Kraft, die den felsigen Grund allmählich anhebt. Der Begriff einer Erderhebung kommt in die Diskussion noch ehe Leopold von Buch zwischen 1806 und 1808 einen entscheidenden Beitrag zur Unterstützung der neuen These leistet. Nach der Rückkehr von seiner Schwedenreise bestätigt auch Charles Lyell die Hypothese einer graduellen Erhebung, um deren Präzision die norwegischen Fachleute sich anschließend bemühen.

Unterdessen macht eine Gruppe südländischer Gelehrter, erschreckt über den offensichtlichen Rückzug des Wassers, übereinstimmende Beobachtungen an den Mittelmeerküsten.[33] Nach Jean Astruc stellt Benoît de Maillet die Schrumpfung der Meere ins Zentrum seiner Theorie von der Erde. Im *Telliamed* schreitet der Held, der Großvater des Erzählers, über mehr als zweihundert Meilen das Ufer ab, um die Arbeit des Meeres zu beobachten. Überzeugt, daß der Ozean für die Küstengestalt verantwortlich und die Theorie des Aktualismus wohlbegründet ist, hofft er, aus seinen Beobachtungen auf die entscheidenden Mechanismen der Geschichte der Erde schließen zu können. »In dieser Absicht«, heißt es, »inspizierte er die Ufer des Meeres, bald zu Fuß, bald mit Hilfe eines leichten Schiffes, mit dem er oft sehr dicht an der Küste entlangfuhr... Manchmal verharrte er stundenlang an einem Strand und beobachtete das Werk der zu seinen Füßen auslaufenden Wellen, den Sand und die Kieselsteine, die von den ruhigen oder stürmischen Fluten angeschwemmt wurden. In anderen Momenten setzte er sich ganz oben auf die schroffen, vom Wasser umspülten Felsen, und von dort aus betrachtete er, so weit die Tiefen es ihm erlaubten, was Bemerkenswertes geschah.«[34]

Gleichzeitig revolutionieren andere Beobachtungen das Bild von der Meeresküste. Graf Marsili, der Vater der modernen Ozeanographie, stellt die Küstenlinie in einen globalen Zusammenhang mit dem Bodenprofil der Festländer und Meeresgründe. Ihm zufolge besteht eine Symmetrie zwischen Bergen und Tiefen. Außerdem stellt er fest, daß den Stränden ein Kontinentalsockel vorgelagert ist.

Die Küste erscheint hinfort nicht mehr als Linie, sondern als breite Zone[35], die den Strand- und Schelfbereich umfaßt, die sich zwischen Gebirgen und Meerestiefen erstreckt und die Achse der vermuteten Symmetrie darstellt.

Fünfzig Jahre später verkündet der französische Geograph Philippe Buache[36] mit großem Erfolg seine Theorie von den Land- und Meeresbecken. Er geht davon aus, daß es Bergketten nicht nur auf dem Festland, sondern auch unter dem Wasser gibt, und daß sie in beiden Milieus Becken bilden. Buache schlägt eine einheitliche orographische Darstellung der beiden Reliefarten vor. Mit Hilfe von Isobathen und Isohypsen versucht er, die Topographie des Bodens über und unter dem Wasser auf einen Blick erfaßbar zu machen. Vergessen wir nicht, daß man sich damals um der Schiffahrt willen zuerst um die Messung der Tiefen, nicht um die der Höhen bemühte. Wie die Wahrheit und wie Venus ist die Höhenmessung aus den Tiefen des Meeres hervorgegangen.[37]

Die ganze mühsame Forschungsarbeit führt, und darum geht es mir, zu einer neuen Wahrnehmung der Küstengestalt. Der Blick auf einen Sandstrand oder auf ein felsiges Ufer und das, was er aus dieser Landschaft herausliest, variieren je nach den Überzeugungen oder schlicht und einfach nach der wissenschaftlichen Bildung des Betrachters. Ariste und Eugène, wir erinnern uns, sahen die Dinge aus der Perspektive der natürlichen Theologie: Am Strand ließen sie entzückt sowohl die Spuren wundersamer Ereignisse als auch, wunderbarer noch, die gewöhnliche Ordnung der Welt auf sich wirken. Ergriffen betrachteten sie die reglosen Felsen, ewige Festungen, von Gott errichtet, um das Land gegen das tosende Meer zu schützen, um das Wasser in Schranken zu halten, damit es sich nicht als neue Sintflut ergießt. Diese starre Sicht macht die Beobachter blind gegenüber dem ständigen Wandel der Formen, deren Gestalt sie unverändert als die gleiche wahrnehmen, die Gott ihnen nach der Katastrophe gegeben hat. Ein Bündel von Glaubensvorstellungen, das zur vollständigen Blindheit gegenüber den Phänomenen der Erosion, der Ablagerung oder der Uferbegradigung führt.

Zu Beginn des 19. Jahrhunderts, als es dem Auge immer schwerer fällt, die Küstenlandschaft so zu betrachten, schlägt der fromme Gelehrte J. A. Deluc eine Variante zum Erfassen der Küstenmorphologie vor.[38] Ihm zufolge weist die Strandlinie mit ihren Kaps und ihren Klippen offensichtlich die Spuren der Sintflut auf.[39] Wie sehr die Wellen auch gegen das Felsgestein branden, sie können es nicht verzehren. Andererseits ist Deluc sich der ausgleichenden Arbeit des Meeres durchaus bewußt. Er gibt zu, daß die Anschwemmungen, die er untersucht, jüngeren Datums sind als die Katastrophe, sieht in ihnen aber nur oberflächliche, »alluviale« Veränderungen. Das Meer kann allenfalls seine Ufer abrunden, steile Hänge abflachen oder unregelmäßige Konturen begradigen. Mehr vermag es nicht. Eine Zwischenvorstellung also, die ein wenig von den Festschreibungen des sintflutlichen Ufers abweicht, ohne ihnen gänzlich untreu zu werden.

Die Revolution des Blicks ereignet sich in dem Moment, in dem die Riffs, die Klippen und die Felsen des Gestades nicht mehr als chaotische Überreste einer Katastrophe wahrgenommen werden, sondern als tellurische Ruinen, Produkte einer unerdenklich langen Abnutzung.[40] Die Landschaft, die sich dem Auge des Betrachters an der Küste darbietet, zeugt von einer vergangenen Ewigkeit. Gleichzeitig erlaubt sie, künftige Transformationen vorauszusagen. Die Wahrnehmung des Küstenbilds hat sich gewandelt, ganz gleich, ob es um die Vergangenheit, die Gegenwart oder die Zukunft geht.

Nun handelt es sich bei den drei hier grob umrissenen Lesearten in Wirklichkeit um simultane Erscheinungen, um Betrachtungsweisen von Menschen ein und derselben Epoche, ohne daß die Verteilung quantitativ meßbar wäre. Auch der Übergang vom fest geprägten Landschaftsbild zur Berücksichtigung laufender Veränderungen hat sich nicht linear vollzogen. Die Rückkehr zur Katastrophentheorie am Anfang des 19. Jahrhunderts führt vorübergehend dazu, daß die Wahrnehmung der durch Abnutzung hervorgerufenen Verschleißerscheinungen wieder in den Hintergrund tritt und das Interesse erneut den chaotischen Spuren der Kataklysmenserie gilt.

Je nach dem, welches Konzept der zeitlichen Rhythmen und der geologischen Prozesse zugrundegelegt wird, variiert der Blick auf die Küstenlandschaften. Doch im allgemeinen schreitet die Wahrnehmung des Volumens voran, die dreidimensionale Lesart bürgert sich ein, der Blick übt sich in der Berücksichtigung der räumlichen Tiefe und versucht sie einzuordnen, um die Rhythmen der neuen Zeitlichkeit ablesen zu können. Zwei Schauplätze erleichtern das Erfassen des Volumens, das Aufschluß über die zeitliche Entfernung gibt. In erster Linie die tiefen Gruben der Bergwerke, die einen unmittelbaren Einblick in die Schichtfolge ermöglichen. Man kann nicht genug betonen, wie bedeutsam die Beschäftigung mit den

Gesteinsschichten für die Erziehung des Blicks zur Wahrnehmung geordneter räumlicher Tiefen ist. Der spektakuläre Aufschwung der deutschen Mineralogie, bezeugt durch Werners Popularität in Europa, und die neue Mode, die den Reisenden treibt, in die unterirdischen Schächte hinabzusteigen, stimmen zeitlich mit der Verfeinerung der stratigraphischen Skala in der visuellen Sprache der geologischen Schemata überein.[41] Die Faszination, die von den dikken Gesteinsablagerungen ausgeht, und der Wunsch, die Minen zu erforschen, machen der pittoresken Betrachtung äußerer und gegenwärtiger Landschaftsmerkmale erfolgreich Konkurrenz. Im Innern des Berges, dem Archiv der Erde[42], stellen die Schichten sich in ihrer Abfolge wie lauter Texte dar, die dem Reisenden, der das Erhabene sucht, Einblick in die geheime Autobiographie der Erdkruste gewähren.[43]

Indem die Naturgeschichte den taxonomischen Interessen kein Monopol mehr einräumt, hört sie auf, ein Instrument bloßer Bestandsaufnahmen zu sein. Im Bereich der Geologie äußert sich diese Tendenz in dem Bemühen, eine visuelle Sprache zu finden, die den Tiefen Ausdruck verleiht.[44] Geologische Karten, stratigraphische Skalen und davon abgeleitete Querschnitte machen verbale Beschreibungen überflüssig. Sie bieten vor allem eine Interpretation der Oberfläche an. Kombiniert mit der Kenntnis des Geländes vermitteln sie dem Geologen ein anschauliches Bild von der Anordnung der Schichten. Sie führen zu einer Erziehung des Blicks.

Eine entscheidende Rolle bei der Verbreitung dieser Sichtweise spielen die zahlreichen Felszeichnungen, die nach 1814 in Großbritannien entstehen. Man hat den Eindruck, daß diese Bilder, die viel von den für die Schiffahrt angefertigten Küstendarstellungen übernehmen, lauter geologische Querschnitte unter freiem Himmel zeigen.[45] Der nackte Felsen stellt die Schichtfolge zur Schau. Er erspart dem Betrachter den Abstieg ins Innere der Erde und erleichtert ein visuelles Erfassen der räumlichen Tiefe. Von seiner Beschaffenheit kann man leicht auf die des Bodens schließen. Kurz, er bietet ein dreidimensionales Schauspiel.

Die Zeichner topographischer Ansichten, die den Geboten der neuen Geologie sehr schnell Folge leisten, nehmen wesentlichen Einfluß auf die Pädagogik des Blicks. Es wäre interessant, das gesamte Werk von William Daniell unter diesem Gesichtspunkt zu untersuchen; desgleichen die besonders aufschlußreichen Stiche, die Thomas Webster 1815 auf der Isle of Wight angefertigt hat, um

Henry Englefields[46] pittoresken Text zu illustrieren. Hier revolutioniert die wissenschaftliche Theorie die topographische Darstellung, indem sie die verwirrende Vielfalt des Naturschauspiels durch ein Ordnungsprinzip überwindet, das die Struktur verständlich macht. Webster lehrt den Betrachter, die Schichten mit dem Blick zu zersägen, die Topographie wie einen stratigraphischen Querschnitt zu lesen, die Ordnung der Sedimente in erster Linie als die der zeitlichen Abfolge zu begreifen.

Dieses Modell findet weite Verbreitung. Der Durchbruch der geologischen Zeit schlägt sich bald in der Kunst dokumentarischer Zeichnungen zur Illustration der Reiseberichte nieder.[47] Nach einem gewissen Formalisierungsprozeß nehmen die Küstenbilder allmählich das Aussehen geologischer Querschnitte in konventionellen Farbtönen an. Das Auge und die Hand des Künstlers vollbringen durch Vereinfachung und ordnende Gestaltung eine implizite wissenschaftliche Arbeit, die uns erlaubt, die Regelmäßigkeit der Schichtungen zu erkennnen. Oft, schreibt Martin J.S. Rudwick[48], scheint der stratifizierte Felsblock nur da zu sein, um uns von den beeindruckenden Tiefen des Untergrunds zu erzählen. Die Darstellung eines Individuums oder eines Vogels dient dem wissenschaftlichen Zweck, wie dies auch bei einer archäologischen Skizze der Fall wäre. Die Gestalt des Menschen liefert den Maßstab für die Größe des Felsens, während der Vogel erlaubt, die gähnende Tiefe des Abgrunds besser zu empfinden.

Diese Erziehung zu einer neuen Sicht, bei der die Betrachtung der Meeresufer eine wichtige Rolle spielt, macht die schon 1774 anläßlich einer Reise an die Küsten des Ärmelkanals von William Gilpin gerühmte Schönheit der Kreidefelsen zu einem beliebten Thema. Im Zuge der gleichen Entwicklung werden die wesentlichen Merkmale der Struktur schärfer herausgearbeitet. Man betont vor allem die schrägen ober steil abfallenden Felskanten, die ein Schwindelgefühl erzeugen, das dem Sinn für das Erhabene ebenso entgegenkommt wie den Stimmungen des Schauerromans.[49] Während die Küstenlandschaften immer mehr zu geologischen Gebilden werden, verbindet sich das pädagogische Ziel mit den herrschenden Werten der Ästhetik.

Die Evolution des wissenschaftlichen Denkens verändert aber auch den Blick auf den Strand als solchen. Das Auge interpretiert die nunmehr als provisorisch wahrgenommene Linie und die von manchen Gelehrten als Ergebnis eines Erosionszyklus beschriebene

Oberfläche auf eine neue Art und Weise. Im Norden entspricht die veränderliche Küstengestalt dem vergänglichen Charakter jenes Territoriums, das die zurückweichende Flut alle zwölf Stunden entblößt. Die Grenze zwischen Strand und Wattenmeer verwischt.

Die Austrocknung der Meere

Zur gleichen Zeit treibt die *libido sciendi* aber auch zu ganz anderen Betrachtungsweisen, bei denen es um andere Merkmale der Küsten geht. Die Linie, an der das Festland mit dem fruchtbaren Meer in Berührung kommt, ist für viele der Ort des hervorbrechenden Lebens. Der ungewissen Grenze des Wattenmeers und seinen beweglichen Konturen entspricht die unscharfe Trennung der Naturreiche. Hier verknüpfen sich, deutlicher sichtbar als anderswo, die Glieder jener Kette, an der die Herkunft der Lebewesen sich zurückverfolgen läßt, hier entfalten sich die biologischen Blüten der Abstammungslehre. So wird eine andere Art der forschenden Suche angeregt.

Zahlreiche Theorien stellen das Meer als Ursprung des Lebens dar.[50] Für Thales, Anaximenes, Anaxagoras und auch für Homer, erinnert Benoît de Maillet nicht ohne sich zu irren, war das Wasser das Prinzip aller Dinge. Leibniz vertritt die Ansicht, das Leben habe sich zuerst im Meer entwickelt. Die Landtiere sind ihm zufolge nur Abkömmlinge der im Wasser lebenden Arten. Zu Beginn des 18. Jahrhunderts, während Marsili die Meeresbiologie begründet[51], erklärt der *Telliamed* das von Gott mit dem Lebensgeist der Welt beseelte Meer zur Quelle allen Lebens. Benoît de Maillet ist wie der Bischof Pontoppidan und viele andere Gelehrte überzeugt, daß die Tierarten der großen Tiefe den Arten des Festlands entsprechen. Zwischen beiden Milieus kann ein Übergang vollzogen werden. Dem *Telliamed* nach erfolgt die »Landanpassung« der Meerestiere dort, wo Luft und Wasser sich vermischen[52]. Das Hauptproblem in diesem Zusammenhang ist in der Tat die »Akklimatisation«, die Gewöhnung an zunehmende Trockenheit. Hier stellt Benoît de Maillet die traditionellen Bilder vom Schrecken der Sintflut auf den Kopf. Er nimmt eine Inversion der Katastrophe vor. Für ihn liegt das Drama nicht in der Überschwemmung, sondern in der Austrocknung, der Wiederholung des Geburtstraumas. Zwei Jahrhunderte vor Ferenczi, der die Angst, die durch die Sintflut ausgelöst wird, in erster Linie auf das Schreckenserlebnis des Rückzugs der Fluten zurückführt,[53] verbindet der Autor des *Telliamed* die Unterwasservergangenheit der Tierarten explizit mit dem intrauterinen Leben im Fruchtwasser. Die Hypothese einer »Landanpassung« von aus dem Meer stammenden Menschen verliert angesichts der Analogie zwischen diesem Prozeß und dem durch die Ausstoßung in ein trockeneres Milieu definierten Geburtsvorgang ihre Unwahrscheinlichkeit.[54]

So gesehen ist das Wasser die natürliche Umgebung des Menschen, was für Benoît de Maillet denn auch die wohltuende Wirkung des Badens begründet.[55] Ihm zufolge hat das Baden sowohl hedonistischen als auch therapeutischen Wert. Die Wassernixe und das Meerweib, die der König von Portugal vorübergehend bei sich aufgenommen hat, tauchen unter den staunenden Blicken des Hofes lustvoll in die Wellen ein.[56] Da das Meer die ursprüngliche Matrix ist, da es auf den Samen wirkt, kann es auch die Fruchtbarkeit wiederherstellen. Kein Wunder also, daß die Philosophen die Zeugungskraft des Meerwassers rühmen.[57]

Nach Ansicht von Benoît de Maillet kann die »Landanpassung« kaum anderswo stattfinden als an den Küsten der Nordmeere, am Grund der Meereshöhlen, im dichten Nebel, in den Tiefen der Wälder, deren feuchte Luft den Übergang erleichtert. An den Gestaden in Grönland, Spitzbergen oder an der Hudsonbai gewöhnen die Meeresmenschen sich an eine regelmäßige Atmung, ähnlich wie die Amphibien, die sich scharenweise an diesen ungewissen Ufern tummeln.[58] Im Rhythmus ihrer Anpassung wandern die kräftigen Wilden dann gen Süden.

Buffon macht auch in den *Époques de la nature* späte Anleihen bei Benoît de Maillet. Wie dieser betrachtet er das Meer als ein großes Reservat der natürlichen Kraft, die sich in den Polargegenden der nördlichen Hemisphäre besonders entfaltet.[59] Hier sind ihm zufolge die ersten Lebewesen aufgetaucht. Hier hat es nicht nur die ersten fruchtbaren Böden gegeben, »in diesen Regionen hat die lebendige Natur sich zu ihren höchsten Dimensionen erhoben«. Das erklärt die bedeutende Rolle, die der Hering und der Wal als Hauptsymbole der Fruchtbarkeit in der Literatur der damaligen Zeit spielen. Für Buffon ist die Überlegenheit des Nordens allerdings nur eine ursprüngliche. Im Zuge der Wanderung nach Süden, wo die Kräfte der Natur abnehmen, werden die Wilden zivilisiert.

Solche Theorien, die damals großen Zuspruch finden, haben mehrere Implikationen. Der *Telliamed* rühmt auf kurze Sicht die wohltuenden Wirkungen einer Schrumpfung der Meere, da das Zurückweichen des Wassers die Landwirtschaft an den Küsten anregt und bereichert. Hier kommt wieder das Bild der gottgesegneten, aus den Fluten erwachsenen Niederlande zur Geltung. Da das Meer auch die Mutter der Pflanzen ist, hegt Benoît de Maillet die Hoffnung, das Problem der Hungersnot durch eine Kultivierung der Algen lösen zu können. Doch auf lange Sicht nährt das Phantasma vom Versiegen der Meere, von der schwindenden Fruchtbarkeit des Wassers und der unausweichlichen Austrocknung eine kollektive Angst. Die umfangreiche Literatur über die Krise der Fischerei zeigt das Ausmaß der Beunruhigung.[60]

Das Bild des Ozeans als ursprüngliche Matrix paßt zu dem, was wir über die Küsten gesagt haben, die als Zuflucht gegen den Schwund der Lebenskraft und die nachlassende Fruchtbarkeit des Körpers empfunden werden. Es bestärkt die Vermutung, daß es unter Wasser vor Leben wimmelt. Es macht den Norden, die feuchte Kälte, den Nebel zu Katalysatoren, die eine Anpassung der Lebensenergie begünstigen, und steht insofern in Einklang mit der Beliebtheit des Wellenbads, der kaledonischen Reise und der Mode des Ossianismus. In der Literatur, die sich mit den Wissenschaften des Lebens befaßt, werden die Einstrahlungen der Sonne, die Hitze und die Trockenheit mit einem Verlust der Lebenskraft, gleichzeitig aber auch mit einer Verfeinerung assoziiert. An den Begriffen Austrocknung, Kräfteschwund, Sterilität und Zivilisation macht sich eine Kette von Bildern fest, die dazu beiträgt, den Zwiespalt zwischen dem Abscheu vor den Ufern des Mittelmeers und der Faszination, die eben dort von den wunderbaren Überresten der Antike ausgeht, zu erklären – den Zwiespalt einer Gesellschaft, die sich hin und her gerissen fühlt zwischen dem kraftspendenden Norden und dem mediterranen Süden, jenem Schauplatz, an dem die antiken Kulturen ihre Blüten trieben.

Die Heldentaten der Gelehrten

Vor dem Hintergrund dieser vielfältigen, dem Anschein nach widersprüchlichen Schemata, die alle eine neue Ausrichtung des Blicks auf die Tiefe der Zeiten bezeugen, verbreitet sich ein ebenso vielfältiges Forschungsinteresse, das dem Verlangen nach der Küste Ausdruck und Auftrieb gibt.

Die Historiker wissen heute, in welchen Milieus die neuen Praktiken herangereift sind. Als man in Großbritannien zu Beginn des 18. Jahrhunderts den »Mann von Geschmack« zu schätzen beginnt, erlebt auch die Gestalt des gelehrten Reisenden aus der besseren Gesellschaft ihren Aufstieg.[61] Begierig nach Erkundungen vor Ort, besessen von der Taxonomie und ohne wirkliches Forschungsprogramm hat dieser Typ des Reisenden es auf Bestandsaufnahmen, wenn nicht gar auf Sammlungen abgesehen. Zwischen 1700 und 1710 ist diese Beschäftigung im wesentlichen ein Zeitvertreib der kultivierten Aristokratie, die dank der Erträge ihrer Grundwirtschaft genügend Muße hat. In den Adelskreisen geben sich auch Frauen mit leidenschaftlicher Begeisterung dem Sammeln natürlicher Objekte hin. Gegen Ende des Jahrhunderts liefert Georg III. ein persönliches Beispiel für dieses elitäre Modell des Gelehrten.

Doch im Lauf der Jahrzehnte[62] greift die Begeisterung für naturwissenschaftliche Forschungen auf den Klerus und die *middle-class* über. Zaghaft bildet sich eine bürgerliche, provinzielle, vom Prinzip der Nützlichkeit bestimmte Kultur heraus. Da die Freizeit in diesen Milieus zunimmt und immer stärker kommerzialisiert wird, da das Wissen in gemeinverständlichen, umgangssprachlichen, von spezialisierten Künstlern illustrierten Werken verbreitet wird und zahlreiche Formen der kulturellen Geselligkeit entstehen, zieht die wissenschaftliche Neugier immer größere Kreise. Zwischen 1775 und 1800 wendet die Mittelschicht sich entschiedener denn je der forschenden Suche zu. Durch die Fleißarbeit der gelehrten Amateure mehren sich die Methoden der Aufzeichnung. Während die topographische Literatur gedeiht, werden allenthalben Reisetagebücher geschrieben und Landschaftsskizzen angefertigt. Doch nach und nach tritt ein echtes wissenschaftliches Problembewußtsein an Stelle des bloßen Sammelns. Aufschlußreich ist hier das Schicksal der Geologie, die sich praktisch zu einer autonomen Disziplin entwickelt, ehe die Fachgelehrten eine organisierte Gemeinschaft bilden.

Daniel Roche hat die Sozialgeschichte der »Kuriositäten« im Frankreich des 18. Jahrhunderts genau beschrieben. Auch er unterstreicht die vielen naturwissenschaftlichen Sammlungen und Kabinette, die vor allem im Süden des Landes gegründet werden.[63] Der pädagogische Feldzug, den die angesehensten wissenschaftlichen Gesellschaften ab 1750 lancieren, trägt viel zu dieser Entwicklung bei. Allmählich verbreitet sich das Modell der »akademischen Bildung«. Auf dem Kontinent spielt die müßige Landaristokratie eine ähnlich wichtige Rolle wie in England: Auch sie macht – etwa zur gleichen Zeit – einen kulturellen Wandel durch, der das Studium zur unerläßlichen Bedingung des adligen Standes werden läßt. Aber auch hier ist die steigende Zahl der Bürger, die an den neuen akademischen Praktiken teilhaben, nicht zu übersehen.

In diesen Milieus regt der auf Klassifizierung ausgerichtete Wissensdurst Forschungswanderungen in der freien Natur an. Man glaubt instinktiv, schreibt Daniel Roche in Anlehnung an Gaston Bachelard, ein Naturalienkabinett ließe sich wie eine Bibliothek aufbauen, nach dem Zufall günstiger Gelegenheiten.[64] Jede Ortsveränderung, jede kleine Reise an ein vermeintlich unscheinbares Ziel gibt Anlaß zur Hoffnung auf wissenschaftliche oder ästhetische Entdeckungen. Alles ist Sache des Glücks und der Neugier. Jeder Küstenspaziergang kann sich als fruchtbar erweisen, sei es durch ergötzliche Wahrnehmungen, durch unverhoffte Entdeckungen von Fossilien, Algen oder Muscheln, durch merkwürdige Beobachtungen oder – bald – durch Träumereien. Solche Unternehmungen haben noch nichts Alltägliches an sich.

Wegweisend für unser Thema sind die vergleichsweise frühen Forschungsarbeiten von Celsius oder die angeblich fiktiven Erkundungsgänge, die der Held des *Telliamed*, der Großvater des Erzählers, unternimmt. Der letztere entwirft das Modell lebhafter und fröhlicher Forschungsgänge durch die Küstenlandschaft, wie sie später in Mode kommen.[65] Er ist der erste, der die Felsen und den Sand befragt, um ihnen vergessene Botschaften aus der Urzeit zu entlocken. Dieses Vorgehen verbreitet sich erst in der zweiten Hälfte des Jahrhunderts, als die Geologen noch entschiedener zur Arbeit im Gelände übergehen.[66] Bezeichnend für diese Tendenz sind die Expeditionen, die durch den Streit um die Beschaffenheit des Basalts hervorgerufen werden – eine Auseinandersetzung, die zwischen 1790 und 1810 noch vor der Trennung von Mineralogie und Geologie stattfindet.

Viele der gelehrten Amateure bevorzugen bei ihrem Küstenspaziergang steile, vertikale Linien. Der Lehrling der Geologie will die Dicke der Schichten nicht nur sehen, er will sie auch körperlich empfinden. Er klettert die Felsen hinauf, folgt den seitlichen Ausläufern, bewegt sich über die höchsten Gipfel, schreitet das Ufer unter den Steilhängen ab oder dringt in die Tiefe der Höhlen ein. Er ist begierig, die Ordnung der konstitutiven Elemente einer chaotisch erscheinenden Gesteinsmasse zu entdecken und Orte aufzusuchen, die von der ursprünglichen Erde erzählen. Er ist fasziniert von unterirdischen Öffnungen, in deren tiefstem Inneren die Elemente sich verbinden. Die Neugier wächst angesichts eines Untergrunds, den man sich nicht mehr nur als Ursprung und Grab des Menschen vorstellt, der möglicherweise auch die Geheimnisse einer indifferenten Erde enthüllen kann. Der Wunsch, diese neue Entfernung durch unmittelbare Berührung der massiven Gesteinsschichten zu empfinden, setzt das Ansehen des Strandes mit seinen weniger signifikanten Oberflächenstrukturen herab.

Viele Reisende illustrieren die neue Art der forschenden Suche: Richard Pococke am *Giant's Causeway*, Dolomieu auf der Insel Elba, Fabricius an den norwegischen Küsten und Pictet an den britischen Gestaden. Zwei andere Beispiele aus einer späteren Zeit erlauben uns, die Lust an der Erkundung der kompakten Gesteinsmassen am Meeresufer besser zu begreifen. Als Faujas de Saint-Fond zu geologischen Recherchen nach Schottland aufbricht, ist die kaledonische Reise bereits Mode, und unser Gelehrter hat die Berichte von Doktor Johnson, von Pennant und von Knox gelesen. Sie alle beschäftigen sich ausgiebig mit den Highlands, doch keiner richtet sein Forschungsinteresse auf die kaledonischen Küsten, von den Faujas träumt. Hören wir, was dieser über seine geologischen Spaziergänge an den Stränden Obans erzählt:

»Schon im Morgengrauen ging ich mit einer Gerätetasche auf dem Rücken los, begleitet von einem Diener, meinem treuen Gefährten, der seinerseits eine Flasche Wein und etwas kaltes Fleisch trug, woran wir uns später, nach mehreren Stunden Arbeit, laben wollten.

Dann erst nahmen wir unser spärliches aber köstliches Mahl ein, bald hoch oben auf den steilen Felsen, bald in einer geschützten Höhle am Ufer des Meeres, dessen schäumende, zu unseren Füßen sich brechende Wellen ein so grimmiges Schauspiel boten, daß wir uns glücklich priesen, nicht auf einem Schiff zu sein.

Abends kehrte ich, beladen mit Steinen und lehrreichen Notizen, in meine friedliche Unterkunft zurück: Ich breitete all meine Reichtümer auf einem Tisch aus, ordnete sie, ja ich bewunderte sie sogar... Ich verteilte sie im voraus an meine Korrespondenten und an meine Freunde, und ich war glücklich.«[67]

Dieses Glück impliziert komplexe Strategien der Aufzeichnung und systematischen Erfassung. Anläßlich eines Besuchs auf der Insel Staffa zieht Faujas Bilanz: »Nachdem ich alle Einzelheiten über die Fingalsgrotte aufgeschrieben hatte, nachdem ich die Objekte, die uns am meisten interessierten, gezeichnet und – worüber ich sehr froh war – Maß genommen hatte, ging ich zur Untersuchung der anderen Teile der Insel über und legte eine Sammlung von verschiedenen Lavasorten, Zeolithen und anderen Gesteinsarten an.«[68] »Dann«, fügt er hinzu, »brachte ich mehrere Tage damit zu, meine Beobachtungen über die Insel Staffa aufzuschreiben.«[69]

Faujas will den äußersten Punkt erreichen. Wagemutiger als die anderen Reisenden hat er versucht, bis ins tiefste Innere der Fingalsgrotte vorzudringen. Mit nackten Füßen auf dem feuchten Gestein ist es ihm »nicht ohne Mühe und große Gefahr« gelungen, sich bis in die hintersten Winkel voranzuarbeiten, ständig geplagt vom »Gedanken an die Rückkehr«[70].

In den Jahren 1806, 1807 und 1808 unternimmt der Genfer Geologe L. A. Necker de Saussure, inspiriert vom Modell seines Großvaters, eine Forschungsreise nach Schottland. Zu diesem Zeitpunkt ist das nicht mehr ungewöhnlich, und der Gelehrte trifft unterwegs zahlreiche Amateure der Mineralogie. Saussure hat beschlossen, sich den Meeresufern zu widmen. Sein Buch berichtet von einem minutiös zurückgelegten Weg über die Küsten Kaledoniens. Es beschreibt den Archetyp jener Reise in die räumliche Tiefe, von der ich weiter oben sprach. Es sei jedoch angemerkt, daß Saussure wie die meisten Touristen seiner Zeit auch ganz andere Ziele verfolgt: Er versucht, sich die landesüblichen Dialekte anzueignen, er will die Lebensgewohnheiten der Menschen kennenlernen und natürlich außer der Küstenmorphologie die einheimische Flora und Fauna beobachten. Das Interessanteste aber ist für uns die Tatsache, daß jede einzelne der kurzen Wegstrecken ihm eine detaillierte, zur Veröffentlichung bestimmte Abhandlung wert ist. Ebenso lustvoll wie Townley die Monotonie der Tage auf der Isle of Man beschreibt, spricht Necker de Saussure von Ereignissen, die während der Dritten Republik nicht einmal die Aufmerksamkeit eines um Themen verlegenen Examenskandidaten erregt hätten. Offensichtlich macht es unserem Reisenden – das gleiche gilt übrigens für Pictet – großen Spaß, die geringsten Windungen der Küste abzuschreiben, die vielfältigen Eindrücke aus dem Stand wiederzugeben und an Ort und Stelle zu skizzieren, was die »Kuriosität« eines Schauspiels ausmacht. Abends liefern diese Materialien Stoff für die Niederschrift des Reisetagebuchs. So arbeitet Necker de Saussure sich monatelang von einem Strand zum anderen voran. Er verfolgt alles, was abseits der Pfade wächst, steigt auf die schwarzen Felsen, die Dünen, die Klippen, sucht unter Felsvorsprüngen Schutz vor dem Regen und kriecht in die kleinsten Höhlen. Er schöpft restlos aus, was der Weg ihm bietet.

Der 1500 gedrängte Seiten umfassende Text aber dient im Grunde dem Wunsch des Verfassers, seinen eigenen Heldenmut zur Schau zu stellen. Hauptgegenstand des Buches ist der Gelehrte, der sein Leben für den Fortschritt der Wissenschaft aufs Spiel setzt. Bei der Lektüre werden wir mit einer Reihe lächerlicher Tapferkeiten konfrontiert, deren Schilderung indes mit der Gefühlsstrategie des Erhabenen übereinstimmt. Nachdem Saussure in der Nähe von Ely über lange eintönige Strände gewandert ist und in Begleitung seines Führers einen »Sandhügel« erstiegen hat, hält ihn nichts mehr zurück: Er will sich unbedingt ein paar Brocken von den Basaltsäulen am Fuß des Abhangs holen. »Ungeachtet der Gefahr«, schreibt er, »ließ ich mich so gut es ging hinuntergleiten, indem ich mich an trockenen Grasbüscheln, die reichlich vorhanden waren, festhielt und mich der aus der Erde ragenden Säulenköpfe als Treppe bediente.«[71] Derart gelang es ihm, sein Ziel zu erreichen. Den Rückweg beschreibt er wie folgt: »Mit Müh und Not erreichte ich den Gipfel, wo mein Führer wartete, der ganz erstaunt schien, mich gesund und munter wiederzusehen.«

Auf der Insel Rhum fordert der Wunsch, Proben mitzunehmen, abermals seine Tapferkeit, wenn nicht gar seinen Heldenmut heraus. Saussure erklettert den »steilen Hang zwischen Felsen und Meer«, obwohl ihn jeden Augenblick ein durch die geruhsam auf der Höhe weidenden Schafe ausgelöster Steinschlag treffen kann. »Auf dem Rückweg«, schreibt er, »war ich ganz mit kostbarer Beute beladen... Ich mußte mich oft ins Gras setzen und mich derart mit sehr großer Geschwindigkeit abwärts rutschen lassen.«[72] Auf der Insel Skye kommt der Held in noch ernstere Gefahr, aus der er wiederum ruhmreich hervorgeht. Eine strauchelnde Ziege rutscht ab und stürzt sich zu Tode, wobei sie genau an der Stelle aufschlägt, »an der ich eine Sekunde zuvor Proben aus dem Gestein gelöst hatte. Sie hätte mich unvermeidlich an ihrem Schicksal teilhaben lassen, wäre ich nicht von einem meiner Gefährten vor der auf mich zukommenden Gefahr gewarnt worden. Ich konnte gerade noch den Kopf heben und mich unwillkürlich zur Seite werfen, unter einen dicken Felsvorsprung, von wo aus ich sah, wie die Ziege an mir vorbei in die Tiefe stürzte und beide Felsblöcke mit sich riß.«[75] Der kinästhetische Charakter des Berichts läßt den Leser die Masse des Gesteins in beeindruckender Weise spüren.

Verglichen mit dem Verhalten, das der »Invalide« an den Stränden zeigt, stellt sich das physische Engagement zur Befriedigung der *libido sciendi* als das wesentlichste Merkmal dieses Epos des Gelehrten über die kaledonischen Ufer dar. Es versteht sich von selbst, daß die Verbreitung derartiger Reisetagebücher ein kühnes und eroberungslustiges Verhaltensmodell begünstigt.

Die faszinierende Wirkung, die der Meeresvogel auf diese Reisenden ausübt, geht auf natürliche Weise mit dem Maßnehmen der dicken Gesteinsschichten an den Küsten einher. Der fliegende Vogel enthüllt und betont die Leere, die er überwindet, während sein in den Felsen widerhallender Schrei das Schwindelgefühl erhöht. Bei Thomas Pennant überlagert die Vogelbeobachtung das geologische Interesse. Diese Verbindung veranlaßt ihn, verträumt der Seemöwe zu lauschen. »Oft habe ich unter solchen Felsen ausgeruht«, schreibt er, »und all den vielfältigen Klängen gelauscht, die sich über meinem Kopf vermischten; und dieses Durcheinander wirrer Töne, begleitet vom dumpfen, anschwellenden Rauschen der Flut, das aus den großen Höhlen unter mir emporstieg, hatte auf mich eine überraschende Wirkung, die ihre eigene Schönheit besaß. Der durchdringende Schrei der Seemöwen, das lebhafte Geschwätz der Lummen, das tiefe Schnattern der Pinguine, die schrillen Rufe der Reiher und dazu das wiederkehrende dumpfe Krächzen der Kormorane, das dem Orchester die Baßbegleitung bot, ließen mich so manches Mal ein höchst ungewöhnliches Konzert vernehmen...«[74]

Es handelt sich hier um eine Sensibilität, die in England schnell zum Allgemeingut wird. Gegen Ende des Jahrhunderts kommen die mit optischen Instrumenten gerüsteten Vogelbeobachter scharenweise auf die Isle of Wight.[75] Diese Vorliebe, verbunden mit laufenden Hinweisen auf die schwindelerregenden Klippen, scheint auch durch, wenn die Verfasser der Reiseberichte voller Genugtuung bei den Heldentaten der angeseilt an steilen Felswänden hängenden Forscher verweilen.

Um die gleiche Zeit beginnen die reisenden Gelehrten die bei Ebbe bloßgelegten weiten Flächen des Wattenmeeres zu erkunden. Dieses Territorium der Leere, das noch keinen sprachlichen Ausdruck gefunden hat, übt hinfort eine zunehmende Faszination aus und entwickelt sich seinerseits zum Schauplatz einer forschenden Suche, die sich am Beispiel der zu Fuß arbeitenden Küstenfischer orientiert. Gewiß, einzelne Ozeanographen haben das Wattenmeer schon seit langer Zeit benutzt, um die Bewegungen von Ebbe und Flut zu studieren[76], doch meines Wissens berichtet bislang keine Quelle über Erkundungsgänge, die allein den wundersamen Phänomenen des entblößten Bodens gegolten hätten. Auf dieser ungewissen Oberfläche bekommt das Individuum ein starkes Empfinden für die ineinandergreifenden Rhythmen von Sonne und Mond, für den Wechsel von Tag und Nacht, der durch die regelmäßige Wiederkehr der Gezeiten in komplizierter Weise überlagert wird.

Das Wattenmeer lädt zum Empfinden der steigenden und abnehmenden Fluten ein. Es bietet dem doppelten Phantasma des Verschlungenwerdens und der Austrocknung einen offenen verfügbaren Raum. Das Meer selbst wird im wesentlichen als ein Spiegel wahrgenommen, der die Berührung zwischen Luft und Wasser zeigt. Abgesehen von den seltenen Berichten einiger Taucher ist kaum mehr als die Haut der Seeschlange bekannt.[77] Allein die Imagination erlaubt den Künstlern, die Abgründe der großen Tiefe zu beschreiben. Die Undurchschaubarkeit des Wassers macht das Wattenmeer zu jener wertvollen Grenze, an der sich die hypothetische Fruchtbarkeit des Ozeans offenbart, zum Schauplatz eines Gewimmels, das angesichts der imaginären Bilder von der Belebtheit des Unergründlichen noch faszinierender erscheint. Der schlüpfrige Meeresgrund, der sich, auf wundersame Weise entblößt, zeitweilig der Beobachtung des Gelehrten und dem Blick des Künstlers darbietet, hat erst spät deren gleichzeitige Aufmerksamkeit erregt. Dieses Interesse wächst mit dem Aufkommen der Romantik. Die soziale Verbreitung der Kontemplation des Wattenmeers, der Vorstellungen, die sich mit ihm verbinden, und der stöbernden Suche nach allem, was da kreucht und fleucht, ist eines der wichtigsten Phänomene, die uns hier beschäftigen. Bei der vielfältigen Suche nach Algen, Muscheln oder Zoophyten findet eine soziale

Begegnung statt. Angezogen von der großen Leere, gehen die Eliten ins Watt hinaus und leisten den erstaunten Fischern Gesellschaft.

Eine Erfahrung, die Goethe am 9. Oktober 1786 in Venedig macht, zeigt die neue Faszination. Am Abend hat der Autor des *Faust* versucht, die beiden Bilder der Lagunen, die sich ihm nach dem Rhythmus der Gezeiten bald in ihrer Herrlichkeit, bald in ihrer Demut präsentieren, zu verbinden. Dann fährt er fort: »Ich wende mich mit meiner Erzählung nochmals ans Meer, dort habe ich heute die Wirtschaft der Seeschnecken, Patellen und Taschenkrebse gesehen und mich herzlich darüber gefreut... Anfangs weiß das Gewimmel nicht, woran es ist, und hofft immer, die salzige Flut soll wiederkehren. Allein, sie bleibt aus. Die Sonne sticht und trocknet schnell, und nun geht der Rückzug an. Bei dieser Gelegenheit suchen die Taschenkrebse ihren Raub... Ich habe nicht gesehen, daß irgendein Taschenkrebs zu seinem Zweck gelangt wäre, ob ich gleich den Rückzug dieses Gewimmels stundenlang, wie sie die beiden Flächen und die dazwischen liegenden Stufen hinabschlichen, beobachtet habe.«[78] Die Neugier und auch das Entzücken werden hier nicht durch das Schauspiel des Meeres oder seiner unermeßlichen Größe ausgelöst, sondern durch die Berührungslinie, die das Gewimmel einer anderen belebten Welt enthüllt.[79]

Ein Verhalten, wie Goethe es beschreibt, ist in England zu diesem Zeitpunkt schon nichts Ungewöhnliches mehr. Seit den sechziger Jahren des 18. Jahrhunderts schwärmen die Küstenbesucher in Margate aus, um Algen und Schalentiere zu suchen.[80] Die Mode des Muschelsammelns hat ihren sozialen Abstieg bereits hinter sich. Trotzdem dauert es noch lange, bis die Gelehrten um 1815 damit beginnen, die Arten, die das Wattenmeer bevölkern, an Ort und Stelle in ihrem Lebensraum zu beobachten. Eine erstaunliche Verspätung, die 1832 von Audouin und Milne-Edwards[81], den Pionieren dieser Forschung, lebhaft hervorgehoben wird. Ihnen verdankt der Kontinent das Modell der wissenschaftlichen Expedition, die auf eine systematische Untersuchung der bei Ebbe sichtbar werdenden Flora und Fauna abzielt. Durch Milne-Edwards erfahren wir von einer neuen Lust, die mit der des gelehrten Geologen kaum etwas zu tun hat. Zu Recht hebt er die großen Geheimnisse der Tierwelt in den Küstengebieten hervor. »Man möchte meinen«, schreibt sein Schüler Armand de Quatrefages de Bréau 1844, »daß die Natur sich hier die scheinbar unlösbarsten Probleme stellt, um spaßeshalber mit den Schwierigkeiten zu spielen, die sie alsdann entweder direkt überwindet oder durch höchst überraschende Umwege und wunderbare Kombinationen eliminiert.«[82]

An der Grenze zwischen Flut und Felsen gedeihen Zoophyten und Amphibien. Auf der sandigen Oberfläche des Wattenmeers sind die Naturreiche ebenso unscharf getrennt wie die Elemente. Während die Maler das verschwimmende Licht der Strände entdecken, öffnet die *Revue des Deux Mondes* sich ganz den wissenschaftlichen Forschungen im Küstengebiet. Der neue Reiz, der von den Dingen des Meeres ausgeht, verdoppelt sich durch ein neues Interesse des Publikums an den Bewohnern des von der rückströmenden Flut entblößten Territoriums.

Die Gelehrten, deren Ziel nicht mehr die Katalogisierung ist, lassen vom Studium der Fische ab, um sich dem der Weichtiere, der Ringelwürmer, der Schalentiere und der Zoophyten zu widmen. Von nun an geht es ihnen darum, »sich dorthin zu begeben, wo diese Arten wohnen, und sie im lebendigen Zustand zu beobachten«[83], um so zu einer weitergehenden Untersuchung ihrer Struktur, ihrer Funktionen und ihrer besonderen Gewohnheiten zu schreiten. Das aber setzt die Möglichkeit vielzähliger Erfahrungen voraus und verlangt die Zerlegung lebendiger Tiere. Audouin und Milne-Edwards, die gleich an der Küste bei Fischern Quartier bezogen haben, erforschen wochenlang dasselbe Gelände und unterbrechen ihren Aufenthalt nur durch gelegentliche Exkursionen.

Die Küsten mit besonders starkem Tidenhub, vor allem die der Bucht von Mont-Saint-Michel, werden naturgemäß leicht zu Brennpunkten dieser wissenschaftlichen Arbeit.[84] Die Chausey-Inseln, auf denen die beiden Gelehrten sich im Juli 1828 niederlassen, erscheinen als das Paradies des Zoologen, der den Sand und den Schlick des Wattenmeers durchsuchen will. Audouin und Milne-Edwards legen Fischteiche an und stellen am Ufer große Kübel auf. Im Laufe vieler kleiner Exkursionen, die sie im Bereich des Archipels unternehmen, machen sie mehr als fünfhundert Arten ausfindig. Sie wenden dicke Steinbrocken, wühlen im Sand, fischen mit kleinen Schleppnetzen und durchqueren bei Ebbe »weite Küstengebiete«, um von Klippe zu Klippe ihre Sammlung zu vergrößern. Noch am Strand öffnen sie die Gehäuse zahlreicher Hummer. Manchmal fahren sie mit Kuttern hinaus und fischen »tagelang in Gründen, die zweifellos nie erforscht worden sind«[85]. Ihr größtes Vergnügen indes besteht darin, in den Vertiefungen zwischen zerklüfteten Felsen nach Seescheiden zu suchen, »in denen das Leben zu beginnen scheint«.

Einige Jahre später verbindet Armand de Quatrefages die Untersuchung des Gewimmels ursprünglicher oder niedriger Arten, die den sandigen Meeresgrund vor der Insel Bréhat bevölkern, mit ethnologischen Studien. »Schon am ersten Tag nach meiner Ankunft«, schreibt er, »ging ich mit meinem breiten Eisenspaten in der Hand durchs Wattenmeer am Strand entlang, die Blechbüchse um den Hals gehängt und die Taschen voller Röhrchen und Gläser... Ich entdeckte einige Stellen, an denen das rechte Gemisch von Schlick und Sand mir reiche Ernten versprach... Gewiß, um sie (die Weichtiere) in ihre hintersten Schlupfwinkel zu verfolgen, mußte ich wie ein Steinbrecher arbeiten. Ich sah große Anstrengungen auf mich zukommen, hoffte jedoch auf gute Belohnung: Die Mühe schreckte mich nicht.«[86]

Die doppelte wissenschaftliche Suche, festgehalten in Heften, Notizen, Zeichnungen und Skizzen aller Art, liefert den Nährboden für die romantische Meditation, dient ihr als Sprungbrett und vertieft ihre Resonanz. Vierzehn Jahre bevor Michelet sich nach Saint-Georges-de-Didonne zurückzieht, genießt Armand de Quatrefages nicht nur seine fröhliche Suche, sondern auch die wehmütige Sehnsucht, die das Schauspiel des einsamen Ufers und die Geräusche der Natur in ihm auslösen. Im Laufe der dreißiger Jahre des 19. Jahrhunderts, während Maler, Schriftsteller und Publikum den Küsten mit wachsendem Interesse begegnen, macht Charles Lyell, der Begründer der modernen Geologie, die ihn zunehmend beeindruckende Erosionskraft des Meeres wesentlich für die Gestaltung der Täler verantwortlich.[87] Je länger er sich in die beschauliche Betrachtung der gewaltigen Wellen vertieft, um so mehr überschätzt er ihre Rolle. Für Lyell ist das Meer ein Symbol der kontinuierlichen Aktion, ein unermüdlicher Beweis für die Richtigkeit des Aktualismus, der nun endgültig triumphiert.

Vor diesem Hintergrund wird deutlich, wie künstlich es ist, die wissenschaftliche Forschung aus dem Bereich der Ästhetik auszuschließen. Die Historiker sind dem romantischen Charakter der entstehenden Geologie schon seit langem auf die Spur gekommen. Angesichts der Wellen versenkt der Gelehrte sich – wie etwa der am Meer sitzende Lyell – in die Wiederholung des Gleichen, des Ursprünglichen, des Ewigen. Hier, wo die Elemente einander berühren, wo der Ozean die menschliche Zeit wieder in sich aufnimmt, gewinnt der Geologe ein besonders anschauliches Bild vom Übergangscharakter der Küstengestalt, deren empfundene Unbeständigkeit durch den Blick auf die vergängliche Oberfläche des Wattenmeers bestärkt wird. Ansonsten vertieft er sich, weniger gut informiert, als Altertumsforscher der Welt in die Spuren der erhabenen Ereignisse, der Überschwemmungen, Erdbeben und Bergstürze, die eine der Menschheitsgeschichte gleichgültig gegenüberstehende Erde erschüttert haben.

Trotz der vielfältigen Theorien liefert die Geologie eine gewisse Anzahl von Begriffen, Bildern und Affekten, die eine neue Sicht der Menschheitsgeschichte ermöglichen, und zwar im gleichen Maße, in dem diese sich dank geologischer Erkenntnisse von der Geschichte der Erde löst. So kommt es zu einem subtilen Austausch zwischen Politik und Wissenschaft. Die Französische Revolution hat der Katastrophentheorie, die den Lauf der Weltgeschichte in dramatischen Episoden beschrieb, neuen Auftrieb gegeben. Umgekehrt hat die moderne Geologie das Gefühl der Vergänglichkeit, das Bewußtsein von der Unbeständigkeit der Dinge tief in den Menschen verankert. Für die französischen Eliten der Julimonarchie, die sich sehnlichst eine Rückkehr in den Zustand vor der großen Katastrophe wünschen, verwandelt sich die geologische Beobachtung leicht in wehmütige Meditation. Die Trümmer der Erde beschwören den Ruin der erschütterten, unter dem Ansturm der Zeit unausweichlich zerfallenden sozialen Ordnung herauf. Auf der Insel Bréhat betrachtet Armand de Quatrefages mit Vorliebe das Schauspiel der entfesselten Wellen des Ozeans, die den gewaltigen Felsen, den »Pfau«, immer wieder anheben und krachend auf seine unerschütterlichen Grundfesten zurückfallen lassen. Für den Gelehrten, der die allmähliche Abnutzung des beweglichen Riffs spürt und voraussieht, daß es dereinst zusammenbrechen wird, ist das Ende der alten Ordnung in den Strand geschrieben.[88]

Euphrasie Picquenot nach A. Faujas
oben: *Die Grotte von Fignal*
unten: *Blick in die Grotte von Fignal*

aus: B. Faujas de Saint Fond, *Eassai de géologie*, Paris 1803

Die Frische der Verwunderung

*Die erhabenen Felsen
im gotischen Schwarz des Meeres*

Jeder Anblick der Weite, schreibt Saint-Évremond 1685, ist mit Schönheit unvereinbar, denn er flößt Grauen ein. Weitläufige Fluren, unermeßlich große Wälder, ausgedehnte Ebenen, unübersehbare Gärten sind schauderhaft; an solch unerquicklichen Orten »zerstreut und verliert sich der Blick«[1]. Das immerwährende Trachten nach Schönheit zwingt zur Einschränkung des Maßlosen. Der Künstler muß verhindern, daß der Geist sich verirrt: Nach dem Beispiel Gottes, der es verstanden hat, die große Tiefe in Schranken zu halten, muß er dem Sehen Grenzen setzen.[2] So erklärt sich die Funktion des biblischen Bildes, das es dem Betrachter gestattet, die Gewalt des Ozeans zu schauen, um letztlich dessen Unterwerfung in Erinnerung zu behalten.

In Frankreich ist die Kritik der *vastitas* Bestandteil des Streites zwischen den Vertretern der Antike und denen der Moderne. Besonders die »Modernen« verabscheuen jeden Hinweis auf die ursprünglichen Naturkräfte. Sie leugnen die Schönheit der Wüste, des Waldes und des Meeres. In England tritt bei den damaligen Diskussionen über die Begriffe des Schönen und Erhabenen die gleiche Abneigung zutage.[3] 1713 kritisiert Thomas Tickel beispielsweise die Erwähnung von Meerlandschaften in den Pastoralen. Er bedauert, daß seit Sannazaro[4] manche Dichter lieber von den »unfruchtbaren Stränden und dem grenzenlosen Ozean«[5] sprechen als von den grünen Wiesen schattiger kleiner Täler. Zu dem Abscheu vor dem Sand kommt hier noch der Widerwille hinzu, den der Verehrer des Schönen gegenüber den monotonen Wellen empfindet. Der gelbe, unfruchtbare, der prallen Sonne und den stürmischen Winden ausgesetzte Strand am Rande des grenzenlosen Ozeans erscheint als Antithese des *lovely green,* das eine ruhige Zuflucht verheißt. Die Geradlinigkeit der weiten Küstenstreifen widerspricht dem Bild des Kreises, des konzentrischen Schemas, das an eine Wiege erinnert.[6] Der Sand bringt keine Ernten hervor, er widersetzt sich der Bildung anmutiger Flußläufe. Am öden Gestade tritt der liebliche Vogelgesang hinter dem heiseren Schrei der Möwe zurück, der die empfindsame Seele erschauern läßt. Der Strand, weder im Garten Eden noch in den Beschreibungen des Goldenen Zeitalters vertreten, widerspricht jeder Harmonie. Gespickt mit unregelmäßigen Riffs und zerklüfteten Felsen, zeugt er wie die grauenhaften Berge vom Einbruch des sintflutlichen Chaos. Einer möglichen Rückkehr des göttlichen Zorns setzt er gähnende Leere entgegen.

Die meisten Dichter verachten das Meer und seine Küsten. »Die Muse hat sich lange in die Wälder, die moosbewachsenen Grotten zurückgezogen, sie hat die Meere verschmäht und das Tosen der Wellen gefürchtet«[7], schreibt William Diaper 1712. Zu dieser Zeit kommt das klassische Bewertungssystem allerdings ins Wanken. Das zeigen etwa die Berichte von Gilbert Burnet und John Dennis über ihre Gefühlserlebnisse beim Durchqueren der Alpen in den Jahren 1685 und 1688. Beeinflußt von der Physikotheologie, empfinden beide einen deutlichen Abscheu vor den grauenvollen und chaotischen Szenen der *pudenda* der Erde. Sie wehren sich gegen all die Risse und Spalten der Natur, die zu füllen die Poesie berufen ist.[8] Dennoch erweisen sie sich wider Willen bereits als empfänglich für die Ästhetik des Erhabenen. Sie genießen das bestürzte Erstaunen, das »köstliche Grauen«, die »schreckliche Freude«. »Und indem ich ein unendliches Vergnügen empfand, begann ich zu zittern«[9], gesteht John Dennis. Unfreiwillig entdecken die Reisenden die Macht des Unermeßlichen. Ihre Gefühle stimmen mit denen der Verfasser damals in Mode kommender kosmischer Reisebeschreibungen überein, die sich auf ihre Art an der Herrlichkeit unendlicher Räume ergötzen. Aber täuschen wir uns nicht: Bei Burnet wie bei Dennis tragen die »unerhörten Verzückungen«, eine Mischung aus Betroffenheit, Grauen, Freude und Verlangen zur Verherrlichung der göttlichen Größe bei.[10]

Die durch das Meeresschauspiel ausgelöste Empfindung – heraufbeschworen in dem 1674 von Boileau ins Französische übersetzten Traktat *Über das Erhabene* des Pseudo-Longinus – macht sich nur langsam vom Bewertungsschema der natürlichen Theologie frei. In diesem Zusammenhang wollen wir uns etwas näher mit einem grundlegenden Text befassen, den Addison 1712 in *The Spectator*[11] veröffentlicht. Die Zeitschrift hat damals eine Auflage von drei- bis viertausend Exemplaren. Zu ihrer gemischten Leserschaft zählen mehr Whigs als Tories, mehr Londoner als Provinzbewohner. *The Spectator* spielt die Rolle eines kulturellen Vermittlers: »Weltbürger und Geschäftsleute, die Kreise aus Westminster und die aus der City, Stammgäste der Salons und solche, die in den Cafés verkehren«[12], außerdem, nicht zu vergessen, eine große Anzahl Frauen, stehen durch die Lektüre dieser Zeitschrift miteinander in Verbindung. Dennoch wendet der *Spectator* sich an ein relativ begrenztes Publikum, das den kulturellen Ansprüchen eines Textes zur »Einschätzung des Bildes einer gehobenen Freizeitkultur« genügen muß.

»Bei allem, was ich je gesehen habe«, schreibt Addison, »hat nichts meine Phantasie so angeregt wie das Meer oder der Ozean. Wenn ich sehe, wie diese gewaltigen Wassermassen sich selbst bei ruhigem Wetter erheben, kann ich nicht umhin, angenehme Überraschung zu empfinden; und wenn der Sturm sie erst so aufwühlt, daß der Horizont nach allen Seiten nurmehr aus schäumenden Wellen und schwimmenden Bergen besteht, ist das köstliche Grauen, das ein solches Schauspiel auslöst, schier unbeschreiblich. Ein wogendes Meer stellt für den Menschen, der darauf segelt, meiner Ansicht nach das Ungeheuerlichste dar, was er in Bewegung sehen kann, und vermittelt seiner Phantasie infolgedessen eine der höchsten Freuden, die Größe überhaupt erwecken kann.

Ich muß gestehen, daß ich dieses Universum aus flüssiger Materie nicht betrachten kann, ohne unwillkürlich an die Hand zu denken, die es dereinst ergoß und ein tiefes Becken schuf, es aufzunehmen. Ein solcher Gegenstand läßt in meinem Geist ganz von allein die Idee eines Allmächtigen Wesens aufkommen und überzeugt mich ebenso von seiner Existenz wie eine metaphysische Beweisführung. Die Phantasie regt den Verstand an und erzeugt dank der Größe des wahrgenommenen Objekts in ihm die Idee eines höheren Wesens, das weder durch die Zeit noch durch den Raum erfaßbar ist.

Da ich mehrere Seereisen unternommen habe, wurde ich oft vom Sturm hin und her geworfen und habe bei solchen Anlässen häufig über dies Beschreibungen der alten Dichter nachgedacht. Ich entsinne mich, daß Longinus sehr lebhaft eine Stelle bei Homer empfiehlt, weil der Dichter sich bei nämlicher Gelegenheit nicht in belustigenden Einfällen ergeht, wie sie den von ihm erwähnten weniger begabten Verfassern geläufig sind, sondern alle Einzelheiten aufzählt, die in der Phantasie den größten Schrecken auslösen und im tobenden Sturm tatsächlich geschehen. Eben darum ist mir unter allen mir bekannten Beschreibungen diejenige die liebste, die der Psalmist von einem sturmbedrängten Schiff liefert...«[13]

Wie Shaftesbury und John Dennis sieht Addison in der unermeßlichen Größe vor allem die Spuren des Göttlichen. Der Ozean ist ein spürbarer Beweis für die Existenz und die Allmacht des einzigen Gottes. Daher die unausgesprochene Geringschätzung des Verfassers für die vergilsche Sicht des Meeres[14] und seine Bewunderung für den Text des Psalmisten. Das Gefühl des Erhabenen kommt hier aus erlebten Erfahrungen: Es sind die auf langen Schiffsreisen empfundenen Eindrücke, die »angenehme Benommenheit« bei ruhiger See, das »köstliche Grauen« bei tosendem Sturm und nicht die Schönheiten eines literarischen Werkes, die Addisons Hymne an das Meer begründen. Die Bewunderung entsteht aus der Interpretation des Gegenstands. Die Empfindungen, die geistigen Vorgänge stellen sich als das Wesentliche heraus. Hier erkennt man den »Affekt-Effekt des Erhabenen«, »die Bestürzung durch sprachloses Erstaunen«, die Verwirrung durch das Ungeheuer, die Meduse oder ihr Äquivalent, den Sturm, dessen Hereinbrechen und plötzliches Getöse eine beunruhigte Suche nach den Ursachen auslösen. Ein unbeschreibliches Gefühl, wenn man das Erhabene als das »Unvorstellbare der Vorstellung«[15] definieren will.

Addisons Text unterstellt ein Primat des Sehens; er setzt voraus, daß die betrachtende Haltung entscheidend ist.[16] Im Gegensatz zu John Dennis, bei dem die Begeisterung aus der Meditation entsteht, hält Addison die »primären Freuden«, die denen der Imagination vorausgehen, für vorrangig. Er räumt der Betrachtung des vorhandenen Gegenstands den ersten Platz ein. Diese Umkehrung der taktischen und emotionalen Hierarchie veranlaßt ihn, die mühevolle Arbeit der Marinemaler zu preisen und für eine deskriptive Poesie, die auch eine Hymne an das erhabene Schauspiel des Meeres wäre, einzutreten.

1726[17] entdeckt die gebildete Leserschaft die drei Stürme in Thomsons *Winter*. Der Autor ist ein Schotte, der von sich selbst erzählt, er sei in seiner Jugend oft an den kaledonischen Küsten spazierengegangen. So erklärt sich – für unseren Zusammenhang von besonderer Bedeutung – der nordische Charakter des Gedichts. Die Auswirkungen dieser Neuerscheinung dürfen freilich nicht überschätzt werden. Der ergötzliche Genuß an den Küstenlandschaften hat sich, wie wir noch sehen werden, zwischen 1712 und 1726 in der englischen Literatur unmerklich ausgebreitet.[18] Dennoch ist Thomson der erste, der das künstlerische Modell des Sturms erfolgreich weiterentwickelt. Seine Darstellung weicht in der Tat vom vergilschen Muster ab. Der Autor der *Jahreszeiten*, dessen Einfluß sich nahezu ein Jahrhundert lang in ganz Europa bemerkbar macht, hat es außerdem verstanden, seinen Lesern die erstaunliche Naturlandschaft der Küste vor Augen zu führen.

An dieser Stelle ist eine kurze Abschweifung geboten. Im England der »Glorreichen Revolution« von 1688 gewinnt die Eroberung der Meere herausragende Bedeutung. Die geringe Empfindsamkeit für das Schauspiel des Meeres scheint dem wachsenden Prestige der Schiffahrt zu widersprechen. Die Ethik der Whigs stellt das Bild einer zu erobernden Natur in den Vordergrund: Der Mensch muß sie mit aller Kraft zwingen, ihre Reichtümer preiszugeben. Diese Verpflichtung hat eine Verherrlichung der Hafenansicht, der auf den Schiffen herrschenden Geschäftigkeit und des siegreichen Seefahrers zur Folge. Sie suggeriert den Traum eines Goldenen Zeitalters, das sich über die ganze Welt erstreckt. Sie lädt dazu ein, den Ozean zu feiern, der die Kontinente und ihre Bewohner miteinander verbindet. In dieser Perspektive entfaltet sich vor allem nach 1720 die Mode, über ferne Reisen zu berichten. Doch »alles, was an einer Landschaft zum Erobern, Erwerben, Besitzergreifen, Plündern und Ausbeuten reizt, lenkt davon ab, sie ästhetisch wahrzunehmen«[19]. Robinson Crusoe bewundert nicht die Herrlichkeiten seiner Insel; er bleibt unempfänglich für die Schönheit ihrer Küsten. Um zu überleben, muß er selbst Teil des Bildes werden. Die dringende Notwendigkeit des praktischen Eingreifens verbietet ihm jede Distanz, die der Besucher wahren muß, wenn er das Naturschauspiel genießen will. Für Robinson sind Stürme nichts als gefährliche Zwischenfälle, die der ästhetischen Erbauung keinen Raum gewähren.

Doch dieser prometheische Kampf läßt ein anderes erfrischendes Gefühl aufkommen. Er verweist auf Zeiten des Rückzugs und der Einsamkeit. Er zwingt zu Ruhepausen, zur Betrachtung der ursprünglichen Naturkräfte. Paradoxerweise lädt er dazu ein, sich an jedem Schauspiel zu laben, das die Natur als stark genug zeigt, sich den Vorstößen der Zivilisation zu widersetzen. Der Wunsch nach einem mäßigenden Tempo läßt das Erhabene der Meereslandschaft entstehen. Der Ozean bewahrt, um es noch einmal zu sagen, keine Spur von menschlichen Eingriffen. Als ungastliche Landschaft, die der Mensch weder herrichten noch moralisch nutzbar machen kann, stellt sich die unermeßliche große flüssige Weite als Antithese des fruchtbaren Landes dar.[20] Unter diesem Aspekt sollte Thomsons Gedicht gelesen werden.

Auch wenn der Text noch den Stempel Vergils trägt, auch wenn er vom Bild der Sintflut nicht verschont geblieben ist und den Einfluß des Psalmisten ebenso erkennen läßt wie den Einfluß Miltons, ist es doch der *Schwindel der Grenzenlosigkeit*, der die *Jahreszeiten* beseelt. Thomson findet Gefallen an reißenden Strömen, an der üppigen tropischen Vegetation. Furchterregende Meteore gehen über die Winterlandschaft hinweg. Die Entfesselung elementarer Gewalten bannt die Aufmerksamkeit des Lesers, der sich einer menschenleeren, krafterfüllten Landschaft gegenübersieht. Winde, Blitze und Wellen vereinigen sich. Der Ausbruch dieser feindlichen Kräfte, von denen der Mensch sich bedroht fühlt, läßt den Schöpfer in Vergessenheit geraten. Aus dem Schauspiel der ungebändigten Natur entsteht das Ergötzen:

»Verwandte Schrecken seid willkommen!«

Eine schwindelerregende Wendung. Der Sturm erscheint nicht mehr als Ausdruck des göttlichen Zorns, sondern als undurchdringliche Bewegung des Unbekannten. Die Gleichgültigkeit der Natur findet ihren Höhepunkt in der Evokation arktischer Landschaften. Die malerische Darstellung der schaurig krachenden Eismeere und der öden Küsten des hohen Nordens stimmt bald in die um sich greifende Mode der Berichte über Reisen nach Lappland ein. Sie bestärkt das Bild einer gnadenlosen Natur. Die Entfesselung des Meeres setzt dem vertraulichen Einverständnis zwischen dem Menschen und einer durch Gottes Hand geordneten Erde ein Ende. Folglich nimmt auch der Betrachter eine ganz neue Position ein. Bisher hatte der fromme Beobachter der Meeresküsten nur die Grenze, die beruhigende göttliche Schranke im Auge. Hinfort wird er seinen Blick auf den Horizont richten und versuchen, das Unvergleichliche zu erfassen. So entsteht ein Bewertungsschema von

Erhabene Felsen im gotischen Schwarz des Meeres

Salvator Rosa
oben: *Marina Del Porto*, 2. Hälfte 17. Jh.
Florenz, Galleria Pitti

unten: *Der Golf von Salerno*, 1640/45
Madrid, Prado

historischer Bedeutung. Es leitet die Entwicklung zur romantischen Naturbetrachtung ein.

Schon jetzt entsteht eine innige Verbindung zwischen der seelischen Stimmung und der Landschaft, eine neue Harmonie zwischen den Naturkatastrophen des *Winters* und der Melancholie des Dichters. Angesichts der Unermeßlichkeit des Meeres, dessen Grenzen der Mensch nicht fassen, dessen Größe er sich nicht vorstellen kann, erlebt der Betrachter jenes Gefühl, das durch das Schauspiel der erhabenen Natur erwacht.

Damit stehen der Ästhetik des Unendlichen die Wege der Verbreitung offen, und sie wird bald zum Allgemeingut. Im Jahr 1731 feiert David Mallet die »schaurigen Einsamkeiten der Gestade«[21]. Schon 1726 ließ Aaron Hill den Spaziergänger in *The Happy Man* erklären, er ziehe die grenzenlosen Horizonte der Meereslandschaft allen ländlichen Ausblicken vor.[22] Unterdessen gelangt Salvator Rosa bei den Reisenden der *Grand Tour* zu großem Ansehen. Das Werk des neapolitanischen Künstlers wird unter dem Blickwinkel des Erhabenen neu interpretiert. Nach 1762 trägt der Ossianismus zu einer weiteren Verstärkung seiner *Aura* bei. Nicht ohne Übertreibung[23] erklärt man diesen Küstenmaler zum freiheitsliebenden Freund der Briganten, manchmal sogar ihn selbst zum Banditen. Durch die Beliebtheit seiner Gemälde und den moralischen Widerhall, den man in ihnen erkennt, verbreitet sich die Vorliebe für felsige, in Hell-Dunkel getauchte Küsten mit stürmischen Bergen und wilden Schluchten im Hintergrund. Die tief in die Felsen hineinführenden unterirdischen Gänge, die angebliche Grausamkeit der Banditen, die sich an den verlassenen Stränden zusammenrotten, steigern beim Betrachter das Gefühl des Schreckens. Die langgestreckten Molen und die von Schiffbrüchen erzählenden Leuchttürme fügen sich bruchlos in dieses pathetische Küstenbild ein.[24]

Seit Burnets Reise hat sich langsam eine neue Gefühlsstrategie herausgebildet, die nun noch kodifiziert werden muß. 1757, während der Massenansturm auf Brighton beginnt und die Menschen dorthin strömen, wo man der Gewalt der Wellen trotzt, erklärt Edmund Burke[25] die Triebfedern des Erhabenen. Er bestätigt den ästhetischen Wert jener Emotion, die bei der Betrachtung des unendlichen Meeres entsteht. Dabei stellt er die Axiome Saint-Évremonds auf den Kopf: »Die Größe der Ausdehnung ist eine wirksame Ursache des Erhabenen.« Der Anblick des Unermeßlichen läßt den Menschen seine Endlichkeit empfinden. Er weckt in seiner Seele jene Leidenschaften, in denen die Ästhetik des Erhabenen wurzelt.

»Eine sehr einheitliche weitläufige Ebene vermittelt gewiß nicht den Eindruck von etwas Kleinem; ihre Perspektive mag sich ebenso weit erstrecken wie die des Ozeans: Aber wird sie den Geist je mit etwas so Großem erfüllen wie der Ozean selbst?«[26]

Gegen Ende des 18. Jahrhunderts, zur Zeit der Reisen von Cook und Bougainville, beschwört der Ozean das Bild einer »riesigen Fläche« herauf, von der menschlichen Zeit ebenso unberührt wie die Wüste; ein Ort der erhabenen *Leere*[27], deren vermutliche Tiefe von dem Bild der an vielen Küsten steil abfallenden Berge profitiert.

Aber nicht nur die unermeßliche Größe, die Ungastlichkeit, das, was Burke den »Mangel«[28] nennt, machen das Meer erhaben, sondern auch seine Kraft, seine Gewalt.[29] Der Sturm, für den am Ufer stehenden Betrachter ein bloßes Schauspiel, flößt Schrecken ein, vor allem wenn er im Dunkel der Nacht losbricht. Burke geht genauestens auf die verschiedenen Gefühle leidenschaftlicher Ergriffenheit ein, die beim Anblick der riesigen, furchterregenden, dunklen Weite entstehen. Da ist zuerst das Erstaunen, das einem die Sprache verschlägt, die momentane Betroffenheit der Seele, derart angefüllt von dem sich aufdrängenden schrecklichen Betrachtungsgegenstand, daß sie keiner vernünftigen Regung mehr fähig ist.[30] Eine unwiderstehliche Kraft, die jede Bewegung erstarren läßt, und gleichzeitige Überwältigung, die den Wunsch des Betrachters, in der Gegenwart zu leben, vollständig erfüllt. Das Plötzliche, das Unerwartete durchbricht die eintönige Kette des Üblichen, schafft den zeitlichen Bruch, der die visuelle Langeweile – eine der größten Befürchtungen der damaligen Zeit – mit einem Schlag beseitigt. Das aus dem erhabenen Schauspiel geborene Gefühl verbindet die Erfahrung des Kontinuums der Naturerscheinungen so innig mit dem Lebensrhythmus, daß der Betrachter es körperlich empfinden kann. Es ist, als bräche eine aktive, der Träumerei zuwiderlaufende Materie in das Seelenleben ein.[31]

Die für den Genuß des erhabenen Schauspiels notwendige Gefühlsaufwallung schließt jede Ruhe und vor allem einen erholsamen Blick aus. Der unendliche Raum des Meeres ermüdet die Augen. Um etwas unerhört Großes zu betrachten, »muß der Blick die weite Ausdehnung mit äußerster Geschwindigkeit durchstreifen; bei dieser Bewegung werden die feinen Augennerven und -muskeln außerordentlich angespannt, und ihre hohe Empfindlichkeit leidet sehr unter dieser Spannung«[32]. Wenn das Auge einen ausgedehnten einförmigen Gegenstand betrachtet, »erreicht es dessen Grenzen nicht mit einem Mal; solange es ihn schaut, findet es keine Ruhe«[33]. Diese Anstrengung indes hat therapeutischen Wert. Wer Schwermut befürchtet, sollte sich nicht nur der guten Luft und der Körperertüchtigung als Heilmittel bedienen, sondern auch der Gefühle, die das erhabene Schauspiel verschafft. Er sollte »die gröbsten Muskelpartien des Körpers« trainieren, aber auch die zartesten »erschüttern« und »üben«[34]. Ästhetik, Moral und Therapie, hier künstlich unterschieden, bilden eine zusammenhängende Kette. »Reise«, »Übung« und »Entzücken« sind im Zusammenhang mit der Wahrnehmung des erhabenen Gegenstands verschiedene Taktiken ein und derselben Strategie.

Eben dieses Zusammenwirken erklärt das wachsende Verlangen nach der Küste, wo das, was die Ästhetik des Erhabenen ausmacht, nämlich die »mit Schrecken gemischte Seelenruhe«[35], leicht zu finden ist. Auf dem festen Gestein des Felsens an einem Abgrund entlangzugehen und dabei ohne wirkliche Gefahr dem heftigen Wind und dem Schwindel zu trotzen, unter Führung eines Ortskundigen in dunkle Meereshöhlen einzudringen, steile Abhänge hinauf- und hinabzuklettern, auf dem weichen Sand den Ansturm der Wellen über sich ergehen zu lassen, sich in die eingebildete Gefahr eines Überfalls durch Räuber und Piraten zu begeben – all das ermöglicht erhabene Gemütserregungen. Im Gegensatz zum kühlen Tal, das ein Sinnbild des Goldenen Zeitalters ist, erlaubt die Meeresküste eine Anhäufung leidenschaftlicher Gefühle. Die unendliche Sicht, die Leere des Horizonts und die Nähe des Abgrunds verstärken den Schrecken der großen Tiefe, bereiten den Traum des Versinkens vor. Die Betrachtung der Spuren vergangener, im Gedächtnis verankerter Katastrophen und die von der Pathetik des Meeres geprägten bildlichen Vorstellungen regen das Gefühl zusätzlich an. So setzt sich allmählich der Sinn für breite Küstenstreifen durch, für geradlinige Strände, die einen freien Blick auf die Einsamkeiten des Meeres gewähren, ohne daß die Sicht durch eine Unregelmäßigkeit der Ufergestalt behindert würde.

Seit langem war der Sturm ein Thema der Marinemalerei, das die Künstler immer neu herausforderte. Die ruhigen Küsten Claude Lorrains stellen alles in allem eine Ausnahme dar. Schon sein römischer Meister Agostino Tassi und der Genuese Borzone hatten seit

Anfang des 17. Jahrhunderts mit Vorliebe das tosende Meer gemalt. Um dem Geschmack des kaufenden Publikums zu genügen, stellten eine Reihe italianisierender holländischer Maler wie etwa Bonaventura, Johann Peters und vor allem Pieter Mulier, genannt *La Tempesta*, eine Vielzahl von Gemälden mit Gewittern, Windböen und Schiffbrüchen her, wie sie von den Liebhabern der Halbinsel so überaus geschätzt wurden. Die Mode verbreitete sich schnell in der Provence und im Rhônetal. Als der Bischof von Nîmes, Anthime-Denis Cohon, 1670 starb, befanden sich mehrere Sturmszenen in seiner Sammlung.[36] Auf Gemälden dieser Art entdeckt der junge Joseph Vernet den Meereszorn. In Rom macht Adrien Manglard ihn dann mit der Technik dieser sturmbewegten Malerei vertraut, deren Stereotypen bereits festgelegt sind.[37]

Die Reisenden der *Grand Tour* entdecken erneut die Pathetik des Meeres. Später geben Franzosen und Engländer bei Vernet Sturmszenen in Auftrag. Kurz, obwohl die ausschmückenden Details dieser Gemälde der tyrrhenischen Küste entlehnt sind und sie nur selten die hohe See im Stil der Holländer zeigen, sondern eher einen Hafen, eine Flußmündung oder allenfalls einen Golf, weist der Wunsch nach dem Schauspiel des gemalten Sturmes auf eine fortschreitende Empfindsamkeit hin, die er zugleich stimuliert.

Die Marinemalerei macht, vor allem in Frankreich, viele Kunstliebhaber mit den erhabenen Szenen des Meeres bekannt. In diesen Kreisen bleiben die Küstenbilder weitgehend unabhängig von der eigentlichen Naturbetrachtung. Viele verschaffen sich durch Lektüren, Gespräche, Reiseberichte und private Gemäldesammlungen eine Vorkenntnis, die für sie die einzige Erfahrung der Meeresküsten bleibt. Seit den vierziger Jahren des 18. Jahrhunderts besucht man den Salon, um erschauernd die Gemälde von Vernet und später auch die von Loutherbourg zu betrachten. So entsteht eine Auffassung vom Meer, die mit Naturerfahrung nichts zu tun hat. Ansonsten bleibt nur die Tradition der klassischen Ästhetik, der das Küstenschauspiel kaum mehr bedeutet als eine Gelegenheit, die Übereinstimmung mit den antiken Texten zu prüfen. Diderot entdeckt das Meer erst 1773 bei seiner ersten Hollandreise, lange nachdem er es im Salon kommentiert hat. Marmontel, empfänglich für die Schönheiten der Marinemalerei, gesteht 1760 seine Enttäuschung über den Anblick der dargestellten Szenen in der freien Natur.[38]

Zu Beginn der sechziger Jahre des 18. Jahrhunderts verstärkt der Durchbruch der ossianischen Literatur die Faszination, die von den Ländern des Nordens ausgeht. Schon die 1741 veröffentlichte *Histoire des Celtes* von Simon Pelloutier und mehr noch die 1755/56 in den *Antiquités scandinaves* von Paul-Henri Mallet enthüllten Reize der Edda hatten die Mythologie der nordischen Völker bekannt gemacht.[39] Macphersons Ossian-Dichtung und die umfangreiche Polemik, die sie hervorruft, sorgen im Abendland für eine neue Landschaftsauffassung. Die kaledonische Küste ist das radikale Gegenteil des arkadischen Bildes. Die Vorstellungen vom Meer werden von Grund auf erneuert.

Diese Revolution des Imaginären, die in Großbritannien gleichzeitig mit dem Ansturm der Badenden auf die Küsten von Sussex stattfindet, entfaltet auf dem Kontinent ihre vollen Wirkungen erst Anfang des 19. Jahrhunderts, ehe sie im letzten Jahrzehnt der Julimonarchie ihren späten Niedergang erlebt. Es ist wichtig, diese zeitliche Verschiebung, die auch für die Verbreitung des Erholungsaufenthalts am Meer bezeichnend ist, stets im Auge zu behalten.

Der Ossianismus hat der Meereslust einen kräftigen Auftrieb gegeben und durch seinen Einfluß die nördlichen Strände begünstigt.[40] In der grandiosen und traurigen hyperboreischen Natur erweist sich die Luftperspektive, die ein Raumgefühl erzeugt, als besonders ergreifend. Dichte Nebel und tiefhängende graue Wolken laden zur Träumerei ein.[41] An den Küstenstreifen, am Saum der einsamen, endlosen Heide, wo der trostlose Schrei der Seemöwe ertönt, mischen die Elemente sich in ursprünglicher Verwirrung.

Die Meeresstimmung macht die Atmosphäre der von den Barden des Nordens gefeierten Landschaft aus. Der ossianische Sturm, der die klassische Palette radikal erneuert, läßt sich vom Ufer aus betrachten. Er zeigt die Konfrontation der Elemente. Die schaumgekrönten dunklen oder grünen Wellen stürmen gegen die schwarzen Felsen von Morven. Obwohl durch zahlreiche Inseln und Riffs in ihrer Gewalt gebrochen, flößen die Wogen des Nordens besonderen Schrecken ein. In der Nähe der Pole hat die Natur ihre ursprüngliche Kraft bewahrt. Die tosenden Wellen branden gegen eine von hallenden Riffs gesäumte Küste, wo der Wind sich in den Felsgrotten verfängt. Im Labyrinth der Sturminseln stimmt das Heulen des Orkans, das Pfeifen der Winde zwischen den moosbewachsenen Arkaden der Ruinen auf den Vorbergen des Ufers in die Harfenklänge des Barden ein.

Erhabene Felsen im gotischen Schwarz des Meeres

Joseph Vernet
Der Sturm, 1752
Karlsruhe, Staatliche Kunsthalle

Diese Natur der kalten und fruchtbaren Gewässer bietet eine grandiose Bühne, auf der sich der Ruf nach den Helden erfüllt, die ein Schauspiel der Wehmut und Tränen entfaltet.

Die zauberhafte, weil paradoxerweise unberührte und öde Küstenlandschaft ermöglicht ein neues Gefühl für die Verbindung von Vergangenheit und Gegenwart. Hier kann das Ergötzen an verflossenen Zeiten nur Erinnerung und Wiederbelebung sein.[42] Im Unterschied zu der antiken Küstenlandschaft, deren Spuren an den Ufern des Mittelmeers erhalten sind, lädt die ossianische Landschaft nicht zur Pilgerfahrt ein. Wer sie bereist, kann schwerlich einem von Kulturrelikten gezeichneten Weg folgen; er kann nicht ohne weiteres den Abstand zwischen der realen Gegenwart und einer entschwundenen Vergangenheit ermessen. Die kaledonische Küste widersetzt sich trotz einiger obligatorischer Kulturdenkmäler dem archäologischen Vorhaben. Sie beruft sich mehr auf den Zauber der konstitutiven Elemente der Welt.

1768, fünf Jahre nach Erscheinen des Ossian-Gedichts von Macpherson, stellt Beattie in *The Minstrel*, dessen ersten Gesang Chateaubriand ins Französische übersetzt, ein neues Modell des einsamen Spaziergangs über windgepeitschte Küsten vor. Der junge Edwin wird Zeuge eines ursprünglichen Ablaufs, er beobachtet den losbrechenden Sturm und die Beruhigung der Fluten um die Mittagszeit.

»Die Träumerei führte ihn dann an die rauschenden Küsten, wo einsame Verzückung ihn begleitete. Während er dem tiefen Brausen der fernen Wellen lauschte, mischten sich in seiner Seele Schrecken und Schönheit des Schauspiels.«[43] Edwin, der die Harmonie über alles liebt, horcht auf das Rauschen der Winde und betrachtet voller Verlangen, was es Schönes, Neues, »Erhabenes und Schauriges« auf der Erde, im Meer oder am Himmel«[44] gibt.

Die neue Küstenauffassung bestimmt den Verlauf der kaledonischen Reise, jener Mode, die den zeitlichen Grenzen dieses Buches entspricht. Während die müßigen Klassen von Bath zu den lichtvollen Stränden in Sussex abwandern, ziehen die einsamen Küsten Schottlands und seiner Inseln, besonders die der Hebriden, den Blick des von Ossian und der Sehnsucht nach dem Norden durchdrungenen Wanderers an. Die britische Niederlage in Nordamerika gibt der von Doktor Johnson, Boswell und mehr noch von Thomas Pennant[45] begründeten Mode kräftigen Auftrieb. Der Krieg hat gezeigt, wie notwendig es ist, den nördlichen Regionen der britischen Inseln Beachtung zu schenken. Als wertvoller Durchlaß für Schiffe, die sich auf der Flucht vor dem Feind befinden, und als ergiebiges Reservoir für die Rekrutierung von Seeleuten[46] bieten sie reiche wirtschaftliche und poetische Möglichkeiten. Fast vierzig Jahre nach dem englischen Sieg von Culloden (1746) ist die Zeit gekommen, diese Küstengebiete, deren Rolle sich als immer bedeutsamer erweist, zu erschließen. Zwischen 1792 und 1815 begünstigt der zwangsläufige Verzicht der Reisenden auf die fernen Ziele der *Grand Tour* die neue Mode, die hinfort zur Entdeckung des nationalen Territoriums beiträgt.[47]

Die Schottlandreise wird im Frankreich der Restauration erst spät von den Emigranten propagiert. Bald aber strömen die Kontinentalen, entflammt für Ossian und fasziniert von Walter Scott, scharenweise in diese Region *à la mode*, deren Modernität sie überrascht entdecken.[48] In diesem Zusammenhang ist hervorzuheben, daß die Reise nach Norden, ganz gleich ob sie nach Skandinavien, nach Dänemark oder auf die britischen Inseln führt, innerhalb kürzester Zeit eine Fahrt durch gut verwaltete Gegenden mit wachsendem Wohlstand wird. Auch insoweit stellt sie sich als Antithese der Romreise dar. Die Streifzüge, die La Tocnaye durch Norwegen und Schottland unternimmt, oder Leopold von Buchs Fahrt an die Fjorde in den Jahren 1806–1808 enthüllen, wie später die Rundreise des jungen Adolphe Blanqui, die Vielschichtigkeit ein und derselben gemütsbewegenden Suche, bei der das wehmütige Sehnen nach nordischen Mythologien sich paradoxerweise mit der Faszination der Modernität vermischt.

Die kaledonische Reise hat ihr eigenes Ritual. Die Bootsfahrt durch das Labyrinth der schwarzen Felsen von Morven, Iona oder Staffa gilt als Initiationsprüfung. Hier muß der Reisende dem Sturm trotzen, der den Gesang und die Fröhlichkeit der Schiffer unterbricht. Doch die wilden Exzesse der Natur lassen ihn die Schönheiten des wunderbaren gotischen Meeres nur um so hingerissener bestaunen. In diesem Küstengebiet spielt die Suche nach seltenen Mineralien, die schon 1716 von Martin Martin[49] registriert wurden, eine vorherrschende Rolle. Farbe und Gestalt der Felsen, schwarze Blöcke, Kolonnaden und Bögen fesseln den Blick des Reisenden, der sie vom Meer aus betrachtet, ehe er sich den Gefahren einer Besichtigung aussetzt.

In den Beschreibungen von Martin Martin drängt sich das Bild des Vorgebirges auf, der zukünftigen Bühne der romantischen

Konfrontation. Die Felsen ermöglichen das Lustgefühl, das der eingebildete Sturz erzeugt. »Sollte der Fluß ausgleiten...«[50], stellt der ernste Doktor Johnson sich im Geiste vor. Der Reisende, vor allem wenn er ein Tory ist, versäumt an dieser Stelle nicht, der schwindelerregenden Klippen Dovers zu gedenken, von denen König Lear sich ohne Erfolg zu stürzen versuchte. Beim Verlassen der englischen Küste formuliert Nodier eine Art mineralischen Wegweiser der Gefühle: »Meinem Blick entrückt dieses Land, dem der Schöpfergeist im äußersten Norden und im äußersten Süden zwei gleichermaßen eindrucksvolle Stempel aufgeprägt hat: Die wunderbare Poesie Ossians, auf immer mit den schwarzen Felsen von Morven verbunden, und die wunderbare Dichtung Shakespeares, die aus den weißen Felsen von Dover spricht.«[51]

Thomas Pennant, einer der Begründer der neuen Empfindsamkeit, beschreibt in seinem Buch über den hohen Norden das mächtige Vorgebirge von Flamborough, eines der imposantesten Naturdenkmäler der Küstenarchitektur. Er bietet dem noch unerfahrenen Reisenden eine Gefühlspalette dar, die auf die Serie der von Burke definierten Empfindungen setzt und an die faszinierende Anziehungskraft des unterirdischen Labyrinths im Schauerroman anknüpft. Pennant beschwört die Eindrücke des Reisenden herauf, der »den eindrucksvollen breiten Eingang unter den höchsten Arkaden wählt, um ins Innere des Berges einzudringen; das immer schwächer werdende Licht, die tiefe Stille..., der dröhnende Aufprall gegen die Höhlenwände brandender Wellen, das heftige Flügelschlagen der aufgeschreckten Tauben, die aus ihren Nestern hoch in die Gewölbe auffliegen – alles weckt neue Gefühle, alles trägt Empfindungen an einen heran, die der Struktur und den überraschenden Unregelmäßigkeiten dieser seltsamen Formationen eigen sind. Eine wunderbare Vielfalt macht sie so überaus abwechslungsreich: Hier führen Höhlen tief ins Gestein und verlieren sich in einer Finsternis, die man nicht zu ergründen wagt. Dort lockt das Licht in eine Grotte, die spielerisch durchbrochen ist, und plötzlich sieht man durch eine ebenfalls großartige Öffnung gegenüber einen romantischen Gang.«[52]

Doch das Meisterwerk dieser Meeresgotik ist und bleibt die Fingalsgrotte auf Staffa. Sie ist ein aus der Tiefe hallendes Echo der Ungewißheit, die man von Felsen und geheimnisvollen Schlössern kennt. Sie verbindet Entzücken mit der Furcht vor der Höhle des Schmugglers oder dem rätselhaften Turm, in dem man spukende

Schatten vermutet, deren blutrünstige Wildheit der Grausamkeit des Meeres entspricht. Das um 1740 erbaute Schloß des Herzogs von Argyll und der obligatorische Besuch der Ruinen von Iona verstärken an den nördlichen Küsten die neue Strömung des *gothic revival,* die den Blick des Betrachters bestimmt.

Lange geben sich alle Reisenden, die Staffa besuchen, als die eigentlichen Entdecker aus. Nacheinander spielen Joseph Banks, der skandinavische Bischof Uno Troil[53], Thomas Pennant, Johnson, Boswell und schließlich, dreißig Jahre später, Faujas de Saint-Fond die Pioniere. Zu Beginn des 19. Jahrhunderts ist der affektive Weg, der zu der Meereskathedrale führt, jedoch definitiv festgelegt.[54] Der schwierige Zugang zur Insel selbst und erst recht zur Grotte, in die man nur durch kleine Öffnungen hineinkommt, lädt zu Träumen vom Mutterschoß ein. Durch die Flut in die Höhle gespült, ohne die Bewegungen des Bootes noch beherrschen zu können, sinnt der Reisende vorzugsweise über die Gefahren des Verschlungenwerdens nach.

Im Innern bricht ein Schwall von Gefühlen über ihn herein. Die Ausmaße der Grotte, die soeben erahnte Höhe des Gewölbes überwältigen den Besucher. Die Dunkelheit, verstärkt durch die Farbe des Gesteins, ermöglicht zuerst nur die Wahrnehmung dessen, was man hören kann. Die hohe See, der »hydraulische Widder«, läßt am Höhlengrund die harmonischen Klänge der Basaltorgeln ertönen.[55] Wenn das Auge die Umgebung zu erkennen beginnt, schweift es bewundernd über die Säulen, die den Rhythmus der Architektur bestimmen, ehe es sich auf die horizontale Fläche des Meeres richtet, die im hellen Licht des gotischen Bogens hervortritt. Mitten im lustvollen Staunen kommen religiöse Gefühle auf. Sobald die erste »Benommenheit« gewichen ist, versuchen manche Reisenden, die äußerste Grenze zu erreichen.[56] Sie dringen in die finstere Höhle ein, ins Innere jener Insel, die oft das letzte Reiseziel ist. Andere begnügen sich damit, ihrer Begierde, alles zu messen, Genüge zu tun.

Die Hebriden eignen sich hervorragend für die Gefühlsstrategie des Erhabenen. Die Natur, furchterregend und grandios, schmückt sich hier mit Überresten aus grausamen Zeiten. Die Inseln sind von Menschen bewohnt, die auf den ersten Blick beunruhigend wirken. Doch schon bald bemerkt der Reisende, daß dieser Anschein trügt. In der Reisesaison fangen zahllose Riffs die Wucht des Sturmes ab. Die gastfreundlichen Einwohner haben ihre Wildheit offensichtlich abgelegt, es gibt keine blutigen Stammesfehden mehr, und die seit langem erforschten Grotten sind ihrer ursprünglichen Geheimnisse beraubt.

Seit den zwanziger Jahren des 19. Jahrhunderts ist es mit den abenteuerlichen und einsamen Streifzügen ebenso vorbei wie mit den Fahrten kleiner Gruppen. In Schottland hat der Niedergang, »die Verfälschung der Reisekunst«[57], bereits stattgefunden. Der entdeckende, erfinderische, initiierende Reisende, der seinen Weg in einem einzigen Federschwung nachzeichnet und erzählt, verschwindet aus der Landschaft. Statt dessen mehren sich Touristen der ersten Generation, die »das Abenteuer durch Wiederholung – das heißt durch Konvention – zum Ausflug degradieren, die den Archetyp zum Stereotyp, das Modell zur Serie, das Produktive zum Konsum und den grundlegenden Bericht zu aneinandergereihten Anekdoten verkommen lassen«. Sie, die nur noch dem äußeren Schein nach Reisende sind, gegen alles Unerwartete gefeit, läuten die Vermassung der Praktiken, das Ende des Prozesses ein.

Diese frühe *Touristisierung* der kaledonischen Reise, deren zwingende Ästhetik schon 1804 in dem von Cruttwell[58] verfaßten Führer klar zum Ausdruck kommt, verdient eine genauere Betrachtung. Edouard de Montulé und Adolphe Blanqui[59], der letztere angeregt von Girodets Bild der Jungfrauen, unternehmen die rituelle Fahrt nach Staffa mit Reisegesellschaften. Ducos[60] zeigt die Mechanismen dieser Verallgemeinerung der Praktiken auf. 1826 werden die Daten der regelmäßig stattfindenden Exkursion im voraus festgelegt. Die Rundreise hat schon jetzt große Ähnlichkeit mit der eines Monsieur Perrichon. Nach der rituellen Beschwörung der Manen Fingals und Ossians steht der Aufbruch des erwartungsvollen Trupps unmittelbar bevor. »Staffa und Iona, alles, was man davon weiß und was man sich davon verspricht, beschäftigt die Gemüter, nimmt die Kräfte voll in Anspruch, belebt sämtliche Gespräche; und die Phantasie gibt dieser Reise alle Illusionen ihrer Zauberwelt mit auf den Weg.«[61] Die Silhouette der »tönenden Insel« wird mit Freudenschreien begrüßt. Das Epos beginnt: Drei Schaluppen setzen die Passagiere zwischen den Basaltstümpfen am Ufer ab, und »alle klettern eilig hinauf, von einem Vorsprung zum nächsten.« Oben hält die Gesellschaft inne, um das »herrliche Bild« zu bewundern. Doch rasch werden die Erkundungen fortgesetzt: »Weiter oben sind die Abhänge steil und schwierig. Die Wagemutigsten machen sich selbständig. Wie Pfadfinder laufen sie hin und her, klettern hinauf und hinunter. Einige helfen sich gegenseitig und warten in gewissen

Abständen aufeinander. Andere stehen da, und ihre Blicke, ihre Handbewegungen, ihre Ausrufe beschreiben das Erstaunen über ein so neues, so fremdartiges Schauspiel. Noch andere machen sich über die in Felsspalten wachsenden Meerespflanzen her, sammeln Muscheln, Kieselsteine und nehmen allerhand Gesteinsproben. Mein Reisegefährte hat sich seiner Stiefel entledigt, da er mit der dicken Sohle nicht sicher Fuß fassen konnte. Ein Schreckensschrei ertönt: Irgendein Ungeschickter wäre beinahe gestürzt, wurde aber festgehalten. Gelächter folgt dem kurzen Alarm. Was für lebendige, pittoreske Szenen!«[62]

Die Reisegesellschaft ist selbst Teil des erhabenen Schauspiels geworden, ehe sie bei der Annäherung an das »Heiligtum«, den »Naturtempel«[63], in Andacht versinkt. Erfrischende Verwunderung, körperlicher Einsatz und Schwärmerei charakterisieren diesen Beginn des Gruppentourismus an den Küsten des Ozeans.

Der Kontinent mit seiner lange zögerlichen Mode der Reise in die Bretagne[64] hat zu diesem kaledonischen Modell recht wenig beizutragen. Interessant sind allenfalls die Reisen von Graf Guibert und die von Jacques de Cambry. Der erste, Inspektor der öffentlichen Einrichtungen für Invaliden, kommt 1778 nach Brest. Chateaubriand ist zu dieser Zeit erst neun Jahre alt. Bei der Ankunft, schreibt Guibert, »suchten meine Augen begierig die Landschaft nach der Reede ab. Der Anblick des Meeres hat auf mich eine unvermeidliche Wirkung: Er erweitert mein Denken, stimmt es traurig und erfüllt es schließlich, jedoch nie mit einem süßen Gefühl. Am Ende stürze ich immer ins Ungewisse, ins Dunkle, ins Unendliche. Es ist wie der Anblick des Himmels und der Gedanke an die Ewigkeit.«[65]

Noch aufschlußreicher als dieses Spektrum ahnender Gefühle[66] ist die emotionale Besetzung der Küsten durch Jacques de Cambry, der in den Jahren 1794 und 1795 von Direktorium beauftragt wird, alle Monumente zu registrieren, die vom Vandalismus verschont geblieben sind. Sein voluminöser Bericht lädt zu Wanderungen über die armorikanischen Strände ein, die, wie er betont, eine Lücke in der Literatur geblieben sind: »Einwohner von Paris, die ich euch auf der Suche nach großartigen Ausblicken und Erquikkungen im Apennin und in den Alpen begegnet bin, flieht diese vielbesuchten Länder, *kommt, unsere Küsten zu durchwandern,* die kein Zeitgenosse beschrieben, kein Dichter besungen hat. Ich verheiße euch große Bilder und neue Gefühle!«[67] Mehr als drei

Jahrzehnte vor dem jungen Michelet schwärmt Cambry auf der Insel Batz angesichts der endlosen Fluten:

»Welch unermeßliches Schauspiel... Diese Wassermassen, die auf den ins Meer zurückflutenden Wellenbrechern Schaumkronen entfalten... Diese Kaps, diese Vorgebirge; das dumpfe, majestätische Rauschen der Wellen; die fliegenden Möwen in der Luft und der Donner, der in der tiefen Schlangengrotte widerhallt; die Stille der Natur zwischen Ebbe und Flut; der seltsame Schrei zahlloser Meeresvögel... Ich weiß nicht, was für ein Gefühl das ist, was für eine Erregung, ausgelöst durch die Majestät dieses Schauspiels, durch die Erinnerungen, die es weckt, durch die grenzenlosen Weite, die es bietet.«[68]

Am Fuß der Abtei, die sich auf der Landzunge Saint-Mathieu erhebt, gibt er sich einer Träumerei ganz im Stil der Ossian-Jünger hin und ermuntert seine Leser: »Erhabene Geister, tiefsinnige Philosophen, starke Seelen, Schwermütige, schwärmerische Dichter: Kommt und meditiert auf diesen wilden Felsen, wenn die Sonne im Westen versinkt, wenn das Meer sich grollend erhebt und einen Sturm anzeigt.«[69]

Im Lauf der Reise verfeinert Cambry seine Gefühlsstrategie: »Ich hatte gewartet, bis ein Sturm aufkam, um mich nach Penmarch zu begeben...« Diesem Vorsatz verdanken wir ein erhabenes Stück Literatur, das in der verweltlichten Beschwörung der dem Meer auferlegten Grenzen endet: »Die Kette der einzeln aufragenden schwarzen Felsen reicht bis an die Grenzen des Horizonts; dichte Dunstwolken ziehen stürmisch dahin, Himmel und Meer vereinigen sich. Im düsteren Nebel sieht man nichts als riesige Schaumkugeln, die sich erheben, bersten und mit furchtbarem Krachen in die Luft stieben. Man glaubt, die Erde beben zu fühlen, und ergreift unwillkürlich die Flucht. Ein Schwindel, eine Furcht, eine unerklärliche Ergriffenheit bemächtigen sich aller Sinne. Die aufgetürmten Fluten drohen alles zu verschlingen. Man beruhigt sich erst, wenn man sie auf das Ufer rollen und, dem unausweichlichen Zwang der Naturgesetze unterworfen, vor den eigenen Füßen ersterben sieht.«[70] Die Reise geht weiter mit einer pathetischen Hymne an die Schönheiten der Landzunge von Raz, erhaben im Schein der untergehenden Sonne, während Ouessant, die Bucht von Audierne, die Landzunge von Penmarch und das »im Abendwind sturmbewegte weite Meer ein grenzenloses Schauspiel bieten, das sich nur mit dem Himmel, dem Universum und der Ewigkeit verbindet«[71].

Während seiner Reise hat Cambry – wie kurz zuvor Pennant in Schottland oder Mallet in Skandinavien – den Weg über die erhabenen Stätten der armorikanischen Küste quasi definitiv beschrieben. Die Führer, die sich in der Folgezeit bemühen, die gebieterische Ästhetik dieser Naturschönheiten zu begründen, haben kaum mehr als einen Kommentar hinzuzufügen.[72]

*Das späte Bewußtsein vom
Pittoresken des Meeres*

Im ersten Viertel des 18. Jahrhunderts, noch bevor Thomson die *Jahreszeiten* veröffentlicht, entsteht in England eine ortsbeschreibende Poesie, für ein Publikum bestimmt, das mit Vergil ebenso vertraut ist wie mit der Bibel oder dem *Prayer Book*.[73] Von didaktischen Absichten geleitet und vom Modell der *Georgica* inspiriert, unterliegen die Dichter dieser neuen Richtung auch dem Einfluß der Physikotheologie. Genau genommen ist das Neue an ihren Werken nicht die beschauliche Betrachtung im Schoße der Natur, sondern die Art, eine Landschaft wahrzunehmen. Das Aufkommen des topographischen Gedichts steht in Einklang mit der sensualistischen Theorie der Imagination. Die Aufmerksamkeit, die dem Naturschauspiel zuteil wird, erneuert die Systematik der Empfindungen beim Rückzug aufs Land, dessen gesellschaftliche Verbreitung zunimmt. So mehren sich *estate poems, journey poems* und vor allem *hill poems*, in denen die neuen Mechanismen der Betrachtungsfreude ebenso gepriesen werden wie eine aus den *rural sports* hervorgegegangne Art der körperlichen Bewegung.

Der häufig »Berg« genannte Hügel wird zur bevorzugten Bühne der Kontemplation. Er tritt mehr und mehr an die Stelle des kühlen Tals der klassischen Pastorale und läßt die schwermütige Einsamkeit des Waldes in Vergessenheit geraten. Die schwämerische Ortsbeschreibung erzeugt eine neue Lust am Schreiben. Der Dichter weist ausdrücklich darauf hin, daß er den Hügel erklimmt, um den Aussichtspunkt zu erreichen, der Ziel seines Spaziergangs ist, Ansporn seiner körperlichen Anstrengung und Stätte der verdienten Ruhe. In zunehmendem Maße wächst der Wunsch, den Anblick eines Panoramas zu genießen und die so entdeckte Landschaft auf einem Gemälde einzufangen.

Die Ursprünge dieser erstaunlichen Erweiterung des Sehens sind ein lange umstrittenes Thema. Schon im 14. Jahrhundert[74] war Petrarca gern die Hänge des Mont Ventoux hinaufgeklettert, um das zu seinen Füßen sich entfaltende Panorama zu betrachten. Die Kirche und die Mächtigen der Renaissance schätzten die zusammenfassenden, dominierenden Ausblicke als Symbole ihrer Herrschaft über die Welt. Die italienischen *Veduten* hatten eine synthetische Sicht der Städte gelehrt, und die Touristen legten seit langem Wert darauf, sich auf die Terrassen oberhalb der Stadt zu begeben, um die Bucht von Neapel zu betrachten. Als Miltons Satan sich im Kosmos schwebend der Erde nähert, entdeckt er erstmals den wunderbaren Rundblick. Was immer die Wurzeln sein mögen, der Genuß des *prospect view* verbunden mit einem Spaziergang bei idealem Wetter bringt eine neue Mechanik des Blicks hervor. Das ganze Panorama in einer Rundumschau zu erfassen, seine Vielfalt zu ermessen, die Hand Gottes in der Mannigfaltigkeit des Raums zu sehen, das schweifende Auge vom fernen Horizont wieder auf den Vordergrund zu lenken, sich in der Kunst zu üben, die Tiefe des eigenen Gesichtsfeldes zu erweitern, sind neue Freuden für die Reisenden.

Diese kollektive Begeisterung für die im Rahmen eines Gemäldes eingefangene Aussicht, diese »pittoreske Revolution« stammt aus den ländlichen Gegenden Süd- und Mittelenglands. Ursprünglich bezieht sie sich auf begrenzte perspektivische Prospekte. Die neue Empfindsamkeit regt zu einer Verherrlichung der großen Güter mit ausgedehnten Wiesen und Wäldern an. Sie nährt die Träumerei im Grünen, aus der die Pracht des Englischen Gartens hervorgeht. Vom Meer und seinen Küsten nimmt sie keine Notiz. Das unermeßlich Weite läßt sich in einem Bild nicht fassen. Die deskriptive Poesie schreckt vor der Eintönigkeit des Meeres zurück. Trotz seiner ausgesprochenen Vorliebe für Wanderungen an den Küsten des Ärmelkanals beschreibt Jacques Delille noch 1785 den Überdruß, ja sogar Abscheu, den der Schiffsreisende ihm zufolge bei der Betrachtung des grenzenlosen Meeres empfindet.[75]

Gaston Bachelard[76] stellt andere Gründe für diesen Widerwillen fest. Im Unterschied zum alltäglichen vom Himmel regnenden Wasser, das im Brunnen oder in der Quelle murmelt, das schon durch das Rauschen des Wasserfalls erfrischt, vermag das unmenschliche, unästhetische, salzige und damit jede Träumerei vereitelnde Meerwasser keinen Durst zu löschen. Die Natur kann sich im Meer nicht spiegeln wie in einem See oder in einem Fluß.

Man darf diese mit Abscheu gemischte Blindheit jedoch nicht überschätzen. Wie wir gesehen haben, tauchen zwischen 1700 und 1726 vereinzelte Küstenbeschreibungen auf. Während die Touristen nach Italien reisen, um die von Claude Lorrain dargestellten Szenen zu bewundern, dringt die an das Chaos der Sintflut erinnernde und aus der Beschreibung des Garten Eden verbannte Küste allmählich in das Panorama ein.

Hier einige Zeichen dieser noch stockenden Entwicklung. 1715 kündigt das Gedicht *A morning walk to Arthur's seat* von Alexander Pennecuick die Beliebtheit des Panoramas von Edinburgh an, des neuen Neapel, das bald im ganzen Abendland als Hochburg der kollektiven Suche nach den Schönheiten der Natur erscheint: In der Ferne schimmert

> *... the Seas smooth face calm as the cradled Infant,*
> *When lull'd asleep with Nurses dreery Songs.*
> *Ships in Leith's happy Bosom spread their Sails;*
> *Wich sported with the Winds in gaudie Pomp.*
> *Morning Tide had early rouz'd the Sailers:*
> *With labour'd Stroaks they reach'd the Southern Shore*[77]

> »...das glatte Antlitz des Meeres,
> sanft wie ein schlafendes Kind,
> von den traurigen Weisen der Amme gewiegt.
> Im glückseligen Schoße der Leith
> ziehen die Segel dahin,
> prunkvoll geschmückt haben im Wind sie gespielt,
> und die Seeleute, seit der ersten Flut am Werk,
> haben mühsam rudernd die Küste des Südens erreicht.«

Vier Jahre zuvor und vom anderen Ende Großbritanniens schickt Henry Needler einem Freund ein in Portsmouth verfaßtes Meeresgedicht, das man wohl als erste poetische Beschreibung der pittoresken Ruhe in den Landschaften des Ärmelkanals bezeichnen kann:

> *A smooth unwrinkled plain accosts the Eye*
> *Wich seems to meet and reach the bending sky;*
> *One Even, Uniform, Unvari'd Scene*
> *On ev'ry Side extends its wat'ry Green,*
> *A spacious Field, wich leaves the Sight behind*
> *By Nature to a nearer Bound confin'd*[78]

> »Eine glatte, faltenlose Ebene stellt sich dem Auge dar
> und scheint sich mit der Himmelswölbung zu vermählen;
> diese Ansicht, gleichförmig, unveränderlich und flach,
> erstreckt in alle Richtungen ihr Wassergrün,
> ein unermeßlich weites Feld, das dem Blick
> ein kleineres, von der Natur begrenztes Panorama läßt.«

In dieser Genealogie des Entzückens angesichts der pittoresken Küstenlandschaft dürfen auch John Gays Spaziergänge über die schottischen Gestade nicht fehlen. 1730 beschreibt er mit einer ganz neuen visuellen Präzision und ohne jede symbolische Absicht erst den Sonnenuntergang über dem Meer, dann den glitzernden Widerschein des Mondes und der Sterne auf den bewegten Wellen.[79]

Aber es gibt noch eine andere Poesie des Meeres, ganz aus der Phantasie geschöpft, die keine Hymne an das Pittoreske der Gestade ist[80], sondern eine Übertragung des arkadischen Entzückens auf die imaginäre Welt der Meerestiefen. Eben diesen Versuch unternimmt William Diaper in den *Nereides or sea eclogues*[81]. Der Verfasser, der von einem versunkenen Goldenen Zeitalter träumt, führt dem Leser das Panorama einer arkadischen Unterwasserlandschaft vor Augen, einen Raum der Gemächlichkeit, erhellt von gedämpftem Licht, das durch die grünen Wasser schimmert: Eine Fata Morgana von Meeresebenen, Unterwasserpflanzen und Korallenhainen, wo kein Sturm die Heiterkeit und kristalline Klarheit trübt; ein graugrüner Zufluchtsort der ursprünglichen Unschuld.

1754, zu Beginn der »Kulturrevolution«[82], die sich im Abendland vollzieht, kann der schwerkranke Fielding die Gefühle, die ihn angesichts der Schönheit der vom steilen Ufer oder vom Deck eines fahrenden Schiffs aus erblickten Küstenlandschaft überkommen, nicht länger zurückhalten. Das bewegende Bild, das er sich von der Seele schreibt, begründet eine neue Empfindsamkeit für das Pittoreske des Meeres, die sich durch die Segel-Mode und die immer zahlreicher werdenden Regatten weiter verbreitet. Fielding hofft auf einen neuen Pope, der fähig wäre, die Schönheiten des Meeresprospekts von Ryde zu rühmen, bekennt sich aber als noch empfänglicher für den Zauber der hohen See: »Was mich betrifft, so muß ich eine solche Schwäche für die Meereslandschaften gestehen, daß meiner Ansicht nach nichts auf Erden ihnen gleichkommen kann.«[83]

Im selben Jahr und 1764 unternimmt Thomas Gray mehrere Wanderungen an den Küsten des Spithead und der Bucht von Southampton, die vorzeitig ein anschauliches Bild von der Praxis der pittoresken Reise vermitteln. Gray, ein Liebhaber der Berge, der den zauberhaften Flußlauf des Wye schon vor Gilpin preist, weiht seine Leser in das Pittoreske der Küstenlandschaft ein. Er würdigt deren formschöne Gestalt und weist auf die mannigfaltigen Farbkontraste, auf das Schimmern der Segel und auf die majestätische Größe der Klippen von Dover hin. »Gray liebt die Meereslandschaft in dem Maße, in dem sie ihm das erwartete Tableau darbietet.«[84] Entscheidend für die Vielfalt des Bildes ist die wechselseitige Durchdringung von Land und Meer, die eine Augenweide darstellt. Gray bleibt unempfänglich für die nackte Grenzenlosigkeit, für die schwindelerregenden Felsen.[85]

Diese sporadischen Erwähnungen einer lustvollen Küstenwahrnehmung sollen die ablehnende Haltung der deskriptiven Literatur, die sich dem Schauspiel der Gestade lange widersetzt[86], jedoch nicht verschleiern. Die Situation ändert sich erst gegen Ende des Jahrhunderts, als die Zeit der von William Gilpin kodifizierten Ästhetik des Pittoresken gekommen ist. Seit seiner Kindheit hatte der spätere Pfarrer von Boldre Gelegenheit, den Anblick der Küsten von Sussex zu genießen. Sein Vater, ein von Alexander Cozens und vermutlich von Paul Sandby[87] beeinflußter Künstler, der ebenfalls topographische Werke schuf, war von den heimatlichen Felslandschaften vollends fasziniert. 1767 fährt Gilpin erstmals auf die Isle of Wight, die bald als vollkommenste Bühne der durch pittoreske Küsten hervorgerufenen Empfindungen gilt.

An dieser Stelle sollen die wesentlichen Merkmale der pittoresken Reise[88], deren Modell Gilpin verfeinert, kurz in Erinnerung gerufen werden. Der Pfarrer ist kein Mann der *Grand Tour*. Im Lauf der Jahre sammelt er praktische Erfahrungen in einer Art des Reisens, die der vom Krieg herrührenden Beschränkung auf das nationale Territorium entgegenkommt. Die pittoreske Reise, wie Gilpin sie versteht, dauert höchstens vier Wochen und findet vorzugsweise im Sommer statt. Sie dient einem doppelten ästhetischen und moralischen Ziel. Wie die noch kürzere Exkursion setzt die pittoreske Reise eine asketische Haltung voraus. Der Tourist, erfüllt von der Befürchtung, einer unberührten Natur, so wild sie auch sein mag, die Unschuld zu rauben, und voller Verachtung für die städtische Zivilisation, ist es sich schuldig, ein einfaches Leben zu führen. Er meidet die Zerstreuungen der »besseren Gesellschaft«; er strengt seinen Körper an und begnügt sich mit bescheidener Kost. Er lernt, daß die wahren Bedürfnisse der Natur beschränkt sind, daß ein unbekümmerter Reisender störend in die Sitten, die er beobachten will, einbricht und im gleichen Zuge die pittoresken Wirkungen der Landschaft, die er bewundern will, schmälert.[89] Des weiteren soll der Tourist seine Empfindungen in ein Notizbüchlein eintragen.

Dieses schriftliche Festhalten ermöglicht eine spätere Veröffentlichung der pittoresken Reise, den krönenden Abschluß des ganzen Unternehmens. Der Erfolg des Werkes setzt eine tiefe Übereinstimmung zwischen Text und Bild voraus. Allein diese Harmonie wird beim Leser den Wunsch erwecken, in die Fußtapfen des Berichterstatters zu treten. Diese Methode, die auf eine Einladung zur Reise hinausläuft, kann auch die Form eines Gebets annehmen. Ganz im Sinne der natürlichen Theologie verwandelt der Spaziergang sich bei Gilpin in eine andächtige Übung. Der Pfarrer benutzt die Stufen der Empfindsamkeit, die seit Beginn des Jahrhunderts in Mode sind, zum Zwecke der Erbauung.[90] Doch die Verherrlichung der göttlichen Allmacht hindert ihn nicht, seine gründliche klassische Bildung vor dem Leser zu entfalten. Die zahlreichen Verweise auf Vergil und Ovid, aber auch auf Milton, Claude Lorrain und Salvator Rosa verbinden sich erneut mit biblischen Bildern.

Die pittoreske Reise ist eine Suche, die einen feinsinnigen Umgang mit Gefühlsabläufen voraussetzt. Die durch den Gesamteindruck hervorgerufene Verzückung muß in harmonischem Einklang mit der Lust an der sorgfältigen Analyse des Details stehen. Dieses bewußte Haushalten mit dem Wunsch und dem Ergötzen hat seine eigene Gesetzmäßigkeit. In erster Linie verlangt es dauernde Aufmerksamkeit für die zeitlichen Rhythmen, für den Wechsel der vier Jahreszeiten, der vier Tageszeiten, der vier Lebensalter. Diese immer wiederkehrenden, ineinandergreifenden Abläufe umschließen das ganze pittoreske Genre. Aber prägnanter noch ist die Suche nach dem geeigneten Augenblick, die flüchtige Erfahrung einer Gleichzeitigkeit zwischen der Welt und dem Selbst, die durch den Reisebericht wachgerufen werden soll.[91] »Alles in der zweiten Hälfte des 18. Jahrhunderts drängt die Poesie, das Augenblickliche in zwangsläufiger Übereinstimmung mit dem Lebensrhythmus abzubilden«[92], schreibt Edouard Guitton.

Die pittoreske Reise schreibt auch ein Modell für die Bewertung des Ortes vor.[93] Sie bestimmt den genauen Aussichtspunkt, der besser als jeder andere geeignet ist, das Schauspiel bildlich einzufangen. Die Natur in ihrer ganzen Breite bleibt dem Touristen unverständlich. Er muß eine Auswahl vornehmen, einen Ausschnitt aus einer als optisches Schauspiel wahrgenommenen Umgebung heraustrennen. Das Pittoreske verlangt einen ausgeprägten Sinn für Grenzen, es greift den Wunsch nach einem Mikrokosmos auf. Es zeugt von jener Empfindsamkeit, die in den ländlichen Gegenden

Englands entstanden und in den Fluren Mitteldeutschlands und der Normandie zur Blüte gekommen ist.

Die kulturelle Bildung des Touristen bestimmt seine Auswahl. Bei der pittoresken Reise findet eine dauernde Projektion kunstgeschichtlicher Erinnerungen auf das Naturschauspiel statt. In dieser zweiten Hälfte des Jahrhunderts geht der gebildete Zeitgenosse nicht nur im Garten auf die Jagd nach einem »Tableau«. Auch am Flußlauf des Wye und auf den Felsen der Isle of Wight kommt es zur Vermischung zwischen Künstler und Betrachter. Dieses Vorgehen ist natürlicher Bestandteil einer Unterscheidungsstrategie, es setzt ein abgrenzendes Vokabular voraus und verlangt eine Bildung, ohne die es, wie Richard Payne Knight bald behaupten wird, unmöglich ist, eine Landschaft wirklich zu genießen. Der pittoreske Ausschnitt aus dem Gesamtschauspiel richtet sich nach den Kriterien von Komposition und Wirkung. Er verlangt eine bestimmte Mechanik des Blicks, die der Reisende schon seit langem in künstlich angelegten Gärten geübt hat. Manchmal werden Hilfsmittel verwendet, etwa der Spiegel bei Claude Lorrain, durch den sich die Qualität des Bildes besser beurteilen läßt. Die Empfänglichkeit für das Pittoreske beruht – genau wie einst die klassische Bewertung der neapolitanischen Schönheiten – auf einem gesellschaftlichen Einvernehmen. Der Text bringt ein zunächst auf einen engen sozialen Kreis beschränktes Publikum hervor, das aufgrund seiner Bildung gegebenenfalls imstande ist, stilistischen Verkürzungen und knappen oder gar durch literarische Referenzen ersetzten Beschreibungen zu folgen.

Gleichzeitig diktiert dieses Bewertungs- und Empfindungsmodell die der Landschaft angemessenen Stationen, Stellungen und Haltungen, inspiriert von denen, die den jungen Künstlern in der für sie bestimmten Standardliteratur empfohlen werden. Joseph Vernet beispielsweise gibt genaue Anweisungen, wie man Sinn für den einzigartigen Moment entwickeln kann. Er lehrt die Art und Weise, wie man sich hinstellt, um den richtigen Bildausschnitt zu finden, und wie man sich fortbewegen soll. Nach ihm erteilt Valenciennes Unterricht im Genießen eines Panoramas: »Die Natur muß mit einem einzigen Blick erfaßt werden, wobei der Kopf nicht bewegt werden darf ... Würde man den Kopf drehen, wäre der Aussichtspunkt ein anderer ...«[94]

Den von Gilpin erarbeiteten Katalog im einzelnen aufzuführen, gehört nicht zu unserem Thema.[95] Doch eine kurze Zusammenfassung der wesentlichen Vorschriften erscheint mir notwendig. Hervorzuheben ist etwa die besondere Beachtung der jeweiligen Komposition, der Anordnung, der Aufeinanderfolge verschiedener Ebenen, der Verteilung von Licht und Schatten. Gilpin verbannt jede unruhige Bewegung in der Nähe des Betrachters aus dem pittoresken Gemälde. Das Gebot der Vielfalt und der Wille, die Landschaft zu beleben, bestimmen den vom Blick gewählten Ausschnitt. Im Bild hat der Mensch nur die Funktion, diesen beiden Eigenschaften Rechnung zu tragen. Daher das Interesse an dem Kuhhirten, dem Erntearbeiter oder dem Seemann, der in der Ferne auftaucht, und bald auch an den schillernden bunten Kostümen, den pittoresken Festlichkeiten der städtischen Gemeinschaften. Gilpins Empfindsamkeit gilt eher dem rauhen als dem glattpolierten Gegenstand, eher der Eichenrinde als dem glänzenden Marmor. Dennoch dürfen die Bewertungssysteme nicht allzu streng gegeneinander abgegrenzt werden. Fasziniert von Shakespeare, Milton, Thomson und Salvator Rosa entwickelt auch Gilpin einen ausgeprägten Sinn für das Erhabene und läßt sich sehr stark vom *gothic revival* beeinflussen.

Das Wesentliche aber bleibt die immer neue Suche nach privilegierten Aussichtspunkten und die Jagd nach Augenblickseindrücken. Die pittoreske Reise ist eine unentwegte Verfolgung von Schauspielen und Überraschungen.[96] Der Reisende lebt »in der Hoffnung, immerfort neue Sehenswürdigkeiten«[97] vor seinen Augen erstehen zu sehen. Diese ewige Suche nach Neuem »hält die Seele in einem angenehmen Dauerzustand der Erwartung«. Darin liegt wohl auch der entscheidende Bruch zwischen diesem Modell und der klassischen Landschaftsauffassung.[98]

Im westlichen Europa bricht eine regelrechte Leidenschaft für Aussichtspunkte aus. Es entsteht ein ganzes Netz, festgemacht an einigen Polen, einigen natürlichen Heiligtümern, Pflichtstationen des Reisenden, der sich einer vorgeschriebenen, schnell erarbeiteten Ästhetik unterwerfen muß.[99] Das Neue kommt auch daher, daß es sich jetzt nicht mehr um die Hügel bei Genua, den Gipfel des Vesuv oder die *Vista*[100] in Marseille handelt, sondern um nördliche Stationen: Vor allem *Calton Hill* und *Arthur's seat*[101], Shakespeares Felsen in Dover[102], den Mont-Sainte-Catherine bei Rouen[103], das durch Elseneur bekannte Schauspiel des Sund[104] und, mit einiger Verspätung, den Mont-Saint-Michel. Ganze Regionen zeichnen sich als bevorzugte Jagdgründe des Pittoresken aus: Wales, die weißen

Das späte Bewußtsein vom Pittoresken des Meeres

Headen Hill
Isle of Wight
aus: Sir Henry C. Englefield, *A Description of the Isle of Wight*, London 1816

Jean Houel
Blick auf die Klippen der Zyklopen
aus: *Voyage pittoresque des Isles de Sicile, du Malte et de Lipari*, Paris 1782–87

Felsen des Ärmelkanals, die anziehenden Stätten der Isle of Wight, die Küste zwischen Le Havre und Le Tréport.

Die Empfänglichkeit für das Pittoreske geht schnell über die Kreise des englischen Hoch- und Landadels hinaus, jene Gesellschaft, in der vor allem die Töchter sich befleißigen, Aussichtspunkte und mediterrane Szenen der Bilder, die die jungen Männer ihrer Familie von der *Grand Tour* mitgebracht haben, abzumalen. Die alte Gewohnheit der nach Beschaulichkeit dürstenden Aristokraten und Pfarrer, Hügel zu besteigen, um das Naturschauspiel von oben zu betrachten, wird im Zuge ihrer Verbreitung neu interpretiert. Das utilitaristische Denken, in Einklang mit dem bürgerlichen Geist und dem der *Glorious Revolution* von 1688, trägt zur Förderung eines elitären Vergnügens bei. Bald drängt sich alle Welt auf dem *Calton Hill* oder dem Mont-Sainte-Catherine. Der »malerische Blick« wird zum Mittelpunkt eines komplexen Netzes von Empfindungen, Erinnerungen, Kenntnissen. Alle Wißbegierden strömen hier zusammen. Hinzu kommt die didaktische Funktion des Aussichtspunkts, der die nach Einsamkeit verlangende Beschaulichkeit allmählich verdrängt. Auf den pittoresken Anhöhen, Orten einer vielfältigen Zeitlichkeit, wird die Gegenwart trotz der heraufbeschworenen Vergangenheit nicht außer Kraft gesetzt. Oft bieten sich den Augen des Touristen tellurische Ruinen, Spuren uralter Zeiten neben geschäftigen industriellen und kommerziellen Aktivitäten dar. Der vollständige Genuß eines Aussichtspunkts setzt hinfort vielfältige Kenntnisse und Interessen voraus. Alle Fachbereiche leisten ihren Beitrag, die Geologie ebenso wie die Geographie, die Botanik, die Geschichte, die Wirtschaft, die Ästhetik und die Ethnologie. Diese Haltung steht im Einklang mit den Normen der Reiseführer, deren erstaunliche Vielseitigkeit den zeitgenössischen Touristen neugierig macht.[105]

Ist der Aussichtspunkt einmal erreicht, kann der glückliche Reisende sich ganz den Gefühlen der Überraschung und Verwunderung, wenn nicht gar der Entdeckerfreude hingeben, er kann seinen Wunsch befriedigen, Kenntnisse zu sammeln und zu horten, er kann die Lust am Benennen und Aufzählen von Orten oder Dingen genießen und natürlich Genugtuung darüber empfinden, daß er an der Verehrung eines Bildausschnittes teilhat, der, unanfechtbar, von zahlreichen angesehenen Künstlern ausgewählt worden ist. Im England des ausgehenden 18. Jahrhunderts und, seit Beginn der Restauration, im Frankreich der Bourbonen weicht der vom Pittoresken angetane Reisende dem »Liebhaber schöner Plätze«, der die Liste nicht zu versäumender Blicke in Ermangelung eines illustrierten Führers von einem gefälligen Kutscher erhält.[106]

Die Meeresküste ist in das pittoreske Gemälde eingegangen. Immer häufiger stellt sie ein Element der unentbehrlichen Vielfalt dar. In Edinburgh, Dover, Rouen und Kopenhagen erlauben die Gestalt der Bucht, die geschwungene Uferlinie oder kleinere Küstenvorsprünge, Fragmente der Meeresweite in das Tableau aufzunehmen. Offensichtlich bevorzugt der pittoreske Code untergliederte Küsten, die dem Blick mehrere analysierbare Ebenen bieten und den Eindruck der Vielfalt durch die allenthalben sichtbar werdende wechselseitige Durchdringung der Elemente bis in die Ferne aufrechterhalten. »Sicher ist nichts so erhaben wie der Ozean, doch ohne Beigaben wäre er wenig pittoresk«[107], schreibt Gilpin, der sich an der belebenden Bewegung der Segelschiffe ergötzt. Gegebenenfalls können vielfältige Codes, die Abwechslungsreichtum in die Gefühlspalette bringen, den Genuß vergrößern. Die Badegäste von Brighton oder Weymouth schätzen lange geradlinige Sandstrände, an denen sie die erregenden Wasserfreuden voll auskosten können, während die zerklüfteten Küsten der nahen Isle of Wight ihnen nach dem Wellenbad Gelegenheit zu einem pittoresken Ausflug geben.[108]

So sind Gilpins Reisen, besonders die der *Southern Tour*[109] von 1774, mit lauter Bildern durchsetzt, in denen Vorgebirge oder Fragmente einer Bucht in die Komposition eingehen. Man muß zwar zugeben, daß der Pfarrer von Boldre in seiner allgemeinen Einschätzung die Meeresküste dem ästhetischen Primat eines malerischen Seeufers unterordnet, doch empfänglich für das Schauspiel des Sturms und die Pathetik der Küstenlandschaft räumt er ein, daß das schönste aller Gemälde in der Verbindung von Erhabenem und Pittoreskem besteht, wie Adriaen van de Velde sie in seinen Marinen realisiert. Der pittoreske Ausschnitt des Schauspiels einer sturmgepeitschten Bucht »ist schöner als die schönste Szene, die ein See jemals zu bieten hat«[110].

An diesem Ende des 18. Jahrhunderts stellt die Reise an die Küste der *Downs* neben der von den Künstlern neu entdeckten Rundfahrt durch Großgriechenland das beliebteste pittoreske Küstenerlebnis dar. Diese Art Ergötzung geht hinfort als entscheidende Komponente in die Freuden des Erholungsaufenthaltes ein. Der Blick aufs Meer ist ein wesentliches Argument, um die Vorzüge eines Badeorts, einer Villa, eines Landsitzes zu rühmen. Die Rolle der Künstler, die sich mit topographischen Darstellungen befassen, kann hier gar nicht hoch genug bewertet werden. Seit 1745 für diesen Landschaftstyp empfänglich, hat Paul Sandby – wie nach ihm Alexander Cozens und dann der unermüdliche Küstenreisende William Daniell – erheblich dazu beigetragen, den Blick auf den Genuß der weißen Uferlandschaften vorzubereiten. Auch die Überfahrt von Dover nach Calais, für die Anwärter der *Grand Tour* und für die Besucher vom Kontinent meist unumgänglich, fördert den Aufschwung der neuen Mode. Und schließlich stimmt das neue Ansehen der Kreidefelsen mit der wachsenden Beliebtheit des Badeaufenthalts an den südlichen Stränden Englands überein.

Die Isle of Wight, ein Mikrokosmos, der aus dem intensiven Weiß der lichtvollen Küsten hervorsticht, zeigt dem Reisenden die ganze Skala vollendeter pittoresker Schönheiten. 1790 veröffentlicht John Hassell[111] seine *Tour of the Isle of Wight*, die uns erlauben wird, die Triebkräfte des neuen Reisevergnügens zu analysieren. Ausschlaggebend ist in diesem Fall ein offenes Verlangen nach den Schönheiten der Küste. Das neuartige Bestreben führt zur Unternehmung einer Bootsfahrt, einer Rundreise auf See, da nur *offshore* die Möglichkeit besteht, einen Gesamteindruck der Uferanblicke zu gewinnen. Hassell weiß nichts von den Gefühlsstrategien der Initiationsfahrt durch das Insellabyrinth der Hebriden. Auch teilt er nicht die kinästhetische Empfindsamkeit Townleys, der sich auf die Isle of Man zurückgezogen hat. Sein Aufenthalt gehört nicht in die Serie der Robinsonaden. Die Fahrt, die Hassell mit seinen Gefährten unternimmt, ist eine einzige Jagd, ein dauerndes Warten auf ästhetische Überraschungen, die sich endlos wiederholen sollen. Diese Suche bringt eine differenzierte Ökonomie der Empfindungen hervor. Durch die Luftperspektive in der Wahrnehmung von Farbschattierungen geübt, lauern Hassell und seine Freunde auf atmosphärische Veränderungen, warten mit köstlich erregender Ungeduld auf die Wirkungen des Sturms. Wie pittoresk ein Schauspiel ist, beurteilen sie unter Bezugnahme auf Claude Lorrain, Vernet und Thomson. Gegebenenfalls unterstreichen sie die Mängel einer Landschaft, wie sie es in ihrer Besorgnis um abgestufte Ebenen, Kontraste, Effekte und möglichst große Vielfalt bei einem Gemälde tun würden.

Diese Jagd auf Blicke verlangt den Reisenden erheblichen körperlichen Einsatz ab. Ständig auf der Suche nach einem guten Aussichtspunkt, setzen sie die Segel, werfen im gegebenen Moment den Anker aus, klettern auf Dünen und wenn nötig auf die Felsen. Weniger fasziniert von Grotten und zerklüfteten Riffs als die Anhänger der kaledonischen Reise, beschreiben sie unermüdlich die Schönheiten jener Meeresausschnitte, die in das Bild eingehen. Durch diese Strategie entfernt die pittoreske Reise sich recht weit von der Träumerei des Strandspaziergängers, der glaubt, seine Seele durch bereitwillige Hingabe an das monotone Rauschen der Wellen entleeren zu können.

Hassell und seine Gefährten ignorieren die Gefahren des Meeres. Gewitter und Sturm haben für sie den Stellenwert reiner Bildelemente. Sie durchqueren die Bucht wie einen See. Hassell schreibt, wie der darstellende Künstler die Topographie zeichnet, wenn er, den pathetischen Aspekt des Sturms vernachlässigend, mit seinem Stift das Chaos der Küsten ordnet, den Querschnitt des Gestades herausarbeitet und sie in den Rahmen eines Bildes fügt. Derart strukturiert, steht die pittoreske Küstenauffassung in radikalem Gegensatz zur Suche nach der erhabenen Meerlandschaft.

Sir Henry C. Englefield hat die Sommer der Jahre 1799, 1800 und 1801 auf der Isle of Wight verbracht und »mehrfach alles besucht, was die Aufmerksamkeit irgend erregen kann«[112]; dabei hat er sich zahlreiche Notizen gemacht, viele Skizzen von den besuchten Orten angefertigt und etliche Höhen gemessen. Der Reisende ist ein Gelehrter, der gründliche Erkundungsfahrten unternimmt. In seinem Buch, das zwei parallellaufende Stränge verfolgt, trifft die ästhetische Bewertung mit einer wissenschaftlichen Forschung zusammen. Die zahlreichen Illustrationen von Thomas Webster stellen im Wechsel zerklüftete Felsen, einsame kleine Buchten und strahlend weiße schwindelerregende Klippen mit betont senkrechtem Gefälle dar. Hier gibt es keinen Fischer im Wattenmeer, keine gestrandete Barke, keine Sturm. Überall herrscht der Eindruck von Einsamkeit. Unter Verzicht auf die Anwesenheit des Menschen nehmen Klippen und herabgestürzte Felsbrocken den Blick des Betrachters in Anspruch.

Der Text steht in Einklang mit dem Bild: Er liefert einen systematischen Katalog von Aussichtspunkten mit strengen Richtlinien und einer Klassifizierung der Küstenlandschaften, die der Leser, wenn er die Insel besucht, aus dem gleichen Blickwinkel auffinden soll. Die äußerste Präzision der Schilderung, die Häufung der *Prospekte* in einem begrenzten Raum verstärken den Reiz des suchenden Streifzugs über die Insel. Englefield steckt die schmalen Pfade, die es einzuschlagen gilt, genauestens ab. Er kennzeichnet die

Stellen, an denen man den Blick unvermeidlich auf das Panorama lenken muß. Er zählt die Aussichtspunkte auf, die der Tourist unter allen Umständen erreichen muß. Hier nur ein Beispiel: »Doch um den Anblick der Gesamtausdehnung in seiner ganzen Schönheit auszukosten, muß man nach allen zauberhaften Einzelheiten, die er einem zufällig geboten hat, unbedingt den Kalkrücken erklimmen, der gleich bei den Wäldern von Nunwell beginnt...«[113]

Englefield stellt ein Verzeichnis der herausragenden Landschaften auf, er nennt die Standorte der schönsten, den Touristen oft unbekannten Felsenmeere. Er präzisiert den Moment der »höchsten Vollendung«. Sein Buch endet mit einer Hymne an die Kreide. Derartige »pittoreske Reisen« eröffnen eine Möglichkeit, über Landschaften zu sprechen. Sie übernehmen diese Funktion aus der kritischen Literatur, die dem »Mann von Geschmack« zu Beginn des 18. Jahrhunderts beigebracht hatte, sich über die Gemälde eines Claude Lorrain zu unterhalten.

Die Sammlung der Landschaften in Englefields Buch entspringt im übrigen dem gleichen Wunsch nach Anhäufung wie das Sammeln von Gesteinsproben, Muscheln oder Pflanzen. Die verschiedenen Formen der Suche gehen miteinander einher. Mitunter kann ein Erfassen der Landschaften andersartige Sammlungen ergänzen, erklären oder fördern.

Die neue Kunst der poetischen Reise verbreitet sich in ganz Europa. Schon vor der Revolution entdecken einige französische Touristen überrascht den gelehrten Umgang mit den malerischen Landschaften der Kreideküste.[114] In der Folgezeit trägt die Anwesenheit der Emigranten dazu bei, die neue Naturauffassung zu propagieren. Die erfolgreichen Romane von Ann Radcliffe, die die trostlosen Strände der Adria mit der gleichen Gefälligkeit beschreibt wie die wilden Schönheiten des Apennin, steigern das Ansehen der schon fast volkstümlich gewordenen Mode. Bereits 1795, während Cambry den Bericht über seine Reise ins Finistère veröffentlicht, erforscht Noël de la Morinière den pittoresken Weg durch die Felsen zwischen Le Havre und Étretat. Er schreibt einen ins kleinste Detail reichenden Führer der Gestade und der Aussichtspunkte, durchsetzt mit Überlegungen, die eine für Frankreich neue Bereitschaft zeigen, sich den durch das Küstenschauspiel ausgelösten Gefühlen zu öffnen.[115]

Der pittoreske Code wird mehr und mehr zum Allgemeinplatz und bald zum abgedroschenen Klischee. Man stellt Bänke auf, um die bewundernde Betrachtung zu erleichtern. Die Aussichtspunkte werden mit Plattformen und Orientierungstafeln ausgestattet. Die Besichtigung des Leuchtturms gehört hinfort zum Ausflugsritual, und in den Städten kommen optische Schauspiele und bald auch »Panoramen« der Neugier eines Publikums entgegen, das immer größere Kreise zieht. Es dauert nicht lange, bis die Masse der Touristen einer neurotischen Mechanik des Blicks unterworfen ist. Der Reisende oder besser gesagt der Tourist zwingt sich, seine Eindrücke zu sezieren, um bestimmte Gefühle zu stimulieren oder besser zu beherrschen.[116]

1817 ist das Pittoreske der englischen Küsten auf ein derart banales Niveau herabgesunken, daß Jane Austen, die der neuen Mode übrigens selbst nicht widerstehen kann[117], es angelegentlich ins Lächerliche zieht. Während die Reisegesellschaften auf der Insel Staffa stereotype Gemütserregungen genießen, füllen die lächerlichen Personen an dem von der Romanautorin erfundenen grotesken Strand von *Sanditon* ihre Gespräche mit Klischees der pittoresken Meerlandschaft, die der *Beau*, der elegante Schönling, als stumpfe Waffe der Verführungskunst benutzt.

Die Abneigung gegen den heißen Sand und
das neue Gefühl für Transparenz

In den beiden letzten Jahrzehnten des 18. Jahrhunderts entdecken Künstler und Altertumsliebhaber die Südküste des Königreichs Neapel. Endlich ist für das einst von Winckelmann ans Licht gehobene Großgriechenland die Zeit der ästhetischen Erforschung gekommen. Eine Hymne an die pittoresken sizilianischen Gestade konterkariert die seit langem bestehende Abneigung gegen die Strände Italiens. Der Abscheu geht so tief, hebt sich so negativ gegen die Mode der Engländer ab, die scharenweise an die Küste von Sussex strömen, daß er eine nähere Untersuchung verlangt.

Während die Gelehrten beginnen, die heilsamen Wirkungen des rechten Gleichgewichts zwischen den Elementen an den windgefegten, von den Gezeiten reingewaschenen Küsten des Nordens zu rühmen, verfeinert und systematisiert die an alte wissenschaftliche Überzeugungen anknüpfende Medizin ihre Abwertung der Mittelmeerstrände. Unter Berufung auf den todbringenden Charakter der malariaverseuchten italienischen Küsten werden die vom lauwarmen Meerwasser bespülten heißen Sandstrände vehement disqualifiziert. Dieser gelehrte Diskurs übernimmt und verstärkt das herrschende Bewertungssystem. Es ist wichtig, die theoretischen Rechtfertigungen des Widerwillens gegen den heißen, sonnenbeschienenen Strand sorgfältig zu analysieren und dabei zu bedenken, daß andernorts zur gleichen Zeit der Wunsch zutage tritt, seinen Körper den tonisierenden Wellen der Nordmeere auszusetzen. Scarborough und Brighton werden eine unerwartete Zuflucht vor den Schädigungen der Zivilisation. Die überalterten Gestade des Tyrrhenischen Meeres hingegen haben ihre belebende Kraft im Laufe der Jahrhunderte derart schwinden sehen, daß sie nurmehr Bilder der Hölle sind: Als ungesunde Stätten der Sittenlosigkeit und der Entartung symbolisieren sie das Mißbehagen des Reisenden.

Diesen Ufern, diesen Nahtstellen, wo genau wie im Norden alle vier Elemente aufeinandertreffen, fehlt das entscheidende Gleichgewicht. Seit Lancisi haben die Gelehrten sich bemüht, diese Disharmonie zu analysieren, um die geheimnisvolle Entstehung der »schlechten Luft« aufzuklären – ein Vorhaben, das zwischen 1787 und 1797 mit Thouvenels ambitioniertem Unterfangen einer »exakten Analyse der Atmosphäre an den italienischen Stränden« seine Krönung erlebt.[118]

Die Grundsätze der neuen Klimatologie, die eine medizinische Einteilung der Küstenregionen begründen, gehen auf die neohippokratische Tradition zurück. Nach Ansicht der Gelehrten leiten sich die wichtigsten klimatologischen Merkmale eines Ortes von den Modalitäten des ewigen Konflikts zwischen den Elementen ab.[119] Und der bevorzugte Schauplatz, der »von Agonie gezeichnete Ort«, an dem dieser Kampf ausgetragen wird, ist der Strand. Oft bahnen sich an eben diesem *limes* atmosphärische Störungen an, die das gesamte Festland betreffen. Für die neohippokratische Klimatologie ist das Meeresufer ein nützliches Laboratorium, das im Kleinen die Beobachtung der großen meteorologischen Phänomene erlaubt. Daher die Bedeutung, die diesen bescheidenen Räumen beigemessen wird, ganz gleich, ob es um gesunde Küstenstreifen oder um todbringende Strände geht.

In ihrer neuen Differenziertheit lehnt diese Klimatologie einseitige Erklärungen ab; sie verlangt eine komplexe Analyse, die alles berücksichtigt, was in unseren Augen zur Chemie, Physik, Biologie und Geologie gehört. So wird den von Lancisi genannten

Ursachen, etwa dem Küstengestank oder den übelriechenden Ausdünstungen des Meeres, selbstverständlich Rechnung getragen. Und Thouvenel wendet die analytischen Methoden der modernen Chemie auf die gemischten salzigen, ammoniakhaltigen, salzsauren und bituminösen Emanationen der italienischen Strände an, um sie in ihre Bestandteile zu zerlegen. Es wird jedoch nicht angenommen, daß die ungesunden Einflüsse damit ausreichend erklärt wären. Entsprechend kann auch die Nähe der stagnierenden Sumpfgewässer, in denen verwesende und giftige Pflanzen ihre stinkende, von heißen Winden angefachte Fäulnis mit der Zersetzung tierischer Kadaver mischen, nicht allein für die Entstehung der schlechten Luft verantwortlich sein.

Um die Luftverseuchung an den Stränden des Mittelmeers in ihrer ganzen Komplexität zu begreifen, muß jedes Element – und nicht nur die Beschaffenheit des Wassers – untersucht werden. Die sommerliche Trockenheit verhindert eine angemessene Reinigung der Atmosphäre an den von glühender Sonne geplagten Orten. Die Brisen und die nachts aufkommenden Landwinde treiben an den Ufern einen dicht über dem Boden hängenden weißlichen Nebel zusammen, dessen dicke, feuchte, übelriechende Luft allein schon eine schreckliche Gefahr darstellt. Die warmen Seewinde, die aufsteigende Sonne und die von Sand und Wasser reflektierte Hitze machen die Luft um die Mittagszeit unerträglich stickig.[120] Das Schlimmste daran ist nicht die erhöhte Temperatur des Fluidums, sondern die Tatsache, daß es schwerer, weniger elastisch und damit gärungsfähiger wird. Oft verstärkt sich die ungesunde Wirkung der stickigen Luft durch die runden oder halbrunden Kessel in den Alpen oder im Apennin.

Ein »Übermaß an Feuer«[121] in der Atmosphäre macht das wünschenswerte Gleichgewicht unmöglich. In der Mittagshitze wird der noch nicht aufgelöste Küstennebel »durch die Sonneneinwirkung von unreinen Beimischungen geläutert«. Er dünstet dann »ungute Dämpfe« aus, die Faulfieber erregen können, wenn die schlechte Luft nicht durch einen hinzukommenden Vulkanrauch verbessert wird. Wir müssen die Dinge richtig verstehen: Das erschreckendste Schauspiel an diesen Küsten ist nicht der Vulkan, sondern der eingekesselte, den Sonnenstrahlen ausgesetzte Sumpf.

Es kommt hinzu, daß die tyrrhenischen Strände den beiden trockenen und heißen Winden der nordafrikanischen Küsten ungeschützt offenstehen: dem Schirokko und dem Gibli. Dadurch müssen sie »häufig den Ansturm fremder Miasmen und Winde«[122] ertragen.

Insgesamt unterliegt die Atmosphäre dieser Meeresküsten »starken und häufigen Umschwüngen«: »Stürmen, Wolkenbrüchen..., verpesteten Nebeln... und trockenen Dämpfen«, deren schnelle Abfolge das Gestade zu einer Bühne der Unbeständigkeit macht.

Auch die Erde wirkt sich auf die Atmosphäre dieser ungesunden Strände aus. Oft mischen sich »faulige Dämpfe« mit »erstickenden Dämpfen«, die von »gärungsfähigen unterirdischen Fossilien«[123] herkommen. Roland de la Platière, der die verfluchten Küsten entlanggefahren ist, betont die Intensität der mineralischen Dünste, die er dort wahrgenommen hat.[124] Aus der »fauligen« und der »erstickenden« Luftverseuchung entstehen noch gefährlichere Mischungen.

Die Beschaffenheit des Muttergesteins ist keineswegs geeignet, die schlechte Luft zu verbessern, im Gegenteil, oft verschlimmert sie die ungesunden Wirkungen. So vertritt Thouvenel beispielsweise die Ansicht, daß Schiefer und Mergel fette feuchte Böden schaffen, die ihrerseits übelriechende Miasmen erzeugen oder ihnen zumindest ein fruchtbares Milieu bieten.

Auch die Morphologie spielt eine Rolle bei der Entfaltung der faszinierenden Phänomenologie. Sandstrände, Dünen, Ablagerungen fließender Gewässer und das Meer selbst stellen dem ungehinderten Erguß der Flüsse lauter Hindernisse in den Weg. Sie verursachen die Bildung von Lachen, Sümpfen, ja sogar todbringenden Tümpeln. Die »Bergkessel«, in denen die Atmosphäre der italienischen Küsten »gefangen«[125] wird, speichern die in den feuchten Niederungen erzeugte Elektrizität. Dort brauen sich Thouvenel zufolge jene schrecklichen Nebel aus »elektrischen Dünsten« zusammen, die Europa 1783 heimgesucht haben.

Der Mensch ist ebenfalls an der Entstehung der schlechten Luft beteiligt. Die brachliegenden Böden der Küstenregionen erleichtern die Ausdehnung wildwuchernden Gestrüpps, in dem es von Tieren wimmelt, deren Kadaver oder Rückstände dort faulen und verwesen. Die vernachlässigten Ränder, widerwärtige Streifen hitzeausstrahlenden Sandes, erscheinen als Antithese der heiteren, gesunden, waldigen Landstriche, die in beruhigender Weise bezeugen, daß der Mensch sehr wohl fähig ist, die Kräfte des Chaos zu beherrschen. Im gleichen Maße, in dem die Seele des Reisenden sich an diesen bezaubernden Orten erquickt, verdüstert sie sich an den tyrrhenischen Stränden. Dort, heißt es bei Roland de la Platière, ist die Luft so schlecht, daß sie Bäume entlaubt, die Rinden austrocknet, die Hauswände zerfrißt und die Gesundheit der Bewohner untergräbt.

Der Grad der Unbekömmlichkeit ist natürlich von Ort zu Ort verschieden, was bedeutet, daß man genaue Messungen vornehmen und die Biographie der Luftverderbnis verfeinern muß. Thouvenel definiert zunächst einen »Grad der Verpestung«, bei dem niemand mehr von einer Erkrankung verschont bleibt, der das bloße Durchqueren der betreffenden Gegend zur schlimmsten Gefahr werden läßt: Zu dieser Kategorie gehören ihm zufolge »alle wirklich sumpfigen und *maritimen* Orte«[126]. An gut entwässerten Küsten können Kinder und Erwachsene zwar überleben, aber sie sind bleich wie lebende Gespenster. Allein die Berge und die Hügel scheinen bewohnbar, zumindest für die »Eingeborenen«.

Die Küsten der Adria sind offenbar nicht ganz so ungesund wie die des tyrrhenischen Meeres. Die aufgehende Sonne, der hippokratischen Tradition gemäß die einzig wohltuende, löst dort schon frühmorgens die schädlichen Nebel auf, die sich während der Nacht gebildet haben. Die Strände, nicht ganz so dicht von Bergen umschlossen, werden besser von reinigenden Winden durchfegt. Allgemein herrscht auf Kaps und Landvorsprüngen ein gesünderes Klima als an windstillen Golfen und schlecht belüfteten kleinen Buchten. Die Periode der Luftverderbnis erstreckt sich von der Sommersonnenwende bis zur Tagundnachtgleichen im Herbst; sie beginnt also mit der Badesaison, die den nördlichen Küsten zu Reichtum verhilft. Wie groß die Gefahr ist, hängt unter anderem von der Tageszeit ab: In den Momenten vor Aufgang der Sonne und unmittelbar nach ihrem Untergang erweist sie sich als besonders bedrohlich; gefährlich ist sie auch am Mittag, wenn das Gestirn sich dem Zenit nähert. Dem Reisenden bleiben also nur die einigermaßen bekömmlichen Stunden der Morgen- und Abendsonne.

Da alle zeitgenössischen Gelehrten und Reisenden sich mit einer öffentlichen Mission betraut fühlen, geht jede Beschreibung, jede Analyse der schlechten Luft, die an den italienischen Küsten herrscht, mit einem Reformprogramm einher. Man rät vor allem, die Sümpfe trockenzulegen oder aufzuschütten, wucherndes Gebüsch zu entfernen, Dünen zu bepflanzen und die Lage der Wohnhäuser zu verändern. Roland de la Platière, später Innenminister, empfiehlt die Errichtung künstlicher Dämme und vor allem eine Umverteilung großer Ländereien an kleine Grundbesitzer. Hier lenken sanitäre Ziele den Plan einer Sozialreform.

Die verdorbene Luft an den italienischen Stränden schlägt sich in unerfreulicher Weise auf die Stimmung der Menschen nieder. In diesem Zusammenhang muß nachdrücklich hervorgehoben werden, daß die Landschaftsbewertung nicht allein von ästhetischen Gesichtspunkten abhängt, daß sie kein Monopol des Künstlers ist, sondern auch die Seelenkunde betrifft. Es gibt einen unmittelbaren Zusammenhang zwischen den Reaktionen des Reisenden und der Beschaffenheit des Klimas. Dieses, verstanden im Sinne des Wetters, wird ähnlich definiert wie ein Ort, der sich durch seine Morphologie, sein Aussehen, durch die Ausblicke, die er bietet, und die Aktivitäten, die er erlaubt, auf die Stimmung des Besuchers, ja sogar des bloßen Betrachters auswirkt. Es wäre daher sinnlos, die Geschichte der ästhetischen Bewertungssysteme von dieser medizinisch orientierten Geographie zu trennen. Das zeitgenössische Individuum bewertet eine Gegend nach seinen kinästhetischen Empfindungen, den Wahrnehmungen seines Zwerchfells und seiner Eingeweide. Jede Landschaft wirkt auf den Menschen: Sie kann sich als schädlich oder als wohltuend erweisen, ist aber ebensowenig neutral wie die medizinische Disposition eines Ortes.

Gewiß, der Tourist des 18. Jahrhunderts hat das Gefühl einer direkten Verbindung zwischen Mensch und Makrokosmos verloren, und die Natur ist für ihn zum Schauspiel geworden. Dennoch hat er keineswegs jene Abgehobenheit der panoramischen Betrachtung erreicht, die ihm allzu oft unterstellt wird. Er glaubt, er fühlt, daß die Gegend, die er bereist, wohltuend ist oder Gefahren birgt, daß er an ihr gesunden oder sterben kann. Infolgedessen wird die Beschreibung der ästhetischen Vorzüge eines Landes in den Reiseberichten meist der Darstellung seiner meteorologischen und topographischen Eigenschaften untergeordnet.

So erklärt sich die Sorgfalt, mit der Reisende, Ärzte und Verwaltungsbeamte sich bemühen, ihre Beobachtungen zu analysieren und ihre »Gefühlsregungen« angesichts des »betrüblichen Schauspiels« der italienischen Küsten kundzutun. Dem Fremden, der dort entlangfährt, versichert Thouvenel, droht zunächst einmal »Niedergeschlagenheit«, das heißt »seelische Bestürzung«[127], ganz das Gegenteil der belebenden Wirkung, die man sich von den Küsten des Ärmelkanals verspricht. Der Aufenthalt am Mittelmeer *schwächt die Lebensenergie,* er unterminiert die Körperkräfte, verursacht »Zerschlagenheit« und »erschöpfende Schweißausbrüche«, die Symptome endemischer Fieber. Wenn der Reisende den richtigen Zeitpunkt für seine Unternehmungen wählt, wenn er stets darauf achtet, die glühende Sonnenhitze zu meiden, kann er sich eine Krankheit sicher ersparen. Doch den Rückwirkungen, die der Ort auf seine Stimmung ausübt, wird er nicht entgehen. Die Ärzte, die für diese Strände das ganze Vokabular des Abscheus parat haben, scheinen ein gutes Gespür dafür zu haben. In ihrem finsteren Diskurs entwerfen sie einen Alptraum, dessen Tragweite erst richtig klar wird, wenn man ihn den Lobeshymnen auf die heilsame Küste von Brighton gegenüberstellt. Liest man Thouvenels dreibändiges Werk, so ruft der tyrrhenische Strand in der Sommersaison eine Fülle höchst unangenehmer Assoziationen hervor: Er erinnert an Fettes und Dickes, Feuchtes und Dunstiges, Stagnierendes, Modriges und Stinkendes, an Gärendes, Verwestes und Verfaultes, Erstickendes und Drückendes, an das Brennen der Sonne, die Eingeschlossenheit in Bergkesseln und den Zustrom fremder Miasmen. Kurz, Thouvenel führt dem Leser einen Katalog von Phantasmen vor Augen, die zur damaligen Zeit, wie ich an anderer Stelle dargelegt habe, einen entscheidenden Einfluß ausüben.

Es erübrigt sich daher, hier ausführlich auf das Konzert der Klagen einzugehen, die wir von den Besuchern der römischen Campagna, der toskanischen Maremmen, ja selbst der Rivierastrände zu hören bekommen. Lange bevor Chateaubriand 1804 über die schöne Wehmut schreibt, die ihn angesichts der Trostlosigkeit dieser Gegenden überkommt, erweisen die Beschwerden sich als unerschöpflich. Seit die Reisenden in der Lage sind, die Zeichen der Zeit in einem sich entwickelnden Raum zu lesen, ist es gang und gäbe, daß sie die örtliche Politik nach den Spuren beurteilen, die sie in der Landschaft hinterläßt.[128] Schon 1687 beschreibt Gilbert Burnet[129] den deprimierenden Anblick, die »modrigen Gewässer« und die »stinkende Luft« jener Landstriche, die den Weg von Rom nach Civitavecchia säumen: Er macht die schlechte Regierung des Papstes für die Mißstände verantwortlich.

1739 ist es der Präsident Charles de Brosses, der seine Betroffenheit äußert und die päpstliche Verwaltung kritisiert, die bald als das Gegenteil einer aufgeklärten Alleinherrschaft gelten wird.[130] Gegen Ende des Jahrhunderts schreibt Roland de la Platière, die verdorbene Luft an den tyrrhenischen Küsten habe ihm den Atem verschlagen, und Choiseul-Gouffier[131] empört sich auf dem Weg nach Griechenland über die verrotteten Strände von Milo. Auch im folgenden Jahrhundert lassen die Schmähungen nicht nach. Creuzé de Lesser, der ohnehin wenig zur Bewunderung neigt, prangert 1801 sogar die ungesunden Verhältnisse an der wunderbaren Küste des antiken Bajae an: In seinen Augen ist sie nur »ein sumpfiges, schon halb vom Meer verschlungenes Ufer, dessen bleiche Bewohner Mühe haben, den Sommer zu überleben«. Und er fährt fort: »Wenn man weiß, daß die ganze Mittelmeerküste von diesem Punkt bis hin zu den Maremmen von Siena fast überall unbewohnbar ist, bewundert man das schöne Italien erheblich weniger.«[132] Wer beim Durchqueren der Pontinischen Sümpfe einschläft, droht nie wieder aufzuwachen. Und was soll man erst sagen, wenn man an die unerträgliche Luft in Ostia und in Latium denkt, von der Carl Victor von Bonstetten[133] in seinem langen Bericht ein erschreckendes Bild zeichnet. Diese »grauenhafte Gegend«, diese »abscheuliche, verpestete Küste«[134] sind in höchstem Grade abstoßend.

In der zweiten Hälfte des 18. Jahrhunderts erregen nicht nur die Strände, sondern die Mittelmeerküsten insgesamt Traurigkeit, ja sogar Widerwillen. Die Reisenden aus dem Norden finden keinen Gefallen an den nackten kahlen Felsen, den ockergelben, der prallen Sonne ausgesetzten Steinhängen. Die Küstenlandschaften der Provence und der Riviera erscheinen nur dann bewundernswert, wenn sie mit Apfelsinen- oder Zitronenbäumen bewachsen sind, oder wenn sie das Bild heiterer Städte inmitten grüner Gärten bieten. 1754 beschreibt Fielding seine Enttäuschung über die ausgedörrten Landschaften der Tejomündung, die ihn die kräftigen Farben der englischen Flur vermissen lassen.[135] Einer nach dem anderen, und dies sind nur Beispiele, schildern Sulzer, Guibert, Millin, Young und Roland de la Platière ihre Ernüchterung. Johann Georg Sulzer[136], empfänglich für den »wunderbaren Blick«, den er im Oktober 1775 auf dem Cap d'Antibes entdeckt, aufmerksam auch für das Schauspiel der Wellen, die sich an den Felsen von Nizza brechen und wie »Kaskaden« schäumend ins Meer zurückfallen, fühlt sich in den heiteren kultivierten Landschaften weitaus wohler als an der »unbebauten, mit Felsen gespickten Küste« zwischen Menton und Monaco. Millin schreibt über die Kalksteinküsten bei Toulon: »Alles trägt zum Grauen dieser Gegend bei, die man für eine Höllenpforte halten könnte«; die Wege zu der schönen fruchtbaren Ebene um den großen Hafen hingegen erscheinen ihm als Übergang vom »Erebos zum Elysium«, und die Stadt Hyères nimmt in seinen Augen die Gestalt eines »neuen Hesperidengartens« an[137]. Bisweilen gehen derartige Schilderungen mit heftigen Schmähungen der brennenden Sonne einher, vor allem wenn es keine Grotte und keine Bäume gibt, um sich vor ihr zu schützen. In solchen Situationen unterbricht der Reisende unfehlbar seinen Spaziergang.[138]

Es vergehen viele Jahrzehnte, ehe ein anderes Bewertungssystem diesen überdrüssigen Blick ablöst. Voraussetzung ist ein ganz neues Verhältnis zur Sonne, zum heißen Sand, zum nackten Boden, zum Kalkrelief, zu allem, was unsere Bilder von Stränden und Ferienclubs prägt. Der unaufmerksame Leser droht einem Anachronismus zu verfallen, wenn er übersieht, daß der Zustrom der Touristen an die Ufer des Mittelmeers durch ein ganzes Bündel verschiedener Reize und Verlockungen ausgelöst wird, eine bunte Mischung, deren Bestandteile heute in Vergessenheit geraten sind: Da ist die nostalgische Sehnsucht nach der Antike, der Wunsch, archäologische Entdeckungen zu machen, die Suche nach den von Salvator Rosa oder Claude Lorrain dargestellten Landschaften, aber auch die Hoffnung, von körperlichen Leiden geheilt zu werden, die Freuden des Aufenthalts an den hohen Felsküsten und die des Strandspaziergangs an den vom Seewind gekühlten Landvorsprüngen zu genießen.

Im Bereich der Ästhetik finden sich die vom Neohippokratismus hervorgehobenen negativen Werturteile wieder. Dem Maler Valenciennes zufolge gibt es unter den vier Tageszeiten eine, die den Künstler vor schwierige Probleme stellt: die Mittagszeit. »Der ermüdende Anblick des fahlen Lichts, das Schweigen der Vögel, das durchdringende Zirpen der Zikaden, die Mattigkeit der Tiere aller Art, ja der schweißbedeckte Mensch selbst...«[139] schrecken den Liebhaber der schönen Natur.

Glaubt man Valenciennes, so hat eine sonnenverbrannte Landschaft noch nie ein Meisterwerk hervorgebracht. Die Stille, die Reglosigkeit aller Dinge in der Natur, die Unveränderlichkeit der Eindrücke und die daraus resultierende Gefühlsleere zwingen den Maler zu einem Kunstgriff. Er muß etwas Pathetisches in sein Gemälde bringen, eine Feuersbrunst, ein Gewitter inszenieren, wenn er die Aufmerksamkeit des Betrachters fesseln will.

Nach der Rundfahrt des Barons von Riedesel[140] im Jahr 1767 zeichnet sich in den Reiseberichten über die Gestade Großgriechenlands eine ganz andere Art Küstengenuß ab. Die klassizistische

Ästhetik der damaligen Zeit erblüht erst auf diesem griechischen Boden, wo eine ganz neue Auffassung von der Substanz heranreift. Ein bislang unbekanntes Gefühl widerspricht dem Abscheu vor den Küsten Mittelitaliens und durchbricht die eintönige Reihe der Klischees, die Vernets Nachfolger anbieten.

Dem Anschein nach setzt das am Ende des Jahrhunderts entstehende Modell den klassischen Tourismus fort. Die leidenschaftliche Begeisterung für Altertümer und der Sinn für archäologische Zeichnungen regen weiterhin zu einer Reise an, die oft die Form einer wissenschaftlichen, von Mäzenen geförderten Expedition annimmt. Immer noch fesselt der antike Text die Vorstellungskraft des Reisenden, der, Homer oder Fénelon in der Hand, die Küstenlandschaft studiert. Der Tourist betrachtet das sizilianische Ufer, an dem Nausikaa und ihre Gefährtinnen sich tummelten, mit den Augen des Odysseus.

Mehr oder weniger bewußt beugen Künstler oder Kunstliebhaber sich den Reisevorschriften, die einige geschätzte Autoren in Traktaten für sie erarbeitet haben. Sie unterwerfen sich dem Gebot, alles aufzuzeichnen, was als Erinnerungsstütze dienen kann. Mehr noch als Gilpin verlangt der wenig auf Lobpreisungen des Schöpfers bedachte Valenciennes »Gedächtnisübungen«, da die Erinnerung in seinen Augen der wichtigste Zweck der Reise ist. Ein junger Künstler, der die Suche nach dem Pittoresken mit einer laufenden Einprägung der Eindrücke in sein Gedächtnis verbinden will, ist es sich schuldig, alles aufzuzeichnen. »Führt auf der Reise ein stichwortartiges kleines Tagebuch«, schärft Valenciennes ihm ein, »und wenn Ihr nach einigen Jahren nach Hause zurückkehrt..., bringt Mappen voller Zeichnungen, Skizzen, Studien und zahlreiche Tabellen, Notizen und Beobachtungen mit. Dann habt Ihr viel zu tun, all diese zerstreuten Materialien zusammenzustellen.«[141] Während der Reise besteht die erste Aufgabe des Ästheten also im Aufschreiben eines Berichts, einer stichwortartigen Schilderung, unterbrochen von den Entdeckungen der Naturereignisse. Am Motiv wagt der Künstler einen Entwurf, ohne das Modell auch nur ein einziges Mal anzusehen; danach vergleicht er seine Arbeit mit der Wirklichkeit, um möglichen Auslassungen auf die Spur zu kommen. Beim ersten Halt macht er es sich zur Pflicht, nach dem »noch frischen Eindruck«[142] Skizzen anzufertigen. So erhält er eine *Sammlung unmittelbarer Eindrücke,* die ihm nach Beendigung der Reise ermöglichen werden, sein bildnerisches Werk zu vollenden oder sich zumindest an den »reinen und unschuldigen« Freuden zu ergötzen, die beim Wachrufen »der vielfältigen und regelmäßigen Momente, aus denen die Kette unseres Lebens sich zusammensetzt«[143], entstehen. Denn »durch ihre Betrachtung erblüht die Seele und erkennt den ganzen Wert ihrer Existenz«.[144]

Valenciennes erwartet, daß der Künstler seine Jugendreise über mehrere Jahre ausdehnt. Er versteht sie als Initiationsreise, die sowohl die besonnene große Produktion als auch den Genuß der Erinnerung auf ein reiferes Alter verschiebt. Doch über diese Serie von Anweisungen hinaus offenbaren die Berichte über Reisen in die »neuen Landschaften«[145] Süditaliens eine nie dagewesene Erfahrung der Substanz und der Eigenschaften des Wassers, des Sandes, der Felsen, der leuchtenden Sterne. Süditalien erweitert die Wahrnehmung. Bezeichnend ist in diesem Zusammenhang die allmähliche Gefühlsbereicherung, von der Goethe berichtet, als er auf seiner Reise in den Jahren 1786 und 1787 das Mittelmeer entdeckt. In Venedig empfindet er zum ersten Mal, gewissermaßen nach Art der Franzosen, was für ein erhebendes Gefühl es ist, »das Meer zu schauen«. In der Nähe von Gaeta bewundert er eines jener Seestücke, die sich ihm aus der Malerei eingeprägt haben. An der Bucht von Neapel erlebt er die Vergnügungen der dort üblichen Geselligkeit, eine ganz neue, unerwartete Art, die Küste zu genießen: Spaziergänge am Wasserrand, das Schauspiel der badenden Jünglinge und die »Konversation« am Strand oder auf einer Terrasse erinnern an das antike Bajae. Während der Schiffsfahrt nach Sizilien entdeckt Goethe auf hoher See die Unendlichkeit des Meeres. Aber erst in Palermo enthüllt sich ihm das unsäglich Malerische der südlichen Gestade, die durch den magischen Effekt der Luft erzeugte Harmonie: »Mit keinen Worten ist die dunstige Klarheit auszudrücken, die um die Küsten schwebte, als wir am schönsten Nachmittage gegen Palermo anfuhren. Die Klarheit der Konture, die Weichheit des Ganzen, das Auseinanderweichen der Töne, die Harmonie von Himmel, Meer und Erde. Wer es gesehen hat, der hat es auf sein ganzes Leben. Nun versteh ich erst die Claude Lorrain und habe Hoffnung, auch dereinst im Norden aus meiner Seele Schattenbilder dieser glücklichen Wohnung hervorzubringen.« Und der Reisende schließt: »Hier ist erst der Schlüssel zu allem.«[146] Das Gefühl, das diese Entdeckung in dem Dichter auslöst, verweist ihn auf die alten Texte. Es ermöglicht ihm ein neues Verständnis sowohl der *Odyssee* als auch der Gemälde Claude Lorrains.

Am Ende dieses von Lichteffekten faszinierten Jahrhunderts erreicht die literarische Analyse der farblichen Nuancen des Wassers eine bis dahin unbekannte Präzision. Forster labt sich an den optischen Variationen, die das Meerwasser ihm vor Augen führt.[147] Valenciennes, der nach Sizilien gereist ist und über die lange Beobachtungsarbeit der Marinemaler aufklärt, zählt die Farben und Farbtöne, die das Mittelmeer annehmen kann, im einzelnen auf. »Bei Sturm sind die Wellen des Meeres braun, grünlich und schaumig«, und wenn der Mond am wolkenlosen Himmel scheint, »wirken sie silbrig, wie riesige Kristalle. Der im Dunkeln liegende Teil der Fluten zeigt nur ein kräftiges Schwarzgrün und bläuliche Reflexe.«[148] Im Nebel »ist das Meerwasser grau und von der gleichen Farbe wie die Atmosphäre, vor allem bei ruhiger See; ist diese aber stürmisch, nimmt es andere Töne an: Grün, Schwärzlich, Grünlich-Blau und Dunkelviolett gemischt mit dem schaumigen Weiß der Wellenkämme, die sich, indem sie sich brechend überschlagen, in nichts auflösen. Die Welle, die ans Ufer rollt und auf einem Strand ausläuft, ist schaumig und weiß, während sie sich auf dem offenen Meer meist durch den schillernden Glanz ihrer sonnenbeschienenen Seite abhebt. Die Spiegelung von Bergen und Wolken oder sonstigen Objekten der Außenwelt tragen ebenfalls zur Färbung des Meerwassers bei. Selbiges sieht an den französischen Küsten ganz anders aus als in Holland, und das Mittelmeer hat noch einen anderen Ton.«[149]

Dieser äußerst präzise normative Text soll als eine Propädeutik des Blicks verstanden werden. Er regt zur aufmerksamen Beobachtung der unbeständigen Wassersubstanz an, zu dem Versuch, die flüchtige Farbe zu erheischen und die Klarheit des Meeres, das »verjüngt« aus dem Sturm hervorgeht, wahrzunehmen. Durch derart virtuose Übungen in seinem Selbstbewußtsein gestärkt, schlägt Valenciennes schließlich vor, eine Farbkarte sämtlicher Meere des Planeten zu erstellen.

Die neue Art der Ergötzung beruht aber nicht nur auf Farbanalysen.[150] Die visuelle Komplexität der Meerlandschaft regt gleichermaßen zum Rundblick, zur kinästhetischen Wahrnehmung der Dinge und zum senkrechten Blick in die klaren Tiefen an. Unter diesem Aspekt ist allenfalls die Erfahrung des Aeronauten mit der des Betrachters der Wassermassen vergleichbar.

Die Küsten von Großgriechenland – und bald auch die Gestade Griechenlands – lassen den Reisenden die erregende Transparenz des Wassers, die schwindelerregende Tiefen sichtbar macht, empfinden. Die Durchschaubarkeit des Meeres ermöglicht das Erlernen eines vertikalen Blicks, der das Unterwasserschauspiel um so faszinierter betrachtet, als dieses sein Geheimnis vollständig bewahrt. Vivant Denon[151] ist verblüfft über die Klarheit dieser Gewässer. Valenciennes lädt zur Erforschung der kristallinen Wellen ein, an deren Grund man die kleinsten Kieselsteine sieht. Jean Houel, empfänglicher als alle anderen für das »transparente Wogen«, stellt dem Leser das ganze Spektrum seiner Gefühle dar. In einem Kahn erlebt er die »Verzauberung« des klaren Wassers am Eingang der Grotten. Seine Art des Entzückens, die »Ohnmacht seiner Sinne« sind weit entfernt von den Gefühlsaufwallungen des Touristen auf der Insel Staffa.

»Da sie [die Grotten in der Gegend von Palermo] tief zwischen den Felsen liegen, bleibt ihr Wasser in einem Ruhezustand, der es vollkommen rein erscheinen läßt, so klar, daß es vor dem betrachtenden Auge gewissermaßen verschwindet; deutlich sieht und erkennt man die kleinsten Gegenstände in mehr als zwanzig Fuß Tiefe... Was diese Situation vollends wunderbar und einzigartig macht, ist die außerordentliche Durchsichtigkeit des Wassers. Man sieht es einfach nicht. Man meint, man schwebe wie durch Zauberei in einer Barke über den Dingen, die man beobachtet: Man kann nicht glauben, daß eine flüssige Substanz den Zwischenraum füllt. Und um die Überraschung komplett zu machen, setzt dieses so überaus reine Wasser der Barke fast keinen Widerstand entgegen; so leicht gleitet man in ihr dahin, daß man den Ruderschlag nicht spürt: Das ist wirkliche Verzauberung.«[152]

An den Küsten Siziliens erfindet Houel eine neue Art, den Abgrund zu erleben. Er besichtigt die Klippen der großen Tiefe, indem er sich sozusagen auf dem Luftweg über dem klaren Wasser fortbewegt. Wie den modernen Wellenreiter packt ihn der Schwindel der Transparenz.

»Die Felsen fallen in gerader Linie ungeheuer tief ins Meer ab. Durch ihre weiße Farbe erkennt man sie leicht im Wasser des Meeres, das sehr dunkel wirkt, weil es tief ist, und weil es nach Norden im Schatten der Felsen liegt: Und da es vollkommen durchsichtig ist, gähnt unter dem Boot, das einen trägt, neben dem Fels eine Leere, ein Abgrund von grausiger Tiefe, über dem die Barke am Rand der glatten, senkrechten Wand, die keine Hilfe bietet, zu schweben scheint. Man wähnt sich in vollkommener Einsamkeit magisch in der Luft gehalten: Man stellt sich, würde das Boot einem entzogen, einen entsetzlichen Absturz vor. Der Gedanke, man könnte ertrinken, stellt sich zunächst gar nicht ein, er kommt erst durch entsprechende Überlegungen. Auf hoher See hat man nicht dieselbe Furcht, weil es keine Gegenstände gibt, die auf die Durchsichtigkeit des Wassers hinweisen, und weil die Imagination keine Möglichkeit hat, sich so zu verirren wie hier, wo sie unten am Meeresgrund den Fuß des Felsens sucht, der sich im tiefsten Dunkel des Abgrunds mit dem Wasser vermischt.«[153]

Der durch das tosende Meer hervorgerufene Schrecken, das Brausen der Wellen, die bedrohlich scharfen Riffs treten hier hinter den Bildern des Versinkens im durchsichtigen Wasser zurück. Das Phantasma des Ertrinkens wird durch das des Abstürzens verdrängt. Houels Erfahrung zeigt erstmals den romantischen Gegensatz zwischen dem Sturm und dem Untergehen im glasklaren Wasser, der das tragische Schicksal von Victor Hugos Romangestalt Gilliat ebenso begleitet wie das der unglücklichen Passagiere der Ourque in *Der lachende Mann*. Das Gefühl einer Äquivalenz der verschiedenen »Fluida« drängt sich dem reisenden Künstler auf, während Lavoisier die Gleichheit der Substanzen, aus denen sie sich zusammensetzen, analytisch nachweist und mögliche Verwandlungen zur Diskussion stellt.

Obwohl der besagte Zauber ausschließlich den Ozean kennzeichnet, muß an dieser Stelle doch an die Intensität der damals so erstaunlichen Erfahrung des phosphoreszierenden Wassers erinnert werden. Dieses Phänomen, das es heute nicht mehr gibt, regte zu Träumen von der Tiefe an.[154]

Noch eine andere Art der Naturbetrachtung wird dem Reisenden am Ende des Jahrhunderts geläufig: Sie besteht darin, das Schiffsdeck als Observatorium zu benutzen, um die Gestirne des Himmels und ihren Widerschein auf der Oberfläche der nächtlichen Gewässer zu beobachten. Auf dem offenen Meer vor Dover gibt Georg Forster[155] sich 1790 dieser ästhetischen Erfahrung hin. Das Mittelmeer bietet dem Spektrum der damit zusammenhängenden Gefühle genau wie den Lichteffekten der neapolitanischen Nacht die schönsten Entfaltungsmöglichkeiten. Die milde Temperatur, die Reinheit der Atmosphäre erzeugen eine besondere Stimmung. Stundenlang beobachtet Roland de la Platière den Sonnenaufgang über dem Tyrrhenischen Meer.[156] Weit draußen vor Livorno hält André Thouin sich in der zweiten Nacht seiner Reise lange an Deck auf, um die sprühenden »leuchtenden Funken«[157] im Kielwasser des Schiffs zu betrachten. Er bewundert die »herrlich silbrige Farbe«, die der Mond dem Meerwasser verleiht. Auf der Mole von Lipari, der größten Liparischen Insel, erwartet Jean Houel den Tag.

»Das Meer brandete gegen den Sockel«, schreibt er. »Der schon seit einigen Stunden aufgegangene Mond überflutete die Wellen mit einem hell glänzenden Licht, das mein bescheidenes Mahl sehr pittoresk gestaltete... In meinen Mantel gehüllt legte ich mich ans Ufer und verbrachte dort den Rest der Nacht.«[158]

Das trockene Klima, die zahlreichen Archipele und die archaischen anthropologischen Strukturen ermöglichen hier, an den Küsten von Großgriechenland, und bald auch an den griechischen Gestaden selbst, eine wildere, ursprünglichere und folglich authentischere, tiefer in die Substanz gehende Form der Robinsonade, als der »Invalide« sie auf der Isle of Man erlebt. Ein Beweis dafür ist die Erfahrung, die Jean Houel im Verlauf seiner systematischen Erforschung der Vulkane auf den Liparischen Inseln macht. Nachdem er den Krater von Volcanello untersucht hat, kehrt er an den Strand zurück, um das Mahl einzunehmen, das seine Seeleute ihm bereitet haben: »Dieser Vulkan, dieser feine weiße Sand am Ufer, die bei vollständig ruhiger See auf den Strand rollenden Wellen, die Einsamkeit, die großen Gedanken, die vulkanische Berge stets eingeben, und die weite Ausdehnung des Meeres haben einen unbeschreiblichen Zauber, den man voller Entzücken genießt. Wie in heißen Ländern üblich, gab ich mich nach dem Essen einem süßen Schlummer hin; ich lag im weichsten Sand, und mein Kopf ruhte auf einer kleinen Felserhebung, so bunt gesprenkelt, wie es nur Steinpflanzen oder Seemoose vermögen: Eine prächtige, von der Natur gewirkte Stickerei. Das Segel meines Boots diente mir als Vorhang und schützte mich gegen die Sonne.«[159]

Vom Sturm auf eine kleine Insel bei Malta verschlagen, unternimmt Roland de la Platière, zitternd vor der echten oder eingebildeten Bedrohung durch Piraten, eine überaus ergötzliche drei Tage und vier Nächte währende Robinsonade. Wie der Held bei Daniel Defoe bricht er schon im Morgengrauen des ersten Tages zur Entdeckung seiner Insel auf und erklimmt die Höhen, um die Konturen der Küste besser zu überblicken. Dann macht er einen ausgiebigen Streifzug an den Ufern entlang, ehe er zu seinem Boot, wo die Seeleute warten und wo er sich in Sicherheit fühlt, zurückkehrt. Dieses bis in die letzten Feinheiten ausgelebte Regressionsspiel verschafft ihm eine unbekannte Lust, ausgelöst durch den vorübergehenden Verzicht auf Konventionen und Gesundheitsvorschriften in Verbindung mit dem Wohlgefühl eines vom Abenteuer ermüdeten Körpers.[160]

Langsam entsteht der Wunsch nach einem neuen Tourismus, weit entfernt von der klassischen Neapelreise. Am Ende des 18. Jahrhunderts erschöpft Jean Houel alle Möglichkeiten seiner Zeit, sich der Meeresküsten zu erfreuen.[161] Er genießt die Ausblicke, betrachtet entzückt das Ballett der Segelschiffe auf dem Wasser, beobachtet erwartungsvoll die Szenen, die den Rhythmus der vier Tageszeiten bestimmen, fiebert wie ein Künstler dem Schauspiel der Küstenvulkane entgegen und läßt sich vom Schwindel der glasklaren Tiefe ebenso faszinieren wie vom wimmelnden Leben am Meeresgrund. Vor allem hält er sich gern unter freiem Himmel auf, er schläft im Sand, zwischen den Algen, ißt am Ufer und badet in den Fluten. Und doch vergißt er nie, daß die Zeichnung von Altertümern Ziel seiner Reise ist. Er liebt die Gesellschaft der Seeleute und beobachtet das Volk der Fischer, stets empfänglich für malerische Strandszenen, für genügsame Mahlzeiten mit sehr ursprünglichen, herzensguten Gastgebern, die an homerische Zeiten erinnern.

Dieser pittoresken Reise, die an den sizilianischen Gestaden in vollen Zügen ausgekostet werden kann, entsprechen am anderen Ende Europas die Träumereien eines Bernadin de Saint-Pierre. Niemand hat das Verlangen nach der Meeresküste so intensiv empfunden wie er. In seinen Augen ist sie der schönste Beobachtungsstandpunkt für die malerische Natur.

»Nicht auf den Berggipfeln, sondern am Meeresufer, nicht in den Logen, sondern im Parkett vollenden sich die Perspektiven, die Bühnenbilder, die Konzerte und die Dramen des großen Architekten, Malers, Musikers und Dichters dieser Welt...

Besonders an den Küsten des Ozeans, am Grund des unermeßlich weiten Tals, das ihn umschließt, vereinigt sich das harmonische Zusammenspiel aller Kräfte der Natur.«[162]

Die Bewußtwerdung dieses Primats regt Bernadin de Saint-Pierre zu einer ergreifenden Beschwörung des Glücks endloser, wilder und vertrauter Spaziergänge über die unberührten Küsten an, wo die »Harmonien des Wassers« sich unentwegt offenbaren. Beenden wir diese Rundfahrt in seiner Gesellschaft:

»Wäre das Glück mir hold gewesen, hätte ich eine Reise durch Europa und vielleicht rund um die Welt gemacht, weniger ermü-

Die Abneigung gegen den heißen Sand

William Turner
Strand von Calais bei Ebbe, 1830
Bury Art Gallery and Museum, Lancashire

dend, angenehmer und nützlicher als jene, die man alle Tage unternimmt, um sich in den Schweizer Bergen zu ergehen. Ich wäre übers Meer gefahren, an den festländischen Ufern entlang, wie die Wilden. Ein leichtes Boot mit Lateinersegel und einigen Ruhekissen hätte mir als Fahrzeug gedient und zwei Matrosen mit ihren Gefährtinnen als Besatzung. So wäre ich ohne Zögern mit Frau und Kindern an Bord gegangen. Alles hätte mir zur Belehrung oder zum Vergnügen gereicht. Wäre ich neugierig auf Mineralien, öffneten sich mir die Felsen, und an ihrem Sockel fände ich metallische Kiesel, in reichlichem Maße von Flüssen und Strömungen angeschwemmt. Liebte ich die Pflanzen, so pflückte ich an den Gestaden seltene Exemplare, von den Fluten aus den fernsten Ländern hergebracht... Jeder Ruderschlag fördert ein neues Blatt aus dem Buch der Natur zutage und enthüllt mir eine neue Landschaft. Während die Männer ausschwärmen, um zu jagen oder zu fischen, zünden die Frauen das Feuer an und bereiten das Essen.«[163]

Caspar David Friedrich
oben: *Abschied*, um 1818
(1931 im Münchner Glaspalast verbrannt)

unten: *Mondaufgang am Meer*, 1822
Berlin, Nationalgalerie

Streifzüge

Die Romantiker haben das Meer nicht entdeckt. Lange vor Ende des 18. Jahrhunderts sind die Küsten des Ozeans Orte der Kontemplation und der Ergötzung geworden. Als 1818 Byrons *Childe Harold* erscheint, ist es bereits gang und gäbe, daß man um einer schönen Aussicht willen auf die Dünen steigt, daß man die Felsen erklimmt, um sich hoch oben am erhabenen Schauspiel des Sturms zu berauschen, daß man den Ausschnitt einer bestimmten »Seelandschaft« im Panorama sucht. Ab Ende der fünfziger Jahre des 18. Jahrhunderts strömen die Massen nach Brighton, um die Badefreuden zu genießen. 1776 erfreut Jean Houel sich der frischen und durchsichtigen Klarheit des Mittelmeers, in dessen Gewässern er sich mit den jungen Sizilianern ergötzt. Dem Meer, verstanden als Zuflucht gegen die Melancholie und die schädlichen Wirkungen der kranken Stadt, wird von den Anhängern des Neptunismus eine entscheidende Rolle in der Geschichte des Planeten zuerkannt, während die Amateur-Geologen sich an den seit mehreren Jahrhunderten von Muschelsammlern frequentierten Küsten auf die Suche nach Gesteinsproben machen.

Die Romantiker übernehmen viel von früheren Modellen. Meist Erben des Ossianismus, kommt es vor, daß sie das Pittoreske eines Bildes in der gleichen Weise sehen wie die Reisenden es tun. 1828 besucht Dorothy Wordsworth die Isle of Man voll Aufmerksamkeit für das kleinste Detail und beugt sich Punkt für Punkt dem seit langem festgelegten Ritual des Erholungsaufenthalts am Meer.[1]

Dennoch haben die schöpferischen Kräfte der Romantik, die ersten, die einen kohärenten Diskurs über das Meer zustande brachten[2], die Spielarten eines ergötzlichen Stranderlebens ungemein bereichert und dem Verlangen nach dieser ungewissen Grenze starken Auftrieb gegeben. Sie haben den Sinn und die Tragweite bereits fest verankerter Praktiken erneuert und erweitert, sie haben Modelle der Kontemplation oder vielmehr der Konfrontation geliefert, vor denen die früheren Formen des Genusses am Wind, dem Sand und dem Meer allmählich verblaßten. Die Romantiker haben eine neue Art entdeckt, durch die Küstenlandschaft zu reiten, zu spazieren, zu wandern oder sich auf Vorgebirgen niederzulassen. Mit neuen Worten erzählen sie von den Erregungen des Badens und den feinsinnigen Eindrücken, die der Strand ihnen vermittelt.

Wir müssen uns hier wenigstens in groben Zügen[3] mit einem Vorstellungssystem, einer Gefühlsstrategie und einem Netz von Praktiken vertraut machen, die im gleichen Augenblick, in dem Jane Austen sich über die abgedroschene Bewunderung der pittoresken Küsten lustig macht, von Autoren wie Friedrich Leopold zu Stolberg[4], Byron, Shelley oder Chateaubriand hervorgebracht werden. Es ist wichtig zu analysieren, wie diese erneuerten Modelle zu noch unbekannten Formen der Naturbetrachtung einladen und neue Wege der Küstenträumerei eröffnen. Die Romantiker machen das Meeresufer zum privilegierten Ort der Selbstentdeckung. Aus der Sicht der Ästhetik des Erhabenen, wie sie gerade erst von Kant entwickelt worden ist, kann das Innehalten am Strand eine besondere Schwingung des Ich auslösen, das sich erregt den Elementen gegenübersieht. Am Meeresufer, wo Luft, Wasser und Erde aufeinandertreffen, kann sich dank dieses Schauspiels der Traum von einer Verschmelzung mit den elementaren Kräften besser entfalten als irgendwo sonst; hier hat das Phantasma des Verschlungenwerdens freien Raum, und hier entwickeln sich die Trugbilder jener Sinnestäuschung, die Ruskin als *pathetic fallacy* bezeichnet. Die Leere des Ozeans, zum metaphorischen Ort des persönlichen Schicksals erhoben, läßt den Strand als einen Grenzbereich erscheinen, der den Spaziergänger, unentwegt den Rhythmen des Wassers und des Mondes ausgesetzt, zu einer periodischen Lebensbilanz auffordert.

Bei allen Gelegenheiten ist der Betrachter nun selbst das Maß der Küsten. Das Individuum kommt nicht mehr, die Grenzen zu bewundern, die Gott der Gewalt des Meeres gesetzt hat. Auf der Suche nach sich selbst hofft es vielmehr, seine eigenen Grenzen zu entdecken oder, besser gesagt, sich wiederzufinden. So wird auch die große Bereicherung der Küstenerfahrung verständlich. Der Mensch versucht die Eindrücke, die das Meeresufer bietet, mit allen seinen fünf Sinnen wahrzunehmen. Hinzu kommt ein erwachtes kinästhetisches Gespür, das die Geschichte der Empfindsamkeit einen entscheidenden Schritt voranbringt. Die neuen Haltungen, die nie gekannte Art, am Strand zu lagern, innezuhalten sich in den Sand zu setzen oder zu legen, teilt viel von dieser vertieften Suche mit.

Der neue Reichtum der Gefühle

Die romantischen Maler und Schriftsteller machen den Strand zu einer Bühne, auf der die sich mischenden Elemente ihr Schauspiel entfalten.[5] Für mehr als ein halbes Jahrhundert legen sie neue Klischees fest: Das Meer steigt wie eine riesige Wasserhose zum Himmel hinauf, die Sterne lösen sich aus ihren Konstellationen und tanzen auf den plätschernden Wellen, Dunstschwaden vernebeln die Atmosphäre, und der feuchte Sand scheint seinen irdischen Charakter verloren zu haben. An eine Tradition der holländischen Künstler anknüpfend, verweilen die romantischen Maler beim Schauspiel der Küstenlandschaften.[6] Ihre besondere Aufmerksamkeit gilt dem Wattenmeer als Inbegriff des Vergänglichen und der untrennbar ineinander übergreifenden Elemente, der ihrer pantheistischen Träumerei entgegenkommt. Turners Darstellung der Ebbe am Strand von Calais[7] aus dem Jahr 1803 läßt den Betrachter diese Vermischung von Himmel, Meer und Sand empfinden. In der Serie, die Constable dreizehn Jahre später in Weymouth realisiert, ist der Horizont keine Scheidelinie mehr, die »wie in den klassischen Landschaften zwei heterogene Gesichtswelten mit festgelegten Farben und festgelegten Werten«[8] voneinander trennt. Wasser, Erde und Himmel werden in Einklang gebracht. Die Strukturen der klassischen Szene verlieren ihre Gültigkeit.[9]

Die Schriftsteller der Romantik kommen immer wieder auf das Thema des uferlosen Ozeans zurück.[10] Sie fühlen sich dem mosaischen Bild des Meeres als einem Urstoff, der vor jeder Schöpfung und vor jeder Form da war, innig verbunden.[11] Auch die Maler vermitteln dieses Gefühl, indem sie den Betrachter auf eine Ebene mit dem Wasser stellen und zugleich die Horizontlinie senken. In mehreren Gemälden von Bonington beispielsweise stimmt die Illusion des grenzenlosen Meeres mit dem Eindruck der Unermeßlichkeit von Ufer und Himmel überein.

Wie Byron in *Childe Harold* vertiefen die Romantiker auch das Thema der ewigen Unversehrtheit des Meeres, das dem historischen Wandel gleichgültig gegenübersteht. Seine Gewalt, seine Energie faszinieren um so mehr, als sie seit den Anfängen der Welt keinen Verlust erlitten zu haben scheinen. Die Emotion schwillt doppelt an, wenn man die Verbindung dieser unberührten Kraft mit dem weiten Raum betrachtet, wenn man mit allen Sinnen die ungeheure, greifbare, immerdar von der Bewegung des Lebens erfüllte Leere spürt. Durch die dynamische Perspektive drängt Turner dem Betrachter das Gefühl einer gewaltigen Leere auf, deren dauernde Unruhe dank des zu ihrer Unterstützung eingesetzten Schiffs stärker empfunden werden kann.[12] Das sturmbedrängte Segelboot offenbart, wie hoch die Wellen schlagen, es macht die Stärke des Windes spürbar und erlaubt, die Mechanik der Strömungen zu analysieren.

Während die von Lavoisier entwickelte Chemie voll zur Entfaltung kommt, ändern sich die Modalitäten der Kontemplation durch eine neue Aufmerksamkeit der Romantiker für das Phänomen der Luft.[13] Dieses »aktive Nichts, das zum Sein erwecken soll«[14], materialisiert durch Wolken und Vögel, wird – paradoxer noch als der Ozean – zum Inbegriff der Energie, der Virilität und der Leere. Sein eindringlicher Appell und seine Unvorhersehbarkeit wecken den Drang zu einer schnellen Flucht in höhere Gefilde.[15] Zugleich Mund und Ohr der Natur, spricht dieses »dynamisierte Nichts«[16] fortwährend auf die romantische Seele ein und fordert sie zum Dialog heraus.

Was die Erde betrifft, so sind hier vor allem ihre Nahtstellen[17] von Interesse, jene Linien, die dem Seefahrer gefährlich werden können, dem Schwimmer jedoch einen beruhigenden Grund versprechen, auf den er seinen Fuß setzen kann. Etwas später als Turner, aber noch vor Bonington und Eugène Isabey, entwickelt Constable nicht als Marine-, sondern als Landschaftsmaler eine Vorliebe für die Darstellung dieses Berührungsfeldes. Ab 1816 räumt er dem feuchten Sand die Priorität unter den Elementen ein. Mit den Füßen im graugrünen Wasser, in greifbarer Nähe zu den Wellenausläufern des Ärmelkanals, hat der Betrachter das ungewisse Gefühl, die feuchte Erde selbst zu spüren.[18]

Wie der frühere Liebhaber von Vernets Stürmen nimmt der romantische Künstler innigen Anteil an dem theatralischen Kampf der von Leidenschaft ergriffenen Elemente. Das wesentliche aber bleibt für ihn die Konfrontation zwischen dem Menschen und der Energie der krafterfüllten Leere. Im Licht der Ästhetik des Erhabenen wird die Tradition der holländischen Marinemalerei neu interpretiert.[19]

Die lustvoll erregende Konfrontation ist untrennbar mit dem literarischen Dialog zwischen dem Menschen und den Elementen verbunden. Child Harold führt Gespräche mit dem Meer, dessen Ächzen und Stöhnen er zu deuten versucht. In Shelleys Werk sucht der Dichter die murmelnde Küste auf, um die Leere seiner Seele mit dem immerwährenden Diskurs der Elemente zu füllen.[20] Hier atmet das Meer, hier steht es mit Höhlen und Felsen in einem ununterbrochenen Dialog, den der aufmerksame Wanderer an einsamen Küsten belauschen kann. Der eingekerkerte Chactas horcht gerührt auf die Stimme der Fluten, die ihm von seinem Amerika erzählen, und er vertraut ihnen sein Unglück an.[21]

Caspar David Friedrich bringt die romantische Küstenvorstellung durch seine Werke zur Vollendung und hätte daher lange Ausführungen verdient. Erfüllt von unstillbarer Sehnsucht nach den Ursprüngen, die ihn immer wieder an die langen Sandstrände von Greifswald treibt, macht Friedrich das Meeresufer zur Bühne der metaphysischen Angst.[22] Er stellt den Betrachter an den Rand eines Abgrunds, den jeder in sich trägt. Wer sich in sein Gemälde vertieft, wer sich zu dem Mann gesellt, der abgewandt und wie erstarrt am Ufer steht, an der Grenze zwischen Erde und unendlichem Wasser, wird plötzlich von Angst ergriffen.[23] Ohne sich des theatralischen Effekts der versammelten Elemente zu bedienen, läßt Friedrich das pathetischste aller Küstenbilder entstehen. Der gemalte Gegenstand dieser unerhört stillen Kunst gehört dem inneren Raum an.

Das weite Ufer begünstigt den romantischen Wunsch nach einer pantheistischen Verschmelzung, einem Aufgehen im All. An diesem Ort, wo der Mensch in Übereinstimmung mit dem Universum atmet, haben die Phantasmen freien Lauf.

Das Schauspiel der Leere eines grenzenlosen Ozeans beschwört jenes gegenstandslose Gefühl herauf, das ein imaginäres Eintauchen ermöglicht. Die Meeresmonotonie macht schläfrig, lädt lockend zum Versinken ein. Die Unwirklichkeit der ossianischen Landschaft und die verschwommene »keltische Dämmerung«

haben diesem für die damalige Stimmung sehr bezeichnenden Traum den Weg bereitet.[24] An den langen Sandstränden gibt es wenig aufstrebende Symbole, und wenn, dann meist solche, die zum Absturz oder vielmehr zum Sprung in die Fluten verleiten. Aus dem schwarzen Wasser, dem verhängnisvollen Meer der Finsternis, offenbar gleichbedeutend mit dem Blut, kommt der Ruf des Todes.[25] In der unruhigen Seele des Romantikers weckt es die Sehnsucht nach der ursprünglichen Welt.[26] Die Kraft dieser Einladung zu einer Reise ohne Rückkehr macht den beherrschenden Einfluß der Küsten auf das kollektive Imaginäre dieser Zeit leichter verständlich.

Das als Grab erscheinende Meer nährt den Traum der Regression. Seine Gleichsetzung mit der Mutter stellt bekanntlich eine Konstante der jungschen Psychoanalyse dar.[27] Das Phantasma, von der Tiefe des Wassers verschlungen oder vom Sand verzehrt zu werden, enthüllt nicht nur den Wunsch nach einer Rückkehr in die Leibeshöhle, es zeigt auch die »Einwilligung in den Zustand der Vergänglichkeit«[28]. An *A vision of the sea*, erschienen 1819, formuliert Shelley diesen Traum vom Wiedereingehen in den Leib des Meeres. Nach dem Schiffbruch herrscht ein wechselseitiges Verschlingen, bis zur endgültigen Absorption durch das gefräßige Meer[29], den »Archetyp des Abstiegs und der Rückkehr zu den ursprünglichen Quellen des Glücks«[30].

All diese Phantasmen bestimmen die romantische Form des Badens. Vor dem Hintergrund der gleichen Vorstellungen entfaltet sich auch das erfolgreiche Thema der Tromben, das den Sog mit dem Bild des Verschlungenwerdens verbindet, und erst recht das Thema des Strudels, des Mahlstroms, das die Meerespathetik neu belebt. Noch aufschlußreicher ist jedoch die Faszinationskraft, die damals von der steigenden Flut ausgeht, jener lockenden Versuchung, sich passiv verschlingen zu lassen, von der Walter Scott lange vor der Selbstaufgabe des unglücklichen Gilliat bei Victor Hugo in *The antiquary* erzählt.

Hier kommt auch der tiefe Abscheu vor einer schlammigen Stagnation des Meeres ins Spiel. Das Bild des trüben, stinkenden, verschmutzten Wassers, in dem es von Ungeheuern wimmelt, paßt zu dem beherrschenden Einfluß, den die Vorstellung vom Sumpf auf das kollektive Imaginäre und die Verseuchungstheorie auf die Medizin nehmen. Dem Träumer graust es beim bloßen Gedanken, er könnte dem Unsäglichen begegnen. Im eintönigen Wattenmeer vermittelt das unmerklich steigende Wasser den zwingenden Eindruck einer »schleichenden Zunahme der schlammigen Masse«[31]. So gewinnt das Ungeheuer neuen Reiz. An schlickigen Tümpeln in Küstennähe nehmen die Alpträume des englischen Dichters George Crabbe Gestalt an: Peter Grimes geht an seiner Vertiefung in die modrigen Gewässer der trostlosen Küste und dem in seiner einsamen Seele hausenden Ungeheuer zugrunde.

So verstärkt sich die von den Grenzbereichen, den Ufern, den Nahtstellen ausgeübte Faszination, die mir den Anstoß zu diesem Buch gegeben hat. Aus den Zwischenräumen und Rissen, die entstehen, wenn die Elemente einander berühren, kommt ein unheilvoller, übelriechender Dunst. Aus ihnen brechen Gefahren hervor, die das Imaginäre heimsuchen, aus ihnen ergießen sich Schlacke und Schlamm. Sie ermöglichen Durchdringungen, die dem Watt einen ausgesprochen sexuellen Charakter verleihen. Der Strand wird zu einer Grenze, die der romantischen Phantasie reichen Stoff bietet, von der Gefahren und Verzauberungen ausgehen.

So entsteht die innige Gewißheit, daß der Ozean – vor allem in der Klarheit der Nacht – die verborgenen Quellen eines Unbewußten symbolisiert, dessen permanente Gegenwart die kinästhetischen Empfindungen bezeugen.[32] Die Analyse von Shelleys Werk enthüllt das deutliche »Gefühl einer Übereinstimmung zwischen den Meerestiefen und den psychologischen Tiefen«[33]. Jean Bousquet hat sich ausführlich mit der symbolischen Bedeutung des flüssigen Elements im romantischen Traum beschäftigt.[34] Seit den Träumen von Jean Paul wird die Seelentätigkeit des Schlafenden oft als unwiderstehliche Strömung wahrgenommen.[35] Sogar der Wahnsinn wird bald vom Bild des Untertauchens beherrscht.

»Ich liebe das Meer wie meine Seele«, schreibt Heine 1826. »Oft wird mir sogar zumute, als sei das Meer eigentlich meine Seele selbst; und wie es im Meere verborgene Wasserpflanzen gibt, die nur im Augenblick des Aufblühens an dessen Oberfläche heraufschwimmen und im Augenblick der Verblühens wieder hinabtauchen, so kommen zuweilen auch wunderbare Blumenbilder heraufgeschwommen aus der Tiefe meiner Seele und duften und leuchten und verschwinden wieder – Evelina!...

Wenn ich des Nachts, am Meere wandelnd, den Wellengesang höre und allerlei Ahnung und Erinnerung in mir erwacht, so ist mir, als habe ich einst solchermaßen von oben herabgesehen und sei vor schwindelndem Schrecken zur Erde heruntergefallen.«[36]

Das Meer hütet versunkene Städte, deren Glockengeläut die Seeleute aus Norderney sonntags zu hören glauben. Offenbar birgt Heine in seiner tiefsten Seele eine untergetauchte Welt, die sich nur im Spiegel der Träume zeigt.

An der Küste, den Rhythmen des Wassers unterworfen, kann der Romantiker das Verfließen der individuellen Zeit besser empfinden als irgendwo sonst. Die vermutete Übereinstimmung zwischen den Gezeiten und dem Menstruationszyklus, zwischen dem Rhythmus von Ebbe und Flut und dem Wechsel von Tag und Nacht, zwischen dem Wellenschlag und dem Herzschlag regt zu einem In-sich-hinein-Horchen an, somatisiert die Suche nach dem Selbst. 1777 bringt Friedrich Leopold zu Stolberg diesen Einklang zwischen der Empfindsamkeit des Körpers und dem Rhythmus des Meeres zum Ausdruck.[37] Novalis weist in *Die Lehrlinge zu Sais* auf den Zusammenhang zwischen dem Gezeitenwechsel und dem wechselnden Wach- und Schlafzustand hin.[38] »Der ewige Strom, den der Mensch in der Stille wahrnimmt, ist die Brandung des Meeres«, schreibt Jean Perrin[39], der Shelleys Werk mit großem Feingefühl analysiert.

So gesehen geht die Faszination weniger von der Meeresoberfläche aus als von dem Ort, der die Musik der Gezeiten vernehmbar macht. Der günstigste Standpunkt, um die Rhythmen des Wassers zu verfolgen, ist nicht die hohe See, sondern der von regelmäßig sich brechenden Wellen geräuscherfüllte Strand.

Der Reisende der Romantik kehrt in gewissen Abständen immer wieder an die Küste zurück. Angesichts des unwandelbaren Meeres kann er leicht empfinden, wie die individuelle Zeit vergeht. Der Ozean, unbeeindruckt von historischen Veränderungen, setzt den Maßstab seiner Ewigkeit. Hier ist allerdings eine differenzierte Betrachtungsweise geboten. Viele Gelehrte der damaligen Zeit sind überzeugt, daß die Lebenskraft und die Fruchtbarkeit des Meeres seit der Schöpfung nachgelassen haben, wenige haben das Gefühl, daß etwas Reines bedroht wäre, niemand spürt Wehmut, weil er ein Element in Gefahr glaubt. Wenn die schöpferische Macht des Meeres manchen beschädigt erscheint, so eher wegen der Entfernung von dem ursprünglichen Zustand als infolge einer modernen Pollution.

In periodischen Abständen sieht der Spaziergänger sich also an einem leeren, verfügbaren Ort, der die absolute individuelle Einsamkeit zu erlauben scheint, mit dem Unveränderten, der räumlichen und zeitlichen Ewigkeit konfrontiert. Chateaubriand gibt hier ein exemplarisches Beispiel: An der Küste von Saint-Malo stehen die Grenzsteine seines Lebens. Das Motiv des Meeres läßt unterschwellig »das ganze räumlich-zeitliche Volumen«[40] seiner Existenz anklingen. In seinem Lebenslauf steht das Ufer – genau wie in den Episoden des imaginären Epos *Childe Harold* – für die Erinnerung an Abschiede.

Astolphe de Custine, der sich zwischen den beiden Polen der romantischen Reise bewegt, zwischen Kalabrien, genannt »Großgriechenland«, und Kaledonien, verweilt träumend an der Küste von Inverness, einem der beiden äußersten Punkte. Er vergleicht die »nebligen Ufer« dieser »eisigen Erde« mit den wunderschönen kalabrischen Küsten. »Diese Erinnerung« schreibt er, »hat mich veranlaßt, mir die ganze Geschichte meines Lebens vor Augen zu führen... Ich habe grob einzuschätzen versucht, wie die Zeit an mir gearbeitet hat... Solche Überlegungen haben mir zum ersten Mal das deutliche Gefühl verschafft, daß mir hinfort mehr Wehmut als Hoffnung beschieden sein würde.«[41]

Das Schauspiel des offenen Meeres vervollständigt die Küsteneindrücke. Es hilft bei der Entdeckung der tieferen Schichten des Ich. Was im Dasein »instinktiv an ursprünglichen Wünschen, Irrungen, Verwegenheiten und Gleichgültigkeiten vorhanden ist, kann sich nur mit diesem entscheidenden Moment, mit diesen schwindelerregenden und hohlen Wellen des Wassers identifizieren«[42]. Für den romantischen Helden ist das wahre Leben das Meer, jener unversehrte Raum der Freiheit, der vor der Trivialität des Erdenlebens schützt.

Die Küste, die zur Träumerei des *nevermore* einlädt und zur inneren Rückkehr herausfordert, zieht auch abgeleitete Themen auf sich. Stolberg, Byron, Chateaubriand und, auf der Ebene der fiktiven Literatur, eine Reihe anderer Autoren von George Crabbe mit *Peter Grimes* bis Philarète Chasles vermitteln dem Leser ihre Sehnsucht nach der Kindheit an der Küste. Diejenigen, die sie nicht selbst erlebt haben, übertragen sie durch Antizipation oder beobachten gerührt die Konfrontation ihrer Nachkommen mit der Unendlichkeit des Meeres. Als Michelet am 7. August 1831 Le Havre besucht, schreibt er: »Ich bin ganz gerührt, mein kleines Kind so nachdenklich am Meer gesehen zu haben, dieses zarte Geschöpf, in das ich mein Leben gesetzt habe und das ich nicht werde schützen können...«[43] Charles Nodier und Victor Hugo, die sich gewünscht hätten, eine solche Gegenüberstellung zu erleben, bedauern die Abwesenheit ihrer Töchter, als sie den Strand zum ersten Mal entdecken.[44]

Dieses Gefühl steht in Einklang mit der sich lockernden medizinischen Theorie, die den wohltuenden Einfluß des Meeres auf die Gesundheit von Kleinkindern rühmt. Während sich, angeregt durch den Diskurs über die weibliche Natur, die Hymne auf den mütterlichen Instinkt entfaltet und die Aufmerksamkeit gegenüber der bürgerlichen Kindheit wächst, wird der Strand eindeutig zum Ort der verlängerten Mutterschaft. Belebt durch die Nähe des Meeres, des Muttersymbols, brechen hier weibliche Instinkte durch, die geeignet sind, das tugendhafte Leben einer Ehefrau auch bei langer Abwesenheit des Gatten zu hüten. Die in den Vordergrund rückende Gestalt des Kindes am Ufer paßt schließlich zu den neuen Formen der Robinsonade, die den Regressionswunsch, die In-sich-Gekehrtheit und die unaufhörliche Suche nach der Mutter deutlicher zum Ausdruck bringen als früher.

Das Bewußtsein von der Vergänglichkeit, aktiviert durch das Schauspiel, das die Küste bietet, verbindet sich mit einer starken sexuellen Besetzung des Ortes. Das erregende Gefühl, barfuß über den Sand zu gehen, die spürbaren Liebkosungen des Windes, die peitschenden Wellenschläge, das als langsame Durchdringung empfundene Versinken und die Erkundungsgänge durch verschachtelte Höhlensysteme machen den Strand implizit zu einem erotischen Ort, geprägt von Bildern der zugleich bedrohlichen und rettenden Weiblichkeit. Doch dürfen wir dies nicht falsch verstehen. Die Küste erscheint zu dieser Zeit noch nicht als Schauplatz der frei sich entfaltenden Wollust, was verständlich wird, wenn man die herrschenden Anstandsregeln und die Tabus gegen die Nacktheit bedenkt. Nur legendäre Erzählungen ermöglichen es den Schriftstellern, die meist tragischen Freuden zu erwähnen, denen die für kurze Zeit in »Liebeshöhlen« oder »Liebesbädern« vereinten Paare sich hingeben, ehe die steigende Flut sie verschlingt.[45]

Die Romantiker haben es vielmehr verstanden, die Küste in einen symbolischen Ort der Treue zu verwandeln. Hier spielen sich paradoxerweise die oft dramatisch aufgebauten Schicksalszenen jener Lieben ab, die, unbeeindruckt von der verfließenden Zeit, auch den Tod überdauern. Die pathetische Gestalt der allein am Strand zurückgebliebenen Verlobten, die das Erbe der zum einsamen Inseltod verurteilten ossianischen Jungfrau angetreten hat, erfüllt die romantischen Reisenden mit innerer Erregung. Es gibt kaum einen, der nicht behauptet, ihr begegnet zu sein. Diese rührende Figur des jungen Mädchens, überwältigt vom Tod des Geliebten, tritt an die Stelle des klassizistischen Bildes von der sittsamen Verlobten mit dem sinnlichen Leib, die der Meereszorn verschlingt.

Sinnliche Erfahrungen am Strand

Lange nach der ersten Begeisterung für die Meeresfrische hat der große Reichtum neuartiger Gefühle, die sich nunmehr mit den Küstenlandschaften verbinden, auch die Art des Verlangens verändert. Zwischen dem Spaziergänger und den Elementen ist eine nie dagewesene Vertrautheit entstanden. Der Ozean erscheint nicht mehr nur als erhabenes Schauspiel, das man vom Felsen aus betrachten kann, oder als pittoresker Bildausschnitt, den man auf einige Entfernung von einem höher gelegenen, beherrschenden Standpunkt aus wählt. Der Dialog mit den Wellen, den Höhlen legt es nahe, die betrachtende Position, die noch Beatties Minstral innehatte, aufzugeben. Er ruft den Wunsch nach engerem Kontakt hervor, leitet die imaginäre Verschmelzung ein. Der romantische Spaziergänger genießt die Sinnlichkeit des Strandes in vollen Zügen, und wenn er baden geht, beschreibt er Gefühle, die bisher in den Bereich des Unausgesprochenen verbannt gewesen waren. Dadurch findet eine grundsätzliche Veränderung im Verhältnis zwischen Mensch und Meeresküste statt.

Die Maler fangen wieder an, die Küsten zu bereisen, wie es die holländischen Künstler des 17. Jahrhunderts und später die Liebhaber des Pittoresken getan hatten. Das Schiff bietet ihnen die Möglichkeit, das Schauspiel der fliehenden Küsten vom offenen Meer aus zu betrachten. Diese Mode entspricht der Verallgemeinerung eines literarischen Verfahrens. Schon 1754 stieß Fielding gelegentlich Freudenrufe über das Dahingleiten des reglosen Blickes aus. Daran orientieren sich Byrons Beschreibungen in *Childe Harold*. Sein Meer ist ein Küstenmeer. Der Text führt dem Leser ein mitreißendes, von kurzen Fahrten unterbrochenes Defilee der Küstenanblicke vor Augen.[46]

Diese Art der Ergötzung, die zunehmend in Mode kommt, wird durch den Aufschwung des Segelsports bestärkt. 1812 wird auf der

Isle of Wight der *Royal Yacht Club* gegründet, und 1826 finden die ersten Rennen der Cowes statt, die schon im darauffolgenden Jahr Turner inspirieren. In Frankreich wie in England stellen die Landschaftsmaler bewußt massenhaft Küstenszenen dar, um den Kreis der »Marineliebhaber« zu erweitern.[47] Da diese Künstler oft nicht gerade seefest sind, begnügen sie sich meist damit, an den Küsten entlangzufahren.[48]

Dieser Entwicklung gehen die Lustfahrten aufs Meer voraus, die mit den Badeaufenthalten gang und gäbe werden. Zwischen der Kunstgeschichte und der Geschichte des Erholungsaufenthalts am Meer entsteht ein Spiel von Interaktionen, das eine vielfältige Begeisterung für das Küstenleben auslöst. Während die Landschaftsmalerei mehr und mehr zu Küstenszenen neigt, konzentriert die Marinemalerei sich wieder auf die nördlichen Gestade. Beide Phänomene regen die Künstler an, an den Ufern des Ärmelkanals oder des Atlantischen Ozeans entlangzufahren, um die Eindrücke, die sie vom Schiff gewinnen, auf Skizzen festzuhalten.[49]

Bereichert durch die Tradition der topographischen Malerei und durch die Mode der pittoresken Reise im Stil eines John Hassell, setzen die Schiffsfahrten hinfort entscheidende Akzente für die Karriere der größten Küstenmaler, wie es besonders bei Constable, Turner und Cotman der Fall ist. Diese Erfahrung gipfelt in umfangreichen systematischen Forschungsreisen. 1813 beginnt William Daniell eine ausgiebige Erkundungsfahrt entlang der britischen Küsten, die ihm, teilweise *off shore,* nach zwölfjähriger Dauer die Veröffentlichung seines achtbändigen Reiseberichts *A voyage round Great Britain* mit dreihundertacht illustrierenden Aquarellen erlaubt. Während der großen Exkursion hat Daniell die Häfen und fast alle britischen Strände besucht; er hat Lochs und Flußmündungen kennengelernt, das Meer von sämtlichen Klippen aus betrachtet und zahlreiche Inseln umschifft. Hervorgegangen aus dem Bedürfnis, ein Territorium zu umschreiben und seine Konturen wahrnehmbar zu machen, weitet diese lange Erkundungsfahrt die Robinsonade auf das gesamte britische Territorium aus. Im Endergebnis ist sie eine Hymne auf das Inseldasein einer Nation, die den schlimmsten Prüfungen standgehalten hat. Mehr noch als die Reiseberichte bezeugt der gewaltige Komplex der zwischen 1800 und 1840 von den darstellenden Künstlern realisierten Arbeiten das steigende Ansehen der Küsten und die wachsende Neugier an allen Formen des dortigen Lebens.[50]

Sinnliche Erfahrungen am Strand

In Großbritannien, Flandern und den Vereinigten Niederlanden ist das Reiten am Strand eine alte Gewohnheit. Es gehört, manchmal in Verbindung mit der Jagd, sowohl zu den *rural sports* als auch zu den Freuden des Erholungsaufenthalts am Meer.[51] Außerdem ist es ein einfaches Mittel der Fortbewegung, wenn Straßen und Wege sich in schlechtem Zustand befinden. Die Bereicherung der Pferdedarstellung[52] durch die romantischen Künstler und die Schwärmerei für nächtliche Ausritte im Wattenmeer tragen dazu bei, die Freude an dieser sportlichen Betätigung zu erneuern. Die Lustgefühle, die das Reiten durch Küstenlandschaften erzeugt, werden immer häufiger in Worte gefaßt. Ein ganz neues Gefühl überkommt den Reiter, wenn er im leeren Wattenmeer an der bewegten Grenze, wo die Elemente einander berühren, den Galopp seines Pferdes vor der Geräuschkulisse der sich brechenden Wellen hört. Byron, der es liebt, über den Strand zu reiten[53], vermittelt diese noch unbekannte Gefühlspalette besonders eindringlich in *Der Gauer*. Sein ausschweifendster Bewunderer, Fürst Pückler-Muskau, beschreibt voller Genugtuung die Lust, die er empfindet, wenn er sein Pferd über den vom Rückzug der Fluten gehärteten Sand galoppieren läßt:

»Der Mond stieg klar und glänzend über den Wassern empor. Jetzt wandte ich mein Roß von den Hügeln herab dem Meere zu, und ritt die fünf bis sechs Meilen, die ich noch von Brighton entfernt seyn mochte, hart am Rande der Wellen auf dem sandigen Strande nach Brighton zurück. Die Fluth war eben im Beginnen, und mein Pferd machte zuweilen einen Seitensprung, wenn mit weißem Schaum gekrönt, eine Woge unter ihm durchrollte und schnell wieder, wie mit uns spielend, zurückfuhr.

Ich liebe nichts mehr, als bei Mondschein einsam am öden Meeresufer zu reiten, einsam mit dem Plätschern und Rauschen und Sausen der Wellen, so nahe der geheimnisvollen Tiefe, so schauerlich, daß selbst die Pferde sich nur mit Gewalt an der Fluth halten lassen.«[54]

Der Strandspaziergang, eine therapeutische Maßnahme, die seit langem zum Ritual des »Gesprächs« und zu den Gewohnheiten des Erholungsaufenthalts gehört, verwandelt sich mit den Romantikern, den Erben des ossianischen Modells, in ein *Umherstreifen* am Meeresufer. Der nahe Wasserrand, der feuchte Boden des Wattenmeers belebt die Emotion. So erklärt sich die neue Begeisterung für flache Küsten, an denen die Ebbe einen weiten Raum freilegt.[55]

Während das Wilde im vorhergehenden Jahrhundert ein Grauen vor Abgründen oder zumindest den grandiosen Aspekt der Felsen implizierte, schließt es hinfort eine gewöhnliche aber unwirtliche, der sozialen Veränderung nicht unterworfene Natur des kargen Gesträuchs, des Brombeer- und Dornengestrüpps, der flachen weiten Sandlandschaften ein.[56]

Cateaubriand, seit der Kindheit an Spaziergänge über die Gestade der Bucht von Mont-Saint-Michel gewöhnt, entdeckt seine Wurzeln in der Erinnerung, die diesem ungewissen Boden innewohnt. »Zwischen Meer und Land lagern Dünen, die verschwimmenden Grenzen zwischen zwei Elementen: Hier fliegt die Feldlerche neben der Meerschnepfe, und nur einen Steinwurf voneinander entfernt ziehen Pflug und Boot ihre Furchen durch Erde und Wasser. Der Seemann und der Hirte entlehnen sich gegenseitig die Sprache... Vielfarbiger Sand, mannigfache Ablagerungen von Muscheln und Seetang, Fransen silbernen Meerschaums umranden den goldblonden und grünen Saum der Getreidefelder.«[57]

Im offenen Wattenmeer sieht der Spaziergänger, berauscht von dem Gefühl, neue Ufer zu betreten, den langsamen Anstieg der Flut, den Inbegriff des Begehrens. Er kann barfuß am Wasserrand gegen den Wind laufen und so die dreifache Liebkosung der Elemente körperlich empfinden.

Die Verbindung zwischen Erwins Wanderungen durch Kaledonien und denen, die René, der »romantisierte Ossian«[58], am Strand des Klosters, in dem Amélie sich befindet, unternimmt, liegt auf der Hand. An einer anderen Stelle zeichnet Chateaubriand ein Bild des Barbaren von einst: »Über wilde Gestade irrend und der Stimme des Meeres lauschend, verfiel er nach und nach in Träumerei. In der Woge seiner Sehnsucht von Gedanke zu Gedanke fortgelockt wie die Fluten von Gemurmel zu Gemurmel mischte er sich mit den Elementen.«[59]

Auch in Deutschland macht sich in diesem Bereich der ossianische Einfluß bemerkbar. Vermittelt über die Autorität Klopstocks und verbunden mit dem Einfluß antiker Modelle erreicht er den jungen Friedrich Leopold zu Stolberg. Die ersten Gedichte, die dieser den Küsten der Ostsee und der Nordsee widmet, sind vom kaledonischen Vorbild geprägt. Stolberg evoziert Fingal, die Leyer von Selma und die Tränen der Jungfrauen über den Gräbern der Helden.[60] Bei ihm führt die Träumerei zur Praxis. 1776 *sagt* er, daß er an den nächtlichen Ufern des rauschenden Meeres die Begeisterung sucht.[61] Einsam im Schein des Mondes und der Sterne wiegt sein Held sich in Brisen und nahem Gemurmel der purpurnen Wellen.

Der Spaziergänger setzt sich gern am Wasser nieder, um so die unmögliche, nicht statthafte Nacktheit zu kompensieren. Mit Wollust empfindet er die brandenden Wellen. Während sein in die Ferne schweifender Blick das Feld von Himmel und Meer erweitert, nimmt er den Tanggeruch, den Gischtgeschmack, das Geräusch der rollenden Wellen in sich auf.

Der Vierte Gesang von *Childe Harold*, erschienen 1818, liefert ein literarisches Modell für dieses Verhalten. Das Meer, von dem Byron hier spricht, ist durchaus das der Strände und der Badefreuden.[62] Das Gedicht zeugt von einem feinen Gefühl für den Wechsel zwischen Stille und brandendem Wellenschlag, für die Musik des »brüllenden Meeres«[63], für das Geplauder der Wellenausläufer am Wasserrand.[64] Auch entnimmt man ihm die Lust, den salzigen Wind zu spüren, der in die Haut eindringt und die Haare fliegen läßt. Das Lauschen auf den regelmäßigen Atem des Meeres, in den Shelley sich mit großer Empfindsamkeit einfühlt, paßt genau zu dem medizinischen Diskurs, mehr denn je um die Lungentätigkeit besorgt, deren erfolgreiche Regulierung die Ärzte sich vom Meer erhoffen. Die zunehmende Beachtung des Nebels, der die Wasseroberfläche bedeckt, entspricht der wachsenden Aufmerksamkeit für die Phänomene des Strandes.

Das Spektrum der Verhaltensweisen, das diese literarischen Modelle anregt oder sich von ihnen ableitet, sollte hier allerdings noch klarer illustriert werden. Im Juli 1800 unternimmt Ann Radcliffe in Begleitung ihres Mannes einen ihrer jährlichen Ausflüge an die Südküste Englands. Die sorgfältig aufgezeichnete Rundfahrt wird immer wieder von einsamen Wanderungen an erschreckend verlassenen Ufern unterbrochen. Voll des kühnen Muts fühlt die Romanschriftstellerin sich getrieben, von den vorgezeichneten Wegen abzuweichen, Abenteuer und Gefahren herauszufordern.[65] Custine, der große Strandliebhaber, der nach englischer Art zu reisen pflegt, wird an den schwarzen Wassern der schottischen Küsten von der keltischen Dämmerung überrascht: »Wenn die Abendfinsternis sich über diese öden Landschaften legt, öffnet das Herz des Menschen sich einer großen Traurigkeit, und seine innigsten Gefühle äußern sich naturgemäß in sehr melancholischer Poesie.«[66]

Denise Delouche[67] zeigt die Wirkungen von Chateaubriands *René*, dessen Verhalten sogleich aufgegriffen, kommentiert und von den Malern illustriert wird.[68] Das Wandern über die Gestade, schon 1795 von Cambry gepriesen, entwickelt sich rasch zum Stereotyp und gehört bald zu jeder Reise in die Bretagne. Anfang der dreißiger Jahre des 19. Jahrhunderts erlebt dieses Verhaltensmodell einen schubartigen Auftrieb. Balzac, Lamartine, Michelet, später Victor Hugo und auch die »Romantische Schule« der Bretagne teilen jene Empfindsamkeit, die Hippolyte de la Morvonnais in seinem Werk *Thébaide des grèves* zum Ausdruck bringt. Erst 1848 gelingt es Brizeux, diese armorikanische Naturauffassung zu durchbrechen und die öffentliche Meinung für das Bild eines bretonischen Arkadien zu gewinnen.[69]

Ducos, der 1826 nach England kommt, verweilt stundenlang träumend am Strand vor dem Schloß von Dunbar. Nachts kehrt er mit seinen Gefährten an denselben Ort zurück.[70]

Lange vor der gemeinschaftlichen Unternehmung Flauberts und Maxime du Camps, die nur noch ein alltägliches Verhalten übernehmen und verändern, nimmt das Umherstreifen an den Küsten die Form eines regelrechten Fußmarsches an. Junge Künstler der Restauration, Leser von Rousseaus *Bekenntnissen*, die sich möglicherweise auch an den deutschen Wanderern orientieren, scheuen sich nicht, Dutzende von Kilometern zu Fuß zu laufen. Die Neuheit liegt in der Tatsache, daß diese Wanderungen am Meeresufer stattfinden. Eugène Isabey, der um 1820 beginnt, Étretat zu malen, macht im folgenden Jahr Streifzüge über Felsen und Gestade. Wie sein Freund Le Poittevin stellt er seine Staffelei in den Sand.[71] Paul Huet zeigt ebenfalls eine Vorliebe für lange Märsche am Meeresufer.[72] Die Beschreibungen des Croisic mit einem Teil der benachbarten Küste und der Insel Noirmoutier, beide 1823 von Edouard Richter veröffentlicht, sind nichts anderes als lange Einladungen zu Wanderungen über die Gestade und durchs Wattenmeer, besonders wenn »der Mondschein den schlammigen feuchten Grund, der vor einem liegt, bestrahlt und ihm die Farbe von Wasser und Sand verleiht«, oder wenn der Spaziergänger, der sich im Herbstnebel irgendwo zwischen den mit Tang überzogenen Steinen »dieses neuen Bodens« verirrt hat, die davoneilenden Taschenkrebse hört, die »mit ihren gepanzerten Gliedern in den Felshöhlen rascheln«.[73] Die Wanderungen, die Victor Hugo ab 1834 unternimmt, folgen einem zu dieser Zeit schon wohletablierten Verhaltensmuster, in dem sich die Küstenreise der britischen Künstler spiegelt.[74]

Sinnliche Erfahrungen am Strand

Das romantische Empfinden bringt auch eine neue Strategie und neue Haltungen bei der Konfrontation mit den Elementen hervor. Weniger versessen auf die durch Scheingefahren ausgelösten Erregungen, stellt der romantische Spaziergänger sich gern an die äußerste Felskante, wo er wie angewurzelt ausharrt, in herausfordernder Haltung gegenüber den Elementen, die auf das Vorgebirge einstürmen. Eine heroische Pose, die zur Meditation anregt, gleichzeitig aber auch die Absicht der Naturbeherrschung zu verkünden scheint.[75] Auf einem Steinsockel, der in den Fluten steht und gen Himmel ragt, fühlt sich der einsame, unerreichbare Wanderer, der vorübergehend die Stellung eines Leuchtturms einnimmt, als Gebieter des Meeres, das er mit dem Blick umfaßt. *Childe Harold*, Shelleys *Revolt of Islam* und, auf einer ganz anderen Ebene, die »Extase« in Victor Hugos *Orientales* oder auch seine *Contemplations* liefern die Modelle dieser heroischen Haltung. Die prometheische Gestalt Napoleons, der im eisernen Ring der Küstenfelsen von Sankt Helena gefangengehalten wird, trägt unterschwellig zur Faszinationskraft dieser anmaßenden Figur bei.

Es ist wichtig, die Gefühlsstrategien der verschiedenen Standorte sorgfältig auseinanderzuhalten. Der Unterschied zwischen einem guten Aussichtspunkt und dem Rand eines steil abfallenden Vorgebirges ist der gleiche wie der zwischen dem Mont-Sainte-Catherine und den Felsen von Saint-Valéry-en-Caux[76] in der Normandie. Oben auf dem Vorgebirge oder auf der Höhe des Leuchtturms, der, während die Küsten erschlossen werden, als Ausflugsziel zunehmend in Mode kommt, verkehrt sich die Mechanik des Blicks. Kommen wir noch einmal auf den Text des Fürsten Pückler-Muskau zurück. Was seinen Blick ermüdet, als er oben auf den Felsen von Anglesea steht, ist nicht mehr die nackte Weite, sondern die Analyse des pittoresken Landschaftsbildes zu seinen Füßen. Vom Schauspiel des Unendlichen, in dem die Elemente sich vermischen, erwartet er erholsame Träumereien. Das Bewegungssystem eines Saint-Évremond wird hier schlichtweg auf den Kopf gestellt.

»Der Ruhe bedürftig wendest Du Dich endlich dem Norden, der Dir links liegt, zu. Hier zerstreut Dich nichts mehr. Der weite Ocean allein fließt da mit dem Himmel zusammen. Nur kurze Zeit verfolgst Du noch seitwärts die zurückweichenden, waldigen Ufer von Anglesea, wo hohe Nußbäume und Eichen mit ihren weiten Ästen über das Meer hinhängen, *dann bist Du mit Himmel und Wasser allein,* höchstens glaubst Du in nebliger Ferne die Segel eines Dreideckers zu unterscheiden, oder ein Wolkenbild malt Dir phantastische Gestalten vor.«[77]

Die Romantiker brechen mit den trockenen Bemerkungen einer Fanny Burney; sie wagen es, die beim Baden entstehenden Eindrücke zu analysieren und auszusprechen, was die sexuelle Dichotomie der weiter oben beschriebenen Bilder und Haltungen zweifellos verschärft. Ihre Texte ranken sich um zwei Gefühlspaletten. Die erste geht mit dem wollüstigen Sprung ins Wasser einher. Die beruhigende Umarmung durch das Element erinnert sowohl an die geschlechtliche Vereinigung als auch an den wiegenden Schoß der Mutter. Das Meerwasser suggeriert das Bild einer wohltuenden Weiblichkeit, das unterschwellig durch die Nähe der Muschelbänke verstärkt wird.[78] Der junge Mann in Novalis' *Die Lehrlinge zu Sais* gibt seinem Wunsch nach einem flüssigen Zustand freien Lauf. Er stimmt eine Hymne auf die Wollust der Verflüssigung an. Er lädt dazu ein, den ehemaligen Zusammenhang zwischen der Meeresnähe und der Suche nach Glück wiederherzustellen. Das lustvolle Erleben beim Eintauchen in die Wellen besteht darin, daß man die Verwandtschaft zwischen sich und den elementaren Kräften spürt, die kinästhetische Übereinstimmung zwischen den Bewegungen des Meeres und denen des ursprünglichen Wassers im Körper.

Die Grotte, in deren Tiefe wunderschöne junge Mädchen aus den Fluten steigen, ruft bei Heinrich von Ofterdingen unwiderstehliche Badelust hervor.[79] Jean Paul, den das Wasser an badende Frauen erinnert, und Chateaubriand, der die Wollust der Bäder von Mila und Outougamiz suggeriert[80], bezeugen die Erneuerung der sexuellen Herausforderung, die in der klassischen Szene des Frauenbads enthalten war. Wichtig ist hier nicht mehr das Theaterstück der Verführung, das Einbrechen des Blicks in das weibliche Getümmel, nicht mehr das, was den Reisenden in Brighton zur Benutzung des Fernrohrs anregte, sondern die intensive Sexualisierung des Ortes und der Substanz durch die – symbolische – Gegenwart der schönen jungen Frau, die den Strand, an dem sie naß und einsam steht, zu einer magischen Sphäre macht.[81]

In seinem Roman *Un Drame au bord de la mer* konfrontiert Balzac 1834 die männliche Schwimmleistung des Erzählers mit dem Bad, das Pauline in einem Steinbecken voller feinen Sandes nimmt. Er bringt die erotische Atmosphäre zur Geltung, welche durch den fröhlichen Aufschrei einer Frau entsteht, die angeregt dem Bad entsteigt und mit ihrem Ruf das Gemurmel des Wassers übertönt.[82]

Bei dieser Genealogie von Bildern und Praktiken spielen die Texte und Erfahrungen des jungen Friedrich Leopold zu Stolberg eine herausragende Rolle. Er sagt, daß er in der Abenddämmerung, wenn die Sonne versinkt und der Mond aufgeht, im Oeresund zu baden liebt. In seinen ersten Gedichten (1776–1777) spricht er von der Lust, die er beim Eintauchen ins Meer empfindet, wenn Wasser und Feuer in den glutroten Wellen verschmelzen.[83] Das Bad ist Stolberg eine Umarmung, die den Wunsch des Verschlungenwerdens auslöst: »Göttin, nimm mich, o Göttin, nimm mich in deinen mächtigen Schoß!«[84] Schon 1776, lange vor Lamartines Bekenntnissen, wird die Suche nach der Mutter hier eindeutig als Bestandteil der Wasserfreuden bezeichnet.

Zugleich wird das Bad in Anlehnung an die Ästhetik des Erhabenen als Auseinandersetzung wahrgenommen. 1777 begibt Stolberg sich an die wilde Küste, um inmitten der Felsen gegen die stürmischen Wellen zu kämpfen. Byron bezeichnet sich sein Leben lang als großen Liebhaber des Meerbades. Am Ende seiner Existenz nimmt er Revanche für sein körperliches Gebrechen: »Ich habe schwimmend mehr Meilen zurückgelegt als alle anderen lebenden Dichter zu Schiff.«[85] Er, der Sänger des heiteren Mittelmeers, empfindsam gegenüber den Phantasmen der Austrocknung, verwendet sich auch für eine Theatralisierung des Bades, das er als Gelegenheit einer heroischen Überwindung betrachtet. Durch seine virile Suche, die das spätere Rekordstreben ankündigt und ihn 1810 zur Überquerung der Dardanellen treibt, zeichnet Byron, Vorläufer der Generation von 1815[86], das poetische Modell eines männlichen Bades als Ritt über die Wellen und Kampf gegen das Versinken, das den energischen Schwimmkünsten seiner Zeit entspricht.

Intime Küstenparadiese

Die Romantiker beziehen die immer beliebter werdende Robinsonade nun ganz offen in ihre »Dialektik der Umkehr«[87] ein: Sie dient der Suche nach Intimität. Die Absteckung eines Territoriums und die Wiedereinführung der Grenzen schaffen einen glückseligen, durch große Tiefe geschützten Raum, den man ungestört durchschreiten kann. All die damit verbundenen Gefühle vermittelt Edouard Richer schon 1823 in seiner Beschreibung der Insel

Noirmoutier: »Wie gern ist man bisweilen an einem Ort, dessen Grenzen die Natur selbst gesetzt hat. Während die politischen und moralischen Beschränkungen das Denken behindern, da sie allzu sehr wie Ketten wirken, vermitteln die des Ozeans ein Gefühl von Ruhe und Sicherheit, und das Element scheint da zu sein, um einen zu verteidigen und gleichzeitig vom Rest der Welt zu isolieren.«[88]

Ob wehrhaft von wilden Klippen umgeben oder sanft im paradiesischen Meer ruhend, die Inselgestade bieten stets eine sichere Zuflucht, deren kindliche Unschuld den Konflikt zwischen dem natürlichen Verlangen und der moralischen Pflicht vorübergehend ausschaltet. Die Suche nach einem Ort des Rückzugs, nach der Insel des Glücks, verwandelt sich bei den Romantikern in einen Wunsch nach mütterlicher Geborgenheit. Auf der Insel, dem »mythischen Bild von Frau, Jungfrau und Mutter«[89], können die Regressionsszenen sich frei entfalten.

Innerhalb des Inselreichs üben kleinere Buchten und vor allem Grotten die stärkste Anziehungskraft aus. Diese intimen Paradiese, Substitute des mütterlichen Schoßes, in denen, fern von jedem Menschenohr, der Stein dem Wasser lauscht und dem Meer antwortet, steigern die Badefreuden ins Unermeßliche.

Die Verbreitung des Themas der Robinsonade, der Inselnostalgie, entspricht einer wachsenden Suche nach Geborgenheit innerhalb der sozialen Körperschaft. Sie paßt genau zum Verhalten der herrschenden Klassen, die sich auf Heim und Herd zurückbesinnen. Die Faszination der abgeschirmten kleinen Buchten oder Grotten steht in Einklang mit dem Wunsch nach einem Haus, einem Gemach, einer stillen Ecke. Das zunehmende Ansehen der Robinsonade ist eine Antwort auf die sich verhärtenden gesellschaftlichen Konflikte, auf die wachsende Ungewißheit und Unbeständigkeit der sozialen Stellungen.

Für die neuen Verhaltensweisen gibt es zahlreiche literarische Modelle: Byron weidet sich am Traum der Robinsonade und erotisiert, indem er von den Lieben Don Juans und Haidis auf den Kykladen erzählt, das Thema der paradiesischen Unschuld der Inselliebe.[90] Auch Shelley räumt der grünen Inseloase einen großen Platz in seinem Werk ein. Zwei romantische Künstler haben die Erfahrung des Inseldaseins besonders ausgekostet: Caspar David Friedrich auf der Insel Rügen und Heinrich Heine 1826 auf Norderney.

Die Suche nach »geistiger Resonanz«[91], die das Naturschauspiel bei inniger Betrachtung zu versprechen scheint, führt Caspar David

Friedrich ab 1798 häufig auf jene Insel, die sein Freund Kosegarten als idealen Dekor für die Saga der nordischen Vergangenheit bezeichnet. Teils allein, teils in Begleitung von Philipp Otto Runge, Dahl oder Carus, erkundet Friedrich das steinige Chaos auf langen Morgen- und Abendspaziergängen oder bei Gratwanderungen über die steilen weißen Felsen, ehe er, verfolgt von den erstaunten Blicken der Fischer, in seine bescheidene Herberge zurückkehrt. An stürmischen Tagen geht er, der weder Regen noch Nebel scheut, hinaus, um den Zorn der gegen die Klippen brandenden Wellen in aller Einsamkeit zu betrachten. Bei ruhigem Wetter skizziert er die Dünen, die Strandvegetation, die Felsen. Er liest Gedichte oder Romane von Jean Paul. Die Insel Rügen ist ihm die liebste Zuflucht seiner inneren Unruhe. Das Gefühlsspektrum, das sie der wehmütigen Seele verschafft, unterscheidet sich ebenso von der pittoresken Reise Englefields auf die Isle of Wight wie von Townleys therapeutischen Übungen am Strand von Douglas, den Exkursionen der wissensdurstigen Geologen auf vulkanische Inseln oder der klassizistischen Bewertung der sizilianischen Küsten durch Jean Houel. Die Vielfalt all dieser zeitgenössischen Wünsche offenbart den komplexen Reichtum der Robinsonade.

Etwa zwanzig Jahre später verweilt Heinrich Heine lange auf der Insel Norderney. In dem Bericht, den er am Rande des *Nordsee-Zyklus* veröffentlicht, zieht er die Bilanz jahrhundertealter Haltungen. Heine rekapituliert nicht nur alle neueren Formen von Spaziergängen, Träumerei und beschaulicher Betrachtung; in seinen Texten findet man auch den Einfluß Homers[92], die Spur der klassischen Marinen, die Wege der rousseauschen Träumerei. Der Autor vertieft sich in romantische Meditationen. Er liebt Begegnungen mit den Küstenbewohnern und führt eine ethnologische Untersuchung durch. Er lauscht den Legenden, geht an der Küste auf die Jagd, macht einsame Nachtspaziergänge am Meeresufer. Der Wellengesang läßt eine Ahnung in ihm erwachen. »Wie aus der Tiefe eines Jahrtausends kommen mir dann allerlei Gedanken in den Sinn, Gedanken uralter Weisheit«[93], schreibt er. 1826 ist Norderney bereits eine Hochburg des Badetourismus. Um die Freuden, die es zu bieten hat, vollständig genießen zu können, muß man die Badesaison tunlichst vermeiden. Damit beginnt der Zerfall dieses noch jungen Modells der Robinsonade.

Die neue Gefühlsstrategie der romantischen Reise und die Art der mit ihr einhergehenden Aufzeichnungen führen zu veränderten

Formen der Meereslust. Im Unterschied zum klassischen Touristen hat der romantische Reisende nicht nur eine kulturelle Pilgerfahrt zum Ziel; er kommt nicht, um einen Text mit der Landschaft zu vergleichen, um die Freude des Wiedererkennens zu genießen und gegebenenfalls eine Entfernung zu messen. Er will vielmehr den aus einer Ahnung erwachsenden individuellen Traum vollenden. Die laufenden Verschiebungen vom Realen zum Imaginären, ausgelöst durch die Gegenüberstellung von Naturschauspiel und Traum, stehen im Vordergrund der Reise. Für die jungen französischen Künstler der Bourgeoisie oder des Adels, die im Geiste ganz von den Berichten der Emigranten eingenommen sind und der Versuchung einer Flucht aus der alltäglichen Gegenwart der Zeit nach dem Kaiserreich erliegen, stellt die Abreise den Höhepunkt des ganzen Unternehmens dar.[94] Sie muß vorbereitet werden, und zwar nicht durch fleißige Dokumentation, sondern durch eine Vorarbeit der Imagination.

Die Hauptsache dabei ist vielleicht die lange Selbstbefragung nach den Wünschen, der Lust und dem Sinn der Reise.[95] Die Anwort darauf ist entscheidend für die Art der Aufzeichnung. Der romantische Reisebericht will nicht unbedingt ein Bild vermitteln; das Wesentliche seiner Beschreibung ist nicht mehr die Realität des Gegenstands, sondern die der »seelischen Wirkungen«. Dem Reisenden geht es um die ersten »freien und natürlichen« Eindrücke, um Gefühle, nicht um reife Beobachtungen.[96] Daher die große Bedeutung des geliebten Wesens, dessen Abwesenheit zur Produktion anregt, zum Briefwechsel zwingt und das Gemüt in Wallung hält. Über den sich anbahnenden Massentourismus hingegen zeigt der Romantiker sich heftig empört. Er meidet alle Reisegesellschaften, ja sogar kleinere Gruppen, deren Geplauder die stimmungsvollen Eindrücke stört. »Ein neues Land, eine andere Natur und fremde Sitten stellen sich, wenn vier Menschen versammelt sind, als Schauspiel dar. Für einen einzelnen sind sie eine Eroberung.«[97]

Der romantische Reisebericht hat ein eigenes Publikum. Custine will, daß sein Leser »den Charakter eines Individuums aus den Bildern, die es von der Welt entwirft«[98], herauszulesen versucht. Im Grunde spricht der romantische Reisende, der sich aufgemacht hat, sein innerstes Wesen zu entdecken, nur von sich selbst und wendet sich dabei an einen Leser, der den Traum des anderen, dem er sich durch eine offenkundige kulturelle Nähe in seinen eigenen Träumen verwandt fühlt, erfahren will. Die veränderten Absichten erklären die starke Dehnung der Texte, die mit analytischen Stimmungsbildern überladen oder angereichert werden. Langatmig schildert der Reisende die Momente der Beschaulichkeit und der Träumerei. Er unterstreicht die Bedeutung der Randbereiche, der Grenzen, der Ufer, an denen die Reise beginnt, ebenso wie jene Eindrücke, die am Ziel durch die äußersten Punkte hervorgerufen werden.

Der Spaziergang und das Innehalten am dämmernden oder nächtlichen Gestade löst um so mehr Empfindungen aus, als die Küste dem Romantiker eine enthüllende Grenze ist, an der er die bevorstehende Reise erträumen kann. Durch dieses Anfangsritual wird das Alltägliche durchbrochen. »Ich war sehr traurig, als ich Paris verließ«, schreibt Custine anläßlich seiner Fahrt nach England, »aber wenn ich jetzt das Meer betrachte, spüre ich, wie der *Reisegeist* mich überkommt.«[99] Nodier hat in Dieppe das gleiche Erlebnis wie Custine in Boulogne: Der Anblick des Meeres läßt ihn eine Materialisierung der Verheißungen des Traums erhoffen. Custine spricht in diesem Moment sogar vom »Reiseteufel«, der ihn packt und jene innere Metamorphose einleitet, die für das Gelingen der romantischen Reise unerläßlich ist. Im Laufe des ersten Spaziergangs am Meeresufer vertieft sich auch die Frage nach dem Sinn der Reise, während sich gleichzeitig die zerstörerische Gewißheit einschleicht, daß alle erwarteten Freuden nur Illusionen sein werden.

Die romantische Betrachtungsweise geht erst spät in die Ästhetik und die Gefühlsstrategie ein, die von den Touristenführern verbreitet werden. Bis Mitte des 19. Jahrhunderts propagieren diese vor allem das Pittoreske in Verbindung mit dem Kult der »Wunder der Natur«. So erklärt sich ihr relativ geringes Interesse an den Meeresküsten[100], es sei denn, daß es dort Abgründe, Höhlen, zerklüftete Felsen oder verlassene Dünen zu bestaunen gibt.

Um die gesellschaftliche Verbreitung der romantischen Empfindsamkeit zu verfolgen, muß man in anderen Texten suchen, namentlich in Büchern, die Reiseberichte mit touristischer Propaganda verbinden und deren Ziel darin besteht, eine Region zu »lancieren« oder ein neues Bild von ihr zu prägen. Beispielhaft dafür sind die Artikel von Émile Souvestre.[101] Dieser Autor wirbt für die romantische Schwärmerei und versucht, sie zur touristischen Attraktion zu machen. Hinsichtlich der armorikanischen Uferlandschaften gebraucht er den Imperativ nicht nur für die zu vollziehenden Gesten, sondern auch für die zu empfindenden »romantischen«

Caspar David Friedrich
Rügenlandschaft bei Putbus, um 1809/10
(Bleistiftzeichnung)
Privatbesitz

Gefühle. Das Schwanken zwischen »Ihr« und »ich« erleichtert die Identifizierung und somit auch die Übermittlung der Botschaft. An manchen Stellen weiß man nicht mehr, ob der Autor lediglich eigene Gefühle äußert, oder ob er sie dem Leser unterstellt, zumindest aber versucht, diesem vorzuschreiben, was er zu empfinden hat. Souvestre lädt bald zur Ergriffenheit, bald zur beschaulichen Betrachtung ein. Er banalisiert die romantischen Einstellungen und diktiert ein Verhalten, das dem sehr nahekommt, welches Victor Hugo zur gleichen Zeit an den Ufern des Ärmelkanals entwickelt.

DRITTER TEIL
*VERWICKLUNGEN
DES SOZIALEN SCHAUSPIELS*

Joseph Vernet
Küstenszene bei Genua
Avignon, Musée Calvet

Claude Gellée, gen. Le Lorrain
Landung der Kleopatra, 1642
Paris, Louvre

Der Hafenbesuch

Der Spaziergang über Kais und Steindämme, der sich in immer neuen Formen großer Beliebtheit erfreut, zeigt die Anziehungskraft einer Szenerie, die dem Betrachter Leidenschaft, Geschäftigkeit, Heldenmut und Unglück besonders deutlich vor Augen führt. Der Hafenbesuch ist logischer Bestandteil der klassischen Reise. Hier ist die Natur vor der mühseligen Arbeit des Menschen, der den Stein gestaltet und die dem Meer zugewiesenen Grenzen verändert hat, zurückgewichen. Dieser didaktische Ort, durch die Marinemalerei in Mode gekommen, bietet nicht nur ein ganzes Bündel von Sehenswürdigkeiten, das die Zeitgenossen anregt, die Bilder dieser belebten Enzyklopädie *vom Kai aus* zu beobachten: Er soll auch ein Symbol der königlichen Größe sein. Als *limes*, der gesichert werden muß, als Zufluchtsstätte der majestätischen Flotten, als Bühne pathetischer Schiffbrüche und verlorener Seeschlachten, als Schatzkammer der Reichtümer und der schillernden Vielfalt der Völker kompensiert und betont dieses Territorium der Fülle die an Stränden und Felsküsten herrschende Leere.

Die Vielfalt der Blicke

Eine lange Geschichte der Naturauffassungen, der beschaulichen Betrachtung und der kulturellen Zielsetzungen lenkt oder beherrscht den Blick an diesem gemauerten Steinufer. Die klassische Bildung bestimmt die Gefühlsregungen, die der Gang durch den Hafen auslöst. Seit dem hellenistischen Zeitalter entfaltet sich hier eine *monumentale Schönheit*. Alexandria hat eine wesentliche Rolle bei der Entstehung und Verbreitung der antiken Hafenästhetik gespielt.[1] Andere Darstellungen vom Meeresufer sind zutiefst von jenen Motiven geprägt, die in der Nachfolge des karischen Malers Protogenes von Kaunos in Asien entstanden waren. Der Leuchtturm des Baumeisters Sostratos von Knidos, die reich verzierte Hafenmole mit offener Durchfahrt und das scharf gegen den Himmel sich abhebende Schiff auf dem bewegten, von einer felsigen Küste gesäumten Meer sind Stereotypen, die das Werk der römischen Architekten und Ästheten bestimmen. Der Hafen von Puzzuoli und der von Claudius in Auftrag gegebene Leuchtturm von Ostia entsprechen ganz offensichtlich einem Modell, das sich dank der Malerei Demetrios' von Alexandria seit der Zeit der Ptolemäer in Rom durchsetzen konnte und später durch die Anwesenheit zahlreicher ägyptischer Seeleute in den italienischen Häfen verstärkt wurde.

Im Laufe des 2. Jahrhunderts regen die auf eine starke Seemacht ausgerichteten Ambitionen der Adoptivkaiser eine Hafenarchitektur an, die großen Wert auf die Darstellung symbolischer und politischer Bilder legt. Eine Nachahmung der Alexandriner bedeutet für das kaiserliche Rom, sich des »Pharos«, Wahrzeichen des ptolemäischen Ägyptens, zu bemächtigen. Überdies gehört der Leuchtturm unabdingbar zum Bild des Zuflucht bietenden Hafens: Er huldigt den Schutzgeistern der Schiffahrt. Die Römer haben ein starkes Gespür für die Bedeutung dieses Ortes, an dem nicht nur Frachten aufgeladen werden: Auf den steinernen Kais kommt es auch zum Austausch von Kulten, gesellschaftlichen Lehren und literarischen Themen.

Die antiken Bilder sind im 18. Jahrhundert immer noch sehr wirksam. Der Chevalier de Jaucourt[2], für die *Encyclopédie* mit dem Artikel zum Thema ›Häfen‹ beauftragt, widmet sich in seinen Ausführungen vorwiegend Griechenland und Rom. Genaugenommen ist das alte Modell in der Zwischenzeit durch verschiedene Einflüsse verändert worden. Dem Hafenbesucher stehen die teilweise von einer flandrischen Tradition geprägten Gemälde Claude Lorrains vor Augen. Genau in dem Moment, in dem die holländische Marinemalerei ihren Höhepunkt erlebt, führt Lorrain dem Publikum seine Seehäfen vor. Er kombiniert die Stereotypen der antiken Architektur und die Beschreibungen der *Ilias* oder der *Aeneis* mit monumentalen Renaissancehäfen, die er wie Bühnenbilder behandelt. Gelenkt von dem Wunsch, die Szene zu veredeln, bemüht er sich mehr um architektonische Pracht als um eine Darstellung der im Hafen herrschenden Geschäftigkeit und des Durcheinanders aufgestapelter Waren.

Die Malerei Claude Lorrains bietet sich zur Interpretation an. Der Hafen erscheint als eine Bühne, auf der die Harmonie der Welt sich leichter wiederherstellen läßt als andernorts, auf der die Elemente, aus denen das Universum besteht, zu einer Einheit verschmelzen. Außerdem kann die religiöse Symbolik sich hier mit besonderer Klarheit entfalten. Die Szenen der Einschiffung und die Schiffsdarstellungen selbst spielen auf das christliche Schicksal, auf die Verbreitung des göttlichen Worts an. So wird die Reiseerwartung hervorgehoben und unmerklich an den Betrachter weitergegeben. Die Landung des Aeneas, die den alten Bericht illustrieren soll, profitiert zugleich von dem starken symbolischen Wert der Zuflucht eines Hafens, der den reuigen Sünder aufnimmt.

Das Wichtigste für unseren Zusammenhang ist und bleibt aber die Lesart des Betrachters im Zeitalter der Aufklärung, der beim Anblick dieser Malerei weniger an das Netz der christlichen Symbole denkt als an Hafenszenen, die er in alten Schiffahrtsromanen gelesen hat, angefangen bei Fénelons *Telemach* bis hin zur *Reise des jungen Anacharsis* von Abbé Barthélemy. Die Beschreibungen von Tyrus, Alexandria, Karthago oder Syrakus haben sich den gebildeten Besuchern, die sehr wohl wissen, daß der Pharos eines der Sieben Weltwunder war, ins Gedächtnis eingeprägt.

Der Blick wird jedoch nicht nur von dieser sicher sehr prägnanten humanistischen Kultur bestimmt. Die klassische Tradition verbindet sich, besonders im Denken der Briten, mit Hafenszenen der flandrischen und holländischen Malerei. Besonders die letzte hinterläßt tiefe Spuren in den englischen »Marinen«, die seit 1670 dem Einfluß der beiden nach London umgesiedelten Van de Veldes unterliegen.[3] An den Kais jenseits des Ärmelkanals ankern zahlreiche dickbauchige Schiffe aus den Vereinigten Niederlanden, und jeder kann sie dort betrachten. Der Anblick des Hafens von Amsterdam – jenes Mikrokosmos, in dem alle Reichtümer der Welt zusammenströmen[4], und der den Segen Gottes ebenso bezeugt wie den Heldenmut des Menschen, dem es gelang, die Gewalt der Elemente zu bezwingen – hat schon früh ein Entzücken ausgelöst, das sich im Zeitalter der Aufklärung verbreitet. Der Reiz, den die Holländer dem Schauspiel der einlaufenden und auslaufenden Handelsflotten seit langem abgewinnen, hat einer neuen Lust an »Hafenszenen« den Weg bereitet, die bei den britischen Kunstliebhabern bis zu Turners späten Meisterwerken vorhält.

In der zweiten Hälfte des 18. Jahrhunderts bringt der pittoreske Code die früheren Bewertungssysteme ins Wanken. Die Neuerung geht auf die *Veduten* der italienischen Hafenstädte zurück, namentlich auf Darstellungen von Genua. Wahrscheinlich hat diese seit Ende des 15. Jahrhunderts florierende Kunst nicht nur Claude Lorrain, sondern die gesamte Marinemalerei inspiriert. Doch erst Joseph Vernet setzt dauerhafte Maßstäbe für die Ambiguität der Hafenszene, die keine klare Trennung zwischen der Wiedergabe tatsächlicher Beobachtungen und der Reproduktion imaginärer Stereotypen erlaubt.

Beeinflußt von der Tradition der topographischen Malerei, erhebt Vernet den Hafenanblick zum privilegierten Panorama. Der Hafen ist in seinem Werk vor allem ein malerischer Bildausschnitt, den die Spaziergänger von den umliegenden Hügeln mit dem Fernrohr zu erfassen suchen.[5] Nach der großen Welle pittoresker Aussichtspunkte zwischen den Küsten von Neapel und den Hügeln von Edinburg wird die Hafenanlage zu deren Archetyp. Doch Vernet, der für diese Art Tableau die Szenerie der abendlichen Dämmerung bevorzugt, fügt dem Schauspiel das Malerische der Menschen hinzu. In seiner Serie »Die Häfen Frankreichs« tragen die vielfältigen Kostüme, die zur Kleidung passenden Körperhaltungen und die Gestik der Personen viel zur Belebung der Bilder bei.[6] In diesem Jahrhundert der Physiokraten und der von Halley beeinflußten Medizin erfreut der Blick sich ebenso an den Bewegungen der Menschen wie an denen der Waren. Die ästhetischen Vorstellungen stimmten mit der ökonomischen Theorie und den Entdeckungen der Physiologie überein. Als der Hofbankier Joseph de la Borde sein Schloß in La Ferté-Vidame gestalten läßt, gibt er bei Vernet acht große Gemälde in Auftrag, darunter eine Abendsonne über einem »stattlichen Hafen mit vielen Türmen, Leuchtfeuern und Schiffen, wo ein Volk emsiger Hafenarbeiter vor den Augen gemächlich rauchender Levantiner Stoffballen, Säcke und Fässer auslädt«[7].

Für den Reisenden, besonders für den in Calais landenden englischen Touristen, ist der Hafen eine Textillustration, eine abrupte Konfrontation mit der pittoresken Szenerie des anderen Landes, gleichzeitig aber auch eine Bühne, auf der sich sein Eintritt in das fremde Bild vollzieht. Daher die langen stereotypen Seiten über eine im Grunde banale Erfahrung, die jedoch den Stellenwert eines Initiationsritus hat.

In den Augen des Betrachters, der ein Gemälde vor sich hat oder den Hafen selbst besucht, verstärken sich die pittoresken Züge durch die bunte Mischung der Personen, die Vorführung der unterschiedlichen sozialen Stellungen. Auf den Kais sieht man Frauen aus dem Volk bei alltäglichen Verrichtungen; Kinder und Haustiere scheinen sich in diesem Raum, der eine reizvolle Erweiterung des fröhlichen Treibens auf den Straßen der Stadt darstellt, ungehindert zu tummeln; Kaufleute und Handelsreisende, hier ganz in ihrem Element, überwachen die Geschäfte, während Besucher aus der besseren Gesellschaft sich den Freuden der Konversation und gelegentlich der Galanterie hingeben. Der Hafen ist ein öffentlicher Ort, der die gesellschaftlichen Positionen in ihrer ganzen Theatralität zur Schau stellt. Auf Vernets Bildern ist die Hierarchie der Stellungen trotz der gedrängten Darstellung von Menschen und Dingen klar zu erkennen. Vernet hat es verstanden, charakteristische Ausschnitte auszuwählen, und sich gleichzeitig bemüht, die Besonderheit des Ortes[8] herauszuarbeiten, ohne die seit jeher im Hafen herrschende Gewalt und Sittenlosigkeit[9] sichtbar werden zu lassen.

Die einschneidendste Neuerung bei der Betrachtung des Hafenschauspiels besteht in dieser zweiten Hälfte des 18. Jahrhunderts jedoch darin, daß der *didaktischen Zielsetzung* Vorrang vor dem ästhetischen Genuß gegeben wird. Zur Zeit der Enzyklopädisten gilt der Hafen in erster Linie als instruktiver Ort, an dem man beobachten kann, was »die Dinge des Meeres uns lehren«. Um den Wissensdurst des Königs, des Hofes und der Stadt zu befriedigen, gibt Monsieur de Marigny die Serie der »Häfen Frankreichs« bei Vernet in Auftrag. Abgesehen von dem Wunsch der Eliten geht es in der Tat darum, die Neugier aller Untertanen zu befriedigen.

Der Betrachter, der verfolgt, wie die Waren auf-, ab- oder umgeladen werden, der die unentwegte Geschäftigkeit der großen Häfen sieht, wo immerfort Lasten geschleppt, Tonnen gerollt und zur Weiterleitung bestimmte Transportgüter ausgestellt werden, fühlt sich angeregt, die Reichtümer der Welt systematisch zu erfassen. Zugleich ermöglicht das bunte Völkergemisch[10] vor allem in

folgende Doppelseite:
Joseph Vernet
Der Hafen von Marseille, 1755
Paris, Louvre

Der Hafenbesuch

Die Vielfalt der Blicke

Amsterdam, London und Marseille eine Art Reisen ohne Fortbewegung, es bringt die Exotik gewissermaßen ins Haus und zeigt den zivilisatorischen Auftrag des Hafens, der implizit zum ethnologischen Museum geworden ist. Der Topograph Joseph Vernet unterstreicht die didaktische Funktion dieses Ortes, an dem der Ingenieur triumphiert. In seinen Bildern erklärt er die Techniken, die Architektur, die Funktionen der Warenlager und Fabriken. Er veranschaulicht spezifische Tätigkeiten durch Gebärden. Besonders aufschlußreich ist in diesem Zusammenhang der *Hafen von Toulon*, ein Gemälde mit zahlreichen Hafenarbeitern und Offizieren, dem der Betrachter entnehmen kann, wie Vieh geschlachtet und wohin es getrieben wird, wie man Wein umfüllt und wie Gemüse, Mehl, Käse oder Zucker als Frachtgüter bereitgestellt werden. Der *Hafen von Rochefort* zeigt die Verrichtungen beim Schiffsbau, während das letzte Bild der Serie, der *Hafen von Dieppe*, einen guten Platz in dem einige Jahre später erschienenen *Traité général des pêches* von Duhamel du Monceau gefunden hatte.

Kritiker und Kunstliebhaber sind sich der didaktischen Absichten der Marinemalerei durchaus bewußt. Manche gehen in den Salon, um zu lernen, andere finden derartige Lektionen eher unangebracht. 1755 verteidigt ein Besucher Vernets Zielsetzung mit den Worten: »Anhand seiner Darstellung des Hafens von Marseille und des ganzen Arsenals von Toulon... kann man mühelos Dinge lernen, die so manche Leute wissen sollten und anders schwerlich in Erfahrung bringen.«[11] Dieser anonyme Kunstliebhaber hält es für erstrebenswert, wenn der Betrachter »die Geschichte der Kostüme, der Künste und der Völker« von Gemälden ablesen kann, die, sofern sie richtig informieren, »immer interessant, da nützlich« wären. Vernet selbst verstärkt das didaktische Moment im Laufe seiner Arbeiten und wendet sich vermehrt dem ethnologischen Interesse zu. An der Art, wie er im Einvernehmen mit der Stadtverwaltung den *Hafen von Bayonne* darstellt, zeigt sich das absichtliche Abweichen vom vorgegebenen Modell. Eine ausführliche Korrespondenz zwischen dem Bürgermeister und dem Abgeordneten der Stadt erlaubt uns, den schwierigen Prozeß zu analysieren, an dessen Ende der Maler sich darauf verwendet, die Besonderheit des dargestellten Ortes zu entschärfen und jenes pittoreske Bild zu fabrizieren, das man bei ihm bestellt hat. Etwas später erzeugt das Gemälde der großen, an den Kais von La Rochelle sich drängenden Kauffahrteischiffe das trügerische Bild eines überaus geschäftigen Hafens.[12]

Vernets weitverbreitete Hafenszenen und zwischen 1781 und 1812[13] die seines Schülers Jean-François Hue tragen mindestens ebensoviel, wenn nicht sogar mehr als die Reiseberichte dazu bei, die enzyklopädische Neugier des Publikums zu befriedigen. Auch Louis-Philippe Crépin sowie Pierre und Nicolas Ozanne, Erzieher der Söhne des Thronfolgers, leisten erhebliche Beiträge zu dieser absichtsvollen Herstellung von Hafenbildern. Das umfangreiche Werk des zuletzt genannten Künstlers, der 1775 seinerseits von Ludwig XVI. beauftragt wird, die Häfen des Königreichs unter genauester Berücksichtigung ihrer Pläne zu zeichnen, dient der französischen Produktion im ersten Drittel des 19. Jahrhunderts als Vorbild. Die zwischen 1821 und 1833 von Garneray gemalte Serie ist ein spätes Beispiel dieser didaktischen Kunst.

Noch eine letzte Absicht bestimmt den Blick auf das Hafenschauspiel: Man geht über die Kais, um die Größe des Königreichs zu ermessen und zu betrachten.[14] Hier drängt sich erneut die klassische Lesart auf, in Einklang mit der von Rom überkommenen politischen Kultur und mit der stoischen Tradition heroisierter Landschaften. Die Reisenden des 18. Jahrhunderts assoziieren den Hafen mit einer Zitadelle. Wie wir schon sagten, besteht eines der vornehmsten Interessen der Touristen darin, in Augenschein zu nehmen, wie gut Reede und Hafeneinfahrt gesichert sind. Die vielbefahrene Küstenstrecke erlaubt dem Reisenden, ein Verzeichnis der eindrucksvollsten Hafenanlagen anzufertigen. Dabei ist die Tragik des Ortes ihm vollauf bewußt: Er stellt sich den Einfall einer gegnerischen Flotte oder den Beschuß durch feindliche Schiffe vor. In dem Artikel, den Jaucourt für die *Encyclopédie* zum Stichwort »Häfen« verfaßt, werden die jeweiligen Sicherheitsvorkehrungen stärker betont als die mehr oder weniger prosperierende Handelsaktivität. Auslaufende Geschwader, das tragische Schauspiel unbemannt zurückkehrender Schiffe, die Bedrohung beim Einlaufen in den Hafen – all das sind beliebte Themen der Marinemaler. Vergessen wir nicht, daß die meisten Schiffbrüche und die Seeunfälle, die uns etwa aus der Gegend von Dünkirchen bekannt sind, im Bereich des Hafens oder der Reede geschehen. Während die Hierarchien im Herzen der kranken Stadt erst untergründig, dann aber offen und scharf bekämpft werden, zeigt der Hafen ein doppeldeutiges Gesicht: Beruhigend und beunruhigend zugleich, offen für alle Reichtümer und alle Bedrohungen der Welt, erinnert er an Zuflucht und Gefährdung. Er kombiniert die Bilder von Invasion und Evasion.

Die Wege des Ergötzens

Die vielfältigen Lesarten des Hafenschauspiels führen zu einer Fülle unterschiedlicher Erfahrungen. In dieser zweiten Hälfte des Zeitalters der Aufklärung pflegt der Tourist die Hügel oberhalb des Hafens zu erklimmen, um das Panorama zu genießen. Manchmal findet zur Vollendung der »Lustpartie« im Freundes- und Familienkreis oben auf der Höhe ein Essen unter freiem Himmel statt, wie Joseph Vernet es 1753 in seinem Gemälde *Hafen von Marseille* darstellt.[15] Die entspannten Körperhaltungen weisen hier auf die Gewohnheit ländlicher Aufenthalte hin. Die französischen Eliten dieser Zeit wählen den Hafen als Ausflugsziel, um »das Meer zu schauen« und um Fisch zu essen, denn die leiblichen Freuden verbinden sich unbestreitbar sehr eng mit dem Genuß des Anblicks. Die fröhliche Fahrt nach Dieppe, über die der Herzog von Croÿ 1754 berichtet – zu einer Zeit, da Brighton sich mit Badegästen füllt – ist in diesem Zusammenhang recht aufschlußreich. Sie zeigt den Abstand zwischen der englischen Aristokratie, die dem Küstenaufenthalt bereits entgegenfiebert, und dem französischen Adel, der dem Schauspiel der wogenden Fluten an einem Vergnügungstag nur kurze Momente des Entzückens in einer Serie anderweitiger Zerstreuungen abgewinnen kann. So beschließt der Herzog von Croÿ am 23. Mai 1754 gemeinsam mit einem jungen Paar, Prinz und Prinzessin von Condé, die ihm in Chantilly Gesellschaft leisten, aus einer Laune heraus und nur für einige Stunden an die Küste zu fahren, um »das Meer zu sehen«. Allein um dieses Zieles willen legen sie mehrere hundert Kilometer zurück.[16]

Es wäre ebenso schwierig wie langweilig, all die Reisenden aufzuzählen, die, kaum in einer Stadt angekommen, zum Hafen eilen, um ihre vielfältige Neugier zu befriedigen. Montesquieu, der 1726 Italien besucht, ist wohl das beste Beispiel derer, die eine Küste offensichtlich stets unter dem Aspekt ihrer Verteidigungs- und Schutzeinrichtungen betrachten. Sein Bericht verweilt lange bei der Beschreibung der technischen Qualität der Hafeneinrichtungen (Tiefe, allgemeine Lage, Zugang, Schutz) in der Perspektive eines Konflikts. Was er über die Häfen von Genua, La Spezia und vor allem Livorno schreibt, ist reine Analyse des Verteidigungssystems. Selbst die wenigen Zeilen, die er dem Meer widmet, zeugen von dieser Besorgnis.[17] Während Präsident Charles de Brosses[18] sich 1739 noch mit ein paar Notizen über seinen kurzen Aufenthalt in Marseille begnügt, bekundet Pierre Jean Grosley 1758 lebhaftes Interesse an der Geschäftigkeit des Hafens von Ancona, an den reichen Lagerhäusern, den Werkstätten, den Warenbewegungen. Allein die Prosperität dieses Ortes sichert Papst Clemens XII. ein Ruhmeslied. Zwei Jahre später schreibt Marmontel: »Die beiden großen Häfen waren für mich überaus interessant und zogen meine Aufmerksamkeit ganz in ihren Bann, der von Marseille als Handels- und der von Toulon als Kriegshafen.« Was Marseille betrifft, so fügt er hinzu: »Die wenige Zeit, die wir dort verbrachten, widmeten wir ganz dem Besuch des Hafens, seinen Verteidigungsanlagen, seinen Lagerhäusern und all den großen Niederlassungen des Handels, die der Krieg verkommen ließ... Auch in Toulon hatten wir nichts als den Hafen im Sinn.«[19]

Am Ende des Jahrhunderts üben die Touristen sich gern in der Begutachtung all der fremden Waren und versuchen, Ausschnitte aus dem Schauspiel der bunten Menschenmenge auf den Kais wiederzugeben. Im Oktober 1775 kommt Johann Georg Sulzer nach Marseille. »Auf dem Kai«, schreibt er, »treffen sich die Mannschaften mehrerer hundert Schiffe, und in der Menge findet man Leute aller europäischen und asiatischen Nationen.« Händler eilen herbei, »denn hier findet die Börse statt, und die Neugier lockt des weiteren sämtliche Müßiggänger der Stadt, Geistliche wie Laien.« Trotz des unerhörten Gedränges aber verläuft alles »ordentlich und ohne Gezänk«[20]. 1785 äußert Dupaty helles Entzücken über all die Waren aus Asien und dem Norden, die er im Hafen von Genua versammelt findet. »Es ist ein Treiben, eine Geschäftigkeit, ein Strömen, wie man es sich kaum vorstellen kann.«[21] Wie schon in Toulon legt er Wert auf eine Besichtigung der Kriegsschiffe. Ein Jahr später bekundet Bérenger seine Begeisterung über das Schauspiel des Hafens von Marseille[22], und 1791 schwärmt Grimod de La Reynière von den »wunderschönen Warenlagern«[23] dort. Auch an den Südküsten Englands wenden die Reisenden sich den Verteidigungssystemen oft ausführlicher zu als den Lustbarkeiten der Badeorte. Bezeichnend dafür ist die Aufmerksamkeit, die Thomas Pennant 1793 bei seiner Reise von London nach der Isle of Wight den Hafenbefestigungen von Portsmouth entgegenbringt. Eine der systematischsten Beschreibungen liefert André Thouin, der 1795 die Kais von Amsterdam besucht. Er unterscheidet sorgfältig drei »Völker« oder drei »Klassen« von Menschen: Das damals gerade arbeitslose Volk der Arbeiter, die zivilisierteren Kaufleute und die »Fischer nebst denen, die frischen Fisch verkaufen«, die er als »weniger einfühlsam, weniger höflich« bezeichnet, deren Frauen aber dennoch für Gesten der Verführung empfänglich scheinen.[24]

Zur Zeit des Kaiserreichs besucht Millin den Hafen von Marseille, und auch er beschreibt ihn als »Treffpunkt aller Völker Europas«, dessen Vielfalt er genießt: »Die verschiedenen Sprachen, die mannigfaltigen Kostüme und Physiognomien machen den Hafenspaziergang überaus anziehend für einen neugierigen Beobachter.«[25] Millins Begeisterung ist allerdings kaum noch erwähnenswert, wenn man bedenkt, daß Vernet sein Publikum schon mehr als fünfzig Jahre vorher mit dem bunten Hafenleben konfrontiert hat.

Absgesehen von den touristischen Gewohnheiten folgt auch der mit Konversation einhergehende morgendliche oder abendliche Hafenspaziergang dem klassischen Modell. Er gibt Gelegenheit, Kaufleute und Arbeiter nach ihren Tätigkeiten zu befragen, Menschen aus dem Volk zu begegnen. Die Erzieher fordern ihre Schüler auf, das Schauspiel zu studieren.[26] Der Hochadel schickt seine Kinder in die Häfen, damit sie ihre Bildung vervollständigen: So pflegt man es nicht nur bei den La Rochefoucaulds zu tun, sondern auch in der königlichen Familie. Die großen Kaufleute bringen ihre Sprößlinge bei Geschäftspartnern mit Hafenniederlassungen unter. Hier sollen die zu Nachfolgern bestimmten Erben ihre Lehrzeit absolvieren.

Dem Besuch der Kais folgt eine kleine Schiffsfahrt zu den Vorbergen, die das Hafenbecken seitlich begrenzen. Für dieses kollektive Vergnügen stehen an den Mittelmeerküsten besondere, mit schützendem Segeltuch überspannte Boote bereit. Wenn ein größeres Schiff ausläuft oder wenn Flottenbewegungen zu beobachten sind, versammeln sich alle Klassen der Gesellschaft an den äußersten Punkten der Landvorsprünge. Am 18. Oktober 1778 fährt Carlo Pilati auf die Insel Texel, wo er sich der schaulustigen Menschenmenge hinzugesellt, die das Auslaufen der auf günstigen Wind wartenden Handelsschiffe der Ostindischen Kompanie beobachten will.[27]

Allmählich wird klar, wie sehr diese Verhaltensweisen dem neuen Modell der schüchtern sich anbahnenden Meereslust widersprechen, ehe sie später einen nebengeordneten Platz einnehmen. Im Hafen kann man sich der Einheit von Stadt und Meer, von Quaderstein und Wellen erfreuen. Die Vermählung des Dogen mit der Adria, Höhepunkt der Reise nach Venedig, ist ein schönes Symbol der Integration des Hafenbesuchs in das klassische Bewertungssystem.

Während der Koalitions- und der Napoleonischen Kriege und vor allem während der Kontinentalsperre werden die Besucher der englischen Häfen um ihre sachliche Lektion gebracht; meist bietet sich ihnen ein trostloses Schauspiel dar. Auf dem Kontinent verstärken Auszehrung, Niederlagen und Feindeshaß die abstoßende Wirkung der vom Krieg gezeichneten Häfen. In einem Reisebericht aus den Jahren 1799 und 1800 malt der Bürger Barbault-Royer ein finsteres Bild von Dünkirchen: »Alles hier riecht nach Teer, verrottetem Tauwerk, üblen Meeresdünsten und Tabaksqualm... Der Aufenthalt in einem Seehafen ist wenig reizvoll... Möget ihr nicht werden wie die Engländer...« Über Ostende schreibt er etwas später: »Der Anblick eines Handelshafens ohne Handel und ohne Geschäftigkeit ist das Schlimmste, was man sich vorstellen kann. Gestrandete Schiffe, ein Haufen Tauwerk, hier und dort unbrauchbare Segel, zerbrochene Masten, tatenlose schweigsame Matrosen...«[28] Diese traumatischen Erfahrungen darf man nicht vergessen, wenn man die Weiterentwicklung des Hafenbildes verfolgen will.

Nach Beginn der Restauration wird der rituelle Spaziergang über die Kais fortgesetzt, aber er verändert sich. Die Verfasser touristischer Führer nehmen ihn ganz selbstverständlich als eine Etappe in ihre Empfehlungen auf: Der Hafenbesuch kommt einem ausgeprägten Bedürfnis der damaligen Reisenden, die auf technische Leistungen und städtische Bauwerke geradezu versessen sind, entgegen. Der pittoreske Gesamteindruck, die Monumentalität der Verteidigungsanlagen und der Hafeneinrichtungen interessieren mehr denn je. Diese Neugier wird in England durch die Begeisterung über die jüngsten Siege weiter geschürt; in Frankreich kommt ihr die nostalgische Erinnerung an eine kurzlebige Seemacht in den letzten Jahren des Ancien Régime zugute. Doch langsam bahnt die Neuerung sich ihren Weg. Zwischen 1830 und 1840 finden die Salon-Maler das Hafenthema immer noch reizvoll, aber die Liebhaber von Seestücken stellen es nicht mehr in den Mittelpunkt. Im Zuge einer unmerklichen Verschiebung, die Denise Delouche als »Vertiefung der Hafenthemen«[29] bezeichnet, wendet die Aufmerksamkeit sich mehr und mehr den Bauwerken der Stadt, der maritimen Bedeutung der Reede und der historischen Betrachtung zu. Das klassische Modell des Hafenbesuchs ist nicht mehr maßgebend für

Der Hafenbesuch

Joseph Vernet
Der Hafen von Toulon, 1755
Paris, Louvre

das, was den Touristen oder den Kunstliebhaber erfreut. Allmählich verschwindet eine Küstenauffassung, die den keimenden Wunsch nach natürlichen Gestaden lange und auf vielfältige Weise behindert hat. 1836 verkündet Victor Hugo seine Abneigung: »In der Tat mache ich wenig Aufhebens von den großen Seehäfen. Ich verabscheue das ganze Mauerwerk, mit dem man das Meer ausstaffiert. In diesem Labyrinth aus Dämmen, Molen, Deichen und Kais verschwindet der Ozean wie ein Pferd unter dem Harnisch...Je kleiner der Hafen, um so größer das Meer.«[30]

Nach diesem kurzen aber notwendigen Ausflug wollen wir die Hafenstadt mit ihrem üppigen sozialen Schauspiel hinter uns lassen, um uns wieder dem lange vernachlässigten Territorium der Küsten und diesmal vor allem den dort lebenden Bevölkerungen zuzuwenden.

Die Enzyklopädie der Gestade

Der Gelehrte, die »empfindsame Seele«, der chronisch Kranke – sie alle kommen an die Gestade, fernab der Zivilisation und der städtischen Gesellschaft, um Berührung mit den Elementen aufzunehmen und sich einer vielfältigen Suche hinzugeben, die ein komplexes Verlangen enthüllt. Doch auf dem ungewissen Territorium entdecken sie ein Volk, das ein seltsames Schauspiel bietet. Es entsteht ein kompliziertes Netz von Lesarten und Haltungen, das immer verwickelter wird. Anfangs blickt der Reisende senkrecht auf die Arbeiter des Wattenmeers herab, in seiner Wahrnehmung bestimmt von Ängsten und Befürchtungen, die ein leicht erkennbares Bewertungssystem hervorbringen. Reise- und Forschungsberichte, voller Anspruch auf Objektivität, verleihen einer bis dahin ignorierten Bevölkerung und ihren Tätigkeiten eine Existenz im geschrieben Wort. Der Entwurf des Küstenbildes folgt dem Wunsch, das Eigentümliche hervorzuheben. Aus den Darstellungen und Betonungen spricht das, was der Beobachter von diesem ungewöhnlichen Ort erwartet. Doch im Lauf der Jahrzehnte verändert sich die Betrachtungsweise. Der Anspruch auf Objektivität verschwindet zur gleichen Zeit wie der vertikale Blick. Ein neues Bewußtsein der zeitlichen Tiefe führt zu einem anderen Verständnis des Schauspiels. Die Figur des Küstenbewohners verliert ihre körperliche Festigkeit und läßt geschichtliche Gestalten durchscheinen, wiederbelebt durch den Traum von vergangenen Zeiten. Der Erholungsaufenthalt am Meer leitet unterdessen eine zwangsläufige Zähmung der ursprünglichen Wildheit ein, die den Abstand zwischen dem Touristen und den Sand- oder Tangarbeitern verringert, gleichzeitig aber auch sichtbar macht. Bald reisen die herrschenden Klassen an, um sich dem Küstenvolk freimütig als Schauspiel darzubieten. Die Einheimischen müssen dem neuen sozialen Theater, das sich am Strand entfaltet, weichen.[1] In der ganzen Periode, die zwischen den ersten Gemälden und der herausfordernden Zurschaustellung der Eliten liegt, bleibt nur eines unverändert: Der Blick des Betrachters weigert sich gewöhnlich, innerhalb der zwischen Land und Wasser lebenden Gemeinschaften, enger als andere mit der Natur in Verbindung gebracht[2], Individuen zu unterscheiden.

Die Zusammensetzung des Schaubilds

Nach dem Willen Ludwigs XIV., der die genaue Gestalt seines Königreichs zu kennen wünschte, hatte der Verlauf der Küstenlinie schon im 17. Jahrhundert Aufmerksamkeit erregt. Die systematische Beobachtung, gegründet auf instrumentelle Messungen, zielte damals im wesentlichen auf die Schaffung einer Kartographie. Die Exploration der außerordentlich belebten Küstenregionen, ein Werk von Astronomen, Hydrographen und Landvermessern, regte auch die Fortschritte der Ozeanographie an.[3]

In der Folgezeit treiben dringliche Warnungen den Entwurf eines genauen Schaubilds der Küstenbereiche voran. Die Bestandskrise, die den Verantwortlichen der Marine zu schaffen macht[4], die Besorgnis um den mutmaßlichen Schwund der Meeresfruchtbarkeit und um gesundheitliche Bedrohungen durch schädliche Ausdünstungen an den Meeresufern verlangen präzisere und gründlichere Untersuchungen.

An den Küsten des Kontinents ist die seit dem 15. Jahrhundert bestehende Vermutung einer allmählichen Entvölkerung des Ozeans immer mehr zur Gewißheit geworden. Das »Altern des Meeres« legt nahe, daß seine Lebenskraft demnächst versiegen wird. »Es sieht so aus, als würden die erschöpften Meere nur noch so viel Fisch liefern, als nötig ist, um ihre einstige Fruchtbarkeit in Erinnerung zu rufen«[5], schreibt Doktor Tiphaigne de La Roche 1760. Eine deutliche Verschlimmerung des Zustands belebt die Warnungen. Sowohl die Statistiken der Fischerei als auch die Zeugnisse der Seeleute bestätigen ein rasches Voranschreiten des Niedergangs, das zwischen 1716 und 1720 beispielsweise in Brest, Oléron, an den Küsten des Poitou und in Royan nachdrücklich hervorgehoben wird.[6]

Jenseits des Ärmelkanals, in der Nähe der fruchtbaren Nordmeere, sind die Menschen weniger beunruhigt. Doch als John Knox[7] am Ende des Jahrhunderts eine gründliche Untersuchung an den schottischen Küsten vornimmt, gibt das Ergebnis auch ihm Anlaß, eine Verringerung der Lebenskraft des Meeres zu beklagen. Johann Christian Fabricius[8] berichtet, daß die norwegischen Fischer diesen Eindruck teilen. Die drohende Gefahr löst Nachforschungen aus, führt die Feder der Fachleute, ist Gegenstand einer ganzen Flut von Dokumenten. Geneviève Delbos versucht sogar nachzuweisen, daß die berühmte Entvölkerung des Ozeans weniger auf realen Feststellungen beruht als auf der Geschichte dessen, was darüber gesagt und geschrieben wird. Sie sieht eine Korrelation zwischen dem Maß der Konflikte, die sich auf diesem »schwebenden Territorium« entfalten, und dem Umfang des »Geredes über die Entvölkerung«[9]. Wie dem auch sei, in Frankreich führen die zwischen 1717 und 1720 durchgeführten Untersuchungen und die sorgfältige Küstenbegehung durch Le Masson du Parc 1769 zur Veröffentlichung des monumentalen Werks von Duhamel du Monceau. 1760 sieht Doktor Tiphaigne sich veranlaßt, auf die Notwendigkeit der Arterhaltung hinzuweisen und die Gewöhnung an einen Mangelzustand zu kritisieren. »Es ist so weit gekommen«, schreibt er, »daß man sich der ehemaligen Fruchtbarkeit unserer Meere schon gar nicht mehr erinnert.«[10] Neun Jahre später untersucht Pater Menc die Küsten der Provence: Er greift die Nachlässigkeit der Fischer an.[11] Kurz nach der Revolution, 1787 bis 1789, führt Noël de la Morinière verstärkte Beobachtungen durch. Er schreibt eine Abhandlung über die Fischerei in Europa, die leider nie veröffentlicht wird.[12]

Die Analyse der Verantwortlichkeiten führt zu neuen Auseinandersetzungen. Unter dem Einfluß moralisierender Ökonomen kommt es allmählich zu einer Verschiebung von kosmologischen Erklärungen zur Verantwortung des Menschen. Ursprünglich schien der Fruchtbarkeitsschwund die alte Vorstellung einer im Niedergang begriffenen Welt zu bestätigen, zumindest aber die Gewißheit eines fortschreitenden Verfalls der von der Urzeit sich entfernenden schöpferischen Kräfte. Manche behaupten immer noch, daß die Natur »sich erschöpft« oder »entartet«.[13] Andere verweisen auf den zyklischen Charakter der Meeresfruchtbarkeit. In den Augen einiger Fischer hat das Meer nichts an Lebenskraft eingebüßt, es weigert sich vielmehr, seine Reichtümer an den Ufern zu zeigen. Diese Theorie einer »spontanen Unfruchtbarkeit« versucht die Aufmerksamkeit wieder auf die göttlichen Grenzen des Ozeans zu lenken. Die Bevölkerung der norwegischen Küsten begreift die Verringerung des Fischbestands als Zeichen des göttlichen Zorns, herausgefordert durch das verfluchte »Impfen«, das den Plänen der Vorsehung widerspricht.[14] Die meisten jedoch machen meteorologische Umschwünge für den Mißstand verantwortlich.[15] Sie inkriminieren die geringe Zahl der Sonnentage und die langen Winter, deren ungekannte Strenge[16] ihnen auffällt. »Es gibt fast keinen Frühling mehr«, erklären manche Fischer, »die heißen Zeiten des Sommers sind kurz, und der Herbst ist nur noch wie ein erträglicher Winter.«[17]

Im Lauf der Jahre nimmt die Kritik an der maßlosen Ausbeutung der Fischbestände zu. Die Zeitgenossen sind sich des künstlichen Charakters der Fangtechniken in zunehmendem Maße bewußt: Der Mensch und die Zivilisation bedrohen die Ordnung der Natur sogar an der Meeresküste. Wachsende nostalgische Sehnsüchte führen zur Verherrlichung einer *Zeit des Überflusses*, die in einer immer ferneren Vergangenheit angesiedelt wird. Pater Menc indes sieht die »blind an die Fischer erteilte Fangerlaubnis«[18] als einzige Ursache: Das durch Habgier erzeugte Ungleichgewicht bringt die harmonische Verteilung der göttlichen Gaben in Gefahr. Es »greift die Natur an, indem es ihren Haushalt stört und ihre Freizügigkeit mißbraucht«. Der Einsatz von Schleppnetzen, die vielen Fischparks und Fischereien – Anlagen, die in England gesetzlich verboten sind – reichen Menc zufolge aus, um die Ertragsarmut an den französischen Küsten zu erklären, ohne daß man sich irgendeinen Schwund der Lebenskraft des Meeres vorstellen müßte. Seine Kritik unterstreicht die dringende Notwendigkeit einer Politik, die der Arterhaltung dient. Artenschutz ist wichtig, nicht etwa für die Seeungeheuer, deren Reproduktion wenig interessiert, sondern für die Fischbänke, wo die Schwärme kleinerer Fische den ursprünglichen Reichtum immer noch bezeugen.

Das Unglück trifft sowohl die Reichen[19], die um ihr Vergnügen am Verzehr frischer Seefische gebracht werden, als auch die Armen, die sich durch eine Verknappung des »Eingesalzenen« in ihrer Existenz bedroht sehen. Wie man der Gefahr begegnen kann, liegt auf der Hand: Man muß fischen, »ohne daß es die Vorsehung beleidigt«[20], fordert Pater Menc. Aus der frommen Sicht einer moralischen Ökonomie ist die königliche Autorität verpflichtet, für eine Regulierung der Aktivitäten zu sorgen. Vor allem muß sie aufmerksam auf die Einhaltung der alten Vorschriften achten, die den nächtlichen Fischfang und die allgemeine Meereswilderei bisher nicht eindämmen konnten. Zwischen 1584 und 1744 war in der Tat eine ganze Serie von Verordnungen, Edikten und Erklärungen herausgegeben worden, die mit wachsender Präzision Form und Beschaffenheit der Netze festgelegt und besonders die unspezifische »Garnfischerei« verboten hatten.[21]

Diese Fürsorge seitens der Administration wäre kaum zu verstehen, stünde die Küste nicht genau wie die Heide und der Wald im Brennpunkt potentieller Spannungen. Die Unbestimmtheit dieser Räume, die vielfältigen Gewohnheitsrechte, namentlich die der »Gemeinfischerei«, die sich dort durchgesetzt haben, machen sie in Verbindung mit nicht minder vielfältigen Hoheitsansprüchen aufgrund verliehener Privilegien und mancherlei heimtückischen Aufkaufversuchen zu überaus konfliktträchtigen Zonen. Das undurchschaubare Geflecht von Rechtsverletzungen, Revisionen und Gesetzesauslegungen läßt jeden »kleinen Fischer« als potentiellen Wilderer erscheinen.[22]

Die zweite Warnung, die zu genauen Untersuchungen zwingt, enthüllt eine fortgeschrittene Empfindsamkeit. Sie ist Ausdruck der medizinischen Befürchtungen, die der Gedanke an eine Verderbnis von Wasser, Luft und Erde bei den Ärzten der neohippokratischen Tradition auslöst. Die Angst vor einer *Küstenverseuchung* liegt auf der gleichen Ebene wie die Furcht der Zeitgenossen, Schlachthäuser, Gerbereien oder Friedhöfe könnten die Gesundheit einer Stadt dezimieren. Was die Küsten betrifft, so werden zwei Ursachen der Verpestung ausgemacht und gesundheitsschädlicher Wirkungen bezichtigt. Die daraus erwachsenden Auseinandersetzungen erlauben uns, den Umlauf polymorpher Ängste innerhalb der sozialen Körperschaft zu verfolgen.

Bisher war es eine alte und recht gut geduldete Gewohnheit, jeglichen Unrat im Meer abzuladen. Doch mit dem Aufschwung der Industrie nimmt sowohl die Schädlichkeit als auch die Menge des Abfalls zu. Erste Stimmen weisen auf eine mögliche »Entartung des Wassers« hin. Doktor Tiphaigne ruft, wenngleich etwas beiläufig, dazu auf, das reine Meer nicht zu verschmutzen. An den Ufern der Provence, schreibt Pater Menc, »gibt es keinen einzigen Stadt- oder

Küstenbewohner, der sich dank dieser ökonomisch günstigen Situation nicht jederzeit das Recht genommen hätte, Unrat und nutzlose Gegenstände auf die benachbarten Strände zu werfen, Abfälle, deren Verbringung an jeden anderen Ort nicht nur schwieriger, sondern auch teurer gewesen wäre. So ist ein Teil der Küste bei und um Marseille von L'Estaque bis Moredon im Lauf der Zeit und je nach Ort in unterschiedlichem Maße entweder von Fabrik- oder von Hausmüll bedeckt und in den Gewässern durch die Beimischung fremder Elemente verseucht worden.«[23] Im Hafenbecken von Marseille sind Wasser und Salz bereits *entartet*. In den Küstengewässern nimmt der vergiftete Fisch einen üblen Geschmack an. Die Thunfische haben das Gebiet verlassen, die Muschelbänke sind verschwunden. Der Erlaß vom 13. April 1726, der sich in Artikel 33 gegen die *Vergiftung der Küsten* richtet, wie auch der Erlaß vom 18. Dezember 1718, der zum Schutz des Muschelfangs ein *Zuschütten der Strände* verbietet, sind hier bloße Schriftsätze geblieben. Wie Doktor Tiphaigne beklagt, haben selbst die Fischer sich daran gewöhnt, Abfälle und Unrat auf die dergestalt verseuchten Austernbänke zu werfen. Solche Schmähungen, belebt durch die Furcht vor einer Entartung der Elemente und somit auf dem Stand einer von Lavoisiers Entdeckungen noch unberührten Chemie, stehen in Einklang mit dem frommen Wunsch, die Reinheit der von Gott erschaffenen Substanzen zu erhalten und über die Gaben der Vorsehung zu wachen. Wir müssen diese besonderen Zeitumstände stets im Auge behalten, um nicht in Anachronismus zu verfallen.

All die oben erwähnten Mahnungen treten, zumindest in Frankreich, hinter sehr viel lauteren Stimmen zurück, die sich gegen eine *neuartige Verseuchung der Gestade* erheben. Im letzten Viertel des Jahrhunderts führt die steigende Nachfrage der Glashütten und der Reinigungsmittel-Chemie zum Aufschwung der Sodaherstellung, was bedeutet, daß vermehrt Tang geschnitten, gesammelt und verbrannt wird.[24] An den Stränden werden große Öfen installiert, und der Rauch, der von ihnen ausgeht, gibt Anlaß zu heftigen Diskussionen. Viele fürchten den Gestank der Emanationen und halten die Küsten, an denen solche Verbrennungen der Meeresvegetation vorgenommen werden, für ungesund.[25] In ihren Augen ist der Rauch schuld an verheerenden Epidemien, die in den Küstengemeinden ausbrechen. Überdies wird behauptet, daß er die jungen Triebe, die Bäume und das Obst austrocknet. Herrschaften und Anrainer aller Stände reichen Petitionen ein.[26]

Die Zusammensetzung des Schaubilds

Die Glashüttenbetreiber, die an den Öfen beschäftigten Arbeiter und einige von humanitären Gefühlen bewegte Bürger weisen diese Anschuldigungen zurück, beglaubigen die Unschädlichkeit der Emanationen und unterzeichnen ihrerseits Gesuche gegen das drohende Verbot. Sie verlangen eine genaue Unterscheidung zwischen Belästigung und Gesundheitsschädigung. 1769 nimmt das Parlament von Rouen die Sache in die Hand. Der Generalprokurator kommt zu dem Schluß, daß der Tangrauch durchaus als gefährlicher Pesthauch einzustufen sei. Ein Urteil vom 10. März 1769 verbietet die Sodaherstellung an den Küsten der Normandie mit Ausnahme jener Gebiete, die der Admiralität von Cherbourg unterstehen. Die Glashütten werden stillgelegt, doch die um Rat ersuchte Königliche Akademie der Wissenschaften erklärt sich zu einer Begutachtung bereit: Sie schickt Guettard zur Inspektionsreise an die Mittelmeerstrände, während Fougeroux und Tillet die Verhältnisse in der Normandie überprüfen sollen.[27]

Die von diesen Forschungsbeauftragten angefertigten Dokumente ergänzen die Fülle anderer Inspektionsergebnisse, die zwischen 1770 und 1810, dem ersten goldenen Zeitalter der Statistik[28], in Frankreich zusammengetragen werden. Sie enthüllen Praktiken, die uns manchmal unglaublich erscheinen. Tillet beispielsweise beschäftigt sich mehrere Monate lang mit einer äußerst gewissenhaften Untersuchung der Strände. Er folgt den weichenden Fluten, um den Zustand der Algen, die er mit der Lupe im Auge behält, zu beobachten; er sammelt eine Vielzahl mündlicher Zeugnisse, befragt Herren, Pfarrer und Bauern, die an der Küste wohnen. »Indem wir ein einfaches Gespräch vorgaben«, schreibt er, »erhielten wir ohne weitere Verstellung alle Auskünfte, die wir haben wollten.«[29] Wie später seine Kollegen der Restauration, namentlich Parent-Duchâtelet[30], scheut Tillet keine gefährlichen Experimente an der eigenen Person. »Wir haben uns mehrfach vier oder fünf Stunden lang vor dem Rauchabzug der Öfen aufgehalten ... und uns absichtlich dem Qualm ausgesetzt, den der Wind in unsere Richtung trieb ... Wir haben diese Versuche hundertmal wiederholt ..., indem wir den Rauch entweder nüchtern einatmeten oder aber nach dem Essen.«[31] Tillet hat nie die leiseste Übelkeit empfunden, »nicht einmal das geringste Unwohlsein«. Die Tangarbeiter selbst zeichnen sich durch »fröhliche Arbeit« aus. In den Admiralitäten von Barfleur und Cherbourg kommen die Anrainer gar nicht auf die Idee, sich zu beklagen. Das Gebiet um La Hague, einst von rohen Menschen mit

»wildem Naturell« bewohnt – daher Tillet zufolge der Wildheit bezeichnende Ausdruck *hagard* –, ist durch die Arbeiten mit Tang zivilisiert worden. Diese glückliche Gewohnheit hat dafür gesorgt, daß weniger Verbrechen geschehen, sie hat die groben Sitten verfeinert und die Strandräuber in Retter verwandelt.

Kurz, der optimistische Tillet, überzeugt von den Wohltaten der Arbeit und der Industrie, rät zur Toleranz. Durch seine Unterscheidung zwischen Belästigung und Gesundheitsschädigung und durch die Sorge, alles auszuschalten, was den Aufschwung der Aktivitäten stören könnte, nimmt er eine Haltung vorweg, die wir von den Experten des Kaiserreichs und der Restauration kennen. Wie dem auch sei, die zahlreichen gewissenhaften Untersuchungen, ausgelöst durch eine mutmaßliche Unfruchtbarkeit und Verseuchung der Strände, veranlassen die Fachleute, unermüdlich die Küsten abzuschreiten[32], wo sie die Wege der von den Fischern bestellten Flurschützen, der Strandwachen[33] und der Tangflößer kreuzen. Sie führen uns Erkundungsgänge mit ganz neuen Absichten vor Augen. Die Serie dieser Untersuchungen mit all den Berichten, Fragebögen und Schriftwerken, die daraus hervorgegangen sind, namentlich der umfangreichen Abhandlung von Duhamel du Monceau, haben die Zusammenstellung einer regelrechten Enzyklopädie der von den Historikern vernachlässigten und von der Schiffahrt in den Hintergrund gedrängten Gestade ermöglicht.[34] Die Beschreibung der am Meeresufer ausgeführten Arbeiten orientiert sich an zwei vorherrschenden Bildern: Dem der Tangwiesen im Meer und dem der Sandfelder im Watt, die beide an die Landwirtschaft erinnern.

Das Schneiden und Sammeln von unterseeischem oder ufernahem Tang sowie der Transport des ersteren mit Hilfe gefährlicher Flöße, die, wenn sie auseinanderreißen oder an den Riffs zerschellen, so manchen Arbeiter das Leben kosten[35], sind in groben Zügen durch die Verordnung vom 8. März 1720 geregelt.[36] Aufgrund der Tangernten werden die Strände dem Gebiet der Küstengemeinden zugeordnet und dem Wirtschaftssystem der benachbarten Bauern eingegliedert. Diese kommen ans Ufer, um sich Dung für ihre Äcker und manchmal, wie etwa in Molène oder in Ouessant, Brennstoffvorräte zu holen. Im übrigen gibt es, wie wir noch sehen werden, viele Landarbeiter, denen die Sodaherstellung in dieser frühen Zeit der Industrialisierung als zusätzliche Einnahmequelle dient.

Obwohl das Küstengebiet theoretisch zum Königsland gehört, unterliegt die Nutzung der Gestade und des Wattenmeers – ähnlich wie die der Weideplätze, des Heidelands und der Gemeindewälder – dem Gewohnheitsrecht. In bezug auf diese ungewissen Räume findet man, um es noch einmal zu sagen, immer die gleiche Sorte Regelungen, die gleiche Art Spannungen, die gleiche Solidarität.

Genau genommen kann der Tang nicht überall geerntet werden. So reichlich er in der Normandie etwa an den Ufern des Pays de Caux und des Cotentin vorhanden ist, so selten gewahrt man ihn an den Stränden zwischen Honfleur und Arromanches, zwischen Mezy und La Hougue.[37] Während die westliche Bretagne eine intensive Nutzung möglich macht, wird der Tang in der Umgebung von La Rochelle[38] und Marennes nur gelegentlich und unsystematisch gesammelt. An den Küsten des Roussillon dagegen schneidet man ihn wieder in beträchtlichen Mengen, und bei Marignane häufen die Bauern ihn trotz der dagegen eingesetzten Ortspolizei vor ihren Türen, »an den Hauswänden, an Straßen und an öffentlichen Plätzen auf, damit er schneller verwest«[39]. So bilden sich stinkende Kloaken, über die Darluc sich 1782 entrüstet, nachdem es ihm immerhin gelungen ist, einige dieser Misthaufen, die manche Einwohner sogar unter ihren Betten verstecken, mit Gewalt entfernen zu lassen. In Schottland wird der Tang alle zwei oder drei Jahre geschnitten, getrocknet und verbrannt.[40]

Die Verfügungsgewalt über Felsen und Strände, an denen Tang wächst, hängenbleibt oder abgelagert wird, ist je nach Region verschieden. In der Gegend von Cherbourg beispielsweise darf 1771 jedes Dorf einen bestimmten Küstenabschnitt bewirtschaften. »Doch keiner der Bewohner besitzt ein Eigentum daran. Der angespülte Tang gehört dem ersten, der ihn sammelt, und wenn die festgelegte Zeit der Schnitternte alle Dorfbewohner an die Ufer lockt, verteilen sie sich unterschiedslos auf dem Gelände, das ihrer Gemeinschaft zusteht... Sie schneiden den Tang an der Stelle, an der sie sich befinden, lassen ihn daselbst trocknen, häufen ihn auf und verwandeln ihn in Soda.«[41] Ihre Produkte, ob verstreut, aufgehäuft oder bereits umgewandelt, sind am Strand in Sicherheit: Hier herrscht Ordnung ohne »die Strenge der Gesetze«.

In der Admiralität von Fécamp dagegen ist es Sitte, »daß jeder Privatmann bis ans Lebensende Anrecht auf den Teil der Küste hat, der ihm einmal zuerkannt worden ist: Ein vorspringendes Stück Felsen oder irgendein anderes Erkennungsmerkmal dient zur Festlegung der Grenzen. Einer der Bewohner, dessen Billigkeit allen bekannt ist, wacht über diese einfache Verteilung. Innerhalb des

Dorfbezirks sind die festgelegten Grenzen unverrückbar, und es gibt nur selten Streit«[42]. Die Tangplätze sind nicht übertragbar. Dennoch kommt es vor, daß der ursprünglich eingetragene Nutznießer aus Menschlichkeit zugunsten eines schwer belasteten einheimischen Familienvaters auf seine Ansprüche verzichtet. Alle diesbezüglichen Angelegenheiten werden in Gegenwart eines Leutnants der Admiralität von der Dorfversammlung geregelt. So zeichnet sich im Rahmen noch fest verankerter Gemeinschaftsstrukturen zwischen Cherbourg und Fécamp ein langsamer Fortschritt der individuellen Aneignung ab.

Die »Bestellung der Sandfelder« ist Aufgabe der »kleinen Fischer«. Mit nackten Füßen und nackten Beinen bis zu den Hüften im Wasser, schieben sie die Hamen vor sich her, um Krabben zu fangen. Ansonsten sieht man sie gerüstet mit Spaten, Fischgabeln, Rechen, Haken oder Stöcken im Wattenmeer und auf den Felsen, wo sie Muscheln, Schnecken, Sandwürmer, Sandaale oder Schalentiere sammeln: Krebse, Langusten und Hummer. Manche eggen die Sandfelder im Watt, andere spannen ihre Netze zwischen Pfählen auf, noch andere ziehen jene Fanggeräte, die man »Komm-und-Geh« nennt. Manche sind ununterbrochen am Strand beschäftigt, andere kommen nur zur Zeit der Springflut: Dann bedeckt das Wattenmeer sich mit Tausenden von Arbeitern. Wie bei der Heu- und Getreideeinfahrt sind bei der großen Sandernte alle im Einsatz. An diesen Tagen verwandeln die Bauern sich in »kleine Fischer«. Das Sammeln von Strandgut oder Holz auf unbewaldeten Inseln oder an den schottischen Küsten, die Jagd auf Strandvögel und in manchen Gebieten auch die Salzgewinnung durch Sandwäsche[43] ergänzen das weite Spektrum der produktiven Tätigkeiten am Gestade.

Doch schon zu Anfang des 18. Jahrhunderts können diese Aktivitäten sich nicht mehr ungestört entfalten. Eine wachsende Anzahl von Fischparks, Fischereien, Fischzäunen, Reusen und Waden aller Art rückt den »kleinen Fischern« bedrohlich zu Leibe. Trotz der immer neu formulierten Verbote schießen die hufeisenförmigen Konstruktionen, teils aus Stein, teils aus Flechtwerk, offen oder auch mit Netzen bespannt, überall im Wattenmeer aus dem Boden.[44] So entsteht eine regelrechte Küstenarchitektur, dazu bestimmt, die Fische im Wasser der zurückströmenden Flut zu fangen. Die immer zahlreicher werdenden Fischereien, meist in den Händen reicher Geschäftsleute, die sie an andere verpachten, weisen wie manche anderen Verfahren auf individuelle Aneignungsversuche der für verfügbar erachteten kollektiven Räume hin.

Mancherorts werden die gefangenen Meerestiere gleich am Ufer verarbeitet. An einigen Stränden stehen nicht nur Pressen zum Salzen von Sardinen, Heringen oder Makrelen bereit, sondern auch Hütten, in denen man Rochen und Neunaugen zerlegt.[45] Bei Brest und an den Gestaden von Belle-Ile[46] haben die Fischer große Barakken errichtet, in denen sie außer den Sardinenpressen massenhaft Weinfässer unterbringen, die den Matrosen als Entgelt für Fischlieferungen gegeben werden. In jeder Baracke arbeiten sieben oder acht Frauen: »Sie spießen die Sardinen mit langen Stöcken auf, waschen sie im Meer und kehren zurück, um sie in Tonnen zu legen und zu salzen.«[47] Auf ähnliche Weise wird der Fisch auch an der schottischen Küste zubereitet.[48]

Das Gestade dient als Bindeglied zwischen Land- und Meerarbeit. Die ungewissen Grenzen ermöglichen eine Überlappung oder ein Nebeneinander der Tätigkeiten. Da die Hochsaison des Fischfangs eine andere ist als die der Arbeiten im Wattenmeer oder die der landwirtschaftlichen Ernten, kann ein ausgewogener Rhythmus für die Nutzung der Küstengebiete gefunden werden. Die Einteilung in »kleine Fischer« und »Küstenfischer«, wie die zeitgenössischen Fachleute[49] sie vornehmen, ist daher recht künstlich: Bei Springflut haben alle im Wattenmeer zu tun, man sieht Fischer neben Bauern, die ihre Karren mit Tang beladen. Nicht einmal an äußerlichen Merkmalen kann der Betrachter sie deutlich unterscheiden: In Oléron tragen die »kleinen Fischer« Holzschuhe und sind im übrigen wie Bauern gekleidet; in Blaye tragen sie Schürzen aus Teerleinwand[50]; ganz anders in der Umgebung von Nantes, wo sie aussehen wie Matrosen, mit groben Leinwandkitteln und wasserdichten Stiefeln; bei Royan besteht die Tracht in einem kurzen Wams und Hosen aus Segeltuch, den »Küstenfischern« zum Verwechseln ähnlich.[51]

Die Erweiterung des anthropologischen Vorhabens

Ein halbes Jahrhundert nach der Zusammenstellung dieser Enzyklopädie der Gestade durch Le Masson du Parc und, etwas später, Duhamel du Monceau, zeichnet sich ein noch präziseres Schaubild ab, das über die bloße Beschreibung von Arbeitstechniken und Kleidungsgewohnheiten hinausgeht. Das bei Ebbe bloßgelegte Territorium und vor allem die Menschen, die sich darauf bewegen, werden hinfort durch das gleiche Raster gesehen wie das Volk: Die »zu Fuß arbeitenden Fischer«, auch »kleine Fischer« genannt, erlangen als Gruppe den Status eines sozialen Schauspiels. Endlich schreiben die Berichterstatter auch von ihnen: »Man nimmt sie wahr...«[52] Darluc äußert sich wie folgt über die Küstenbevölkerung der Provence: »Ihre Sitten, ihre Lebensdauer und ihre Krankheiten, Ausdruck einer kräftigen männlichen Konstitution, haben *ein Recht auf unsere Forschungen.*«[53] Nun liegt die Besonderheit natürlich nicht in der Art der Untersuchungen, die der Beschreibung des am Ufer lebenden Volkes vorausgehen, sondern in der Eigentümlichkeit der Bilder. Die Logik des gesamten Vorhabens, die mutwillige Verknüpfung der Elemente, aus denen das Schaubild besteht, führen zu einer fragwürdigen Erfassung der Realität. Die Beobachter, im Zuge ihrer vielfältigen Suche an die Küsten getrieben, sind stets bemüht, die Vorstellung von den dort lebenden Individuen in harmonischen Einklang mit ihren eigenen Wünschen zu bringen. Ihr Bestreben, das Natürliche zu rühmen, sorgt beispielsweise für den Fortbestand der Vorurteile von der Kraft, Fruchtbarkeit und Langlebigkeit der Küstenvölker, Eigenschaften, die ebenso hochstilisiert werden wie die Vitalität der von diesen Menschen gezeugten Kinder.

Von Anfang an wird der Blick auf das Küstenvolk den Glaubensvorschriften einer neohippokratisch inspirierten Anthropologie unterworfen. Die Individuen, die an der Grenze zwischen Land und Wasser in enger Verbindung mit den dort zusammentreffenden Elementen leben, illustrieren die Logik der medizinischen Topographie besser als alle anderen. So ist es nicht verwunderlich, daß die Gelehrten sich in diesem Zusammenhang schon früh mit den Küstenregionen befassen. Einige Jahre vor Erscheinen der *Collection d'observations sur les maladies et constitutions épidémiques* von Lépecq de la Cloture[54] und vor dem großen Projekt der *Société royale de Médecine* schreibt Doktor Desmars[55] eine lange Abhandlung über die Beschaffenheit des Boulonnais, und ungefähr zur gleichen Zeit veröffentlicht H. Tully seinen *Essai sur les maladies à Dunkerque*.

Der medizinische Diskurs kann in seiner Anwendung auf die Küstenbevölkerung kaum das Gegenteil von dem behaupten, was den Ärzten als Argument dient, um chronisch Kranken heilsame Küstenaufenthalte zu empfehlen. Oft stimmen beide Serien sogar

Die Erweiterung des anthropologischen Vorhabens

überein und bestärken sich wechselseitig. Townley beispielsweise rechtfertigt seinen Aufenthalt am Meer mit Untersuchungen über die Langlebigkeit der dortigen Bevölkerung. Manchmal aber kommt es auch zu einem Bruch der Symmetrie. Vor allem die französischen Gelehrten mögen den Optimismus ihrer englischen Kollegen oft nicht teilen. Desmars etwa äußert sich wiederholt zu der endlosen Auseinandersetzung um die wohltuenden oder schädlichen Wirkungen des Meerwassers, schwankt jedoch in seinen Ansichten.[56] Durch diese Unentschiedenheit wird die französische Atlantikküste gewissermaßen zum ausgleichenden Element zwischen den wohltuenden Stränden des Nordens und den schädlichen Ufern des Mittelmeers, zwischen dem Bild der absorbierenden, tonisierenden Fluten und dem eines Verseuchung ausdünstenden Meeres.

Im Unterschied zu dem Touristen ist der »kleine Fischer« von Kindheit an unentwegt der Meeresluft und den Küstenwinden ausgesetzt, dauernd in Berührung mit Wasser und Sand. Hinzu kommt, daß die Elemente auf die rohe Natur dieses unzivilisierten Wesens ganz anders wirken als etwa auf den Melancholiker, der aus den Fluten des Meeres Kraft zu schöpfen sucht. Kurz, der Habitus schafft auch bei gleichartiger Ernährung eine so unüberwindliche Grenze zwischen den Badegästen und den Fischern von Boulogne, daß der Gelehrte gezwungen ist, zwei unabhängige Analysen durchzuführen – ein Grundsatz, der übrigens für alle vom neohippokratischen Denken inspirierten sozialen Schaubilder gilt. Die Mitglieder der herrschenden Klassen können sich dem Einfluß der Elemente leichter entziehen als die übrige Bevölkerung. »Die Bodenbeschaffenheit«, schreibt Dulaure 1788, »schlägt sich nur bei Personen aus dem Volk stark auf die Sitten nieder. Allgemein *legt der Mensch*, wo immer er wohnen mag, *den Lokalcharakter in dem Maße ab, in dem er sich bildet oder vernünftig wird.*«[57]

Bei dem Bild, das Desmars entwirft, verschärfen sich die Eigentümlichkeiten, die der Küstenbevölkerung zugeschrieben werden, sobald von den Fischern die Rede ist, und dann noch einmal, wenn es um das Milieu der Matrosen geht. Die spezifischen Charakterzüge intensivieren sich mit zunehmender Abhängigkeit von den Elementen: Der Matrose ist das letzte Glied der Kette, der Archetyp dieser Bevölkerungen. Bei allen Mitgliedern der drei genannten Gruppen besteht eine Analogie zwischen den Organen und der örtlichen Beschaffenheit der Luft, des Wassers und der Erde.

Die scharfen Küstenwinde setzen dem Gewebe zu. Die Haut wird dicker, sonnengebräunt und trocken. Sie läßt feine Ausdünstungen nicht mehr durch. Hippokrates hat seinerzeit die Schädlichkeit der Abendsonne betont, die das Gegenteil bewirkt, indem sie den Körper zugleich »erhitzt und entfärbt«[58]. Eine Abhärtung indes, wie die Küstenbewohner sie erfahren, kräftigt die Muskeln und verlängert die Lebensdauer. »Ihre feste Oberhaut weist auf starke Organe hin..., auf Körper, die der Einwirkung der Elemente lange widerstehen können. Sie trägt zweifellos zu ihrer Langlebigkeit bei.« Darluc beschreibt die Küstenbewohner der Provence 1782 als ein von Wind und Wellen gestähltes Volk.[59] Und wenn Cambry noch etwas später, 1794, bei den wilden »Küstenmenschen« des Léon große Langlebigkeit ohne Gebrechen feststellt, haben sie dies ihm zufolge dem dauernden Ungemach von Luft und Wasser zu verdanken.[60] Hier drängt sich das Bild eines schiefen, verkrüppelten Baumes an der Meeresküste auf, der ständig gegen Sturm und Wind zu kämpfen hat. Die Küstenbewohner des Boulonnais, heißt es bei Desmars, sind klein, aber zäh.

Die feuchte und entspannende Atmosphäre[61], die Nähe des Meerwassers, der gefährlich hohe Salzgehalt der Luft und eine leicht faulende, vornehmlich aus Fisch[62] bestehende Nahrung sorgen indes für die nosologischen Eigenheiten dieses Volkes: Übelriechende Schweißabsonderungen treten ebenso häufig auf wie hartnäckige Haut- und Augenkrankheiten, bis hin zur Erblindung.[63]

Das Temperament dieser in offenen Räumen lebenden und bei wechselhaften Jahreszeiten einer wasserreichen Atmosphäre ausgesetzten Völker ist der hippokratischen Tradition gemäß leicht von den genannten Umständen abzuleiten. Die zeitgenössischen Ärzte sind überzeugt, daß die antike Medizin jene Charakterzüge erklärt, die schon von mittelalterlichen Beobachtern[64] immer wieder hervorgehoben worden sind: Matrosen, Fischer und Küstenbewohner zeichnen sich – in eben dieser Reihenfolge mit abnehmender Intensität – durch Wildheit, Mut und Frömmigkeit aus. Ihr ganzes Wesen hat Teil am Temperament des Meeres. Der medizinische Diskurs bewegt sich laufend zwischen den Bildern des Menschen und denen des feuchten Elements hin und her. Lebhaftigkeit und Tanzlust, innere Stürme der ungezügelten Leidenschaft, Trunksucht, Freiheitsdurst, Auflehnung gegen jeden Zwang, Frömmigkeit und Reue charakterisieren das Küstenvolk in der gleichen Weise, wie der Wechsel zwischen Sturm und Ruhe das Meer charakterisiert. Und

Die Erweiterung des anthropologischen Vorhabens

oben: *Krabbenfischer*

unten: *Strandarbeiter*

aus: Duhamel du Monceau, *Traité général des pêches*,
Paris 1769-1782

wie das Meer sich der Macht des Menschen widersetzt, so widersetzen diese Bevölkerungen sich der Zivilisation. Sie haben die Züge der Urzeit bewahrt: Die Offenherzigkeit, die Ehrlichkeit, die Sittenreinheit, die getreue Erinnerung, aber auch die Neigung zum Aberglauben.[65] Kurz, das Schaubild zeigt die gleichen Eigenschaften, die dem Volk im allgemeinen zugeschrieben werden, nur in zugespitzter Form. Paradoxerweise entfernt die Nähe zur Meeresküste den Menschen von der Zivilisation. Sie stört die freie Entfaltung der Vorstellungskraft und ist »dem Erlernen rein geselliger Künste nicht zuträglich«[66]. Das Schauspiel dieser Ursprünglichkeit und der unmittelbare Kontakt mit ihr heitern den Melancholiker auf, der beschlossen hat, sich am Meeresufer niederzulassen und die ungesunden Ausdünstungen gegebenenfalls in Kauf zu nehmen.

So kommt es zu einer Verschiebung, die dazu führt, daß die Beschreibung der Strandarbeiter in den idyllischen Diskurs aufgenommen wird. Diese rohen Menschen, die Frömmigkeit und Heldenmut in sich vereinen, dienen als Vorwand für die Verherrlichung einer wilden Ursprünglichkeit, deren Schauspiel die urbane Pathologie mit all ihren Schrecken kompensiert. Das biblische Bild der Manna ist hier von grundlegender Bedeutung: Das Wattenmeer stellt einen täglich von der Vorsehung – oder der Natur – frisch gedeckten Tisch dar. Die verschwenderische Freigebigkeit der Natur erübrigt jede Industrie. Im feuchten Sand braucht man die Früchte nur zu pflücken und zu sammeln. Wie die Israeliten auf dem Weg ins Gelobte Land empfangen die Küstenbewohner ihr tägliches Himmelsbrot. Der bei Ebbe bloßgelegte Boden erscheint als Ort der Fülle[67], was die nachlassende Meeresfruchtbarkeit um so beunruhigender macht. Darüber hinaus ist das Watt ein Territorium der vorübergehenden Gleichheit: Seite an Seite sieht man den Armen, der Nahrung sucht, und den Reichen, der sich um des Vergnügens willen am Sammeln der Meeresfrüchte beteiligt.[68] An den Ufern gibt es kein Eigentum, heißt es – nicht ganz wahrheitsgemäß – immer wieder. Während der Springfluten der Tagundnachtgleichen erinnert die Fischerei im Wattenmeer an paradiesische Zustände.[69] Der »kleine Fischer« kennt keine Spekulation. Die Natur liefert hier ein Beispiel der gerechten Verteilung. Sie wirkt einem doppelten Übel entgegen, indem sie absolutes Elend ebenso unmöglich macht wie exzessiven Reichtum, welcher den bescheidenen Strandarbeiter um seine Stellung bringen würde. An den Küsten des Ärmelkanals und des Atlantik gibt es keine wirkliche Armut, kein Bettlertum.[70] Das

Wattenmeer funktioniert wie ein von der Natur verwaltetes Wohltätigkeitsinstitut. In Marennes ernähren die Einheimischen sich von Austern. In Oléron leben Inselbewohner und Soldaten von der Fülle der Nahrung, die die Strände bieten.[71] Das Meer in seinem Eifer weiß sogar für Abwechslung zu sorgen: Die Zeiten der Muschelernte sind so verteilt, daß die Nahrung nie eintönig wird.[72]

Auf diese Weise gewährleistet die Natur die Aufrechterhaltung der Ordnung, sie wacht über den Status quo der Stellungen, über die Rollenverteilung nach Alter und Geschlecht. Die meisten Küstenbeschreibungen zeigen eine Systematik, deren Klarheit den Betrachter erfreut. Insoweit setzen sie die Tradition der holländischen Malerei fort. Nachdem Diderot alle Merkmale der philosophischen Reise vorgeführt hat, erliegt er dem idyllischen Bild der Küstenfischer von Scheveningen. Ihre Schlichtheit, ihre Offenheit, ihre Frömmigkeit und ihre heitere Bereitschaft, die zugeteilten Rollen zu erfüllen, lassen in seiner Seele die Bilder ursprünglicher Zeiten entstehen.[73]

Die Wahrung einer gleichgewichtigen Verteilung der Gaben der Natur setzt voraus, daß der Mensch aufhört, die vorgegebene Ordnung zu stören. Die Fischereien, die ihren Besitzern zu Reichtum verhelfen, schaffen bei den »kleinen Fischern« Hungersnot. Sie laufen den Plänen der Vorsehung zuwider. Aus diesem Grund fordert Doktor Tiphaigne, daß »alle Sonderrechte von Privatpersonen« abgeschafft werden: »Das Meer ist das Reich der Fischer und muß frei sein von jeglichen Steuern dieser Art.«[74] Damit greift er die Kritik an der Zueignung kollektiver Güter auf, ja er geht in seiner Argumentation sogar noch darüber hinaus.

Die idyllische Darstellung des Küstenvolks hat eine Funktion im gesellschaftlichen Gemälde derer, die sie zum Schauspiel erhoben haben. Die Masse der »kleinen Fischer« – weniger gefürchtet als das Milieu der Matrosen – ist ein Symbol des guten Volkes. Bei den Arbeitern des Wattenmeers gibt es keine soziale Mobilität, kein Emporkömmling ist unter ihnen. Der fromme, an Hilfeleistung gewöhnte und durch häufig miterlebte Schiffsbrüche zum Heldenmut erzogene Strandarbeiter, vital durch den Umgang mit den Elementen, fruchtbar durch das Fleisch der Fische, die er ißt,[75] und mit berechtigten Aussichten auf ein langes Leben, ist eine Beruhigung für den Städter, der die Hierarchien zunehmend wanken sieht. Das Gottvertrauen der Matrosen und der feste Glauben der »Küstengemeinden«, die den Familien der Seeleute zur Seite stehen und sie empathisch mit der »Bordgemeinschaft« verbinden, passen in das heitere Bild.[76] Die alten Stereotypen fördern eine idyllische Wahrnehmung, die das Verlangen nach der Meeresküste ebenso steigert wie den Genuß des Touristen, dem es eine Wohltat ist, diese urtümliche Bevölkerung vor Augen zu haben, und der im Augenblick wenig geneigt ist, die ethnologische Forschung weiter voranzutreiben. Die ergötzliche Freude an dem Schauspiel kann sich um so freier entfalten, als hier keine Verringerung der sozialen Distanz zu befürchten ist.[77]

Diejenigen, die das spontane Echo des Küstenvolks auf die Natur mit Entzücken beobachten, prägen ein weiteres Stereotyp von symbolischer Bedeutung: Nur selten fehlt ein ausdrücklicher Hinweis auf die Naivität der Frauen und auf ihre nackten Beine. Die Weiblichkeit an den Gestaden wäre köstlich verlockend, kämen nicht die enterotisierende Schlichtheit und die soziale Distanz hinzu. Sonnengebräunt, mit einer früh welkenden Haut und einem üblen Körpergeruch vom täglichen Umgang mit Meeresfrüchten[78], zeigt die Frau ihre Beine nicht, um Wollust zu erregen, sondern weil sie sich vom ursprünglichen Zustand der Wildheit kaum entfernt hat. Absolute Frömmigkeit, eheliche Treue und keusche Schmucklosigkeit bezeugen die Reinheit ihrer Absichten. Angesichts dieser naiven und arbeitsamen Blöße, dem genauen Gegenteil des raffinierten Spiels der Kurtisane, kann der Reisende ein Erwachen seiner sinnlichen Begierden unmöglich zugeben, geschweige denn mit Lust empfinden.

Bis zum Ende der achtziger Jahre des 18. Jahrhunderts wird das soziale Bild der nördlichen Küsten Frankreichs fast ungeteilt von der neohippokratischen Theorie und der idyllischen Wahrnehmung beherrscht.[79] Die Touristen verweilen noch nicht bei dem malerischen Anblick des Wattenmeers. Was das Pittoreske betrifft, so steht das bunte Treiben des Hafens noch im Mittelpunkt der Aufmerksamkeit. Cambry ist meines Wissens der erste, der sich von dem vielfältigen Schauspiel des Küstenvolks an den offenen Gestaden betören läßt. So beendet er den Bericht über seine anstrengende Rundfahrt mit einer erquickenden Schilderung, in harmonischem Einklang mit der heiteren Ruhe, die er endlich in Gesellschaft seiner kultivierten Gastgeber genießt.[80]

Nach 1780 indes findet man hier und dort Bruchstücke einer ethnologischen Forschung, die wenig mit medizinischen Gesichtspunkten zu tun hat. Einige Reisende wollen so ihre Robinsonade vertiefen. Sie versuchen eine Bestandsaufnahme von Sitten und Gebräuchen, die das Eigentümliche der ihrem Lebensraum noch nicht entfremdeten Inselvölker aufzeigen. Die abgeschlossenen und isolierten Räume der atlantischen Inseln sind die ersten, die unter diesem Blickwinkel untersucht werden. Sie bieten sich als »Projektionsfeld für die Utopien des guten und des bösen Wilden«[81] an, bis die republikanischen Reisenden sich hier auf die Suche nach der »tugendhaften Insel« machen.

Im Jahr 1800 entwirft Thévenard, besorgt um den sichtbaren Zerfall der Sitten[82], ein ethnologisches Bild von der Insel Ouessant. Wie damals üblich[83], vergleicht er die Bewohner mit den Huronen und den Algonkin. Cambry führt in seinem Bericht über die bretonischen Küsten alle Formen der Beobachtung vor, die im Zeitalter der Aufklärung von Reisenden praktiziert werden. Er entwirft eine medizinische Topographie und trifft eine sorgfältige Unterscheidung zwischen »Küstenmenschen« und »Landmenschen«. Er zieht Erkundigungen über den Aberglauben ein. In dem armen Strandräuber Thomas Yvin, genannt Philopen, einem Außenseiter, der mit seiner Gefährtin inmitten der Felsen von Penmarch lebt, sieht er die Inkarnation eines »Wilden der Gestade«, eines Mannes von den Ufern des Orinoko. Das Netz seiner Vergleiche reicht von den Kamtschadalen zu den Lappen, von den Wilden des hohen Nordens bis zu denen Kaliforniens und Feuerlands. Cambry versammelt die Küstenmenschen, er befragt die Alten nach Sitten und früheren Gebräuchen, ja er hofft sogar, in ihrer Mundart die Spuren einer Ursprache zu erkennen.[84] An der Seite des Wilden taucht schon jetzt der Schatten des Druiden auf. Die Faszination der exotischen Gesellschaften weicht einem neuen Interesse an den Kelten, und in den Text des Aufklärers Cambry schleicht sich unmerklich eine neue Empfindsamkeit ein. Die Schilderung des jungen Mädchens, das die Seemöwen anfleht, ihr den Verlobten zurückzubringen, und mehr noch die halluzinatorische Erinnerung an eine Tangarbeiterin entfernen uns von der Idylle, um uns in das romantische Milieu eines Küstenvolkes zu versetzen, dessen Beschreibung den Einflüssen des Schauerromans unterliegt.

»Man stelle sich vor, ... eine Frau, die in stockfinsterer Winternacht bei tosendem Sturm und schäumenden Fluten auf einem glitschigen Felsen, bald im Wasser versinkend, bald über dem Abgrund hängend, mit einem Zweig den angespülten Tang aus dem Wasser fischen muß.«[85] Cambry, der objektiv zu sein behauptet, will

Die Braut des Fischers
aus: Taylor et Nodier, *Voyages pittoresques et romantique dans l'ancienne France – Ancienne Normandie*, Paris 1820

nicht bemerkt haben, daß der Tang bei Tageslicht geerntet wird, daß es für diese Arbeit einen sorgfältig beachteten Kalender gibt, daß die »Tangfischer« keineswegs über dem Abgrund hängen, und daß sie nur bei guter Witterung im Einsatz sind. Doch ungeachtet der Wirklichkeit liegt das historische Ereignis hier in einem Umschwenken der Bilder, im neuen Reichtum der Empfindungen.

Die Transparenz der Küstenmenschen

Modalitäten der Suche nach Sinn

Der Blick, den der Reisende auf das Küstenvolk richtet, ist in seiner Entwicklung nicht von der sich verändernden Landschaftswahrnehmung zu trennen: Die Bilder, Schemata und Praktiken überlagern oder verbinden sich. Dennoch darf die Neuerung nicht überschätzt werden. Ehe wir uns den fortgeschrittenen Lesarten zuwenden, muß das Beharrungsvermögen der alten Modelle betont werden. Die medizinische Topographie setzt ihre Karriere auch im 19. Jahrhundert fort und sorgt noch jahrzehntelang für ein Überdauern des neohippokratischen Denkens.[1] Ein deutliches Beispiel dafür liefert Villeneuve-Bargemon mit seiner Beschreibung des »Marseiller Geschlechts«, das die Küste zwischen Fos und La Ciotat bewohnt.[2] Doktor Bertrand[3], der sich lange mit dem Küstenvolk des Boulonnais befaßt, übernimmt ein Modell, das sein Kollege Desmars ein ganzes Jahrhundert zuvor erarbeitet hat. Er verfeinert den Katalog der Stereotypen, die Doktor Forget[4] dann seinerseits benutzt, um das Porträt des Seemanns festzuschreiben. Noch 1844 scheut Armand de Quatrefages de Bréau sich nicht, die Bewohner des nördlichen Teils der winzigen Insel Bréhat denen des Südens gegenüberzustellen. »Die ersten«, schreibt er, »haben etwas durch und durch Rohes, beinahe Wildes an sich, ganz im Gegensatz zu dem höflichen Gebaren der Leute des Südens«[5]. Sie sprechen nicht die gleiche Sprache, haben nicht den gleichen Akzent und nicht die gleichen Gebräuche. In der Mitte des Jahrhunderts wird die

Verbindung zwischen »Eigentümlichkeit« und »Lokalität« immer noch verfolgt.

Doch im Rahmen dieser Analysen, die von klimatischen Bedingungen ausgehen und sich auf die spezifische Beschaffenheit der Luft, des Wassers und der Erde stützen, nehmen die sozialen Unterscheidungen allmählich festere Konturen an. Doktor Bertrand beispielsweise legt großes Gewicht auf den Einfluß der Erziehung, der Arbeit und der Gewohnheiten, die den unterschiedlichen »Klassen« des Boulonnais eigen sind. Im Licht dieser soziologischen Gegebenheiten differenziert er auch die Wirkungen des Klimas. Darüber hinaus schafft die wieder aktualisierte Lehre von den Temperamenten neue Anhaltspunkte. Der Blutkreislauf rückt in den Vordergrund und trägt hinfort viel dazu bei, die unbezwinglichen Leidenschaften der trink- und streitlustigen Küstenvölker zu erklären.[6]

Obwohl von der schwindenden Lebenskraft des Ozeans nur noch selten die Rede ist, besteht die Furcht vor einer Entvölkerung der Meeresgründe fort. In Frankreich kommt dieses Problem der Ideologie der Restauration entgegen. Jede Kritik an der Nachlässigkeit der revolutionären Autoritäten ist damals willkommen, und man betont die juristische Lücke, die durch die Abschaffung der Admiralitäten im Jahr 1791 und durch die Erklärung des Fisches zur *res nullius*[7] entstanden ist. Diese Situation führt dazu, daß viele die Anwendung früherer Vorschriften fordern.[8] Es kommt zu verschärften Auseinandersetzungen zwischen den Betreibern der großen Fischereien, deren Anzahl seit 1789 erheblich gestiegen ist, und den Küstengemeinden. Ab 1816 setzt sich auch in diesem Bereich der Versuch durch, die alte Ordnung wiederherzustellen. Doch im Gegensatz zu anderen umstrittenen Räumen, besonders dem Wald und den Flüssen, laufen die Spannungen hier nicht auf die Verkündung eines Gesetzes hinaus. In dieser Periode der Ungewißheit finden tiefgreifende Veränderungen statt. Zahlreiche Küstenfischer, die bisher den Fischbänken gefolgt waren, streben ein seßhaftes Leben in der Nähe der Konserverien an. Zur gleichen Zeit organisieren sich die Gewerbe der Fischerei im allgemeinen Kontext des Kampfs gegen den Pauperismus.[9]

Unterdessen präzisieren Gelehrte und Verantwortliche die Beschreibung der Arbeiten am Wattenmeer. Milne-Edwards und Audouin beispielsweise widmen sich einer detaillierten Untersuchung der »kleinen Fischer« an der Bucht von Mont-Saint-Michel, einer Gegend, die bei den Liebhabern offener Gestade zunehmend

Modalitäten der Suche nach Sinn

Strandleben
Farblithographie nach einem
Aquarell von Hermann Kaufmann d. Ä., 1860

Andreas Schelfhout
Strandansicht, 1. Hälfte 19. Jh.

in den Mittelpunkt der Aufmerksamkeit rückt. In Granville sind von insgesamt 7212 Einwohnern mehr als tausend mit der Wattenfischerei und dem Sammeln von Meeresfrüchten beschäftigt.

Das eigentlich Wichtige aber ist für uns die Tatsache, daß der Reisende ein wachsendes Bedürfnis zeigt, sein Wissen um die Strandarbeiter zu vertiefen. Trotz aller Hindernisse steigt der Wunsch, die Distanz zu verringern und vorübergehend in diese ursprüngliche, zugleich wilde und unschuldige Menschheit einzutauchen.

Die Art der Suche, die hinfort von den Reisenden gepflegt wird, sieht an den Küsten des Nordens ganz anders aus als an den Ufern des Mittelmeers. In der Umgebung der antiken Landschaften orientiert sich das weniger gründlich erneuerte Wahrnehmungssystem an den konkurrierenden und manchmal unklaren Gestalten des »Erben« und des »Fremden«. Doch außer wenn es um die im osmanischen Herrschaftsbereich verbliebenen Gebiete geht, bleibt die häufigste Lesart den klassischen Bildern treu. Durch Sitten und Gebräuche lebt das Volk der antiken Gestade immer noch in jener Küstenlandschaft fort, in der die Reisenden so gern verweilen, um sich wie Swinburne von der Dauerhaftigkeit der Spuren zu überzeugen. Nach Ansicht von Villeneuve-Bargemon, der das Departement Bouches-du-Rhône ausgiebig untersucht und beschrieben hat, sind die Fischer des »Marseiller Geschlechts«[10] nichts anderes als späte Nachkommen der Phokäer: Ihre Sprache, ihre Gebräuche, ihre Neigungen und die Physiognomie ihrer Frauen beweisen es zur Genüge. Nur das Volk vermag eine Prägung derart zu bewahren, nur das Volk entgeht den zerstörerischen Wirkungen der Zeit, und aus eben diesem Grund kann nur das Volk wirklich von den alten Griechen zeugen. In den oberen Etagen der sozialen Pyramide geraten die Dinge durcheinander. So vermischen sich Anthropologie und Archäologie oder unterstützen sich zumindest wechselseitig. Villeneuve-Bargemon beispielsweise hat eine kollektive Untersuchung durchgeführt, die Ausgrabungsergebnisse mit Archivarbeiten, mündliche Befragungen mit der Aufzeichnung von Riten verbindet. Wir verdanken diesen Bemühungen vor allem eine schöne Beschreibung der Feste von Les-Saintes-Marie-de-la-Mer.[11]

Ganz anders die Gestalt des »Fremden«, der sich inmitten der antiken Ruinen niedergelassen hat, man könnte fast sagen, der sich in ihnen suhlt. Sein Anblick löst bei dem Betrachter Zurückhaltung, manchmal Abscheu oder gar Feindseligkeit aus, eine Abneigung, die bald durch das kämpferische Auftreten der Philhellenen zusätzlich geschürt wird. *Völker unbekannten Ursprungs stehen rechtmäßigen Erben gegenüber*, die eine klare und hochgeschätzte Abstammungslinie vorzuweisen haben. Der Reisende muß daher in der Lage sein, genau zu unterscheiden. Nach den Worten Joseph Lavallées, der 1801 die von Cassas unternommene Reise an die Küsten Dalmatiens nachzeichnet, kann der Philosoph hier die Völker studieren, »die im Umfeld der Ruinen atmen«; hier kann er den Eindruck analysieren, »den die pompösen Trümmer, die sie täglich mit Füßen treten, in ihrer Seele hinterlassen«[12]. Es geht nicht mehr um die Frage, ob eine bewahrte Identität oder zumindest ein enger Zusammenhang zwischen dem Volk und den eindrucksvollen Überresten erkennbar ist, sondern darum, eine Distanz zu ermessen, ein Echo zu analysieren. An den Küsten Istriens und Dalmatiens, wo der Palast neben der Hütte steht, wo der Kontrast zwischen dem römischen Bad und dem stinkenden Strohbett der Dalmatinerin ins Auge springt[13], werden dem Betrachter die Tiefe der Zeiten und das Ausmaß der Schändung schmerzlich bewußt.

Der Reisende muß tunlichst darauf achten, daß er sich nicht im bunten Allerlei der an den Ufern lebenden »Erben« und »Fremden« verliert. Auf der Höhe von Sebenico etwa wird er ein denkbar »abgestumpftes« und »verblödetes« Volk antreffen. Die dortigen Küstenbewohner »ernähren sich ausschließlich von Insekten, Fischen oder Muscheln, die das Meer ihnen ans Ufer spült«. Sie sitzen von morgens bis abends auf einem Felsen oder vor der Tür ihrer elenden Hütte. »Ihr Gesicht ist ausgezehrt, von der Sonne gebräunt, vom Elend geschwärzt; ihr Blick ist verstört, das Haar dunkel und vernachlässigt... Sie sind eher roh als wild: Die einfachsten Gedanken wollen ihnen nicht in den Kopf, sie sind unfähig, etwas nachzuahmen.« Sie sind nicht einmal Wilde, deren Stolz sie ebenso vermissen lassen wie die rührende Offenherzigkeit und den Drang nach Unabhängigkeit. Sie sind einfach degeneriert, »ihr Ursprung ist verloren«... »Die Wilden sind das erste Glied des Menschengeschlechts, diese hier scheinen das letzte zu sein.«[14]

Der radikale Unterschied der geschichtlichen Entwicklung hat zur Folge, daß der Blick auf die »Erben« ein ganz anderer ist als der auf die »Fremden«. Das Bewertungssystem des Reisenden schafft einen unermeßlichen Abstand zwischen zwei Welten der Armut oder gar des Elends, von denen die eine mit Bewunderung, die andere hingegen mit Verachtung und Abscheu bedacht wird. Lavallée hält die Dalmatiner aus Sebenico für Ruinen, nur daß sie im

Unterschied zu den alten Trümmern keinen Sinn haben. Ihre streunende Gegenwart erscheint als Abirrung inmitten eines Volkes, das die schlichte Schönheit des Altertums immer noch verkörpert, das einzig in der Lage ist, die antiken Texte, Bauwerke und Landschaften begreiflich zu machen. Infolgedessen setzt jede ethnologische Untersuchung eine Vorentscheidung, einen radikalen Schnitt voraus, an dem zwei antithetische Gefühlswege beginnen, die sich jedoch beide an den Maßstäben der klassischen Reise orientieren.

Die noch vom Ansturm der Badegäste und Touristen verschont gebliebenen[15] Küsten des Nordens bieten dem Besucher eine offene Bühne, auf der die Spiele der Imagination sich frei entfalten können. An der Ostsee, an den schottischen Küsten und den armorikanischen Gestaden entwickelt sich eine mit wachsender Intensität betriebene Suche nach allem, was den verwitterten Felsen, den rätselhaften Ruinen und den eigentümlichen dort lebenden Gestalten einen Sinn verleihen könnte. Anfangs sind die Vorstellungen meist von der Begeisterung für das Keltentum[16] und den Ossianismus geprägt. Die Aufzeichnung der Spuren, eingeführt durch die Arbeiten der schottischen Wissenschaftsverbände und popularisiert durch den Reisebericht von Johnson und Boswell, wird in Frankreich erst recht spät mit dem Programm der *Keltischen Akademie*[17] systematisiert. Danach machen die Gelehrten sich fleißig an die Arbeit, sie suchen Hinweise, beschreiben Riten und Gebräuche, skizzieren Bauwerke und versuchen, die Verbindung zwischen den verschiedenen Gegenständen ihrer Neugier aufzudecken. Das Volk ist für sie ein Transparent, durch das sie hindurchzublicken versuchen, hinter dem sie den Barden oder den Druiden vermuten, schemenhaft zu erkennen oder gar leibhaftig zu sehen glauben. Befriedigt über die entdeckten Schätze, die sie den Anhängern des klassischen Altertums entgegenhalten können, lassen die Fürstreiter des Keltentums, nicht von nostalgischen Gefühlen geplagt, sondern angespornt von dem – teilweise phantasmatischen – Bewußtsein verschwindender Gebräuche[18], ihren Blick munter die verflossenen Jahrhunderte überspringen, so überzeugt sind sie, in der Gestalt des kaledonischen Inselbewohners oder des armorikanischen Bauern ein lebendes Bild des Ureinwohners zu finden.

Die Küstenbewohner sind von dieser Suche nach Ursprünglichkeit betroffen. Das Vorgehen der Gelehrten führt zu Stereotypen, die sich im Lauf der Jahrzehnte als feste Vorstellungen verbreiten und schließlich die Vulgärzeitschriften erreichen, die in England seit Anfang des Jahrhunderts und in Frankreich seit der Julirevolution in vielfältigen Ausgaben erscheinen. So wird der Bretone, der wahre Kelte, zu einem unversehrt aus der Dunkelheit frühester Zeit überlieferten anthropologischen Fossil. 1832 macht Habasque seine Leser mit dem öden Küstenstrich von Plouha, Keroisel und Morgat vertraut: »Könnte ein Druide den Staub abschütteln, den er seit zwölf-, dreizehn- oder vierzehnhundert Jahren angesetzt hat, könnte er alsdann einige unserer rückständigen Gegenden besuchen, so würde er die Sprache noch verstehen, auch die Sitten wären ihm nicht fremd, und er würde die Trachten wohl wiedererkennen. Obschon die alten Wälder verschwunden sind, sähe er doch das Ödland wieder, den Stechginster, die Felsen und das Heidekraut, desgleichen den Dolmen, den Kromlech und den Menhir, erstaunt nur darüber, daß man Sinn und Zweck sogar dieser heiligen Monumente vergessen hat. Mit Freude indes würde er gewahr, daß der armorikanische Bauer die Eichenmistel und das Eisenkraut bis auf den heutigen Tag verehrt... Und in der Basse-Bretagne fände er das Volk noch ebenso leichtgläubig wie seinerzeit.«[19]

An diesen Ufern, dem Reich der Ursprünglichkeit, unterscheiden sich die unverändert aus der Urzeit überkommenen Zeugen sowohl von Swinburnes »Erben« als auch von den degenerierten »Fremden«, die Cassas an den Küsten Dalmatiens sah. »Man könnte fast von einem Stamm keltischer Fischer sprechen«[20], schreibt Fulgence Girard in einem Artikel der Zeitschrift *France maritime* über die Küstenbewohner der Bucht von Mont-Saint-Michel. Nach Morven und Staffa werden das Eiland Tombelaine unweit des gleichnamigen Berges[21] und vor allem die Insel Ouessant, auf der die letzten Überreste eines Belenos geweihten Tempels das Bild der schützenden Jungfrauen heraufbeschwören, im Zuge der Suche nach druidischen Ureinwohnern zu den meistbesuchten Hochburgen.[22] Auch Stendhal bedient sich der in diesem Zusammenhang geprägten Stereotypen[23], indem er beispielsweise am 6. Juli 1837 schreibt: »Heute morgen um fünf Uhr, bei der Abreise von Vannes nach Auray, herrschte richtiges Druidenwetter.« Zu diesem Zeitpunkt sind die ursprünglichen Modalitäten der Faszination, die man angesichts der »Schönheit des Todes«[24] oder des »stummen Zeugnisses der Dolmen«[25] empfand, allerdings schon durch Reisende überholt, die sich um subtilere Methoden des Eintauchens in vergangene Zeiten bemühen.[26]

Die Betrachtungsweise der Romantiker steht im Zeichen der wehmütigen Erinnerung, stärker denn je von dem Bewußtsein geprägt, daß Mundarten, Riten, Gebräuche, Märchen und Legenden zu verschwinden drohen. Die empfundene Vergänglichkeit und der schon jetzt spürbare Sinnverlust lösen jenes Leiden aus, das eine lustvolle Suche erst ermöglicht. Die neue Sicht führt zu einer neuen Art des Zuhörens. Der Reisende träumt davon, ins Alltagsleben der kleinen Fischer einzudringen, und wenn das Träumen ihm nicht genügt, versucht er, ihnen in der Herberge, in ihrer Hütte oder am Strand zu lauschen. Der bereicherte Wunsch verleiht der mündlichen Befragung einen neuen Sinn. Es geht nicht mehr darum, nur Fragmente zu sammeln, Ruinen zu retten oder Spuren zu erhalten, wie es, durch Samuel Johnson beispielhaft belegt, die keltische Archäologie anstrebte. Die neue Suche zielt auf ein Eintauchen in die Frische, die Unschuld, die Kraft, den strotzenden Lebenssaft einer Menschheit, die durch ihre Sprache, ihre Mythen, ihre Riten, ihre von Generation zu Generation weitergegebenen Geschichten und Legenden sowohl die ursprünglichen Zeugnisse als auch die der verflossenen Jahrhunderte aufbewahrt.

Heinrich Heine[27], der das Küstenvolk der immer mehr zum Seebad erblühenden Insel Norderney beschreibt, trägt sich mit dem schmerzlichen Gedanken, daß die Eingeborenen ihren Status als wandelnde Zeugen wohl bald verlieren werden. Das Schauspiel der Reichen, die sich abends bei hell erleuchteten Fenstern im »Konversationshaus« treffen, wo die Insulaner sie von außen beobachten, ihre Gestik, ihre Mimik, ja sogar ihre Grimassen studieren, weckt neue Bedürfnisse bei den kleinen Fischern und neue »Gelüste« bei den Frauen. Schon jetzt kommen manche Kinder dieses bedrohten Volkes mit »badegästlichen Gesichtern« zur Welt. Die Ahnung, daß es mit Zeugnissen demnächst vorbei sein wird, läßt in der Seele des Dichters den Wunsch entstehen, an der »gemeinschaftlichen Unmittelbarkeit« der Fischer teilzuhaben, mit ihnen am Feuer zu sitzen, wo sie zusammenrücken, sich die Worte, »ehe sie gesprochen worden«, von den Lippen ablesen, sich durch Gesten, Laute oder Mienen verständigen. Heine träumt davon, jenen Zustand der »Gedanken- und Gefühlsgleichheit« zu erreichen, der allein eine echte Kommunikation ermöglicht, der »viel ruhiges Glück« und die Herrlichkeit der Künste begründet. Ein schmerzliches Spannungsverhältnis entsteht für ihn dadurch, daß er einerseits den Abstand zwischen sich und diesem Volk, das sich an der Schwelle einer neuen Zeit befindet, verringern möchte, andererseits aber unüberwindlichen Abscheu vor dem mit Häßlichkeit gepaarten Fischgeruch der Insulanerinnen empfindet.

1820 erläßt Charles Nodier ein klares Dringlichkeitsprogramm zur Aufzeichnung noch auffindbarer Spuren: Der Eindruck ihrer bevorstehenden Vernichtung belebt die Emotion. Die »Generation, die jetzt zu Ende geht«, schreibt Nodier, »und sich dem Alten durch ich weiß nicht was für ein gemeinsames Gefühl des Verfalls oder des Mißgeschicks« verbunden fühlt, möchte den »flüchtigen Anblick eines Bildes genießen, das die Zeit auszulöschen droht«. Was bewahrt werden muß, ist vorrangig die volkstümliche Dichtung. Ihr Erhalten verlangt ein aufmerksames Ohr für die »Erzählungen des eingeborenen Führers«[28], eine sorgfältige Betrachtung der Votivbilder. Die Hütten und Barken der Fischer oder die Bethäuser der Seeleute erscheinen Nodier als die geeignetsten Orte, um die Spuren solcher Traditionen zu sammeln. Die langen Abende im trauten Kreis der Einheimischen in der Umgebung der Gestade, wo die Pathetik des Meeres und der Ernst des Todes, dessen die Verlobte des Fischers sich so früh gewärtig ist, die von Erzählungen über ferne Länder und exotische Wilde aufgeheiterte Stimmung prägen, erfüllen den zuhörenden Gast mit jener »spürbaren und lebendigen Geschichte«[29], die nur bei mündlicher Überlieferung entsteht.

Die Phantasie des romantischen Reisenden ergötzt sich an allen Übergangsszenen, die sich in vielfältiger Weise bildhaft zwischen die Gegenwart und die Urzeit schieben. Sein Traum füllt sich mit den durch historische Anekdoten wachgerufenen Epochen. So mehren sich die Freuden der Erinnerung, die der zeitlichen Tiefe neue Dimensionen gibt und die einsamen Gestade mit Personen bevölkert, deren traumhafte Gestalten den Ruinen, den moosbewachsenen Felsen und dem Schrei der Seemöwe einen wechselnden Sinn verleihen. Dieser Genuß an der Vielfalt historischer Zeiten stimmt auch mit der neuen geologischen Betrachtung der Küsten überein, die, wie man inzwischen weiß, den Stempel vieler Jahrtausende tragen. Das Heldentum all der ergreifenden Gestalten, die sich vor dem geistigen Auge bewegen, lenkt die Aufmerksamkeit eine Zeitlang von den armen Strandarbeitern ab, die hier nur noch Statisten sind.

In Frankreich wird die schon im vorhergehenden Jahrhundert von Lépecq de la Cloture und Noël de la Morinière präsentierte Theorie des *Littus Saxonicum*[30] neu belebt. 1823 erwähnt Edouard

Richer die Diskussion um diese Hypothese; zwei Jahre später hält Morlent sie für wissenschaftlich erwiesen.[31] An der Küste, von Calais bis in den Süden der Bretagne, herrschten einst die wilden Sachsen: Man sieht es an den Arbeitern der Meersalinen von Croisic, die immer noch »sächsisches Blut und den sächsischen Charakter haben, der sich trotz der vielen Jahrhunderte nicht verändert hat«. So erklärt die Geschichte den Kontrast zwischen den öden Küstenstrichen und dem entwickelten Hinterland. Durch die relative Rückständigkeit der französischen Gestade[32] in ihrer Überzeugung bestärkt, glauben die Besucher, hier und dort Basken, Kelten, Sachsen und Normannen zu erkennen.[33]

Das Reisevergnügen besteht in einem Hin und Her zwischen dem Hafenspaziergang und der historischen Bühne der Gestade; es steigert sich durch den laufenden Wechsel vom Schauspiel der gegenwärtigen Geschäftigkeit zur traumhaften Vorstellung früherer Szenen.[34] Der Grund für die neue Beliebtheit des Mont-Saint-Michel ist die Tatsache, daß der Reisende hier mühelos die verschiedenen Welten zwischen dem Druiden und der Industrie an seinem geistigen Auge vorüberziehen lassen kann. Fulgence Girard[35] läßt die alten Bilder bewußt schillernd in der Phantasie seiner Leser entstehen: Der »Druidenfels« hat die »düsteren Leidenschaften des Klosters« erlebt, den wechselnden, manchmal auch gleichzeitigen Glanz von »Panzerhemd und Kutte«, das Schicksal grausiger Verliese, dann die Wandlung in ein Staatsgefängnis, erst Wallfahrtsort, jetzt Hochburg der Touristen.

Der Reisende sieht das Küstenvolk in zunehmendem Maße als Treuhänder der Schiffermärchen und der alten Legenden vom Meeresufer. Diese Entwicklung hat viele Implikationen, und sie erfolgt später, als man lange angenommen hat. Die Entstehung einer in Raumbeschreibungen verankerten Topographie der Volksdichtung verstärkt den Aspekt der ungewissen Leere des Territoriums zwischen Land und Wasser. Sie vermittelt das Bild eines von Menschenhand unberührten, unveränderlichen Naturreichs. Die Wechselwirkung zwischen der sich konstituierenden Legendensammlung und der Küstenlandschaft bedürfte einer gründlicheren Analyse. Offensichtlich widerspricht die neue Phantasietätigkeit einer Aneignung und Ausbeutung jener Räume, die durch Erzählungen oder Legenden verfügbar gehalten werden. So gesehen bieten die Gestade neben Ödländern und Sümpfen alle Voraussetzungen für eine Ablehnung der Modernität.[36]

Die bedrohlichen Felsgerippe der armorikanischen Küste verwandeln sich in Zauberwerk. Die Fee Morgana, sagt man, hat ihren Namen aus dem Meer, dem sie entstammt.[37] An dem pathetischen, trauererfüllten Strand der Baie des Trépassés übermitteln die Kernewotes sich die Klagen der versunkenen Seelen, die jedes Jahr ein schauriges Treffen vor der Küste veranstalten.[38] Während Nodier seine systematische Legendensammlung in der Normandie plant, trägt Heine zusammen, was man sich an den Küsten der Nordsee erzählt. Die Sagengestalten der dänischen Inseln inspirieren den Architekten Martin Nyrop. 1837 enthüllt Xavier Marmier[39] den Franzosen die Welt der Feen, Undinen, Elfen, Riesen und Zauberer, das Reich der verfluchten Walfänger und der lüsternen Alten aus dem Meer, die Erzählungen von schatzhütenden Drachen, von Geisterschiffen und entweihten, in den Fluten versunkenen Kirchen.

Hier ist nicht der Ort, all diese Legenden und Überlieferungen des Volksglaubens[40] aufzuzählen oder gar zu analysieren. Es soll nur klar werden, wie sehr sich durch die Hinwendung zu ihnen die Wege der damaligen Küstenträumerei erneuern. »Ich gehe hier oft am Strande spazieren und gedenke solcher seemännischen Wundersagen«[41], schreibt Heine 1826. Für die Leser von Vulgärzeitschriften wie *France maritime* bevölkern sich die Strände der Jahre 1820–1840 mit Sagengestalten aus volkstümlichen Erzählungen, die den Meerestiefen einen großen Platz einräumen. Während die Unterseereisen von Diaper bis Southey alles in allem nur ein begrenztes Publikum gefunden haben, gehen die versunkenen, mit legendärer Historizität geschmückten Städte in die Vorstellungswelt aller Zeitgenossen ein. Viele der Sagen und Legenden sprechen dem Meer eine strafende Gewalt zu und bestärken so ein antikes Stereotyp. Das alte Bild der Sturmhölle überdauert in den Geschichten vom Fliegenden Holländer, vom Geisterschiff, von den klagenden Seelen und den schaurigen Gesängen aus dem Sodom und Gomorrha am Meeresgrund. Manche dieser Sagen verleihen den Küsten auch wieder eine sexuelle Bedeutung, die gemeinsam mit der aus Meerschaum geborenen Venus, mit den Tritonen und den Najaden in Vergessenheit geraten ist. Alte Männer mit grünen Bärten, die abends der Brandung entsteigen, rufen die einsam am Strand spazierenden jungen Mädchen, um sie in die Tiefe ihrer Kristallhöhlen zu entführen.

Das Lauschen auf die Erzählungen des Küstenvolks regt zu Träumereien an, ermöglicht ein imaginäres Anknüpfen an die versunkene Vergangenheit der Menschheit und der eigenen Person. Es festigt die neu empfundene Entsprechung zwischen den Tiefen des Meeres und denen der Seele. Der unlängst noch öde Strand bevölkert sich mit Phantasiegestalten, die dazu einladen, sich wie ein Kind der Märchenwelt zu öffnen und den ursprünglichen Volksglauben mit den naiven Küstenbewohnern zu teilen. Im Zuge dieser sozialen und psychologischen Regression verschmelzen volkstümliche Legenden mit den Kindermärchen.

Die Enthüllung dieser Phantasiewelt ermöglicht eine neue Art des Ergötzens, belebt die Empfindsamkeit angesichts des Meeres. Das einsame Gemurmel der abendlichen Flut und der Schatten des Felsens auf dem Sand füllen sich mit Bildern, die, wie man glaubt, dem einfachen Gemüt des Fischers entstammen. Der Leser, vor allem aber der gebildete Reisende findet hier die Möglichkeit, eine scheinbare Teilhabe am Volksglauben zu erleben, die seinen Wunsch nach Begegnungen, sein Bedürfnis nach Kommunikation ohne weiteres befriedigt. Dem Meerbad gesellt sich ein rein imaginäres Eintauchen hinzu, das nicht so sehr als gesellschaftliche Flucht zu begreifen ist, sondern eher als *Erquickung* an einer für unberührt und ursprünglich erachteten Menschheit, deren unausweichlicher, durch das Interesse, das man ihr entgegenbringt, beschleunigter Niedergang vorauszusehen ist. In diesem Zusammenhang entsteht offenbar auch die Fiktion, die Küstenvölker seien in das Meer verliebt.

Ab 1830[42] versuchen manche, das trügerische Spiel aufzudecken und die Künstlichkeit der touristischen Gewohnheiten bloßzustellen. Man fängt an, den Druidenwahn der Städter zu verspotten.[43] Aber die Spurensuche, das beliebt gewordene Eintauchen in frühere Zeiten und die Annäherungen an das Volk haben das Verlangen nach der Küste zu diesem Zeitpunkt bereits angeregt und verändert.

Die Wandlungen des Unmenschen

In der Nähe des Wattenmeers, im unbestimmten Raum des biologischen Übergangs, sind die Verbindungen zwischen dem Menschen und der Welt der Mineralien, dem Pflanzen- und dem Tierreich besonders klar zu erkennen. Hier kann der Beobachter die Metamorphosen mühelos zurückverfolgen[44] und die verschiedenen

Facetten des Menschen von der niedrigsten ontologischen Stufe bis zum reinsten Heldentum rekapitulieren. Ein neues Verständnis der »rätselhaften Macht des Ortes«[45] bereichert die einfachen und mittlerweile veralteten Stereotypen der neohippokratischen Medizin. Die wahrgenommene Harmonie zwischen der Struktur des Felsgesteins und der Persönlichkeitsstruktur wird schnell zum Allgemeinplatz.

Nachdem Balzac in *Béatrix* anläßlich eines Spazierganges in Croisic die »stets trostlosen Küsten des Ozeans« erwähnt hat, entwirft er in *Ein Drama am Meeresstrande* ein vollendetes Bild des Individuums aus Stein.

Sein Held Cambremer, »der Mann mit dem Gelübde«, geplagt von Gewissensbissen, seit er den eigenen Sohn getötet hat, sitzt den ganzen Tag auf einem Felsen. »Seine stoische Reglosigkeit ließ sich nur noch mit der unveränderlichen Haltung der Granitsäulen um ihn her vergleichen... Warum dieser Mensch in dem Granit? Warum der Granit in dem Menschen? Wo war der Mensch, wo der Granit?«[46], fragt sich der Erzähler, der das Drama nicht kennt. Dauvin gründet seine Beschreibung der Eingeborenen der Île des Saints auf diese Übereinstimmung, die keine bloße Metapher ist. Die Insulaner erscheinen dem Beobachter ebenso »düster wie der tiefhängende Himmel über ihren Köpfen, wie die grollenden Fluten um sie her. Sie sind argwöhnisch, wenig mitteilsam, leichtgläubig... Nie ein Lächeln auf ihren Lippen, nie ein Funke in ihren Augen! Man möchte meinen, Menschen aus Stein«[47]: Ein Bild, das an die keltischen Erbauer der Megalithen erinnert. Auch die Bewohner von Ouessant leben in einem Zustand, »in dem der Mensch nur durch die körperliche Bewegung einen Unterschied zwischen seinem Dasein und dem des von ihm bewohnten Felsens schafft«. Dieses passive Leben, Folge einer unvollständigen Vermenschlichung, zeichnet sich durch einen Mangel an Verstandeskraft, Empfindsamkeit, Vorstellungsvermögen und Hygiene aus. Die Existenz dieser Insulaner erscheint weniger tierisch als mineralisch: Die Menschen sind identisch mit dem Menhir, auf dem die Geschichte keine Spuren hinterläßt. So erklärt sich, daß es bei ihnen weder Laster noch chronische Krankheiten gibt, und so erklärt sich letztlich auch ihre große Langlebigkeit. Eine Art vegetatives, mineralisches Glück herrscht an diesen Ufern, deren Anblick ein starkes Gefühl für die hier durch Nichtvorhandensein gegenwärtige Zivilisation aufkommen läßt.

Die Eindrücke von Schlick und Schlamm, von dem unzuverlässigen Boden des Wattenmeers, prägen die graphischen und bildlichen Darstellungen der »kleinen Fischer« an den Küsten der Normandie.[48] Ihre baufälligen Hütten drängen sich auf den weichen Hügeln aus Kalkstein und Mergel, auf den unebenen Höhen bröckelnder Felsen, oder sie verteilen sich unregelmäßig über die bewegliche Küste, als wolle der Künstler die Übereinstimmung betonen, die hier nicht zwischen Mensch und Stein, sondern zwischen dem leicht zerfallenden weichen Felsen und der gefährdeten Existenz dieser rasch sich vermehrenden, von den Gaben der Vorsehung abhängigen Geschöpfe besteht. Auch die Schriftsteller, von Crabbe bis Balzac[49], heben den Einklang hervor. Manchmal beherrscht das beeindruckende Pflanzenreich die Beschreibung. An den englischen Küsten, an denen Philarète Chasles, wie er selbst erzählt, einen Teil seiner Kindheit verlebte, haben die Seemoose ein »Kleid aus uralten grauen und purpurnen, grünen und bläulichen Flechten«[50] über die Felsen, die alte Kirche und die Hütten der Armen gelegt; eine »kaum sichtbare, aber ewige Vegetation«, die, von den Beobachtern mit ganz neuer Präzision beschrieben[51], den Gedanken nahelegt, die Seelen der Bewohner hätten darunter Schimmel angesetzt.

In dieser Art Beschreibung bricht schon das Bild der höhlenartigen Behausung durch, man spürt die Gegenwart des Unmenschen, der bedrohlichen wilden Horde. Am Meeresufer entfaltet sich das Tierische, das dem Menschen innewohnt, mit besonderer Grausamkeit. Seit Cambry[52] seinen Lesern den Strandräuber mit dem blutrünstigen Blick eines »Tigers« vor Augen geführt hat, taucht diese Figur überall in der Küstenliteratur auf. Sie paßt zur Stimmung des Schauerromans und entspricht, zumindest in Frankreich, der Furcht vor einer Rückkehr der Animalität, die den Gemütern derer, die den Königsmord[53] noch in frischer Erinnerung haben, während der Restauration zu schaffen macht. Der Strandräuber wird zu einer der furchtbarsten und faszinierendsten Gestalten des bedrohlichen Volkes, ehe das Bild der gefährlichen Klassen im Dunkel der Stadt aufkommt.[54] Von Cambry über Corbière[55], Bonnelier oder Sue bis hin zu Souvestre und Michelet, von Tillet bis Dauvin und Philarète Chasles laufen monoton und regelmäßig immer die gleichen Stereotypen ab. Die durch List und Tücke charakterisierte Gemeinschaft bringt die Vorstellung einer hinter dem Felsen lauernden Meute von Raubkatzen hervor. Inspiriert von Richard Southey schreibt Philarète Chasles über die englischen Strandräuber: »Bei jedem Unwetter sieht man Gestalten, die über die weißlichen Riffs herabsteigen, sich hinter hohem Gestrünk verbergen und stundenlang ganz mit Schaum bedeckt darauf warten, daß der Ozean ihnen die Überreste von Menschen oder andere Kostbarkeiten an die Felsen spült.«[56] Sind Wrackteile in Sicht, fällt die Meute darüber her, zerschlägt die Planken, zerfetzt die Leichen der Matrosen und streitet wütend um die Beute.

Bezeichnend für die zunehmende Betonung des Tierischen ist die Entwicklung der Gestalt des Philopen von Cambrys Erzählung aus dem Jahr 1795 bis zum Erscheinen der *Vieilles femmes de l'île de Sein* von Hippolyte Bonnelier[57] und Émile Souvestres *La Cornouaille*: Der an der Küste lebende Wilde, rührend, ursprünglich und arglos, verwandelt sich in einen tierischen Strandräuber. Hippolyte Bonnelier stellt ihn bereits 1826 als »unbegreiflichen Menschen« dar, als »geschmeidigen Wolf mit starken Pfoten und gefährlich scharfen Zähnen«; unterdessen bilden die mordenden, mit Messern gerüsteten alten Frauen der Insel Sein am Strand von Plouvan eine »blutrünstige Horde«. Für Souvestre[58] ist Philopen ein »Luchs«, der, wenn sein Blutdurst gestillt ist, über die Felsen »streift«, sich mit seiner animalischen Gefährtin in einem Bett aus trockenen Algen suhlt oder mit seinem »Plünderhaken« fischen geht, – »unablässig wie ein Eisbär sich wiegend«.

Die Strandräuber kehren auch in Turners Werk mehrfach wieder, ähnlich dargestellt wie von den Schriftstellern beschrieben. Sein Gemälde *Plünderer am Strand. Die Küste von Northumberland mit einem Dampfer, der einem Schiff auf dem Meer zu Hilfe kommt*, vermittelt ein ergreifendes Bild von der tierischen Wildheit der beutegierigen Menschen, die im Watt auftauchen.

Der Strand, jenes Territorium der Leere, wo es kein Eigentum gibt, wo die Dinge wie im Urzustand zur freien Verfügung stehen, erscheint auch in dieser Hinsicht als ein Ort, an dem das Sammeln recht und billig ist. »Das Meer«, läßt Souvestre den Bauern Kernewote sagen, »gleicht einer Kuh, die für uns kalbt; was es ans Ufer spült, gehört uns.«[59] Auf dieser Bühne und bei dieser Gelegenheit entfaltet sich vor den Augen des Beobachters oder in der Vorstellung des Lesers die ganze Energie des barbarischen Küstenvolks, dessen »strotzender Saft«[60] den Mangel an Zivilisation kompensiert.

Es ist indessen nicht zu übersehen, daß die Küstenbewohner nach dem ersten Drittel des Jahrhunderts aufgehört haben, Schiffe anzugreifen und mutwillig zu versenken, daß sie sich mittlerweile auf das Plündern beschränken. Akteure wie Beobachter scheinen hinfort zwischen den antithetischen Rollen des Räubers und des Retters zu schwanken. Ein aufschlußreiches Beispiel ist ihr Nebeneinander auf Turners Gemälde von 1834. Ein Jahr früher zeigt Souvestre die gleiche ungewisse Spannung, die eine mögliche Metamorphose nahelegt. »Beim ersten Böllerschuß, der zum Zeichen der Seenot abgefeuert wird, eilen Männer, Frauen und Kinder mit brennenden Laternen oder Fackeln aus zusammengeschnürten Reisigbündeln ans Ufer des Meeres. Man sieht tausend Lichter, die sich am Strand bewegen oder die Vorberge hinabsteigen, begleitet von seltsamen und furchtbaren Hilferufen. Bald tauchen die glänzenden Gewehre der Zöllner auf, Fischer und Steuermänner erheben ihre Stimmen und übertönen den Sturm mit Zurufen oder Warnungen,... während auf dem Kap im Schein der brennenden Fackeln tausend glühende Augen auf das Schiff starren und ein herbeigeeilter Pfarrer mit halblauter Stimme das Gebet der Sterbenden wiederholt, um der Plünderei ein Ende zu bereiten!«[61]

Die Metamorphose, die jederzeit erfolgen kann, ermöglicht den Aufstieg zur vollständigen Menschlichkeit. Die Verwandlung des Räubers in den Retter geht mit einem Individuationsprozeß einher. Alle Rettungsszenen laufen darauf hinaus, daß ein Mensch aus dem Volk sich hervortut. Seine heroische Tat entreißt ihn der anonymen Gemeinschaft, deren urwüchsiger Zusammenhalt durch die Plünderungsszenen betont worden ist. So erlangt ein einzelner in den Augen des Beobachters den Status der Person, ohne daß eine Domestizierung oder Dienstbarmachung durch den Verfasser des Berichts vorausgegangen wäre. Das animalische Gruppenverhalten und die guten Taten des Küstenvolks werden antithetisch dramatisiert und ästhetisiert. Im übrigen stützt der Rettungsbericht sich in immer trefflicheren Beschreibungen auf die Übereinstimmung, die zwischen dem erhabenen Küstenschauspiel und dem erhabenen Heldenmut des Volks entsteht. Die zunehmende Beliebtheit des Themas, die Verfeinerung der Gestalt des rettenden Küstenbewohners hat offensichtlich auch die Funktion – nachdrücklicher noch als die Idylle im ausgehenden Ancien régime –, die mögliche Metamorphose des Wilden zu bezeugen. Die heroische Tat des Retters beweist die Existenz eines guten Volkes, das man dem gefährlichen und sittenlosen Pöbel, der von der damaligen Sozialforschung im Untergrund der Städte entdeckt wird, entgegensetzen kann.

Schon 1777 hatte Tillet die Verwandlung des grausamen Küstenvolks von La Hague gerühmt, sie aber allein auf die wohltuenden Wirkungen der gedeihenden Industrie zurückgeführt. Während der Restauration weitet sich das Thema des rettenden Ufers aus. Es entspricht der menschenfreundlichen Gesinnung, die sich neuerdings in dieser Umgebung zeigt. Überall an den Küsten des Abendlands sorgt der technische Fortschritt für größere Sicherheit. Am Atlantik und am Ärmelkanal entstehen moderne Leuchttürme; die Kartographie der Küsten und der Meeresgründe macht eine rasche Entwicklung durch, wie das Werk von Beautemps-Beaupré in Frankreich zeigt. Die Kunst der Steuermänner wird immer perfekter, und die Küstenstationen werden mit kentersicheren Booten ausgestattet. In Großbritannien und später auch auf dem Kontinent stehen zahlreiche Rettungseinrichtungen zur Verfügung. 1826 gründen einige reiche Engländer in Boulogne die *Société humaine*, einen Rettungsdienst für vom Ertrinken bedrohte Personen. Die Wiederbelebungstechniken werden verbessert[62], und es werden Badeaufsichten organisiert.

Das bedrohte Leben des Matrosen, der sich namenlos und fromm auf hoher See befindet, erregt allgemeines Mitleid. Die Welle der Romantik und, was Frankreich betrifft, das Unternehmen der Restauration, tragen dazu bei, die christliche Symbolik des Meeres zu reaktivieren. Der Matrose, das lebende Bild des Opfers, spielt die Rolle eines Blitzableiters: Zum Glück aller anderen zieht er die Unwetter der Natur oder des Himmels auf sich. »Wenn Menschen ihresgleichen Hilfe leisten«, schreibt Ducos 1826 über die Rettung Schiffbrüchiger, »hat dies etwas Schicksalhaftes, das die *sozialen Bindungen wieder zusammenfügt*.«[63] Dieses distanzierte, fruchtbare, der Willkür des Meeres unterworfene Volk kann in jeder Hinsicht Mitleid erregen, ohne daß sich große Furcht beimischt.

Die tragische Insel Ouessant, am gefährlichsten Punkt der Einfahrt zum Ärmelkanal gelegen und von Billardon de Sauvigny paradoxerweise noch kürzlich als soziales Paradies beschrieben, wird ein symbolischer Ort der Rettung.[64] Rouget de Kerguen zufolge haben die als Strandräuber verrufenen Bewohner von Noirmoutier sich in heroische Helfer verwandelt.[65] Auch die Einwohner von Cayeux, dem tragischen Pol der den Ärmelkanal säumenden Küsten, sind instinktiv zu guten Menschen geworden.[66] In England wird Grace Darling, ein junges Mädchen, das 1838 durch seinen Heldenmut mehrere Dutzend Passagiere der sinkenden *Forfarshire* rettete, zur symbolischen Figur.[67] Das Feld der Berichte über aufopfernde Taten weitet sich aus. Man erwähnt das schwierige Leben des Wächters im Leuchtturm[68], rühmt die Selbstlosigkeit des Steuermanns. 1823 stimmt Jouy[69] ein Loblied auf die Furchtlosigkeit der Steuermänner von Quilleboeuf an und bereitet so die Hymne vor, die Michelet denen der Gironde widmet.

Die literarischen Gestalten der Korsaren und Piraten der Romantik tragen auf ihre Weise zur Erhöhung der an den Küsten lebenden Menschheit bei. Auf den sie darstellenden Gemälden findet man das Nebeneinander der vor nichts zurückschreckenden Gruppe und der verführerisch-geheimnisvollen Kraft der erhaben aus ihr hervortretenden Individualität wieder. Monique Brosse beschreibt die langsame Verfeinerung der Vorstellung vom Korsaren, der, begehrlich und habgierig, dazu verurteilt ist, »sich in der unmittelbaren Handlung zu verwirklichen«[70], finster, verschlossen, rätselhaft. Sie zeigt den starken Einfluß dieser geheimnisvollen Gestalt auf das Imaginäre der damaligen Zeit. Auch hier erweist Byrons Werk sich als aufschlußreiches »Reservoir an Bildern«. Die Piraten bei Balzac, George Sand, Eugène Sue und allen maßgeblichen Autoren des abendländischen Seeromans, nicht zu vergessen Fenimore Cooper, leiten sich davon ab.

Der Wille, im Augenblick zu leben, findet seine logische Bühne auf dem verfügbaren Sand, einem Gelände mit vergänglichen Formen. Die Übereinstimmung zwischen der Unmittelbarkeit des Wunsches und dem leeren Küstenraum trägt zur Förderung der Faszination dieses Ortes bei.

Genau genommen ist die Harmonie nicht plötzlich entstanden, sondern langsam gewachsen. Im 18. Jahrhundert dominiert das grausame Bild der zusammengerotteten Freibeuter und Piraten, im *Robinson Crusoe* von Daniel Defoe ebenso wie im *Makin* von Baculard d'Arnaud. Die Überfälle der von den Mittelmeerreisenden so überaus gefürchteten Barbaresken[71], die Erpressungen durch Korsaren während der Koalitions- und der Napoleonischen Kriege bestärken dieses herabsetzende Bild. Lange findet der Held seinen Platz nur in einer rohen Gesellschaft, die sich Brandy trinkend, vom Gemetzel erschöpft, in Schmugglerhöhlen suhlt.[72] Die Szene der Piraten am Strand ist eine Fortsetzung des erhabenen Bildes der »Briganten« von Salvator Rosa, sie stimmt mit der Brutalität des Schedoni bei Ann Radcliffe[73] überein. Im übrigen ist der literarische Korsar nicht unbedingt eine Küstengestalt. Der Freiheitsdrang macht das Meer zu seinem Territorium; die Unterbrechungen am Strand teilen seine Seefahrt nur in einzelne Abschnitte ein.

Dennoch hat seine starke Ausstrahlung das Imaginäre der Gestade und Küstenhöhlen zutiefst bereichert und den Spaziergänger, fasziniert vom geheimnisvollen Wesen dieser ungewöhnlichen, furchterregenden, von der drückenden Animalität ihrer Umgebung jedoch befreiten Erscheinung zu Träumereien angeregt. Nebenbei gesagt hat auch die romantische, dem Piraten eng verwandte Gestalt des ehrhaften Banditen die Meeresküste gelegentlich zu ihrem Lieblingsaufenthalt erwählt. Ein Beispiel dafür ist Nodiers Figur des Jean Sbogar, der sich den Stränden der Adria eng verbunden fühlt.

Das Goldene Zeitalter der Gestade

Im ersten Drittel des 19. Jahrhunderts entwickelt sich zunächst stockend, dann rasch und ungehemmt eine reichhaltige Literatur der Gestade, der Felsen, der Höhlen. Romane, insbesondere aber Novellen finden ihren Stoff an diesen Orten, deren Popularisierung bald auch durch die Oper und die *Opéra comique* vorangetrieben wird. In England und etwas später auch in Frankreich kommen zahlreiche maritime Wochenschriften auf, die mit Schiffahrt wenig zu tun haben. Ihr Inhalt besteht aus historischen Anekdoten, die so manchen Küstenorten zur Berühmtheit verhelfen, aus Berichten über die Helden- oder Missetaten der Strandräuber, Schmuggler, Steuermänner und Piraten, aus friedlich-heiteren Genreszenen, die von der unermüdlich wiederholten Heimkehr des Fischers handeln, und aus zahlreichen melodramatischen Novellen, die eine neue Begeisterung für die Pathetik der Küsten erkennen lassen, manchmal gewürzt mit der tragischen Erotik der Liebeshöhle. Ein weites Forschungsfeld, das die Historiker noch kaum berührt haben.

Die Beschreibung alltäglicher Handgriffe und Verrichtungen führt zur Darstellung der volkstümlichen Geselligkeit. Dem gemischten Kreis von Männern und Frauen[74], die über ihre Netze gebeugt am Ufer hocken oder sich um ein Feuer aus Strandgut und ungeteerten Schiffsplanken versammeln, steht noch nicht die reine Männergesellschaft der Inselherberge[75] gegenüber. Die Frauen des Küstenvolks sind dank ihrer Stellung, dank ihrer Fähigkeiten und ihrer Kenntnisse besser als die Bauersfrauen gegen eine Vermännlichung der Umgangsformen gefeit. Doch was diese Themen betrifft, so informieren die meisten zeitgenössischen Beschreibungen uns in Wirklichkeit nur über die Empfindsamkeit des Reisenden und über das gesellschaftliche Imaginäre. Ein Beispiel dafür ist der gelehrte Bericht von Charles Rouget de Kerguen. Den Kopf voller Referenzen aus der Literatur und der Malerei, überwindet der Autor[76] beim Besuch der Insel Noirmoutier seinen Ekel vor dem Geruch des trunkenen Volkes in einer »Fischerkarawanserei«, einer »elenden Baracke aus grobem Kies, zementiert mit Sand und Algen und an Stelle eines Dachs mit Seegras bedeckt« – ganz wie ein Kuhstall der Basse-Bretagne. Innen erwartet ihn ein »phantastisches Bild im Stil von Hoffmann oder Callot«: »Trunkenbolde mit hochroten Köpfen, weiten Überziehern, Hosen aus Teerleinwand und wüsten Gesichtern«; im Herd brennt »ein Feuer von Heide und Tang«; Männer, Frauen und Kinder »saufen Schnaps aus einem großen Zinnkrug«.

An den armorikanischen Gestaden, an den Küsten der Cornouaille, Kaledoniens und Norwegens wird auch das Tangschneiden und -sammeln zu einem ständig wiederkehrenden Stereotyp.[77] Souvestre, der sich als erster über die Druidensucher lustig macht, findet seinerseits Gelegenheit zu einer halluzinatorischen Wahrnehmung, in der die Jahrhunderte sich vermischen.[78] Die Muschelsammler der Bucht von Mont-Saint-Michel regen Nodier zu den ergreifendsten Seiten seiner *Fée aux Miettes* an.

Doch die Idylle, in scharfem Kontrast zu dem harten Bild der mühseligen Arbeit, überdauert. Die Genreszene öffnet sich der Darstellung volkstümlicher Riten. Während der Stadtbürger die verrufene Gesellschaft der Vorstädte sucht, entdecken die Beobachter der Meeresküste die Lebensfreude eines unlängst noch Schrecken einflößenden Volkes. Erstaunt betrachten sie die »Lustpartien«, deren ursprüngliche Unschuld oder latente Erotik das Animalische verdrängen. Die Jagden, die Biwaks junger Leute auf Vogelfang, der bei Dorfhochzeiten übliche Tanz auf dem feuchten harten Sand des Wattenmeers und das Gemeinschaftsbad der baskischen Bergbevölkerung[79], die einmal im Jahr an den Strand von Biarritz herabsteigt, gehen in die Komposition des aufgelockerten Bildes ein.

Schon jetzt beginnt die Unterwanderung dieser kollektiven Fröhlichkeit durch die Vergnügungen der herrschenden Klassen. Parallel zum Aufschwung des Jachtsports werden an den Stränden Pferderennen organisiert. Diese in England früh verbreitete Sitte setzt sich später auch an den französischen Küsten durch. Die

Das Goldene Zeitalter der Gestade

John Constable
Der Strand von Weymouth, 1816
Paris, Louvre

Eugène Isabey
Strand bei Ebbe, 1833
Paris, Louvre

Gestade von Cesson und Langueux, an denen man sonst freilaufende Schweine zwischen allerhand Seevögeln sieht, bedecken sich drei Tage im Jahr mit Zelten. »Aufgeschlagene Schankbuden füllen sich mit trinklustigem Volk. Der Präfekt, die Gendarmerie und die Truppe kommen in glänzendem Geleit«[80], um die Rennen zu beobachten, die von Tausenden auf den Felsen sitzenden Zuschauern verfolgt werden. Dieses Fest, das am 31. August 1805 erstmals und ab 1807 regelmäßig[81] stattfindet, zieht sowohl die »eleganten Jockeys« als auch die Bauern der Umgebung an, was zu höchst ungewöhnlichen Konfrontationen führt.[82]

Zwischen 1810 und 1840, während sich die von Stränden, Grotten und dem feuchten Sand des Wattenmeers faszinierte Literatur entfaltet, erlebt die Küstenmalerei ein kurzes Goldenes Zeitalter. Turner, Erbe der von den Marinemalern überlieferten holländischen Tradition, spielt hier eine wegweisende Rolle. Zwischen dem *Strand von Calais bei Ebbe,* angeregt durch seine Reise im Jahr 1802, und der Darstellung krabbenfangender junger Leute vor der Kulisse der Burg von Scarborough aus dem Jahr 1811 laden viele seiner Ölbilder, Aquarelle und Skizzen zur Betrachtung des Schauspiels der Arbeiter im Wattenmeer ein. In Frankreich zeigt Eugène Isabey an den »kleinen Fischern« ein ähnliches Interesse wie sein Freund Géricault an den Pferdeknechten. Die regelmäßigen Aufenthalte an den Küsten der Normandie geben Isabey Gelegenheit, das Thema ausgiebig zu behandeln. Seine Darstellungen gipfeln im *Strand bei Ebbe* von 1833. Das Wesentliche ist hier nicht mehr die Konfrontation mit dem Zorn der Elemente, nicht die Verschmelzung von Himmel und Meer wie bei Huet oder Bonington, auch nicht die Unbeständigkeit des Watts wie auf manchen Gemälden von Turner und Constable. Isabey hält dort inne, wo das Land aufhört, er malt ein Volk, das sich an die letzten Strünke klammert, das in einer Umgebung lebt und arbeitet, die ganz aus Schlamm, Stampferde und Holz besteht. Zwischen dem Geröll, den abgesenkten Böschungen und den verstreut herumliegenden Fischen, deren Konsistenz an die des matschigen Bodens erinnert, scheinen sich die eingerammten Pfähle, die aus Holz gezimmerten Behausungen und die Rundungen der kieloben auf dem Strand liegenden Boote dem landverschlingenden Meer verzweifelt zu widersetzen.

Der Schweizer Johann Jakob Ulrich, angetan von dem Küstenvolk, das er während einer Reise in den Jahren 1824 und 1825 bei Trouville beobachtet, kehrt zehn Jahre später zurück, um in der

Bretagne die Tätigkeit der kleinen Fischer zu studieren.[83] Doch zu diesem Zeitpunkt wird die Szenerie der Strandarbeiten schon durch die aufdringliche Allgegenwärtigkeit des Badeaufenthalts getrübt. Aufschlußreich in diesem Zusammenhang sind die Gegenüberstellungen und Spannungen, die aus Turners Darstellung des Seebads *Margate* von 1822 sprechen. Nach 1845 sind die Wattenfischer in der Malerei nur noch archaische Gestalten. Die müßige Gesellschaft, auf der Suche nach immer neuen Möglichkeiten, sich zur Schau zu stellen, wird selbst Gegenstand der Darstellung. Die Malerei hört auf, ihr Verlangen nach der Küste direkt auszudrücken. Das soziale Schauspiel und der Genuß, den es verschafft, rücken in den Mittelpunkt – zum großen Bedauern der einsamen Romantiker. So entsteht ein Bruch, der, bald auch von Michelet[84] schmerzlich empfunden, immer tiefer wird.

Hinfort taucht die Küstenbevölkerung kaum noch in anderen Zusammenhängen als dem ihrer Dienstbarmachung durch die Mitglieder der oberen Gesellschaftskreise auf. Diese Metamorphose kann im Rahmen des vorliegenden Buches nicht analysiert werden. Es sei nur kurz darauf hingewiesen, daß der Cicerone der klassischen Reise nach Neapel, der dem Touristen die Dienste seiner Kinder anzubieten pflegt, ihr Modell gestanden hat. Sie entwickelt sich im Zuge der kaledonischen Reise und verbreitet sich rasch. Als der Frieden wieder einkehrt, werden die Fremden an den Küsten von Schottland und Wales wie auch an den Ufern des Mittelmeeres von den Einheimischen mit Angeboten überschüttet.[85]

In den englischen Seebädern hatten sich schon seit Ende der fünfziger Jahre des 18. Jahrhunderts Badewärter und Badewärterinnen, Fischhändler und Zimmervermieter den Kurgästen zur Verfügung gestellt und so die Metamorphose angekündigt. Die Notwendigkeit, die Leistungen dieser kompetenten Hilfskräfte in Anspruch zu nehmen, kann nicht die gesamte Entwicklung erklären. Aus der Dienstbarmachung wird auch ein Lustgewinn gezogen, der dem bei dieser Gelegenheit entstehenden sozialen Kontakt entspringt. Die Wohltaten, die man sich vom Einfluß der volkstümlichen Kraft verspricht, machen die Beziehung zu dem Badewärter um so wünschenswerter. Hinzu kommt das Lustgefühl, unlängst noch wilde und furchterregende Geschöpfe zu beherrschen.

In *Ein Drama am Meeresstrande* beschreibt Balzac, wie der kleine Fischer sich rein zufällig in den Dienst eines Paares begibt, das am Strand entlang nach Guérande wandern will.

Émile Souvestre versucht 1852 in seinem *Traîneur de grèves*, einer Novelle aus den *Scènes et moeurs des rives et des côtes*, den gleichen Prozeß so nachzuzeichnen, wie er ihn sich am Ende der Restauration in dem kleinen Küstenort Piriac vorstellt. Sein Held, Louis Marzou, der von den Almosen des Meeres lebt, stellt sich als erster unter den Eingeborenen auf die neue Situation ein: »Brauchte man einen Boten nach Guérande, einen erfahrenen, in größter Gefahr verläßlichen Schwimmer oder einen Führer, der auch die letzten Kuriositäten der Bucht kannte – Marzou war immer bereit.«[86] Durch diese Haltung, so der Romancier, zieht er sich unweigerlich die Feindschaft der örtlichen Bevölkerung zu, die schockiert beobachtet, wie der sammelnde Strandgänger seine Arglosigkeit verliert.

Die Vulgärzeitschriften, die sich in den ersten vierzig Jahren des Jahrhunderts mit den Dingen des Meeres befassen, zeigen die Faszination der Gestade, die starke Anziehungskraft dieses Theaters der Leere, auf dessen Bühne immer neue Schatten auftauchen, die sich wie in einem Kaleidoskop zu immer neuen Bildern oder bunten Folgen schnell verschwindender Figuren mischen: Menschen aus Stein, unverändert seit der Zeit der Barden oder der Druiden, jungfräuliche Priesterinnen des Belenos, kräftige Wilde mit strotzendem Saft, deren Grausamkeit den Sadismus befriedigt, heroische Retter, beunruhigt auf die Rückkehr der Fischer wartende Frauen, die im Watt und auf den Felsen das Manna des Meeres sammeln, rührende junge Mädchen, die die Möwen nach dem Schicksal ihres Verlobten befragen. Lauter Gestalten, deren Vielschichtigkeit die Kontemplation und die Träumerei in der Seele des Touristen nährt, der sich bereits durch die aus dem Mund eines Strandgängers oder eines alten Fischers vernommenen Legenden in neuer Weise hat anregen lassen.

Kurz, die Beschaffenheit dieses Ortes, an dem Meer, Himmel und Erde aufeinandertreffen, erleichtert ein Zusammenfließen der Bilder, eine Addition der zeitlichen und räumlichen Verschiebungen. Sie dient als Sprungbrett der Imagination, bringt eine Literatur und eine Malerei hervor, die zwischen 1810 und 1840 größeren Reichtum entfalten als alles, was sich mit dem Landleben verbindet. Verstärkend kommt hinzu, daß dieses Territorium der Leere, für jede Anspielung verfügbar, zugleich Bühne einer Pathetik ist, die sich zwischen 1750 und 1840 in ihren Funktionen und Modalitäten von Grund auf erneuert.

Die Küstenpathetik und ihre Metamorphosen

Die Dramaturgie der Gefühle

Um die Mitte des 18. Jahrhunderts wird der Schiffbruch – nach dem Erdbeben – zur eindrucksvollsten Form der Katastrophe, deren Evokation die empfindsame Seele berührt. Schon im 16. und 17. Jahrhundert war das Thema in der spanischen und portugiesischen Literatur vielfach behandelt worden. In Frankreich und in England hatte es sich um so schneller verbreitet, als es mit der politischen Symbolik[1] übereinstimmte und sich leicht in die Beschreibung des klassischen Sturms einfügen ließ. Doch ab 1740 nimmt sein Einfluß erheblich zu. Die Gefühlsstrategie, die sich mit ihm verbindet, wird immer komplizierter, während das Mitleid reichere Ausdrucksformen findet.

Lafont de Saint-Yenne berichtet von den starken Emotionen, die Vernets Schiffbrüche im Salon des Jahres 1746 bei den Besuchern auslösen.[2] 1762 erlebt William Falconer mit seinem Gedicht *The Shipwreck* einen unerhörten Erfolg. Der Autor, inspiriert vom Untergang der *Britannia*, die auf offener See vor Kreta Schiffbruch erlitt, kommt sieben Jahre später selbst auf dem Meer um. Sein tragisches Schicksal verleiht dem Gedicht einen zusätzlichen Reiz.

Der Schiffbruch stellt in dieser Zeit wohl die gewöhnlichste Art des Unfalls dar. Quantitative Untersuchungen zeigen die Häufigkeit derartiger Unglücke. Zwischen 1779 und 1791 versinken fünfunddreißig Schiffe in der Reede oder im Hafen von Dünkirchen, nur neunzehn dagegen auf offener See vor der Stadt: 64,8 Prozent der

Katastrophen ereignen sich im Bereich der Reede oder des Hafens.³ So kommt es, daß die meisten ertrinkenden Opfer in Küstennähe, in einer Bucht oder einer Flußmündung ums Leben kommen. Wenn starke Strömungen den Zugang zu einer Fahrrinne behindern, kann das Schiff auch bei ruhigem Wetter gegen die Riffs gedrängt werden. Goethe schildert die Angst, die er beim Übersetzen auf dem Rückweg von Sizilien gemeinsam mit den anderen Passagieren durchmacht, als das Schiff, an dessen Bord sie sich befinden, scheinbar unausweichlich auf die Felsen der Insel Capri zugetrieben wird.⁴ Von heftigem Sturm bedrängt, reißen manche Kapitäne als letzte Rettung das Steuer herum und legen das Schiff quer, damit es an die Küste geworfen wird und stranden kann. Auf diese Weise versuchen sie, die Schiffbrüchigen vor der Gewalt des offenen Meeres zu bewahren. Die Zuschauer am Ufer haben dann Gelegenheit, den Ablauf der Tragödie zu verfolgen, die Schreie und Gebete der auf den Masten gekletterten oder sich daran festklammernden Überlebenden zu hören. Gelegentlich entstehen quälende Dialoge zwischen denen, die ertrinken, und denen, die sie beobachten. Am 15. Februar 1739 sinkt der *Hareng Couronné* am Eingang des Hafens von Dünkirchen: Die Matrosen, die sich verzweifelt »an das Seilwerk klammerten, reckten ihre Hände gen Himmel und flehten die um Hilfe an, die sie an Land sahen«⁵. Der häufige Anblick dieser pathetischen Gesten belebt die Neugier des Publikums oder macht es gar mit den tragischen Szenen vertraut. Die Schiffbrüche der *Britannia* oder der *Saint-Géran*, die am 17. August 1744 vor der Insel Mauritius verunglückte, kristallisieren im Grunde nur das Grauen einer visuellen Erfahrung, die nichts Ungewöhnliches an sich hat.

So wird verständlich, daß diese Art der Katastrophe als Stereotyp in die Gefühlspalette nicht nur der Maler und der für die Verbreitung ihrer Werke zuständigen Stecher eingeht, sondern auch in die der Erzähler, denen es beliebt, bei dieser Gelegenheit ihren eigenen Heldenmut, den sie als Reisende bewiesen haben, zur Geltung zu bringen.⁶ Der rege Austausch zwischen den bildenden Künsten und der Literatur, die vielen wechselseitigen Entlehnungen machen hier jede Suche nach Präzedenzfällen überflüssig. Die Schilderung des Schiffbruchs, mit der Baculard d'Arnaud 1777 seinen *Makin* beginnt, wirkt wie ein platter Kommentar zu einem Werk von Vernet; zwölf Jahre später malt dieser seinerseits *Virginies Tod*, ein Werk, durch dessen weit verbreitete Stiche er über fünfzig Jahre lang zum anhaltenden Erfolg des Romans von Bernardin de Saint-

Die Dramaturgie der Gefühle

Pierre beiträgt. Falconers Gedicht *The Shipwreck*, in England schon vor 1820 bereits in mehr als vierundzwanzig Auflagen erschienen, dient den Künstlern bis um 1832 als Modell.

Auch die Volkskunst bringt die Pathetik lebhafter zum Ausdruck denn je zuvor. In der von Bernard Cousin[7] erforschten Serie der provenzalischen Votivbilder tauchen Schiffbrüche erstmals gegen 1740 auf. In der Folgezeit findet das Thema in den Küstenregionen zunehmende Beachtung, und allmählich ändert sich auch die Darstellung der Katastrophe. Die Komposition konzentriert sich auf das in Seenot geratene Schiff; sie stellt die Zuschauer in den Mittelpunkt des Dramas. Der Raum, den das Himmelsgewölbe einnimmt, verringert sich auf diesen Votivbildern besonders schnell, während der Augenblick der Gefahr immer mehr Platz einnimmt. Es sei hinzugefügt, daß Schiffskatastrophen ein wesentlicher Gegenstand der erzählten Literatur sind und daß sie in der Nähe der großen Häfen für eine Fülle mündlicher Überlieferungen sorgen.

Dem Leser der Reiseberichte oder dem Besucher der Salons stellt die Küste sich nicht mehr als bloßes Observatorium des erhabenen Zorns der Elemente dar; er empfindet sie auch als weite, von Vorgebirgen umrahmte Bühne, deren Hintergrund die unendlichen Fluten sind. Das Schauspiel der Naturgewalt ist eine Einführung in die Dramaturgie der Gefühle. Hier kann man sich die entsprechenden Szenen leicht vorstellen: Abschiede, Gesten wehmütiger Erinnerung, gemeinsames Warten[8] auf die Rückkehr derer, die eine Seefahrt unternommen haben, und vor allem die Schrecken des sinkenden Schiffs.

Die Weite dieser flachen Bühne ermöglicht ein Nebeneinander vielzähliger Dramen, die alle den trügerischen Eindruck der Augenblicklichkeit vermitteln. Der Überlebenskampf der einen verbindet sich mit den herzzerreißenden Klagen der anderen. Die Mittel und Funktionen der Pathetik, die sich sowohl beim Ausbruch als auch im Verlauf der Katastrophe auf diesem verfügbaren Territorium entfaltet, bedürfen einer kurzen Untersuchung, ohne die das Aufkommen des Verlangens nach der Meeresküste unverständlich bliebe. Um die Sicht eines Kunstbetrachters der Aufklärung ganz zu begreifen, muß die pathetische Rhetorik im Kontext eines Netzes anderer Praktiken analysiert werden. Die Einstellung des Theaterpublikums, der große Erfolg von Rührstücken, die Betonung mutwilliger Posen und die ausladende Gestik des mitleidigen Gebarens gegenüber einem deklamatorischen, paradoxerweise mit Zurückhaltung einhergehenden Schmerz spielen hier eine wichtige Rolle, erst recht aber die Tränen[9] in ihrer Bedeutung, ihrer Funktion und ihrer Geschichte. Bei der Betrachtung eines Schiffbruchs von Vernet oder Loutherbourg sollte man sich stets daran erinnern, daß Tränen zu dieser Zeit Freude und Schmerz ausdrücken, daß die Art des Weinens noch nicht von Geschlechtsrollen bestimmt wird, daß Kummer noch nicht in den privaten Raum verbannt ist, sondern durchaus in der Öffentlichkeit gezeigt werden darf.

Die Wirkungsästhetik der Aufklärung bringt eine ganz eigene Theatralität der Straße mit spezifischen Figuren und spezifischen sozialen Formen der Gefühlsaufwallung hervor. Je besser man sie kennt, desto leichter fällt es, die Darstellungen des Dramas mit den Augen der spontan vor Rührung zerfließenden Zeitgenossen zu betrachten und die Entwicklung der ausdrucksvollen Haltungen und Gesten auf der weiten Bühne der Gestade zu verstehen.

Wie gesagt, sind unter den damaligen Kunstliebhabern viele, die das Meer nie gesehen haben, die jedenfalls nicht Zeugen eines großen Sturms geworden sind und das Gefühl, das ein solcher in ihrer Seele wohl ausgelöst hätte, nicht kennen. Doch die Unerfahrenheit in der realen Anschauung steht dem Ergötzen nicht im Wege. Lange vor seiner Reise nach Holland erschauert Diderot beim Anblick der von Vernet dargestellten Schiffbrüche. Das Mittelmeer der Maler, der Indische Ozean von *Paul und Virginie* oder das klassizistische Meer der jungen Tarentine sprechen über das Herz zur Seele. Eine nach den Regeln der Kunst dargestellte Natur kann, wie wir bei Marmontel gesehen haben, mehr erschüttern als das Schauspiel der fühlbaren Wirklichkeit. Diderot zufolge gelingt es Vernet, sogar jene Betrachter zu rühren, die vom echten Anblick des tosenden Meeres unbeeindruckt geblieben sind.

Während das Publikum der Salons sich konstituiert, nimmt der Einfluß der Kritiker zu. Zwischen ihnen und den aufgeklärten Kunstliebhabern entspinnt sich über die Köpfe der Künstler hinweg ein gelehrter Dialog, der die Analyse der Gefühlsstrategien vorantreibt und die Virtuosität des naiven Sadismus der Marinemaler in ihre Bestandteile zerlegt. An der Küste lassen sich dramatische Handlungen unter Personen leicht gestalten. Die Menschen haben nicht mehr wie bei Claude Lorrain die Aufgabe, eine symbolische Szene mimisch darzustellen oder die Landschaft zu heroisieren; sie sind nicht mehr wie bei Gilpin dazu da, ein pittoreskes Bild bloß zu beleben: Sie spielen eine Rolle, die sich der Systematik ihrer theatra-

Die Dramaturgie der Gefühle

Joseph Vernet
Barke im Sturm,
Paris, Louvre

Thomas Luny
Der Schiffbruch der Dutton, 1796
Greenwich, National Maritime Museum

lischen Verwendung beugt. Der Betrachter eines »Schiffbruchs« erkennt den Schrecken, das Gebet, die Anstrengung, die Erschöpfung, die Aufopferungsbereitschaft und das Unglück der Individuen, die gegen die Exzesse einer vernichtenden Natur ankämpfen. Er kann auch die feinen Unterschiede der Stimmungen im Umkreis der Überlebenden, der Verletzten, der Leichen analysieren. Und schließlich kann sein Blick auf dem einfachen Zuschauer verweilen, der ihm beispielhafte Haltungen und Emotionen vor Augen führt. Meistens spricht der Künstler über diesen Umweg das Mitleid an, löst den ansteckenden Fluß der Tränen aus. Der Betrachter geht vom Anblick der entfesselten Elemente schnell zur eigentlichen Katastrophe über. Er genießt das Spiel der gedanklichen Identifikation. Eingeladen, den Platz dessen einzunehmen, der den Schiffbruch vom Land aus beobachtet, kann er die Distanz zwischen sich und dem Drama überwinden, er kann mit den Opfern leiden. So findet eine unmerkliche Vorbereitung auf die Tränen statt, um so wirksamer, je größer die Fähigkeit des Künstlers ist, Illusionen aufzubauen.[10]

Lafont de Saint-Yenne ist nicht der einzige, der die durch Vernets Schiffbrüche ausgelösten Gefühlsaufwallungen schildert. Neunzehn Jahre später schreibt ein Kritiker des *Journal encyclopédique*: »Es fielen besonders zwei Schiffbrüche auf, die großen Schrecken auslösten.«[11] 1759 glaubt Diderot, fasziniert von der Illusionskraft des Malers, die Schreie derer zu hören, die in den Fluten umkommen.

Die Fülle der Erwartungen verleiht der rhetorischen Kraft des Bildes dauerhaften Bestand: Das sinkende Schiff an der Küste eröffnet viele Möglichkeiten einer systematischen Annäherung, die den Betrachter sein eigenes Schicksal inniger empfinden lassen. Das Thema fügt sich ohne weiteres den zeitlichen Einteilungen, die in der damaligen Malerei gang und gäbe sind. So findet es einen Platz im Zyklus der »Vier Tageszeiten«, die immer an demselben Ort zu spielen haben.[12] Oft ist es die Mittagszeit, die das Pathetische vereinnahmt, etwa in der mustergültigen Serie, die sich aus einem Anblick der ruhigen See, einem Schiffbruch, einem Hafen und einem Schiff bei Mondschein zusammensetzt. Valenciennes hat uns über den Sinn dieser stereotypisierten Taktik aufgeklärt: Die Katastrophe bringt Bewegung in die sonst monotone Mittagsstunde und vermag dem Betrachter »unfreiwillige Tränen« zu entlocken. Dabei ist der Schiffbruch im Grunde nur eine Lösung unter anderen. Aus der klassizistischen Sicht, die Valenciennes einnimmt, können andere Motive die gleiche Funktion erfüllen: Eine Feuersbrunst im Dorf, die Qualen eines jungen Mädchens, das von einer Schlange, oder die eines Kindes, das von einem Hund gebissen worden ist, das bange Warten auf ein Schiff, das aus dem Kanonenfeuer unbemannt zurückkehrt – lauter Katastrophen, die von der Malerei mit den »verschiedenen Gefühlen der Zuschauer, etwa Schmerz, Mitleid, Furcht, Neugier, ja sogar Leichtfertigkeit«[13], ausgestattet werden.

Die vielfältigen Szenen des Dramas erlauben dem Betrachter eine Rekapitulation aller Formen des Unglücks. Außerdem kann er seinen Blick über die Serie der geschlechtsspezifisch variierten Lebensalter gleiten lassen und die Illustration ihrer jeweiligen Vorzüge genießen. Während der Individualismus in der Gesellschaft immer tiefere Wurzeln schlägt, passen Seestücke und Katastrophenberichte sich dem wachsenden Bedürfnis an, sich den Verlauf der Lebensbahn[14] ständig zu vergegenwärtigen.

Die Darstellung des Schiffbruchs gibt aber auch Gelegenheit zur Aufzählung und Lobpreisung der menschlichen Gefühle. Freundschaft und Liebe in allen Schattierungen, sei es Mutterliebe, eheliche Liebe oder Liebe zu den Eltern, lassen sich hier besonders emphatisch mitteilen. Für den, der analysierend vor dem Bild verweilt, verwandelt es sich in eine Hymne an die Familie. Allgemeiner gesagt: *Es rühmt die Bindung.* Im gleichen Zuge appelliert es an die empfindsame Seele, sich einzubeziehen, teilzunehmen an dieser Zurschaustellung des Unglücks, die alles Animalische, alles Grausame, alles Egoistische verdrängt und sich damit begnügt, die Kraft der Herzensbande zu zeigen.

Hier kann der Künstler dem Betrachter leicht eine beispielhafte Serie von Haltungen und Gesten vorführen, die einen Gefühlszustand bezeichnen. Unter Verwendung eines Katalogs von Emotionen, die allen Kunstliebhabern bekannt sind, verteilt er das Rollenrepertoire im Raum. Die Malerei küstennaher Schiffbrüche setzt – genau wie das Bühnenschauspiel – die herrschenden wissenschaftlichen Überzeugungen aus dem Bereich der Seelenkunde in Szene. Die Gestalten des Schreckens, der Qual und der Dankbarkeit, zugespitzt durch die Plötzlichkeit der Katastrophe, verschaffen dem Publikum die erhabenen Freuden der von Burke definierten vorgespiegelten Gefahr. So dient die Betrachtung der Gestade dem Selbsterhaltungswunsch: Jeder findet hier Gelegenheit, seinen Todestrieb billig zu befriedigen.

Die Küstenmalerei dieser Zeit bildet noch keine offen erotischen Szenen ab: Sie sind das Werk späterer Künstler, die den Badeaufenthalt am Meer und den zivilisierten Strand zu ihrem Thema machen. Doch ein erotischer Appell schleicht sich bereits in die Darstellung des Schiffbruchs ein. Die Entblößung durch das Meer liefert dem Künstler einen geeigneten Vorwand, Teile des Körpers, etwa den Fuß, den Knöchel oder gar ein ganzes Bein nackt zu zeigen. Sie ermöglicht nachdrückliche Hinweise auf die bedrohte Sittlichkeit. Virginie muß sterben, weil sie die harmlose Umarmung durch den Retter verweigert. Die nasse, hautnah sich anschmiegende Kleidung enthüllt die Schönheit, die Sinnlichkeit der Körperformen, weckt das sadistische Begehren. Die vom sinkenden Schiff gerettete Frau, die sich ihrem Gatten oder Geliebten in die Arme wirft, gebärdet sich wie in Ekstase. Virginies fatales Schamgefühl verweist den Leser auf sinnliche Parallelen in der Gestalt der Verlobten, deren Körper am Tag vor der Hochzeit von den Fluten verschlungen oder von spitzen Felsen aufgespießt wird. Der Genuß am Schauspiel der dahingerafften Weiblichkeit gipfelt in der schwärmerischen Evokation der grünlichen Blässe des Leichnams. Die Schönheit des Todes ohne Blutvergießen stimmt, vor allem wenn helles Mondlicht die Szene überflutet, mit den uneingestehbaren Phantasien überein, denen die Zöglinge der Romantik sich bei der Lektüre von *Atalas Begräbnis* hingeben werden.

Baculard d'Arnaud verzichtet in *Makin* auf die übliche Behutsamkeit: Die Ohnmacht der Verlobten, die sich mit ihrem Geliebten auf einem kleinen Boot befindet, das langsame Abdriften, der Schiffbruch und schließlich die Durchquerung der dunklen Höhle haben den Stellenwert der Initiation, des Vorspiels zur Metamorphose. Sie bereiten die paradiesische Robinsonade des Paares vor, bestehend aus ungeahnten Leidenschaften, aus nie gekannten Freuden, und gewürzt mit dem voraussehbaren Inzest der Nachkommen. Ein zweiter Schiffbruch schließt den Kreis, bringt den Pfarrer auf die Insel, stellt die soziale Bindung wieder her und rettet die eheliche und familiale Norm, deren Mißachtung der empfindsamen, durch den Zorn der Elemente sündhaft gewordenen Frau eine dauernde Qual gewesen war. 1812 erinnert Madame Ménage in ihrem Werk *L'heureux naufrage ou le cri de la nature* an die erotischen Folgen der Seekatastrophe, bei der die hilflos allein zurückgebliebene Gemahlin erst die Schrecken der Verführung, dann eine überstürzte eheliche Vereinigung erlebt.

Die Dramaturgie der Gefühle

Der Zusammenhang zwischen all diesen tragischen Küstenszenen und der geschichtlichen Entwicklung bestimmter Formen des Traums wäre eine weitere Analyse wert. Die Schilderung des sinkenden Schiffs liefert das Modell eines Alptraums, der sich seit dem 18. Jahrhundert den Tiefen eines Unbewußten öffnet, das mit der Unruhe der Gedärme in Verbindung gebracht wird. In der langen Geschichte, die Diderot statt einer Kritik des Salons von 1767 erzählt, kommt ein Schiffbruch in Form eines Alptraums vor, der zeigt, wie »wach die Innereien« sind, und dem Erzähler Tränen entlockt.[15] Angelegentlich des Erschauerns bei Loutherbourgs Seestücken[16] weist Diderot sowohl 1769 als auch 1771 erneut auf die Wiederkehr dieser dramatischen Malerei in Trauminhalten hin.

Ein Vierteljahrhundert später breitet Valenciennes in seinem für junge Künstler bestimmten Handbuch den ganzen Sadismus derartiger Gefühlstaktiken aus, ohne sich dessen bewußt zu sein. Ihm zufolge schadet die Küstennähe dem pathetischen Aspekt des Schiffbruchs, da sie die Grausamkeit der Szene abschwächt. Auch Leuchtfeuer oder Lotsen, die mit Booten herumfahren, mindern die Emotionen: Man ahnt bereits, so der Verfasser bedauernd, daß die Schiffbrüchigen am Ende gerettet werden. Spielt die Szene dagegen auf hoher See, ist der Zuschauer sich des Versinkens gewiß. So kann er die Sinnlosigkeit des Kampfes ermessen und den gerechtfertigten Schrecken vor dem Unausweichlichen besser empfinden. »Der Beobachter sieht sie (die Schiffbrüchigen) in dieser grausamen Lage; er folgt ihnen mit dem Blick; er ist gerührt, es zerreißt ihm das Herz: Tränen steigen ihm in die Augen; der Schmerz, den er empfindet, läßt keinen Spielraum für die Hoffnung, diese Unglücklichen könnten je eine Küste erreichen, an der das Schicksal ihnen die Hand ausstreckt, um sie der großen Tiefe zu entreißen und Tage zu retten, die ihren Kindern kostbar und der Heimat nützlich wären.«[17] Valenciennes, der sich ausdrücklich darüber hinwegsetzt, daß die meisten Schiffbrüche in der Nähe des Ufers stattfinden, und der das starke Gefühl, das durch die Identifikation des Zuschauers mit der Katastrophe entsteht, vernachlässigt, zeigt hier die Grenzen der Küstenpathetik auf, indem er gleichzeitig auf die Freuden der imaginären Irrfahrt über das Meer verweist.

Das Blut des Meeres

Als Valenciennes seine Abhandlung schreibt, sind die Katastrophendarstellungen bereits grausamer geworden. Es hat eine Bewegung stattgefunden, die die Marinemaler treibt, dem Grauen der Seeschlacht mehr Beachtung zu schenken als der theatralischen Beklagung des Unglücks. Dadurch verändern sich sowohl die Modalitäten als auch die Funktionen der Pathetik. Wieder einmal ist es die Geschichte des Meeres, die das Umschwenken der Vorstellungen erklärt. Vom Beginn des Siebenjährigen Krieges im Jahr 1756 bis zur Schlacht bei Trafalgar im Jahr 1805 kommen die Kriegshandlungen auf dem Meer nur vorübergehend zur Ruhe (zwischen 1763 und 1778 und von 1783 bis 1792). Doch während dieser Periode werden verschiedene Abschnitte sichtbar. Die massive Auseinandersetzung zwischen mächtigen Flottenverbänden, wie sie für die Konflikte des 17. Jahrhunderts charakteristisch war, dauert an; davon zeugen beispielsweise die Schlachten bei den Îles des Saints oder bei Ouessant. Doch die Fortschritte der Artillerie und die zunehmende Beweglichkeit, die sowohl das Entern der feindlichen Schiffe als auch die Zerstörung der gegnerischen Flotte erschweren, führen dazu, daß es immer häufiger zu Seegefechten kommt.[18] Diese Duelle erlauben dem Künstler, das angerichtete Leid im Detail zu zeigen. Vor allem aber nähern sie sich wieder der Küste, auf den Darstellungen jetzt meistens mit Klippen bewehrt, und erlauben den darauf spezialisierten Marinemalern bald, sie durch Szenen mit sinkenden Schiffen noch komplexer zu gestalten.

Auf den Schlachtenbildern nimmt das Grauen immer schrecklichere Züge an. Die Zurückhaltung der Künstler, die sich unlängst noch um mitleidige Haltungen und um eine Inszenierung des Wehklagens bemüht hatten, schlägt in eine Malerei der offenen Zurschaustellung körperlicher Qualen um. Die grausame Helligkeit des in Brand gesetzten Schiffes enthüllt Ströme von Blut, erzeugt durch Kanonen, Kugeln, Säbel und Explosionen. Ein schon rot gefärbtes Meer verschlingt die verstümmelten Opfer. Die Unerträglichkeit dieser Malerei, die sich von der deklamatorischen Theatralität des Schiffbruchs abwendet und statt dessen auf den Schrecken der menschlichen Grausamkeit setzt, ist bisher nicht genügend betont worden.

Gleichzeitig verwandeln sich viele Küsten in eiserne Schutzwälle gegen die drohende Invasion. Seit dem Einfall der Engländer

Das Blut des Meeres

P. J. de Loutherbourg
Seeschlacht vom 1. Juni 1795
Greenwich, National Maritime Museum

William Turner
Die Schlacht bei Trafalgar 1805
London, Tate Gallery

und der Schlacht von Saint-Cast im Jahr 1758 mehren sich an den nördlichen Küsten der Bretagne Schanzen und Garnisonen. Noch krasser stellt sich diese Entwicklung angesichts des bedrohlichen Heerlagers von Boulogne 1804 an den britischen Küsten dar.[19] Die grauenvollen Pontons[20], in denen die Gefangenen nur ein paar Schritte von den glänzenden Badeorten entfernt bei lebendigem Leibe verfaulen, verstärken den tragischen Charakter des Gestades. Die damalige Strategie des Seekriegs, darauf angelegt, die Bestände des Gegners durch das Aufbringen feindlicher Schiffe zu vermindern, erhöht die Todesrate unter den Seeleuten und verleiht der Küste einen neuen Geruch – den des Todes.[21] Unterdessen machen die zur Emigration gezwungenen Mitglieder der französischen Aristokratie reiche Erfahrungen mit der hohen See. Gesellschaftliche Gruppen, die diese Art der Gefahr bisher nicht kannten, sehen sich plötzlich Korsaren, Stürmen und, mitten auf See, sogar Feuersbrünsten ausgesetzt.[22]

Es ist verständlich, daß die zunehmend kollektive Erfahrung der Tragik des Meeres die Arbeiten der Künstler stimuliert und den Geschmack des Publikums beeinflußt. Ab 1781 drängt sich ganz London um ein Wunderwerk: Loutherbourgs *Eidophusikon*. Unter den dargestellten Szenen nehmen Stürme, Schiffbrüche und Seeschlachten herausragende Plätze ein.[23] Katastrophen sind auch ein Lieblingsthema der »Panoramen«, die ab 1787 entstehen. Zwischen 1792 und 1815 haben die Briten kaum noch etwas anderes im Sinn als den Seekrieg. Bei ihnen erlebt die Schlachtenmalerei eine Welle unerhörter Beliebtheit: Unablässig stellt sie die großen Erfolge von Jervis, Hood, Rodney und vor allem Nelson dar. So trägt sie ihren Teil zur Verherrlichung des Nationalgefühls bei, das sich stärker denn je auf die Beherrschung der Meere gründet. Porzellan- und Töpferwaren gedenken der Siege zur See. Die Schlachtenmaler erhalten offizielle Aufträge und Belohnungen. Loutherbourg stellt sein Talent in den Dienst der neuen Empfindsamkeit, die er dadurch weiter anregt. Der »glorreiche Tag«, der 1. Juni 1795, und die Schlacht von Camperdown 1799 geben ihm Gelegenheit, die verwundeten Soldaten mit einer neuen Präzision zu malen und, als wolle er das Entsetzliche überbieten, den Zorn der Elemente mit der Grausamkeit der Menschen zu verbinden. Auch Frankreich hat seine Techniker: Louis-Nicolas van Blarenberghe, ein Schützling Choiseuls, sowie die Brüder Pierre und Nicolas Ozanne, die es verstehen, die Kämpfe mit äußerster Gewissenhaftigkeit nachzuzeichnen, und die dazu beitragen, daß diese Pathetik die kodifizierte Form eines Alptraums annimmt.

Aufsteigende Rauchwolken, feuerspuckende Kanonenmündungen, unter dem wuchtigen Aufprall der Geschosse aufspritzende Flüssigkeiten, gigantische Explosionen, die den von fliegenden Trümmern erfüllten Raum taghell erleuchten, infernalische Feuersbrünste und entfesselte Fluten unter einem von Blitzen durchzuckten Himmel gehören zur systematischen Komposition des Grauens, manchmal noch verschärft durch das fahle Mondlicht.[24] Die Malerei der Seeschlachten, die nicht mehr davor zurückschreckt, blutüberströmte Körper und faulende Leichen darzustellen, bereitet das schaurige Ergötzen vor, das die Romantiker empfinden, wenn sie sich alle Formen der Marter vor Augen führen. Obwohl die Bühne dieser Malerei häufig das offene Meer ist, verschärft sie doch den tragischen Charakter der Küsten.

Der Untergang im Sand

Für die romantische Generation ist der Schiffbruch eine Art Zwangsvorstellung[25], in der sich alle Alpträume der Zeit vereinigen. Nachdem der Frieden wieder eingekehrt ist, geht die Zahl der Unfälle nicht zurück. Jahr für Jahr kommen etwa fünftausend Engländer auf dem Meer ums Leben. Zahlreiche Familien haben so einen geliebten Menschen verloren, und die Liste der Katastrophen, die die Gemüter bewegen, ist lang: Der Untergang der *Saint-Gérand* und der *Britannia* natürlich, aber auch die Katastrophe der *Aurora* (1769), auf der Falconer versank, dann der Verlust der *Nancy Packet* (1784), der *Halsewell* (1786), der *Lady Hobart* und der auf den Felsen bei Plymouth gestrandeten *Dutton* (1796), der Schiffbruch der *Abergavenny* (1805), die trotz der Anstrengungen ihres Kapitäns, eines Bruders von Dorothy Wordsworth, auf offener See vor Weymouth unterging, das Unglück der *Peggy*, dann das der in der Nacht des 22. Dezember 1810 gesunkenen *Minotaurus*, die von insgesamt 680 Passagieren 570 mit in die Tiefe riß und deren grausiges Schicksal Turner inspirierte, der Untergang der *Medusa* und 1838 schließlich der Schiffbruch der *Forfarshire* mit zahlreichen Menschen an Bord, von denen viele durch den Heldemut der jungen Grace Darling gerettet werden konnten.

Das Interesse an Unglücksberichten wächst mit der späten Welle des Schauerromans. Maturins grausige Schilderungen nächtlicher Katastrophen[26] bezeugen dies ebenso wie die tosenden Fluten in *Han d'Islande*, dessen Verfasser das Schauspiel der Wellen zu diesem Zeitpunkt übrigens noch nie erlebt hat.

Zwischen 1815 und 1840 sind die Berichte über Schiffbrüche also in Mode. Während die englischen Historiker versuchen, den Großtaten der *Royal Navy*[27] zu Ruhm und Ehren zu verhelfen, setzt sich der Einfluß der Katastrophenliteratur des Zeitalters der Aufklärung in zahlreichen Neuauflagen von *The Shipwreck* oder *Paul und Virginie*, in der Veröffentlichung mehrerer Erzählungen von Crabbe, in William Cowpers *Castaway*, erschienen 1799, und schließlich in Sarah Burneys 1816 gleichzeitig in Paris und London gedrucktem *Shipwreck* fort.

Ab 1829 indes entsteht eine neue Art des Seeromans, dessen Entwicklung – von Fenimore Cooper bis Eugène Sue und Melville – Monique Brosse genau verfolgt hat. Diese literarische Gattung stellt die Gefahren des Meeres und die Seegefechte in einer neuen Weise dar, Themen, die, was Frankreich betrifft, das Imaginäre nie so beschäftigt haben wie zu Beginn der dreißiger Jahre des 19. Jahrhunderts. Es entsteht eine »Subliteratur«, die in vollen Zügen aus den Reiseberichten des 18. Jahrhunderts und der 1781 von Deperthes herausgegebenen *Histoire des naufrages* schöpft, die Katastrophenberichte immer wieder aufgreift und mit Vorliebe bei Szenen verweilt, die sich in Küstennähe abgespielt haben.[28] Eine offizielle Statistik der Schiffbrüche wird in Angriff genommen. 1832 ziehen Audouin und Milne-Edwards die erste Bilanz: Für einen Zeitraum von zwölf Jahren erfassen sie 1.508 Unglücksfälle mit Ort, Jahr und Monat.[29] Spezialisierte Zeitschriften, etwa *The Shipwrecked Mariner*, das *Nautical Magazine* (seit 1816), der *Navigateur, Journal des Naufrages* (1829) oder *La France maritime* füttern ihre Leser mit Berichten von großer technischer Präzision, oft ergänzt durch eine Namensliste der Opfer. Zwischen 1835 und 1841 gibt die *Société Générale des naufrages* ihre eigene Zeitschrift heraus. Allein im Jahr 1829 widmet der *Navigateur* 27 von insgesamt 113 Artikeln dem Katastrophenbericht.[30]

Die Malerei der Seeschlachten bewahrt ihr Publikum, während sich die Modalitäten der Schiffbruchdarstellung erneuern. In England erhalten die Künstler zunehmend Aufträge von einer Klientel aus Reedern, im Krieg reich gewordenen Offizieren und Seeleuten aller Art, darunter vielen, die ausgedient haben.[31] Thomas Luny, Thomas Whitcombe und eine Reihe weniger begabter Maler fahren fort, die Großtaten der *Navy* zu rühmen und die Grauen des Meeres in Szene zu setzen. Turner versucht auf seinen durch Stiche weit verbreiteten Seestücken, den Zorn der Elemente mit der Kampfeswut der Männer zu verbinden. Auch in Frankreich überbieten die Maler die bisherige Dramatik, indem sie sich bemühen, den Aspekt der Gewalt weiter zu verschärfen. Einige, etwa der aus Brest stammende Gilbert oder der durch seine maßlosen Schiffbruchszenen schnell bekannt gewordene Jean-Antoine Gudin, aber auch der Lithograph Ferdinand Perrot vermögen die Wünsche einer auf das Schauspiel des Leidens und des Grauens versessenen Kundschaft vollauf zu befriedigen. Was Frankreich betrifft, so stehen die Gefahren der bretonischen Küste im Mittelpunkt der Aufmerksamkeit. Unter dem Einfluß der Künstler wird die Landzunge Saint-Mathieu zum geometrischen Ort der Seekatastrophe, einem Symbol der neuen tragischen Küstenvorstellung, zu deren Popularität 1833 auch Jules Michelet[32] beiträgt.

Die Votivkunst teilt die Vorliebe für dargestellte Katastrophen. Überall an den Küsten des westlichen Mittelmeers mehren sich Votivbilder mit Schiffbrüchen.[33] Diese Werke, hervorgebracht von spezialisierten Malern, die – wie beispielsweise die Roux aus Marseille – ihre Kompositionen bedenkenlos signieren, erreichen eine neue Präzision: Alle Einzelheiten, das Datum, die Uhrzeit, die Umstände des Unglücks, die Position des Schiffs, sein Name, der des Kapitäns und manchmal der des Reeders werden auf kleinen Tafeln, die sich wie eine Illustration der tragischen Berichte ausnehmen, in Form einer Chronik festgehalten. So entsteht ein neues Mittel zur Verbreitung der Grauen des Meeres, das der wachsenden Faszination des Publikums durch jede Art von Katastrophe entspricht. Der lebhafte Erfolg auch solcher Unglücksmeldungen, die sich als »Enten« erweisen, und das Anschwellen der Unfallrubriken in den Lokalzeitungen sind dafür wohl der beste Beweis.

Der Schiffbruch wird schamlos zum Schauspiel gemacht und sogar als touristische Attraktion der Küsten angepriesen. Er ist nicht mehr das Monopol eines Reisenden, der die stolze Pose des Helden einnehmen möchte. Jeder Tourist, sogar der einfache Badegast, den es nach entfesselten Stürmen gelüstet, kann auf eine Gelegenheit hoffen, Zeuge eines Schiffbruchs zu werden, um sich den verzweifelten Überlebenskampf der Mannschaft zu Gemüte zu führen.[34]

»Wahrlich, ein seltsames und ergreifendes Schauspiel, diese nächtlichen Schiffbrüche in unseren Buchten«[35], schreibt Émile Souvestre 1833. Die neugierige Beobachtung von Unglücken ist Ausdruck des allgemeinen Voyeurismus, der sich an den Badeorten offen entfaltet. Sie gehört zum Spektrum der Zerstreuungen, die durch den Bau von *Marinen*, Deichen oder ins Wasser hinausragenden Dämmen begünstigt werden. Kurz, die touristische Ausstattung vervielfältigt und verallgemeinert eine Erfahrung, die unlängst noch den Küstenbevölkerungen vorbehalten war. Im Bewußtsein dieser Banalisierung erzählt Félix Pyat 1836 belustigt, wie er in Ostende gemeinsam mit den anderen Gästen der auf dem Damm erbauten Wirtschaft eine sich anbahnende Katastrophe durch das Fernrohr verfolgte.[36] Wie Eugen von Hartwig berichtet, hatten die Badegäste dieses Ortes ein vergnügliches Erlebnis, als 1845 nahe der Küste zwei Schiffe versanken, während im Kasino des Kurhauses getanzt wurde. Die ganze Gesellschaft, präzisiert der Autor, verfolgte »das rührende Drama«, lauschte den verzweifelten Schreien.[37]

Dem Chronisten oder Publizisten gibt das sinkende Schiff inzwischen Anlaß zu einer gewöhnlichen Reportage. Das Schicksal des armen Seemanns erregt Mitleid; man zögert nicht mehr, die dem Tode Entronnenen nach ihren persönlichen Eindrücken zu fragen oder ein lebendiges Zeugnis bei der Familie des verunglückten Steuermanns oder Fischers einzuholen.

Der Schiffbruch, eine mittlerweile fast alltägliche Erfahrung mit einer entsprechend alltäglichen Berichterstattung, ist jedoch nicht mehr das einzige Drama, das die Phantasie des begierig an Seekatastrophen interessierten Lesers oder Kunstliebhabers beflügelt. Angeregt durch das Verlangen nach neuartigen Schauern, nimmt die Pathetik der Küsten noch kompliziertere Züge an. Der Untergang der *Médusa* und das tragische Schicksal der Passagiere, die sich auf ein Floß hatten retten können, sind tief ins Bewußtsein der Zeitgenossen eingedrungen: ein Drama ganz im Sinne der romantischen Empfindsamkeit. Der Bericht über das Unglück verwandelt sich in eine Schauergeschichte. Der Schiffbruch selbst ist hier nur das Vorspiel einer Irrfahrt, die eine sadistische Rekapitulation aller Formen der Marter erlaubt. Auf dem Floß und in dem Lotsenboot, den neuen Zufluchtstätten des Unsäglichen, verdoppelt sich der Schrecken schon nach kurzer Zeit. Der Angst vor dem Ertrinken und vor den scharfen Zähnen der Haie gesellen sich die

Der Untergang im Sand

Eugène Delacroix
Don Juans Barke, 1840
Paris, Louvre

Théodore Géricault
Das Floß der Medusa, 1817
Paris, Louvre

Qualen des Hungers hinzu, der allmähliche Übergang zum Kannibalismus.[38] Die Gefahr des Versinkens, vermehrt um die zweifache Bedrohung, lebendigen Leibes gefressen zu werden, weckt im Frankreich der Restauration die Furcht vor einem neuen Erwachen der Animalität, die in jedem Menschen schlummert, wie es der Königsmord, die Massaker und andere furchtbare Verbrechen der Schreckensherrschaft in aller Deutlichkeit gezeigt haben. Man kann annehmen, daß die gesunkene Toleranzschwelle gegenüber Folterungen und jeder Art von zugefügtem körperlichem Schmerz eine Ursache des besonderen Reizes der durch Naturgewalt hervorgerufenen Qualen ist.

Der Untergang der *Medusa* stimuliert die Entfaltung des Imaginären. Die starke Resonanz beruht auf einer Übereinstimmung zwischen dem Ablauf dieser Tragödie und dem neuen Schreckensprotokoll. Die Irrfahrt der Liebenden in Baculard d'Arnauds *Makin* geht dem Unglück vor der Küste Senegals voraus; aber die Katastrophe inspiriert Byron zu seinem *Don Juan,* jenem großen Werk, dessen Einfluß, weitergetragen durch das Gemälde *Don Juans Barke* von Delacroix, allgemein bekannt ist.

Das Wesentliche für unseren Zusammenhang ist jedoch die Tatsache, daß die Gestade, bislang Schauplatz ohnmächtiger Wehklagen, nun auch zum Mittelpunkt des Schreckens werden. Nicht mehr die Schiffahrt oder die Irrfahrt bringt das Drama hervor, sondern das Wattenmeer selbst. Wegen der ungewissen und verschwommenen Topographie kann der Badende leicht von der Grundsee fortgerissen, das arglose Opfer von der steigenden Flut überrascht werden. Die Tragik liegt hier im verräterischen Boden, der sich unmerklich entzieht. Während der Glaube an die durch Gottes Hand festgelegten, unbeweglichen Grenzen des Meeres schwindet und die Zeit nach den neuen Maßstäben der aktualistischen Geologie gemessen wird, wächst die Aufmerksamkeit für den schlickigen Untergrund. Die Konsistenz des permanent von nie ruhenden unterirdischen Wassern bearbeiteten, unentwegt mit dem heimtückischen Meer konspirierenden Sandes stellt sich als ebenso unzuverlässig dar wie die ins Wanken gekommenen Werte der gesellschaftlichen Ordnung.

So entsteht eine neue Art des Berichts, der mit zunehmender Präzision den Untergang im Sand beschreibt, oft infolge des blinden »Nebelschleiers«[39], der die nahende Flut begleitet. Das mit Symbolen beladene Abenteuer ist nicht mehr die Fahrt über das Meer, sondern die Wanderung durch das bedrohliche unberechenbare Watt.

Die Übertragung der Tragödie auf diese Bühne setzt beim Leser eine neue Vertrautheit mit dem Milieu voraus. Nur wer die Konsistenz des Wattenmeers, seinen trügerischen Charakter und die Strömungen der Priele aus eigener Erfahrung kennt, kann den Bericht über das Versinken im Sand richtig verstehen. Das französische Publikum der Salons des 18. Jahrhunderts, an eine von den Ufern des Mittelmeers inspirierte pathetische Malerei gewöhnt, vermag diesem Aspekt nicht ganz zu folgen. Da es das angenehme Gefühl, barfuß über den feuchten Sand zu laufen[40], nie verspürt hat, ist es außerstande, den Schrecken des unberechenbaren Sandes im vollen Ausmaß zu erfassen.

Das neue tragische Bild geht mit einer neuen Art des literarischen Alptraums einher, der sich immer mehr von den antiken Bildern der Höllenpein entfernt und sich den überaus prägnanten flüssigen Trauminhalten[41] nähert. Vom Meer verfolgt zu werden, ohne die Füße aus dem Schlick lösen zu können, das entsetzliche Gefühl, von einem Ungeheuer eingeholt zu werden, die schleichende Gewißheit, daß ein Netz wurmartig sich verlängernder Priele[42] jede Möglichkeit einer Rückkehr zum Land abschneidet – dies sind die Eindrücke, von denen der Alptraum sich nährt.

Die neue Szenerie belebt eine weitere Angst, die mit dem Auslöschen der Spuren zusammenhängt. Mehr noch als das Ertrinken oder die Leichenverbrennung kommt das langsame Versinken im Sand einem endgültigen Verschwinden gleich. Es widerspricht dem aufsteigenden Wunsch nach individuellen Gräbern, die eine dauerhafte Erinnerung an den Verstorbenen gewährleisten und einen familialen Totenkult erlauben. Zitternd spricht Habasque von den furchterregenden Briganten, die an den verlassenen Gestaden der nördlichen Bretagne umgehen und ihre unglückseligen Opfer im Meeressand verscharren, um alle Spuren ihrer Greueltat auszulöschen.[43] Bei den Freimaurern ist es eine Strafe, im Sand des Wattenmeers begraben zu sein, ein Schicksal, das man höchstens dem verräterischen Bruder wünscht.[44]

Das im Sand versinkende oder von den Fluten verschlungene Liebespaar entspricht dem Bild der romantischen Liebenden, die auch der Tod nicht scheiden kann. Mehr noch als das absorbierende Wasser befriedigt der verzehrende Sand den Regressionswunsch, während die Vorstellung, daß die zurückkehrende Flut das junge

Mädchen oder die Verlobte verschlingt, einen alten sadistischen Traum auf neue Art erfüllt. Der saugende, nach unten ziehende Schlick, die schlammigen Ablagerungen, der von den Wassern bewegte Sand und die Grausamkeit der unwiderruflich steigenden Flut lassen dem Phantasma vom unvermeidlichen Versinken eines unschuldigen Wesens freien Lauf.

Die Szene des langsamen Versinkens im sandigen Untergrund reizt die Romanschriftsteller. Als man Virginies Leiche findet, ist sie »zur Hälfte mit Sand bedeckt«[45]. Vierundvierzig Jahre später liefert Nodier in *La Fée aux miettes* eine eindrucksvolle Schilderung der Schwemmbänke in der Bucht von Mont-Saint-Michel. Eine der bekanntesten Stellen in Victor Hugos *Die Elenden* ist die Beschreibung des langsamen Versinkens und Verschwindens im Sand. Die meisten weniger begabten Autoren indes finden ihr Vorbild in Walter Scotts *Alterthümler*, genauer gesagt, in der Rettung von Sir Arthur Wardour und dessen Tochter, die in Begleitung eines alten Bettlers von der Flut überrascht worden sind. Das Thema zieht sich durch die ganze Küstenliteratur, die zum Erfolg der maritimen Wochenschriften beiträgt. Die Springfluten, die wilden Wasser des »kalten und tückischen Meeres«, die über die Sandbänke hinwegzugaloppieren scheinen[46], tragen viel zum touristischen Erfolg der Bucht von Mont-Saint-Michel bei. Fulgence Girard erzählt das tragische Schicksal eines schönen jungen Mädchens, »Kind des Wattenmeers« genannt, das 1816 von der Flut verschlungen wurde, weil es den Anträgen eines üblen Burschen nicht stattgeben wollte.[47] Meistens wird behauptet, die Ereignisse hätten sich tatsächlich zugetragen, was schwer zu überprüfen ist. Habasque berichtet von einem Unfall des Jahres 1828: »Man tanzte Reigen auf dem trügerischen Sand [zwischen Ploulech und Lannion]. Plötzlich verschwindet der Boden unter den Füßen eines jungen Fräuleins. Ihr Verlobter, ein Kapitän der Handelsmarine, stürzt herbei und versucht sie zu retten, stirbt aber selbst, Opfer seiner Hingabe... Ein angehender Notar kam bei dieser Gelegenheit ebenfalls ums Leben.«[48]

Der Goa-Übergang nach Noirmoutier, der eine Wattwanderung vom Festland zur Insel ermöglicht, spricht bei der Leserschaft ein weites Spektrum von Gefühlen an, die Rouget de Kerguen zu erreichen versucht, indem er von einem abenteuerlichen Ausflug mit einigen Freunden erzählt: Ein »Wattenführer« hatte sich erboten, die kleine Gruppe auf dem Fußweg zum Kontinent zurückzubringen. Auf halber Strecke verlor der Cicerone die Orientierung. »Wie

ein Indianer warf er sich flach auf den Bauch und preßte sein Ohr gegen den Sand. Mit ausdrucksloser Miene stand er wieder auf: ›Die Flut, Jungs, sie steigt! Vorwärts! Hört ihr? Vorwärts!‹
Der Sand regte sich bereits, der Schlick begann zu wogen, und unsere Schritte wurden immer schwerer. Tiefes Entsetzen bemächtigte sich unserer Seelen. Wir hörten das Meer wie ein dumpfes Rollen in den Sandbänken: Es war vielleicht noch eine Meile von uns entfernt, und wir noch eine halbe Stunde von dem Tod... Der Schlund des Ozeans tat sich vor mir auf, im Begriff, uns alle zu verschlingen.«[49] Es wurde dunkel. Verzweifelt kniete der Führer im Kreis der jungen Leute nieder und betete mit lauter Stimme. Durch einen glücklichen Zufall gelang es den Verirrten schließlich, sich auf eine Boje zu retten. Am nächsten Tag nahm ein »Sardinenfischer« sie auf. Nur einer fehlte, weil er nicht schnell genug gewesen war. Ein tragisches Ende der Reise eines Perrichon ans Meer. Die Geschichten im Sand versunkener Wälder und Städte, das Schauspiel halb verschlungener Dörfer, etwa des lange vor Zolas Bonneville von Habasque erwähnten Marktfleckens Saint-Michel[50], verankern die Szene des allmählichen Versinkens noch tiefer im Imaginären. Die Malerei wendet sich unterdessen an die gleichen Gefühle. Im Salon des Jahres 1837 stellt ein unbekannter Künstler ein Gemälde mit dem Titel aus: »Familie beim Fischfang, während das Dienstmädchen sich von der Flut hat überraschen lassen«; und zwei Jahre später kann das Publikum »Von der steigenden Flut überraschte Bauern der Basse-Bretagne« betrachten.[51]

Die Anziehungskraft der weiten, schillernden Gestade bringt eine touristische Gewohnheit hervor, deren Leitfigur der »Wattenführer« ist. Schon 1775 hatte William Wraxall sich der Dienste eines Kundigen versichert, um die Bucht von Mont-Saint-Michel zu durchqueren.[52] In der Mitte des folgenden Jahrhunderts stehen den Touristen, die ohne größeres Risiko eine Wanderung über die Sandbänke unternehmen wollen, überall Wattenführer zur Verfügung.[53]

Die Entdeckung der gefährlichen Schönheit des Wattenmeers erneuert die Lust des Individuums an der Vorspiegelung seiner eigenen Zerstörung. Das langsame Versinken im Sand deutet die Schrecken eines neuen Alptraums an, der sich durch die Geringfügigkeit der realen Gefahr leicht entschärfen läßt. All diese neuen tragischen Eindrücke, die aus dem Wattenmeer herausgelesen werden, sind eine wohlfeile Bereicherung des Verlangens nach der Küste.

Arnold Böcklin
Villa am Meer, zweite Fassung, 1865
München, Schack-Galerie

Die Erfindung des Strandes

Die Auffassung vom Meer und der Blick auf die Küstenbevölkerung richten sich nicht nur nach dem Habitus, dem Bildungsgrad und der Empfindsamkeit des Individuums. Auch die Art des Beisammenseins, das Einvernehmen unter Touristen, die Erkennungszeichen und die Mittel der sozialen Abgrenzung wirken sich auf den Genuß des Aufenthalts an den Gestaden aus. Die neuen Formen der Geselligkeit, die sich am Meeresufer herausbilden und entfalten, liefern Richtlinien für eine neue Verwendung der Zeit, für eine Erschließung des Raums. Mit dem weiten Spektrum der Zerstreuungen, Vergnügungen und Dienstleistungen, die daraus resultieren, zeichnet sich das künftige Bild des im Entstehen begriffenen Badeaufenthalts am Meer ab. Es stellt sich nun die Aufgabe, genauer zu analysieren, wie die Entwicklung dieser von Meereslust angeregten gesellschaftlichen Szene voranschreitet, und wie alte Praktiken in Funktion der neuen Sicht umgestaltet werden.

Die Genealogie der Praktiken

Die genealogischen Zusammenhänge sind insofern äußerst komplex, als die ursprünglichen Modelle zahlreiche aufeinanderfolgende Neuinterpretationen erfahren haben. Wie dem auch sei, am Anfang muß jedenfalls auf den antiken Begriff des *otium* verwiesen werden, ohne den die Kette der wechselnden Einflüsse unverständlich bliebe. Es ist sicher schwer, den mathematischen Beweis für eine direkte Abstammungslinie zu erbringen, aber die prägenden Einflüsse der lateinischen Literatur vom Ende der römischen Republik und den beiden ersten Jahrhunderten des Kaisertums sind hinreichend bekannt. »Das Leben der Aufklärung ist eine Tochter des *otium*«, schreibt Daniel Roche.[1] Die gebildeten Kreise wissen sehr wohl, daß die lange verlassenen und als abstoßend empfundenen Meeresküsten einst Orte der Meditation, der Ruhe, der gemeinschaftlichen Vergnügungen und der entfesselten Wollust waren. Das Bild Ciceros auf seinem Landgut bei Tusculum oder auf seinem *Cumanum*, das Bild Plinius' des Jüngeren auf seinem Landsitz in Laurentum bei Ostia, die von Statius beschriebene Villa des Pollius Felix in Sorrent und die Ratschläge Senecas beschwören ein Zeitalter der kultivierten Muße herauf.

In diesem Zusammenhang ist es wichtig, anachronistische Vorstellungen zu vermeiden. Das antike *otium*[2], wie es sich den Zeitgenossen der Aufklärung darstellt, ist kein Synonym für Untätigkeit. Es unterscheidet sich zutiefst von der durch die spätere Rationalisierung der Zeit bedingten Erholung, die wir »Urlaub« nennen. Der Akzent liegt vielmehr auf einer ethischen Zielsetzung, dem *otium cum dignitate,* erlebt als eine Art Selbstfindung. In Ciceros Werk bezeichnet *otium* einen ausgewählten Zeitvertreib, den *optimates* vorbehalten, die vorübergehend einmal nicht an ihre Ämterlaufbahn denken; einen Abschnitt des Privatlebens, den das Individuum nach Belieben organisiert, ohne der Faulheit oder der Langeweile anheimzufallen; einen Raum der Entspannung, der den Spielen des Geistes gehört und gegebenenfalls der Vorbereitung des künftigen Handelns dient; eine Zeit der Erquickung, die paradoxerweise[3] mit der im England der Whigs und der Glorreichen Revolution von 1688 herrschenden Ethik übereinstimmt. Senecas Empfehlungen regen später eine Gleichsetzung von *otium* und kontemplativem Leben nach Art der Stoiker an.

Das *otium* impliziert die *amoenitas,* die anmutige Lage jener Lustvilla, deren Bild es mit geprägt hat. Das Landgut des Plinius[4], über der Küste und dem Meer gelegen, bietet einen freien Blick auf die Übergänge zwischen Land und Wasser. Der angesehene Römer, so sagt man, hat gern die lieblichen Geräusche der Natur im Ohr, das Murmeln der Quelle, das Rauschen des Windes in den Bäumen, den rhythmischen Wellenschlag des Meeres. Bisweilen genießt er sogar das Gefühl, den nachgiebigen Sand bei den auslaufenden Wellen am Wasserrand unter den Füßen zu spüren.[5] *Otium* bedeutet Vielfalt, einen dauernden Wechsel zwischen den Freuden der Lektüre, des Sammelns und des Briefeschreibens, zwischen der beschaulichen Betrachtung, dem philosophischen Gespräch und dem Spaziergang. Zur Erholung unter freiem Himmel gehören auch kindliche Spiele am Strand: Fischen, Steinchen suchen, Muscheln sammeln oder Schwimmen – lauter Tätigkeiten, die sich mit Freundschaft und Gastlichkeit verbinden.

Das Meeresufer ist ein beliebter Ort für solch lustvollen Zeitvertreib. Der reiche Römer, der mehrere Villen besitzt, achtet darauf, daß mindestens eine an der Küste liegt. Vom Ende der Republik bis mitten ins zweite Jahrhundert der Kaiserzeit[6] mehren sich die Standorte an den Gestaden Latiums und Kampaniens, die in den Genuß eines regelrechten Modetrends kommen. Zur Zeit Plinius' des Jüngeren säumt eine fast ununterbrochene Kette von Villen die Küste bei Ostia; diese Linie setzt sich zwischen Terracina und Neapel sowie rund um die Bucht von Neapel fort. Die Reichen schätzen Antium, Astura, Gaeta und vor allem Miseno, Puzzuoli, Pompeji oder jenes Bajae, das Statius und Martial für die Königin der Meeresküste halten, während Seneca oder Properz es als reinen Sündenpfuhl betrachten. Wie Cicero besitzen auch Cäsar, Pompejus, Antonius und viele andere eine Villa in der Umgebung von Puzzuoli. Hierher kommen sie während der Saison, vorzugsweise im Frühling, um sich zu erfrischen oder um Schwefelbäder zu nehmen. Lustfahrten über das Meer, allerhand Wassersport, Bankette im Freien und Musik lassen mancherorts das Bild eines sinnenfreudigen Lebens entstehen, das sich dem ursprünglichen Modell des *otium* entfremdet.[7] Die *Grand Tour* und der Aufenthalt in Neapel beleben oder aktualisieren in der Imagination des Reisenden eine Form der tätigen Muße, die in England bereits dazu beigetragen hat, das gesellschaftliche Ritual des ländlichen Rückzugs und der Thermalbäder im Landesinneren zu gestalten.

In Frankreich, wo die Einflußnahmen weniger kompliziert verlaufen, wo die Tradition des Badeaufenthalts am Meer jüngeren Datums ist, treten die Verbindungen klarer hervor. Daniel Roche hat die prägende Bedeutung des antiken *otium* oder, besser gesagt, der Akademie von Tusculum, und die Verbreitung der neuen akademischen Praktiken in der französischen Provinz des ausgehenden Ancien Régime genau analysiert.[8] Die Rituale der Freundschaftspflege und der Gastlichkeit, die sich innerhalb der gebildeten, reiselustigen, im Europa der Aufklärung nach Selbstentdeckung streben-

Die Erfindung des Strandes

den Elite entfalten, sind ohne Bezugnahme auf das antike Modell nicht vollständig zu begreifen. Im Anschluß an den Aufenthalt in Edinburg empfiehlt sich nach dem Vorbild Samuel Johnsons eine Reise durch die Highlands, zu deren Eigentümlichkeit die aufmerksame und freisinnige Gastfreundschaft der schottischen Großgrundbesitzer zählt. Wie bei der klassischen Reise nach Italien gehört es hier zum guten Ton, daß der Reisende bei den Berühmtheiten des Landes vorspricht.

Das aufschlußreichste Beispiel, das hier angeführt werden soll, stammt indessen aus dem Frankreich der Revolution. Auf dem Rückweg einer Reise an die Küsten der Bretagne macht Jacques de Cambry[9] 1795 bei seinem Freund Mauduit in Kerjégu Station. Das Haus des Gastgebers liegt an der Küste, mit Blick aufs Meer. Von den Fenstern aus sieht man Groix, die Glénan-Inseln, die vielen kleinen Buchten und Landvorsprünge. Ein schmaler Pfad führt in das Lustwäldchen, zu den Obst- und Blumengärten am Ufer. Mauduit, ein »kluger Edelmann«, hat Tibull, Juvenal, Martial und Vergil in seiner Bibliothek; Tasso, Ariost und Petrarca sind für ihn alltägliche Lektüre. Seine Gastfreundschaft kennt keine Grenzen. Er empfindet es als seine Pflicht, jeden Reisenden, »der die Küsten besucht«, zu empfangen. Seine Frau, seine Tochter Roxane, ein junger Ingenieur und einige junge Damen bilden den Freundeskreis. Man macht Spaziergänge am Strand, geht in den »Bädern der Diana«, einer muschelförmigen Felsbucht, baden, oder man besucht die alten Burgruinen am Gestade. Im Schatten einer Buche lesen die Gäste von Kerjégu Rabelais, Bayle oder Molière. Sie essen Austern und laben sich an den guten »Weinen aus Ségur oder Ay, die dem Falerner weit vorzuziehen« sind. Währenddessen sitzt Cambry in seiner Schreibstube und arbeitet, ordnet Notizen, bereitet den Reisebericht vor. Kurz, schon durch die Seiten, die er Kerjégu widmet, verweist er seine Leser auf das antike *otium cum dignitate*.

Bis zur Mitte des 19. Jahrhunderts erlauben Sandstrände und Felsbuchten die regelmäßige Zusammenführung des inneren Freundes- und Familienkreises, der in seiner zunehmenden Ausdehnung die Geselligkeit des noch zögernd sich entwickelnden Badeaufenthalts ankündigt. Diese Art konzentrische Erweiterung kommt später in den Travemünde-Beschreibungen der *Buddenbrooks* von Thomas Mann sehr schön zum Ausdruck. Es schieben sich indes zahlreiche andere Vorstellungen zwischen das Modell des antiken *otium* und die soeben beschriebene Form der Freund-

Die Genealogie der Praktiken

schaft und Gastlichkeit, die eine Zurückverfolgung der Genealogie verkomplizieren.

Abgesehen von dem Bindeglied der italienischen Renaissancevilla und dem bekannten Einfluß Palladios auf die Architektur der englischen Aristokratie soll hier eine zukunftsträchtige Abwandlung des ursprünglichen Modells erwähnt werden, die La Reynière 1791 als »Vergnügen nach getaner Arbeit«[10] definiert. Diesem Zweck dienen all die kleinen Landhäuser, *bastides* genannt, deren Vielzahl rund um Marseille keinem Reisenden entgeht. Es muß allerdings gesagt werden, daß dieses Modell sich insofern recht weit vom antiken *otium* entfernt, als die Benutzer der *bastides* sich aus sozialen Schichten rekrutieren, deren Lebensrhythmus das Weekend der modernen Arbeitswelt ankündigt, wie es bald an manchen Badeorten in der Nähe der großen englischen Ballungszentren praktiziert werden wird.[11]

In Marseille, schreibt Millin[12] 1808, mag »niemand, der einigermaßen wohlhabend ist, auf sein Landhäuschen verzichten... Selbst der Handwerker besitzt irgendein Gemäuer, das er seine *bastide* nennt... Samstags abends fährt man hin, verbringt den Sonntag mit Freunden, die man dort empfängt, und kehrt montags morgens zurück«. Im Milieu der Marseiller Kaufleute besteht ein reges Bedürfnis, »woanders zu leben als am Ort der alltäglichen Verrichtungen, sich fern von den Geschäften zu fühlen, fern von Personen, die darauf zu sprechen kommen könnten, fern von allem, was sonst daran erinnert«. Millin behauptet geradeheraus, daß in Marseille nur gearbeitet wird, um sonntags in die Landhäuschen zu fahren. »Über fünfzigtausend Seelen verlassen an diesem Tag die Stadt« und verteilen sich auf fünftausend *bastides*, von denen manche, am Hang der *Vista* erbaut, über eine Terrasse mit Meerblick verfügen.

Die Mode, ein Landhaus zu besitzen, verbreitet sich zu dieser Zeit nicht nur in England und in der Provence, sondern auch im ganzen nördlichen Europa, wobei der Baustil je nach Region variiert. Die Reisenden bemerken Landhäuser in Holland wie in Dänemark, doch der Unterschied zwischen Kerjégu und dem »kaufmännischen *otium*« in der Umgebung von Marseille ist nicht zu übersehen. Die vielfältigen Praktiken, die sich in diesem Rahmen herausbilden, gehen alle in das künftige Modell des Erholungsaufenthalts am Meer ein.

Die entscheidenden Anstöße indes kommen auch in dem Bereich aus dem erfinderischen England. Das Vorbild der Badekuren

Die Erfindung des Strandes

in den *Spas* des Landesinneren nimmt starken Einfluß auf das Badeleben am Strand. Brighton erscheint in vielen Dingen als eine Abwandlung von Bath. Hier wie dort steht die therapeutische Zielsetzung im Vordergrund. Die gleiche Modewelle hat nacheinander den Ansturm auf die beiden Bäder ausgelöst, anfangs nur in den Monaten Juni bis September von den Mitgliedern der Aristokratie und der *gentry* besucht, für die ein Aufenthalt in Nizza, Bath oder Brighton oft weniger kostspielig war als das mondäne Leben, das auf den englischen Landschlössern künstlich hergestellt werden mußte. Aus Gründen der Sparsamkeit beschließen die Hauptpersonen in Jane Austens Roman *Anne Elliot*, die Saison im angesehensten *Spa* zu verbringen. In Bath und später in Brighton, wo das gesellschaftliche Leben streng kodifiziert und ritualisiert ist, kann man sich billiger und auf kleinerem Raum als in London seiner Position vergewissern, und man kann sich leichter nach einem Heiratskandidaten umsehen. Die beschränkten Sehenswürdigkeiten, die es zu besuchen gibt, die wenigen Spaziergangs- oder Ausflugsziele, die geringe Zahl der Versammlungsräume und der Schauspielbühnen vereinfachen die Begegnung, die den Anschein eines zufälligen Treffens haben soll. Gleichzeitig gewährleisten die luxuriösen Büchereien und Geschäfte, die ausgewählten Besucher und die vielen eleganten *Beaux* einen angenehmen Aufenthalt, den die Ärzte sogar als gesundheitsförderlich empfehlen. Und schließlich fühlt man sich hier endlich einmal unbeobachtet, frei von den Blikken der Standespersonen reiferen Alters, die oftmals das Ungemach der Reise scheuen, frei von der Kontrolle eines ländlichen Klerus, der allzu aufmerksam über die Tugend seiner hochgeborenen Schafe wacht.

Die Lustbarkeiten und der in Brighton übliche Tagesrhythmus sind den alten Stammgästen von Bath oder Turnbridge-Wells längst vertraut. Die Seebäder besitzen genau wie die *Spas* des Inlandes Kurhäuser und Leihbüchereien, im bescheidensten Fall eine Wanderbibliothek. Jedes Bad verfügt über ein Netz von Spazierwegen und über ein Ausflugsangebot. Der Gast kann keltische Ruinen besuchen oder Aussichtspunkte genießen. Am Meeresufer kommen Fahrten mit der »Lustflotte« hinzu und vor allem der Jachtsport, eine Mode, die mit den Seebädern erblüht.[15] Ballsäle, Konversationshäuser und Spielsalons bieten ausreichende Möglichkeit, die Abende auf angenehme Weise zu verbringen. In Brighton rivalisieren das *Castle Hotel* und das *Old Ship* um den größeren Reiz. 1766 richtet das

Die Genealogie der Praktiken

Brighton, Anfang des 19. Jahrhunderts
zeitgenössischer Stich von E. Finden nach
einem Gemälde von T. Greswick

erste einen Ballsaal ein, im folgenden Jahr bietet das zweite bereits einen ganzen Komplex von Versammlungsräumen, bestehend aus einem Tanzsaal, einem Salon für Kartenspieler und einer Konzertgalerie.[14] 1783 finden in den *Downs* die ersten Pferderennen statt. 1793 wird die Promenade von Grove eröffnet, die erste öffentliche Parkanlage dieses Badeorts. Zwischen 1770 und 1807 organisiert William Wade, ein Nachahmer des Zeremonienmeisters Beau Nash aus Bath, das gesellschaftliche Leben in Brighton. Er ist es, der die Gäste einander vorstellt, der Streitigkeiten um die gebührliche Rangfolge regelt, der Etiketten und Umgangsformen in den Salons des *Old Ship* und des *Castle Hotel* vorschreibt. Er ist es auch, der in den Bibliotheken Gästebücher auslegt, in die jeder Neuankömmling seinen Namen schreibt, damit er in der mondänen Chronik der Lokalpresse veröffentlicht werden kann.

Im Lauf der Jahre bereichern die vielfältigen Begegnungen zwischen »Invaliden« und ihren Ärzten, zwischen Schriftstellern, Künstlern und *fashionable persons* das Ritual des Badeaufenthalts. Dies bezeugt das Tagebuch von Frances – genannt Fanny – Burney[15], der zweiten Tochter des Doktor Burney und Autorin eines beliebten Reiseberichts. Als sie im Mai 1779 in Brighton weilt, ist sie unverheiratet und siebenundzwanzig Jahre alt. Im Vorjahr hat sie mit *Evenlina* einen gewissen Erfolg erlebt. Frances Burney fährt häufig in die *Spas*, immer abwechselnd nach Bath, Turnbridge-Wells und Brighton, wo sie im Oktober 1779 abermals erscheint und dann wieder im Oktober 1782, diesmal in Begleitung Doktor Johnsons. Wie wir bereits gesehen haben, bekennt die junge Frau sich zu ihrer großen Lust, fast täglich schon im Morgengrauen zu baden. Kein Wort indes über das Pittoreske des Meeres, allenfalls ein gelegentlicher Hinweis, daß der Strand nur ein paar Meter vom Haus der Thrales, bei denen sie in der *West Street* wohnt, entfernt ist. Um so mehr betont sie ihre Empfindsamkeit für frische Brisen, die ihr bei den Spaziergängen über den *Steyne* ein neues Lebensgefühl verschaffen.

Das dichte gesellschaftliche Schauspiel, das sich in Brighton entfaltet, steht im Mittelpunkt ihrer Aufmerksamkeit. Immer noch in Begleitung, hat Frances keine Minute Zeit für sich selbst. Am 1. November 1782 beschließt sie, das Haus nicht zu verlassen, so erschöpft ist sie vom monotonen Ablauf der Handlungen und Rituale. Ihre Tage sind ausgefüllt mit Konversationen, von denen sie Kostproben wiedergibt. Es handelt sich um Gespräche beim Tee oder beim Whist, um kleine Diskussionsrunden in den Büchereien, meist über Pope, Gray oder Dryden. Manchmal finden in diesem Rahmen öffentliche Lesungen der angekündigten Theaterstücke statt. Aus Fannys Tagebuch spricht eine große Bedeutung der ausgetauschten Blicke: Die jungen Leute und deren Familien starren sie ungeniert an: Man findet, daß sie einen gewissen Charme besitzt, einen französischen *look*, was sich durch die Herkunft ihrer Mutter erklärt. Frances findet diese Inquisition derart peinlich, daß sie sich vornimmt, nicht mehr auszugehen. Sie selbst versäumt indessen keine Gelegenheit, auf das angenehme Äußere anderer junger Leute hinzuweisen, und sie beurteilt die *Beaux*, die an dem Badeort verkehren, mit großer psychologischer Tiefsinnigkeit. Soziale Kontrolle wird hier offen ausgeübt, Verführungsabsichten oder die »Jagd auf Ehekandidaten« werden unumwunden zugegeben. Mrs. Thrale sagt unverblümt, daß sie die meiste Zeit auf dem *Steyne* verbringt, um von morgens bis abends die lustwandelnden Paare zu beobachten und herauszufinden, was die Besucher wohl vorhaben mögen. Die Lesekabinette am Wegesrand tragen dazu bei, daß der Spaziergang auf den Felsen in den Mittelpunkt des gesellschaftlichen Schauspiels rückt. Jeder, der hier auftaucht, wird mit messenden Blicken geschätzt und nach der bezifferten Summe seines Einkommens veranlagt. Hier wie beim abendlichen Ball im *Old Ship* oder in den Spielsalons genießen die jungen Marineoffiziere in dieser Zeit des nordamerikanischen Freiheitskriegs ein hohes Ansehen. Das Schauspielhaus indes handelt sich schlechte Noten ein: Frances kann es kaum ertragen, Drydens *Sturm*, den sie nachgerade als Verstümmelung des Shakespeare-Stücks empfindet, auf der Bühne zu sehen. Kurz, wüßte man nicht, daß sie gern im Meer badet, würde sich bei diesem Lebenswandel eine Freude an der Nähe des Ärmelkanals kaum bemerkbar machen.

Der Eindruck, sich in einem an die Küste versetzten Bath zu befinden, löst Torringtons Unmut über Weymouth aus, obwohl der Strand das Ritual des Badeaufenthalts hier stärker polarisiert als in Brighton. Der Vizegraf, der in der Saison 1782 anreist, um seine Frau und deren Freundinnen, die sich in einem *lodging house* einquartiert haben, zu besuchen, genießt die verschiedenen Formen der Körperertüchtigung am Strand aus vollen Zügen, verabscheut jedoch den ganzen Stil des gesellschaftlichen Lebens.[16] Man muß sagen, daß er im Unterschied zu Fanny Burney keinen Hang zum Milieu der Schriftsteller hat. Torrington haßt die exzessive

Verweiblichung des Ortes, die eingebildeten Krankheiten, die frühe körperliche Mattigkeit der Frauen, die Gegenwart der *Beaux* und Mitgiftjäger; er vermißt die kräftige männliche Jugend, die in Amerika kämpft. Das dauernde Reden über die »Saison« und die Nachmittagstees sind ihm ein Greuel. Heftige Abneigung zeigt Torrington auch gegen die pflichtgemäßen Ausflüge. Und wenn er der Mode einmal ein Opfer bringt, wenn er sich entschließt, einer Regatta beizuwohnen oder eine »Tour« nach Portland zu organisieren, bereut er es bald und beklagt die verderblichen Einflüsse der mondänen Gewohnheiten auf die sonst so tugendhaften Insulaner. Im übrigen findet unser Misantrop, der die Seebäder Kranken und Genesenden vorbehalten wissen möchte, daß die Preise maßlos überzogen sind. Ihm fehlt alles, was der *gentry* lieb ist: Die Jagd, das Spiel, die Trinkgelage. Die Schmähungen dieses übel gelaunten, auf Männlichkeit bedachten Reisenden, der bis Yorktown am Krieg in Amerika teilgenommen hat, sind insofern interessant, als sie die starke Formalisierung des sozialen Lebens im Weymouth des Jahres 1782 unterstreichen.

Zwischen 1755, dem Zeitpunkt, zu dem Doktor Russell sich in Brighton niederläßt, und dem Ende der achtziger Jahre entsteht in England ein Modell des Badeaufenthalts am Meer, das sich mit erheblicher Verspätung, die sich durch den Seekrieg nicht allein erklären läßt, allmählich auch an den festländischen Küsten der Ostsee, der Nordsee und des Ärmelkanals durchsetzt. Anders als in England, wo die Seebäder mit den neuen Wünschen und Bedürfnissen langsam herangewachsen sind[17], werden sie auf dem Kontinent meistens als geschlossene Einheit konzipiert und plangemäß, oft unter dem Schutz der Obrigkeit, errichtet. In ihrem Mittelpunkt steht ein einziges Kurhaus, das die therapeutischen, spielerischen und festlichen Aktivitäten des Ortes auf sich konzentriert. Insgesamt schreitet der Entwicklungsprozeß in drei Etappen voran: Zwischen dem Frieden von 1783 und dem Wiederbeginn des Seekriegs im Jahr 1792 versuchen einige bescheidene Badeetablissements wie die von Ostende oder Boulogne, eine englische Klientel zufriedenzustellen, die sich in der Nähe der mit Dover verbundenen Häfen niedergelassen hat. Während der Feindseligkeiten der Jahre 1792 bis 1815 mehren sich dann die auf Wunsch der Landeshoheiten errichteten Seebäder der Ost- und Nordsee. Gleichzeitig geraten die zuvor erwähnten, von englischer Kundschaft lebenden Etablissements in eine tiefe Krise. Ostende, Scheveningen und vor allem Boulogne sind zu sehr von dem Konflikt betroffen, als daß sich an ihren Stränden eine unbeschwerte Sommerfrische entfalten könnte. Nach dem Frieden von 1815 regt der erneute Zustrom der Engländer den Aufschwung dieser nun auch zunehmend von Kontinentalen besuchten Bäder wieder an. In den zwanziger Jahren des 19. Jahrhunderts, die in diesem Zusammenhang von entscheidender Bedeutung sind, entstehen auf dem Kontinent die ersten großen Badeetablissements, in deren Umfeld sich nach englischem Modell ein spezifisches, den nationalen Temperamenten und Gebräuchen angepaßtes gesellschaftliches Leben entwickelt.

Dieser kurze Überblick bedarf jedoch der Präzision. Die Blütezeit des Badeaufenthalts am Meer beginnt in Deutschland[18] früher als in Frankreich. Die deutschen Gelehrten sind mit den wissenschaftlichen Arbeiten über die heilsamen Wirkungen des Meerwassers schon vertraut, als der Physiker und Schriftsteller Georg Christoph Lichtenberg 1793 den Anstoß zu der Neuerung gibt[19]. Bereits 1774 und 1775 hat er seine Vorbilder, die Seebäder von Margate und Deal, kennengelernt. Befriedigt über den dortigen Aufenthalt, den er als äußerst wohltuend empfunden hat, fragt Lichtenberg in einem Aufsatz, der mit großem Widerhall im *Göttinger Taschen Calender* erscheint: »Warum hat Deutschland noch kein großes, öffentliches Seebad?«[20], obwohl Mitteleuropa doch über ein ansehnliches Netz binnenländischer Thermalbäder verfügt? In dem entscheidenden Jahr 1794 beginnt dann die Diskussion zwischen den Befürwortern der Ostsee und denen der Nordsee. Die zweiten, von Lichtenberg unterstützt, argumentieren mit den starken Bewegungen der Gezeiten, den hohen Wellen, dem Salzgehalt des Wassers und dem feinen Sand. Die Fürsprecher der Ostsee hingegen rühmen den leichteren Zugang zu einer ruhigeren See, deren Wasser dank der wenig spürbaren Gezeiten im allgemeinen wärmer ist. Sie sind es, die als klare Sieger aus dem Streit hervorgehen, nicht zuletzt, weil eine medizinische Kapazität auf ihrer Seite steht: der fürstliche Leibarzt Samuel Gottlieb Vogel.

Unter seiner Direktion wird 1794 in Doberan, an der Ostseeküste des Herzogtums Mecklenburg-Schwerin, das erste große deutsche Seebad gebaut. Nachdem der Kurbetrieb angelaufen ist, veröffentlicht Vogel regelmäßige Jahresberichte über die erzielten Heilerfolge. 1797 und 1809 äußert sich der große Sozialhygieniker Christoph Wilhelm Hufeland in höchsten Lobestönen über Doberan. Von einem anonymen Reisenden[21] erhalten wir 1822 eine genaue

Beschreibung des damals schon sehr angeregten gesellschaftlichen Lebens dort. Doberan verfügt zu diesem Zeitpunkt über ein Gesellschaftshaus für Badegäste, ein Schauspielhaus und eine Promenade in Schloßnähe. Das Großherzögliche Kurorchester gibt jeden Tag von zwölf bis dreizehn Uhr ein Konzert auf dem Musikstand. In der Bibliothek liegt die Tagespresse aus. Für die zweihundertvierzig Badegäste, die im Juli des genannten Jahres eingetragen sind und zu denen auch der Sohn des Herzogs zählt, werden Tanztees und Bälle veranstaltet. Viele Bewohner von Rostock verbringen den Sonntag in Doberan. Vor dem Strand erheben sich die Kolonnaden des Badehauses inmitten eines großen Gartens. Auf einer Buhne kann man über dem Wasser einherspazieren.

Seit 1794 sind an der Ostsee zahlreiche Bäder entstanden. Die Seebadeanstalt Travemünde nahe der freien Hansestadt Lübeck, gegründet 1800–1802, macht einen sehr belebten Eindruck, als Edouard de Montulé sie 1822 besucht: »...ist hier ein Seebad entstanden. Das stattliche Haus, das zu diesem Zweck errichtet wurde, ist besser geführt als die Etablissements im englischen Bath. Bei den auslaufenden Wellen auf dem weit vorgeschobenen Strand erhebt sich ein anmutiger Säulenpavillon mit heißen Bädern. Dahinter, etwa zweihundert Schritt entfernt, steht ein großes Hotel, ein riesiges Caféhaus mit einem hübschen, gut durchlüfteten Balkon. Das Ganze ist umgeben von einem englischen Garten, in dem sich ein weiteres Gebäude befindet, aufgeteilt in unzählige reizende Appartements: Dieses Haus hat ein Strohdach, was dem pittoresken Bild nicht schadet. In den Bädern hier verkehren alle reichen Leute aus dem Norden.«[22]

1802 betreibt der König von Preußen die Errichtung eines Seebads in Kolberg. Weitere große Ostseebäder entstehen 1815 in Rügenwalde an der preußischen Küste Pommerns, 1816 in Putbus auf der Insel Rügen, der Zuflucht Caspar David Friedrichs, 1821 unter dem Einfluß von Doktor Haffner in Zoppot an der Danziger Bucht und schließlich in Swinemünde; weitere Seebäder werden zwischen 1805 und 1821 in Warnemünde bei Doberan und an zwei Stränden des Herzogtums Holstein, damals noch in dänischem Besitz, errichtet: 1813–1815 in Apenräde und 1822 in Kiel.

Den Anhängern des Meerwasserbads ist Swinemünde schon 1819 ein Begriff[23], ehe dort zwischen 1822 und 1826 ein moderner Kurbetrieb besteht, dem der König von Preußen seine Fürsorge angedeihen läßt. 1827 frequentieren zweitausendzweihundert

Die Genealogie der Praktiken

Ansicht der Seebadeanstalt bei Travemünde, 1822
(Lithographie)

Badeplatz auf Föhr, 1824
(Kreidelithographie)

Gäste das Gesellschaftshaus und das Badeetablissement. Die meisten logieren in Privatquartieren, einige in Herbergen. Alle mieten für die ganze Saison. Das Gesellschaftshaus bietet ein Buffet und Erfrischungen, man kann Billard spielen oder Zeitung lesen. Außerdem gibt es einen Musiksalon und einen großen Konzertsaal für hundertdreißig Personen. Ausflüge zu den Inseln oder an die Mündung der Oder werden laufend organisiert.

Die Nordseeküsten bleiben mit ihrem Angebot im Hintertreffen. Immerhin gelingt es Friedrich Wilhelm von Halem, der Doberan zum Vorbild nimmt, trotz der zunächst feindseligen Haltung der einheimischen Bevölkerung 1797 den Grundstein eines Seebads auf der Insel Norderney zu legen, das 1800, in seiner ersten Saison, zweihundertfünfzig Badegäste empfängt. 1820, ein Jahr nach der Entstehung eines staatlichen Kurbads, sind es bereits achthundertzweiunddreißig. Die dem Herzogtum Oldenburg angeschlossene Insel Wangerooge wird seit 1801 von Badelustigen besucht und drei Jahre später mit einer Badeanstalt versehen. 1816 erhält das zur Hamburger Republik gehörige Cuxhaven ein Seebad, 1819 Wyk auf Föhr[24] vor der westholsteinischen Küste und 1826 schließlich die Insel Helgoland, damals unter englischer Herrschaft.

Dagegen sind die holländischen Küsten erstaunlich weit zurückgeblieben, obwohl Scheveningen doch zu den ältesten Seebädern zählt. Das erste Etablissement, und auch dieses nur eine kleine, von einem Fischer errichtete Konstruktion, stammt hier aus dem Jahr 1818. Noch 1830 beschreibt Stierling die Seebadeanstalt von Zandvoort bei Haarlem als die glänzendste des Landes.[25] Fast ebenso spät beginnt der Badebetrieb an den Küsten der österreichischen Niederlande, die anschließend in französischen, dann in holländischen Besitz gelangen und seit 1830 zu Belgien gehören. Auch hier verwundert der Rückstand, besonders in Anbetracht der alten Badesitten von Ostende.[26] Unter der Herrschaft Josephs II. waren zahlreiche Engländer, angezogen vom Status des Freihafens, nach Ostende gekommen. Schon 1784 hatte William Herket – und das war eine Neuheit auf dem Kontinent – vom Kaiser die Genehmigung erhalten, am Strand einen Verkaufsstand zu errichten und den Badenden Erfrischungen anzubieten. 1787 war ein literarischer Klub eröffnet worden. Dann machte der Krieg dem Aufschwung ein Ende. Während des Kaiserreichs wird das Baden als solches wieder gang und gäbe, doch jeder sucht sich formlos seinen Platz. Mit der Zeit gibt der Frieden dem Strandleben neuen Auftrieb. Zwischen

Spa und Ostende entwickelt sich eine Rivalität, die in vielen Dingen an das Verhältnis zwischen Bath und Brighton erinnert. Dennoch, die wichtigsten Einrichtungen werden erst nach der Unabhängigkeit Belgiens erbaut. Die Einweihung der ersten Spielbank im Jahr 1837 geht der Eröffnung des Badeetablissements von Ostende unmittelbar voraus. Von nun an strömen die Kurgäste herbei. 1846 ist Karl Marx unter ihnen, und 1854 widmet Eugen von Hartwig diesem Seebad ein spätes aber wichtiges Werk, aus dem Michelet seine Anregungen schöpft.

Als Daniel Lescallier 1775 Boulogne besucht, fallen ihm die vielen Engländer auf. Manche kommen wie einst Smollett oder später Townley, um Meerbäder zu nehmen und ihre Gesundheit zu pflegen; andere verbringen am Ende der *Grand Tour* nur einen kurzen Aufenthalt; noch andere begnügen sich damit, ihre Töchter hierher zu schicken, um deren Erziehung in einer französischen Klosterschule vollenden zu lassen, oder sie praktizieren das, was wir Familienaustausch zur Sprachförderung nennen würden.[27] Drei Jahre später verweilt Brissot einige Zeit bei schottischen Freunden in Boulogne, um von dort zu den britischen Inseln aufzubrechen.[28] Als Samuel Ireland 1790 die Stadt beschreibt, ist gerade eine Anlage für heiße und kalte Bäder entstanden.[29] Die Verwirklichung dieses Projekts, aufmerksam verfolgt von der königlichen Familie, die das Ergebnis wegen der politischen Ereignisse nicht mehr in Augenschein nehmen kann, war langwierig und kostspielig. Der Baumeister, gerade aus Italien zurück, hatte sich von Mittelmeermodellen inspirieren lassen, nicht von jenen Open-Sea-Bädern, die den Briten lieb und teuer waren. Daher wahrscheinlich der geringe Erfolg dieses durchaus gelungenen Badehauses.

Erst als mit dem Frieden auch die Engländer zurückkehren, beschließt Sieur Viersal, eine große Badeanstalt in der Nähe des Hafeneingangs zu erbauen. Das »in römisch-dorischer Ordnung«[30] gehaltene Etablissement wird 1824 eröffnet. Die Einflüsse von Brighton, Ramsgate und Dieppe sind unverkennbar. Für die badenden Damen stehen ein geräumiger Salon, ein Ruhezimmer, ein Erfrischungssaal und ein Musiksalon bereit; für die badenden Herren ein Gesellschaftsraum, ein Billardsaal und mehrere Salons. Beide Flügel treffen in der Mitte auf einen großen, mit Pilastern und ionischen Säulen geschmückten Versammlungs- und Ballsaal. In den elegant eingerichteten Räumlichkeiten können die Badegäste es sich bequem machen und nach Belieben lesen oder spielen. Ein

Peristyl ziert den Eingang des Gebäudes auf der Meerseite, während man von der Stadt aus durch eine stilvolle Vorhalle hineingelangt. Eine Treppe führt zur Dachterrasse, wo man im Schutz hübscher kleiner Zelte das Meer betrachten und bei klarem Wetter sogar die englische Küste sehen kann.

Diese Anlagen, wenngleich recht luxuriös, verblassen angesichts der Hymne an das Meer, die der Architekt Chatelin 1822 für den Grafen E. W. de Brancas in Dieppe realisiert.[31] Was er vollbringt, ist eine Revolution. Vor 1822 verfügten die am Meerbad interessierten Touristen hier in der Tat nur über einige Badewagen und eine geringe Anzahl zufällig über den Strand verteilter Zelte. 1824 wird eine regelmäßige Schiffsverbindung zwischen Brighton und Dieppe eingerichtet, die, gepaart mit der Schönheit der pittoresken Aussichtspunkte des Pays de Caux und des Seine-Tals, viele britische Touristen veranlaßt, diesen Weg nach Paris zu wählen. Auf diesem Nährboden gedeiht die Idee, in Dieppe ein Luxus-Open-Sea-Bad zu errichten, ergänzt durch ein im Stadtkern gelegenes Hotel mit heißen Meerwasserbädern.

Die Badeanstalten von Dieppe bilden – wie die von Boulogne – einen umfangreichen Komplex, der das ganze gesellschaftliche Leben gestalten soll. Vor dem Meer erstreckt sich ein über dreihundert Fuß langer Wandelgang in der Form eines von Lanzen getragenen Zeltes: »Das Gewölbe ist über die ganze Länge mit Kassetten und Rosetten verziert. In den Stützpfeilern am Eingang befinden sich griechische Rundbögen mit Statuen der vier Weltmeere, und an jeder Ecke dient ein Cabinett der Verwahrung von Büchern und Zeitungen oder der Ausgabe von Eintrittskarten.«[32] Der Wandelgang, in der Mitte von einer triumphbogenförmigen Säulenhalle unterbrochen, mündet beidseitig in einen quadratischen Pavillon. Der für die Damen enthält einen großen Salon, gedacht »als Treffpunkt vor und nach dem Bade«, mit Verbindungstüren zu einem Ruheraum und zu einem Pflegeraum für »diejenigen, deren Zustand besonderer Fürsorge bedarf«[33]; von hier aus gelangt man ans Meer oder in den englischen Garten. Der Männer-Pavillon ist identisch, außer daß »der große Salon als Billardsaal genutzt wird«[34]. Eine rundlaufende Treppe führt zur Terrasse über der Säulenhalle, wo dem Badegast Fernrohre zur Verfügung stehen, um das Meer... und den Strand zu beobachten. Über Laufstege, die mit Geländern abgesichert sind, geleiten die Bademeister ihre Schützlinge von den Pavillons zum Wasserrand. »Am Fuß dieser Stege sind leichte Zelte aus weißem Leinen- oder Segeltuch aufgeschlagen«, in denen man »seine Kleider läßt und wieder abholt«[35]. Im westlichen Teil des Gartens lädt ein Speisewirt zu Tisch.

An der Folkestone und Brighton gegenüber liegenden Küste wartet Frankreich also während der Restauration mit zwei überaus reizvollen Seebädern auf, deren ambitionierte und zweckmäßige Anlage sich deutlich von der anarchisch anmutenden Üppigkeit der englischen Einrichtungen abhebt. Doch außer diesen beiden rivalisierenden Polen – und abgesehen von Granville, wo 1827 eine »Badehütte« entsteht, Royan, das die Touristen Anfang der zwanziger Jahre anzuziehen beginnt, sowie dem eigenwilligen Biarritz – herrscht fast überall gähnende Leere.[36] In Sète wird erst 1834 das erste Badehaus eröffnet, und auch dies nur in Form eines provisorischen Pfahlbaus aus Holz, der 1839 durch eine andere, ebenfalls hölzerne und nicht weniger kurzlebige Konstruktion ersetzt wird.[37] Die öden Strände des Calvados liefern ein anschauliches Beispiel für die Zurückgebliebenheit der französischen Küsten.[38] Um sich davon zu überzeugen, braucht man nur den Bericht zu lesen, den Alexandre Dumas[39] über seinen Aufenthalt in der Herberge von Mutter Ozeraie im Trouville des Jahres 1832 hinterlassen hat. Das bescheidene Etablissement, auch von Paul Huet, Eugène Isabey und vor allem Charles Mozin[40] besucht, scheint abgeschnitten von der Welt in einem armen Fischerdorf zu liegen. Auch wenn gelegentlich, etwa im Zusammenhang mit Courseulles, Luc, Carolles oder Pornic, vom Baden im Meer die Rede ist, so kann man nicht leugnen, daß es hier keine Spur von dem aristokratischen Gesellschaftsleben gibt, das damals der Inbegriff des Aufenthalts in einem Seebad ist.

Das Badeleben von Biarritz verdient besondere Beachtung. Wie wir gesehen haben, steht das hedonistische Interesse hier mehr im Vordergrund als das therapeutische. Seit langem pflegen die Einwohner von Bayonne sich bei sommerlicher Hitze zwischen den Felsen von Biarritz in den Wellen zu tummeln, manchmal in Gesellschaft ganzer Bauerndörfer aus dem Baskenland. Die Bedeutung, die Bayonne im Krieg gegen Spanien erlangt, bringt den Ort weiter in Mode. Im Juni 1808 badet Napoleon zweimal an den Stränden von Biarritz, natürlich nicht ohne die Gegend vorher auskundschaften zu lassen, um vor einem englischen Überfall in Sicherheit zu sein.[41] Während der Julimonarchie erhält das Badeleben hier ein komplizierteres Gepräge. Die englische *fashion* tritt resolut neben die alten Gewohnheiten. Als Auguste Bouet 1837 Biarritz[42] beschreibt, mieten

Sommergäste aus Paris, Bordeaux und Lyon für die ganze Saison. Ab 1835 wächst die Klientel durch eine Flut von Spanien-Flüchtlingen, die erst die Opfer des Bürgerkriegs, dann die Karlisten nach Frankreich strömen läßt. Im Zuge dieser Entwicklung wird Biarritz zum Treffpunkt kastilischer Herzöge, englischer Lords und französischer Grafen, die hier mit den an »Lustpartien« gewöhnten Einheimischen zusammenkommen, mit dem Handwerksvolk, den Grisetten und den »schönen Söhnen« von Bayonne – es sei denn, daß sie zu denen zählen, die sich hinfort lieber nach Guétary oder Saint-Jean-de-Luz zurückziehen. An Wochenenden herrscht reger Verkehr. Im Juli ist die Porte d'Espagne jeden Sonntagmorgen verstopft, und jeden Sonntagabend bildet sich eine lange Schlange von Fahrzeugen auf der Straße, die aus Biarritz hinausführt. Doch im Unterschied zu Brighton, Dieppe oder Doberan gibt es kein organisiertes Gesellschaftsleben. Schon 1784 hatten der Bürgermeister und die Stadtverordneten einem Zimmermann die Erlaubnis verweigert, »am alten Hafen Verkaufsstände oder Hütten für die Badegäste zu errichten«[43], und 1837 muß der Tourist sich immer noch mit einem Dutzend hölzerner Umkleidehäuschen begnügen.

Diese natürlichen Orte, an denen sich eine spontane, oft volkstümliche Freude entfaltet, und die man in etwas anderer Form auch bei Le Havre oder Saint-Brieuc findet[44], müssen sorgfältig von denen unterschieden werden, die inmitten einer prunkvollen Bühne aus Stein, Grünpflanzen und Sand über eine zweckmäßige Strandausstattung für die vornehme Gesellschaft und deren zarte, behütete, kontrollierte und gepriesene Gemütsempfindungen verfügen. Der klassizistische Meerespalast von Dieppe, eine feinsinnige Identifizierung der Badenden mit der Nymphe, eine Hymne an die Schönheit, die verborgene Sinnlichkeit und das Zartgefühl des weiblichen Geschlechts, ist Teil einer glänzenden Inszenierung, deren Sinn darin besteht, die Meereslust – hier gestillt durch prunkvollen Luxus und die schamhafte Zurschaustellung körperlicher Reize – zu erhöhen und gleichzeitig zu kanalisieren.

Der neue Einklang zwischen Raum und Lust

Die Gestaltung der Badeanlagen, die – wie 1822 das Etablissement von Dieppe – mit Terrassen und Laufstegen versehen werden, führt zu einem neuen Einklang zwischen dem Raum, in dem der Badegast sich bewegt, und der Meereslust. Doch was dies betrifft, so hat in England schon einige Jahre zuvor ein sehr viel umfangreicherer Prozeß begonnen. Insgesamt fällt auf, daß die Bemühungen um eine bewußte Raumgestaltung verhältnismäßig spät einsetzen, lange nachdem die pittoreske Meerlandschaft, die Suche nach Aussichtspunkten und die Lust an der Berührung von Sand, Wasser und Felsgestein zu Ruhm und Ehren gelangt sind. Erst in den zwanziger Jahren des 19. Jahrhunderts entfaltet sich jene Meeresarchitektur, deren verwirrende Pracht wir kennen.[45] Ihr Aufschwung untermauert das Verlangen nach frischer Seeluft zu einer Zeit, da unter den Romantikern die Schwindsucht grassiert.

Brighton liefert eines der klarsten Beispiele für das Heranreifen der neuen Entwicklung.[46] Am Ende des 18. Jahrhunderts war der berühmte, von Fanny Burney und ihren Freunden vielbesuchte *Steyne* noch ein wüstes Gelände in kommunalem Besitz, wo die Fischer ihre stinkenden Netze zum Trocknen auslegten, wo kleine schwarze Schweine frei herumliefen und ein verschmutzter, bei Hochwasser schnell anschwellender Bach den Boden in einen Sumpf verwandelte. Die Spaziergänger konnten den schmalen Pfad, der damals den Felsen hinaufführte, kaum verlassen. In den Badeorten an der Küste zeugte das Netz der Spazierwege lange von einer paradoxen Gleichgültigkeit gegenüber dem Pittoresken des Meeres. Fast alle Häuser, die während der Restauration in Dieppe an Badegäste vermietet wurden, kehren dem Meer den Rücken, und in Biarritz stammt die erste »Villa« aus dem Jahr 1841. Seit Beginn des 19. Jahrhunderts indes zeichnet sich ein Modell der Raumgestaltung ab, dessen Formen und Genese sich am Beispiel Brightons gut verfolgen lassen.

Der klassische Hafenbesuch, die schon alte Gewohnheit, sich lustwandelnd, oft ins Gespräch vertieft, in den Dünen oder am Strand zu ergehen, und die Körperertüchtigung nach dem Bad waren, was die Ausführung betrifft, bis zu diesem Zeitpunkt der Phantasie des einzelnen überlassen. Ab 1810–1820 indes erwartet man von jedem besseren Seebad, daß es sich einen ins Wasser ragenden Spazierdamm zulegt, der den Seeleuten die Illusion

Die Erfindung des Strandes

einer Schiffsbrücke verschafft, während er den Touristen die schönsten, beim Anblick von Regatten, beim Jachtsport oder bei Lustfahrten über das Meer empfundenen Gemütsaufwallungen in Erinnerung ruft. Die massive Bauweise der schützenden alten Hafendämme verlockt spontan zu einer Fortsetzung des Strandspaziergangs. Ein frühes Beispiel ist der *Cobb*, der breite Steinwall von Lyme Regis, auf dem die Hauptpersonen in Jane Austens Roman *Anne Elliot* einherspazieren, und auf dem eine so frische Brise weht, daß die lieblichen Züge der zarten Anne wieder die Blüte der ersten Jugend erlangen. Von Richard Townley wissen wir, daß er den Hafendamm von Douglas 1789 zum Lieblingsziel seiner Spaziergänge erwählt.

In diesem Zusammenhang scheint Margate, nicht Brighton, die wegweisende Rolle gespielt zu haben: Die 1815 errichtete *New Pier* ist das erste Modell eines als *parade*[47] konzipierten Damms. Für einen Penny kann der Tourist, wenn es ihm beliebt, den ganzen Tag hier verweilen und das Meer betrachten, bei schönem Wetter sogar mit Orchestermusik im Ohr. Brighton verfügt weder über einen Damm noch über einen richtigen Kai; die Passagiere von und nach Dieppe müssen auf Schaluppen ausgebootet werden. Der Prinzregent verhindert den Bau eines Verkehrs- oder Handelshafens, da er sein Badewasser nicht durch Kohlenstaub verschmutzt sehen möchte. 1821 kommt die Errichtung einer Buhne ins Gespräch, die ausschließlich der Promenade und dem Anlegen von *packetboats* dienen soll. Kapitän Samuel Brown schlägt das Modell einer von zahlreichen Stützpfeilern getragenen Kettenbrücke vor. Dieses Werk, elfhundertvierunddreißig Fuß lang, dreizehn Fuß breit und am äußersten Ende mit einer großen Plattform versehen, wird 1823 eingeweiht und trotz mehrfacher Sturmschäden, vor allem in den Jahren 1824, 1833 und 1836, erst 1896 abgerissen.

Die unterhalb des *New Steine* errichtete *Chain Pier* ist durch eine in den Stein gehauene Treppe mit der Uferpromenade verbunden. Am Aufgang, der sich am Fuß des Felsens befindet, stehen dem Touristen, nachdem er zwei Pence bezahlt oder sich zum Preis von einer Guinee für die ganze Saison abonniert hat, ein Salon, eine Bibliothek und ein Lesesaal zur Verfügung. Hier hängen Anschläge mit den Nachrichten des Tages, dem Unterhaltungsprogramm und der Wettervorhersage. Oben auf der *Pier* findet er an jedem Pfosten eine Schaubude mit »Souvenirs«, und am äußersten Ende, auf der Plattform der *Head Pier,* wo das Orchester spielt, erwarten ihn als letzte Überraschung ein Fernrohr und eine *camera obscura*. Abends wird die Brücke häufig mit Feuerwerken illuminiert.

Auf der *Chain Pier* können Leidende und Furchtsame ohne jede Gefahr und vor allem ohne eine Seekrankheit befürchten zu müssen die salzige Luft atmen, die der Arzt ihnen verordnet hat. Bei stürmischem Wetter, schreibt Adolphe Blanqui[48] schon 1824, strömen die Massen herbei, um auf der *Pier* das erhabene Schauspiel zu bewundern. Hohe Persönlichkeiten, die es nicht für unter ihrer Würde halten, sich in gemischte Gesellschaften zu begeben, lustwandeln hier mit ihren Freunden. 1829 zeigt der Herzog von Clarence, später Wilhelm IV., eine Vorliebe für Promenaden über die *Chain Pier,* die ihn an seine Schiffsbrücke erinnert. Als König residiert er regelmäßig von Mitte November bis Mitte Februar in Brighton und setzt diese Gewohnheit fort. Er zögert nicht, andere Spaziergänger vertraulich anzusprechen. La Garde Chambonas, der im November 1833 in Brighton weilt, berichtet, daß sein Gastgeber, Fox' Neffe Lord Holland, täglich um dreizehn Uhr hoch zu Roß auf der *Chain Pier* erscheint, begleitet von seiner Frau Gemahlin, die ihm in einer Handkutsche folgt. Der Lord läßt sich auf der Plattform am äußersten Ende nieder und hält, umringt von Freunden, eine einstündige »Freiluftversammlung«[49] ab, bei der über Politik geredet wird. Recht zahlreich sind in diesen Tagen die *fashionable persons,* die man über den »elastischen Damm« wandeln sieht. La Garde Chambonas entdeckt nicht nur die Prinzessin Esterhazy, Gattin des österreichischen Botschafters, sondern auch den Herzog von Devonshire, den Fürsten Koslowsky und Lady Uxbridge. So mancher Staatsmann geht hier an Land. Auf der *Chain Pier* wartet Königin Viktoria im Oktober 1837 auf Metternich und 1843 auf Louis-Philippe, die beide nach England ins Exil gehen. Die Aristokratie hat einen neuen Paradeplatz gefunden. Das gesellschaftliche Schauspiel der im Inland gelegenen *Spas* und der Londoner Parks verbindet sich hier mit dem Wunsch, das Meer zu sehen, zu fühlen, zu empfinden.

Auch die Seebäder des Kontinents legen sich Buhnen zu, oft alte Anlagen, die recht und schlecht für den neuen Gebrauch hergerichtet werden. Als die Herzogin von Berry 1824 in Dieppe weilt, ergeht sie sich am Strand und auf der Buhne, die weit ins Meer hinausragt.[50] Ein anderes Beispiel liefert Félix Pyat, der, wie wir gesehen haben, in Ostende von diesem sicheren Standort aus das Schauspiel eines Schiffbruchs bewundert. Selbst in dem winzigen Seebad Portrieux, berichtet Präsident Habasque 1832, ist der Damm das Ziel aller Spaziergänger.⁵¹

Die Geschichte der von den neuen Sitten des Küstenaufenthalts geprägten Raumgestaltung und -benutzung beschränkt sich nicht auf die Entwicklung der *Piers*. In den britischen Seebädern entsteht zu dieser Zeit ein komplexes System von *Esplanades, Terraces* und *Marine Parades*, das nicht nur die Bewunderung des Naturschauspiels, sondern auch die Selbstdarstellung der herrschenden Klassen erleichtert. Hier müssen wir uns erneut auf die kurvenreiche Suche nach den ursprünglichen Modellen begeben. Die Anstöße, die von London und den *Spas* im Inland ausgehen, können die Neuerung nicht hinlänglich erklären.

Manche Mittelmeergewohnheiten, von den Reisenden beobachtet und beschrieben, gehen offensichtlich in die neue Raumgestaltung an den Küsten ein; das verraten schon Begriffe wie »Marina« oder »Montpellier«. Dabei ist nicht einmal so sehr an Venedig zu denken, obwohl der nächtliche Spaziergang über die Wasser der Lagune hohes Ansehen genießt. Von Interesse ist vielmehr die neapolitanische *Chiaia*. Einmal im Jahr, am 8. September, sind der König und sein Hof es sich schuldig, in prunkvollen Kutschen über die Kais der *Chiaia* zu fahren. Den Rest der Zeit vergnügt sich dort die adlige Gesellschaft. »Eine der größten Lustbarkeiten dieser Stadt besteht in Rennen oder Spazierfahrten über die Quais und die Strände am Meer«, schreibt Abbé de Saint-Non 1781. »Die zahlreichen Wagen mit acht oder zehn Gespannen, die bei solchen Gelegenheiten zusammenkommen, bieten einen sehr belustigenden Anblick. Außer den großen Adelskutschen gibt es eine Menge kleinerer Wagen, *Calesse* genannt, die, obwohl öffentlicher Besitz und vom Volk wohlfeil gemietet, fast alle vergoldet und hervorragend bespannt sind. Alles in allem ist dieser bunte Umzug ein sehr belebtes Schauspiel, verschönt noch durch den Ausblick auf den herrlichen Golf von Neapel und das fast immer mit zahllosen Barken und Fischerbooten bedeckte Meer vor der Küste.«⁵²

Am suggestivsten indes scheint das Modell der palermitanischen *Marina* zu sein. Bis auf wenige Ausnahmen bekunden alle Reisenden, die Sizilien besuchen, ihre Begeisterung.⁵³ Die *Marina*, mit großen Steinplatten gepflastert und von einer kunstvollen, mit Statuen verzierten Brüstung gesäumt, zieht sich rechts der *Porta Felice* am Ufer des Meeres entlang. Sie ist beschattet, und der Spaziergänger hat außer der Annehmlichkeit zahlreicher Brunnen und bequemer Sitzgelegenheiten reichlich Gelegenheit, sich in Boutiken im unteren Teil der Wallmauer zu erfrischen. Auf einer Marmorbühne spielt das Orchester. Da die Palermitaner sich gern »tragen lassen«, fahren sie meistens in Kutschen auf und ab; den Fußgängern steht ein eigener Weg zur Verfügung, die *banchetta*, auf halber Höhe zwischen dem Meer und der oberen Fahrbahn.

Die *Marina* ist der Ort, an dem die Palermitaner frische Luft, Abkühlung und die Befriedigung ihres Bedürfnisses nach grenzenlosen Horizonten[54] suchen. Das Defilee der Kutschen und Karossen macht die Promenade hier wie in Neapel zum gesellschaftlichen Schauspiel und zum vornehmsten Ort der Galanterie. Den Berichten zufolge wagt kein Ehemann, seiner Gemahlin nächtliche Spazierfahrten im Schatten der *Marina* zu verbieten. In den Monaten April, Mai und Oktober zieht der Adel sich aufs Land zurück; doch im Sommer genießt er die Meeresfrische im Schutz der Mauern von Palermo. Diese Aristokraten, im übrigen stark von der englischen Mode beeinflußt, was das Spiel der Interaktionen noch komplizierter macht, haben die Gewohnheit, mittags aufzustehen und sich bis gegen fünfzehn Uhr lustwandelnd auf dem *Cassaro* zu ergehen.[55] Anschließend ist Essenszeit. Ab achtzehn Uhr finden sie sich dann auf der *Marina* ein. Das Orchester, das bis dahin dem Volksgeschmack geschmeichelt hat, spielt nun für die Großen auf[56], die sich auch bei schlechtem Wetter auf der Meerespromenade zeigen, notfalls in einen dicken Mantel gehüllt, und sei es nur für eine halbe Stunde. Zwischen neun Uhr abends und ein Uhr morgens ist Zeit für »Konversation« oder Opernbesuche. Dann kehrt die ganze Gesellschaft auf die *Marina* zurück, wo sie bis vier oder fünf Uhr verweilt. »In Palermo geht man nie schlafen, ohne noch eine Runde auf der *Marina* gemacht zu haben«, schreibt Vivant Denon. »Bei dieser Promenade herrscht eine höchst geheimnisvolle, von jedermann respektierte Dunkelheit: Alle mischen und verlieren sich, suchen sich und finden sich. Manchmal entstehen Soupers, zu denen man sich spontan bei einem der zahlreichen Speisewirte unten an der Wallmauer entschließt, wie bei einem Picknick.«[57] »Die *Marina* ist das Stelldichein von ganz Palermo«, der »interessante Refrain des Tages«[58]. Die nächtliche, in Dunkelheit gehüllte Promenade regt die Phantasie der Reisenden offenbar lebhafter an als die neapolitanische Nacht oder das galante Leben von Venedig.

Kehren wir nach Brighton zurück. Bis 1805 oder 1810 – ein halbes Jahrhundert nachdem das Meerwasserbad in Mode gekommen ist – wäre Antony Dale[59] zufolge niemand auf den Gedanken gekommen, daß es eine Lust sein könnte, von einem erhabenen Platz aus auf das Meer zu blicken oder über eine Anhöhe am Meeresrand zu spazieren. Man begnügte sich damit, auf dem *Steyne* die wohltuenden Brisen zu atmen und sich gegebenenfalls den Wellen auszusetzen. Nun aber, nachdem der *Steyne* 1793 entwässert, bepflanzt und 1806 gepflastert worden ist, entfaltet sich binnen kürzester Zeit, namentlich zwischen 1822 und 1828, der Periode der Meisterwerke von Wilds und Busby, eine majestätische Küstenarchitektur. Es mehren sich die Residenzen, die nach dem Vorbild des halb indischen und halb chinesischen *Marine Pavilion* – der Villa des Prince of Wales, mit deren Bau 1786 begonnen wurde – über Fenster mit Meerblick verfügen, und bald wird es möglich sein, endlos auf *Piers* oder Dämmen mitten durch die Fluten zu spazieren.

Die vierzehn *lodging-houses* des *Royal Crescent*, ein 1789 begonnenes und 1807 vollendetes Werk des Baumeisters Otto und wie vieles andere sichtlich von Bath beeinflußt, stellen trotz ihrer bescheidenen Ausmaße die Matrix der Architektur am Meeresufer dar. 1822 weiht König Georg IV. feierlich die neue, am Meer entlangführende Verbindung zwischen den vornehmen Wohnvierteln ein, die im Osten und Westen der Stadt entstanden sind. Zwischen 1823 und 1827 werden die beiden *Marine terraces* errichtet[60], außerdem der Square und die beiden Flügel des *Lewes Crescent* von *Kemp Town*, erbaut nach einem Entwurf von John Nash, der sich an den des Londoner *Regent's Park* anlehnt. Gleichzeitig entsteht im Pfarrbezirk Hove eine Meeresresidenz, die man wohl, wie es die Harmonie von *Brunswick Terrace* zeigt, als das schönste Beispiel der *processional architecture* der Meeresküsten bezeichnen kann. Im Jahr 1829 schließlich wird die *Grand Junction Road* zwischen *East Street* und *Marine Parade* vollendet.

1833 schreibt J. D. Parry: »Die Meeresfront in Brighton erstreckt sich jetzt vom östlichsten *Kemp Town* über gut drei Meilen bis *Adelaide-Terrace* jenseits der westlichen Esplanade, eine fortlaufende Aneinanderreihung stufenförmiger Bauwerke, die ihresgleichen nur in Sankt Petersburg hat.«[61] Die Aneinanderreihung und der Aufbau von *Esplanades* und *Terraces* faszinieren die Reisenden. Auf der *Terrace*, die mehr als zweihundert Fuß über dem Meeresspiegel liegt, herrscht »ein einziges Hin und Her von Equipagen, Männern und Frauen zu Fuß oder zu Pferde«, die »hundertmal denselben Weg zurücklegen«[62], schreibt Adolphe Blanqui 1824. Und von

La Garde Chambonas hören wir um 1834: »Zahlreiche Equipagen, Reiter und Fußgänger, alle ausgewählt gekleidet, drängten sich dort wie an einem Festtag. Landauer, Coupees und Phaetons vermischten sich mit einer Menge jener kleinen Wagen, *flys* genannt, die fast am Boden aufsitzen und keinen anderen Vorzug haben als ihre extreme Leichtigkeit.«[63]

Gewiß, Brighton ist zu dieser Zeit eine königliche Residenz, und große mondäne Promenaden findet man in jeder Hauptstadt. Man denke nur an das Ritual des *Bois* im Paris der Julimonarchie. Doch in Brighton ist die ganze Raumgestaltung von der *Chain Pier* bis zur *Marine Parade* auf das Atmen der Seeluft und den Anblick der Wasserlandschaft des Ärmelkanals ausgerichtet. Die Bänke am Rand der Esplanaden, wo die Fußgänger einherspazieren oder die Badelustigen verweilen, ehe sie zum Wasser gehen[64], sind dem Meer zugewandt. Man kommt hierher, um zu lesen, zu sticken und die Kinder spielen zu lassen.

Die klare Sprache der Architektur von Brighton, die ihre Absichten so deutlich verrät, soll nicht über zahlreiche andere Beispiele hinwegtäuschen. Auch das zweite Mutterbad am Meer, das nördlich gelegene Scarborough, ist hinsichtlich der Genealogie von großem Interesse. Der prächtige Wandelgang der *New-Spa* beispielsweise erregt Granvilles[65] höchste Bewunderung. Das neogotische Bauwerk, verziert mit Türmchen und fensterartigen Durchbrüchen zur Meerseite hin, lädt selbst bei Regenwetter zum Spaziergang ein: Hier kann man jederzeit den frischen Seewind atmen und das offene Meer betrachten. Auch andere Bauten in Scarborough verdienen Aufmerksamkeit: »Es gibt hier reizende Häuser mit Meerblick, die möbliert vermietet und *marine houses* genannt werden. Sie haben kleine Nebengebäude für heiße und kalte Bäder – wobei das Meer, wenn im Frühjahr Springflut herrscht, auf der Gartenseite fast bis zu ihrer Schwelle kommt.«[66]

Von nun an wetteifern sämtliche Seebäder um die kunstvollste Raumgestaltung, so etwa das junge und populäre Bad von Blackpool, das 1841 über eintausendfünfhundert wunderschöne Häuser verfügt, die unterhalb des Felsens erbaut worden sind[67], und, nicht zu vergessen, über eine *Terrace* und eine *Marine Promenade,* von der aus Spaziergänger und Reiter auf den weiten Sandstrand gelangen, den Granville für unvergleichlich hält.

Das ursprüngliche Primat der Aristokratie

Die bisherigen Ausführungen lassen die Bedeutung und die gesellschaftlichen Modalitäten der Verbreitung des Badeaufenthalts am Meer erkennen. Dieser neuen Gewohnheit liegt ein Komplex von Praktiken zugrunde, die ursprünglich auf bestimmte Kreise beschränkt waren: die königliche Familie, den Hochadel, künstlerische Talente, bekannte Persönlichkeiten und die *gentry*. Wenn manche Mitglieder des Klerus den Küstenaufenthalt nicht verschmähen, kritisieren sie doch die Formen der Geselligkeit, die sich dort entfalten. Als die bürgerlichen Fabrikanten und Geschäftsleute anfangen, die Seebäder zu frequentieren, bringen sie andere Rhythmen und andere Sitten mit, wie groß ihr Nachahmungswunsch auch sein mag. Dieses anfängliche Primat der Aristokratie muß besonders hervorgehoben werden, da es sich bei den Soziologen des Kontinents eingebürgert hat, das Ritual des Badeaufenthalts als Replik auf das aristokratische Modell des Schloßlebens zu interpretieren, erfunden von einem Bürgertum, das die Legitimität seiner Macht durch eine nie dagewesene Inszenierung bekräftigen möchte: Ein falscher Schluß, der offenbar dem Eindruck der späten Pracht von Ostende und Deauville oder gar des proustschen Cabourg erliegt. In England, in Frankreich und teilweise auch an der Ostseeküste spielt der Hochadel die führende Rolle. Oft beschließen die königlichen Familien selbst, daß ein Seebad angelegt werden soll. Sie sind es, die das Bad berühmt machen und die in jedem Fall den Modeeffekt herbeiführen.[68]

Der Prozeß folgt im übrigen dem gleichen Muster wie der, durch den die *Spas* im Landesinneren reich geworden sind. Granville hebt hervor, die Namensliste der Badegäste von Scarborough aus dem Jahr 1733 lese sich wie der *Gotha*.[69] Die vermittelnde Rolle dieses Seebads ist bekannt: 1841, mehr als ein Jahrhundert später, wird Scarborough, wo inzwischen ein gemischtes Publikum verkehrt, weiterhin von den *Vornehmen* besucht. Während der Saison erscheint immer noch die Badezeitschrift, die sich als Modeorgan versteht und die Namensliste der Neuankömmlinge veröffentlicht.[70]

Noch aufschlußreicher ist das Beispiel Weymouth, obwohl dieses Bad hundertdreißig Meilen von London entfernt ist. 1780 verbringt der Herzog von Gloucester, ein Bruder des Königs, den Winter in Weymouth.[71] Anschließend läßt er *Gloucester Lodge* errichten, das zur königlichen Residenz wird, als Georg III. aus medizinischen Gründen zu einer Wasserbehandlung nach Weymouth kommt. Anläßlich seines ersten Bades im Jahr 1789 wird eine rührende Wasserzeremonie veranstaltet.[72] Von nun an verbringt der Herrscher regelmäßige Aufenthalte in Weymouth. Vom 25. Juli bis zum 14. August 1789 informiert die Chronik des *Gentleman's Magazine* über den Tagesablauf der königlichen Familie, die danach für längere Zeit nach Plymouth reist, um die Stadt, den Hafen, die Zitadelle und das Schauspiel der vorbeifahrenden Flotte zu betrachten.[73] Wie aus der Chronik hervorgeht, sind in diesem Sommer das Königspaar, die Prinzessinnen und, etwas später als die anderen, der Herzog von Gloucester nach Weymouth gekommen. Alles, was sie tun, auch die kleinste Geste, wird in der Presse bekanntgegeben. William Pitt und die beratenden Minister sind zur Stelle, sobald die Staatsgeschäfte es verlangen; sie teilen aber nicht den privaten Lebensstil der königlichen Familie.

Im ersten Moment fällt auf, daß Schiffe offenbar große Bedeutung für die Bewohner von *Gloucester Lodge* haben, die sich von Aufenthalten auf dem Meer ungemein angezogen fühlen, obwohl die Freuden des Jachtsports den Mitgliedern des Hochadels nun schon seit einem halben Jahrhundert vertraut sind. In den zwanzig Tagen, um die es hier geht, begibt die königliche Familie sich einmal zum Tee auf die *Magnificent*, dreimal macht sie Lustfahrten an Bord der *Southampton*, und schließlich unternimmt sie einen längeren Ausflug zu den Schlössern der weiteren Umgebung. Dagegen veranstaltet sie nur eine einzige *select party at home,* und dies zum Geburtstag der Prinzessin Amelia. Allerdings gibt es noch eine Reihe anderer Vergnügungen: Georg III. badet zweimal im Meer, einmal in Begleitung der Prinzessinnen, einmal mit der Königin, und nach dem ersten Bad gönnt er sich die Freude, ein wenig an die Morgenluft zu gehen. Zweimal macht die Königsfamilie einen Nachmittagsspaziergang über die *Esplanade* und die *New-Terrace,* die sich vor *Gloucester Lodge* erstrecken, um in beiden Fällen erst gegen einundzwanzig Uhr von der Promenade zurückzukehren. Hinzu kommen allerhand Spazierritte oder -fahrten über den Sand und in die ländliche Umgebung, die der König allein unternimmt, sowie ein Stadtbummel der Prinzessinnen, die einen Blick in die Geschäfte von Weymouth werfen möchten.

Während Ludwig XVI. der Pariser Revolution standzuhalten sucht, während er in einem turbulenten Versailles, das sich Schäfergedichten kaum noch widmen kann, die Abschaffung der Privilegien erlebt, genießen der König von England und seine Familie in diesem Sommer 1789 fernab vom Gepränge des Hofes all die natürlichen Freuden, die ihnen durch die Nähe des Meeres und des Volkes zuteil werden. Daß der Aufenthalt am Meer für den deprimierten, seine Rolle aber noch erfüllenden König ein therapeutisches Gebot ist, reicht nicht aus, um die Unterschiede zu erklären. Der Abstand zwischen beiden Nationen ist enorm, und zwar nicht nur, was das Regierungssystem oder die politische Kultur betrifft, sondern auch hinsichtlich der in den jeweiligen Adelskreisen herrschenden Auffassung von der Natur und ihren Freuden.

Am Schicksal des näher bei London gelegenen Seebads Brighton wird der gewichtige Einfluß des Königtums noch deutlicher als am Beispiel Weymouth. Sowohl während der Regentschaft Georgs IV. als auch unter der Regierung Wilhelms IV. spielt Brighton die Rolle einer zweiten Hauptstadt. Das Bad ist von Anfang an ein Lieblingsziel der Aristokratie. 1756 verbringt der Herzog von Gloucester dort einen kurzen Aufenthalt. Im folgenden Jahr ist es der Herzog von York, der zweite Bruder des Königs. Und ab 1771 erweist sich auch der dritte, der Herzog von Cumberland, als treuer Anhänger dieses Seebads, das Prinzessin Amelia, die Tante des Königs, 1782 ihrerseits besucht. Vor diesem Hintergrund wird verständlich, daß viele Aristokraten sich beeilen, in der Nähe des *Steyne* Quartier zu beziehen. Im September 1783 kommt der Prince of Wales, im Zwist mit Georg III., seinen Onkel, den Herzog von Cumberland, besuchen. Er reitet durch die Dünen, spielt Cricket und kehrt 1787 nach Brighton zurück, um im Meer zu baden. Die Ärzte glauben, das könne dazu beitragen, ihn von seinem Kropfleiden zu heilen. Von nun an bleibt der Prinz Brighton treu. Vierundvierzig Jahre lang hält er sich regelmäßig in seinem *Marine Pavilion* auf, dem wichtigsten Vorbild – wichtiger noch als *Gloucester Lodge* – des *Marine Palace*. Die aufmerksame Gegenwart des Prinzen, dann Prinzregenten und schließlich Königs verwandelt das Thermalbad in einen Ort der Sommerfrische und Vergnügungen[74], dessen freiheitlicher Frohsinn lange in Kontrast zu dem recht bemessenen Stil von Windsor steht. Kurz, in Brighton vollzieht sich zum ersten Mal die Wende vom Therapeutischen zum Hedonistischen, ein Prozeß, der im Lauf des 19. Jahrhunderts alle großen Seebäder des Kontinents charakterisiert, und den der Herzog von Morny sehr viel später andernorts in die Wege leitet.

Das ursprüngliche Primat der Aristokratie

Auch Wilhelm IV. kommt bis zum Ende seiner Herrschaft im Jahr 1837 regelmäßig nach Brighton, um hier mit Königin Adelaide den Winter zu verleben. Königin Viktoria hingegen findet das Seebad schon bald zu lärmend und die Menschenmengen zu ermüden. Sie, der die Architektur des *Marine Pavilion* ein Greuel ist, kann ihr Privatleben hier nicht in dem Rahmen führen, den sie sich erträumt. Prinz Albert findet kaum Gelegenheit, seiner Gärtnerlust zu frönen, und auch das Baden im Meer ist schwierig geworden. Nach 1845 schickt die Königin zwar noch einige ihrer Kinder nach Brighton, zieht aber Osborne auf der Isle of Wight als Aufenthaltsort vor – wiederum in Gegensatz zu der neuen französischen Königsfamilie, die dem Meer und seinen Küsten abhold ist. Es sei hinzugefügt, daß Metternich ab 1848 die meiste Zeit seines englischen Exils in *Brunswick Terrace* verbringt.

Jedes Seebad braucht die Präsenz eines Mitglieds der Königsfamilie, um die vornehme Gesellschaft anzuziehen. Worthing beispielsweise profitiert von einem Aufenthalt der Prinzessin Amelia im Jahr 1798. Southend entfaltet sich erst, nachdem Prinzessin Charlotte von Wales 1801 auf Weisung ihrer Ärzte zu einer Badekur gekommen ist. Der Besuch Georgs III. macht Sidmouth 1791 schlagartig berühmt. Die Isle of Wight gewinnt ihre Attraktivität durch einen vorübergehenden Aufenthalt des aus Frankreich geflohenen Karls X., der sich in traurigen Spaziergängen am Strand von Cowes ergeht[75], vor allem aber durch die Anwesenheit von Königin Viktoria.

Während der dreißiger Jahre des 19. Jahrhunderts bildet die Aristokratie in großen Seebädern wie Brighton immer noch den Mittelpunkt des gesellschaftlichen Lebens. La Garde Chambonas hat das *otium dulce*[76], das es diesem Milieu erlaubt, den *Spleen* unter Beibehaltung der anstrengenden mondänen Gepflogenheiten zu überwinden, in allen Einzelheiten beschrieben. Der modebewußte Gentleman interessiert sich hier vor allem für Ausritte, Jagden, Jachten und Cricket; er tanzt im *Old Ship* und erkundigt sich, zu welcher Zeit er die »Großen« auf der *Chain Pear* trifft; er ist begierig auf Anekdoten oder Neuigkeiten, die er in seine Konversation einbauen kann. Die Damen verbringen den Vormittag mit Lektüre, Musik und Malerei, den Nachmittag mit Besuchen, Einkaufsbummeln, mildtätigen Werken und Strandspaziergängen, den Abend schließlich mit »Konversation« und Tanz.[77]

Das gleiche Muster findet man in Frankreich überall, wo sich ein Badeleben entfaltet. Wie wir gesehen haben, verfügt Dieppe, in enger Verbindung zu Brighton, während der Restauration über ein prunkvolles Badeetablissement. Dieppe ist nicht mehr nur der Ort, den die Pariser traditionsgemäß aufsuchen, um *das Meer zu sehen* und Fisch zu essen: Es ist die ganze Saison über eine aristokratische Residenz. Am letzten Julitag des Jahres 1824 macht die Herzogin Marie-Karoline von Berry, Mutter des Herzogs von Bordeaux, ihren ersten Besuch in der Stadt. Von da an kommt sie bis zum Sturz des Regimes jedes Jahr wieder, außer 1828. Sie versucht, die Mode der Seebäder zu lancieren und Dieppe einen königlichen Stempel aufzuprägen, um es zum Symbol der Bourbonen-Dynastie zu machen. Ludwig XVI. hatte sich sehr um die Marine besorgt: Seine Besuche in Le Havre, seine Erfolge bei den Seeschlachten gegen die englische Flotte, in krassem Gegensatz zu den aufsehenerregenden französischen Niederlagen während der Koalitions- und der Napoleonischen Kriege, sind Anlaß genug, das Meer und die Dynastie in einem Atemzug zu rühmen. Die Nähe zu Arques, wo der erste Bourbonen-König seinen glorreichsten Sieg errang und wo die Herzogin sich ein Lustschloß hat erbauen lassen, bestärkt sie in dem Willen, Dieppe symbolischen Wert zu verleihen. Die Aristokratie der ausgehenden Restauration gibt sich in diesem Seebad Sommer für Sommer ein Stelldichein, um sich der sogenannten »Anglomanie« zu erfreuen.

Die Herzogin legt größten Wert darauf, ihre Persönlichkeit in Szene zu setzen.[78] Ihr Amazonengewand, ihr weißes Hemd mit Stehkragen und hoch gebundener schwarzer Seidenkrawatte, zu dem sie einen Hut mit wehendem Schleier trägt, machen sie zu einer unvergeßlichen Erscheinung. Jede »Saison« hält sie fürstlichen Einzug in die Stadt, empfangen von Illuminationen, Böllerschüssen, volkstümlichen Akklamationen und Couplets, die ihre Ankunft feiern; dann werden Geschenke überreicht und Schauspiele aufgeführt; ein großer Ball zu ihren Ehren bildet den krönenden Abschluß. Am 3. August 1824 wird Marie-Karoline, die das Badeetablissement unter ihre Schutzherrschaft genommen hat, zum ersten Mal von dem aufsichtführenden Badearzt Doktor Mourgué »den Wellen ausgesetzt«[79]. Von nun an geht sie regelmäßig ins Meer. Bei einem Aufenthalt in Boulogne badet sie eines Morgens um acht Uhr, umgeben von Najaden.[80] Ansonsten geht sie im Hafen spazieren, genießt das Meeresschauspiel am äußersten Ende des Hafendamms, wohnt Stapelläufen bei oder unternimmt Ausflüge nach Art der Engländer. Marie-Karoline bemüht sich um eine enge Verbindung zwischen der Dynastie und dem Volk, dessen pittoreske Qualitäten sie schätzt und zu dem sie Kontakt sucht. Auf den Straßen von Dieppe mischt sie sich unter die Menge; im Hôtel de Ville nimmt sie Geschenke von den »Fischweibern« des Polet entgegen; einmal beteiligt sie sich sogar an einer Rettungsaktion im Hafen, eine heroische Tat, die im folgenden Jahr im Salon gefeiert wird. Kurz, unter ihrem Einfluß bildet sich in Dieppe ein von der englischen Monarchie inspiriertes Verhaltensmodell heraus, das der französischen Dynastie ein neues Gesicht hätte verleihen können, wären die drei glorreichen Tage der Julirevolution dem nicht zuvorgekommen.

Dieppe, schreibt der österreichische Botschafter Graf Apponyi in seinem Tagebuch, führt ein Doppelleben mit verschiedenen Rhythmen: Bis Mitte Juli, wenn die Aristokraten das Seebad überfluten, ist es das Reich der Ärzte und der Badewärter, nur von denen frequentiert, die Ruhe und Heilung suchen. In den ersten Julitagen des Jahres 1828 kann Graf Apponyi noch ungestört baden, Federball spielen, das Schloß von Arques skizzieren, mit einem Freund Makrelen fangen und Spazierfahrten über das Meer unternehmen. Die Mädchen von Lady Granville zeichnen in ihre Alben, und die mildtätigen Damen folgen bedächtig ihrem Ruf, den Armen zu helfen. Das soziale Leben beschränkt sich auf diese kleinen Kreise junger Damen und englischer Mädchen: »Aber keine Besuche, keine Gesellschaften, keine Empfänge. Ah! Welch köstliche Ruhe für Körper und Geist.«[81]

Ab Mitte Juli, sobald der Ansturm aus Paris und Brighton beginnt, macht sich ein anderer Rhythmus bemerkbar. Hier wie in Boulogne veröffentlicht die Lokalpresse Namenslisten von den Neuankömmlingen, die der Graf mit äußerster Sorgfalt abschreibt. Dann fangen die Pflichtbesuche an, einschließlich derer, die jenseits des Kanals abzustatten sind. Die festlichen und spielerischen Aktivitäten nehmen zu. Ein Empfang jagt den anderen. Die Herzogin lädt zu Schloßfesten nach Arques, wo sie Kostümbälle nach der Mode Heinrichs IV. veranstaltet. Bei einer solchen Gelegenheit komponiert Rossini, der zwei Sommer in Dieppe verbringt, Kantaten. Marie-Karoline hält »Kränzchen« in der Unterpräfektur, und in der Stadt mehren sich die »Versammlungen«. Mittelmäßige Amateurkonzerte, Bälle und Feuerwerke sollen dem Aufenthalt einen mondänen Anstrich verleihen, doch alle Zeugen heben übereinstimmend die Armseligkeit dieser Bemühungen im Vergleich zu der Prachtentfaltung Brightons hervor.

Wie die Mitglieder der englischen Königsfamilie besitzt auch die Herzogin von Berry ihre Yacht: Das Schiff hat die Farben des Hauses Bourbon, weiß mit goldenen Rändern; der Salon ist in Gold und Dunkelrot, der Speisesaal ganz in Weiß gehalten. Bei größeren Festlichkeiten wird die Yacht illuminiert. Die Adligen in Dieppe imitieren die Herzogin, sie gehen im Hafen spazieren, unternehmen Lustfahrten über das Meer, eignen sich jene Vertrautheit mit dem flüssigen Element an, die den englischen Adel charakterisiert. Eines Abends empfangen die Prinzessin von Béthune, Madame de Saint-Aldegonde und die Herzogin von Coigny auf dem Hafendamm das Ankertau des Grafen Apponyi mit eigenen Händen und ziehen das Schiff bis an den Landeplatz.[82] Marie-Karoline unterstützt die Armenpflege durch ihre bloße Gegenwart. Sie protegiert Sammlungen in den Kirchen und regt Wohltätigkeitsbasare an. Alle Individuen von Rang und Namen treffen sich bei »Landpartien« wie der im Schloß von Eu am 24. Juli 1830.

Vier Tage später ist das Dampfschiff nach Brighton überfüllt: Die Engländer reisen überstürzt ab. Chateaubriand, soeben aus Paris eingetroffen, kehrt in die Hauptstadt zurück. Dennoch scheint man sich in Dieppe über die Bedeutung der Ereignisse dieser letzten Julitage nicht im klaren zu sein. Am 30. Juli, einen Tag nach den *Trois Glorieuses,* vermerkt Graf Apponyi in seinem Tagebuch: »Meines Wissens waren die Damen gerade beim Baden im Meer.«[83]

Die symbolische Verbindung zwischen dem französischen Adel und dem Badeaufenthalt am Meer wird durch die Revolution von 1830 nicht etwa ausgelöscht, sondern verstärkt hervorgehoben. Der neue König Louis-Philippe zeigt kein Interesse an Dieppe; er bevorzugt seine Residenz in Eu, wo es kein Seebad gibt. Das Bürgertum, als dessen Repräsentant das Haus Orléans sich versteht, frequentiert vorzugsweise binnenländische Thermalbäder. Erst mit der Thronbesteigung Napoleons III., der schon 1812 im Alter von vier Jahren unter Aufsicht seiner Mutter, der Königin Hortense[84], in Dieppe gebadet hatte, und mit Kaiserin Eugénie von Montijo, die sich in ihrer Jugend viel an den Stränden des Baskenlandes aufgehalten hat, erlebt der Badeaufenthalt am Meer einen späten neuen Auftrieb, diesmal allerdings nicht beflügelt von symbolischen Intentionen, wie sie die Herzogin von Berry zugunsten ihrer Dynastie verfolgt hatte.

Nur ein kleiner Teil der adligen Legitimisten, der auf den Geschmack des unter den letzten Bourbonen erblühten Lebensstils gekommen ist und ihm nun seine heimliche Treue beweisen will, zieht sich nach 1830 in ein paar kleine Nester an der Küste zurück. 1832 und 1833 entfalten sich an Orten wie Luc-sur-Mer oder Courseulles trübselige nostalgische Praktiken, die dem inneren Exil vorausgehen. Loève-Veimars beschreibt sie ein Jahr später in der *Revue des deux Mondes:* »Die Julirevolution hatte die so genannte schöne Welt zerstreut. Das Unglück der Aristokratie war noch zu frisch, als daß sie sich jetzt inmitten der Feste und Lustbarkeiten von Baden, Toeplitz oder Spa hätten zeigen mögen. Die bürgerliche Gesellschaft, die sich bereits glanzvoll auf den Trümmern ihrer Vorgängerin erhob, hatte in diesem Jahr die Pyrenäen, Aix und Plombières überflutet, und mit Dieppe verbanden sich noch zu viele schöne Erinnerungen. So hatte man sich an die melancholischen Gestade von Luc geflüchtet. Frauen, aus deren Jugend, Schönheit und Geist noch die Vorzüge eines großen Namens sprachen, hoch angesehene Persönlichkeiten, die »Blüte« des Faubourg Saint-Germain und einige gestürzte Minister... versammelten sich jeden Abend in einer kläglichen Wirtsstube. Morgens sah man sie in kleinen Trupps von dannen ziehn, die großen Herren zu Fuß, die großen Damen auf Eseln, und traurig am Ufer des weiten Meeres einherspazieren, wie einst der abgesetzte kleine Hof Jakobs II. an der Küste von La Hague.«[85]

In Deutschland, Holland und später Belgien sind es meist Gesellschaften von Kaufleuten, Beamten oder Ärzten, die das Gründungskapital für die Badeeinrichtungen bereitstellen. Doch die Landesherren, aufgeklärte Despoten auf kleinem Fuß, wachen aufmerksam über das Schicksal der Seebäder, deren Entstehung oder Aufschwung sie gegebenenfalls mit großzügigen Spenden fördern. Als Samuel Gottlieb Vogel 1794 das erste deutsche Seebad in Doberan einrichtet, ist sein Auftraggeber der Herzog von Mecklenburg-Schwerin. Und dreißig Jahre später berichtet ein anonymer Reisender stolz, er habe dort gemeinsam mit dem Erben Seiner Hoheit gebadet.[86] 1801 unterstützt die Herzogin von Oldenburg das auf der Insel Wangerooge entstehende Seebad durch die Schenkung einer Badekutsche. Der König von Preußen, der schon 1820 den Bau eines Kurhauses in Kolberg gefördert hatte, bestellt 1824 die Direktion des Seebads von Swinemünde, gewährt dem Etablissement Hilfsgelder und beteiligt sich an der luxuriösen Ausstattung des Gesellschaftshauses. Zu seinem Geburtstag gibt Swinemünde jedes Jahr ein rauschendes Fest.[87] Der König von Hannover erwirbt 1814 das Seebad auf der Insel Norderney, und der Gouverneur von Island verkehrt in Travemünde. Der neue Aufschwung, den Scheveningen nach 1818 erlebt, verdankt wichtige Impulse den regelmäßigen Aufenthalten des Grafen Gijsbert Karel van Hogendorp, der entscheidend zur Rückkehr des Hauses Oranien-Nassau auf den Thron der Niederlande beigetragen hat.[88] Ab 1834 pflegen König Leopold I. und Königin Louise-Marie die »Saison« in Ostende zu verbringen.[89] Die Anwesenheit des Königspaars gibt den Anstoß zu einer wesentlichen Verbesserung der Badeeinrichtungen.

Es wäre falsch, zu glauben, der europäische Adel und die Mitglieder der englischen *gentry* hätten, begleitet von einigen berühmten Künstlern oder *fashionable persons,* während der Sommerzeit den ganzen Strand für sich allein gehabt. Doch die wenigen spontaneren volkstümlichen oder kleinbürgerlichen Gewohnheiten, die wir beschrieben haben, können keine Erklärung für die bis in die letzten Feinheiten kodifizierte Geselligkeit sein, die den damaligen Badeaufenthalt am Meer charakterisiert. Die Intensivierung der medizinischen Vorschriften, das wachsende Bedürfnis, die Großen zu imitieren und die Verbesserung der Transportmittel, die das Organisieren von »Lustpartien« im Umkreis der großen Ballungszentren erleichtert, führen erst im Lauf der Jahrzehnte zur Aneignung und Übernahme der vielfältig uminterpretierten Praktiken durch breitere Bevölkerungsschichten. Gemäß der neuen sozialen Zusammensetzung des badenden Publikums kommt es zu erheblichen Verschiebungen, sowohl was die Qualität der Seebäder betrifft, als auch hinsichtlich der für den Aufenthalt gewählten Jahreszeit.

Die präzise Untersuchung, die Granville 1841 veröffentlicht – im gleichen Jahr, in dem die Eisenbahnverbindung nach Brighton in Betrieb genommen wird –, erlaubt uns, diesen Verallgemeinerungsprozeß genauer zu verfolgen. Seit 1754 hat sich die Jahreszeit für die »Modesaison« verändert.[90] Ursprünglich pflegten Aristokraten, Mitglieder der *gentry,* Schriftsteller und Künstler die Monate Juni, Juli und August in Brighton zu verbringen; dieser Kalender galt noch während der Regentschaft; im Herbst kamen nur diejenigen, die aus therapeutischen Gründen kaltes Wasser bevorzugten. In der Folgezeit begünstigt die Nähe Londons einen Zustrom anderer sozialer Kategorien. Zahlreiche Aristokraten werden dadurch veranlaßt, sich nach Ramsgate, Hastings oder an die neuen Strände von Devonshire zurückzuziehen. Die Brighton-Treuen ziehen es vor, zu warten, bis das gemeine Volk wieder abgereist ist, und ihren Aufenthalt auf die Monate September und Oktober zu verschieben. So bleibt der Sommer den Londoner Kaufleuten überlassen. Ab 1841 nehmen die Männer des Gesetzes den September in Beschlag. Infolgedessen macht die *vornehme Welt* es sich zur Gewohnheit, die Monate November, Dezember und Januar in Brighton zu verleben, was das Baden im Meer allerdings erschwert, zumal die Kaltwassermode im Verschwinden begriffen ist.

Als Königin Viktoria den Thron besteigt, empfinden viele – nicht zuletzt die Königin selbst – den sommerlichen Strand des Seebads Brighton als einen lärmenden, von Händlervolk überfluteten Ort. Der Fürst von Pückler-Muskau hält Brighton schon 1827 vornehmlich für die Winterresidenz der »Einwohner Londons«[91].

Granville zufolge haben sich die Jahreszeiten der »Saison« auch in dem nördlichen Scarborough verändert. Das Seebad wird zwar weiterhin vom grundbesitzenden Adel der East- und West-Riding frequentiert, aber nur noch nach den großen Pferderennen, die jeden August auf dem dortigen Strand stattfinden. Dann, schreibt Granville, macht die große Masse der »gemein Geborenen«[92] der höheren Gesellschaft Platz.

Um 1840 sind manche Seebäder die ganze Saison hindurch von volkstümlichem Publikum belegt. Aus diesem Grund will die Familie Tuggs in Dickens' Erzählung[93] von 1836 nicht nach Gravesend fahren, ja nicht einmal nach Margate, das in dem Ruf steht, man träfe dort nur Handelsvertreter. Granville seinerseits findet Tynemouth übermäßig bevölkert. Die Nähe zu Newcastle und die Menschenmengen, die das Bad besuchen, erscheinen ihm höchst unerquicklich; bei so viel Armut und so viel Häßlichkeit, schreibt er, vergeht einem die Lust, ins Wasser zu springen.[94]

Zahllose Menschen im Umkreis der großen Manufakturansiedlungen versuchen, der sommerlichen Hitze in den Städten zu entfliehen. Die Einwohner von Manchester, begierig – wie Granville schreibt –, sich den industriellen Dreck von der Haut zu spülen und dem Rauch der Fabriken zu entrinnen, fahren vorzugsweise nach Southport. So wird dieses Seebad zum Treffpunkt reicher Fabrikanten und Handwerker, die höchstens eine oder zwei Wochen verweilen können. Sogar das arbeitende Volk fühlt sich mehr und mehr vom Strand angezogen. Eine aufdringliche Werbung bietet den Arbeitern von Manchester fünf Stunden Southport zum Billigtarif.[95]

In dem weiter nördlich gelegenen Blackpool finden sich Fabrikanten aus Lancashire und Bürgersleute aus Preston ein. Am Speisetisch des *Nixon's Hotel* kommt 1840 ein Schmied aus der Gegend von Bradford oder Halifax neben einem im Ruhestand befindlichen Kaufmann aus Liverpool zu sitzen. Angesichts dieser Entwicklung wenden die höheren Kreise aus Preston sich verächtlich von dem wunderbaren Sandstrand Blackpools ab und ziehen es vor, in die edleren Seebäder von Sussex zu fahren.[96]

Die gleiche Art der Untergliederung ist später auf dem Kontinent zu beobachten, nur daß die Badevorschriften hier oft strenger sind, daß sie den sozialen Unterschieden stärker Rechnung tragen, und daß sie – vor allem in Deutschland – größeren Wert auf die Vermeidung der skandalösen Promiskuität legen. Alle Seebäder des Nordens zeigen sich besorgt um die Geschlechtertrennung und das strikte Verbot der Zurschaustellung körperlicher Blößen.[97] Insofern unterscheiden sie sich erheblich von dem baskischen Modell, das ungezwungener mit diesen Dingen umgeht, da sich die therapeutische Zielsetzung und die aristokratischen Formen der Geselligkeit hier noch nicht durchgesetzt haben.

Wie wir wissen, registriert das Seebad Swinemünde[98] 1827 zweitausendzweihundert Badegäste, vornehmlich aus dem Adel und dem Großbürgertum. Bei solchen Menschenmengen ist eine strikte Aufteilung geboten. Der Strand, wie er uns im folgenden Jahr beschrieben wird, besteht aus fünf getrennten Zonen. Die mittlere, fünfhundert Meter breit, bleibt leer. Ihre Funktion besteht ausschließlich darin, zwischen dem Badebereich der Männer und dem der Frauen einen hinreichenden Abstand zu schaffen. Knaben ab dem fünften Lebensjahr dürfen ihre Mutter nicht mehr begleiten; sie müssen der Obhut eines Betreuers am Badestrand der Männer übergeben werden. Zu dieser klassischen Geschlechtertrennung, die wir auch von Boulogne, Granville oder Dieppe kennen, kommt hier noch eine soziale Grenze hinzu. Der dem männlichen Geschlecht vorbehaltene Sektor ist seinerseits in zwei Zonen aufgeteilt. In der ersten tummeln sich die Mitglieder der unteren Gesellschaftsschichten ohne Umkleidekabinen und ohne Badekutschen. Die zweite Strandzone ist den Reichen zugedacht: Sie verfügen über zwanzig oder dreißig gut ausgestattete Kabinen, über Badekutschen und über einen Weg aus Holzplanken, damit ihre zarten Füße vor möglichen Verletzungen bewahrt bleiben. Die erste Zone bei den Frauen ist mit einer ähnlich luxuriösen Ausstattung versehen, auf deren Genuß die in den letzten Teil verbannten Frauen der unteren Klassen verzichten müssen.

Angesichts solcher Vorschriften wird verständlich, daß die spontanen Badefreuden, die es vor der Entfaltung eines organisierten Strandlebens gegeben hat, etwa das volkstümliche Getümmel am Strand von Scheveningen oder das von manchen Besuchern entdeckte »kostenlose Bad« in Ostende und in Blankenberghe[99] recht schnell verschwinden. Ehemals pflegte die Rostocker Bevölkerung am Sandstrand von Doberan gesellige Runden zu veranstalten. Man kaufte Fisch, um ihn am Wasserrand gemeinsam zu braten und zu essen. Durch die Eröffnung des Seebads wird diesem Brauch der Garaus gemacht; 1823 gibt es ihn nicht mehr.[100]

Der massenhafte Besuch der Badestrände, den man beobachten oder ahnen kann, fordert schon vor 1840 Kritik, Spott oder gar Abscheu heraus. Mehrere fiktive Werke und Fragmente persönlicher Aufzeichnungen illustrieren diese Tendenz und ihre Entwicklung. 1817 schreibt Jane Austen *Sanditon*. Meines Wissens ist sie die erste, die das organisierte Gesellschaftsleben der Seebäder in den Mittelpunkt eines Romans stellt. Der beißende Spott, der aus ihrem Werk spricht, bezieht sich nicht nur auf Redensarten und banale Konversationen über das Pittoreske des Meeres[101], sondern auch auf die Kulturlosigkeit, die fehlende Moral, die Dummheit derer, die beschlossen haben, nach Sanditon zu fahren; er greift jene bürgerliche Kunst der Erholung an, die aus der Verbreitung des neuen Körperempfindens und aus dem Wunsch entstanden ist, die Großen nachzuahmen.

Sanditon ist der Inbegriff eines kümmerlichen Seebades, gewissermaßen ein Anti-Brighton[102], gegründet von Mr. Parker, der gnadenlos Jagd auf Logiergäste macht und den Gesundheitswahn schamlos ausnutzt. Einige Unterkünfte, bald *Prospect House* oder *Cottage Bellevue* getauft, und vor allem eine bescheidene Esplanade mit zwei Bänken, auf der die Helden des Romans sich brüsten, bilden den Dekor der lächerlichen Szenerie. Der Strand ist nur Kulisse. Der heitere Kleinbürger, der süßliche Schürzenjäger, eine Art Klein-Lovelace, die emporgekommene Dame ohne Moral, die reiche Erbin, von den Antillen angereist, um in Sanditon umherzuirren, und der dicke faule Junge, der sich immerzu vollstopft, entfalten ihre Persönlichkeit vor den Augen der scharfsinnigen jungen Beobachterin aus dem bürgerlichen Milieu von Sussex, ihres Standes ein armes, aber habgieriges Waisenkind. Nichts in dem Roman, der übrigens unvollendet geblieben ist, deutet auf die Anwesenheit eines wirklich volkstümlichen Publikums hin.

Etwas anders nimmt sich der Tonfall der Tiraden aus, die 1822 von William Cobbett und 1824 von John Constable[103] gegen Brighton losgelassen werden. Sie folgen ungefähr derselben Linie wie die Schmähungen, die wir von Torrington kennen. Constable beispielsweise drückt sein schmerzliches Empfinden über den Kontrast zwischen dem herrlichen Meeresschauspiel und dem Tumult eines Piccadilly-am-Meer aus; er nimmt Anstoß an dem Gegensatz zwischen der üppigen Natur und dem künstlichen Ritual der *Marine Parade* oder der über die Piers spazierenden Dandys.

Einen noch anderen Ton schlägt Dickens 1836 in der Erzählung *Die Familie Tuggs in Ramsgate*[104] an. Hier tritt der Spott offen zutage, wie in Frankreich bei Henri Monnier und bald auch bei Labiche. Der Held, ein Lebensmittelhändler, der eine große Erbschaft gemacht hat, möchte auf dem Stand der neuesten Mode sein. Deswegen beschließt er, mit seiner Frau, seinem Sohn und seiner Tochter nach Ramsgate zu fahren. In diesem Zusammenhang vermittelt Dickens uns ein malerisches Strandbild:

»Die Damen waren mit Näharbeiten oder Wachehalten oder Stricken oder Romanlesen beschäftigt; die Herren lasen Zeitung und Zeitschriften; die Kinder gruben mit Holzspaten Löcher in den Sand und fingen darin Wasser auf; die Gouvernanten, die ihre jüngsten Schützlinge auf dem Arm trugen, liefen hinter den zurückweichenden Wellen her und vor den wiederkehrenden Wellen strandaufwärts; und ab und zu fuhr ein kleines Segelboot mit einer fröhlichen und gesprächigen Passagierladung hinaus oder kam mit einer sehr schweigsamen und besonders unbeweglich dreinschauenden Ladung zurück.«[105] Unsere Helden tragen gelbe Schuhe und sitzen auf Binsenstühlen. Der Vater schielt nach den jungen Leuten, die mit einem Handtuch ausgerüstet in den Badekarren steigen, der sich sogleich in Bewegung setzt.

Die Tuggs essen Garnelen, und sie »beobachten die Krebse und den Tang und die Aale«. Abends gehen sie in eine überfüllte Bibliothek mit Spieltisch, wo sie sich in Gesellschaft der Schönlinge, kleinen Möchtegerne und ehestiftenden Mütter befinden. Sechs Wochen lang vergeht ein Tag wie der andere: »Strand am Vormittag – Esel am Mittag – Pier am Nachmittag – Bibliothek am Abend – und überall dieselben Leute.«[106] Die Handlung beschränkt sich auf einen lächerlichen Flirt mit der Folge einer Erpressung wegen Ehebruchs.

Dickens' Erzählung soll die vorliegende Analyse beschließen. Das Ramsgate der Tuggs bezeugt die Verbreitung von Praktiken, die

Das ursprüngliche Primat der Aristokratie

Brighton, 1850
(Farbstich)

in Swinemünde oder Saint-Sébastien schon vor der Thronbesteigung Viktorias fest verankert waren. 1841 befördert die Eisenbahn massenhaft Menschen nach Brighton, das endgültig den Sieg über Bath, seine einstige Rivalin, davonträgt, doch der Zeremonienmeister hat hier nicht mehr den Sinn und die Funktion, die er einmal hatte. Der moderne Strand, dessen Entwicklungsgeschichte wir nachzuzeichnen versucht haben, ist geboren.

William Turner
Frieden – Seebestattung, 1841/42
London, Clore Gallery for the Turner Collection

Schluß

> »*Schaum war ihm lieber als verpestete Luft.*«
> Victor Hugo, *Die Elenden,*
> 3. Teil, Buch IV,
> zu den politischen Empfindungen
> des jungen Combeferre.

Es war Ziel dieses Buches, das Aufkommen und die verschiedenen Formen einer neuen Lust zu verfolgen. Am Schauplatz der Meeresküste, die sich zwischen 1750 und 1840 ganz allmählich mit längst vergangenen Wünschen und überlebten Gemütserregungen füllt, haben wir verschiedene Arten einer wesentlichen, manchmal auch lächerlichen Suche, gekünstelter Haltungen, lange stockender Gebräuche und heimlicher kleiner Freuden beobachtet. In dem Raum zwischen Dünen und Wasser haben wir gesehen, wie der ursprüngliche Kreis sich wieder schließt, wie der Strand geboren wird.

Aus dem Blickwinkel der Zeitgenossen, die angesichts der schwarzen Felsen, des transparenten Wassers, des entblößten Wattenmeers, des aufquellenden Schlicks und der brechenden Wellen eine bislang unbekannte Faszination erleben, können wir den Drang, in den Archiven der Erde zu lesen, besser verstehen.

Während die alten Vorstellungen von der zeitlichen Dauer außer Kraft gesetzt werden, während das Grauen vor dem Verwesungsgeruch der Gräber zunimmt, bieten die Gestade, dieses Territorium der Leere, wo die Elemente aufeinandertreffen, all denen das Schauspiel des bewegten Meeres dar, die sich aus Furcht vor der verpesteten Luft dem Schaum annähern.

Bemerkungen zur Methode

Es ist Zeit, daß die Historiker sich wieder aus der Fessel des Begriffs der langen Dauer lösen, daß sie sich freimachen von den versetzten Rhythmen der Braudel'schen Zeitlichkeit, die an das Bild mehr oder weniger schnell fließender und bewegter Ströme erinnern, deren Wasser sich nicht vermischen. Solche Überzeugungen machen es schwierig, Entstehungsgeschichten und Genealogien zu verfolgen, erst recht aber, dem kohärenten Vorstellungssystem einer gegebenen Epoche auf die Spur zu kommen. Kurz, es handelt sich um ein Modell, das der Erforschung einer authentischen sozio-kulturellen Geschichte fast unüberwindliche Hindernisse in den Weg stellt.

Die wesentliche Aufgabe besteht darin, zu untersuchen, wie und durch welche Mechanismen die Menschen einer bestimmten Zeit und – wenn möglich – einer bestimmten Gesellschaftsschicht die alten Schemata interpretiert und in den Gesamtzusammenhang ihrer Vorstellungen und Praktiken einbezogen haben. Um bei unserem Thema zu bleiben, so liefern die Bibelinterpretationen, die aus den Werken antiker Autoren geschöpfte literarische und ästhetische Kultur, die teilweise ebenfalls von der Antike inspirierte medizinische Wissenschaft und die frühen Erfahrungen der großen Seefahrer dem 17. Jahrhundert Nährstoff für ein ganzes Bündel von Diskursen und Praktiken, die sich auf das Meer und seine Küsten beziehen: Sie lenken Verhaltensweisen, deren Ausprägung als historisches Phänomen zu begreifen ist.

Auch wenn ich hier, besonders im Zusammenhang mit den Romantikern, auf die Intuitionen eines Gaston Bachelard oder Gilbert Durand verwiesen habe, teile ich doch nicht den Glauben an zeitunabhängige anthropologische Strukturen des Imaginären. Gewiß sendet die Landschaft Bilder aus, die den Übergang vom Bewußten zum Unbewußten erleichtern, und die Topoanalyse liefert Symbole, auf die das Empfinden reagiert, aber diese Vorgänge laufen meiner Ansicht nach über datierbare Mechanismen.

Die vorliegende Untersuchung überschneidet sich mit der Geschichte der Landschaftswahrnehmung. Ich habe jedoch darauf verzichtet, für das, was aus der Küstenlandschaft herausgelesen wird, ein Raster zu konstruieren, wie es K. D. Fines[1] oder Charles Avocat[2] in ihren Arbeiten tun. Eine Methode, die den »landschaftlichen Reiz«[3] quantitativ zu messen versucht, entspricht nicht der Sicht eines Historikers, da sie ebenso viele Raster verlangen würde wie es datierbare Wahrnehmungssysteme gibt. Außerdem müßten sämtliche Stereotypen ausfindig gemacht werden, die den Diskurs belasten, ohne eine echte Wahrnehmung oder ein echtes sinnliches Gefühl zu bezeugen. Und schließlich müßte nicht nur die Geschichte der diskursiven Praktiken berücksichtigt werden, sondern auch die strukturelle Entwicklung des deskriptiven Stils und die Evolution der normativen Grenze zwischen dem Ausgesprochenen und dem Unausgesprochenen. Kurz, diese Methode ließe sich eher auf den Entstehungsprozeß einer literarischen Gattung anwenden als auf die verschiedenen Formen der Landschaftswahrnehmung. Unsere Aufmerksamkeit sollte anderen Schwerpunkten gelten: Der Geschichte der Wünsche, der Neugierden, der Wahrnehmungssysteme und der Bewertungsmodelle, auf denen die Zeugnisse beruhen.[4]

Danksagung

Am Ende dieser Arbeit möchte ich all denen danken, die mich mit ihren Kenntnissen unterstützt haben: Professor André Bordeaux für die Übersetzung englischer Zitate aus wichtigen, nicht auf Französisch erschienenen Werken; Professor Jean Lafond für die großzügige Weitergabe seiner reichen Kenntnisse der französischen Literatur des 17. Jahrhunderts; Herrn Robert Beck für die Zusammenstellung der deutschsprachigen Literatur; Frau Elisabeth Deniaux für die Durchsicht einiger Passagen über die Antike; Frau Josette Pontet für ihre Mitteilungen über die Umgebung von Biarritz und Frau Dominique Raoul-Duval für die ikonographischen Recherchen.

Anmerkungen*

ERSTER TEIL

Die Wurzeln der Angst und des Abscheus

1 Siehe *unten*, meine Ausführungen zu den barocken Dichtern, zu Moisant de Brieux, Henri de Campion und, was das Baden betrifft, den mediterranen Praktiken.
2 Zu den vermuteten Analogien und Sympathien zwischen Mikro- und Makrokosmos im 15. bis 17. Jahrhundert, vgl. Michel Foucault, *Les mots et les choses*, Paris 1966, S. 32–57; dt. *Die Ordnung der Dinge*, Frankfurt am Main 1971, S. 46–61.
3 Hier ist selbstverständlich die vorherrschende Interpretation des klassischen Zeitalters gemeint. Zur Bedeutung des hebräischen Wortes *yâm*, vgl. Jean-Paul Dufour, »Étude lexicographique des paysages bibliques«, in: *Lire le paysage*, Presses de l'université de Saint-Étienne, 1984, S. 71 ff. (Kolloquiumsbericht).
4 Vgl. den Kommentar von Sébastien Munster, *Cosmographia universalis*, Basel 1544, zit. bei Pierre de Latil u. Jean Rivoire, *A la recherche du monde marin*, Paris 1954, S. 50.
5 *Genesis* I, 2; *Exodus* XX, 11.
6 Die Zeitgenossen berufen sich häufig auf diese Warnung der Kirchenväter, namentlich Pater Dominique Bouhours, *Les entretiens d'Ariste et d'Eugène*, Amsterdam 1671, S. 24, und Jesuitenpater Georges Fournier, *Hydrographie contenant la théorie et la pratique de toutes les parties de la navigation*, Paris 1667, S. 339. Fournier zufolge wird das Phänomen der Gezeiten immer ein Geheimnis bleiben, »bis wir dereinst glücklich im Himmel sind«. Johann Albert Fabricius verweist in diesem Zusammenhang auf Psalm XXXVI, 7: »Deine Urteile sind tief wie das Meer«, und auf die Frage, die Gott im *Buch Hiob*, XXXVIII, 16, stellt: »Bist du zu den Quellen des Meeres gekommen und auf dem Grund der Tiefe gewandelt?« Vgl. Johann Albert Fabricius, *Hydrotheologie oder Versuch, durch aufmerksame Betrachtung der Eigenschaften, reichen Austheilung und Bewegung der Wasser die Menschen zur Liebe und Bewunderung ihres Schöpfers zu ermuntern*, Hamburg 1734.
7 In Miltons Paradies kann das Meer seine Ungeduld kaum zügeln.
8 Vgl. Keith Thomas, *Man and the natural world. A history of the modern sensibility*, New York 1983.
9 Vgl. Jacques Bethemont, »Élément pour un dialogue: géographie et analyse du paysage«, in: *Lire le paysage, op. cit.*, S. 102 ff.
10 Thomas Burnet, *The Theorie of the earth*, London 1684, und William Whiston, *A new theorie of the earth*, London 1708, machen die Wasser des Himmels verantwortlich.
11 Auch die Darstellung von A. Carracci sollte hier nicht unerwähnt bleiben.
12 Vgl. Françoise Joukovsky, *Paysages de la Renaissance*, Paris 1974, S. 106–108; und Yvonne Bellenger, »Les paysages de la Création dans la *Sepmaine* de du Bartas«, in: *Paysages baroques et paysages romantiques, Cahiers de l'association internationale des études françaises*, Nr. 29, Mai 1977, S. 16.
13 In diesem Zusammenhang verweise ich auf das Werk von Roy Porter, *The making of geology. Earth science in Britain, 1660–1815*, Cambridge 1977. Vgl. auch Jean Ehrard, *L'idée de nature en France dans la première moitié du XVIIIe siècle*, Paris 1963, Bd. I, S. 202.
14 Das Werk von Thomas Burnet erschien 1681 auf lateinisch; ich zitiere hier die englische Ausgabe von 1684, *op. cit.*, Kap. V, S. 51 und 67.
15 *Ibid.*, S. 128.
16 *Ibid.*, S. 132. In Frankreich spricht der Dichter Louis Racine in ähnlicher Weise von der Katastrophe. Vgl. Louis Racine, *La religion*, Paris 1742, Dritter Gesang, S. 136; dt. *Die Religion*, Frankfurt/Leipzig 1752.

---

* Die Anmerkungen sind gemeinsam mit dem Autor für die deutsche Ausgabe überarbeitet worden.

Anmerkungen

17 Die 1695 von Woodward entwickelte Theorie kennzeichnet den Beginn der neptunischen Lehre; sie übt einen starken Einfluß auf das geologische Denken aus, aber der Autor vermittelt eine Vorstellung vom Meer, die den Stempel der natürlichen Theologie trägt. Wir werden noch darauf zurückkommen.

18 Die Arche, Mittel und Symbol des Heils, stellt zugleich das ursprüngliche Modell der Schiffahrt dar. Sie ist ein wichtiges Thema der damaligen Zeit, dem der Jesuitenpater Fournier zwei Kapitel seiner *Hydrographie, op. cit.*, widmet. Pater Athanasius Kircher schreibt 1675 eine faszinierende Summe, in der nicht nur Biologie und Architektur eine Rolle spielen, sondern auch die Wissenschaft der sanitären Einrichtungen und die Kunst der Haushaltsführung. Diese theoretischen Überlegungen verleiten zu praktischen Experimenten; Alexander Cattcott, *A treatise on the deluge*, London 1768, S. 39, behauptet, zu Anfang des 17. Jahrhunderts habe der deutsche Kaufmann Peter Jansen den Plan gehabt, sich ein Schiff nach dem Vorbild der Arche Noah bauen zu lassen.

19 Auch Alexander Cattcott, *op. cit.*, S. 33, berechnet die für jede Tierart notwendigen Nahrungsmittelvorräte.

20 Vgl. Roy Porter, *op. cit.*, insbesondere S. 164f. und S. 197f.

21 Richard Kirwan, *Geological essays*, London 1799.

22 Die Geschichtsschreibung der Geologie, aufmerksam gegenüber den vermeintlichen Folgen der Sintflut für die Struktur der Erde, hat die zeitgenössischen Annahmen über die nachhaltigen Auswirkungen auf die Luftbeschaffenheit zumeist vernachlässigt.

23 Bezüglich der Berge, vgl. das klassische Buch von Marjorie Hope Nicolson, *Mountain gloom und mountain glory: The development of the aesthetics of the infinite*, Ithaca/New York 1959; siehe auch Philippe Joutard, *L'invention du Mont-Blanc*, Paris 1986.

24 Keith Thomas, *op. cit.*, S. 259.

25 Diese Überzeugung äußert der Dichter Jean-Antoine Roucher, der den Sturm selbst für ein Relikt der Sintflut hält. Vgl. Jean-Antoine Roucher, *Les mois*, Paris 1779, Bd. I, S. 88, und Bd. II, S. 209 f.

26 Vgl. William Whiston, *op. cit.*, S. 368 ff., oder auch die Überzeugungen von Louis Bourguet, analysiert von Jean Ehrard, *op. cit.*, Bd. I, S. 201.

27 Vgl. Jean Delumeau, *La peur en Occident, XIVe–XVIIIe siècles*, Paris 1978, S. 37, und Alain Cabantous, »Espace maritime et mentalités religieuses en France aux XVIIe et XVIIIe siècles«, in: *Mentalities – Mentalités*, Hamilton 1982, Bd. I, Nr. 1, S. 6.

28 *Jesaia* XXVII, 1.

29 Das erklärt die Lage des Wallfahrtsortes Mont, der für ein glanzvolles und symbolisches Schicksal im Frankreich vom Karl VII. auserwählt war. Vgl. Colette Beaune, »Les sanctuaires royaux de Saint-Denis à Sainte Michel et Saint Léonard«, in *Les Lieux de Memoire*, hrsg. Pierre Nora, Paris (Gallimard) 1986, Teil II, »La nation«, Bd. 1, S. 75–80.

30 Vgl. die Texte von Benedeit, die Gegenstand einer kürzlichen Veröffentlichung gewesen sind: *Le voyage de Saint Brandan*, hrsg. und übersetzt von Jan Short und mit Anmerkungen versehen von Brian Merrilees, 10/18, Paris 1984.

31 Erich Pontoppidan, *The Natural History of Norway*, aus dem Dänischen übersetzt, London 1755, Kap. VIII, bezüglich gewisser Meerungeheuer S. 185f. Dennoch ist es unvermeidlich zu erkennen, daß das Werk stark von Überzeugungen geprägt ist, die die natürliche Theologie begründen. (Vgl. ebenda, S. 35 f.)

32 Vgl. hierzu, wenn auch unter einer anderen Perspektive Gilbert Durand, *Les structures anthropologiques de l'imaginaire*, Paris (Bordas) 1969, S. 103 f.

33 Vgl. hierzu Jules Douady, *La Mer et les poètes anglais*, Paris (Hachette) 1912, S. 73–74.

34 Man findet in der arabischen Welt, insbesondere bei dem Dichter Mas'udi, analoge Bilder, aber hier handelt es sich um ein ganz anderes Weltverständnis.

35 Gilbert Durand, *op. cit.*, S. 243.

36 Vgl. hierzu Numa Broc, *La geographie de la Renaissance (1420–1620)*, comité des travaux historiques et scientifiques, Paris (Bibliothèque National) 1980.

37 *op. cit.*, S. 114.

38 1756 schreibt Madame du Bocage in ihrer *Colombiade* dem Dämon das Tosen des Sturms zu.

Anmerkungen

39   Jean Delumeau, *op. cit.*, S. 40.
40   In diesem Bereich ist jedoch Vorsicht geboten. Die von den volkstümlichen Schriftstellern des 19. Jahrhunderts gesammelten Erzählungen der Küstenbevölkerung dürfen nicht einfach in die Vergangenheit projiziert werden.
41   Jean Delumeau, *op. cit.*, S. 37 f.
42   Alain Cabantous, *art. cit.*, S. 9.
43   Vgl. A. Mandouze, »Présence de la mer et ambivalence de la Méditerranée dans la conscience chrétienne et les relations ecclésiales à l'époque patristique«, in: *L'homme méditerranéen et la mer*, Tunis 1985, S. 509–511.
44   Françoise Joukovsky, *op. cit.*, S. 114.
45   Jacques de Billy, zit. bei Françoise Joukovsky, *op. cit.*, S. 115; die folgenden Zitate *ibid.*, S. 113 f.
46   E. Gombrich, »Les formes en mouvement de l'eau et de l'air dans les carnets de Léonard de Vinci«, in: *L'écologie des images*, Paris 1983, S. 177 f.
47   Vgl. Georges Shepard Keyes, *Cornelis Vroom, marine and landscape artist*, Utrecht 1975, Bd. I, S. 26 ff., zu der Marinemalerei von Breughel. Zu diesem Thema siehe auch J. Richard Judson, »Marine symbols of salvation in the 16th century«, in: *Essays in memory of Karl Lehmann*, London 1964, S. 136 ff.
48   Siehe S. 241.
49   Zu beachten sind hier die »geistlichen Exerzitien« des Ignatius von Loyola, die bei den Katholiken der damaligen Zeit weit verbreitet waren. Sie verlangen von dem Meditierenden, daß er sich die Landschaften und Szenen, die den Hintergrund seiner Übung bilden, konkret vorstellt. Vgl. Alain Guillermou, *Saint Ignace de Loyola et la Compagnie de Jésus*, Paris 1960, insbesondere S. 84 f.
50   So etwa in dem Werk von Pater Fournier, *op. cit.*, S. 676; das Meer wird jedoch nicht als tatsächlicher Ort des Fegefeuers dargestellt. Vgl. auch Jacques Le Goff, *La naissance du Purgatoire*, Paris 1981.
51   Alan Ansen, *The enchafed flood or the romantic iconography of the sea*, Virginia 1950, S. 12.
52   Keith Thomas, *op. cit.*, S. 264 f., hebt zu Recht hervor, wie hochliterarisch die Sensibilität damals war; als Beispiel führt er den Englischen Garten an, der seiner Ansicht nach ohne Bezugnahme auf Horaz und Vergil nicht zu verstehen ist.
53   Françoise Joukovsky, *op. cit.*, S. 27.
54   Zur Naturauffassung der Pilger und zu ihrem Abscheu vor dem Schauspiel des stürmischen Meeres, vgl. Christiane Deluz, »Sentiment de la nature dans quelques récits de pèlerinage du XIVe siècle«, in: *Actes du 102e Congrès des sociétés savantes*, Limoges 1977, Bd. III, S. 75; vor allem Christiane Deluz, »Pèlerins et voyageurs face à la mer. XIIe–XVIe siècles«, in: Henri Dubois u. a., *Horizons marins et itinéraires spirituels, V^e–XVIIIe siècles*, Paris 1987, Bd. II, S. 277–288.
55   Vgl. dazu das alte, aber hervorragend dokumentierte Werk von Eugène de Saint-Denis, *Le rôle de la mer dans la poésie latine*, Lyon 1935.
56   Einer der Autoren, die Vergils Modell des Sturmes folgen, ist Paul Alexandre Dulard, *La grandeur de Dieu dans les merveilles de la nature*, Paris 1749, Dritter Gesang, S. 35–36. Andere Beispiele liefern François de Fénelon, *Les aventures de Télémaque*, Paris 1968, S. 127; dt. *Die Abenteuer des Telemach*, Stuttgart 1984; Claude Prosper Jolyot de Crébillon, *Électre*, Paris 1709, 2. Akt, S. 18; Charles de Lagrange, *Alceste*, Paris 1704, 2. Akt, S. 16 f. Desgleichen Voltaire im Ersten Gesang von *La Henriade*.
57   Zu den Darstellungen des Sturms bei Thomson und dem Einfluß des Psalmisten sowie Vergils, vgl. Maurice Pla, *Les saisons de James Thomson (1700–1748). Étude générique de la Géorgique*, Doktorarbeit, Toulouse 1978, *passim*, insbesondere S. 478 ff.
58   Monique Brosse, *La littérature de la mer en France, en Grande-Bretagne et aux États-Unis (1829–1870)*, Doktorarbeit, Paris und Lille 1978 und 1983, Bd. I, S. 294 f.
59   Lange Ausführungen dazu im Werk von Eugène de Saint-Denis, *op. cit.*, S. 285 ff. Leider krankt das quellenreiche Buch an dem psychologischen Anachronismus des Autors.
60   Die Frage, welchen Einfluß Lukrez auf die Meeresvorstellungen des klassischen Zeital-

Anmerkungen

ters genommen hat, muß hier offen bleiben, da sie weit über den vorgesehenen Rahmen hinausgeht. Seine anschaulichen Schilderungen von der bewegten Weite des Ozeans fanden jedenfalls nicht das gleiche Echo wie die Darstellungen, in denen Horaz die Monotonie des Meeres beschreibt, zumal die damals herrschende Ästhetik eine positive Bewertung des weiten, grenzenlosen Raums, an dessen Horizont der Blick sich verliert, zurückwies. Auch die eher deskriptive als symbolische Literatur, die sich seit Ende des 1. Jh. nach Christi Geburt mit der maßlosen Weite des Meeres beschäftigt hat, scheint die Autoren der modernen Zeiten kaum zu inspirieren. Vgl. dazu Agnès Paulian, »Paysages océaniques dans la littérature latine«, in: *Caesarodunum*, Paris 1978, Nr. 13, S. 23 ff.

61 Pater Bouhours, *op. cit.*, S. 11, stellt diese Behauptung mit großem Nachdruck auf.
62 Vgl. das fundamentale Werk von Margaret Deacon, *Scientists and the sea, 1650–1900. A study of marine science*, London / New York 1971, S. 31.
63 Albertus Magnus hatte das Problem durch einen Rückgriff auf die Vorsehung gelöst und die Hypothese aufgestellt, Gott habe einen Teil der Erde durch ein Wunder freigelegt, um dem Menschen und den Tieren eine Heimat zu geben. Vgl. Numa Broc, *op. cit.*, S. 68.
64 Weitere Ausführungen zu diesem Thema finden sich bei Margaret Deacon, *op. cit.*, S. 5 ff.
65 Zahlreiche Stiche aus dem 16. Jahrhundert stellen diese grauenvollen Orte dar. Pater Fournier, *op. cit.*, S. 341, geht ausführlich darauf ein.
66 Ein Beispiel ist das Buch *A submarine voyage* von Thomas Heyrick aus dem Jahr 1691.
67 Zum Problem der Grenzen zwischen dem Kosmos und dem Chaos, dem Heiligen und dem Unreinen, dem Zivilisierten und dem Wilden in der antiken Kultur und zur veränderten Einstellung des modernen Zeitalters, zur Frage der Laizisierung, der Neutralisierung und der neuen Gleichgültigkeit, vgl. Françoise Paul-Lévy und Marion Ségaud in: *Anthropologie de l'espace*, Paris 1983, S. 9 ff. Das Meer stellt allerdings, insbesondere für die Inselvölker, nicht immer eine Grenze dar.
68 Strabon, *Erdbeschreibungen*, zitiert bei Paul Pedech, »Le paysage marin dans la géographie grecque«, in: *Caesarodunum*, Paris 1978, Nr. 13, S. 30–40.
69 Vgl. O. A. W. Dilke, »Graeco-roman perception of the mediterranean«, in: *L'homme méditerranéen et la mer, op. cit.*, S. 54.
70 Paul Pedech, *art. cit.* Zur poetischen Naturdarstellung in diesem Werk, vgl. Paul Schitt, »Avienus et le golf Tartessien«, in: *Caesarodunum, op. cit.*, S. 217 ff. Dabei dürfen wir nicht vergessen, daß die antike Geographie weitgehend auf Fiktionen und Vorstellungen beruht. Vgl. Christian Jacob und Franck Lestringant, *Arts et légendes d'espaces*, Paris 1981, und Christian Jacob, »Logiques du paysage dans les textes géographiques grecs. Quelques propositions méthodologiques«, in: *Lire le paysage, op. cit.*, S. 159 ff.
71 François de Fénelon, *op. cit.*, S. 493.
72 Jean Racine, *Phèdre*, Straßburg 1911; dt. *Phädra*, Frankfurt am Main / Hamburg 1961, 1. Akt, 3. Szene, S. 19.
73 François de Fénelon, *op. cit.*, S. 65, 66, 118, 317, 332, 341.
74 Vgl. Raymond Bloch, »Les dieux de la mer dans l'antiquité classique«, in: *L'homme méditerranéen et la mer, op. cit.*, S. 439 f.
75 Zitiert bei Pierre de Latil und Jean Rivoire, *op. cit.*, S. 16.
76 Daran erinnert Pater Fournier in seiner *Hydrographie, op. cit.*, S. 348.
77 Zitiert bei Agnès Paulian, *art. cit.*, S. 28.
78 Vgl. Pater Bouhours, *op. cit.*, S. 16 ff.; und Pater Fournier, *op. cit.*, S. 341.
79 Vgl. Michèle S. Plaisant, *La sensibilité dans la poésie anglaise au début du XVIIIe siècle. Évolution et transformation*, Doktorarbeit, Paris / Lille 1974, Bd. II, S. 519.
80 · Vgl. Christian Jacob, *art. cit.*, S. 165.
81 Vgl. dazu Claire Préaux, Simon Byl und Georges Nachtergael, *Le paysage grec*, Brüssel 1979, S. 16 f.
82 In der franz. Dichtung des beginnenden 17. Jh. wiederholt sich dieses Thema; von Tristans *Mort d'Hippolyte* bis zu Saint-Amants *Andromède*, vgl. Jean-Pierre Chauveau, »La mer et l'imagination des poètes au XVIIe siècle«, in: *XVIIe siècle*, Paris 1970, Nr. 86–87, S. 107–134.
83 Jean Delumeau, *op. cit.*, S. 31.

Anmerkungen

84 Dennoch mußte der Held die ganze Insel vom Wasser aus in Augenschein nehmen, um symbolisch von seinem Territorium Besitz zu ergreifen. Vgl. dazu Abraham Moles und Élisabeth Rohmer, *Labyrinthes du vécu. L'espace: matière d'actions*, Paris 1982, S. 55 ff.
85 Vgl. Alain Corbin, *Le miasme et la jonquille*, Paris 1982, S. 56 f.; dt. *Pesthauch und Blütenduft*, Berlin 1984, S. 70 f.
86 Samuel Taylor Coleridge, *The rime of the ancient mariner / Der alte Seefahrer*, zweisprachige Ausgabe, Frankfurt am Main 1963.
87 Vgl. Christiane Deluz, *art. cit.*
88 Unter ›Touristen‹ sind hier jene Reisenden zu verstehen, die bei ihrer Fahrt durch Europa dem angelsächsischen Modell der *Grand Tour* folgen.
89 Charles de Montesquieu, *Oeuvres complètes*, Paris 1950, Bd. II, S. 1061.
90 Charles de Brosses, *Journal du voyage en Italie. Lettres familières*, Grenoble 1972, Bd. I, S. 41; ebenso das folgende Zitat.
91 *Ibid.*, S. 255. Neununddreißig Jahre später, 1778, schifft Brissot in Boulogne nach England ein; in seinen Memoiren beklagt er seine Unfähigkeit, sich dem Übel zu widersetzen: »Ich kämpfte gegen die Seekrankheit an, solange ich konnte, indem ich Riechsalz nahm, nichts aß und immer draußen auf der Brücke blieb.« Vgl. Jacques Pierre Brissot, *Mémoires*, Paris 1830, Bd. I, S. 297. Die Überfahrt des Jacques Henri Meister im Jahre 1789 mutet an wie eine beinahe zwölf Stunden währende Agonie. Vgl. Jacques Henri Meister, *Souvenirs de mes voyages en Angleterre*, Zürich 1775, S. 2.
92 Adolphe Blanqui, *Voyage d'un jeune Français en Angleterre et en Écosse*, Paris 1824, S. 2 f.
93 Astolphe de Custine, *Mémoires et voyages ou lettres écrites à diverses époques*, Paris 1830, Bericht über den 28. August 1822, Bd. II, S. 297 ff.
94 Margaret Deacon, *op. cit.*, S. 74–172, hebt die Bedeutung dieser Periode, in der die Meereskunde einen bemerkenswerten Fortschritt erzielt, nachdrücklich hervor.
95 Robert Mandrou und Robert Muchembled haben sich intensiv mit diesem weitreichenden Thema beschäftigt.

Die anfänglichen Formen der Bewunderung

1 Vgl. Antoine Adam, *Histoire de la littérature française au XVIIe siècle*, Paris 1962, Bd. I, S. 79–89 (zu Théophile de Viau), S. 92–98 und S. 375–380 (zu Saint-Amant), S. 369–375 (zu Tristan l'Hermite). Mit der Frage, welche besonderen Reize diese Dichter dem Aufenthalt am Meeresufer abgewinnen konnten, beschäftigen sich Jean-Pierre Chauveau, *art. cit.*, S. 107–134, und Jacques Bailbé, »Les paysages chez Saint-Amant«, in: *Cahiers de l'Association internationale des études françaises*, Mai 1977, Nr. 29.
2 In diesem Punkt folgen viele Dichter des 17. Jahrhunderts den zitierten Autoren des vorhergehenden Jahrhunderts. Vgl. Jean-Pierre Chauveau, *art. cit.*, S. 113–115.
3 *Ibid.*, S. 115–117.
4 Tristan l'Hermite, *Mer*.
5 Jean Pierre Chauveau, *art. cit.*, S. 125, zu den Meeresbeschreibungen, die Pierre Le Moyne in seinem Werk *Peintures morales*, Paris 1643, liefert.
6 Dies ist ein wesentlicher Aspekt des Bewertungssystems. Vgl. Gérard Genette, »L'univers réversible«, in: *Figures*, Paris 1966, S. 9–20 und S. 29–36; ferner Yvonne Bellenger, *art. cit.*, S. 21.
7 Die Zitate stammen aus dem Gedicht »Le Contemplateur«. Marc Antoine de Gérard, Sieur de Saint-Amant, *Oeuvres*, hrsg. von Jacques Bailbé, Paris 1981, Bd. I, S. 49–69.
8 Jacques Thuillier, »Le paysage dans la peinture française du XVIIe siècle: de l'imitation de la nature à la rhétorique des belles idées«, in: *Cahiers de l'Association internationale des études françaises*, Mai 1977, Nr. 29.
9 Marc Fumaroli, Vorwort zu Henri de Campion, *Mémoires de Henri de Campion*, Paris 1967, S. 18.
10 Henri de Campion, *op. cit.*, S. 172 f.

Anmerkungen

11 Fortin de la Hoguette, *Testament*, zit. bei Marc Fumaroli in: Henri de Campion, *op. cit.*, S. 317.
12 Noémi Hepp, »Moisant de Brieux devant l'antiquité classique«, in: *La Basse-Normandie et ses poètes à l'époque classique*, Caen 1977, S. 218f.
13 »Man träumt sanft, wenn man am Ufer des Meeres entlang spaziert«, gesteht die Grande Mademoiselle am 14. Mai 1660 gegenüber Madame de Motteville; vgl. Jean Rousset, *La littérature de l'âge baroque en France*, Paris 1954, S. 279, Anm. 14.
14 Zum Thema der Physikotheologie in England haben wir Michèle Plaisant viele Informationen zu verdanken; vgl. M. Plaisant, *op. cit.*, Bd. I, S. 5–11, und Bd. II, S. 972ff.
15 Vor allem John Ray bringt 1691 die Rolle der Vorsehung wieder ins Spiel. Vgl. John Ray, *The wisdom of God manifestated in the works of creation*, London 1691, zitiert nach der franz. Ausgabe *L'existence et la sagesse de Dieu manifestées dans les œuvres de la Création*, Utrecht 1714.
16 Diese Überzeugung vertreten insbesondere John Woodward, *The natural history of the earth*, London 1726, zitiert nach der französischen Ausgabe *Géographie physique ou essay sur l'histoire naturelle de la terre*, Paris 1735, S. 27, und William Whiston, *op. cit.*, S. 271.
17 William Derham, *Physico-Theology: or a demonstration of the being and attributes of God, from his works of creation*, zitiert nach der französischen Ausgabe *Théologie physique*, Rotterdam 1726, passim.
18 Vgl. John Woodward, *op. cit.*, S. 53f. Auch William Derham versteht die nachsintflutliche Erde als eine durch Neuschöpfung reorganisierte Trümmerlandschaft.
19 John Woodward, *op. cit.*, S. 35. Die Landschaft war bis dahin im allgemeinen für Überreste einer vollkommenen, bei der Schöpfung geformten und seitdem zerfallenden Erde gehalten worden. Die natürliche Theologie widerspricht dieser Vorstellung in zwei Punkten: Sie geht von einer Neugestaltung der Erde nach der Sintflut aus und lehnt den Gedanken eines permanenten Zerfalls ab. Vgl. auch Roy Porter, *op. cit.*, S. 43–46.
20 William Whiston, *op. cit.*, S. 368ff.
21 William Derham, *op. cit.*, S. 602.
22 Abbé Antoine Pluche, *Le spectacle de la nature ou entretiens sur les particularités de l'histoire naturelle*, Paris 1739, Bd. III, S. 289.
23 Jean Ehrard, *op. cit.*, Bd. I, S. 186ff.
24 Roy Porter, *op. cit.*, S. 102.
25 Michèl S. Plaisant, *op. cit.*, Bd. II, S. 592 und S. 990.
26 Die zunehmende Anziehungskraft dieses Themas paßt natürlich genau zum Aufstieg der Ästhetik des Erhabenen.
27 Nach der Revolution von 1688 orientieren die Whigs sich an der Philosophie von John Locke, die mit dem Ordnungs- und Harmoniegefühl des Newtonschen Universums übereinstimmt. Vgl. Michelle Plaisant, *op. cit.*, Bd. I, S. 24f.
28 Bernard Nieuwentijdt, *Het regt gebruik der werelt beschouwingen*, Amsterdam 1717, zitiert nach der französischen Ausgabe *L'existence de Dieu démontrée par les merveilles de la nature*, Amsterdam 1760.
29 Vgl. dazu Paul van Tieghem, *Le sentiment de la nature dans le préromantisme européen*, Paris 1960, S. 14–16. 1750 veröffentlicht Johann George Sulzer seine *Unterredungen über die Schönheit der Natur*, Berlin 1750; ein spätes Beispiel jener Reisenden, die sich von dem Wunsch getrieben fühlen, die gottgewollten Schönheiten der Natur zu bewundern.
30 Zwischen 1633 und 1636 bringt Pater Yves de Paris sein Werk *La théologie naturelle* heraus. In seinen teils weite Spaziergänge unter freiem Himmel, bei denen er das dauernde Schauspiel der Wunder der Natur genießen kann. Mit einer extrem scharfen Wahrnehmung begabt, verherrlicht er die Dünste am Horizont, den Sonnenaufgang und den Sonnenuntergang. Der kleinste Grashalm gibt ihm Anlaß zur beschaulichen Betrachtung, in die er sich bis zur Extase hineinsteigert. Vgl. Henri Brémond, *Histoire littéraire du sentiment religieux en France... Paris 1964, Bd. I, S. 431–443*.
31 *Ibid.*, S. 336.
32 *Psalm 104, 6 und 7; Psalm 33, 7.*

Anmerkungen

33 *Jeremia* 5, 22.
34 *Buch Hiob* 38, 11.
35 Zitiert bei Pater Bouhours, *op. cit.*, S. 27.
36 Vgl. Louis Racine, *op. cit.*, Erster Gesang, S. 4; und Kardinal Pierre de Bernis, *La religion vengée*, Paris 1796, Dritter Gesang, S. 51.
37 Paul Alexandre Dulard, *op. cit.*, S. 35.
38 Richard Blackmore, *Creation. A philosophical poem*, Dublin 1727, 1. Buch, S. 20f.
39 Vgl. Bernard Nieuwentijdt, *op. cit.*, S. 273; John Ray, *op. cit.*, S. 82ff.; Johann Albert Fabricius, *op. cit.*, S. 147; Abbé Antoine Pluche, *op. cit.*, Bd. III, S. 195; Paul Alexandre Dulard, *op. cit.*, S. 38.
40 Abbé Antoine Pluche, *op. cit.*, Bd. III, S. 197.
41 *Ibid.*, Bd. III, S. 194.
42 Bernard Nieuwentijdt, *op. cit.*, S. 282.
43 *Ibid.*, S. 274f.; vgl. auch William Derham, *op. cit*, S. 66, und Johann Albert Fabricius, *op. cit.*, S. 146.
44 *Ibid.*, S. 339.
45 Erik Pontoppidan, *op. cit.*, S. 66ff.
46 Dominique Bouhours, *op. cit.*, S. 41.
47 James Thomson, *The seasons*, in: *Complete poetical works*, London 1951; dt.: *Jahreszeiten*, Berlin 1805.
48 Vgl. Bernard Nieuwentijdt, *op. cit.*, S. 274ff.
49 *Ibid.*, S. 284; Richard Blackmore, *op. cit.*, S. 21; Abbé Antoine Pluche, *op. cit.*, Bd. III, S. 190; Paul Alexandre Dulard, *op. cit.*, S. 38.
50 Vgl. Abbé Antoine Pluche, *op. cit.*, Bd. III, S. 274f.
51 Vgl. Paul Alexandre Dulard, *op. cit.*, S. 65.
52 François de Fénelon, *Démonstration de l'existence de Dieu*, zitiert bei Jean Ehrard, *op. cit.*, Bd. II, S. 622.
53 Vgl. Abbé Antoine Pluche, *op. cit.*, Bd. III, S. 211.
54 Pater Dominique Bouhours, *op. cit.*, S. 25.
55 Vgl. Bernard Nieuwentijdt, *op. cit.*, S. 278.
56 Insbesondere die Bilder von der Sintflut und von den Grenzen, die Gott gesetzt hat.
57 John Ray, *op. cit.*, S. 82.
58 Vgl. Johann Albert Fabricius, *op. cit.*, S. 125.
59 Pater Dominique Bouhours läßt Eugène diesen Gedanken aussprechen, *op. cit.*, S. 31. Ähnliche Vorstellungen über die unter Wasser lebenden Geschöpfe vertritt Erik Pontoppidan, *op. cit.*, S. 149.
60 Pater Dominique Bouhours, *op. cit.*, S. 31.
61 Paul Alexandre Dulard, *op. cit.*, S. 44.
62 John Woodward, *op. cit.*, S. 149.
63 Pater Dominique Bouhours, *op. cit.*, S. 10f.
64 Wir dürfen das Gewicht der finalistischen Vorstellungen bei den Gelehrten des 18. und sogar des beginnenden 19. Jahrhunderts nicht unterschätzen.
65 Vgl. Daniel Mornet, *Le sentiment de la nature en France de Jean-Jacques Rousseau à Bernardin de Saint-Pierre*, Paris 1907; auf S. 287–291 finden sich interessante Bemerkungen zum Thema des Meeres in der Literatur.
66 Jacques Henri Bernardin de Saint-Pierre, *Études de la Nature*, in: *Œuvres complètes*, Paris 1818, Bd. III, S. 150f.
67 *Ibid.*, S. 154 und 213.
68 Jacques Henri Bernardin de Saint-Pierre, *Harmonies de la Nature*, in: *Œuvres posthumes de J. H. Bernardin de Saint-Pierre*, Paris 1833, Bd. II, S. 183.
69 So empfindet Misson, der nicht nur nach Italien, sondern auch nach Holland fuhr; vgl. François Maximilien Misson, *Nouveau voyage d'Italie fait en l'année 1688*, Paris 1691, Bd. I, S. 2ff. Entsprechend äußert sich auch Diderot nach seiner Reise von 1773–1774; vgl. Denis Diderot, *Voyage en Hollande et dans les Pays-Bas autrichiens*, in: *Œuvres complètes*, Paris 1971, Bd. XI, S. 365.

Anmerkungen

70 Diese Verbundenheit steht im Rahmen des von Max Weber hergestellten Zusammenhangs zwischen der Religion und dem wirtschaftlichen Aufschwung.
71 Vgl. Roelof Murris, *La Hollande et les Hollandais au XVIIe et XVIIIe siècles vus par les Français*, Paris 1925, S. 30f. Der Autor berichtet unter anderem über die Einschätzungen von François Janiçon, *État présent de la République des Provinces-Unies*, Den Haag 1729–1730, der die Holländer bewundert, weil sie den Fluten Grenzen setzen, und über die Ansichten, die Daignan 1777 äußert; vgl. Roelof Murris, *op. cit.*, S. 37.
72 Denis Diderot, *op. cit.*, S. 337.
73 So äußert sich Abbé Coyer im Jahr 1769, *Voyage d'Italie et de Hollande*, Paris 1775, Bd. II, S. 220.
74 Desgleichen Carlo Pilati di Tassulo, *Voyage de la Hollande ou Lettres sur ce pays*, Haarlem 1790, Bd. I, S. 74 ff., Brief vom 20. Juni 1778.
75 François M. Misson, *op. cit.*, Bd. I, S. 142.
76 Vgl. Wolfgang Stechow, *Dutch landscape painting of the 17th century*, London 1968, S. 110–123; F. C. Willis, *Die niederländische Marinemalerei*, Leipzig 1911; Lionel Preston, *Sea and river painters of the Netherlands in the seventeenth century*, London 1937; Laurens J. Bol, *Die Holländische Marinemalerei des 17. Jahrhunderts*, Braunschweig 1973; Georges Shepard Keyes, *op. cit.*, S. 17 ff.
77 Vgl. Wolfgang Stechow, *op. cit.*, S. 110–114.
78 Die neue Empfindsamkeit, mit der ich mich hier befasse, entsteht ungefähr zur gleichen Zeit, in der die Reise nach Holland bei den Franzosen in Mode kommt, Murris zufolge um 1745.
79 Vgl. Roelof Murris, *op. cit.*, S. 25.
80 *Ibid.*, S. 23.
81 Vgl. François M. Misson, *op. cit.*, Bd. I, S. 11.
82 Vgl. Carlo Pilati, *op. cit.*, Bd. I, *passim.*
83 Madame du Bocage, *Recueil des œuvres de Madame du Bocage*, Lyon 1764, Bd. III, S. 101, Brief an ihre Schwester vom 20. Juni 1750.
84 Charles Ogier schreibt beispielsweise schon 1636, wie sehr er diese Szenen liebt, und 1719 schwärmt Abbé Pierre Sartre von der starken Wirkung dieser Belebtheit; vgl. Roelof Murris, *op. cit.*, S. 21 und 24.
85 Vgl. *ibid.*, S. 26.
86 Zur Landschaftsmalerei, vgl. E. H. Gombrich, »The renaissance theory of art and the rise of landscape«, in: *Norm and Form*, London 1966, S. 107–121; und Svetlana Alpers, *The art of describing: Dutch art in the XVIIth century*, Chicago 1983.
87 Jean-Nicolas de Parival, zitiert bei Roelof Murris, *op. cit.*, S. 26.
88 François M. Misson, *op. cit.*, Bd. I, S. 6.
89 Aus David Humes Reisetagebuch, zitiert bei Olivier Brunet, *Philosophie et esthétique chez David Hume*, Paris 1965, S. 41. Auch andere Reisende schreiben über diesen Eindruck, insbesondere Madame du Bocage, *op. cit.*, Bd. III, S. 82, Brief aus Den Haag vom 20. Juni 1750; Abbé Coyer, *op. cit.*, Bd. II, S. 238; etwas später dann Joseph Marshall, *Voyages dans la partie septentrionale de l'Europe, pendant les années 1768, 1769 et 1770*, Paris 1776, S. 11 f., und Samuel Ireland, *A Picturesque Tour through Holland, Brabant and part of France made in the autumn of 1789*, London 1789, Bd. I, S. 23; noch später berichtet André Thouin, *Voyage dans la Belgique, la Hollande et l'Italie*, Paris 1841, Bd. I, S. 309, von ähnlichen Eindrücken im Februar 1795 bei seinem Aufenthalt in Buyskloot.
90 Abbé Coyer, *op. cit.*, Bd. II, S. 259.
91 Vgl. André Thouin, *op. cit.*, Bd. I, S. 172.
92 Denis Diderot, *op. cit.*, S. 429, erklärt Amsterdam aus diesem Grund für eine verseuchte Stadt. Joseph Marshall, *op. cit.*, S. 88, findet den Geruch für die Fremden unerträglich; ähnliches äußern sich Doktor Edward Rigby, *Dr. Rigby's letters from France*, London 1880, und André Thouin, *op. cit.*, Bd. I, S. 282.
93 François M. Misson, *op. cit.*, Bd. I, S. 11, hält die Region von Den Haag für die gesündeste des Landes; desgleichen Aubry de La Motraye, zitiert bei Roelof Murris, *op. cit.*, S. 33.
94 Vgl. François M. Misson, *op. cit.*, Bd. I, S. 11; und Carlo Pilati, *op. cit.*, Bd. I, S. 47.

Anmerkungen

95   *Ibid.*
96   Samuel Ireland, *op. cit.,* Bd. I, S. 72 f.
97   Samuel-François l'Honoré, *La Hollande au XVIIe siècle ou Nouvelles lettres contenant des remarques...,* Den Haag 1779, S. 67. Der Autor unternahm die Reise 1776.
98   Vgl. Denis Diderot, *op. cit.,* S. 425 ff.; und Ann Radcliffe, *A journey made in the summer of 1794, through Holland and the west frontier of Germany,* London 1795, S. 48.
99   Vgl. François M. Misson, *op. cit.,* Bd. I, S. 11.
100 Diese Gewohnheit beschreiben Abbé Coyer, *op. cit.,* Bd. II, S. 266; Carlo Pilati, *op. cit.,* Bd. II, S. 174; und Joseph Marshall, *op. cit.,* S. 32.
101 Carlo Pilati, *op. cit.,* Bd. II, S. 176.
102 Vgl. Joseph Marshall, *op. cit.,* S. 32.
103 Samuel Ireland, *op. cit.,* Bd. I, S. 74, schreibt 1789: »Mir scheint, daß es seit van Goyen, Simon de Vlieger und anderen trefflichen Malern, die diesen Anblick ihres Stiftes für würdig hielten, wenig Veränderung gegeben hat.«
104 Ein Bild von Albrecht Dürer aus dem Jahr 1598 ist verloren gegangen. Vgl. Wolfgang Stechow, *op. cit.,* S. 102, und Erwin Panofsky, *Albrecht Dürer,* Princeton 1948, S. 10.
105 Besonders Aert von der Neer.
106 Davon zeugt sein *Scheveningen* aus dem Jahr 1658.
107 Vgl. das Scheveningen-Gemälde von Simon de Vlieger aus dem Jahr 1643.
108 Manchmal sind es auch dieselben.
109 Vgl. Wolfgang Stechow, *op. cit.,* S. 109.
110 Vgl. David Cordingly, *Marine painting in England, 1700–1900,* Studio Vista 1974, S. 15 f.
111 So etwa Samuel Ireland.
112 Einer dieser Reisenden ist Joseph Marshall.
113 Vgl. Denis Diderot, *op. cit.,* S. 462.
114 André Thouin, *op. cit.,* Bd. I, S. 227.
115 Zahlreiche römische Schriftsteller rühmen mit Tacitus die wunderschöne Küste von Kampanien; vgl. Cornelius Tacitus, *Historien,* Stuttgart 1959, III. Buch. Vgl. auch D. Goguey, »La Campanie dans la littérature latine: réalités géographiques«, in: *Caesarodunum,* 1978, Nr. 13, S. 18 f.; und R. F. Paget, »From Baiae to Misenum«, in: *Vergilius,* London 1971, Bd. XVII, S. 22–38.
116 Cornelius Tacitus, *op. cit.,* I, 2.
117 Vgl. Anne-Marie Taisne, »Peintures des villas chez Stace«, in: *Caesarodunum,* 1978, Nr. 13, S. 40 ff.
118 Vgl. Eugène de Saint-Denis, *op. cit.,* S. 159–176. Für den allgemeinen Zusammenhang ist auch das klassische Werk von Henry Rushton Fairclough von Interesse, *Love of nature among the greeks and romans,* New York 1963 (Reprint).
119 Siehe S. 195 ff.
120 Dabei darf natürlich auch der Besuch Venedigs auf dem manchmal für bequemer gehaltenen Weg über die Adriaküste nicht vergessen werden.
121 Vgl. Élisabeth Chevallier, »La découverte des paysages de l'Itali...: le *voyage pittoresque* de l'abbé de Saint-Non«, *Caesarodunum,* 1978, Nr. 13, S. 89–108.
122 François M. Misson, *op. cit.,* Bd. I, S. 273.
123 Richard Lassel, zitiert bei Elizabeth Wheeler Manwaring, *Italian landscape in 18th century England. A study chiefly of the influence of Claude Lorrain and Salvator Rosa on English taste. 1700–1800,* New York 1965, S. 9.
124 Charles de Brosses, *op. cit.,* Bd. I, S. 242 und 227.
125 Abbé Barthélemy, *Voyage en Italie de Monsieur l'abbé Barthélemy,* Paris 1801, S. 55.
126 Abbé Coyer, *op. cit.,* Bd. I, S. 239.
127 Vgl. Michelle Plaisant, *op. cit.,* Bd. I, S. 73.
128 Ein englischer Aristokrat verlangt, daß ihm die Werke von Horaz mit ins Grab gegeben werden. Der 1745 zur Enthauptung verurteilte Lord Lovat zitiert Horaz auf dem Schafott. Vgl. Michelle Plaisant, *op. cit.,* Bd. I, S. 74.
129 Vgl. Georges Snyders, *La pédagogie en France aux XVIIe et XVIIIe siècles,* Paris 1965; Roger Chartier u. a., *L'éducation en France du XVIe au XVIIIe siècle,* Paris 1976; Jean de

Anmerkungen

Viguerie, *L'institution des enfants. L'éducation en France XVIe–XVIIIe siècle*, Paris 1978, S. 159–194; Daniel Milo, »Les classiques scolaires«, in: *Les lieux de mémoire*, hrsg. von Pierre Nora, Paris 1986, Bd. II, S. 517–562.

130 Vgl. P. A. Février, »La maison et la mer, réalité et imaginaire«, in: *L'homme méditerranéen et la mer*, Tunis 1985, S. 342.

131 Vgl. Alain Schnapp, »Archéologie et tradition académique en Europe aux XVIIIe et XIXe siècles«, in: *Annales, Économies, Sociétés, Civilisations*, Paris 1982, Band 37, Nr. 5–6, S. 760–777.

132 Right Hon. Joseph Addison, *Remarks on several parts of Italy*, London 1705; zitiert nach der franz. Ausgabe *Remarques sur divers endroits d'Italie...*, Paris 1722, Bd. IV.

133 Die klassische Archäologie spielt bis Mitte des 19. Jahrhunderts eine entscheidende Rolle in der soziokulturellen Geschichte des Abendlands. Vgl. Alain Schnapp, *art. cit.*

134 Zur Rolle der *Dilettanti* bei der Wiederentdeckung Griechenlands und zu dem Interesse, das Sammler, Altertumsforscher und klassizistische Architekten Griechenland entgegenbringen, vgl. Fani-Maria Tsigakou, *La Grèce retrouvée*, Paris 1984, S. 18 ff.

135 Vgl. Daniel Roche, *Le siècle des Lumières en province. Académies et académiciens provinciaux. 1680–1789*. Paris, Den Haag, Mouton 1978. Zum Aufstieg des Milieus der Kenner und Amateure in England, vgl. Elizabeth Wheeler Manwaring, *op. cit.*

136 Sehr aufschlußreich ist in diesem Zusammenhang der Bericht von Ellis Veryard, *An account of divers choice remarks... taken in a journey through the Low-Countries, France, Italy, and part of Spain with the isles of Sicily and Malta*, London 1701.

137 Zur *Grand Tour*, vgl. Geoffrey Trease, *The Grand Tour*, London 1967; Christopher Hibbert, *The Grand Tour*, London 1969.

138 Zu den Romreisen des 18. Jahrhunderts, vgl. Jean Rousset, »Se promener dans Rome au XVIIIe siècle«, in: *Thèmes et figures du siècle des Lumières. Mélanges offerts à Roland Mortier*, Genf 1980.

139 Lord Shaftesbury, am Ende seines Lebens in Neapel ansässig, hat durch sein Beispiel viel zur Mode der empfindsamen Seele beigetragen. Vgl. Georges Gusdorf, *Naissance de la conscience romantique au siècle des Lumières*, Paris 1976, S 219–244.

140 Right Hon. Joseph Addison, *op. cit.*, Vorwort.

141 Edward Gibbon, *Mémoires de Gibbon*, Paris 1797, Bd. II, S. 83.

142 Vgl. die Empfehlungen von François Maximilien Misson, *op. cit.*, Bd. II, S. 290 ff.

143 Beispiele dazu die Berichte von Charles de Brosses, *op. cit.*, u. von Abbé Coyer, *op. cit.*

144 So etwa Goethe auf seiner Italienreise 1786.

145 Michel Butor, »Le voyage et l'écriture«, in: *Romantisme*, Paris 1972, Nr. 4, S. 14.

146 Vgl. Élisabeth Chevallier, *art. cit.*, S. 106.

147 Vgl. Olivier Brunet, *op. cit.*, S. 41.

148 Right Hon. Joseph Addison, *op. cit.*, S. 130 f.

149 Charles de Brosses, *op. cit.*, Bd. I, S. 225.

150 Abbé Coyer, *op. cit.*, Bd. I, S. 223.

151 Jean-Baptiste Mercier Dupaty, *Lettres sur l'Italie en 1785*, Rom 1788, Bd. II, S. 176.

152 Vgl. Henri Swinburne, *Travels in the Two Sicilies, in the years 1777, 1778, 1779 and 1780*, London 1783–1785; zitiert nach der französischen Ausgabe *Voyages dans les Deux Siciles de M. Swinburne, dans les années 1777, 1778, 1779 et 1780*, Paris 1785, S. 81, *passim*.

153 Neben den wichtigsten hier genannten Reiseberichten sind die Werke von Guyot de Merville, Abbé J. Richard und vor allem Jérôme J. de Lalande die meistgelesenen der damaligen Zeit.

154 Der junge Bérenger, empfänglich für die Schönheit der heimatlichen Küsten, ergeht sich um 1770 am Strand von Marseille. »Hier«, schreibt er, »atmeten die stolzen Römer, hier seufzte Milon. Caesar ging über denselben Sand.« Laurent Pierre Bérenger, *Les soirées provençales ou Lettres de M. L. P. Bérenger écrites à ses amis pendant ses voyages dans sa patrie*, Paris 1786, Bd. I, S. 99. Vgl. auch Louis Godard de Donville, »Présentation de l'E. R. A. sur la découverte de la Provence au XVIIe siècle«, in: *La découverte de la France au XVIIe siècle*, Paris 1980, S. 551–562.

	Anmerkungen

155 Vgl. Jean-Marie Roland de la Platière, *Lettres écrites de Suisse, d'Italie, de Sicile et de Malte,* Amsterdam 1780, Bd. III, S. 118 f.
156 Vgl. Right Hon. Joseph Addison, *op. cit.,* S. 186.
157 So etwa Jean-Baptiste Mercier Dupaty, *op. cit.,* Bd. II, S. 176.
158 François Maximilien Misson, *op. cit.,* Bd. I, S. 316.
159 Vgl. Right Hon. Joseph Addison, *op. cit.,* S. 185; Abbé Coyer, *op. cit.,* Bd. I, S. 239.
160 Vgl. François Maximilien Misson, *op. cit.,* Bd. I, S. 317.
161 Bei Addison erscheint dieser Aspekt paradox; vgl. Alain Bony, *Joseph Addison et la création littéraire. Essai périodique et modernité,* Doktorarbeit, Paris 1979, S. 395 und S. 566 ff.
162 Eine Ausnahme ist Jean-Baptiste Mercier Dupaty, *op. cit.,* Bd. II, S. 309.
163 Zum Einfluß Vergils auf Thomson, vgl. Maurice Pla, *op. cit.,* passim.
164 Ausgenommen Charles de Brosses, der fasziniert ist von den Freuden des antiken Bajae.
165 Addison kann sich nicht vorstellen, daß die Römer ausgerechnet im *Sommer* an die Bucht von Neapel kamen, um sich an den Stränden zu erholen; er ist überzeugt, daß der Winter die bevorzugte Jahreszeit war. Vgl. Right Hon. Joseph Addison, *op. cit.,* S. 162.
166 Diese Strategie verfeinert sich im Laufe der zweiten Hälfte des Jahrhunderts, wie der Text von Dupaty bezeugt.
167 Moisant de Brieux, *Oeuvres choisies,* Caen 1875, S. 211.
168 Meines Wissens setzt sich erst nach der Veröffentlichung von Humboldts *Kosmos* der Gedanke durch, daß es vergeblich ist, in der *Aeneis* die topographische Beschreibung eines Weges zu suchen. Vgl. Alexander von Humboldt, *Kosmos,* Stuttgart 1844.
169 Right Hon. Joseph Addison, *op. cit.,* Vorwort.
170 So etwa Addison, der versucht, sich von Capri aus die Bucht von Neapel vorzustellen, oder Präsident de Brosses, der sich im Geiste die Schönheit des antiken Ufers vor Augen führt. Vgl. Right Hon. Joseph Addison, *op. cit.,* S. 183; und Charles de Brosses, *op. cit.,* Bd. I, S. 252.
171 Vgl. Henri Swinburne, *op. cit.,* S. 196 ff.
172 Johann Wolfgang von Goethe, *Italienische Reise,* Wiesbaden 1959, S. 324. Zu dieser Reise, vgl. Mikhail Bakhtine, *Esthétique de la création verbale,* Paris 1979, S. 232–257; und Humphry Trevelyan, *Goethe and the Greeks,* Cambridge 1981.
173 Vgl. Right Hon. Joseph Addison, *op. cit.,* S. 192 ff.
174 Vgl. Jean Houel, *Voyage pittoresque des isles de Sicile, de Malte et de Lipari,* Paris 1782, Bd. IV, S. 115.
175 François de Fénelon, *op. cit.,* S. 6 und S. 35.
176 *Ibid.,* S. 38.
177 Zum Einfluß dieses Malers auf Shaftesbury, vgl. Elizabeth Manwaring, *op. cit.,* S. 17.
178 Diese Haltung tritt beispielsweise bei Vivant Denon klar zutage.

ZWEITER TEIL

Die neue Harmonie von Körper und Meer

1 Vgl. insbesondere Raymond Klibansky, Erwin Panofsky und Fritz Saxl, *Saturn and melancholy,* London / New York 1964; dt.: Saturn und Melancholie, Frankfurt/M. 1990. Von großem Interesse für dieses Thema ist auch Jean Starobinski, *Geschichte der Melancholiebehandlung von den Anfängen bis 1900, Acta Psychosomatica,* Bd. 3, Basel 1960. Ein aufschlußreiches Dossier findet sich in *Le Débat,* Nr. 29, März 1984, S. 44 ff.
2 Vgl. Jean Starobinski, *op. cit.,* S. 34 ff.

Anmerkungen

3 Robert Burton, *The anatomy of melancholy*, London 1621, zitiert nach der Londoner Ausgabe von 1893. Zu Burton und dessen Werk, vgl. Jean-Robert Simon, *Robert Burton (1577–1640) et l'anatomie de la mélancholie*, Paris 1964, besonders S. 278 ff.
4 Das läßt vermuten, daß der Einfluß der medizinischen Vorschriften auf die Landschaftsbewertung in den historischen Untersuchungen der deskriptiven Literatur nicht genügend berücksichtigt worden ist.
5 Robert Burton, *op. cit.*, Bd. II, S. 70.
6 *Ibid.*, Bd. II, S. 73.
7 *Ibid.*, Bd. II, S. 74.
8 *Ibid.*, Bd. II, S. 70.
9 *Ibid.*, Bd. II, S. 78.
10 Offenbar verschließt sich ihm dieser Gedanke, da der Aufenthalt am Meer noch keine übliche Praxis ist.
11 Vgl. Keith Thomas, *op. cit.*, S. 243 ff. und S. 252 f.
12 Vgl. Alain Corbin, *op. cit.*, 1. und 2. Teil.
13 Vgl. Paul-Gabriel Boucé, *Les romans de Smollett, Étude critique*, Paris 1971, S. 257 ff.
14 Tobias George Smollett, *An essay of the external use of water*, London 1752.
15 Jean Deprun, *La philosophie de l'inquiétude en France au XVIIIe siècle*, Paris 1979, S. 58.
16 *Ibid.*, S. 90.
17 *Ibid.*, S. 88.
18 Eine genaue Bibliographie der zeitgenössischen Werke zu diesem Thema findet sich bei Jean Starobinski, *op. cit.*; ein typisches Beispiel ist das Werk von Doktor Pierre Pomme, *Traité des affections vaporeuses des deux sexes*, Lyon 1765.
Jüngere Untersuchungen liefern Jean-Pierre Peter, »Entre femmes et médecins in: *Ethnologie française*, Paris 1976; Catherine Fouquet und Yvonne Kniebielher, *La Femme et les médecins*, Paris 1982; Jean-Marie Goulemot, *Présentation de Bienville: De la nymphomanie*, Paris 1980; und Paul Hoffmann, *La femme dans la pensée des Lumières*, Paris 1977.
19 Vgl. Jean Pierre Peter, *art. cit.*; und J. D. T. de Bienville, *La nymphomanie*, Amsterdam 1772; dt.: *Nymphomanie*, Amsterdam / Leipzig 1777.
20 Jean Meyer, *La noblesse bretonne au XVIIIe siècle*, Paris 1966, Bd. II, S. 1220–1224.
21 Vgl. Jean Starobinski, *op. cit.*, S. 32; Starobinski zitiert Goethe, der Werthers Lebensüberdruß als mangelnde Anteilnahme am Rhythmus der Natur definiert und weiter schreibt: »Alles Behagen am Leben ist auf eine regelmäßige Wiederkehr der äußeren Dinge gegründet. Der Wechsel von Tag und Nacht, der Jahreszeiten, der Blüten und Früchte ... sind die eigentlichen Triebfedern des menschlichen Lebens.«
22 Vgl. das erfolgreiche Werk von Doktor Samuel Tissot, *De la santé des gens de lettres*, Lausanne / Paris 1768.
23 Alexander Peter Buchan, *Practical observations concerning sea-bathing with remarks on the use of the warm-bath*, London 1804, zitiert nach der französischen Ausgabe: *Observations pratiques sur les bains d'eau de mer*, Paris 1812.
24 *Ibid.*, S. 97.
25 *Ibid.*, S. 14.
26 *Ibid.*, S. 118.
27 Diese Ansicht vertritt Doktor Robert White, *The use and abuse of sea-water*, London 1775, S. 5.
28 Zitiert bei Alexander Peter Buchan, *op. cit.*, S. 118.
29 John Floyer, *History of cold-bathing both ancient and modern*, London 1732.
30 *Ibid.*, S. 31.
31 *Ibid.*, S. 30.
32 *Ibid.*, S. 69.
33 Siehe S. 147.
34 Jules Michelet, *La mer*, Paris 1983, S. 279.
35 Georges Vigarello, *Le propre et le sale*, Paris 1985, betont die Bedeutung dieser Mode, die er etwas voreilig dem bürgerlichen Geist zuschreibt.

Anmerkungen

36 John Speed, *A commentary on sea-water*, Anhang zu: Richard Russell, *A dissertation on the use of seawater in the diseases of the glands, particularly the scurvy, jaundice, king's evil, leprosy and the glandular consumption*, London 1769, S. 154.
37 Vgl. Joseph Monoyer, *Essai sur l'emploi thérapeutique de l'eau de mer*, Doktorarbeit, Montpellier 1818, S. 14.
38 Vgl. Edmund W. Gilbert, *Brighton, old ocean's bauble*, London 1954, S. 12.
39 *Ibid.*, S. 11, angeregt von C. Morris, *The journeys of Celia Fiennes*, London 1947.
40 Richard Russell, *op. cit.*, S. 110 f., Brief von Doktor Richard Frewin an Doktor Richard Russell.
41 Richard Russell, *op. cit.*, im lateinischen Original erschienen 1750.
42 Siehe *oben*, S. 47.
43 Richard Russell, *op. cit.*, S. 32.
44 *Ibid.*, S. 90.
45 In Frankreich vor allem Théophile de Bordeu.
46 Richard Russell, *op. cit.*, S. 126.
47 *Ibid.*, S. 128.
48 So etwa Doktor John Speed.
49 Hugues Maret, *Mémoire sur la manière d'agir des bains d'eau douce et d'eau de mer et sur leur usage*, Bordeaux 1769.
50 *Ibid.*, S. 94; die Hervorhebungen sind von mir.
51 Es sei denn, er badet morgens.
52 Hugues Maret, *op. cit.*, S. 111.
53 John Awsiter, *Thoughts on Brightelmstone, concerning sea-bathing and drinking seawater with some directions of their use*, London 1768. Vgl. dazu Edmund W. Gilbert, *op. cit.*, S. 66 f.
54 Vgl. Charles de Montesquieu, *L'Esprit des lois*, in: *Œuvres complètes*, Paris 1950.
55 Vgl. Pierre J. B. Bertrand, *Précis de l'histoire physique, civile et politique de la ville de Boulogne-sur-Mer et de ses environs depuis les Morins jusqu'en 1814*, Boulogne 1828, Bd. II, S. 405.
56 Der erste Grundstein des Badeetablissements von Brighton wird 1769 gelegt.
57 So etwa der Strand von Cette; vgl. Jean Viel, *Bains de mer à Cette, de leur puissance hygiénique et thérapeutique, suivi de quelques observations cliniques par le docteur Viel*, Montpellier 1847, S. 21.
58 In Deutschland vertritt Christoph Wilhelm Hufeland die Ansicht, daß die heilsamen Wirkungen des Meerbades vom Salz, dem Wellenschlag, aber auch von elektrischen und magnetischen Strömungen herrühren, die den Lebensgeist anregen.
59 James Currie, *Medical reports, on the effects of water cold and warm as a remedy in fever and other diseases, whether applied to the surface of the body, or used internally*, London 1805.
60 Zitiert bei Edmund W. Gilbert, *op. cit.*, S. 13 f.
61 Anthony Relhan, *Short history of Brightelmstone, with remarks on its air and on analyses of its waters*, London 1761. Mit diesem Werk beschäftigt sich Edmund W. Gilbert, *op. cit.*, S. 63.
62 Vgl. Jane Austen, *Sanditon*, Oxford 1813; dt.: *Sanditon*, München 1980.
63 Vgl. Edmund W. Gilbert, *op. cit.*, S. 43.
64 Vgl. die Debatten, die ab 1793 von Woltmann, Lichtenberg, Hufeland und Vogel ins Leben gerufen werden; siehe S. 329.
65 Für Dieppe sprechen Louis-Aimé Le François, *Coup d'œil médical sur l'emploi externe et interne de l'eau de mer*, Doktorarbeit, Paris 1812, S. 29; Charles-Louis Mourgué, *Journal des bains de mer de Dieppe*, Paris 1823, S. 11 f.; A. M. Gaudet, *Notice médicale sur l'établissement des bains de mer de Dieppe*, Paris 1837. Pierre J. B. Bertrand dagegen rühmt die Vorzüge der Strände von Boulogne, *op. cit.*, Bd. II, S. 531 ff.
66 Edmund W. Gilbert, *op. cit.*, S. 18, weist auf die fortschrittliche Haltung von Doktor John Coakley Lettsom in dieser Frage hin.
67 Vgl. *ibid.*, S. 21 und 27.

Anmerkungen

68 J. Le Cœur, *Des bains de mer, Guide médical et hygiénique du baigneur,* Paris 1846, Bd. I, S. 31.
69 Edmund W. Gilbert, *op. cit.,* S. 79 f., beruft sich hier auf das Buch von Arthur Ladbroke Wigan, *Brighton and its three climates,* London 1834.
70 Vgl. James Currie, *op. cit.,* Bd. II.
71 Schöne Ausführungen zu den durch kräftigen Wellenschlag ausgelösten Lustgefühlen finden sich bei Gaston Bachelard, *L'eau et les rêves,* Paris 1942, S. 214 ff.
72 J. Le Cœur, *op. cit.,* Bd. I, S. 387 f., betont die Bedeutung dieser »moralischen Unterstützung« für Personen, die »von Natur aus furchtsam« sind.
73 Hier sind vor allem Doktor Buchan und Doktor Mourgué zu nennen.
74 Louis-Aimé Le François, *op. cit.,* S. 20, weist darauf hin, daß diese Methode 1812 in England sehr geläufig, im restlichen Europa aber kaum üblich ist.
75 Pierre J. B. Bertrand, *op. cit.,* Bd. II, S. 558.
76 J. Le Cœur, *op. cit.,* Bd. I, S. 339.
77 Charles-Louis Mourgué, *op. cit.,* S. 17.
78 Vgl. Jean Viel, *op. cit.,* S. 87.
79 So etwa, zu einem späteren Zeitpunkt, Eugen von Hartwig, *Das Seebad Ostende. Ein Buch für Kurgäste,* Frankfurt am Main 1845, S. 83.
80 Pierre J. B. Bertrand, *op. cit.,* Bd. II, S. 576.
81 Léopoldine Hugo, *Correspondance,* hrsg. von Pierre Georgel, Paris 1976, S. 218 und 220.
82 Frances Burney, *Diary and letters of Mrs. d'Arblay,* London 1904, Bd. II, S. 128.
83 Die besten Badewärter sind sehr gefragt. Vgl. Rodolphe Apponyi, *Journal du comte Rodolphe Apponyi,* Paris 1913, Bd. I, S. 125.
84 Vgl. Anthony Dale, *The history and architecture of Brighton,* Brighton 1950, S. 22.
85 Vgl. Elisabeth Roudinesco, *La bataille de Cent ans, Histoire de la psychanalyse en France,* Paris 1982, S. 79 f.
86 Gilbert Andrieu, »De l'art de surnager au XIXe siècle dans la Seine«, in: *Revue des Sciences et techniques des activités physiques et sportives,* Nr. 10, Dezember 1984, S. 64–74.
87 Vgl. Georges Vigarello, *Le corps redressé,* Paris 1978, *passim.*
88 Gaston Bachelard, *op. cit.,* S. 224. Es sei angemerkt, daß der Philosoph sich auf späte Beispiele stützt und in der Geschichte der somatischen Empfindungen nicht sehr bewandert ist.
89 Hier ist nicht der Ort für eine ausführliche Behandlung dieses umstrittenen Problems. Ich verweise auf die Debatte zwischen den Anhängern von Norbert Elias und denen, die glauben, daß dieses Gefühl sich bei gleichbleibender Intensität in den verschiedenen Epochen unterschiedlich darstellt, oder daß es sich um eine subtile Strategie der Sinnlichkeit handelt; vgl. Michel Foucault, *La volonté de savoir,* Paris 1976; sowie, aus einer ganz anderen Perspektive, Peter Gay, *The bourgeois experience, Victoria to Freud,* Bd. II, Oxford 1986.
90 Anthony Pasquin (John Williams), *The new Brighton guide,* London 1796, zitiert bei Edmund W. Gilbert, *op. cit.,* S. 15.
91 C. Wright, *The Brighton ambulator,* London 1818, zitiert bei Edmund W. Gilbert, *op. cit.,* S. 55.
92 Jacques de Cambry, *Voyage dans le Finistère,* Brest 1835, S. 205.
93 Siehe *oben,* S. 355.
94 Vgl. den aufschlußreichen Bericht von John Byng, Viscount Torrington, *The Torrington Diaries, containing the Tours through England and Wales between the years 1781 and 1794,* London 1934.
95 Und sofern er nicht jene Halbstiefel benutzt, von denen Doktor Le Cœur, *op. cit.,* Bd. I, S. 323, berichtet.
96 Thomas Pennant, *A tour in Scotland, 1769,* Warrington 1774, S. 19.
97 In Boulogne, betont Doktor Bertrand, »setzt der Fuß überall auf sicheren Grund«. Pierre J. B. Bertrand, *op. cit.,* Bd. II, S. 535.
98 Und, ganz allgemein, ihr großes Gespür für den geeigneten Ort.
99 Vgl. J. Le Cœur, *op. cit.,* Bd. I, S. 390.

Anmerkungen

100 Vgl. Doktor Charles Londe, *Nouveaux éléments d'hygiène*, Paris 1838, Bd. II, S. 296.
101 Vgl. Edmund W. Gilbert, *op. cit.*, S. 14.
102 Vgl. Alexander Peter Buchan, *op. cit.*, S. 71.
103 Der Komfort der Badewagen spielt eine Rolle bei der Beurteilung der Seebäder. Ein anonymer deutscher Reisender macht 1822 darauf aufmerksam, daß der Badegast in Putbus, nicht aber in Doberan über ein Paar Pantoffeln verfügt. Vgl. *Reise eines Gesunden in die Seebäder Swinemünde, Putbus und Doberan*, Berlin 1823.
104 Vgl. Pierre J. B. Bertrand, *op. cit.*, Bd. II, S. 552.
105 Dieses Thema geht über den hier vorgesehenen Rahmen hinaus; ich begnüge mich daher mit einigen Hinweisen.
106 Vgl. den Beitrag von E. Jouy, in: Louis Garneray, *Vues des côtes de France dans l'océan et dans la Méditerranée*, Paris 1823, S. 16.
107 J. Le Cœur, *op. cit.*, Bd. I, S. 307.
108 *Ibid.*, Bd. I, S. 317.
109 Es sei angemerkt, daß keineswegs immer gebadet wird, wenn derartige Geselligkeiten am Strand stattfinden.
110 Vgl. Edmund W. Gilbert, *op. cit.*, S. 12.
111 Vgl. Louis-Aimé Le François, *op. cit.*, S. 26.
112 Vgl. Auguste Bouet, »Les bains de Biarritz«, in: *La France Maritime*, Paris 1837, Bd. III, S. 318 f.
Zu dem Badeort Biarritz im allgemeinen, siehe Pierre Laborde, *Biarritz, huit siècles d'histoire, 200 ans de vie balnéaire*, Biarritz 1984, S. 27 ff.; ferner die Doktorarbeit von Pierre Laborde, *Pays basques et pays landais de l'extrême sud-ouest de la France, étude d'organisation d'un espace géographique*, Bordeaux 1979.
113 Zitiert bei Pierre Laborde, »Biarritz de ses origines à la fin du Second Empire«, in: *Bulletin de la Société des sciences, lettres et arts de Bayonne*, Oktober 1965–Januar 1966.
114 Vgl. Pierre J. B. Bertrand, *op. cit.*, Bd. II, S. 531.
115 E. Jouy, Vorwort zu Louis Garneray, *op. cit.*, S. 28.
116 Vgl. Carlo Pilati di Tassulo, *op. cit.*, Bd. II, S. 176.
117 Vgl. Doktor Thoré, *Promenade sur les côtes du golfe de Gascogne*, Bordeaux 1810, S. 297; Thoré kritisiert die hemmungslose Nacktheit, die sich am Strand entfaltet. Zu diesem alten Streit, siehe auch Josette Pontet, »Morale et ordre public à Bayonne au XVIIIe siècle«, in: *Bulletin de la société des sciences, lettres et arts de Bayonne*, 1974, S. 127 ff.
118 Vgl. J. Le Cœur, *op. cit.*, Bd. I, S. 299.
119 Vgl. Eugen von Hartwig, *op. cit.*, S. 18.
120 Vgl. Paquet-Syphorien, *Voyage historique et pittoresque*, Paris 1831, Bd. II, S. 136.
121 Vgl. Hélène Tuzet, *La Sicile au XVIIIe siècle vue par les voyageurs étrangers*, Straßburg 1955, S. 447; Joseph Hager veröffentlichte seinen Bericht 1795 in Wien.
122 Laurent Pierre Bérenger, *op. cit.*, Bd. II, S. 131.
123 Abbé Coyer, *op. cit.*, Bd. II, S. 126.
124 Vgl. Joseph Monoyer, *op. cit.*, S. 16. Der Autor stammt aus Saint-Tropez.
125 Johann Wolfgang von Goethe, *op. cit.*, S. 326.
126 Patrick Brydone, *A Tour through Sicily and Malta*, London 1773, Bd. I, S. 13 ff.
127 *Ibid.*, S. 13 und S. 352.
128 Vgl. Joseph Monoyer, *op. cit.*, der sich eingehend mit Delpech befaßt.
129 Vgl. Jean Viel, *op. cit.*, S. 37. Doktor Viel rühmt die wohltuenden Sonnenstrahlen später als Doktor Lettsom, aber lange vor der Lyoner Schule. Auch Johann Georg Krünitz preist 1801 die heilsamen Wirkungen der Sonne.
130 Vgl. Pierre-Jean Georges Cabanis, *Rapport du physique et du moral de l'homme*, Paris 1802; dt.: *Über die Verbindung des Physischen und Moralischen in dem Menschen*, Halle / Leipzig 1804.
131 Besonders unter dem Einfluß Albrecht von Hallers.
132 Vgl. Jean Viel, *op. cit.*, S. 42.
133 Vgl. J. Le Cœur, *op. cit.*, Bd. I, S. 214.
134 Vgl. Pierre J. B. Bertrand, *op. cit.*, Bd. II, S. 579–583.

Anmerkungen

135 Vgl. J. Le Cœur, *op. cit.*, Bd. I, S. 411.
136 Vgl. die Korrespondenz des jungen Flaubert, *passim*.
137 Vgl. Pierre J. B. Bertrand, *op. cit.*, Bd. II, S. 578 f.
138 Vgl. Jean Viel, *op. cit.*, S. 69, 90 und 92.
139 Tobias George Smollett, *Travels through France and Italy*, London 1766.
140 John Byng, Viscount Torrington, *op. cit.*, Bd. I, S. 90.
141 Richard Townley, *A journal kept in the Isle of Man, giving an account of the wind, weather and daily occurrences for upwards of eleven months*, Whitehaven 1791. Das Tagebuch umfaßt die Zeit von April 1789 bis April 1790. Zitiert nach der französischen Ausgabe: *Journal tenu dans l'île de Man relatant le temps, les vents et les événements quotidiens sur plus de onze mois*, Paris 1797.
142 *Ibid.*, Bd. I, S. 30.
143 *Ibid.*, Bd. I, S. 116; Notiz vom 19. Juli 1789.
144 *Ibid.*, Bd. I, S. 138. Notiz vom 4. August 1789.
145 *Ibid.*, Bd. I, S. 293; Notiz vom 12. Dezember 1789.
146 Vgl. *ibid.*, Bd. I, S. 293. Hier heißt es: »Einen schöneren Ort für den Rückzug und die private Sphäre kann man sich nicht wünschen.«
147 *Ibid.*, Bd. I, S. 277; Notiz vom 27. November 1789.
148 Vgl. Keith Thomas, *op. cit.*, S. 281 ff.
149 Richard Townley, *op. cit.*, Bd. I, S. 152; Notiz vom 15. August 1789.
150 William Cowper, *Retirement*, London 1782.

Die Rätsel der Welt: Einblicke und Lesarten

1 Vgl. Roy Porter, *op. cit.*, S. 116 ff.
2 Interessante Ausführungen zu diesen Themen finden sich bei Roy Porter, *op. cit.*, S. 104 ff. und 197 ff.
3 *Genesis* 8, 11.
4 Vgl. Rhoda Rappaport, »Geology and orthodoxy: the case of Noah's flood in 18th century thought«, in: *The British journal for the history of science*, Bd. XI, 1978, S. 1–18, vor allem S. 14 f.
5 Nicolas Boulanger, *L'antiquité dévoilée par ses usages, ou examen critique des principales opinions, cérémonies et institutions religieuses et politiques des différents peuples de la terre*, Amsterdam 1766, S. 382.
6 Vgl. Rhoda Rappaport, *art. cit.*, S. 15.
7 Vgl. Benoît de Maillet, *Telliamed ou entretiens d'un philosophe indien avec un missionnaire français*, Amsterdam 1748, Bd. I, S. 110–128.
   Es gibt eine Fülle von Literatur, die sich mit diesem Werk beschäftigt. Hier einige Titel: Albert V. Carozzi, »De Maillet's *Telliamed* (1748): an ultra-neptunian theory of the earth«, in: Cecil J. Schneer, *Toward a history of geology proceedings of the New-Hampshire interdisciplinary conference on the history of geology*, Cambridge, Massachusetts, 1969, S. 80–100. Jüngeren Datums sind die beiden Artikel von Miguel Benitez, »Benoît de Maillet et l'origine de la vie dans la mer: conjecture amusante ou hypothèse scientifique?«, in: *Revue de synthèse*, 3. Serie, Nr. 113–114, Paris 1984, S. 37–54; und derselbe, »Benoît de Maillet et la littérature clandestine: étude de sa correspondance avec l'abbé Le Mascrier«, in: *Studies on Voltaire and the eighteenth century*, Bd. 183, London 1980, S. 133–159. Schließlich Jacques Roger, *Les sciences de la vie dans la pensée française du XVIIIe siècle*, Paris 1963, S. 520 ff.
8 Vgl. die Artikel zu »déluge universal« und »inondation« im *Dictionnaire philosophique*.
9 Georges Louis Leclerc, comte de Buffon, *Histoire et théorie de la terre*, Vortrag vom 3. Oktober 1744 in Montbard, in: *Œuvres complètes*, Paris 1884, S. 94.

Anmerkungen

10 Vgl. Reijer Hooykaas, *Continuité et discontinuité en géologie et biologie,* Paris 1970, besonders S. 44 ff.
11 Siehe auch Roy Porter, *op. cit.,* S. 109 und 192–196.
12 Vgl. Martin Guntau, »The emergence of geology as a scientific discipline«, in: *History of science,* Bd. 16, 1978, S. 285.
13 Albert V. Carozzi, *art. cit.,* S. 81.
14 Zu diesem Aspekt in Buffons Denken, vgl. die Einleitung von Jacques Roger zu Buffons Werk *Les époques de la nature,* Paris 1962, S. XVII. Siehe auch Jean Ehrard, *op. cit.,* Bd. I, S. 208 ff., und Numa Broc, *La géographie des philosophes,* Lille 1972, S. 269 ff.
15 Vgl. Buffon, *Histoire et théorie...*, *op. cit.,* S. 43.
16 Rhoda Rappaport, *art. cit., passim.*
17 Zu dieser Unterscheidung, vgl. Alexander M. Ospovat, »Reflections on A. G. Werner's *Kurze Klassifikation*«, in: Cecil J. Schneer, *op. cit.,* S. 242 ff., und den Artikel von Leroy E. Page, »Diluvialisme and its critics in Great Britain in the early nineteenth century«, in: Cecil J. Schneer, *op. cit.,* S. 257 ff.
18 Zu diesem Konflikt, vgl. Roy Porter, *op. cit.,* S. 196 ff. Es sei angemerkt, daß Leroy E. Page, *art. cit.,* der Meinung ist, der Einfluß des religiösen Gedankenguts auf die Geologen des beginnenden 19. Jahrhunderts sei geringer gewesen, als gemeinhin angenommen wird.
19 Vgl. Richard J. Chorley, Antony J. Dunn und Robert P. Beckinsale, *The history of the study of landforms on the development of geomorphology,* London 1964, Bd. I, S. 54–56. Dieses Werk enthält auch wichtige Überlegungen zu Werners Theorie und zum Neptunismus.
20 Vgl. Roy Porter, *op. cit.,* S. 201 f.
21 Vgl. auch Reijer Hooykaas, *op. cit.,* S. 59.
22 Vgl. Leroy E. Page, *art. cit.,* S. 261 f.; außerdem Dorinda Outram, *Georges Cuvier. Vocation, science and authority in post-revolutionary France,* Manchester 1984.
23 Cuvier zufolge hat das Meer sein Bett verlassen und die Kontinente überschwemmt; der ehemalige Meeresgrund wurde anschließend zum heutigen Festland. Da ein ähnlicher Vorgang sich schon einmal ereignet hatte, als der Mensch noch nicht erschaffen war, besteht der Effekt der Sintflut im Grunde darin, das Meer in sein ursprüngliches Bett zurückgeführt zu haben. Diese Hypothesen lassen sich im großen und ganzen mit der Heiligen Schrift vereinbaren.
24 D. R. Oldroyd, »Historicisme and the rise of historical geology«, in: *History of science,* Bd. 17, 1979, S. 192.
25 Vgl. Numa Broc, *La géographie des philosophes, op. cit.,* S. 603.
26 *Ibid.,* S. 620.
27 Vgl. den interessanten Artikel von François Ellenberger, »De l'influence de l'environnement sur les concepts: l'exemple des théories géodynamiques au XVIIIe siècle en France«, in: *Revue d'histoire des sciences,* Bd. XXXIII, Paris 1980, besonders S. 66 ff.
28 Die gefundenen Muscheln, mit denen ich mich hier nicht näher beschäftigen kann, gelten schon früh als die Medaillons der Erdgeschichte; sie faszinieren die Gelehrten, solange die Problematik der Sintflut sich in der klassischen Form stellt. Vgl. Jacques Roger, Einleitung zu Buffon, *op. cit.,* S. XVI.
29 Vgl. dazu Eugène Wegmann, »André Celsii: remarques sur la diminution de l'eau, aussi bien dans la Baltique que dans l'Atlantique«, in: *Sciences de la terre,* Bd. XXI, 1977, S. 39–52.
30 Genauer gesagt, zu Beginn einer Periode, die ein Drittel der seit der Schöpfung verflossenen Zeit umfaßt, vgl. Eugène Wegmann, *art. cit.,* S. 136.
31 Zwischen 1765 und 1769.
32 Vgl. Eugène Wegmann, »Évolution des idées sur le déplacement des lignes de rivage, origines en Fennoscandie«, in: *Mémoires de la Société vaudoise des sciences naturelles,* 1967, Bd. 14, Nr. 88, S. 129–190, vor allem S. 137 ff.
33 Siehe François Ellenberger, »De l'influence...«, *art. cit.,* S. 50 ff.
34 Benoît de Maillet, *op. cit.,* Bd. I, S. 8 f.
34 Vgl. Margaret Deacon, *op. cit.,* S. 176–180.
36 Zu diesem Aspekt des Werkes von Philippe Buache, vgl. J. Thoulet, »L'étude de la mer au

Anmerkungen

XVIIIe siècle. De Maillet, Buache et Buffon«, in: *Mémoires de l'Académie de Stanislas,* 1908–1909, S. 214–256.

37 Vgl. R. P. de Dainville, »De la profondeur à l'altitude. Des origines marines de l'expression cartographique du relief terrestre par cotes et courbes de niveau«, in: *Le navire et l'économie maritime du moyen âge au XVIIIe siècle, principalement en Méditerranée,* hrsg. von Michel Mollat du Jourdin, Paris 1958.

38 Dies ist nur ein Beispiel, das die Vielfalt möglicher Lesarten illustrieren soll.

39 Vgl. Jean-André Deluc, *Lettres sur l'histoire physique de la terre..., renfermant de nouvelles preuves géologiques et historiques de la mission divine de Moyse,* Paris 1798, Brief vom 1. Juli 1792, S. 223 ff.

40 In der Einleitung zu dem Kolloquium *Mort du paysage? Philosophie et esthétique du paysage,* Paris 1982, S. 27, schreiben François Dagognet, François Guéry und Odile Marcel: »Der Felsen bezeichnet keine Sache, sondern eine Anhäufung von Tragödien.« Die Historizität dieser Lesart ist es, die hier aufgezeigt werden soll.

41 Zu diesem Prozeß, vgl. Alexander M. Ospovat, *art. cit.;* ferner Richard J. Chorley u. a., *op. cit.,* S. 85–86.

42 Die faszinierende Wirkung der Tiefen des Bodens auf die deutschen Romantiker zeigt sich besonders deutlich in Novalis' *Heinrich von Ofterdingen,* Frankfurt am Main / Hamburg 1963; es sei angemerkt, daß Novalis selbst Berghauptmann und ein Schüler Werners war.

43 Vgl. Roy Porter, *op. cit.,* S. 142.

44 *Ibid.,* S. 180 f.

45 Im Zusammenhang mit dem geologischen Querschnitt spricht Martin J. S. Rudwick von dem *artificial cliff;* vgl. Martin J. S. Rudwick, »The emergence of a visual language for geological science. 1760–1840«, in: *History of science,* Bd. 14, 1976, S. 149–195.

46 Henry C. Englefield, *A description of the principal picturesque beauties, antiquities, and geological phenomena of the Isle of Wight,* London 1816.

47 Gleichzeitig gewinnt der Begriff der dokumentarischen Landschaft an Bedeutung.

48 Vgl. Martin J. S. Rudwick, *art. cit.,* S. 176.

49 Siehe dazu Maurice Lévy, *Le roman gothique anglais, 1764–1824,* Toulouse 1968.

50 Vgl. Miguel Benitez, »Benoît de Maillet et l'origine...«, *art. cit.,* S. 44 und 48.

51 Vgl. Numa Broc, *La géographie des philosophes, op. cit.,* S. 292–298.

52 Der Autor des *Telliamed* kann deshalb noch lange nicht als Vorläufer der Evolutionstheorie betrachtet werden; vgl. Miguel Benitez, »Benoît de Maillet et l'origine...«, *art. cit.,* S. 42.

53 Vgl. Sandor Ferenczi, *Schriften zur Psychoanalyse,* Frankfurt am Main 1982, Bd. II, *passim.*

54 Eine einleuchtende Erklärung dazu findet sich bei Miguel Benitez, »Benoît de Maillet et l'origine...«, *art. cit.,* S. 42.

55 Hervorgehoben von Jacques Roger, *Les sciences de la vie..., op. cit.,* S. 524.

56 Anekdote aus dem *Telliamed,* Bd. II, S. 160 f.

57 Vgl. Charles de Montesquieu, *L'esprit des lois,* Amsterdam 1761, S. 84; dt.: *Vom Geist der Gesetze,* Stuttgart 1965.

58 Vgl. Benoît de Maillet, *op. cit.,* Bd. II, S. 197 ff. und S. 215.

59 Vgl. Jacques Roger, Einleitung zu Buffon, *op. cit.,* S. LXX–LXXI, sowie Buffons Text S. 155.

60 Siehe *unten,* S. 254.

61 Vgl. Roy Porter, *op. cit.,* S. 90 ff.

62 Genauer gesagt ab 1730–1735; vgl. *ibid.,* S. 93 ff. Zu diesem Thema siehe auch Keith Thomas, *op. cit., passim;* außerdem das mittlerweile klassische Werk von John Harold Plumb, *Georgian delights,* Boston 1980; und, nicht zu vergessen, die schöne Synthese von Roy Porter, *English society in the eighteenth century,* London 1982.

63 Vgl. Daniel Roche, *op. cit.,* Bd. I, S. 125 f. und S. 155–176.

64 *Ibid.,* S. 125.

65 Vgl. François Ellenberger, »Aux sources de la géologie française. Guide de voyage à

l'usage de l'historien des sciences de la terre sur l'itinéraire Paris – Auvergne – Marseille«, in: *Histoire et nature. Cahiers de l'Association pour l'histoire des sciences de la nature*, Nr. 15, 1979, S. 3–29, vor allem S. 28.
66 Zu dieser Entwicklung, vgl. Roy Porter, *The making...*, op. cit., S. 173.
67 Barthélemy Faujas de Saint-Fond, *Voyage en Angleterre, en Écosse et aux îles Hébrides ayant pour objet les sciences, les arts, l'histoire naturelle et les mœurs*, Paris 1797, Bd. I, S. 370.
68 *Ibid.*, Bd. II, S. 42.
69 *Ibid.*, Bd. II, S. 44.
70 Barthélemy Faujas de Saint-Fond, *Description de l'île de Staffa, l'une des Hébrides et de la grotte de Fingal*, Paris 1800, S. 13.
71 L. A. Necker de Saussure, *Voyage en Écosse et aux îles Hébrides*, Genf / Paris 1821, Bd. I, S. 137 f.
72 *Ibid.*, Bd. II, S. 492 und 498.
73 *Ibid.*, Bd. III, S. 39.
74 Thomas Pennant, *Arctic zoology*, London 1784–1787, Bd. I, S. 32.
75 Vgl. Keith Thomas, op. cit., S. 283.
76 Vgl. die Beispiele bei Margaret Deacon, op. cit., S. 251 ff.
77 Vgl. François Carré, *Les océans*, Paris 1983.
78 Johann Wolfgang von Goethe, op. cit., S. 92 f.
79 Darauf beruht auch die starke Anziehungskraft der Fischmärkte.
80 Vgl. Keith Thomas, op. cit., S. 283. Dazu auch Peter S. Dance, *Shell collecting, a history*, Berkley 1966; und Jean Ehrard, op. cit., Bd. I, S. 192 ff.
81 Vgl. Jean-Victor Audouin und Henri Milne-Edwards, *Recherches pour servir à l'histoire naturelle du littoral de la France. Voyage à Granville, aux îles Chausey et à Saint-Malo*, Paris 1832.
82 Armand de Quatrefages de Bréau, »Souvenirs d'un naturaliste, l'île de Bréhat, le Phare des Héhaux«, in: *Revue des deux mondes*,. 15. Februar 1844, S. 619.
83 Jean-Victor Audouin und Henri Milne-Edwards, op. cit., S. II.
84 Audouin, Milne-Edwards und später auch Armand de Quatrefages halten sich zwischen Grandville und der Insel Bréhat auf.
85 Jean-Victor Audouin und Henri Milne-Edwards, op. cit., S. 86 und 89.
86 Armand de Quatrefages, art. cit., S. 613.
87 Vgl. Richard J. Chorley u. a., op. cit., S. 183.
88 Armand de Quatrefages, art. cit., S. 607.

Die Frische der Verwunderung

1 Zitiert bei Théodore A. Litman, *Le sublime en France. 1660–1714*, Paris 1971, S. 153; aus Saint-Évremonds »Dissertation sur le mot vaste« von 1685.
2 Das Bedürfnis nach Grenzen bezieht sich nicht nur auf die des Blickfeldes, sondern auch auf die des Körpers; siehe dazu Michel Collot, »L'horizon du paysage«, in: *Lire le paysage*, op. cit., S. 122.
3 Vgl. Michèle S. Plaisant, op. cit., passim.
4 In den *Eclogae* ruft Sannazaro, der sich kurz vor seinem Tod an den Fuß des Vesuv zurückgezogen hat, das Leben und die Mühsal der Fischer in Erinnerung.
5 Zitiert bei Michèle S. Plaisant, op. cit., Bd. II, S. 517. Die Kritik von Thomas Tickell erschien am 13. April 1713 in *The Guardian*.
6 Gerühmt von John Milton in *Paradise Lost*, op. cit.
7 William Diaper, *Nereides or Sea Eclogues*, London 1712; zitiert bei Michèle S. Plaisant, op. cit., Bd. II, S. 473.

Anmerkungen

8 Vgl. Alain Bony, *Joseph Addison et la création littéraire. Essai périodique et modernité*, Doktorarbeit, Paris 1979, S. 565.
9 Zitiert be Michèle S. Plaisant, *op. cit.*, Bd. I, S. 303. Es sei angemerkt, daß Pater Bouhours seinem Ariste im Zusammenhang mit dem Sturm schon 1671 die Worte in den Mund legt: »All das flößt, ich weiß nicht welches mit schöner Erregung gemischte Grauen ein.« Vgl. Dominique Bouhours, *op. cit.*, S. 5.
10 Die im Zuge der ästhetischen Debatten aufkommenden Begriffe des rhetorischen Erhabenen und des natürlichen Erhabenen können hier nicht hinreichend gewürdigt werden. Es sei nur darauf hingewiesen, daß unter den erhabenen Betrachtungsgegenständen, die der Pseudo-Longinus in seinem 1674 von Boileau ins Französische übersetzten Traktat anführt, auch das Meer genannt wird. Es ist nicht natürlich, sagt der Pseudo-Longinus, daß wir einen Bach bewundern, aber wir sind wirklich überrascht, wenn wir die Donau, den Nil, den Rhein und vor allem den Ozean betrachten. Daß die Begeisterung für die *Odyssee* einer Wertschätzung des Mittelmeers und seiner Küsten den Weg bereitet, versteht sich von selbst.
Ab 1674 gewinnt Boileaus Longinus auch in England zunehmende Bedeutung. 1652 hatte John Hall das Werk aus dem Griechischen ins Englische übertragen. Sein *Peri Hupsous* erscheint in den folgenden fünfzig Jahren in zahlreichen Ausgaben. Unterdessen bereitet der Einfluß der Platoniker aus Cambridge, namentlich der von Henry More, die neue Ästhetik vor, deren »wesentliche Kriterien die Weite, die Größe und der Schrecken sind«; vgl. Michèle Plaisant, *op. cit.*, Bd. I, S. 143 und 146. Henry More setzt die Idee Gottes mit dem Weiten, Ewigen, Unvergänglichen, Allgegenwärtigen Raum gleich. In Deutschland kommt das Traktat des Pseudo-Longinus erst 1737 in der Übersetzung von C. H. Heinecke heraus; vgl. Longinus, *Vom Erhabenen*, Dresden 1737.
11 *The Spectator*, Samstag den 20. September 1712, S. 58f.
12 Alain Bony, *op. cit.*, S. 427f.
13 Joseph Addison, *The Spectator*, art. cit.
14 Diese Geringschätzung widerspricht Addisons Auffassung von der kampanischen Küste. Siehe S. 63f.
15 Louis Marin, »Le sublime classique: les *tempêtes* dans quelques paysages de Poussin«, in: *Lire le paysage, op. cit.*, S. 201.
16 Siehe dazu Alain Bony, *op. cit.*, S. 566ff.
17 Oder 1730, wenn man sich auf die Veröffentlichung des Gesamtwerks der *Jahreszeiten* bezieht.
18 Vgl. Michèle S. Plaisant, *op. cit.*, Bd. II, S. 625ff.
19 Nicolas Grimaldi, »L'esthétique de la belle nature. Problèmes d'une esthétique du paysage«, in: *Mort du Paysage? op. cit.*, S. 120.
20 Vor allem, wenn man den Englischen Garten als einen »Käfig des Wunsches« begreift, so planmäßig hergerichtet, daß es in ihm »keine Überraschungen, kein Glück und kein Unglück, kein Ereignis« mehr gibt. Vgl. dazu Michel Cusin, »Le jardin anglais au XVIIIe siècle: aménagement imaginaire et déménagement signifiant«, in: *Lire le paysage, op. cit.*, S. 225f. Siehe auch John Dixon-Hunt und Peter Willis, *The genius of place. The English landscape garden. 1620–1820*, London 1975.
21 David Mallet, *The excursion*, London 1731, S. 32.
22 Vgl. Michèle S. Plaisant, *op. cit.*, Bd. II, S. 742.
23 Vgl. John Sunderland, »The legend and influence of Salvator Rosa in England in XVIIIth century«, in: *The Burlington Magazine*, Bd. CXV, Dezember 1973, S. 785–789; Sunderland nuanciert die Thesen von Elizabeth Wheeler Manwaring, *op. cit.*, S. 40ff.
24 Siehe *unten*, S. 297.
25 Edmund Burke, *A philosophical enquiry into the origin of our ideas of the sublime and beautiful*, London 1764; dt.: *Burkes philosophische Untersuchungen über den Ursprung unserer Ideen vom Erhabenen und Schönen*, Riga 1773. Zum Thema des Erhabenen, vgl. auch das klassische Werk von Samuel H. Monk, *The sublime, a study of critical theories in XVIIIth century England*, New York 1935; und Theodore E. B. Wood, *The word »Sublime« and its context. 1650–1760*, Paris 1972.

Anmerkungen

26 Edmund Burke, *op. cit.*, S. 103.
27 Diesen Ausdruck gebraucht Richard Payne Knight, *An analytical inquiry into the principles of taste*, London 1808, S. 370.
28 Edmund Burke, *op. cit.*, S. 127.
29 Vgl. *ibid.*, S. 116.
30 Hume spricht in diesem Zusammenhang von der Leidenschaft der Überraschung. Zum folgenden Abschnitt, siehe das schöne Buch von Barbara Maria Stafford, *Voyage into substance, art, science, nature and the illustrated travel account. 1740–1840*, London 1984, besonders S. 403–409.
31 *Ibid.*, S. 421.
32 Edmund Burke, *op. cit.*, S. 244.
33 *Ibid.*, S. 247.
34 *Ibid.*, S. 240.
35 *Ibid.*, S. 241.
36 Vgl. Robert Sauzet, *Contre-réforme et réforme catholique en Bas-Languedoc au XVIIe siècle. Le diocèse de Nîmes de 1598 à 1694*, Doktorarbeit, Paris 1976, Bd. I, S. 302.
37 Vgl. Olivier Michel. »Adrien Manglard, peintre et collectionneur. 1695–1760«, in: *Mélanges de l'Ecole française de Rome*, Bd. 93, 1981, S. 823–926. Siehe auch André Rostand, »Adrien Manglard et la peinture de marines au XVIIIe siècle«, in: *Gazette des Beaux-Arts*, Juli–Dezember 1934, S. 263–272.
38 Vgl. Jean-François Marmontel, *Mémoires de Marmontel*, hrsg. von Maurice Tourneux, Paris 1981, Bd. II, S. 179.
39 Vgl. Simon Pelloutier, *Histoire des Celtes*, Paris 1741. Und Paul-Henri Mallet, *Monuments de la mythologie et de la poésie des anciens peuples du Nord*, Kopenhagen 1756.
40 Vgl. Paul van Tieghem, *Ossian en France*, Amsterdam 1967; derselbe, *Ossian et l'Ossianisme dans la littérature du XVIIIe siècle*, Groningen 1920.
41 Zur Träumerei und dem Zeitbewußtsein bei der Landschaftsbetrachtung, vgl. Barbara Maria Stafford, *op. cit.*, S. 400.
42 Vgl. Patrick Rafroidi, *L'Irlande et le romantisme*, Doktorarbeit, Lille 1973, *passim.*
43 James Beattie, *The Minstrel*, Edinburg 1771; zitiert nach der französischen Fassung, *Le ménestrel*, Paris 1829, S. 147. Das Werk wurde 1768 geschrieben und 1771 veröffentlicht.
44 *Ibid.*, S. 151.
45 Thomas Pennant, *A tour in Scotland, op. cit.*; Samuel Johnson, *A journey to the western islands of Scotland*, London 1775; Johnson unternahm diese Reise 1773 gemeinsam mit Boswell.
46 Vgl. Jean Meyer, »Quelques directions de recherche sur les marines de guerre du XVIIIe siècle«, in: *Bulletin de la Société d'histoire moderne«*, Nr. 1, 1985, S. 6–19.
47 Zahllose Werke beschäftigen sich mit dieser Entdeckung des britischen Territoriums; hier soll stellvertretend nur eines der wesentlichsten genannt werden: Esther Moir, *The discovery of Britain; the English tourists, 1540 to 1840*, London 1964.
48 Vgl. Margaret Isabel Bain, *Les voyageurs français en Écosse, 1770–1830, et leurs curiosités intellectuelles*, Paris 1931.
49 Martin Martin, *A description of the western islands of Scotland*, London 1716.
50 Samuel Johnson, *op. cit.*, S. 21.
51 Charles Nodier, *Promenade de Dieppe aux montagnes d'Écosse*, Paris 1821, S. 327.
52 Thomas Pennant, *Arctic…, op. cit.*, Bd. I, S. 32–33.
53 Uno de Troil, *Lettres sur l'Islande*, Paris 1781, S. 373 ff. Diesem Werk ist als Anhang eine Beschreibung der Insel Staffa von Joseph Banks beigefügt, der den Bischof 1772 auf seiner Reise begleitete. Das schwedische Original erschien 1777 in Uppsala.
54 Aufschlußreich ist hier das Werk von Édouard de Montulé, *Voyage en Angleterre et en Russie, pendant les années 1821, 1822 et 1823*, Paris 1825.
55 In der persischen Sprache soll Staffa die »melodische Grotte« bedeuten.
56 Vgl. Barthélemy Faujas de Saint-Fond, *Description…, op. cit.*, S. 13.
57 Dieses und das folgende Zitat, Jean-Didier Urbain, »Sémiotiques comparées du touriste et du voyageur«, in: *Semiotica*, Bd. 58, Nr. 3–4, 1986, S. 269–270.

Anmerkungen

58 Clement Cruttwell, *The new universal gazeteer; or geographical dictionary*, London 1798, Bd. II, S. 198.
59 Adolphe Blanqui, *op. cit.*
60 B. Ducos, *Itinéraire et souvenirs d'Angleterre et d'Écosse, 1814–1826*, Paris 1834.
61 *Ibid.*, Bd. III, S. 278.
62 *Ibid.*, Bd. III, S. 282 f.
63 *Ibid.*, Bd. III, S. 285.
64 Vgl. Denise Delouche, *Les peintres de la Bretagne avant Gauguin*, Doktorarbeit, Rennes 1978, Bd. I, S. 2 ff.
65 Comte de Guibert, *Voyages de Guibert dans divers parties de la France et en Suisse faits en 1775, 1778, 1784 et 1785*, Paris 1806, S. 35 f.
66 Obwohl der Text erst 1806 veröffentlicht wurde.
67 Jacques de Cambry, *Voyage dans le Finistère*, Brest 1835–1838, S. 34. Die literarische Leere erklärt die Einsamkeit der Küsten.
68 *Ibid.*, S. 37.
69 *Ibid.*, S. 111.
70 *Ibid.*, S. 158.
71 *Ibid.*, S. 167.
72 Siehe dazu François Guillet, *Curiosité et comportements touristiques dans les régions côtières de l'Atlantique et de la Manche sous la monarchie censitaire d'après les guides de voyage*, Tours 1984.
73 Vgl. die ausführlichen Untersuchungen von Michèle S. Plaisant, *op. cit.*, Bd. I, S. 374 ff.
74 Vgl. Numa Broc, *Géographie de la Renaissance*, *op. cit.*, S. 211–218.
75 Vgl. Édouard Guitton, *Jacques Delille (1738–1813) et le poème de la nature en France de 1750 à 1820*, Paris 1974, S. 187 und 387.
76 Gaston Bachelard, *L'eau et...*, *op. cit.*, S. 206–211.
77 Alexander Pennecuick, *Helion*, Edinburg 1720; zitiert bei Michèle S. Plaisant, *op. cit.*, Bd. II, S. 563.
78 Henry Needler, *The works of Henry Needler*, zitiert bei Michèle S. Plaisant, *op. cit.*, Bd. II, S. 630.
79 Vgl. John Gay, »Rural sports, a Georgic«, in: *Poems on several occasions*, Dublin 1730, S. 4.
80 Ganz im Gegenteil, da die Küsten in Diapers Gedicht abstoßend und ekelhaft erscheinen.
81 Vgl. Michèle S. Plaisant, *op. cit.*, Bd. II, S. 518.
82 Zu diesem Begriff, siehe Michel Vovelle, *Idéologies et mentalités*, Paris 1982, besonders S. 265.
83 Henry Fielding, *The journal of a voyage to Lisbon*, London 1755, S. 160.
84 Roger Martin, *Essai sur Thomas Gray*, Paris 1934, S. 176.
85 Vgl. *ibid.*
86 Davon zeugt beispielsweise Thomsons Schweigen.
87 Vgl. Carl-Paul Barbier, *William Gilpin, his drawings, teaching, and theory of the picturesque*, Oxford 1963, S. 7.
88 Aus der Fülle der Literatur zu diesem Thema sollen hier neben den bereits zitierten Werken von Carl-Paul Barbier und Barbara Maria Stafford nur zwei weitere genannt werden: Christopher Hussey, *The picturesque. Studies in a point of view*, London 1967, S. 83–127; und Michel Conan, »Le pittoresque: une culture poétique«, Nachwort zu der französischen Ausgabe von William Gilpin, *Trois essais sur le beau pittoresque*, Paris 1982.
89 William Gilpin, *Observation relative chiefly to picturesque beauty made in 1772 on several parts of England, particularly the mountains and lakes of Cumberland and Westmoreland*, London 1786; zitiert nach der französischen Ausgabe, *Voyage en différents parties de l'Angleterre et particulièrement dans les montagnes et sur les lacs du Cumberland et du Westmoreland*, Paris 1789, S. 89 ff.
90 Vgl. Odile Morel, »Les aveux d'un amateur de paysage«, in: François Dagognet, *op. cit.*, S. 197 ff.; und Carl-Paul Barbier, *op. cit.*, S. 104.

Anmerkungen

91 Vgl. Barbara Maria Stafford, *op. cit.*, S. 403f.
92 Edouard Guitton, *op. cit.*, S. 573.
93 Zur ortsbeschreibenden Poesie, siehe das mittlerweile klassische Werk von John Barrel, *The ideas of landscape and the sense of place, 1730–1840, an approach to the poetry of John Clare*, Cambridge 1977.
94 P. H. Valenciennes, *Éléments de perspective pratique à l'usage des artistes*, Paris 1800, S. 340.
95 Vgl. vor allem Carl-Paul Barbier, *op. cit.*, S. 121–147.
96 Insofern unterscheidet sie sich radikal von der klassischen Reise.
97 Dieses und das folgende Zitat, William Gilpin, *Trois essais...*, *op. cit.*, S. 45.
98 Siehe dazu Marie-Madeleine Martinet, *Art et nature en Grande-Bretagne au XVIIIe siècle, de l'harmonie classique au pittoresque du premier romantisme*, Paris 1980, S. 6f.
99 Vgl. François Guillet, *op. cit.*, *passim*.
100 Von dort aus sah Vernet zum ersten Mal das Meer; auch Bérenger rühmt die Schönheit dieses Standorts.
101 Vgl. etwa Amédée Pichot, *Voyage historique et littéraire en Angleterre et en Écosse*, Paris 1825, Bd. III, S. 174; L. A. Necker de Saussure, *op. cit.*, Bd. I, S. 102; Bougrenet de la Tocnaye, *Promenade d'un Français dans la Grande-Bretagne*, Paris 1801, S. 126; Louis Simond, *Voyage d'un Français en Angleterre pendant les années 1810 et 1811*, Paris 1816, Bd. I, S. 371; B. Ducos, *op. cit.*, Bd. II, S. 352ff.; Marie-Auguste Pictet, *Voyage de trois mois en Angleterre, en Écosse et en Irlande pendant l'été de l'an IX (1801)*, Genf 1802, S. 63. Gepriesen wird Calton Hill auch von dem anonymen Autor der *Tournée faite, en 1788, dans la Grande-Bretagne, par un Français...*, Paris 1790, S. 164.
102 Vgl. etwa Ann Radcliffe, *op. cit.*, Bd. II, S. 197.
103 Vgl. Thomas Frognall Dibdin, *A bibliographical, antiquarian and picturesque tour in France and Germany*, London 1821, Bd. I, S. 139.
104 Vgl. Christian Leopold von Buch, *Reise durch Norwegen und Lappland*, Berlin 1810, Bd. I, S. 27; oder auch Paul Henri Mallet, *Voyage en Norvège*, Anhang zu der französischen Ausgabe von William Coxe, *Voyage en Pologne, Russie, Suède, Danmark...*, Genf 1786, S. 309. Das englische Original von William Coxe erschien unter dem Titel *Travels into Poland, Russia, Sweden and Demark*, Dublin 1784.
105 Vgl. François Guillet, *op. cit.*, *passim*.
106 Vgl. Armand Narcisse Masson de Saint-Amand, *Lettres d'un voyageur à l'embouchure de la Seine*, Paris 1828, S. 133.
107 William Gilpin, *Trois essais...*, *op. cit.*, S. 42.
108 Vgl. John Byng, Viscount Torrington, *op. cit.*, Bd. I, S. 90.
109 William Gilpin, *Observations on the coasts of Hampshire, Sussex and Kent, relative chiefly to picturesque beauty, made in 1774*, London 1804.
110 William Gilpin, *Voyage...*, *op. cit.*, Bd. I, S. 207.
111 John Hassel, *Tour of the Isle of Wight*, London 1790.
112 Henry C. Englefield, *op. cit.*, Vorwort.
113 *Ibid.*, S. 66.
114 Vgl. den Bericht des anonymen Autors der *Tournée faite...*, *op. cit.*, *passim*.
115 Vgl. Noël de la Morinière, *Premier essai sur le département de la Seine-Inférieure*, Rouen 1795, besonders S. 244.
116 Aufschlußreich ist hier die Haltung von L. A. Necker de Saussure, *op. cit.*, Bd. II, S. 215f.
117 Vgl. Pierre Goubert, *Jane Austen, étude psychologique de la romancière*, Paris 1975, S. 75–82.
118 Pierre Thouvenel, *Traité sur le climat de l'Italie considéré sous ses rapports physiques, météorologiques et médicaux*, Verona 1797.
119 Diese Vorstellung überdauert die von Lavoisier begründete Chemie.
120 Pierre Thouvenel, *op. cit.*, Bd. I, S. 175.
121 *Ibid.*, Bd. I, S. 177.
122 Dieses und die folgenden Zitate, *ibid.*, Bd. I, S. 175f.
123 *Ibid.*, Bd. I, S. 195 und 200.

Anmerkungen

124 Vgl. Roland de la Platière, *op. cit.*, Bd. II, S. 159 ff.
125 Dieses und das folgende Zitat, Pierre Thouvenel, *op. cit.*, Bd. I, S. 178.
126 *Ibid.*, Bd. I, S. 207.
127 All diese Begriffe gebraucht Pierre Thouvenel, *ibid.*, Bd. I, S. 178 f.
128 Vgl. Mikhail Bakhtine, *op. cit.*, S. 239.
129 Gilbert Burnet, *Some letters, containing an account of what seemed most remarkable in Switzerland, Italy, some parts of Germany etc. in the years 1685 and 1686*, Rotterdam 1687; dt.: *Des berühmten englischen Theologi, D. Gilberti Burnets, durch die Schweiz, Italien, auch einige Oerter Deutschlandes und Franckreichs im 1685. und 86. Jahre gethane Reise*, Leipzig 1688.
130 Vgl. Charles de Brosses, *op. cit.*, Bd. I, S. 215; 2. November 1739.
131 Marie Gabriel Auguste Florent de Choiseul-Gouffier, *Voyage pittoresque de la Grèce*, Paris 1782, Bd. I, Kommentar zu Kap. 8, Anhang.
132 Auguste François Creuzé de Lesser, *Voyage en Italie et en Sicile fait en 1801 et 1802*, Paris 1806, S. 161.
133 Carl Victor von Bonstetten, *Voyage sur la scène des six derniers livres de l'Énéide, suivi de quelques observations sur le Latium moderne*, Genf 1805.
134 Auguste François Creuzé de Lesser, *op. cit.*, S. 351 und 353.
135 Vgl. Henry Fielding, *op. cit.*, S. 235 f.
136 Vgl. Johann Georg Sulzer, *Tagebuch einer von Berlin nach den mittäglichen Ländern von Europa in den Jahren 1775 und 1776 gethanen Reise und Rückreise*, Leipzig 1780. Dieses Bewertungssystem reicht bis mitten ins 19. Jahrhundert hinein; vgl. Honoré-Zénon Gensollen, *Essai historique, topographique et médical sur la ville d'Hyères*, Paris 1820, S. 54.
137 Aubin Louis Millin, *Voyage dans les départements du Midi de la France*, Paris 1807, Bd. II, S. 384 und 435.
138 Siehe beispielsweise Edward Rigby, *Dr. Rigby's letters from France*, London 1880.
139 P. H. Valenciennes *op. cit.*, S. 435.
140 Vgl. Hélène Tuzet, *La Sicile au XVIIIe siècle vue par les voyageurs étrangers, op. cit.*, 1955.
141 P. H. Valenciennes, *op. cit.*, S. 417 und S. 629 f.
142 *Ibid.*, S. 417.
143 *Ibid.*, S. 418.
144 *Ibid.*, S. 427.
145 *Ibid.*, S. 494.
146 Johann Wolfgang von Goethe, *op. cit.*, S. 232 und 253.
147 Vgl. Barbara Maria Stafford, *op. cit.*, S. 406.
148 P. H. Valenciennes, *op. cit.*, S. 272 f.
149 *Ibid.*, S. 493.
150 Vgl. Barbara Maria Stafford, *op. cit.*, S. 331, 356 und 405 f.
151 Zu Vivant Denon, siehe Élisabeth Chevallier, *art. cit.*, S. 89–91.
152 Jean Houel, *Voyage pittoresque des isles de Sicile, de Malte et de Lipari*, Paris 1782, Bd. I, S. 54; Houel begann seine Reise am 16. März 1776.
153 *Ibid.*, Bd. IV, S. 87 f.
154 Zu diesem Phänomen, vgl. Jacques Milbert, *Voyage à l'île de France*, Bd. I, S. 111 f., zitiert bei Barbara Maria Stafford, *op. cit.*, S. 332. Eugen von Hartwig, *op. cit.*, S. 31 ff., berichtet über die Anziehungskraft dieser Naturerscheinung auf die Touristen in der Umgebung von Ostende. Michelet ließ sich von Hartwigs Schilderungen anregen.
155 Georg Forster, *Reise um die Welt*, *op. cit.*, S. 170. Siehe auch Marita Gilli, *Georg Forster: L'œuvre d'un penseur allemand réaliste et révolutionnaire, 1754–1794*, Lille / Paris 1975.
156 Vgl. Roland de la Platière, *op. cit.*, Bd. II, S. 310 ff.
157 Vgl. André Thouin, *op. cit.*, Bd. II, S. 463 f.
158 Jean Houel, *op. cit.*, Bd. I, S. 109.
159 *Ibid.*, Bd. I, S. 118 f.
160 Vgl. Roland de la Platière, *op. cit.*, Bd. III, S. 7–10.

Anmerkungen

161 Lucien Febvre hat die Notwendigkeit hervorgehoben, die Grenzen des Denkbaren zu untersuchen; das gleiche gilt für die Grenzen der Gefühle.
162 Bernardin de Saint-Pierre, *Harmonies de la nature, op. cit.*, S. 194.
163 *Ibid.*, S. 194.

Streifzüge

1 Vgl. Dorothy Wordsworth, *Journal of a tour in the Isle of Man (1828)*, in: *Journals of Dorothy Wordsworth*, London 1952, Bd. II, S. 400–419.
2 Vgl. Monique Brosse, *op. cit.*, Bd. I, S. 9.
3 Zu dem unerschöpflichen Thema der romantischen Empfindsamkeit gegenüber der Natur sollen hier nur zwei der jüngsten Synthesen genannt werden, die reiche Bibliographien enthalten: Georges Gusdorf, *Les sciences humaines et la pensée occidentale*, Paris 1984, Bd. XI; und Michel le Bris, *Journal du romantisme*, Genf 1981.
4 Der vor allem als »Stürmer« gilt.
5 Umfangreiche Bibliographien zu diesem Thema finden sich bei Pierre Miquel, *Eugène Isabey, 1803–1886, la marine au XIXe siècle*, Maurs-la-Jolie 1980; und David Cordingly, *Marine painting in England, 1700–1900*, London 1974.
6 Das gilt für Turner, Bonington und Constable wie auch für Eugène Isabey und Paul Huet.
7 Vgl. David Cordingly, *op. cit.*, S. 117f.
8 Jacques Carré, »Couleur et paysage dans la peinture romantique anglaise«, in: *L'imaginaire du romantisme anglais. Romantisme*, Paris 1985, Bd. 49, S. 103.
9 Vgl. die Analyse dieser Szene von Hubert Damisch, *La théorie du nuage*, Paris 1972, S. 257 ff.
10 In den Augen der Romantiker stellt das grenzenlose Wasser des Ozeans einen offenen Raum, Symbol der Freiheit, dar, verkörpert durch den Atlantik und den Ärmelkanal, der zwar kleiner ist, aber den Vorteil hat, daß man die gegenüberliegenden Küsten leicht bereisen kann. Siehe dazu Monique Brosse, *op. cit.*, Bd. I, S. 174 und 177; dieselbe, »Byron et la mer«, in: *Romantisme*, Paris 1974, Bd. 7, S. 66.
11 Vgl. dazu Gilbert Durand und Mircea Eliade, *op. cit.*, S. 261.
12 Vgl. Luke Herrmann, »Turner and the sea«, in: *Turner Studies*, London 1981, Bd. I,1, S. 6–9. Zu Turner im allgemeinen, siehe Andrew Wilton, *Turner and the sublime*, London 1980, besonders S. 37, 39 und 46.
13 Turner beispielsweise hält die Wiedergabe von Luft, Wind und Wolken für wesentlich; vgl. Andrew Wilton, *op. cit.*, S. 46 und S. 78 ff.
14 Jean-Pierre Richard, *Paysage de Chateaubriand*, Paris 1967, S. 64.
15 Vgl. Jean Perrin, *Les structures de l'imaginaire shelleyen*, Grenoble 1973, S. 49.
16 Jean-Pierre Richard, *op. cit.*, S. 65.
17 Siehe dazu die Turner-Analysen von Andrew Wilton, *op. cit., passim.*
18 Was auf den Gemälden von Brighton aus dem Jahr 1824 vielleicht noch deutlicher zum Ausdruck kommt; vgl. David Cordingly, *op. cit.*, S. 123.
19 Vgl. Andrew Wilton, *op. cit.*, S. 46.
20 Vgl. Jean Perrin, *op. cit.*, S. 173.
21 Vgl. François René Auguste de Chateaubriand, *Les Natchez*, Paris 1826, Bd. I, S. 134.
22 Siehe dazu Jules Douady, *La mer et les poètes anglais*, Paris 1912, S. 218.
23 Vgl. Marcel Brion, »Caspar David Friedrich, inventeur du paysage tragique«, in: *Caspar David Friedrich, le tracé et la transparence*, Paris 1983 (Centre culturel du Marais).
24 Bei Lamartine etwa wird dies offensichtlich; vgl. Paul van Tieghem, *Ossian en France, op. cit.*, Bd. II, S. 313–328.
25 Vgl. Gilbert Durand, *op. cit.*, S. 103–122.

Anmerkungen

26 Vgl. das Thema der unterirdischen Höhlen bei Shelley, analysiert von Jean Perrin, *op. cit.*, S. 111 f.
27 Vgl. Carl Gustav Jung, *Symbole der Wandlung*, Olten 1977, S. 264, 276 ff., 416 f.
28 Gilbert Durand, *op. cit.*, S. 227.
29 Vgl. Christian Lacassagnère, »Image picturale et image littéraire dans la nocturne romantique. Essai de poétique inter-textuelle«, in: *L'Imaginaire du romantisme anglais, op. cit.*, S. 57–59.
30 Gilbert Durand, *op. cit.*, S. 256.
31 Monique Brosse, *op. cit.*, Bd. I, S. 286.
32 Vgl. Carl Gustav Jung, *op. cit.*, besonders S. 265 f.
33 Jean Perrin, *op. cit.*, S. 205. Vgl. auch Hélène Lemaître, *Shelley, poète des éléments*, Caen 1962, S. 65–80.
34 Vgl. Jean Bousquet, *Les thèmes du rêve dans la littérature romantique*, Paris 1964, S. 95 f. und S. 148.
35 Im Englischen hervorgehoben durch den Gleichklang der Worte *dream* und *stream*; siehe Jean Perrin, *op. cit.*, S. 116.
36 Heinrich Heine, »Die Nordsee« III (1826), in: *Reisebilder*, Berlin / Weimar 1979, S. 86 und 90. Zur *pathetic fallacy* in diesen Heine-Texten siehe Jeffrey L. Sammons, *Heinrich Heine, a modern biography*, Princeton 1979, S. 117.
37 Friedrich Leopold zu Stolberg, »An das Meer«, in: Christian und Friedrich Leopold Grafen zu Stolberg, *Gesammelte Werke*, Bd. I, S. 173–175.
38 Vgl. Novalis, *Die Lehrlinge zu Sais*, München 1962.
39 Jean Perrin, *op. cit.*, S. 30.
40 Jean-Pierre Richard, *op. cit.*, S. 112 f.
41 Astolphe du Custine, *op. cit.*, S. 348 f.
42 Jean-Pierre Richard, *op. cit.*, S. 114.
43 Jules Michelet, *Journal*, Paris 1959, Bd. I, S. 83 (Freitag, 7. August 1831).
44 Vgl. Charles Nodier, *op. cit.*, S. 18. Victor Hugo, Brief an Adèle, Saint-Malo, den 25. Juni 1836, in: Victor Hugo, *Œuvres complètes*, Paris 1967, Bd. V, S. 1093.
45 Vgl. Émile Souvestre, »Le traîneur de grèves«, in: *Scènes et mœurs des rives et des côtes*, Brüssel 1852, Bd. I, S. 5–81. Siehe auch Édouard Richer, *op. cit.*, 7. Brief, S. 23.
46 Vgl. Monique Brosse, »Byron et la mer«, *art. cit.*, S. 62.
47 Vgl. Pierre Miquel, *op. cit.*, Bd. II, S. 21–23.
48 So vor allem Turner. Zum Thema der in Mode kommenden Küstenmalerei, siehe auch Pierre Miquel, *op. cit.*, Bd. II, S. 30.
49 Siehe dazu David Cordingly, *op. cit.*, S. 96. Zu den Exkursionen von Samuel Scott (1732), William Hogarth (1732) und Charles Brooking (1752), *ibid.*, S. 76 und 81. Zu den Küstenreisen von Constable und Turner, vgl. Luke Herrmann, *art. cit.*, S. 5; und Denise Delouche, *op. cit.*, Bd. I, S. 93 f. John Sell Cotman unternimmt ab 1807 Küstenfahrten mit der ganzen Familie. Zu allen diesen Punkten, vgl. David Cordingly, *op. cit., passim.*
50 Zum Thema der von den Romantikern schwärmerisch gepriesenen Bootsfahrt, vgl. Monique Brosse, *op. cit.*, Bd. I, S. 274; und Gilbert Durand, *op. cit.*, S. 286 f.
51 Siehe S. 124, den Bericht über Torringtons Erfahrungen.
52 Vgl. Danièle Pistone, *Le piano dans la littérature française des origines jusque vers 1900*, Lille / Paris 1975.
53 Siehe dazu Jules Douady, *op. cit.*, S. 221.
54 Hermann Fürst von Pückler-Muskau, *Briefe eines Verstorbenen*, Reprint New York / London 1968, Bd. I, S. 354, aus einem Brief vom 10. Februar 1832.
55 Das beste Beispiel ist wohl Honoré de Balzac, *Un drame au bord de la mer*, Paris 1834; dt.: *Ein Drama am Meeresstrande*, in: *Menschliche Kömodie*, Leipzig 1910, Bd. 15.
56 Siehe dazu Yves Luginbuhl, »Paysage sauvage, paysage cultivé. L'ordre social de l'harmonie des paysages«, in: *La nature et le rural, op. cit.*
57 François René Auguste de Chateaubriand, *Mémoires d'outre tombe*, Paris 1949, Bd. I, S. 61; dt.: *Erinnerungen*, München 1968, S. 37.
58 Paul van Tieghem, *Ossian en France*, *op. cit.*, Bd. II, S. 194.

Anmerkungen

59 François René Auguste de Chateaubriand, *Le Génie du christianisme*, Paris 1826, S. 311; dt.: *Die Schönheiten des Christentums*, Solothurn, 1820.
60 Vgl. Friedrich Leopold zu Stolberg, »Hellebek«, in: *op. cit.*, Bd. I, S. 135–145, hier S. 138; das Gedicht stammt aus dem Jahr 1776.
61 Es handelt sich wohlgemerkt um Gedichte, nicht um ein intimes Tagebuch.
62 Zu Byron, vgl. Jules Douady, *op. cit.*, S. 226; und vor allem Monique Brosse, *op. cit.*, Bd. I, S. 35–46.
63 Hier klingt das dröhnende Meer Homers an.
64 Vgl. George Gordon Noel Lord Byron, *Childe Harold's pilgrimage*, London 1819; dt.: *Childe Harold's Pilgerfahrt*, München 1977–1978, Vierter Gesang, Vers 67, S. 132. Siehe dazu Monique Brosse, *art. cit.*, S. 61.
65 Vgl. Pierre Arnaud, *Ann Radcliffe et le fantastique. Essai de psychobiographie*, Paris 1976, S. 268 und 311.
66 Astolphe de Custine, *op. cit.*, S. 300.
67 Vgl. Denise Delouche, *op. cit.*, Bd. I, S. 14–17.
68 Schon 1806 stellt der Maler Turpin Renés Wanderungen über die nächtlichen Gestade im Salon aus.
69 In der Chronologie stimmen Denise Delouche, *op. cit.*, und Catherine Bertho, »L'invention de la Bretagne. Genèse sociale d'un stéréotype«, in: *Actes de la recherche en sciences sociales*, November 1980, nicht überein. Catherine Bertho zufolge entsteht das Bild des bretonischen Arkadien bereits um 1830.
70 Vgl. B. Ducos, *op. cit.*, Bd. II, S. 327 f. Ducos spricht vom »Rauschen der Fluten, das man für das Stimmengewirr einer erregten Menschenmenge halten könnte«. Während der Restauration ist die Wahrnehmung des Meeres den Bildern der revolutionären Masse unterworfen. Zu dieser späten Homologie zwischen der Masse und dem Meer bei Victor Hugo, siehe Walter Benjamin, *Charles Baudelaire. Ein Lyriker im Zeitalter der Hochkapitalismus*, Frankfurt am Main 1969, S. 79 ff.
71 Vgl. Pierre Miquel, *op. cit.*, Bd. I, *passim*, besonders S. 33 f.
72 Vgl. René-Paul Huet (Hrsg.), *Paul Huet (1803–1869) d'après ses notes, sa correspondance, ses contemporains*, Paris 1911, *passim*. Siehe auch Pierre Miquel, *op. cit.*, Bd. I.
73 Édouard Richer, *op. cit.*, S. 112 f.
74 Hier die wichtigsten Daten zu den Unternehmungen von Victor Hugo: Am 8. August 1834 taucht er in Brest seine Füße ins Meer. 6. August 1835, Aufenthalt in Le Tréport. Spaziergang über die Felsen. Wanderung am Meeresufer von Le Tréport nach Le Havre, dann bei Ebbe von Étretat nach Montivilliers. Juni 1836 Reise in die Normandie und die Bretagne, mit Juliette Drouet und Célestin Nanteuil. Sechs Meilen Fußmarsch zwischen Dol und Saint-Malo. August und September 1837 Reise in den Norden und nach Belgien. Siehe dazu Claude Gély, »Notice sur les voyages de 1834 et 1835«, in: Victor Hugo, *Œuvres...*, *op. cit.*, Bd. V, S. 1048–1050.
75 Vgl. Monique Brosse, *op. cit.*, Bd. I, S. 164–167.
76 Dazu die Zeilen, die Charles Nodier, *op. cit.*, diesem Ort in der Normandie widmet; und Victor Hugos Ausflug vom 17. Juli 1836 nach Saint-Valéry-en-Caux, wo er acht Stunden lang das stürmische Meer betrachtet.
Auch die Felsen von Dunbar in Schottland ermöglichen diese beherrschende Position; vgl. Louis Simond, *op. cit.*, Bd. II, S. 66–68.
77 Hermann Fürst von Pückler-Muskau, *op. cit.*, Bd. III, S. 92; Juli 1828.
78 Vgl. Gilbert Durand, *op. cit.*, S. 266 und 289.
79 Analysiert von Gilbert Durand, *ibid.*, S. 264.
80 Siehe dazu Jean-Pierre Richard, *op. cit.*, S. 33.
81 Vgl. Percy Bysshe Shelley, »The revolt of Islam«, Erster Gesang, XX, in: *The complete poetical works of Percy Bysshe Shelley*, London 1870.
82 Vgl. Honoré de Balzac, »Un drame...«, *op. cit.*, Bd. V, S. 686, 693 und 694.
83 Vgl. Friedrich Leopold zu Stolberg, »An das Meer«, in: *op. cit.*, Bd. I, S. 174: »Oft eilt' ich, aus der Haine Ruh', mit Wonne, deinen Wogen zu, und senke mich hinab in dich, und kühle labe, stärke mich.«

Anmerkungen

84 Friedrich Leopold zu Stolberg, »Die Meere«, in: *op. cit.*, Bd. I, S. 178.
85 Zitiert bei Robert Escarpit, *Lord Byron, un tempérament littéraire*, Paris 1955, Bd. I, S. 154 f.
86 Vgl. Monique Brosse, *art. cit.*, S. 60 und 62. In *Childe Harold* fügt Byron die beiden romantischen Modelle des Badens zusammen; vgl. George Gordon Noel Lord Byron, *Childe Herold*, *op. cit.*, Vierter Gesang, Vers 184.
87 Monique Brosse, *op. cit.*, Bd. I, S. 406 ff.
88 Édouard Richer, *op. cit.*, S. 108.
89 Jones, zitiert bei Gilbert Durand, *op. cit.*, S. 274. Vgl. auch Abraham Moles und Élisabeth Rohmer, *op. cit.*, S. 63 f.
90 Vgl. Monique Brosse, *art. cit.*, S. 63.
91 Marcel Brion, *op. cit.*, S. 110. Siehe auch Hans Jürgen Hansen, *Deutsche Marinemalerei*, Oldenburg 1977.
92 Vgl. Jeffrey L. Sammons, *op. cit.*, S. 116. Der Autor stützt sich auf die Dissertation von Gerhard Hoppe, *Das Meer in der deutschen Dichtung von Friedrich L. Graf zu Stolberg bis Heinrich Heine*, Marburg 1929.
93 Heinrich Heine, *op. cit.*, S. 90.
94 »Die Reise ist gewöhnlich nur ein Kommentar zu dem, was ich beim Überschreiten der Grenze empfunden habe«, gesteht Astolphe de Custine, *op. cit.*, S. 84.
95 Vgl. Charles Nodier, *op. cit.*, S. 329.
96 *Ibid.*, Vorwort und S. 21.
97 *Ibid.*, S. 149.
98 Astolphe de Custine, *op. cit.*, S. 75.
99 *Ibid.*, S. 80.
100 Vgl. François Guillet, *op. cit.*, *passim*.
101 Émile Souvestre veröffentlicht schon 1833 einen interessanten Artikel über die Cornouaille in der *Revue des deux mondes* und 1836 über das Finistère. Auch seine literarischen Werke spielen in der Bretagne.

DRITTER TEIL

Der Hafenbesuch

1 Vgl. Ch. Picard, »Pouzzoles et le paysage portuaire«, in: *Latomus*, 1959, Bd. XVIII, S. 23–51. Zum Folgenden, siehe auch Michel Reddé, *Mare nostrum. Les infrastructures, le dispositif et l'histoire de la marine militaire sous l'Empire romain*, École française de Rome 1986, vor allem Teil 2.
2 *Encyclopédie*, Bd. 13, S. 129–131.
3 Vgl. David Cordingly, *op. cit.*, S. 15 f.
4 Schon Descartes rühmte die Reichtümer des Hafens von Amsterdam; vgl. Jean-Pierre Chauveau, *art. cit.*, S. 128. Saint-Amant bezeichnet Amsterdam als »Weltwunder«; vgl. Jacques Bailbé, *art. cit.*, S. 33.
5 Vgl. Vernets *Hafen von Marseille* im Louvre. Siehe dazu Léon Lagrange, *Joseph Vernet et la peinture au XVIIIe siècle*, Paris 1863–1864, S. 69 ff.
6 Besonders deutlich auf dem Gemälde des Hafens von La Rochelle.
7 Léon Lagrange, *op. cit.*, S. 193 f.
8 Dazu vor allem die Gemälde des Hafens von Bayonne; vgl. unseren Beitrag zum jährlichen Kolloquium der *French historical society*, Los Angeles, März 1985.
9 Vgl. Michel Mollat du Jourdin, »Sentiments et pratiques religieuses des gens de mer en France, du XIIIe au XVIe siècle, in: *Revue d'histoire de l'église de France*, Juli–Dezember

Anmerkungen

1984, S. 306; zur Gewalt, siehe Alain Cantabous, *Les populations maritimes françaises de la mer du Nord et de la Manche orientale (vers 1660–1794)*, Doktorarbeit, Lille 1987.

10 Vgl. Alain Cantabous, *La mer et les hommes. Pêcheurs et matelots dunkerquois de Louis XV à la Révolution*, Dünkirchen 1980, S. 71.

11 Zitiert bei Léon Lagrange, *op. cit.*, S. 76 f.

12 Vgl. Jean-Michel Deveau, »Le port de La Rochelle au XVIIIe siècle«, in: *111e Congrès des Sociétés savantes*, Poitiers 1986.

13 Vgl. Denise Delouche, *op. cit.*, Bd. I, S. 105–109.

14 Siehe dazu J. Guillaume, »Le phare de Cardouan, merveille du monde et monument monarchique«, in: *Revue de l'art*, Nr. 8, 1970, S. 33–52. Und Édouard Pommier, »Versailles, l'image du souverain«, in: *Les lieux de mémoire, op. cit.*, Bd. 2, S. 197.

15 Florence Ingersoll-Smousse, *Joseph Vernet, peintre de marine. Étude critique et catalogue raisonné*, Paris 1926, Bd. I, S. 22.

16 Vgl. Emmanuel de Croÿ, *Mémoires du duc de Croÿ sur les cours de Louis XV et Louis XVI (1727–1784). Extraits de la Nouvelle revue rétrospective*, Paris 1895–1896, S. 146.

17 Vgl. Charles de Montesquieu, *Œuvres…, op. cit.*, Bd. II, S. 1059, 1062 und 1073 ff.

18 Vgl. Charles de Brosses, *op. cit.*, Bd. I, S. 32. Siehe auch Pierre-Jean Grosley, *Nouveaux mémoires ou observations sur l'Italie et les Italiens par deux gentilshommes suédois*, London 1764, Bd. II, S. 158; und Jean-François Marmontel, *op. cit.*, Bd. II, S. 179.

19 Jean-François Marmontel, *op. cit.*, Bd. II, S. 179.

20 Johann Georg Sulzer, *Tagebuch einer von Berlin nach den mittäglichen Ländern…, op. cit.*, S. 111.

21 Jean-Baptiste Mercier Dupaty, *op. cit.*, Bd. I, S. 38.

22 Laurent Pierre Bérenger, *op. cit.*, Bd. I, S. 92.

23 Alexandre Grimond de la Reynière, *Lettre d'un voyageur à son ami ou réflexions philosophiques sur la ville de Marseille*, Genf 1792, S. 10. Vgl. auch Thomas Pennant, *A journey from London to the Isle of Wight*, London 1801, ausführlich zitiert bei Margaret J. Hoad, *Portsmouth, as others have seen it*, Portsmouth 1973, Teil 2 (1790–1900), S. 4 f.

24 Vgl. André Thouin, *op. cit.*, Bd. I, S. 328 f.

25 Aubin Louis Millin, *op. cit.*, Bd. III, S. 249 f.

26 Vgl. J. Gury, »Images du port«, in: *La mer au siècle des Encyclopédies, op. cit.*, S. 56.

27 Vgl. Carlo Pilati di Tassulo, *op. cit.*, Bd. I, S. 213 ff.

28 Citoyen Barbault-Royer, *Voyage dans les départements du Nord, de la Lys, de l'Escaut, etc., pendant les années VII et VIII*, Paris 1800, S. 158, 187 und 189. François Crouzet zufolge waren die Auswirkungen der Kontinentalsperre auf die englischen Häfen weniger verheerend, als die Zeitgenossen es gemeinhin darstellten; vgl. François Crouzet, *L'Économie britannique et le blocus continental (1806–1813)*, Paris 1958, Bd. II, S. 764–766.

29 Vgl. Denise Delouche, *op. cit.*, Bd. I, S. 52.

30 Victor Hugo, *Œuvres complètes*, Paris 1967, Bd. V, S. 1108.

Die Enzyklopädie der Gestade

1 Hier geht es fast ausschließlich um die französischen Küsten. Jenseits des Ärmelkanals wird das Schauspiel, das sich an den Gestaden bietet, zu früh von Erholungsaufenthalten am Meer geprägt, als daß man die Entwicklung des Blicks auf die Küstenbevölkerung ungestört nachvollziehen könnte.

2 Siehe dazu Jacques Revel, »Une France sauvage«, in: Michel de Certeau, Dominique Julia, Jacques Revel. *Une politique de la langue. La Révolution française et les patois*, Paris 1975, S. 49.

Anmerkungen

3 Vgl. J. M. Homet, »Les astronomes et la découverte du littoral méditerranéen«, in: *La découverte de la France au XVIIe siècle, op. cit.*, S. 319–327.
4 Vgl. Jean Meyer, *art. cit.*, und Alain Cantabous, *Les populations…, op. cit.*, S. 51 ff. Wie Madeleine Pinault hervorhebt, verfolgt Le Masson du Parc in seiner großen Untersuchung auch das Ziel, die Rolle der Wattenfischer genau zu beschreiben; vgl. Madeleine Pinault, »Diderot et les enquêtes de Le Masson du Parc«, in: *La mer au siècle des encyclopédies, op. cit.*, S. 344 f.
5 Charles François Tiphaigne de la Roche, *Essai sur l'histoire économique des mers occidentales de France*, Paris 1760, S. 117.
6 Diese Dokumente stellte Duhamel du Monceau bei der Vorbereitung seines Werks zusammen; *Archives Nationales*, 127 AP 2.
7 Vgl. John Knox, *A tour through the highlands of Scotland, and the Hebride Isles, in 1786*, London 1787.
8 Vgl. Johann Christian Fabricius, *Reise nach Norwegen, mit Bemerkungen aus der Naturhistorie und Ökonomie*, Hamburg 1779.
9 Geneviève Delbos, »De la nature des uns et des autres. A propos du dépeuplement des eaux«, in: *La nature et le rural, op. cit.*
10 Charles François Tiphaigne de la Roche, *op. cit.*, S. IV.
11 Vgl. Pater Menc, *Quelles sont les causes de la diminution de la pêche sur les côtes de la Provence*, Marseille 1769.
12 Nur der erste Band dieser Abhandlung erscheint 1815; vgl. S. B. J. Noël de la Morinière, *op. cit.*, S. VI f.
13 Vgl. Charles François Tiphaigne de la Roche, *op. cit.*, S. 117 f.
14 Vgl. Johann Christian Fabricius, *op. cit.*, S. 285.
15 Das geht aus den angegebenen Dokumenten der *Archives Nationales* hervor.
16 Siehe dazu Emmanuel Le Roy Ladurie, *Le climat depuis l'an mille*, Paris 1983, Bd. I, S. 245 ff.
17 Charles François Tiphaigne de la Roche, *op. cit.*, S. 121.
18 Pater Menc, *op. cit.*, S. 6 und 37.
19 Es gibt eine ganze Reihe von Verordnungen, die nur dazu dienen, die Versorgung der königlichen Tafel sicherzustellen.
20 Pater Menc, *op. cit.*, S. 23.
21 Zu diesen Verordnungen, vgl. Geneviève Delbos, *art. cit.*; Michelle Salitot, »Formes de l'activité huîtrière à Cancale depuis le XVIIIe siècle«, in: *La nature et le rural, op. cit.*
22 Vgl. Geneviève Delbos, *art. cit.*
23 Pater Menc, *op. cit.*, S. 7 ff.
24 Über diese Verfahren informieren bereits die Zeichnungen in der Untersuchung von Le Masson du Parc.
25 Vgl. das Memorandum des Intendanten von Rouen, M. de Gasville, vom 21. August 1720; *Archives Nationales*, 127 AP 2.
26 Vgl. Mathieu Tillet, *Observations faites par ordre du Roi sur les côtes de Normandie au sujet des effets pernicieux qui sont attribués, dans le pays de Caux, à la fumée du varech*, Paris 1771.
27 Eine ähnliche Auseinandersetzung findet etwas später, um 1802, an den norwegischen Küsten statt; vgl. Johann Christian Fabricius, *op. cit.*, S. 303.
28 Vgl. Jean-Claude Perrot, *L'âge d'or de la statistique régionale française. An IVe – 1804*, Paris 1977.
29 Mathieu Tillet, *op. cit.*, S. 20.
30 Siehe meine Einleitung zu Alexandre Parent-Duchâtelet, *La prostitution à Paris au XIXe siècle*, hrsg. von Alain Corbin, Paris 1981.
31 Mathieu Tillet, *op. cit.*, S. 25 f.
32 John Knox beispielsweise legt 1786 in sechs Monaten dreitausend Meilen größtenteils zu Fuß an den schottischen Küsten zurück, um die Fischereien zu studieren.
33 Habasque zufolge gibt es 1739 mehr als neunzigtausend Strandwächter; vgl. Marie Guillaume François Habasque, *Notions historiques, géographiques, statistiques et agro-*

Anmerkungen

nomiques sur le littoral du département des Côtes-du-Nord, Saint-Brieuc 1832, Bd. I, S. 363.

34 Zu deren Einfluß auf Diderot, siehe Madeleine Pinault, *art. cit.* Zu den diesbezüglichen Artikeln der *Encyclopédie*, vgl. Pierre Niaussat, »Regards actuels sur la biologie marine dans l'Encyclopédie«, in: *La mer au siècle des encyclopédies, op. cit.*, S. 223–241; und J. F. Pahun, »Précision et fantaisie dans les planches marines de l'Encyclopédie«, in: *ibid.*, S. 333–342.
35 Vgl. M. G. François Habasque, *op. cit.*, Bd. I, S. 68.
36 Zu den juristischen Bestimmungen der Folgezeit, siehe Charles Le Goffic, »Les faucheurs de la mer«, in: *Revue des deux mondes*, 1906, Bd. I, S. 364.
37 Vgl. Mathieu Tillet, *op. cit., passim.*
38 La Rochelle, Memorandum von 1723, *Archives Nationales*, 127 AP 2.
39 Michel Darluc, *Histoire naturelle de la Provence*, Avignon 1782, Bd. I, S. 419.
40 Vgl. John Knox, *op. cit.*, Bd. I, S. 267.
41 Mathieu Tillet, *op. cit.*, S. 37.
42 *Ibid.*, S. 21.
43 So etwa im Departement Côtes-du-Nord an den Stränden von Langueux, Yffiniac und Hillion; vgl. M. G. François Habasque, *op. cit.*, Bd. II, S. 331–341.
44 Diese Privilegien waren schon 1554 für alle Zukunft untersagt worden.
45 Vgl. die Beschreibung von Charles François Tiphaigne de la Roche, *op. cit.*, S. 289.
46 Vgl. die Memoranden zu Belle-Ile, Brest und Nantes, *Archives Nationales*, 127 AP 2.
47 Memorandum zu Belle-Ile, *ibid.*
48 Vgl. John Knox, *op. cit.*, Bd. I, S. 362.
49 So etwa Charles François Tiphaigne de la Roche, *op. cit.*, S. 101.
50 Vgl. die Memoranden zu Oléron und Blaye, *Archives Nationales*, 127 AP 2.
51 Vgl. die Memoranden zu Nantes und Royan, *ibid.*
52 So beispielsweise Michel Darluc, *op. cit.*, Bd. I, S. 6.
53 *Ibid.*, S. 7.
54 Vgl. Lépecq de la Cloture, *Collection d'observations sur les maladies et constitutions épidémiques*, Rouen 1778.
55 Vgl. J. T. Desmars, *De l'air, de la terre et des eaux de Boulogne-sur-Mer*, Paris 1761.
56 *Ibid.*, S. 24 f.
57 Jacques Antoine Dulaure, *Description des principaux lieux de France*, Paris 1788, Bd. I, S. 34. Vgl. auch Michel de Certeau u. a., *op. cit., passim.*
58 J. T. Desmars, *op. cit.*, S. 21.
59 Vgl. Michel Darluc, *op. cit.*, Bd. I, S. 6.
60 Vgl. Jacques de Cambry, *op. cit.*, S. 68. Siehe auch Doktor Souquet, *Essai sur l'histoire topographique, physico-médicinale du district de Boulogne-sur-Mer*, Boulogne 1794, S. 49–52.
61 Dem Begriff der *verlorenen Spannkraft* kommt hier eine wesentliche Bedeutung zu; als Folge der Luftfeuchtigkeit, die auch den Fluß der Körpersäfte bestimmt, impliziert sie nicht nur mangelnde moralische Stärke, sondern auch eine Neigung zum Verlust der Sittlichkeit.
62 Zu dieser Art Ernährung, vgl. Keith Thomas, *op. cit.*, S. 289 ff.
63 Vgl. J. T. Desmars, *op. cit.*, S. 57.
64 Vgl. Michel Mollat du Jourdin, *art. cit.*
65 Der Aberglauben ist ein klassischer Untersuchungsgegenstand des Klerus im 17. und 18. Jahrhundert. Siehe beispielsweise Jean-Baptiste Thiers, *Traité des superstitions*, Paris 1679.
66 J. T. Desmars, *op. cit.*, S. 22.
67 Vgl. beispielsweise Charles François Tiphaigne de la Roche, *op. cit.*, S. 262.
68 Die Tugend der Gleichheit wird von Doktor Tiphaigne, *ibid.*, S. 9, hervorgehoben und auch in dem Memorandum über die Küsten des Roussillon bezeugt, *Archives Nationales*, 127 AP 2.
69 Vgl. Charles François Tiphaigne de la Roche, *op. cit.*, S. 51 und 150.

Anmerkungen

70 Vgl. J. T. Desmars, *op. cit.,* S. 50.
71 Memorandum zu Oléron, *op. cit.*
72 Memorandum über die Küsten der Bretagne, *op. cit.*
73 Vgl. Denis Diderot, *op. cit.,* S. 426.
74 Charles François Tiphaigne de la Roche, *op. cit.,* S. 252.
75 Vgl. Lépecq de la Cloture, *op. cit.,* S. 37 und 172; siehe auch Alain Cantabous, *La mer...*, *op. cit.,* S. 689 ff., und derselbe, *Les populations...*, *op. cit.,* S. 193–201.
76 Vgl. Michel Mollat du Jourdin, *art. cit.;* und Alain Cantabous, *Les populations, op. cit., passim.* Als Quelle, siehe auch Georges Fournier, *op. cit.,* S. 674–677.
77 Siehe dazu Marie-Noël Bourguet, »Race et folklore. L'image officielle de la France en 1800«, in: *Annales, économies, sociétés, civilisations,* Juli–August 1976, S. 815–818.
78 Siehe S. 58.
79 Vgl. Jaques Antoine Dulaure, *op. cit.,* Bd. I, S. 33 f.
80 Vgl. Jacques de Cambry, *op. cit.,* S. 203 ff.
81 Catherine Bertho, *art. cit.,* S. 46 und 51. Zur Insel Ouessant, vgl. Louis Edme Billardon de Sauvigny, *L'innocence des premiers âges en France,* Paris 1768. Joseph Lavallée glaubt 1792, den »tugendhaften Aufenthalt« auf der Insel Groix gefunden zu haben, und Jacques de Cambry zwei Jahre später auf der Insel Batz.
82 Bei der Verbreitung dieses Gefühls spielt auch die Reise durch die Highlands eine große Rolle.
83 Man denke an die Vergleiche, die Arthur Young im Zusammenhang mit seinen Reisen gebraucht.
84 Vgl. Jacques de Cambry, *op. cit.,* S. 181.
85 *Ibid.,* S. 38.

Die Transparenz der Küstenmenschen

1 Vgl. Jacques Léonard, *La France médicale au XIXe siècle,* Paris 1978, S. 173 ff. Ein zeitgenössisches Beispiel liefert J. A. Gigot, *Essai sur la topographie physique et médicale de Dunkerque,* Paris 1815.
2 Vgl. Christophe de Villeneuve-Bargemon, *Statistique du département des Bouches-du-Rhône,* Marseille 1821–1829, Bd. I, S. 895–898.
3 Vgl. Pierre J. B. Bertrand, *op. cit.*
4 Vgl. Alain Corbin, *op. cit.,* S. 70 f.
5 Vgl. Armand de Quatrefages de Bréau, *art. cit.,* S. 606.
6 Vgl. Pierre J. B. Bertrand, *op. cit.,* Bd. II, S. 299.
7 Der Artikel 538 des *Code civil* schreibt immerhin vor, daß »die Küsten, das freiliegende Watt, die Häfen und die Felsen unterhalb der Flutgrenze« öffentliches Gemeingut und vom Privatbesitz ausgeschlossen sind.
8 So beispielsweise Audouin und Milne-Edwards, *op. cit.,* Bd. I, S. 173–180.
9 Einzelheiten dazu, siehe Geneviève Delbos, *art. cit.*
10 Christophe de Villeneuve-Bargemon, *op. cit.,* Bd. I, S. 896 ff.
11 *Ibid.,* Bd. II, S. 1130 ff.
12 Joseph Lavallée, *Voyage pittoresque et historique d'Istrie et de la Dalmatie, d'après l'itinéraire de L. F. Cassas,* Paris 1802, S. II.
13 *Ibid.*
14 *Ibid.,* S. 108. Zum Begriff der Degenerierung in der Anthropologie der Aufklärung, namentlich bei Buffon, siehe Michèle Duchet, *Anthropologie et histoire au siècle des lumières,* Paris 1977, S. 202 ff.
15 Daher die besondere Aufmerksamkeit, die den Küsten des Kontinents hier entgegengebracht wird.

Anmerkungen

16 Zu der seit alter Zeit einflußreichen Gestalt des Galliers, siehe Carrado Vivanti, »Les recherches de la France d'Étienne Pasquier. L'invention des Gaulois«, in: *Les lieux de mémoire*, op. cit., Bd. II, S. 215–245, und Pierre Ronzeaud, *Les représentations du peuple dans la littérature politique en France sous le règne de Louis XIV,* Tours 1985; nicht zu vergessen die älteren Arbeiten von Arlette Jouanna und Claude-Gilbert Dubois zu diesem Thema.

17 Siehe dazu Mona Ozouf, »L'invention de l'ethnographie française: le questionnaire de l'Académie celtique«, in: *Annales, économie, sociétés, civilisations*, März–April 1981, S. 210–230.

18 Vgl. Catherine Bertho, op. cit., S. 47; diese Befürchtung äußert schon Samuel Johnson anläßlich seiner Reise in die Highlands im Jahr 1773.

19 François M. G. Habasque, op. cit., Bd. I, S. 279 ff.

20 Fulgence Girard, »Le Mont-Saint-Michel«, in: *La France maritime*, Paris 1834–1837, zitiert nach der Ausgabe von 1852, Bd. I, S. 165.

21 Vgl. Vérusmor, »Le Mont Tombelène« (Tumba Beleni), in: *ibid.*, Bd. III, S. 262 ff.

22 Vgl. A. Dauvin, »Les îles des Saints et d'Ouessant«, in: *ibid.*, Bd. II, S. 321 ff.

23 Siehe dazu Denise Delouche, op. cit., Bd. I, S. 21.

24 Vgl. Michel de Certeau, *La culture au pluriel*, Paris 1980, Kapitel III (in Zusammenarbeit mit Dominique Julia und Jacques Revel).

25 Fulgence Girard, art. cit., S. 166.

26 Charles Nodier beispielsweise wirft Dulaure ein direktes Eintauchen in die Welt der Druiden ungeachtet der vielfältigen dazwischenliegenden Epochen vor. Vgl. Mona Ozouf, art. cit., S. 225.

27 Heinrich Heine, op. cit., S. 76–79.

28 Charles Nodier, J. Taylor und A. de Cailleux, *Voyages pittoresques et romantiques dans l'ancienne France*, Paris 1820–1825, Bd. I, S. 4 f.

29 *Ibid.*, S. 5 und 94.

30 Vgl. Lépecq de la Cloture, op. cit., S. 35; vgl. auch S. B. J. Noël de la Morinière, op. cit., Bd. II, S. 106.

31 Vgl. Édouard Richer, op. cit., S. 58 f.; und Joseph Morlent, *Le Havre ancien et moderne,* Le Havre 1825, Bd. II, S. 2.

32 Vgl. M. Demonet, P. Dumont, E. Le Roy Ladurie, »Anthropologie de la jeunesse masculine en France au niveau d'une cartographie cantonale (1819–1830)«, in: *Annales, économies, sociétés, civilisations*, Juli–August 1976.

33 Philarète Chasles entdeckt an der englischen Nordseeküste die Gegenwart der Normannen des 12. Jahrhunderts; vgl. Philarète Chasles, »Scènes d'un village maritime en Angleterre«, in: *Revue de Paris*, Paris 1829, Bd. 7, S. 82; die Szenen ereignen sich vor 1816. Ein weiteres Beispiel liefert E. Jouy, art. cit., S. 40.

34 Sofern keine Fremdkörper das Spiel der Imagination stören; siehe dazu E. Jouy, *ibid.*, S. 44.

35 Fulgence Girard, art. cit., S. 163.

36 Zu all diesen Problemen, aber auf das Ödland bezogen, siehe Marcel Calvez, »La dimension naturelle de Brocéliande. Analyse à partir de récits d'espace du XIXe siècle«, in: *La nature et le rural*, op. cit. Aus dieser Perspektive gewinnt das Werk von Paul Sebillot eine neue Bedeutung; siehe vor allem Paul Sebillot, *Contes de terre et de mer*, Paris 1883; ders., *Légendes, croyances et superstitions de la mer*, Paris 1886; und, für unseren Zusammenhang besonders wichtig, ders., *Contes des landes et des grèves*, Rennes 1900.

37 Vgl. François M. G. Habasque, op. cit., Bd. I, S. 281.

38 Vgl. Alexandre Bouet, »La bai d'Audierne«, in: *La France maritime*, op. cit., Bd. III, S. 155 ff.; und Émile Souvestre, »La Cornouaille«, in: *Revue des deux mondes*, 1833, Nr. 3, S. 690.

39 Vgl. etwa Xavier Marmier, »Souvenirs de voyages«, in: *Revue de Paris*, Juni 1837.

40 Vgl. Victor Hugos »Archipel de la Manche«, in: *Les travailleurs de la mer*, Brüssel 1866; dt. *Die Arbeiter des Meeres*, Zürich 1944.

Anmerkungen

41 Heinrich Heine, *op. cit.*, S. 86.
42 Zu dem Umschwung, der um 1830 in der Bretagne erfolgt, siehe Catherine Bertho, *art. cit.*, S. 51.
43 So etwa Émile Souvestre.
44 Viele Szenen von Ovids *Metamorphosen* spielen sich schon an diesen Küsten ab.
45 Mona Ozouf, *art. cit.*, S. 227.
46 Honoré de Balzac, *Un drame au bord de la mer, op. cit.*, S. 699f.
47 A. Dauvin, *art. cit.*, S. 321f.
48 Siehe *unten*, zum Werk von Eugène Isabey.
49 Vgl. George Crabbe, *Peter Grimes, op. cit.;* Honoré de Balzac, *Un drame..., op. cit.,* zu den Arbeitern in den Salzwerken von Guérande; Pierre J. B. Bertrand, *op. cit.*, Bd. II, S. 51, zu den »Löchern« der Fischer von Equihen.
50 Philarète Chasles, *art. cit.*, S. 85.
51 Eine erstaunliche Bemerkung über bewachsene Felsen findet sich bei Hermann Fürst von Pückler-Muskau, *op. cit.*, Bd. IV, S. 19; auf dem Weg zu O'Connel merkt er an: »Als ganz besonders zierlich fiel mir... eine Felswand auf, die durch ihre Fugen in vollkommen regelmäßige Quadrate, wie ein Schachbrett, abgetheilt war. Dreierlei Arten Erica, gelbe, hochrothe und violette waren in den Spalten gewachsen und markirten die scharfen Linien auf das überraschendste.«
52 Vgl. Jacques de Cambry, *op. cit.*, S. 105.
53 Zu dieser Quelle der Beunruhigung, siehe Jean-Pierre Peter, »Ogres d'archives«, in: *Nouvelle revue de psychanalyse*, Herbst 1972; und Michel Foucault (Hrsg.), *Moi, Pierre Rivière, ayant égorgé ma mère, ma sœur et mon frère...*, Paris 1973; siehe auch das Vorwort von Alain Corbin zu Alexandre Parent-Duchâtelet, *op. cit.*
54 Dieser Zusammenhang kommt im Werk von Eugène Sue zum Ausdruck. Die Gestalt des Strandräubers geht der des Lumpensammlers, Archetyp der Animalität der städtischen Bevölkerung, voraus.
55 Corbière erwähnt die Taten der Strandräuber in *La guêpe* und in seinem Gedicht *Gens de mer.*
56 Philarète Chasles, *art. cit.*, S. 93.
57 Hippolyte Bonnelier, *Vielles femmes de l'île de Sein*, Paris 1826.
58 Émile Souvestre, *art. cit.*, S. 691f.
59 *Ibid.*, S. 691.
60 Fulgence Girard, *art. cit.*, S. 165
61 Émile Souvestre, *art. cit.*, S. 691.
62 Vgl. Pierre J. B. Bertrand, *op. cit.*, Bd. II, S. 168.
63 B. Ducos, *op. cit.*, Bd. II, S. 328.
64 Vgl. A. Dauvin, *art. cit.*
65 Vgl. Rouget de Kerguen, »L'île de Noirmoutier«, in: *La France maritime, op. cit.*, Bd. III, S. 312.
66 Vgl. den anonymen Beitrag »Cayeux«, in: *ibid.*, S. 343ff.
67 Vgl. T. S. R. Boase, »Shipwrecks in English romantic painting«, in: *Journal of the Warburg and Courtauld institutes*, 1959, Bd. XXII, S. 343.
68 Vgl. B. Ducos, *op. cit.*, Bd. III, S. 51.
69 Vgl. E. Jouy, *art. cit.*, S. 22.
70 Monique Brosse, »Byron...«, *art. cit.*, S. 71 und 76.
71 Vgl. Astolphe de Custine, *op. cit., passim;* und Joseph Lavallée, *op. cit., passim.*
72 Vgl. Monique Brosse, »Byron...«, *art. cit.*, S. 71.
73 Vgl. Ann Radcliffe, *The Italian, or: The confessional of the black penitents*, London 1811; dt. *Der Italiener oder der Beichtstuhl der schwarzen Büßermönche*, Frankfurt/M. 1978.
74 Vgl. beispielsweise Amédée Gréhan, »Les côtes de Normandie«, in: *La France maritime, op. cit.*, Bd. I, S. 394.
75 Vgl. Jacqueline Lalouette, *Les débits de boissons en France, 1879–1919*, Doktorarbeit, Paris 1979; die Autorin weist auf das gemischtgeschlechtliche Publikum in den Cafés des Finistère zu einem noch späteren Zeitpunkt hin.

Anmerkungen

76 Rouget de Kerguen, *art. cit.*, S. 313f.
77 Eine lange und präzise Beschreibung findet sich bei Jean-Victor Audouin und Henri Milne-Edwards, *op. cit.*, Bd. I, S. 60–67. Vgl. auch Bougrenet de La Tocnaye, *Promenade d'un Français en Suède et en Norvège*, Brunswick 1801, Bd. II, S. 174; und Marc-Auguste Pictet, *op. cit.*, S. 112.
78 Vgl. Émile Souvestre, *Le Finistère en 1836*, Brest 1838, S. 212.
79 Siehe *oben*, S. 114.
80 François M. G. Habasque, *op. cit.*, Bd. II, S. 315f. Die genannten Strände liegen im Departement Côtes-du-Nord.
81 Außer in den Jahren 1816 und 1818.
82 Der Gewinner des Wettrennens von 1807 ist Claude Berthou, ein Bauer aus Pleubian. So gekleidet, wie es in der Basse-Bretagne üblich ist, hat er statt Sporen Nägel an den Stiefeln. Man sagt, er habe seinem Pferd, um es anzuspornen, vor dem Rennen eine ganze Flasche Schnaps eingeflößt. Vgl. François M. G. Habasque, *op. cit.*, Bd. II, S. 316f.
83 Vgl. Denise Delouche, *op. cit.*, S. 178, verweist besonders auf seine *Bretonische Landschaft, Küste bei Ebbe*, um 1835.
84 Jules Michelet, *La mer*, *op. cit.*, klagt über die Invasion von Touristen, denen das Meer gleichgültig ist.
85 Vgl. beispielsweise B. Ducos, *op. cit.*, Bd. III, S. 297.
86 Émile Souvestre, »Le traîneur...«, *op. cit.*, S. 9.

Die Küstenpathetik und ihre Metamorphosen

1 Vgl. etwa S. Pressouyre, »Emblême du naufrage à la galerie François Ier«, in: *L'art de Fontainebleau*, Paris 1975.
2 La Font de Saint-Yenne, *Réflexions sur quelques causes de l'état présent de la peinture en France, avec un examen des principaux ouvrages exposés au Louvre, le mois d'août 1746*, Den Haag 1748, S. 100ff.
3 Vgl. Alain Cantabous, *La mer...*, *op. cit.*, S. 148.
4 Johann Wolfgang von Goethe, *op. cit.*, S. 319ff.
5 Alain Cantabous, *La mer...*, *op. cit.*, S. 148.
6 Ein aufschlußreiches Beispiel ist der Bericht von Roland de la Platière, *op. cit.*
7 Vgl. Bernard Cousin, *Le miracle et le quotidien. Les ex-voto provençaux, images d'une société*, Aix-en-Provence 1983, S. 90–102, 131–135, 253f. und 282ff.
8 Eine schöne Szenenbeschreibung dazu bei Jacques de Cambry, *op. cit.*, S. 110f.
9 Vgl. Anne Vincent-Buffault, *Histoire des larmes*, Marseille 1986; und, vor allem in bezug auf das vorhergehende Jahrhundert, Sheila Page Bayne, *Tears and weeping. An aspect of emotional climate reflected in seventeenth century French literature*, Tübingen 1981.
10 Zu Vernets damals hochgeschätzter Fähigkeit, eine verwandelte Realität zu erschaffen, siehe Else-Marie Bukdahl, *Diderot critique d'art*, Kopenhagen 1980, Bd. II, S. 262.
11 Zitiert bei Else-Marie Bukdahl, *op. cit.*, Bd. II, S. 250.
12 Vgl. P. H. Valenciennes, *op. cit.*, S. 435.
13 *Ibid.*, S. 437.
14 Philippe Ariès, der die neue Aufmerksamkeit gegenüber der Kindheit erforscht hat, betont damit nur einen Aspekt dieser umfangreichen Bewegung.
15 Vgl. Denis Diderot, *Salons*, in: *Œuvres complètes*, Paris 1970, Bd. VII, S. 180.
16 Vgl. *ibid.*, Bd. VIII, S. 440f.
17 P. H. Valenciennes, *op. cit.*, S. 491.
18 Vgl. Alain Cantabous, *La mer...*, *op. cit.*, S. 152.
19 Dadurch ändern sich sogar die Formen der Geselligkeit; an den Küsten des Ärmelkanals tauchen massenhaft unverheiratete junge Offiziere auf, vielversprechende Partien, gute

Anmerkungen

Aussicht haben, beim Aufbringen feindlicher Schiffe reich zu werden; vgl. Jane Austen, *Pride and prejudice*, London 1849; dt.: *Stolz und Vorurteil*, Frankfurt am Main 1980; und dies., *Persuasion*, London 1848; dt.: Anne Elliot, Frankfurt/M. 1988.

20 In Plymouth, Portsmouth, aber auch in Rochefort.
21 Vgl. M. de Lezeverne, *Les plaisirs d'un prisonnier en Écosse*, Paris 1818, S. 14 f.; Bericht eines ehemaligen Gefangenen. Vgl. auch René-Martin Pillet, *L'Angleterre vue à Londres et dans ses provinces*, Paris 1815, S. 372 ff., zum Ponton von Chatham.
22 Vgl. Béatrix Stéphanie de Lage de Volude, *Les souvenirs d'émigration de Madame la marquise de Lage de Volude, 1792–1794*, Évreux 1869.
23 Vgl. Geneviève Levallet-Hang, »Philippe-Jacques de Loutherbourg, 1740–1813«, in: *Archives alsaciennes d'histoire de l'art*, 1936, S. 124 und 129.
24 Vgl. dazu Denise Delouche, *op. cit.*, S. 117 f.
25 Vgl. Monique Brosse, »Littérature marginale; les histoires des naufrages«, in: *Romantisme*, Nr. 4, 1972; und T. S. R. Boase, *art. cit.*, S. 332–346.
26 Siehe vor allem Charles Robert Maturin, *Melmoth the wanderer*, London 1820. Auch bei Mary Shelley, *Frankenstein, or the modern Prometheus*, London 1818; dt.: *Frankenstein oder der moderne Prometheus*, Frankfurt am Main 1978, finden sich schaurige Strandszenen.
27 Vgl. William James, *The naval history of Great-Britain from 1793 to 1820*, London 1822–1824.
28 Vgl. Monique Brosse, *op. cit.*, Bd. I, S. 339–376; auch die folgenden Ausführungen beziehen sich auf dieses Werk.
29 Vgl. Jean-Victor Audouin und Henri Milne-Edwards, *op. cit.*, IV. Kapitel.
30 Vgl. *Le Navigateur, Journal des naufrages*, 1829.
31 Vgl. David Cordingly, *op. cit.*, S. 96–113.
32 Vgl. Jules Michelet, *Tableau de la France*, Paris 1949, S. 24–28.
33 Vgl. die Sondernummer von *Provence historique*, 1983, I; siehe auch Bernard Cousin, *op. cit.*, S. 253 ff.
34 Vgl. Monique Brosse, *op. cit.*, Bd. I, S. 295.
35 Émile Souvestre, »La Cornouaille«, *art. cit.*, S. 691.
36 Vgl. Félix Pyat, »Une tournée en Flandres«, in: *Revue de Paris*, Bd. 33, Paris September 1836.
37 Vgl. Eugen von Hartwig, *Das Seebad Ostende. Ein Buch für Kurgäste*, Frankfurt am Main 1845, S. 18 f.
38 Vgl. Monique Brosse, *op. cit.*, Bd. I, S. 368 f.
39 Fulgence Girard, »Mont-Saint-Michel. Un drame sur les grèves«, in: *La France maritime*, 1837, Ausgabe von 1852, Bd. IV, S. 217.
40 Sir Arthur Wardour und seine Tochter fanden großes Vergnügen daran, »die Füße auf den feuchten, frischen und harten Sand zu setzen«. Vgl. Walter Scott, *op. cit.*
41 Vgl. Jean Bousquet, *op. cit.*, S. 95 f. und 148.
42 Vgl. J.-J. Baude, »Les côtes de la Manche«, in: *Revue des deux mondes*, Juli 1851, S. 31.
43 Vgl. François M. G. Habasque, *op. cit.*, Bd. I, S. 20.
44 Vgl. Daniel Ligou, »La franc-maçonnerie des lumières et la mer«, in: *La mer au siècle des encyclopédies*, *op. cit.*, S. 77.
45 H. J. Bernardin de Saint-Pierre, *Paul et Virginie*, *op. cit.*, S. 60.
46 Monique Brosse, *op. cit.*, Bd. I, S. 182.
47 Vgl. Fulgence Girard, *art. cit.*, S. 215.
48 François M. G. Habasque, *op. cit.*, Bd. I, S. 30 f.
49 Charles Rouget de Kerguen, *art. cit.*, S. 314 f.
50 Vgl. François M. G. Habasque, *op. cit.*, Bd. I, S. 25. In dem Dorf Bonneville spielt der Roman *La joie de vivre* von Émile Zola; dt.: *Die Freude am Leben*, München 1976.
51 Vgl. Denise Delouche, *op. cit.*, Bd. I, S. 58 f.
52 Vgl. Nathaniel William Wraxall, *A tour through the western, southern and interior provinces of France*, London 1784, Bd. I, S. 19.
53 Vgl. Jean-Victor Audouin und Henri Milne-Edwards, *op. cit.*, Bd. I, S. 192.

Anmerkungen

Die Erfindung des Strandes

1 Daniel Roche, *op. cit.*, Bd. I, S. 232.
2 Vgl. Jean-Marie André, *L'otium dans la vie morale et intellectuelle romaine des origines à l'époque augustéenne*, Paris 1966; sowie Suzanne Barthèlemy und Danielle Gourevitch, *Les loisirs des Romains*, Paris 1975; diesen beiden Werken haben wir viele Informationen zu dem vorliegenden Thema zu verdanken. Vgl. auch das klassische Buch von John H. d'Arms, *Romans on the Bay of Naples*, Cambridge, Massachusetts, 1970. Ludwig Friedlander, *Darstellungen aus der Sittengeschichte Roms in der Zeit von August bis zum Ausgang der Antonine*, Leipzig 1862–1871, richtet schon Mitte des 19. Jahrhunderts ein besonderes Augenmerk auf die Sitten, die sich am Meeresstrand entfalten.
3 Siehe S. 165.
4 Vgl. Suzanne Barthèlemy und Danielle Gourevitch, *op. cit.*, S. 20 der zitierten Texte.
5 Vgl. beispielsweise den Text eines Christen aus dem 3. Jahrhundert, »Une excursion à Ostie«, zitiert bei *ibid.*, S. 83–85.
6 Vgl. die schon sehr präzise Analyse von Ludwig Friedlander, *op. cit.*, Bd. II, S. 384 ff.
7 Vgl. Charles de Brosses, *op. cit.*, Bd. I, S. 252.
8 Vgl. Daniel Roche, *op. cit.*, Bd. I, S. 157 ff.
9 Vgl. Jacques de Cambry, *op. cit.*, S. 203 ff.
10 Alexandre Grimond de la Reynière, *op. cit.*, S. 12.
11 Siehe *oben*, S. 354.
12 Aubin-Louis Millin, *op. cit.*, Bd. III, S. 350 f. Die Existenz solcher *bastides*, die dem gleichen Gebrauch dienen, wird 1795 von Albanis Beaumont in der Umgebung von Nizza hervorgehoben; vgl. Albanis Beaumont, *Travels through the Maritime Alps from Italy to Lyons across the »col de Tende« by the way of Nice, Provence, Languedoc*, London 1795, S. 89 f.
13 Der Aufschwung dieser Mode wird von Daniel Lescallier sehr schön beschrieben; vgl. Daniel Lescallier, *Voyage en Angleterre, en Russie et en Suède fait en 1775*, Paris 1800, S. 37 f. Im August 1785 bedauert Milady Craven, daß sie sich während der Fahrt entlang der italienischen Küsten an Bord einer Feluke und nicht auf einer Yacht befindet; vgl. Elizabeth Craven, *A journey through the Crimea to Constantinople*, London 1789; dt.: *Briefe der Lady Elizabeth Craven über eine Reise durch die Krimm nach Konstantinopel*, Leipzig 1781. Wir kennen die Begeisterung von Henry Fielding, *op. cit.*, über seine Fahrten mit einer Yacht.
14 Vgl. Edmund W. Gilbert, *op. cit.*, S. 89 ff. Zu den Anlagen und Bauwerken von Brighton, vgl. Antony Dale, *The history and architecture of Brighton*, Brighton 1950; ders., *Fashionable Brighton, 1820–1860*, London 1947.
15 Vgl. Frances Burney, *op. cit.*, Bd. I, S. 217–228 und 280–311, sowie Bd. II, S. 158–183.
16 Vgl. John Byng, Viscount Torrington, *op. cit.*, S. 87–103.
17 Der Wachstumsprozeß der Seebäder ist von Spezialisten der geographischen Geschichte genau analysiert worden; sie unterscheiden zwischen den alten Fischerdörfern, den neuen Wohnvierteln in der Nähe der Hafensiedlungen und den *ex nihilo* erschlossenen Orten an Stränden oder schönen Küstenstellen. Von besonderem Interesse sind hier alle Arbeiten von Edmund W. Gilbert zu diesem Thema. Vgl. auch die weniger auf unsere Fragestellungen bezogenen Werke von H. G. Stockes, *The very first history of the English seaside*, London 1947; Ruth Manning Sanders, *Seaside England*, London 1951; Anthony Hern, *The seaside holiday: The history of the English seaside resort*, London 1967; sowie Janice Anderson und Edmund Swinglehurst, *The Victorian and Edwardian seaside*, London 1978.
18 Eine Bibliographie und eine Chronologie zur Entwicklung der Seebäder in Deutschland findet sich in dem jüngst erschienenen Ausstellungskatalog des Altonaer Museums in Hamburg in Zusammenarbeit mit dem Norddeutschen Landesmuseum: *Saison am Strand, Badeleben an Nord- und Ostsee*, Herford 1986, Ausstellung vom 16. April bis 31. August 1986.

Anmerkungen

19 Schon im Juli 1783 hatte ein Juister Prediger eine Petition an den preußischen König Friedrich II. gesandt, um die Errichtung einer Badeanstalt auf der Insel Juist vorzuschlagen. Der Text dieser Petition ist in dem oben genannten Ausstellungskatalog *Saison am Strand...*, *op. cit.*, S. 14–17 wiedergegeben. Vgl. auch Johann David Wilhelm Sachse, *Über die Wirkungen und den Gebrauch der Bäder, besonders der Seebäder zu Doberan*, Berlin 1835. Hervorzuheben ist auch J. H. F. Otto (Hrsg.), *Naturgeschichte des Meeres*, Berlin 1792.
Die *Annalen der britischen Geschichte*, 1793, Bd. VII, beschreiben die englischen Seebäder Deal, Weymouth und Harwich. Im gleichen Jahr setzt Lichtenberg sich für die Nordseebäder ein, während Woltmann der Ostsee den Vorzug gibt.
Ab Anfang des 19. Jahrhunderts erscheinen in Deutschland zahlreiche Werke über Seebäder. Schon 1801 kommt das erste Werk über Norderney heraus; vgl. Friedrich Wilhelm von Halem, *Die Insel Norderney und ihr Seebad*, Hannover 1801; weitere Auflagen folgen 1815 und 1822. 1818 schreibt August Ruge über Cuxhaven; vgl. August Ruge, »Über Seebäder im allgemeinen und besonders über das Seebad Cuxhafen«, in: A. A. Abendroth, *Ritzebüttel und das Seebad zu Cuxhaven*, Hamburg 1818. Von da an veröffentlichen die großen Seebäder ihre Annalen, vgl. etwa die *Annalen des Travemünder Seebads*, 1817. Kurz darauf, 1821, schreibt C. G. Hecker *Über das Seebad bei Putbus;* es folgen Johann Ludwig Chemnitz, *Wangerooge und das Seebad*, Jever 1883; und Lasius, der ebenfalls eine *Beschreibung von Wangerooge* gibt. Haffner schreibt über Zoppot, von Colditz über Wyk auf Föhr, Pfaff über Kiel, van der Decken über Helgoland und Formey über Doberan. Außerdem erscheinen zahlreiche Artikel zum Thema der Seebäder im *Hufeland's Journal der practischen Heilkunde*. An dieser Stelle danke ich Robert Beck für die Zusammenstellung der deutschsprachigen Literatur.

20 Der Artikel wurde mehrfach abgedruckt; vgl. Georg Christoph Lichtenberg, »Warum hat Deutschland noch kein großes öffentliches Seebad?« in: *Vermischte Schriften*, hrsg. von Ludwig Christian Lichtenberg, Göttingen 1803, Bd. V, S. 93–115; oder auch in: A. A. Abendroth, *op. cit.*

21 Vgl. anonym, *Reise eines Gesunden in die Seebäder Swinemünde, Putbus und Doberan*, Berlin 1823; die Reise fand 1821 statt.

22 Édouard de Montulé, *op. cit.*, Bd. II, S. 58f.

23 Zur Saison des Jahres 1828 in Swinemünde, vgl. Richard Kind, *Das Seebad zu Swinemünde*, Stettin 1828.

24 Friedrich von Warnstedt, *Die Insel Föhr und das Wilhelminen Seebad 1824*, Schleswig 1824, gibt eine präzise Beschreibung dieses Seebads, wobei er dem Vergnügungsangebot für die Badegäste besondere Bedeutung beimißt; zitiert in: *Saison am Strand...*, *op. cit.*, S. 22f. Warnstedt ist Kammerherr am dänischen Hof.

25 Stierlings Aufsatz »Über Seebäder in den Niederlanden« erschien im *Hufeland's Journal der practischen Heilkunde*. Die *Annalen des Travemünder Seebads* waren ins Holländische übersetzt worden; offenbar hat diese Übersetzung die Gründung des Seebads in Zandvoort angeregt.

26 Zur Geschichte des Seebads von Ostende, vgl. Jules Nicolas Pasquini, *Histoire de la ville d'Ostende et du port, suivi d'un vademecum du voyageur à Ostende*, Brüssel 1843; Eugen von Hartwig, *op. cit.;* Louis Verhaege, *Traité pratique des bains de mer*, Ostende 1855; Yvonne du Jaquier, *Ostende et Spa*, Ostende 1965; sowie Robert Lanoye, *L'épopée ostendaise*, Ostende 1971.

27 Vgl. Daniel Lescallier, *op. cit.*, S. 12f.

28 Vgl. Jacques Pierre Brissot, *Mémoires de Brissot*, Paris 1830, Bd. I, S. 271ff.

29 Vgl. Samuel Ireland, *op. cit.*, Bd. II, S. 191–193.

30 Pierre J. B. Bertrand, *op. cit.*, Bd. II, S. 165ff. Angeblich verordnet Doktor Bertrand Meerwasserkuren schon seit 1756. Die erste Geschichte der Bäder von Boulogne stammt von Ernest Deseille, *L'ancien établissement des bains de mer de Boulogne, 1824–1863*, Boulogne 1866; dieses hervorragend dokumentierte Werk enthält präzise statistische Angaben über Preise, Badewagen, Bäder und Badende. 1835 etwa sind in Boulogne 30.000 Meerbäder verabreicht worden.

Anmerkungen

31 Vgl. die Beschreibung des Badearztes Doktor Mourgué, in: *Journal des bains de mer de Dieppe*, op. cit.; vgl. auch Ange Pihan Delaforest, *Premier voyage de S. A. R. Madame la Duchesse de Berry en Normandie*, Paris 1824. Einige Details finden sich bei A. M. Gaudet, op. cit.
Zur Geschichte von Dieppe, vgl. Simona Pakenham, *Sixty miles from England. The English at Dieppe, 1814–1914*, London 1967. Zu den französischen und belgischen Seebädern im allgemeinen, vgl. Gabriel Désert, *La vie quotidienne sur les plages normandes du Second Empire aux années folles*, Paris 1983; außerdem die eher anekdotischen Darstellungen von Paul Jarry, »Bains de mer du temps passé«, in: John Grand Carteret, *L'histoire, la vie, les mœurs et la curiosité*, Versailles 1928, Bd. V; und Georges Renoy, *Bains de mer au temps des maillots rayés*, Brüssel 1976.

32 Ange Pihan Delaforest, op. cit., S. 130f.

33 *Ibid.*, S. 129; der Autor stützt sich auf Doktor Mourgué, op. cit., S. 17f.

34 Ange Pihan Delaforest, op. cit., S. 130ff.

35 Einzelheiten zu der Entwicklung in Granville finden sich in dem zitierten Katalog *La vie balnéaire et les bains de Granville*, op. cit. Ab 1837 verbrachte Heinrich Heine die Saison gemeinsam mit Mathilde in Granville. Zu den Bädern in der Gegend von Avranches, vgl. Marius Dujardin, »Histoire des bains de mer à Carolles et à Jullouville«, in: *Revue de l'Avranchin*, 1954; vgl. auch das allgemeine Werk von Elie Guené, *Deux siècles de bains de mer sur les plages de l'Avranchin et du Cotentin*, Manche-tourisme, 1985.

36 Vgl. E. Jouy in: Louis Garneray, op. cit., 2. Teil (1832), S. 19; Jouy beschreibt das Seebad Marie-Thérèse in La Rochelle; *ibid.*, 1. Teil, S. 45 und S. 37, zu den Bädern von Boulogne und Dieppe.

37 Vgl. Jean Viel, op. cit., S. 7–10.

38 Vgl. Gabriel Désert, op. cit., S. 15–18.

39 Vgl. Alexandre Dumas, *Mes mémoires*, Poissy 1866, Bd. II, S. 275ff.

40 Vgl. Jean Chennebeoist, *Trouville et Deauville vus par Charles Mozin, 1806–1862*, Deauville 1962.

41 Vgl. E. Ducéré, *Napoléon à Bayonne*, Bayonne 1897.

42 Vgl. Auguste Bouet, »Les bains de Biarritz«, art. cit., S. 317ff. Zu einer späteren Periode, vgl. Ch. Hennebutte, *Guide du voyageur de Bayonne à Saint-Sébastien*, Bayonne 1850.

43 Pierre Laborde, art. cit., S. 27.

44 Vgl. François M. G. Habasque, op. cit., Bd. II, S. 313; Habasque berichtet auch von Badenden, die um 1830 bei sommerlicher Hitze an den kleinen Strand von Cesson kommen: »Hier gibt es keinerlei Badeeinrichtung, jeder geht ins Wasser wo und wie er will. Während des Kaiserreichs kamen an freien Tagen zahlreiche Schüler an diesen Strand«, denen das Baden inzwischen »aus Gründen der Sittlichkeit und zu ihrer eigenen Sicherheit« untersagt worden ist; vgl. *ibid.*, S. 314.

45 In Frankreich kommen derzeit die ersten Studien zur Architektur der Meeresküsten heraus. Vgl. den interessanten Artikel von Nathalie Glou, »Villas balnéaires de la Manche«, in: *Monuments historiques*, 1978, Nr. 1, S. 34ff.

46 Die folgenden Ausführungen stützen sich weitgehend auf die zitierten Werke von Antony Dale und Edmund W. Gilbert.

47 Dieser Begriff stammt aus Bath und wird hier in die Terminologie der Küstenarchitektur übernommen.

48 Vgl. Adolphe Blanqui, op. cit., S. 387.

49 A. L. C. La Garde Chambonas, *Brighton, scènes détachées d'un voyageur en Angleterre*, Paris 1834, S. 79–85 und S. 281–288.

50 Vgl. Ange Pihan Delaforest, op. cit., S. 207.

51 Vgl. François M. G. Habasque, op. cit., Bd. I, S. 362.

52 Abbé de Saint-Non, *Voyage pittoresque ou description des royaumes de Naples et de Sicile*, Paris 1781, Bd. I, S. 266.

53 Die folgende Beschreibung stützt sich auf das Tagebuch von Vivant Denon im Anhang des Werkes von Henry Swinburne, op. cit., Bd. V, S. 74–76; auf den Bericht von Roland de la Platière, op. cit., Bd. II, S. 349ff.; sowie auf die Synthese von Hélène Tuzet, op. cit.,

Anmerkungen

S. 431–448; Hélène Tuzet gibt Beobachtungen aus dem 1789–1791 erschienenen Reisebericht von Johann-Heinrich Bartels wieder, der im Jahr 1786 nach Sizilien fuhr.
54 Dieses Bedürfnis hebt Bartels hervor; vgl. *ibid.*, S. 438. Es sei angemerkt, daß Bartels die *Marina* im Winter besucht.
55 Die Zeiteinteilung beschreibt Vivant Denon, *op. cit.*, Bd. V, S. 74 ff.
56 Vgl. Roland de la Platière, *op. cit.*, Bd. II, S. 349.
57 Vivant Denon, *op. cit.*, Bd. V, S. 74.
58 *Ibid.*, S. 74 f.
59 Antony Dale, *The history...*, *op. cit.*, S. 54.
60 Die endgültige Fertigstellung erfolgt nicht vor 1840.
61 Zitiert bei Edmund W. Gilbert, *op. cit.*, S. 101.
62 Adolphe Blanqui, *op. cit.*, S. 387.
63 A. L. C. La Garde Chambonas, *op. cit.*, S. 125.
64 Vgl. *ibid.*, S. 25.
65 Vgl. A. B. Granville, *The spas of England and principal sea-bathing places*, London 1841, Bd. I, S. 160.
66 *Ibid.*, S. 183.
67 Vgl. *ibid.*, S. 350.
68 Das gleiche gilt für den Küstenstrich, den wir als Côte d'Azur bezeichnen; vgl. J. Voisine, »Les Anglais en Provence au XVIIIe siècle«, in: *Revue de littérature comparée*, 1956, S. 15–27.
69 Vgl. A. B. Granville, *op. cit.*, S. 151.
70 Vgl. *ibid.*, S. 182 und 188.
71 Vgl. Edmund W. Gilbert, *op. cit.*, S. 15 f.; und Antony Dale, *The history...*, *op. cit.*, S. 30.
72 Vgl. Edmund W. Gilbert, *op. cit.*, S. 15.
73 Vgl. »Diary of their Majestie's journey to Weymouth and Plymouth«, in: *Gentleman's Magazine*, 1789, Bd. 59, S. 1046 f. und 1142 ff.
74 Vgl. Antony Dale, *The history...*, *op. cit.*, S. 32.
75 Vgl. Léon de Buzonnière, *Voyage en Écosse. Visite à Holy-Rood*, Paris 1832, S. X f.
76 A. L. C. La Garde Chambonas, *op. cit.*, S. 376.
77 *Ibid.*, S. 261; hier wird der Tageslauf einer Lady in Brighton sehr detailliert wiedergegeben.
78 Der folgende Abschnitt stützt sich auf Ange Pihan Delaforest, *op. cit.;* auf Doktor Mourgué, *op. cit.;* sowie auf Rodolphe Apponyi, *op. cit.*, Bd. I, 26. Juni–17. August 1828, 4. August–26. August 1829, 19. Juli–30. Juli 1830, S. 120–147, 176–194, 276–289.
79 Vgl. Ange Pihan Delaforest, *op. cit.*, S. 169.
80 Vgl. Ernest Deseille, *op. cit.*, S. 8; es handelt sich um den 25. August 1825.
81 Rodolphe Apponyi, *op. cit.*, Bd. I, S. 123, 2. Juli 1828.
82 Vgl. *ibid.*, S. 146, 15. August 1828.
83 *Ibid.*, S. 284.
84 Vgl. Simona Pakenham, *op. cit.*, S. 25.
85 A. Loève-Veimars, »Souvenirs de la Normandie«, in: *Revue des deux mondes*, Dezember 1834, S. 94 f.
86 Vgl. anonym, *Reisen eines Gesunden...*, *op. cit.*
87 Vgl. Richard Kind, *op. cit.*
88 Vgl. W. Francken, *Scheveningen, sa plage, ses bains*, Paris 1899, S. 1.
89 Vgl. Yvonne du Jacquier, *op. cit.*, S. 23.
90 Zu dieser Veränderung, siehe Edmund W. Gilbert, *op. cit.*, S. 108 f. und 184; sowie Antony Dale, *The history...*, *op. cit.*, S. 39.
91 Hermann Fürst von Pückler-Muskau, *op. cit.*, Bd. I, S. 348.
92 A. B. Granville, *op. cit.*, Bd. I, S. 188.
93 Vgl. Charles Dickens, »Die Familie Tuggs in Ramsgate«, in: *Londoner Skizzen*, München 1975, S. 436.
94 A. B. Granville, *op. cit.*, Bd. I, S. 269.
95 Alle Einzelheiten stützen sich auf *ibid.*, S. 346 ff.

Anmerkungen

96 Vgl. *ibid.*, S. 348f.
97 Zu den Vorschriften am Strand von Boulogne, vgl. Ernest Deseille, *op. cit.* Am Strand von Ostende scheint die Kontrolle schwieriger zu sein; daher die – recht späten – Klagen einer Brügger Zeitung, wiedergegeben bei Yvonne du Jacquier, *op. cit.*, S. 27. Es ist anzunehmen, daß die Normen der Sittlichkeit und die Angst vor sozialen oder sexuellen Kontakten sich zwischen 1811 und 1850 verschärft haben; siehe *oben*, S. 116.
98 Die folgenden Angaben stützen sich auf Richard Kind, *op. cit.*
99 Vgl. Yvonne du Jacquier, *op. cit.*, S. 33; es handelt sich hier allerdings um ein recht spätes Zeugnis aus dem Jahr 1850. Zu Blankenberghe, siehe Eugen von Hartwig, *op. cit.*, S. 63.
100 Die Einzelheiten stützen sich auf den anonymen Bericht *Reise eines Gesunden...*, *op. cit.*
101 Siehe *oben*, S. 184.
102 Zu Jane Austens Äußerungen über das Prestige Brightons, vgl. ihren Roman *Pride and Prejudice*, London 1849; dt.: *Stolz und Vorurteil*, Frankfurt am Main 1980.
103 Vgl. William Cobbett, *Rural rides*, London 1893, Bd. I, S. 91ff., 10. Januar 1822. Und John Constable, *Memoirs of the life of John Constable, composed chiefly of his letters*, hrsg. C. R. Leslie, London 1951, S. 123, Brief vom 29. Mai 1824, geschrieben in Brighton.
104 Charles Dickens, *op. cit.*, S. 532–458.
105 *Ibid.*, S. 443f.
106 *Ibid.*, S. 449. Aus Margate stammt offenbar die Mode, auf Eseln über den Strand zu reiten. Um 1800 bietet eine Dame solche Spazierritte für einen Shilling pro Stunde an. In Brighton wird diese Sitte 1806 eingeführt; vgl. Edmund W. Gilbert, *op. cit.*, S. 20.

Bemerkungen zur Methode

1 Vgl. K. D. Fines, »Landscape evaluation: a research project in East-Sussex«, in: *Regional studies*, 1968, Bd. II, S. 41–55.
2 Vgl. Charles Avocat, »Essai de mise au point d'une méthode d'étude des paysages«, in: *Lire le paysage, op. cit.*, S. 11–37.
3 Vgl. H. Flatrès-Mury, »L'évaluation des paysages bretons«, in: *Lire le paysage, op. cit.*, S. 39–59.
4 Zu all diesen Fragen, siehe auch Jacques Bethemont, »Elément pour un dialogue: géographie et analyse du paysage«, in: *Lire le paysage, op. cit.*, S. 101–111.

Literaturverzeichnis

(Die aus Zeitschriften zitierten Artikel finden sich in den Anmerkungen.)

Abendroth, A. A., *Ritzebüttel und das Seebad Cuxhaven*, Hamburg 1818.
Adam, Antoine, *Histoire de la littérature française au XVIIe siècle*, Paris 1961.
Addison, Right Hon. Joseph, *Remarks on several parts of Italy*, London 1705.
Alpers, Svetlana, *The art of describing: Dutch art in the XVIIth century*, Chicago 1983.
Anderson, Janice / Swinglehurst, Edmund, *The victorian and edwardian seaside*, London 1978.
André, Jean-Marie, *L'otium dans la vie morale et intellectuelle romaine des origines à l'époque augustéenne*, Paris 1966.
Anonym, *Reise eines Gesunden in die Seebäder Swinemünde, Putbus und Doberan*, Berlin 1823.
Anonym, *Tournée faite, en 1788, dans la Grande-Bretagne, par un Français*, Paris 1790.
Ansen, Alan, *The enchafed flood or the romantic iconography of the sea*, Virginia 1950.
Apponyi, Rodolphe, *Journal du comte Rodolphe Apponyi*, Paris 1913.
Arms, John H. d', *Romans on the bay of Naples*, Cambridge, Massachusetts, 1970.
Arnaud, Pierre, *Ann Radcliffe et le fantastique, essai de psychobiographie*, Paris 1976.
Audouin, Jean-Victor / Milne-Edwards, Henri, *Recherches pour servir à l'histoire naturelle du littoral de la France. Voyage à Granville, aux îles Chausey et à Saint-Malo*, Paris 1832.
Austen, Jane, *Persuasion*, London 1848; dt. *Anne Elliot*, Frankfurt am Main 1988.
– *Pride and prejudice*, London 1849; dt. *Stolz und Vorurteil*, Frankfurt am Main 1980.
– *Sanditon*, Oxford 1813; dt. *Sanditon*, München 1980.
Avocat, Charles u. a., *Lire le paysage*, Kolloquium, Saint-Étienne 1984.
Awsiter, John, *Thoughts on Brightelmstone, concerning sea-bathing and drinking sea-water, with some directions of their use*, London 1768.

Bachelard, Gaston, *L'eau et les rêves*, Paris 1942.
Bain, Margaret Isabel, *Les voyageurs français en Écosse, 1770–1830, et leurs curiosités intellectuelles*, Paris 1931.
Bakhtine, Mikhail, *Esthétique et la création verbale*, Paris 1979.
Balzac, Honoré de, *Un drame au bord de la mer*, Paris 1834; dt. »Ein Drama am Meeresstrande«, in: *Menschliche Komödie*, Leipzig 1910, Bd. XV.
Barbault-Royer, Citoyen, *Voyage dans les départements du nord, de la Lys, de l'Escaut, etc., pendant les années VII et VIII*, Paris 1800.
Barbier, Carl-Paul, *William Gilpin, his drawings, teaching and theory of the picturesque*, Oxford 1963.
Barrel, John, *The ideas of landscape and the sense of place, 1730–1840, an approach to the poetry of John Clare*, Cambridge 1977.
Barthélemy, Abbé de, *Voyage en Italie de Monsieur l'abbé Barthélemy*, Paris 1801.
Barthèlemy, Suzanne / Gourevitch, Danielle, *Les loisirs des romains*, Paris 1975.
Baudouin, Charles, *Psychanalyse de Victor Hugo*, Paris 1972.
Bayne, Sheila Page, *Tears and weaping. An aspect of emotional climate reflected in seventeenth century french literature*, Tübingen 1981.
Beattie, James, *The minstrel*, Edinburg 1771.
Beaumont, Albanis, *Travels through the maritime alps from Italy to Lyons across the »col de Tende« by the way of Nice, Provence, Languedoc*, London 1795.
Benedeit, *Le voyage de Saint Brendan*, französisch / deutsch, München 1977.
Benjamin, Walter, *Charles Baudelaire. Ein Lyriker im Zeitalter des Hochkapitalismus*, Frankfurt am Main 1969.

Literaturverzeichnis

Bérenger, Laurent Pierre, *Les soirées provençales ou lettres de M. L. P. Bérenger, écrites à ses amis pendant ses voyages dans sa patrie,* Paris 1786.
Bernis, Pierre de, *La religion vengée,* Paris 1796.
Bertrand, Pierre J. B., *Précis de l'histoire physique, civile et politique de la ville de Boulogne-sur-Mer, et de ses environs depuis les Morins jusqu'en 1814,* Boulogne 1828.
Bienville, J. D. T. de, *La nymphomanie,* Amsterdam 1772; dt. *Nymphomanie,* Amsterdam / Leipzig 1777.
Billardon de Sauvigny, Louis Edme, *L'innocence des premiers âges en France,* Paris 1768.
Blackmore, Richard, *Creation. A philosophical poem,* Dublin 1727.
Blanqui, Adolphe, *Voyage d'un jeune Français en Angleterre et en Écosse,* Paris 1824.
Bloch, Raymond u. a., *L'homme méditerranéen et la mer,* Tunis 1985.
Bocage, Madame du, *Recueil des œuvres de Madame du Bocage,* Lyon 1764.
Boigne, Charlotte L. E. A. de, *Mémoires,* Paris 1971.
Bol, Laurens J., *Die holländische Marinemalerei des 17. Jahrhunderts,* Braunschweig 1973.
Bonnelier, Hippolyte, *Vieilles femmes de l'île de Sein,* Paris 1826.
Bonstetten, Carl Victor von, *Voyage sur la scène des six derniers livres de l'Enéide,* Genf 1805.
Bony, Alain, *Joseph Addison et la création littéraire,* Paris 1979.
Boucé, Paul-Gabriel, *Les romans de Smollet,* Paris 1971.
Bouet, Auguste, u. a., *La France maritime,* Paris 1837.
Bouhours, Dominique, *Les entretiens d'Ariste et d'Eugène,* Amsterdam 1671.
Boulanger, Nicolas, *L'antiquité dévoilée par ses usages...,* Amsterdam 1766.
Bousquet, Jean, *Les thèmes du rêve dans la littérature romantique,* Paris 1964.
Brémond, Henri, *Histoire littéraire du sentiment religieux en France depuis la fin des guerres de religion jusqu'à nos jours,* Paris 1964.
Brewer, S. W., *Design for a Gentleman,* London 1963.
Brieux, Moisant de, *Œuvres choisies,* Caen 1875.
Brion, Marcel, u. a., *Caspar David Friedrich, le tracé et la transparence,*. Paris 1983.
Brissot, Jacques Pierre, *Mémoires,* Paris 1830.
Broc, Numa, *La géographie des philosophes,* Lille 1972.
– *La géographie de la Renaissance (1420–1620),* Paris 1980.
Brockes, Barthold Heinrich, *Irdische Vergnügungen in Gott,* Frankfurt am Main, 1955.
Brosse, Monique, *La littérature de la mer en France, en Grande-Bretagne et aux États-Unis (1829–1870),* Paris 1978.
Brosses, Charles de, *Journal du voyage en Italie,* Grenoble 1772.
Brunet, Olivier, *Philosophie et esthétique chez David Hume,* Paris 1965.
Brydone, Patrick, *A tour through Sicily and Malta,* London 1773; dt. *P. Brydone's Reise durch Sicilien und Malta,* Leipzig 1777.
Buch, Christian Leopold von, *Reise durch Norwegen und Lappland,* Berlin 1810.
Buchan, Alexander Peter, *Practical observations concerning sea-bathing, with remarks on the use of the warm-bath,* London 1804.
Buffon, Georges Louis Leclerc, Comte de, *Les époques de la nature,* hrsg. von Jacques Roger, Paris 1962.
– *Histoire et théorie de la terre,* in: *Œuvres complètes,* Paris 1884.
Bukdahl, Else-Marie, *Diderot, critique d'art,* Kopenhagen 1980.
Burke, Edmund, *A philosophical enquiry into the origin of our ideas of the sublime and beautiful,* London 1764; dt. *Burkes philosophische Untersuchungen über den Ursprung unserer Ideen vom Erhabenen und Schönen,* Riga 1773.
Burnet, Gilbert, *Some letters, containing an account of what seemed most remarkable in Switzerland, Italy, some parts of Germany etc. in the years 1685 and 1686,* Rotterdam 1687; dt. *Des berühmten englischen Theologi, D. Gilberti Burnets, ... im 1685 und 86. Jahre gethaner Reise,* Leipzig 1688.
Burnet, Thomas, *The theory of the earth,* London 1684.
Burney, Frances (Fanny), *Diary and letters of Mrs. d'Arblay,* London 1904.
Burton, Robert, *The anatomy of melancholy,* London 1621.
Buzonnière, Léon de, *Voyage en Écosse. Visite à Holy-Rood,* Paris 1832.

Literaturverzeichnis

Byng, John, Viscount Torrington, *The Torrington diaries, containing the tours through England and Wales... between the years 1781 and 1794*, London 1934.
Byron, George Gordon Noël, Lord, *Childe Harold's pilgrimage*, London 1819; dt. *Childe Harold's Pilgerfahrt*, München 1977–1978.
– *The Giaour*, London 1813; dt. *Der Gauer*, München 1977–1978.

Cabanis, Pierre-Jean Georges, *Rapport du physique et du moral de l'homme*, Paris 1802; dt. *Über die Verbindungen des Physischen und Moralischen in dem Menschen*, Halle / Leipzig 1804.
Cambry, Jacques de, *Voyage dans le Finistère*, Brest 1835.
Campion, Henri de, *Mémoires*, hrsg. von Marc Fumaroli, Paris 1967.
Cantabous, Alain, *La mer et les hommes. Pêcheurs et matelots dunkerquois de Louis XV à la Révolution*, Dünkirchen 1980.
– *Les populations maritimes françaises de la mer du Nord et de la Manche orientale (vers 1660–1794)*.
Carré, François, *Les océans*, Paris 1983.
Cattcott, Alexander, *A treatise on the deluge*, London 1768.
Certeau, Michel de, *La culture au pluriel*, Paris 1980.
Certeau, M. / Julia, D. / Revel, J., *Une politique de la langue. La Révolution française et les patois*, Paris 1975.
Chartier, Roger, u. a., *L'éducation en France du XVIe au XVIIIe siècle*, Paris 1976.
Chateaubriand, François René Auguste de, *Le génie du christianisme*, Paris 1826; dt. *Die Schönheiten des Christentums*, Solothurn 1820.
– *Mémoires d'outre tombe*, Paris 1949; dt. *Erinnerungen*, München 1968.
Chemnitz, Johann Ludwig, *Wangerooge und das Seebad*, Jever 1883.
Chennebenoist, Jean, *Trouville et Deauville vues par Charles Mozin, 1806–1862*, Deauville 1962.
Choiseul-Gouffier, M. G. A. Florent de, *Voyage pittoresque de la Grèce*, Paris 1782.
Chorley, Richard J., u. a., *The history of the study of landforms on the development of geomorphology*, London 1964.
Cobbett, William, *Rural rides*, London 1893.
Coleridge, Samuel Taylor, *The rime of the ancient mariner / Der alte Seefahrer*, englisch und deutsch, Frankfurt am Main 1963.
Constable, John, *Memoirs of the life of John Constable*, hrsg. von C. R. Leslie, London 1951.
Corbin, Alain, *Le miasme et la jonquille*, Paris 1982; dt. *Pesthauch und Blütenduft*, Berlin 1984.
Cordingly, David, *Marine painting in England, 1700–1900*, London 1974.
Cousin, Bernard, *Le miracle et le quotidien. Les ex-voto provençaux, images d'une société*, Aix-en-Provence 1983.
Cowper, William, *Retirement*, London 1782.
Coxe, William, *Travels into Poland, Russia, Sweden and Denmark*, Dublin 1784.
Coyer, Abbé, *Voyage d'Italie et de Hollande*, Paris 1775.
Crabbe, George, *The borough*, London 1810.
Craven, Elizabeth, *A journey through the Crimea to Constantinople*, London 1789; dt. *Briefe der Lady Elizabeth Craven über eine Reise durch die Krimm nach Konstantinopel*, Leipzig 1781.
Crébillon, Claude Prosper Jolyot de, *Électre*, Paris 1709.
Creevey, Thomas, *The Creevey papers. A selection from the correspondence and diaries of the late Thomas Creevey, 1768–1838*, hrsg. von Herbert Maxwell, London 1903.
Creuzé de Lesser, Auguste François, *Voyage en Italie en en Sicile fait en 1801 et 1802*, Paris 1806.
Crouzet, François, *L'économie britannique et le blocus continental (1806–1813)*, Paris 1958.
Croÿ, Emmanuel de, *Mémoires du duc de Croÿ sur les cours de Louis XV et Louis XVI (1727–1784)*, Paris 1895–1896.
Cruttwell, Clement, *The new universal gazetteer; or geographical dictionary*, London 1798.

Literaturverzeichnis

Currie, James, *Medical reports, on the effects of water cold and warm as a remedy...*, London 1805.
Custine, Astolphe de, *Mémoires et voyages ou lettres écrites à diverses époques*, Paris 1830.

Dagognet, François, u. a., *Mort du paysage? Philosophie et esthétique du paysage*, Kolloquium, Paris 1982.
Dale, Antony, *Fashionable Brighton, 1820–1860*, London 1947.
– *The history and architecture of Brighton*, Brighton 1950.
Dance, Peter S., *Shell collecting, a history*, Berkley 1966.
Damish, Hubert, *La théorie du nuage*, Paris 1972.
Daniel, Glyn, *History of archeology*, London 1981.
Daniell, William, *A voyage round Great Britain*, London 1814.
Dante, Alighieri, *Die göttliche Komödie*, Zürich 1941.
Darluc, Michel, *Histoire naturelle de la Provence*, Avignon 1782.
Deacon, Margaret, *Scientists and the sea, 1650–1900*, London / New York 1971.
Defoe, Daniel, *The life and strange surprising adventures of Robinson Crusoe*, London 1719–1720; dt. *Robinson Crusoe*, Bayreuth 1979.
Delaforest, Ange Pihan, *Premier voyage de S. A. R. Madame la Duchesse de Berry en Normandie*, Paris 1824.
Delbos, Geneviève, u. a., *La nature et le rural*, Kolloquium, Straßburg 1978.
Delouche, Denise, *Les peintres de la Bretagne avant Gauguin*, Rennes 1978.
Deluc, Jean-André, *Lettres sur l'histoire physique de la terre, renfermant de nouvelles preuves géologiques et historiques de la mission divine de Moyse*, Paris 1798.
Delumeau, Jean, *La peur d'occident, XIVe–XVIIIe siècles*, Paris 1978.
Deperthes, Jean Louis H. S., *Histoire des naufrages*, Paris 1781.
Depruin, Jean, *La philosophie de l'inquiétude en France au XVIIIe siècle*, Paris 1979.
Derham, William, *Physico-theology: or a demonstration of the being and attributes of God, from his works of creation*, London 1703.
Deseille, Ernest, *L'ancien établissement des bains de mer de Boulogne, 1824–1863*, Boulogne 1866.
Désert, Gabriel, *La vie quotidienne sur les plages normands du second Empire aux années folles*, Paris 1983.
Desmars, J. T., *De l'air, de la terre et des eaux de Boulogne-sur-Mer*, Paris 1761.
Diaper, William, *Nereides or sea eclogues*, London 1712.
Dibdin, Thomas Frognall, *A bibliographical, antiquarian and picturesque tour in France and Germany*, London 1821.
Dickens, Charles, *Sketches by Boz*, in: *Works of Charles Dickens*, London 1863, Bd. 14; dt. *Londoner Skizzen*, München 1975.
Diderot, Denis, »Voyage en Hollande et dans les Pays-Bas autrichiens« und »Salons«, in: *Œuvres complètes*, Paris 1971, Bd. XI und VII.
Dixon-Hunt, John / Willis, Peter, *The genius of place. The english landscape garden, 1620–1820*, London 1975.
Donville, Louis Godard de, u. a., *La découverte de la France au XVIIe siècle*, Paris 1980.
Douady, Jules, *La mer et les poètes anglais*, Paris 1912.
Du Bartas, Guillaume de Salluste, *La sepmaine ou Création du monde*, Paris 1578; dt. *Die Schöpfungswoche*, Tübingen 1963.
Deluz, Christiane, u. a., *Horizons marins et itinéraires spirituels, V^e–XVIIIe siècles*, Paris 1987.
Ducéré, E., *Napoléon à Bayonne*, Bayonne 1897.
Duchet, Michèle, *Anthropologie et histoire au siècle des lumières*, Paris 1977.
Ducos, B., *Itinéraire et souvenirs d'Angleterre et d'Écosse, 1814–1826*, Paris 1834.
Duhamel du Monceau, Henri Louis, *Traité général des pesches, et histoires des poissons qu'elles fournissent*, Paris 1769–1782; dt. *Allgemeine Abhandlung von den Fischereyen, und Geschichte der Fische, die dadurch verschafft werden*, Leipzig / Königsberg 1773.
Dulard, Paul Alexandre, *La grandeur de Dieu dans les merveilles de la nature*, Paris 1749.

Literaturverzeichnis

Dulaure, Jacques Antoine, *Description des principaux lieux de France*, Paris 1788.
Dumas, Alexandre, *Mes mémoires*, Poissy 1866.
Dupaty, Jean-Baptiste Mercier, *Lettres sur l'Italie en 1785*, Rom 1788.
Durand, Gilbert, *Les structures anthropologiques de l'imaginaire*, Paris 1969.

Ehrard, Jean, *L'idée de nature en France dans la première moitié du XVIIIe siècle*, Paris 1963.
Englefield, Henry C., *A description of the principal picturesque beauties, antiquites, and geological phenomena of the Isle of Wight*, London 1816.
Escarpit, Robert, *Lord Byron, un tempérament littéraire*, Paris 1955.

Fabricius, Johann Albert, *Hydrotheologie oder Versuch, durch aufmerksame Betrachtung der Eigenschaften, reichen Austheilung und Bewegung der Wasser die Menschen zur Liebe und Bewunderung ihres Schöpfers zu ermuntern*, Hamburg 1734.
Fabricius, Johann Christian, *Reise nach Norwegen*, Hamburg 1779.
Fairclough, Henry Rushton, *Love of nature among the Greeks and Romans*, New York 1963.
Fénelon, François de, *Les aventures de Télémaque*, Paris 1968; dt. *Die Abenteuer des Telemach*, Stuttgart 1984.
Ferenczi, Sandor, *Schriften zur Psychoanalyse*, Frankfurt am Main 1982.
Fielding, Henry, *The journal of a voyage to Lisbon*, London 1755.
Fisk, Wilbur, *Travels in Europe*, New York 1838.
Flaubert, Gustave, *Correspondance*, Paris 1973–1980; dt. in: *Gesammelte Werke*, Minden 1907–1926.
Floyer, John, *History of cold-bathing, both ancient and modern*, London 1732.
Forster, Georg, *Reise um die Welt*, Berlin 1965.
Foucault, Michel, *Les mots et les choses*, Paris 1966; dt. *Die Ordnung der Dinge*, Frankfurt am Main 1971.
– *La volonté de savoir*, Paris 1976; dt. *Geschichte der Sexualität*, Frankfurt am Main 1982.
Foucault, Michel (Hrsg.), *Moi, Pierre Rivière, ayant égorgé ma mère, ma sœur et mon frère...*, Paris 1973.
Fouquet, Catherine / Kniebielher, Yvonne, *La femme et les médecins*, Paris 1982.
Fournier, Georges, *Hydrographie contenant la théorie et la pratique de toutes les parties de la navigation*, Paris 1667.
Francken, W., *Scheveningen, sa plage, ses bains*, Paris 1899.
Friedlander, Ludwig, *Darstellungen aus der Sittengeschichte Roms in der Zeit von August bis zum Ausgang der Antonine*, Leipzig 1862–1871.

Garneray, Louis, *Voyage pittoresque et maritime sur les côtes de la France, dans l'océan et dans la Méditerranée*, Paris 1823.
Gaudet, A. M., *Notice médicale sur l'établissement des bains de mer de Dieppe*, Paris 1837.
Gay, John, *Poems on several occasions*, Dublin 1730.
Gay, Peter, *The bourgeois experience, Victoria to Freud*, Oxford 1986.
Gebhart, Émile, *Histoire du sentiment poétique de la nature dans l'antiquité grecque et romaine*, Paris 1860.
Gensollen, Honoré-Zénon, *Essai topographique et médical sur la ville d'Hyères*, Paris 1820.
Gibbon, Edward, *Mémoires de Gibbon*, Paris 1797.
Gigot, J. A., *Essai sur la topographie physique et médicale de Dunkerque*, Paris 1815.
Gilbert, Edmund W., *Brighton, old ocean's bauble*, London 1945.
Gilli, Marita, *Georg Forster: L'œuvre d'un penseur allemand réaliste et révolutionnaire, 1754–1794*, Lille / Paris 1975.
Gilpin, William, *Observations on the coasts of Hampshire, Sussex and Kent, relative chiefly to picturesque beauty, made in 1774*, London 1804.
– *Observations... made in 1772 on several parts of England*, London 1786.

Literaturverzeichnis

- *Trois essais sur le beau pittoresque*, hrsg. von Michel Conan, Paris 1982.
Goethe, Johann Wolfgang von, *Italienische Reise*, Wiesbaden 1959.
Gombrich, H. E., u. a., *Norm and form*, London 1966.
Goubert, Pierre, *Jane Austen, étude psychologique de la romancière*, Paris 1975.
Granville, A. B., *The spas of England and principal sea-bathing places*, London 1841.
Grosley, Pierre Jean, *Nouveaux mémoires ou observations sur l'Italie et les italiens par deux gentilshommes suédois*, London 1764.
Guené, Elie, *Deux siècles de bains de mer sur les plages de l'Avranchin et du Cotentin*, Paris 1985.
Guibert, Comte de, *Voyages de Guibert dans diverses parties de la France et en Suisse faits en 1775, 1778, 1784 et 1785*, Paris 1806.
Guillermou, Alain, *Saint Ignace de Loyola et la Compagnie de Jésu*, Paris 1960.
Guillet, François, *Curiosité et comportements touristiques dans les régions côtières de l'Atlantique et de la Manche sous la monarchie censitaire d'après les guides de voyage*, Tours 1984.
Guitton, Édouard, *Jacques Delille (1738–1813) et le poème de la nature en France de 1750 à 1820*, Paris 1974.
Gusdorf, Georges, *Les sciences humaines et la pensée occidentale*, Paris 1984, Bd. XI.

Habasque, François Marie Guillaume, *Notions historiques, géographiques, statistiques et agronomiques sur le littoral du département des Côtes-du-Nord*, Saint-Brieuc 1832.
Halem, Friedrich Wilhelm von, *Die Insel Norderney und ihr Seebad*, Hannover 1801.
Hansen, Hans Jürgen, *Deutsche Marinemalerei*, Oldenburg/Stalling 1977.
Hartwig, Eugen von, *Das Seebad Ostende. Ein Buch für Kurgäste*, Frankfurt am Main 1845.
Haskell, Francis / Penny, Nicholas, *Taste and the antique. The lure of classical sculpture, 1500–1900*, Yale University Press 1981.
Hassell, John, *Tour of the Isle of Wight*, London 1790.
Heine, Heinrich, *Reisebilder*, Berlin/Weimar 1979.
Hennebutte, Ch., *Guide du voyageur de Bayonne à Saint-Sébastien*, Bayonne 1850.
Hepp, Noëmi, u. a., *La Basse-Normandie et ses poètes à l'époque classique*, Caen 1977.
Hern, Anthony, *The seaside holiday: The history of the English seaside resort*, London 1967.
Herrmann, Luke, u. a., *Turner Studies*, London 1981.
Heyrick, Thomas, *A submarine voyage*, London 1691.
Hibbert, Christopher, *The grand tour*, London 1969.
Hoad, Margaret J., *Portsmouth, as others have seen it*, Portsmouth 1973.
Hoffmann, Paul, *La femme dans la pensée des Lumières*, Paris 1977.
Honoré, Samuel-François l', *La Hollande au XVIIIe siècle*, Den Haag 1779.
Hooykaas, Reijer, *Continuité et discontinuité en géologie et biologie*, Paris 1970.
Hoppe, Gerhard, *Das Meer in der deutschen Dichtung von Friedrich L. Graf zu Stolberg bis Heinrich Heine*, Marburg 1929.
Houel, Jean, *Voyage pittoresque des isles de Sicile, de Malte et de Lipari*, Paris 1782.
Hudson, Kenneth, *A social history of archeology: the British experience*, London 1981.
Huet, René-Paul (Hrsg.), *Paul Huet (1803–1869) d'après ses notes, sa correspondance, ses contemporains*, Paris 1896.
Hufeland, Christoph Wilhelm, *Nöthige Erinnerungen an die Bäder*, Weimar 1801.
Hugo, Léopoldine, *Correspondance*, hrsg. von Pierre Georgel, Paris 1976.
Hugo, Victor, *Les travailleurs de la mer*, Brüssel 1866; dt. *Die Arbeiter des Meeres*, Zürich 1944.
Humboldt, Alexander von, *Kosmos*, Stuttgart 1844.
Hussey, Christopher, *The picturesque. Studies of a point of view*, London 1967.

Ingersoll-Smousse, Florence, *Joseph Vernet, peintre de marine. Étude critique et catalogue raisonné*, Paris 1926.
Ireland, Samuel, *A picturesque tour through Holland, Brabant and part of France, made in the automn of 1789*, London 1789.

Literaturverzeichnis

Jacob, Christian / Lestringant, Franck, *Arts et légendes d'espaces,* Paris 1981.
Jacquier, Yvonne de, *Ostende et Spa,* Ostende 1965.
James, William, *The naval history of Great-Britannia from 1793 to 1820,* London 1822–1824.
Janiçon, François, *État présent de la République des Provinces-Unies,* Den Haag 1729–1730.
Johnson, Samuel, *A journey to the western islands of Scotland,* London 1775.
Joukovsky, Françoise, *Paysages de la renaissance,* Paris 1974.
Jourdin, Michel Mollat du, (Hrsg.), *Le navire et l'économie maritime du Moyen Age au XVIIIe siècle, principalement en Méditerranée,* Paris 1958.
Joutard, Philippe, *L'invention du Mont-Blanc,* Paris 1986.
Jung, Carl Gustav, *Symbole der Wandlung,* Olten 1977.

Keyes, George Shepard, *Cornelis Vroom, marine and landscape artist,* Utrecht 1975.
Kind, Richard, *Das Seebad zu Swinemünde,* Stettin 1828.
Kirwan, Richard, *Geological essays,* London 1799.
Klibansky, Raymond / Panofsky, Erwin / Saxl, Fritz, *Saturn and melancholy,* London / New York 1964; dt. *Saturn und Melancholie,* Frankfurt am Main 1990.
Knight, Richard Payne, *An analytical inquiry into the principles of taste,* London 1808.
Knox, John, *A tour through the highlands of Scotland and the Hebride Isles, in 1786,* London 1787.

Laborde, Pierre, *Biarritz, huit siècles d'histoire, 200 ans de vie balnéaire,* Biarritz 1984.
– *Pays basques et pays landais de l'extrême sud-ouest de la France. Étude d'organisation d'un espace géographique,* Bordeaux 1979.
Lafont de Saint-Yenne, *Réflexions sur quelques causes de l'état présent de la peinture en France, avec un examen des principaux ouvrages exposés au Louvre, le mois d'août 1746,* Den Haag 1748.
La Garde Chambonas, A. L. C., *Brighton, scènes détachées d'un voyageur en Angleterre,* Paris 1834.
Lage de Volude, Béatrix Stéphanie de, *Les souvenirs d'émigration de Madame la Marquise de Lage de Vélude, 1792–1794,* Évreux 1869.
Lagrange, Charles de, *Alceste,* Paris 1704.
Lagrange, Léon, *Joseph Vernet et la peinture au XVIIIe siècle,* Paris 1863–1864.
Lalouette, Jacqueline, *Les débits de boissons en France, 1879–1919,* Paris 1979.
Lanoye, Robert, *L'épopée ostendaise,* Ostende 1971.
Latil, Pierre de / Rivoire, Jean, *A la recherche du monde marin,* Paris 1954.
La Tocnaye, Bougrenet de, *Promenade d'un Français dans la Grande-Bretagne,* Paris 1801.
– *Promenade d'un Français en Suède et en Norvège,* Brunswick 1801.
Lavallée, Joseph, *Voyage pittoresque et historique d'Istrie et de la Dalmatie, d'après l'itinéraire de L. F. Cassas,* Paris 1802.
Le Bris, Michel, *Journal du romantisme,* Genf 1981.
Le Cœur, J., *Des bains de mer. Guide médical et hygiénique du baigneur,* Paris 1846.
Le François, Louis-Aimé, *Coup d'œil médical sur l'emploi externe et interne de l'eau de mer,* Paris 1812.
Le Goff, Jacques, *La naissance du purgatoire,* Paris 1981.
Lemaître, Hélène, *Shelley, poète des éléments,* Caen 1962.
Le Moyne, Pierre, *Peintures morales,* Paris 1643.
Léonard, Jacques, *La France médicale au XIXe siècle,* Paris 1978.
Lépecq de la Cloture, *Collection d'observations sur les maladies et constitutions épidémiques,* Rouen 1778.
Le Roy Ladurie, Emmanuel, *Le climat depuis l'an mille,* Paris 1983.
Lescallier, Daniel, *Voyage en Angleterre, en Russie et en Suède, fait en 1775,* Paris 1800.
Lévy, Maurice, *Le roman gothic anglais, 1764–1824,* Toulouse 1968.
Lezeverne, M. de, *Les plaisirs d'un prisonnier en Écosse,* Paris 1818.

Lichtenberg, Georg Christoph, »Warum hat Deutschland noch kein großes öffentliches Seebad?«, in: *Vermischte Schriften*, hrsg. von Ludwig Christian Lichtenberg, Göttingen 1803, Bd. V.
Litman, Théodore A., *Le sublime en France, 1660–1714*, Paris 1971.
Londe, Charles, *Nouveaux éléments d'hygiène*, Paris 1838.
Longinus (Pseudo-Longinus), *Über das Erhabene*, übersetzt von H. F. Müller, Heidelberg 1911.

Macpherson, James, *Fingal, an ancient poem in six books*, London 1762.
Maillet, Benoît de, *Telliamed ou entretiens d'un philosophe indien avec un missionnaire français*, Amsterdam 1748.
Mallet, David, *The excursion*, London 1731.
Mallet, Paul-Henri, *Monuments de la mythologie et de la poésie des anciens peuples du nord*, Kopenhagen 1756.
Manwaring, Elizabeth Wheeler, *Italian landscape in 18th century England*, New York 1965.
Maret, Hughes, *Mémoire sur la manière d'agir des bains d'eau douce et d'eau de mer et sur leur usage*, Bordeaux 1769.
Marmontel, Jean François, *Mémoires de Marmontel*, hrsg. von Maurice Tourneux, Paris 1981.
Marshall, Joseph, *Voyages dans la partie septentrionale de l'Europe pendant les années 1768, 1769 et 1770*, Paris 1776.
Martin, Martin, *A description of the western islands of Scotland*, London 1716.
Martin, Roger, *Essai sur Thomas Gray*, Paris 1934.
Martinet, Marie-Madeleine, *Art et nature en Grande-Bretagne au XVIIIe siècle, de l'harmonie classique au pittoresque du premier romantisme*, Paris 1980.
Maturin, Charles Robert, *Melmoth the Wanderer*, London 1820.
Meister, Jacques Henri, *Souvenirs de mes voyages en Angleterre*, Zürich 1795.
Menc, Réverend père, *Quelles sont les causes de la diminution de la pêche sur les côtes de la Provence?*, Marseille 1769.
Meyer, Jean, *La noblesse bretonne au XVIIIe siècle*, Paris 1966.
Michelet, Jules, *Journal*, Paris 1959.
– *La mer*, Paris 1983.
– *Tableau de la France*, Paris 1949.
Millin, Aubin Louis, *Voyage dans les départements du Midi de la France en 1789*, Paris 1807.
Milton, John, *Paradise lost*, London 1667; dt. *Das verlorene Paradies*, Stuttgart 1877.
Miquel, Pierre, *Eugène Isabey, 1803–1886, la marine au XIXe siècle*, Maurs-la-Jolie 1980.
Misson, François Maximilien, *Nouveau voyage d'Italie fait en l'année 1688*, Paris 1691.
Moir, Esther, *The discovery of Britain; the English tourists, 1540 to 1840*, London 1964.
Moles, Abraham / Rohmer, Élisabeth, *Labyrinthes du vécu. L'espace: matière d'actions*, Paris 1982.
Monk, Samuel, *The sublime, a study of critical theories in XVIIIth century England*, New York 1935.
Monoyer, Joseph, *Essai sur l'emploi thérapeutique de l'eau de mer*, Montpellier 1818.
Montesquieu, Charles de, *L'esprit des lois*, Amsterdam 1761; dt. *Vom Geist der Gesetze*, Stuttgart 1965.
Montulé, Edouard de, *Voyage en Angleterre et en Russie, pendant les années 1821, 1822 et 1823*, Paris 1825.
Morinière, S. B. J. Noël de la, *Premier essai sur le département de la Seine-Inférieure*, Rouen 1795.
Morlent, Joseph, *Le Havre ancien et moderne*, Le Havre 1825.
Mornet, Daniel, *Le sentiment de la nature en France de Jean-Jacques Rousseau à Bernardin de Saint-Pierre*, Paris 1907.
Morris, C., *The journeys of Celia Fiennes*, London 1947.
Mourgué, Charles-Louis, *Journal des bains de mer de Dieppe*, Paris 1823.
Munster, Sebastien, *Cosmographia universalis*, Basel 1544.

Literaturverzeichnis

Murris, Roelof, *La Hollande et les Hollandais au XVIIe et XVIIIe siècles vus par les Français*, Paris 1925.

Nicolson, Marjorie Hope, *Mountain gloom and mountain glory*, New York 1959.
Nieuwentijdt, Bernard, *Het regt gebruik der werelt beschouwingen*, Amsterdam 1717; franz. *L'existence de dieu…*, Amsterdam 1760.
Nodier, Charles, *Promenade de Dieppe aux montagnes d'Écosse*, Paris 1821.
Nodier, Ch. / Taylor, J. / Cailleux, A. de, *Voyages pittoresques et romantiques dans l'ancienne France*, Paris 1820–1825.
Novalis, *Heinrich von Ofterdingen*, Frankfurt am Main / Hamburg 1963.
– *Die Lehrlinge zu Sais*, Stuttgart 1984.

Otto, J. H. F., (Hrsg.), *Naturgeschichte des Meeres*, Berlin 1792.
Outram, Dorinda, *Georges Cuvier. Vocation, science and authority in post-revolutionary France*, Manchester 1984.

Pakenham, Simona, *Sixty miles from England. The English at Dieppe, 1814–1914*, London 1967.
Panofsky, Erwin, *Albrecht Dürer*, Princeton 1948.
Paquet-Syphorien, *Voyage historique et pittoresque*, Paris 1813.
Parent-Duchâtelet, Alexandre, *La prostitution à Paris au XIXe siècle*, hrsg. von Alain Corbin, Paris 1981.
Paris, Yves de, *La théologie naturelle*, Paris 1633–1636.
Pasquin, Anthony, *The new Brighton guide*, London 1796.
Pasquini, Jules Nicolas, *Histoire de la ville d'Ostende et du port… suivi d'un vademecum du voyageur à Ostende*, Brüssel 1843.
Pelloutier, Simon, *Histoire des celtes*, Paris 1741.
Pennant, Thomas, *Arctic zoology*, London 1784–1787.
– *A journey from London to the Isle of Wight*, London 1801.
– *A tour in Scotland, 1769*, Warrington 1774.
Pennecuick, Alexander, *Helion*, Edinburg 1720.
Perrin, Jean, *Les structures de l'imaginaire shelleyen*, Grenoble 1973.
Perrot, Jean-Claude, *L'âge d'or de la statistique régionale française. An IVe–1804*, Paris 1977.
Pichot, Amédée, *Voyage historique et littéraire en Angleterre et en Écosse*, Paris 1825.
Pictet, Marie-Auguste, *Voyage de trois mois en Angleterre, en Écosse et en Irlande pendant l'été de l'an IX (1801)*, Genf 1802.
Pilati di Tassulo, Carlo, *Voyage en Hollande ou lettres sur ce pays*, Haarlem 1790.
Pillet, René-Martin, *L'Angleterre vue à Londres et dans ses provinces*, Paris 1815.
Pistone, Danièle, *Le piano dans la littérature française des origines jusque vers 1900*, Lille / Paris 1975.
Pla, Maurice, *Les saisons de James Thomson (1700–1742)*, Toulouse 1978.
Plaisant, Michèle S., *La sensibilité dans la poésie anglaise au début du XVIIIe siècle*, Paris 1974.
Platière, Jean-Marie Roland de la, *Lettres écrites de Suisse, d'Italie, de Sicile et de Malte*, Amsterdam 1780.
Pluche, Antoine, *Le spectacle de la nature ou entretiens sur les particularités de l'histoire naturelle*, Paris 1732–1750.
Plumb, John Harold, *Georgian delights*, Boston 1980.
Pomme, Pierre, *Traité des affections vaporeuses des deux sexes*, Lyon 1765.
Pontoppidan, Erik, *The natural history of Norway*, London 1755.
Porter, Roy, *English society in the eighteenth century*, London 1982.
– *The making of geology. Earth science in Britain*, Cambridge 1977.
Préaux, Claire, u. a., *Le paysage grec*, Brüssel 1979.

Literaturverzeichnis

Pressouyre, S., u. a., *L'art de Fontainebleau*, Paris 1975.
Preston, Lionel, *Sea and river painters of the Netherlands in the 17th century*, London 1937.
Pückler-Muskau, Hermann Fürst von, *Briefe eines Verstorbenen*, New York / London 1968 (Reprint der Ausgabe, Stuttgart 1836).

Racine, Jean, *Phèdre* (1677), Straßburg 1911; dt. *Phädra*, Frankfurt am Main / Hamburg 1961.
Racine, Louis, *La religion*, Paris 1742; dt. *Die Religion*, Frankfurt / Leipzig 1752.
Radcliffe, Ann, *The Italian, or the confessional of the black penitents*, London 1811; dt. *Der Italiener oder der Beichtstuhl der schwarzen Büßermönche*, Frankfurt am Main 1978.
– *A journey made in the summer of 1794, through Holland and the west frontier of Germany*, London 1795.
Rafroidi, Patrick, *L'Irlande et le romantisme*, Lille 1973.
Ray, John, *The wisdom of God manifested in the works of the creation*, London 1691.
Reddé, Michel, *Mare nostrum. Les infrastructures, le dispositif et l'histoire de la marine militaire sous l'Empire romain*, École française de Rome 1986.
Relhan, Anthony, *Short history of Brightelmstone, with remarks on its air and on analyses of its waters*, London 1761.
Renoy, Georges, *Bains de mer au temps des maillots rayés*, Brüssel 1976.
Reynière, Alexandre Grimond de la, *Lettre d'un voyageur à son ami ou réflexions philosophiques sur la ville de Marseille*, Genf 1792.
Richard, Jean-Pierre, *Paysage de Chateaubriand*, Paris 1967.
Richer, Edouard, *Voyage pittoresque dans le département de la Loire-Inférieure*, Nantes 1823.
Rigby, Edward, *Dr. Rigby's letters from France*, London 1880.
Roche, Daniel, *Le siècle des lumières en province*, Paris 1978.
Roger, Jacques, *Les sciences de la vie dans la pensée française du XVIIIe siècle*, Paris 1963.
Ronzeaud, Pierre, *Les représentations du peuple dans la littérature politique en France sous le règne de Louis XIV*, Tours 1985.
Roucher, Jean-Antoine, *Les mois*, Paris 1779.
Roudinesco, Elisabeth, *La bataille de Cent ans; histoire de la psychanalyse en France*, Paris 1982.
Russel, Richard, *A dissertation on the use of seawater in the diseases of the glands, particularly the scurvy, jaundice, King's evil, leprosy and the glandular consumption*, London 1769.
Rousset, Jean, *La littérature de l'âge baroque en France*, Paris 1954.
Ruge, August, *Über Seebäder im allgemeinen und besonders über das Seebad Cuxhafen*, in: A. A. Abendroth, *Ritzebüttel...*, Hamburg 1818.

Sachse, Johann David Wilhelm, *Über die Wirkungen und den Gebrauch der Bäder, besonders der Seebäder zu Doberan*, Berlin 1835.
Saint-Amand, Armand Narcisse Masson de, *Lettres d'un voyageur à l'embouchure de la Seine*, Paris 1828.
Saint-Amant, Marc Antoine de Gérard, Sieur de, *Œuvres*, hrsg. von J. Bailbé, Paris 1981.
Saint-Denis, Eugène de, *Le rôle de la mer dans la poésie latine*, Lyon 1935.
Saint-Fond, Barthélemy Faujas de, *Voyage en Angleterre, en Écosse et aux îles Hébrides ayant pour objet les sciences, les arts, l'histoire naturelle et les mœurs*, Paris 1797.
– *Description de l'île de Staffa, l'une des Hébrides, et de la grotte de Fingal*, Paris 1800.
Saint-Non, Abbé de, *Voyage pittoresque ou description des royaumes de Naples et de Sicile*, Paris 1781.
Saint-Pierre, Jacques Henri Bernardin de, *Œuvres complètes*, Paris 1818.
– *Œuvres posthumes*, Paris 1833.
Saison am Strand: Badeleben an Nord- und Ostsee, Ausstellungskatalog, Herford 1986.
Sammons, Jeffrey L., *Heinrich Heine, a modern biography*, Princeton 1979.
Sannazaro, Jacopo, *Eclogae*, Erfordiae 1783.
Sanders, Ruth Manning, *Seaside England*, London 1951.

Literaturverzeichnis

Saussure, Louis-Albert Necker de, *Voyage en Écosse et aux îles Hébrides*, Genf / Paris 1821.
Sauzet, Robert, *Contre-réforme et réforme catholique en Bas-Languedoc au XVIIe siècle*, Paris 1976.
Schneer, Cecil J., *Toward a history of geology proceedings*, Cambridge, Massachusetts, 1969.
Scott, Walter, *The antiquary*, Edinburg 1816; dt. *Der Alterthümler*, Berlin 1821.
Sebillot, Paul, *Contes des landes et des grèves*, Rennes 1900.
– *Contes de terre et de mer*, Paris 1883.
– *Légendes, croyances et superstitions de la mer*, Paris 1886.
Shelley, Mary, *Frankenstein, or the modern Prometheus*, London 1818; dt. *Frankenstein oder der moderne Prometheus*, Frankfurt am Main 1978.
Shelley, Percy Bysshe, *The complete poetical works*, London 1870.
Simon, Jean-Robert, *Robert Burton (1577–1640) et l'anatomie de la mélancolie*, Paris 1964.
Simond, Louis, *Voyage d'un Français en Angleterre pendant les années 1810 et 1811*, Paris 1816.
Smollett, Tobias George, *An essay of the external use of water*, London 1752.
– *Travels through France and Italy*, London 1766.
Snyders, Georges, *La pédagogie en France aux XVIIe et XVIIIe siècles*, Paris 1965.
Souquet, Doktor, *Essai sur l'histoire topographique, physico-médicinale du district de Boulogne-sur-Mer*, Boulogne 1794.
Souvestre, Émile, *Le Finistère en 1836*, Brest 1838.
– *Scènes et mœurs des rives et des côtes*, Brüssel 1852.
Stafford, Barbara Maria, *Voyage into substance, art, science, nature and the illustrated travel account, 1740–1840*, London 1984.
Starobinski, Jean, *Geschichte der Melancholiebehandlung von den Anfängen bis 1900*, Basel 1960.
Stechow, Wolfgang, *Dutch landscape painting of the 17th century*, London 1968.
Stockes, H. G., *The very first history of the English seaside*, London 1947.
Stolberg, Christian und Friedrich Leopold, Grafen zu, *Gesammelte Werke*, Hamburg 1827, Bd. I.
Strabon, *Strabo's Erdbeschreibungen*, Stuttgart 1856–1870.
Sulzer, Johann Georg, *Tagebuch einer von Berlin nach den mittäglichen Ländern von Europa in den Jahren 1775 und 1776 gethanen Reise und Rückreise*, Leipzig 1780.
– *Unterredungen über die Schönheit der Natur*, Berlin 1750.
Swinburne, Henri, *Travels in the Two Sicilies, in the years 1777, 1778, 1779 and 1780*, London 1783–1785.

Tacitus, Cornelius, *Historien*, Stuttgart 1959.
Thiers, Jean-Baptiste, *Traité des superstitions*, Paris 1679.
Thomson, James, *The seasons*, in: *Complete poetical works*, London 1951; dt. *Die Jahreszeiten*, Berlin 1805.
Thomas, Keith, *Man and the natural world. A history of the modern sensibility*, New York 1983.
Thoré, Doktor, *Promenade sur les côtes du golfe de Gascogne*, Bordeaux 1810.
Thouin, André, *Voyage dans la Belgique, la Hollande et l'Italie*, Paris 1841.
Thoulet, J., u. a., *Mémoires de l'Académie de Stanislas*, 1908–1909.
Thouvenel, Pierre, *Traité sur le climat de l'Italie considéré sous ses rapports physiques, météorologiques et médicaux*, Verona 1797.
Tieghem, Paul van, *Ossian en France*, Amsterdam 1967.
– *Ossian et l'ossianisme dans la littérature du XVIIIe siècle*, Groningen 1920.
– *Le sentiment de la nature dans le préromantisme européen*, Paris 1960.
Tillet, Mathieu, *Observations faites par ordre du Roi sur les côtes de Normandie au sujet des effets pernicieux qui sont attribués, dans le pays de Caux, à la fumée du varech*, Paris 1771.
Tiphaigne de la Roche, Charles François, *Essai sur l'histoire économique des mers occidentales de France*, Paris 1760.
Tissot, Samuel, *De la santé des gens de lettres*, Lausanne / Paris 1768.

Literaturverzeichnis

Townley, Richard, *A journal kept in the Isle of Man, giving an account of the wind, weather and daily occurences for upwards of eleven months*, Whitehaven 1791.
Trahard, Pierre, *Les maîtres de la sensibilité française au XVIIIe siècle, 1715–1789*, Paris 1933.
Trease, Geoffrey, *The Grand Tour*, London 1967.
Trevelyan, Humphry, *Goethe and the Greeks*, Cambridge 1981.
Troil, Uno de, *Lettres sur l'Islande, 1777*, Paris 1781.
Tsigakou, Fani-Maria, *La Grèce retrouvée*, Paris 1984.
Tuzet, Hélène, *La Sicile au XVIIIe siècle vue par les voyageurs étrangers*, Straßburg 1955.

Valenciennes, P. H., *Éléments de perspective pratique à l'usage des artistes*, Paris 1800.
Vergil, *Aeneis*, Stuttgart 1987.
– *Georgica*, München 1957.
Verhaege, Louis, *Traité pratique des bains de mer*, Ostende 1855.
Vernant, Jean-Pierre, *Mythe et pensée chez les Grecs. Étude de psychologie historique*, Paris 1971.
Veryard, Ellis, *An account of divers choice remarks... taken in a journey through the Low-Countries, France, Italy and part of Spain with the isles of Sicily and Malta*, London 1701.
Viel, Jean, *Bains de mer à Cette, de leur puissance hygiénique et thérapeutique*, Montpellier 1847.
Vigarello, Georges, *Le corps redressé*, Paris 1978.
– *Le propre et le sale*, Paris 1985.
Viguerie, Jean de, *L'institution des enfants. L'éducation en France XVIe–XVIIIe siècle*, Paris 1978.
Villeneuve-Bargemon, Christophe de, *Statistique du département des Bouches-du-Rhône*, Marseille 1821–1829.
Vincent-Buffault, Anne, *Histoire des larmes*, Marseille 1986.
Vogel, Samuel Gottlieb, *Beweis der unschädlichen und heilsamen Wirkungen des Badens im Winter*, Berlin 1828.
Vovelle, Michel, *Idéologies et mentalités*, Paris 1982.

Warnstedt, Friedrich von, *Die Insel Föhr und das Wilhelminen Seebad 1824*, Schleswig 1824.
Whiston, William, *A new theory of the earth*, London 1708.
White, Robert, *The use and abuse of sea-water*, London 1775.
Wigan, Arthur Ladbroke, *Brighton and its three climates*, London 1834.
Willis, F. C., *Die niederländische Marinemalerei*, Leipzig 1911.
Wilton, Andrew, *Turner and the sublime*, London 1980.
Wood, Theodore E. B., *The word »sublime« and its context*, Paris 1972.
Woodward, John, *The natural history of the earth*, London 1726.
Wordsworth, Dorothy, *Journal of a tour in the Isle of Man, 1828*, in: *Journals of Dorothy Wordsworth*, London 1952.
Wraxall, Nathaniel William, *A tour through the western, southern and interior provinces of France*, London 1784.
Wright, C., *The Brighton ambulator*, London 1818.

Zola, Émile, *La joie de vivre*, Paris 1884; dt. *Die Freude am Leben*, München 1976.

Bildnachweise:
S. 2, 10, 21, 36 (oben), 61 (unten), 82, 173, 212, 236, 238, 275, 307, 358:
Archiv für Kunst und Geschichte, Berlin;
Vorsatz, S. 8 (oben), 119, 301, 313: Roger Viollet, Paris;
S. 59 (oben), 115, 160, 189, 268: Bibliothèque Nationale, Paris;
S. 101, 109, 325, 357: Mary Evans Picture Library, London;
S. 77: Foto Marburg

Lesen Sie weiter:

PETER BROWN
Die letzten Heiden
Eine kleine Geschichte der Spätantike
Vorwort von Paul Veyne
»Ein großartiges Buch über die allmähliche Auflösung der heidnischen Gemeinschaften.«   Ulrich Raulff, NDR
Englische Broschur. 160 Seiten mit über 100 Abbildungen

GABOR KLANICZAY
Heilige, Hexen, Vampire
Vom Nutzen des Übernatürlichen
»Klaniczay erweist sich hier ganz ohne Zweifel als einer der ›komplettesten‹ europäischen Hexenforscher.«
Andreas Blauert, FR
Kleine Kulturwissenschaftliche Bibliothek Band 31
Englische Broschur. 128 Seiten

RUDOLF DEKKER/LOTTE VAN DE POL
Frauen in Männerkleidern
Weibliche Transvestiten und ihre Geschichte
»Hier ist ein überaus spannendes Buch gelungen: ein bislang weitgehend ignoriertes Kapitel aus der Sozial-, Sexual- und Kriminalgeschichte des alten Europas.«
Klaus Geitel, Die Welt
Englische Broschur. 160 Seiten mit vielen Abbildungen

Sexuelle Gewalt in der Geschichte
Herausgegeben von Alain Corbin
»Hier werden historische Sexualdelikte wie ein versteckter Spiegel unserer Gegenwart sichtbar gemacht.«
Andreas Wang, NDR
WaT 216. 160 Seiten

Wenn Sie mehr über den Verlag und seine Bücher wissen möchten, schreiben Sie uns eine Postkarte. Wir schicken Ihnen dann unseren jährlichen Almanach *ZWIEBEL* mit Textauszügen und Gesamtverzeichnis: Ahornstraße 4, 10787 Berlin